Platon, der »Vater der Philosophen«, hat die Funken geschlagen, die noch heute unser Denken erhellen. Und er hat sich darum bemüht, seine Ideen einem breiten Publikum bekannt zu machen, indem er Gespräche schrieb, die nicht nur die Mitglieder seiner Schule interessieren sollten. Dieser Intention folgt auch das hier vorliegende Lesebuch. Peter Sloterdijk erläutert die Bedeutung Platons für die europäische Philosophie, Rafael Ferber stellt in seiner Einleitung Leben, Denken und Werk des großen Philosophen vor. Die Textauswahl bringt Auszüge aus den berühmten Dialogen und aus Platons Siebtem Brief. Das Buch liefert Studierenden wie interessierten Laien den roten Faden durch das Werk Platons, zu dem nach Alfred North Whitehead die spätere europäische Philosophie lediglich eine Reihe von Fußnoten bildet.

Rafael Ferber lehrt Philosophie an der Universität Zürich. Neben Aufsätzen zur Sprachphilosophie, Ontologie und Ethik hat er eine Reihe von Büchern veröffentlicht, u. a.: ›Zenons Paradoxien der Bewegung und der Struktur von Zeit und Raum‹; ›Platos Idee des Guten‹; ›Die Unwissenheit des Philosophen oder Warum hat Plato die »ungeschriebene Lehre« nicht geschrieben?‹

Platon

Ausgewählt und vorgestellt von
Rafael Ferber

Deutscher Taschenbuch Verlag

Bildnachweis: S. 30: Verlag Eugen Diederichs, München;
S. 39: Archiv für Kunst und Geschichte, Berlin;
S. 59: Glyptothek, München.

Für Luc Brisson

Oktober 1997
Deutscher Taschenbuch Verlag GmbH & Co.KG,
München
© Eugen Diederichs Verlag, München 1995
© der Schriften Platons (ausgenommen die ›Philosophische Digression‹ aus
dem ›Siebten Brief‹) Felix Meiner Verlag, Hamburg 1993
Lektorat: Michael Günther
Umschlagkonzept: Balk & Brumshagen
Umschlagbild: © AKG, Berlin/Louvre, Paris
Satz: Uhl+Massopust, Aalen
Druck und Bindung: C. H. Beck'sche Buchdruckerei,
Nördlingen
Gedruckt auf säurefreiem, chlorfrei gebleichtem Papier
Printed in Germany · ISBN 3-423-30680-7

Inhalt

Europäische Philosophie und Platons Erbe

Vorbemerkung von Peter Sloterdijk 17

Über Platon

Einleitung von Rafael Ferber 31

Zur Lage der Platonforschung 63
Zu Übersetzung und Anmerkungen 64
Abkürzungen 68

Platon: Lebenslauf 69

Platon: Schriften 71

Editorische Notiz 72

Phaidros 73

Der Mythos von Theuth 73
Die Schriftkritik 74
Schreiben als Spiel 75
Der Philosoph als Dialektiker 77
Schreiben als Spiel des Dialektikers, Reden als Ernst 78
Der Philosoph als Freund der Weisheit 79
Der Philosoph besitzt Kostbareres als das, was er schreibt . . . 79

Apologie 81

Erste Rede: Verteidigung 81
Ein schlichter Vortrag in ungesuchten Worten 81
Zwei Klassen von Anklägern 82
Sokrates frevelt wider die Gesetze, treibt epistemischen Unfug
und macht die schlechte Sache zur guten 83
Sokrates lehrt nicht für Geld und unterscheidet sich insofern von
den Sophisten 84
Dennoch ist niemand weiser als Sokrates 85
Sokrates prüft Staatsmänner auf ihre Weisheit 87

Sokrates prüft Dichter auf ihre Weisheit 88
Sokrates prüft Handwerker auf ihre Weisheit 89
Sokrates ist der Weiseste, weil er erkannt hat, daß seine Weisheit
wenig wert ist 89
Sokrates macht sich durch seine Prüfungen verhaßt 90
Klage gegen Sokrates 91
Prüfung des Meletos: Wer macht die Jugend besser? 92
Niemand verdirbt'die Jugend absichtlich 93
Sokrates glaubt nicht an Götter 94
Man kann nicht an Dämonentum ohne Dämonen glauben . . 96
Trotz Unhaltbarkeit der Anklage wird die Feindschaft der Menge
Sokrates zu Fall bringen 97
Gleichwohl gilt es, auf dem zugewiesenen Posten auszuharren . . 98
Sokrates handelt in göttlichem Auftrag, der bis zum Tod erfüllt
werden muß 99
Die Hinrichtung schadet den Athenern mehr als Sokrates . . 101
Zeugnis für Sokrates' göttlichen Auftrag ist seine Armut . . 102
Sokrates hält sich von politischer Tätigkeit fern, da sie seinen
Untergang bedeutet hätte 103
Sokrates hat sich jedoch unmoralischer Politik widersetzt . . 104
Sokrates war nie jemandes Lehrer 105
Keiner der Jugendlichen klagt Sokrates an 106
Sokrates bittet die Richter nicht um Freispruch 107
Bitten wäre weder ehrenhaft noch gerecht noch fromm . . . 108

Zweite Rede: Gegenantrag des Sokrates nach der
Verurteilung 109

Nur dreißig Stimmen hätten anders fallen müssen 109
Antrag Sokrates' auf Speisung im Prytaneion 110
Sokrates tut niemandem vorsätzlich unrecht, deshalb auch nicht
sich selbst 111
Ein Leben ohne Prüfung und Erforschung ist nicht lebenswert.
Antrag auf eine Geldstrafe 112

Dritte Rede: Schlußwort des Sokrates 113

Zuerst an die Richter, welche ihn verurteilt haben 113
Sie werden Rechenschaft ablegen müssen über ihr Leben . . 114
Darauf an die Richter, welche Sokrates freigesprochen haben:
Das göttliche Zeichen trat nicht warnend entgegen 115
Der Tod ist einem traumlosen Schlaf vergleichbar oder der
Übersiedelung von hier nach einem anderen Ort 116
Es ist für Sokrates das beste, schon jetzt zu sterben 117

An seinen Söhnen sollen die, welche Sokrates verurteilt haben,
Vergeltung üben 118
Es ist Zeit, zu gehen 118

Menon 119

Ist die Tugend lehrbar? 119
Sokrates weiß nicht einmal, was Tugend ist 120
Menon sagt ihm, was Tugend ist 121
Die Tugend ist in allen Menschen dieselbe 122
Erster Definitionsversuch Menons: Tugend ist, imstande zu sein,
über Menschen zu herrschen 123
Illustration der Wesensdefinition am Beispiel der Figur 125
Figur ist das, was stets der Farbe nachfolgt 126
Figur ist die Grenze des Körpers 127
Farbe ist der dem Sehvermögen entsprechende, wahrnehmbare
Ausfluß der Körperflächen 128
Zweiter Definitionsversuch Menons: Tugend ist, voll Begier
nach dem Schönen und Guten imstande zu sein, es sich zu
verschaffen 129
Aber nur was mit Gerechtigkeit erworben wird, ist Tugend . . . 131
Die Definition ist zirkulär 133
Sokrates gleicht dem Zitterrochen 134
Paradox: Man kann nicht forschen, weder nach dem, was man
weiß, noch nach dem, was man nicht weiß 136
Die Seele ist unsterblich 136
Lernen ist Wiedererinnerung 137
Beweis durch die Verdoppelung eines Quadrats: Fehlerhafte
Antwort des Sklaven 138
Korrektur des Fehlers 139
Nichtwissen ist Voraussetzung des Lernens 142
Richtige Antwort des Sklaven: Diagonale ist die Seite des
verdoppelten Quadrats 143
Dem Nichtwissenden wohnen wahre Meinungen inne 144
Wenn die Wahrheit unserer Seele jederzeit innewohnt, ist die Seele
dann nicht unsterblich? 145
Rückkehr zur Ausgangsfrage von einer Voraussetzung aus . . . 146
Wenn die Tugend ein Wissen ist, so ist sie lehrbar 147
Die Tugend, als etwas Nützliches, ist eine Art Einsicht . . . 149
Wenn Tugend Wissen ist, dann ist man nicht von Natur aus
tugendhaft 150
Wenn Tugend Wissen ist, dann ist sie auch lehrbar 151
Doch es gibt keine Lehrer der Tugend 152
Kunst und Handwerk haben jedoch einen Lehrer 152

Lehrer der Tugend sind die Sophisten 153
Sokrates verteidigt erfolglos die Sophisten 154
Jeder angesehene Athener ist ein Lehrer der Tugend 155
Nochmals: Ist die Tugend lehrbar? 156
Themistokles lehrte seinen Sohn nicht seine Weisheit . . . 157
Ähnliches gilt von Aristides, Perikles und Thukydides 158
Die Tugend ist nicht lehrbar 159
Bald scheint die Tugend lehrbar, bald wieder nicht 159
Beleg durch Theognis 160
Ein Berufsfach, wo es keine Lehrer gibt, ist nicht lehrbar . . . 161
Wahre Meinung ist für richtiges Handeln kein schlechterer Führer
als Einsicht 162
Unterschied zwischen richtiger Meinung und Wissen 163
Die Tugend wohnt den Menschen weder von Natur aus inne,
noch ist sie lehrbar 164
Zur Tugend kommen die Staatsmänner durch die Gottheit . . 166
Die Tugend wird durch göttlich Schickung zuteil 167

Protagoras 169
Ist die Lust ein Gut? 169
Ist die Erkenntnis ein Sklave? 170
Prüfung der These ergibt vorerst Zugeständnis an die Menge:
Lust ist etwas Gutes und Unlust von Übel 172
Aus dem Zugeständnis ergibt sich die Lächerlichkeit der These:
Erkenntnis sei nur ein Sklave 174
Der Beweis für die Lächerlichkeit besteht in der Dummheit,
für etwas Besseres etwas Schlechteres einzutauschen 175
Quantifikation von Lust und Unlust 176
Das Heil unseres Lebens besteht in der Erkenntnis der
Quantitäten von Lust und Unlust, in einer Meßkunst . . . 177
Überwundenwerden durch die Lust [Akrasia] beruht auf
Unwissenheit 178
Niemand tut freiwillig etwas Schlechtes 179

Phaidon 181
Sokrates' Unzufriedenheit mit materiellen Ursachen . . . 181
Die Offenbarung des Anaxagoras: Vernunft als Ursache . . 183
Enttäuschung über Anaxagoras: Der Mann macht von der
Vernunft keinen Gebrauch 184
Sokrates' zweitbeste Fahrt: Die Flucht zu den Begriffen . . . 186
Begriffe sind Ursachen 187
Rechtfertigung dieses Grundsatzes durch einen höheren,
bis zu einem, der ausreicht 189

Sokrates wird geheißen, den Giftbecher zu trinken 191
Sokrates trinkt den Giftbecher 192

Das Gastmahl – Symposion 195

Eros ist Liebe zu dem, woran er selbst Mangel leidet 195
Eros ist nicht schön, aber Liebe zur Schönheit 197
Eros ist kein Gott 198
Eros ist kein Dämon, ein Mittleres zwischen Mensch und Gott . . 200
Eros ist Sohn des Reichtums und der Armut 201
Eros ist ein Philosoph und steht in der Mitte zwischen einem
Weisen und einem Toren 202
Die Liebe gilt dem dauernden Besitz des Guten 203
Die Liege zeugt im Schönen und ist auf die Unsterblichkeit
gerichtet 205
Durch die Liebe hat das Sterbliche Anteil an der Unsterblichkeit . 207
Physische und geistige Unsterblichkeit 208
Stufen der Liebe 211
Das Schöne, worauf alle früheren Bemühungen hinzielten . . . 212
Auf dieser Stufe ist das Leben lebenswert 213
Auch Sokrates hält die Liebeskunst in Ehren 214
Alkibiades tritt auf 214
Alkibiades sieht Sokrates 215
Alkibiades wird aufgefordert, eine Lobrede auf Sokrates zu halten . 216
Alkibiades vergleicht Sokrates mit Silenen und dem Satyr Marsyas . 218
Sokrates bewirkt dasselbe mit bloßen Worten 219
Alkibiades versucht Sokrates zu verführen 220
Alkibiades ist getroffen vom Stachel der Philosophie 222
Sokrates beschämt Alkibiades 223
Sokrates' Fähigkeit, Strapazen zu ertragen 225
Sokrates' Hartnäckigkeit im Denken 226
Sokrates, der Retter des Alkibiades 226
Sokrates auf dem Rückzug 227
Sokrates' Einzigartigkeit 227
Sokrates' täuschende Erscheinung 228
Agathon legt sich neben Sokrates 229
Sokrates redet Aristophanes und Agathon in den Schlaf . . . 230

Der Staat 231

Die Philosophen sind die Führer des Staates 231
Merkmale einer philosophischen Natur 232
Einwand des Adeimantos: Verdorbenheit und Unbrauchbarkeit
der Philosophen 236
Gleichnis des Sokrates vom verkannten Steuermann 238

Nochmals Wahrheitsliebe der Philosophen 240
Zusammenfassung der Ergebnisse 242
Korruptionsformen einer philosophischen Natur 242
Philosoph wird man nur durch göttliche Schickung 245
Die diomedische Notwendigkeit zwingt den angehenden
Philosophen zu tun, was die Menge gutheißt 246
Philosophie ist für die große Menge ein Ding der Unmöglichkeit . 247
Eine philosophische Natur kann schwerlich ihrem Beruf treu
bleiben 248
Aus angehenden Philosophen können auch die größten Verbrecher
hervorgehen 249
An die Stelle der berufenen Philosophen setzen sich die Sophisten . 250
Die verschwindend kleine Zahl von wahren Philosophen enthält
sich mit Vorteil der Politik 251
Unter den Staaten in ihrer jetzigen Verfassung gibt es keinen,
der den Forderungen einer philosophischen Natur entspräche . . 252
Der Staat muß die Sache der Philosophie auf entgegengesetzte Art,
als es jetzt geschieht, angreifen 254
Unmöglich ist diese Verfassung nicht 255
Die große Menge wird sich zu einer anderen Ansicht bekehren . . 257
Die Philosophen orientieren den Staat am Menschenideal . . . 258
Die Gegner werden sich einverstanden erklären 259
Unmöglich ist es nicht, daß sich philosophisch begabte Söhne von
Königen oder Machthabern finden 260
Die vollendeten Hüter müssen Philosophen sein 261
Probe der Philosophen hinsichtlich Charakter und Intellekt . . 262
Der längere Weg 264
Die Idee des Guten als höchster Gegenstand des Wissens . . 265
Das Gute ist weder Lust noch Einsicht 266
Jede Seele strebt nach dem wirklich Guten 267
Über das Gute dürfen die vertrauenswerten Hüter nicht in
Unkenntnis bleiben 267
Sokrates hat nur eine Meinung vom Guten 267
Erinnerung an die Ideen 269
Das Licht als Drittes 269
Das Sonnengleichnis 271
Das Liniengleichnis 273
Das Höhlengleichnis 277
Bildung als Umwendung der Seele 283
Notwendigkeit des Abstiegs 284
Denn es soll dem ganzen Staat gutgehen 285
Die Philosophen sind die besten Herrscher, weil sie Besseres
kennen als die Herrschaft 287

Die Umwendung der Seele 288
Gymnastik und Musik bewirken noch nicht die Umwendung
der Seele 288
Die Arithmetik ist nützlich für die Kriegskunst 290
Wahrnehmungen von konträren Eigenschaften regen zum
Denken an 291
Die Zahlen werden durch das Denken erfaßt 294
Die Arithmetik zieht die Seele nach oben 295
Die Geometrie zieht die Seele nach oben 296
Erwähnung der Stereometrie 298
Die Astronomie, wie sie jetzt betrieben wird, lenkt den Blick
nach unten 300
Die wahre Astronomie 301
Die wahre Harmonik 303
Die vier Wissenschaften waren nur das Vorspiel 304
Die Dialektik ist die Hauptmelodie 305
Was ist das Wesen der dialektischen Kunst? 306
Rekapitulation und Definition des Dialektikers 308
Wem und wann sind diese Kenntnisse zu überantworten? . . . 309
Frühe Selektion der angehenden Dialektiker 312
Vorsicht: Die Dialektik kann Unheil mit sich führen 314
Die Dialektik darf nicht zu jung gekostet werden. Zeitplan
der Erziehung 316
Mit fünfzig ans Ziel 317
Kriminelles Nachspiel: Vertreibung aller Bürger, die über zehn
Jahre alt sind 319
Der Staat und auch der ihm gleichende Mensch steht nun deutlich
vor uns 319

Parmenides 320
Rahmenerzählung des Kephalos: Parmenides, Zenon und Sokrates
treffen sich an den Panathenäen 320
Zenons Vortrag: Es gibt keine Vielheit 321
Zweck von Zenons Schrift: Hilfestellung für den Satz des
Parmenides: Das All ist Eines 322
Das Eine soll selbst als vieles erwiesen werden und das Viele
als eines 323
Wovon gibt es Ideen? 325
Wie ist die Teilnahme zu verstehen? 326
Ein drittes Großes und ein unendlicher Regreß 328
Ideen als Gedanken 329
Ideen als Muster und nochmals ein unendlicher Regreß 329
Unerkennbarkeit der Ideen für uns 330

Noch schlimmer: Unerkennbarkeit der Dinge bei uns für Gott . . 332
Eine besonders gute Begabung ist für Erkenntnis und Lehre
der Ideen notwendig 333
Ohne Ideen kein Richtpunkt für das Nachdenken und keine
Wissenschaft. 334
Ohne Übung keine Erkenntnis der Ideen 334
Das Zenonische Verfahren muß ergänzt werden 335
Parmenides führt dies zögernd am Beispiel des Einen vor . . . 337

Theaitetos 338
Sokrates' Entbindungskunst 338
Wissen ist Wahrnehmung 340
Bewegung ist Ursache des Werdens, Ruhe des Vergehens . . . 342
Relativität der Sinnesqualitäten und Identität mathematischer
Verhältnisse 343
Fortsetzung der Untersuchung und Verwunderung als Anfang
der Philosophie 345
Es gibt kein Sein, sondern nur ein Werden 346
Schlafen und träumen wir nicht jetzt? 349
Bestätigung des Satzes von Protagoras am Beispiel
der Wahrnehmung 351
Übergang zur Prüfung des Satzes 354
Ist die »Wahrheit« des Protagoras wahr? 355
Prüfung der These »Wissen ist Wahrnehmung« 356
Wenn Wissen Wahrnehmung ist, dann ist Erinnerung nicht mehr
Wissen 358
Wenn Wissen Wahrnehmung ist, dann weiß man mit einem
geschlossenen Auge nicht, was man mit dem offenen weiß . . . 361
Selbstverteidigung des Protagoras 362
Theodoros soll Protagoras beistehen 366
Der Satz des Protagoras impliziert die Wahrheit seines Gegenteils
und die Falschheit seiner selbst 367
Experten wissen mehr 371
Abschweifung: Die philosophische Rede und die Rede vor
Gericht 372
Die Lächerlichkeit des Philosophen und ihr Grund 373
Das philosophische Lebensideal: Verähnlichung mit Gott . . . 376
Das Gegenteil des philosophischen Lebensideals 378
Der Weisere ist Maß 379
Die Herakliteer sind nicht greifbar 382
Wenn sich alles bewegt, dann ist Wissen Nichtwissen . . . 384
Die Verfechter des Allstillstandes bleiben vorläufig außerhalb
des Spiels 388

Wie erfassen wir das, was den Sinnesqualitäten gemeinsam ist? . . 389
Wahrnehmung ist nicht Wissen 392

Sophistes 394

Die Behauptung unwahrer Aussagen führt in den Widerspruch:
Das Nichtseiende ist 394
Das Nichtseiende kann nicht ausgesprochen werden 395
Das Nichtseiende ist undenkbar, unsagbar, unaussprechbar und
widersinnig 396
Auch wer das Nichtseiende bestreitet, widerspricht sich . . . 397
Der Sophist wendet die Ergebnisse unserer Untersuchung
gegen uns 398
Der Sophist zwingt anzuerkennen, daß das Nichtseiende
in gewisser Weise doch sei 399
Prüfung des Parmenideischen Satzes: Das Nichtseiende muß in
gewisser Hinsicht sein und das Seiende in gewisser Hinsicht
nicht sein. 401
Unwissenheit über Nichtsein und Sein 403
Was heißt »seiend«? 405
Das Seiende als Eines 406
Die Riesenschlacht über das Sein 409
Die Vertreter des körperlichen Seins geben zu: Sein ist
Möglichkeit 411
Die Vertreter des unkörperlichen Seins räumen diesem
Bewegung ein 413
Das Seiende als Drittes neben Bewegung und Stillstand . . . 416
Ratlosigkeit hinsichtlich von Sein und Nichtsein 417
Notwendigkeit einer Gemeinschaft der drei Begriffe 418
Die Gemeinschaft, erläutert am Beispiel der Buchstaben und Töne . 421
Dialektik als Wissenschaft von der richtigen Scheidung und
Verbindung der Begriffe 423
Schwierigkeit, den Sophisten, und Schwierigkeit, den Philosophen
zu erkennen 423
Die fünf wichtigsten Gattungen: Das Seiende, der Stillstand,
die Bewegung, das Einerlei, das Verschiedene 424
Verbindungen der wichtigsten Gattungen. Das Nichtseiende als
Verschiedenes 427
Das Nichtseiende als Verschiedenes hat ebensoviel Sein wie das
Seiende 430
Das Verschiedene ist durch seine Teilnahme am Seienden . . . 432
Erklärung des Irrtums und des Sophisten 434

Politikos 437
Relative und »absolute« Meßkunst 437
Die »absolute« Meßkunst richtet sich auf das »rechte Maß« usw. . 438
Das jetzt Erörterte wird sich einst als unentbehrlich erweisen
für die Darlegung des obersten Prinzips 439
Zweck der Untersuchung über den Staatsmann: In der Dialektik
stärker werden 441

Timaios 443
Timaios spricht über die »Schöpfung« der Welt bis zur Entstehung
des Menschen: Anrufung der Götter und Göttinnen . . . 443
Die Grundunterscheidungen 443
Die Welt als Abbild. Wahrscheinlichkeit in der Darstellung . . 445
Der Grund für die Erschaffung der Welt. Das Weltall als beseeltes
und vernünftiges Geschöpf 446
Weder zwei noch unzählige Welten, sondern nur *eine*, gewordene
und ewig weiterbestehende Welt 446
Die vier Elemente und ihre proportionale Einheit 447
Die Welt als ein einziges Ganzes aus in sich vollständigen Teilen . 448
Die Kugelgestalt der Erde 449
Erschaffung der Seele 450
Entstehung von Meinung und Wissenschaft 452
Erschaffung der Zeit als bewegtes Abbild der Ewigkeit . . . 453
Erschaffung der Sterne 454
Die Planetenumläufe 455
Erschaffung der vier Arten von Lebewesen 457
Erschaffung der anderen götterartigen Wesen 458
Aufgabe der Götter: Erzeugung der sterblichen Wesen . . . 459
Weisungen für die Erschaffung der Menschen 460
Erschaffung der Menschen 461
Erschaffung des Körpers 464
Hilfsursachen und Mitursachen des Sehens 466
Nutzen der Sehkraft 467
Neuer Anfang unter Hinzufügung eines der Vernunft
entgegengesetzten Prinzips der blinden Notwendigkeit oder der
planlos umherschweifenden Ursache 469
Die dritte Gattung, die Empfängerin und Amme alles Werdens . 470
Die Elemente und ihre Eigenschaften sind nicht Substanzen,
sondern Qualitäten 471
Verdeutlichung am Beispiel des Goldes 472
Nochmals die drei Gattungen 473
Die Mutter als unsichtbares, gestaltloses, allempfängliches
Gebilde 474

Ein letztes Argument für die Ideen 474
Das ewige Reich des Raumes als Stätte der Sinnesphänomene . . 475

Philebos 477

Im Vorraum des Guten: das Gute als Schönheit, Ebenmaß und
Wahrheit 477
Rangordnung des Guten 478
Das Maß auf dem ersten, das Symmetrische auf dem zweiten,
Vernunft auf dem dritten, richtige Meinung auf dem vierten,
Lust auf dem fünften Platz 479

Siebter Brief: Philosophische Digression 483

Es gibt von mir keine Schrift über das, worum ich mich ernsthaft
bemühe 483
Das gültige Argument 484
Intellektuelle und charakterliche Voraussetzungen sind notwendig
für die Erkenntnis der Ideen 486
Konklusion 487

Anmerkungen 489
Literatur 495
Sachwortregister 503
Namensregister 511

Europäische Philosophie und Platons Erbe

Vorbemerkung zur Gesamtreihe
Philosophie jetzt!
von Peter Sloterdijk

In dem berühmten Aphorismus 344 der Fröhlichen Wissenschaft: *Inwiefern auch wir noch fromm sind* hat der Antiplatoniker Friedrich Nietzsche dem Gründer der athenischen Akademie ein so ehrenvolles wie problematisches Denkmal gesetzt:

> Doch man wird es begriffen haben, worauf ich hinaus will, nämlich daß es immer noch ein *metaphysischer Glaube* ist, auf dem unser Glaube an die Wissenschaft ruht – daß auch wir Erkennenden von heute, wir Gottlosen und Antimetaphysiker, auch *unser* Feuer noch von dem Brande nehmen, den ein jahrtausendealter Glaube entzündet hat, jener Christen-Glaube, der auch der Glaube Platos war, daß Gott die Wahrheit, daß die Wahrheit göttlich ist... wie aber, wenn dies gerade immer mehr unglaubwürdig wird...?[1]

Die Geschichte der europäischen Philosophie läßt sich als eine Stafette vorstellen, in der ein bei Platon – und einigen seiner Vorläufer, namentlich Parmenides und Heraklit – entzündetes Feuer durch die Generationen getragen wurde.

Das Bild vom Fackellauf des Denkens durch die Jahrtausende ist mit den gegensätzlichsten Wertungen verträglich, gleich ob man diesen Lauf umstandslos als Wahrheitsgeschichte auffassen möchte oder nur als Problemgeschichte oder gar, wie Nietzsche suggerierte, als Geschichte unseres längsten Irrtums.[2] Mit gutem Recht hat Marsilio Ficino – Schlüsselfigur des florentinischen Neoplatonismus im 15. Jahrhundert – in der Einleitung seines Kommentars zum Symposion (*De amore*) Platon *philosophorum pater* genannt.[3] Tatsächlich war die europäische Philosophie in ihrer idealistischen Hauptströmung gleichsam die Folge einer platonischen Patristik; sie prozessierte als ein Komplex von Lehrsätzen und Machtworten, die in letzter Instanz aus einer

17

einzigen zeugungsmächtigen Quelle zu fließen schienen. Die platonischen Meisterschriften haben wie eine Samenbank der Ideen gewirkt, aus der sich zahllose spätere Intelligenzen befruchten ließen, oft über große zeitliche und kulturelle Entfernungen hinweg. Dies gilt nicht nur für die athenische Akademie selbst, die als Urbild der europäischen »Schule« ihren Lehrbetrieb fast ein Jahrtausend lang in einer ununterbrochenen Folge aufrechtzuerhalten wußte (387 v. Chr. bis 529 n. Chr.); Platons Lehre erwies sich zudem als ein Wunder an Übersetzbarkeit und strahlte auf eine Weise, die man evangelisch nennen könnte, in fremde Sprachen und Kulturen ein – wofür die römische und die arabische[4] Rezeption, später auch die deutsche, die wichtigsten Beispiele bieten. Sie werden an Bedeutung nur noch übertroffen durch die Einschmelzung des Platonismus in die christliche Gotteslehre. Was Adolf von Harnack einst die Gräzisierung oder Verweltlichung der christlichen Theologie genannt hat, die akute gnostische wie die allmähliche katholische, steht weithin im Zeichen des göttlichen Platon.[5] Im übrigen transportieren manche der spekulativen Theosophien des Islam bis in die Gegenwart eine Fülle platonisierender Motive.

Somit ist das *Corpus Platonicum* mehr als eine Sammlung klassischer Schriften unter anderen; es ist das Gründungsdokument für das gesamte Genre der europäischen idealistischen Philosophie als Schreibweise, als Lehre und als Lebensform. Es repräsentiert einen neuen Bund der Intelligenz mit den Menschen in der Stadt und im Reich; es lanciert die gute Nachricht von der logischen Durchdringbarkeit dieser trüben Welt. Als Evangelium von dem guten Grund aller Dinge verankert der Platonismus das Streben nach Wahrheit in einem frommen Rationalismus – und es waren nicht weniger nötig als die zivilisatorischen Revolutionen des 19. und 20. Jahrhunderts, um diese Verankerungen auszureißen; als Phasen der Losreißung haben wir die Schopenhauersche Metaphysik des blinden Weltwillens, Nietzsches Perspektivismus und Fiktionalismus, den materialistischen Evolutionismus der Natur- und Sozialwissenschaften und zuletzt die neueren Chaos-Theorien vor Augen. In ihrer klassischen Schulform wollte die Lehre Platons eine Anweisung zum seligen Leben in der Theorie vermitteln; sie war im wahren

Sinn des Wortes eine Religion des Denkens, die es sich zutraute, Untersuchung und Erbauung unter einem Dach zu vereinen. Manche Religionshistoriker meinen, zeigen zu können, daß die Lehre Platons in manchen Aspekten geradezu eine Modernisierung schamanistischer Traditionen darstellte. Von alters her kannten diese die Himmelsreisen der Seele und den heilsamen Verkehr mit Geistern des Jenseits; der überhimmlische Ort Platons, wo die reinen Ideen bei sich schweben, wäre in dieser Sicht nur ein logisierter Himmel und der Aufstieg des Denkens zu den Ideen nur eine modernisierte Seelenreise auf den Fahrzeugen des Begriffs.[6]

Mit seinem vornehmen Erkenntnisoptimismus und seiner Ethik des bewußten Lebens war der Platonismus gleichsam das Über-Ich des weltmächtig werdenden europäischen Rationalismus. Auch wenn Platons generöse Suche nach dem guten Leben im guten Gemeinwesen von Anfang an mit dem Mangel, bloße Utopie zu sein, behaftet schien, so gab sie doch Maß und Richtung an für die höchsten Ansprüche des philosophischen Begehrens: Die Freundschaft mit der Wahrheit verstand sich als Sorge um den Stadt- und Weltfrieden und als Engagement für dessen fortgehende Neustiftung aus dem Geist der Selbsterkenntnis. Nietzsches Wort vom Philosophen als Arzt der Kultur ist der Intention nach schon für Platon durchaus wahr. Es konnte nicht ausbleiben, daß diese Prätentionen als überschwenglich abgetan wurden; ja, man hat in ihnen den Vorschein dessen erkennen wollen, was man im 20. Jahrhundert die totalitäre Versuchung nannte. Nichtsdestoweniger bleibt Platons Entdeckung gültig, daß es einen wie auch immer problematischen Zusammenhang zwischen persönlicher Weisheit und öffentlicher Ordnung gibt. Und auch wenn die Philosophie, wie in der gesamten Spätantike, im Grunde bereits seit Alexander dem Großen, in eine tiefe Entpolitisierung zurücksank, so blieb ihr – wie einer ersten Psychotherapeutik – eine unbestreitbare Zuständigkeit für die Fragen des inneren Friedens erhalten; dieser mochte wie eine Vorleistung für den äußeren wirken – ein überlegenes stilles Leuchtfeuer in einer aufgewühlten Welt. Die platonische Tradition kam mit der stoischen und später mit der epikureischen Lehre darin überein, daß sie den Philosophen als Experten für Seelenfriedensforschung definierte.

Wenn wir bis heute Gründe haben, uns an die Anfänge der Philosophie bei den Griechen zu erinnern, so vor allem deswegen, weil es die Philosophie war, durch die sich die indirekte Weltmacht Schule, die uns noch immer beherrscht und beirrt, den sich entwickelnden Stadtgesellschaften aufzuzwingen begann. Mit dem Philosophen tritt ein anspruchsvoller Erziehertypus auf den Plan, der es sich vornimmt, die städtische Jugend nicht länger nur am Spalier der Konventionen aufwachsen zu lassen, sondern sie nach überlegenen und künstlichen, der Form nach universalen Maßstäben zu formen. Das Gespann Sokrates und Platon markiert den Durchbruch der neuen Erziehungsidee; sie treten gegen den Konventionalismus und Opportunismus der Rhetoriklehrer und der Sophisten mit dem Plädoyer für eine umfassende Neuprägung des Menschen hervor. *Paideia* oder Erziehung als Heranbildung des Menschen für eine latent oder manifest imperiale Großwelt ist nicht nur ein Grundwort des antiken Philosophierens, sondern benennt auch das Programm der Philosophie als politischer Praxis. An ihm läßt sich ablesen, daß die Geburt der Philosophie durch die Heraufkunft einer neuen riskanten und machtgeladenen Weltform bedingt war – wir nennen sie heute die der Stadtkulturen und der Imperien. Diese erzwang eine Neudressur des Menschen in Richtung auf Stadt- und Reichstauglichkeit. Insofern darf man behaupten, daß die klassische Philosophie ein logischer und ethischer Initiationsritus für eine Elite junger Männer – in seltenen Fällen auch für Frauen – gewesen ist; diese sollten es unter der Anleitung eines fortgeschrittenen Meisters dahin bringen, ihre bisherigen bloßen Familien- und Stammesprägungen zu überwinden zugunsten einer weitblickenden und großgesinnten Staats- und Reichsmenschlichkeit. So ist Philosophie gleich an ihrem Anfang unvermeidlich eine Initiation ins Große, Größere, Größte; sie präsentierte sich als Schule der universalen Synthesis; sie lehrt, das Vielfältige und Ungeheure in einem guten Ganzen zusammenzudenken; sie führt ein in ein Leben unter steigender intellektueller und moralischer Belastung; sie setzt auf die Chance, der zunehmenden Weltkomplexität und der übersteigerten Hoheit des Gottes durch eine fortgehende Bemühung um Seelenerweiterung zu entsprechen;[7] sie lädt ein zum Umzug in den mächtigsten Neubau: in das Haus des Seins; sie will aus ihren Schülern Bewohner einer logischen Akropolis machen; sie weckt in ihnen den Trieb, überall zuhause zu sein. Für das Ziel dieses Exerzitiums bietet uns die griechische Tradition den Terminus *sophrosyne* – Besonnenheit – an, die lateinische den Ausdruck *humanitas*. Sofern die antike philosophische Schule also *paideia* ist, Einführung in die erwachsene Besonnenheit, die Humanität bedeutet, vollzieht sie eine Art Übergangsritus zur Heranzüchtung des stadt- und reichstauglichen »großseelischen« Menschen.[8] Es wäre unbedacht, in den Werten der *paideia* und der *humanitas* nur unpolitische Charakterideale zu sehen. Daß von dem Weisen *alle* Menschen als Verwandte erkannt werden – ist diese Doktrin wirklich nur eine humanitaristische Naivität, geboren aus einer übertriebenen Ausweitung des Familienethos?[9] Eine Erinnerung an die Hochzeiten der europäischen Gymnasialkultur zwischen 1789 und 1945 mag verdeutlichen, daß die europäischen Nationalstaaten allesamt auf ein humanistisches Erziehungswesen setzten, um ihre Jugend für Aufgaben im Rahmen nationalimperialer Programme zu konditionieren. So sehr Philosophie und Erziehung schon in antiker Zeit auf den einzelnen abheben, fällt doch der Akzent aller »Arbeit an sich selbst« zunächst und zumeist auf die Ertüchtigung der einzelnen zur »Staatsmenschlichkeit«. Erst als die Spaltung zwischen Macht und Geist sehr tief geworden war, wie in der römischen Kaiserzeit, geriet das Philosophieren unter das Leitbild des autarken Weisen, der den Weltmächten den Rücken gekehrt hat.

Die klassische Philosophie stellte ihren Adepten in Aussicht, sie könnten es in einem chaotischen Kosmos zur Heiterkeit bringen; zum Weisen wird, wer das Chaos als Maske des Kosmos durchschaut. Wer in die Tiefenordnungen durchblickt, gewinnt Verkehrsfähigkeit im Ganzen; kein Ort im Sein ist ihm mehr ganz fremd; darum ist die Liebe zur Weisheit die Hochschule der Exilfähigkeit. Indem sie den Weisen so witzig wie programmatisch als *kosmopolités*, als Weltallbürger, bezeichnete, versprach die Philosophie Überlegenheit über ein Universum, das seiner Form nach schon ein wüster Markt der Götter, der Bräuche und der Meinungen war – zugleich ein Schlachtfeld, auf dem mehrere Staatswesen um die Hegemonie kämpften. Man hat wohl dem Umstand zu wenig Beachtung geschenkt, daß Platons Jugend – er ist wohl im Jahr 427 geboren – ganz in die Zeit des Peloponnesischen Krieges (431–404) fiel; die ominöse Distanz des Philosophen zur empirischen Wirklichkeit und die oft bemäkelte idealistische Tendenz zur Abhebung vom bloß Gegebenen verstehen sich leichter, wenn man bedenkt, daß der Autor in seinen jüngeren Jahren kaum eine andere Welt erlebt hatte als eine von kriegerischen Leidenschaften verzerrte.

In moderner Sprache würde man die klassische Philosophie mithin als Orientierungsdisziplin bezeichnen; wollte sie für sich werben, so konnte sie es vor allem mit dem Versprechen tun, den Wirrwarr der vorgefundenen Verhältnisse durch einen geordneten Rückgang auf sichere Grundlagen zu übersteigen – in heutiger Terminologie spräche man von Komplexitätsreduktion. Der Philosoph als Eliminator von schlechter Vielfalt trug Züge eines Mysterienführers, der die Schüler in die Region der ersten Gründe begleitete, von wo aus die befriedigenden großen Übersichten zu gewinnen wären. Jeder Aufstieg zu höheren Standorten fordert aber seinen Preis. Wollte sich der Philosoph als Erzieher für einen noch nicht dagewesenen Typus vernunftgeleiteter Menschen empfehlen, so mußte er sich das Recht nehmen, neue Maßstäbe für das Erwachsenwerden in der Stadt und im Reich aufzurichten. In der Tat veränderte sich der Sinn von Erwachsenwerden beim Übergang der Stammesgesellschaften zu politischen und imperialen Formen auf radikale Weise. Wer im Athen des 5. und 4. Jahrhunderts vor Christus erwachsen werden wollte, mußte sich darauf vorbereiten, in einem geschichtlich kaum gekannten Ausmaß Macht zu übernehmen – oder zumindest die Sorgen der Macht zu seinen eigenen zu machen. Als Dozenten des Erwachsenwerdens unter Stadt- und Reichsbedingungen wurden die philosophischen Erzieher somit zu Hebammen bei der risikoträchtigen Geburt von mächtigeren, in größere Welten versetzten Menschen. Damit in diesen höheren Geburten nicht Monstren ans Licht kämen, war eine Kunst vonnöten, die neue Machtfülle durch eine neue Besonnenheit auszubalancieren. Seit den ältesten Stammeskulturen sind symbolische Geburten an der Schwelle zur Erwachsenheit eine Sache ritueller Initiationen. An ihre Tradition knüpft unvermeidlich die moderne *paideia* an; sie steht hier, auch als seine Gegnerin, in der Nachfolge des Schamanismus, sofern dieser nicht nur eine archaische Heilkunst bezeichnete, sondern zugleich die Kompetenz umfaßte, die Jüngeren in die Geheimnisse des Erwachsenenlebens einzuweihen. In der weltoffenen Polis ist es aber unmöglich geworden, initiatische Aufgaben nur noch mit schamanischen Techniken wahrzunehmen; die demokratische streitlustige Stadt begünstigt die Trance nicht mehr. Nach Sokrates und Platon kann als erwachsen nicht mehr nur derjenige gelten, von dem die Ahnen und Götter des Stammes Besitz ergriffen haben. Die städtischen Lebensformen erfordern einen neuen Typus von Erwachsenen, dem die Götter nicht zu nahe treten – das heißt zugleich: Sie stimulieren eine Form von Intelligenz, die von Tradition und Wiederholung auf Forschung und »Erinnerung« umstellt. Offenbarungen und Evidenzen entstehen jetzt nicht mehr durch Ekstasen, sondern durch Schlüsse: Die Wahrheit selbst hat schreiben gelernt; Satzketten führen zu ihr hin. Darum verändert sich in Platons Doktrin der Sinn von Gedächtnis radikal: Was wir um jeden Preis uns hätten merken sollen, haben wir, Platon zufolge, beim Sturz in diese Welt vergessen; was wir hier auswendig lernen, ist verworren oder nutzlos. Die »Erinnerung« an ein pränatales, apriorisches oder reines Wissen soll künftig die mythologische und rhapsodische Gedächtniskultur überflüssig machen: So setzt die Revolution des Wissens durch das Apriori ein. Mit einiger Freiheit ließen sich die platonischen Prozeduren mit einer Psychoanalyse vergleichen, in der wir uns nicht an verdrängte Urszenen, sondern an getrübte Urbilder und an verdunkelte mathematische Wesenheiten erinnern. Ob solche Erinnerungen es zur völligen Transparenz bringen können, mag fraglich bleiben. Auf jeden Fall heißt Denken unter menschlichen Bedingungen für Platon: nicht mehr die volle Luzidität des Himmels teilen. Die Sterblichen leisten, solange sie in diesen Körpern da sind, ihren Tribut an den Unterschied aller Unterschiede: Indem sie das meiste nur undeutlich wissen, erleiden sie den Bruch zwischen der Transparenz dort oben und der trüben Sicht hier unten. Wir sind dazu verurteilt, in allem mit einem Zusatz an Dunkelheit rechnen zu müssen. Philosophie ist immerhin ein Unternehmen zur Aufhellung des Zwielichts, das wir bevölkern.

Es war folgerichtig, daß die philosophische Rede die überkommenen Mythen und Meinungen zurückzudrängen begann; statt der märchenfrohen Narkosen und der rhapsodischen Enthusiasmen strebte sie einen Zustand der »kritischen« Nüchternheit an, der seit jeher als das Arbeitsklima des authentischen Philosophierens gegolten hat; freilich hat der Platonismus mit seiner Lehre von den schönen Manien und von der *sobria ebriatas* – nüchterner Trunkenheit – noch einen Kompromiß der Kritik mit der Begeisterung geschlossen, mögen auch solche Konzessionen den späteren trockenen Schulen fremd werden. Sofern sie Aufklärung war, konnte die Philosophie nichts anders, als die altreligiösen Seelenverfassungen und die kruden Göttergeschichten zu entzaubern; aber in dem Maß, wie sie ihre Schüler auf ein unbedingtes höchstes Gut einschwor, setzte sie zugleich eine Wiederverzauberung durch das lebendige Allgemeine ins Werk. Erst wo diese höhere Bezauberung mißlang – etwa unter dem Eindruck, daß das Argumentieren mehr Probleme schafft als löst – entstanden Skepsis und analytischer Leerlauf; dann konnte die Dauerreflexion auch zum Symptom schizoider Verstimmungen werden; diese sehen anstelle von Strahlungen aus dem Wahren-Guten-Schönen überall nur betrübliche Grauwerte. Tatsächlich hat schon die spätere antike Philosophie dem Überdruß an ihr selbst die Argumente geliefert. Hierin ist der Akademismus der Alten mit dem zeitgenössischen verwandt.

In ihrer optimistischen Frühzeit hatte die philosophische Erziehung nicht weniger im Sinn als eine Umbeseelung oder Umbegeisterung der Individuen; sie setzte sich das Ziel, aus verworrenen Stadtkindern erwachsene Weltbürger zu machen, aus inneren Barbaren zivilisierte Reichsmenschen, aus berauschten Meinungsinhabern besonnene Wissensfreunde, aus trübseligen Sklaven der Leidenschaften heitere Selbstbeherrscher. Es gab am Anfang der europäischen Pädagogik eine Zeit, in der das Wort Schule immer schon Schule der Vornehmheit bedeutete. Der moderne Ausdruck Erziehung gibt von diesem Ehrgeiz des ursprünglichen Projekts Philosophie kaum noch etwas wieder; doch auch der aktuelle Begriff von Philosophie, sofern er den

Betrieb einer mürrischen Fakultät und die uferlosen Diskurse einer Subkultur neidischer Denksportler meint, erinnert kaum noch an den festlichen Ernst des platonischen Vorhabens, von einer Schule aus mit einer Neubestimmung des Sinns von Menschsein zu beginnen. Es ist das Verdienst von Ideenhistorikern wie Paul Rabbow und Pierre Hadot, daß sie gegen das moderne intellektualistische und kognitivistische Mißverständnis der antiken Philosophie Protest eingelegt haben, um statt dessen an deren beharrliches selbsterzieherisches Pathos zu erinnern.[10] Philosophie, die nicht als verwandelnde Übung (*askesis*) gewirkt hätte, wäre ihren antiken Anhängern auch als Wissensquelle suspekt geblieben. Wenn Diogenes von Sinope es fertig brachte, Alexander aus der Sonne zu schicken, so war das Ziel der Übung auch erreicht. In diesem Sinn sind die weisen Pantomimen des Kynismus dem redefreudigen Platonismus ebenbürtig. Dem Mann aus Sinope gehört die Hälfte von allem, was der Ausdruck »ungeschriebene Lehre« bedeuten kann.

Ohne Zweifel geht die Philosophie seit Sokrates und Platon auf Ernüchterung aus. Damit stemmen sich die neuen Schulen gegen die unvordenklichen Lebensgewohnheiten der Halbwachheit. Noch immer ist Besonnenheit der modernste und unwahrscheinlichste Zustand; noch haben die alten kollektiven Räusche ihre Macht nicht eingebüßt. In der Tat hatten die athenischen Philosophen nicht nur ihre archaischen Kollegen, die Schamanen und Iatromanten, die Wahrsager-Heiler der altgriechischen Jahrhunderte hinter sich, sondern auch die homeridischen Rhapsoden und die Dichter-Theologen der dionysischen Kulte. Mit ihnen zu brechen war die historische Mission der Philosophie. Nach Sokrates sind alle Philosophen *nouveaux philosophes*; neu müssen sie sein, sofern sie in die Medienrevolution der Schriftkultur und der städtischen Rhetorik verwickelt sind. Damit wirken sie als Agenten eines epochalen Umbruchs in den antiken Wissensverhältnissen. Sie reagieren darauf, daß künftig jeder Denker ein Schreiber seines Wissens werden muß. Die Reden von Sein, Gott und Seele – Ontologie, Theologie, Psychologie – treten in die Zeilen fortlaufender Prosatexte ein und stellen sich jetzt immer auch als Ontographie, Theographie, Psychographie vor. Die Zeilen der philosophischen Schrift sind diskrete Wege zur Wahrheit; sie sind die Datenhighways der Antike zur absoluten Information. Bald jedoch werden es der Zeilen viele sein; die »Wege« ziehen sich bedenklich in die Länge, so sehr oft, daß Zweifel daran aufkommen, ob die Freunde der Weisheit noch zu Lebzeiten wirkliches Wissen erlangen; könnte es nicht sein, daß diese bizarren Argumentierer am Ende nur Bibliotheken und keine Erleuchtungen besitzen?

Wie auch immer, indem der Philosoph als Autor diese langen und steilen Wege vorausgeht, entsteht ein neuer Modus von Autorität. Es ist die Autorschaft, die auf der psychagogischen Macht der Schrift beruht. Platons berüchtigte Polemik gegen die Dichter bezeugt keine amusische Aversion gegen schöne Worte; sie ist Ausdruck einer unvermeidlichen Medienkonkurrenz zwischen den neuen besonnen verfaßten Reden über Gott, Seele und Welt und der alten trance-induzierenden Rhapsodik und der berauschenden und erschütternden Theatertheologie. Platon gab sich gleichsam für ein Medium des Gottes der Philosophen aus, der durch ihn das Gebot verkündete: Ich bin ein bilderloser Gott; du sollst keine gesungenen und gedichteten Götter mehr haben neben mir. Nun machen nicht mehr Ton und Vers die wahre Musik, sondern das Prosa-Argument und die dialektische Gedankenführung. So markiert das platonische Werk nicht nur die Epochenschwelle zwischen Mündlichkeit und Schriftlichkeit; es steht auch an der Grenze zwischen der älteren musikalisch-rhapsodischen Wissensüberlieferung und der neueren prosaisch-kommunikativen Wissensbeschaffung. Es macht den Charme des platonischen Textes aus, daß ihm – anders als den aristotelischen Abhandlungen und der gesamten akademischen Literatur – die Nähe zur Sprechweise der weisen Sänger und der frommen Dramaturgen noch durchwegs anzusehen ist. Für mehr als zweitausend Jahre wird der Ton der Philosophie auf den dissertierenden Prosatraktat festgelegt bleiben, bis es in moderner Zeit – nach einigen Präludien in der Renaissancephilosophie, namentlich bei Bruno – in Autoren wie Novalis, Nietzsche, Valéry, Sartre zu einer erneuten Annäherung zwischen der dichterischen und der diskursiven Prosa kommt. Aufs ganze gesehen ist das Massiv der klassischen Philosophie zwischen Platon und Husserl eine der gewaltigsten Folgen der

Schriftkultur. Darin liegt einer der Gründe, warum gerade heute
– in der Dämmerung einer neuerlichen Medienrevolution – die
Neulektüre unserer philosophischen Tradition fruchtbar zu
werden verspricht.

Die moderne Welt vollzieht ihrem Selbstverständnis nach ein
umfassendes antiplatonisches Experiment. Dieses scheint nur
möglich geworden zu sein, weil die Fundierung des Wissens und
Handelns in der »alteuropäischen« Idee eines höchsten Gutes
aufgegeben werden konnte. Der dominierende technologische
Pragmatismus der Neuzeit gewann freie Bahn erst, nachdem die
metaphysischen Hemmungen, die einem grenzenlosen moralischen und physischen Experimentieren im Weg standen, beiseite
geräumt oder zumindest entkräftet waren. In dieser Sicht läßt
sich verstehen, warum in der Modernität eine nach-metaphysi-
sche Enthemmung dominiert. In dieser sind Befreiungen mit
Destabilisierungen ambivalent verwoben. Die Konsequenzen
aus der Loslösung vom metaphysischen Fundament – Dekon-
struktivisten würden sagen: von der Fundament-Illusion –
schlagen doppelt zu Buch; die Ermächtigung zum unbegrenzten
Projektieren wird bezahlt mit der Entdeckung einer innerweltli-
chen Bodenlosigkeit. Wenn es heute bei so vielen Zeitgenossen
ein tiefsitzendes Unbehagen in der Modernität gibt, dann hat
dieses ohne Zweifel mit der zwiespältigen Erfahrung von steti-
gem Machtzuwachs und unaufhaltsamer Entsicherung zu tun.
Wo Ambivalenz herrscht, fallen positive Bilanzen schwer. Immer mehr Menschen zweifeln mit immer stärkeren Begründungen daran, daß das Weltexperiment der Neuzeit sich noch als
globales Gewinnspiel darstellen lasse; zu evident ist inzwischen
das Anschwellen der Risiken und Verluste. Wollte man die Regel
benennen, die über die Ökologie des neuzeitlichen Geistes
herrscht, so müßte man offenlegen, warum Modernisierung unvermeidlich einen Fortschritt im Bewußtsein der Haltlosigkeit
mit sich bringt. Ließe sich dies allen Akteuren und Zuschauern
des modernen Spiels ausreichend deutlich machen, wo wäre für
sie auch evident, wieso diese Tendenz sich nicht durch die Flucht
zu alten Grundlagen umkehren läßt. Der Fundamentalismus,
der heute weltweit aus dem Mißtrauen gegen die Modernität
entspringt, kann immer nur Hilfskonstruktion für Hilflose lie-

fern; er erzeugt nur Scheinsicherheiten ohne Weiterwissen; auf lange Sicht ruiniert er die befallenen Gesellschaften durch die Drogen der falschen Gewißheit. Als Gegengift gegen die fundamentalistische Versuchung empfiehlt es sich, das Buch des europäischen philosophischen Wissens von neuem aufzuschlagen und den Zeilen und Wegen des klassischen Denkens noch einmal zu folgen – soweit die Kürze des Lebens es uns erlaubt, solche aufwendigen Wiederholungen zu wagen.

Das Motto »Wieder denken« setzt die Aufforderung, neu zu lesen, voraus. Alle fruchtbaren Neulektüren profitieren von den Winkelbrechungen und Perspektiveverschiebungen, die unseren Rückblicken auf die Überlieferung innewohnen, sofern wir bewußte Zeitgenossen der aktuellen Umbrüche in den Wissens- und Kommunikationsverhältnissen der eben entstehenden telematischen Weltzivilisation sind. Viele Anzeichen sprechen dafür, daß die gegenwärtigen Generationen durch einen Weltformbruch hindurchgehen, der an Tiefgang und Folgenreichtum mindestens ebenso bedeutsam ist wie jener, der vor 2500 Jahren die klassische Philosophie provozierte. So könnte ein Studium jenes alten Bruchs auch die Verständigung über den aktuellen inspirieren.

Eine neue Edition von Lesebüchern zu den großen Autoren der okzidentalen Philosophiegeschichte – die zumal in dem einigermaßen pathetischen Zeitraum weniger Jahre vor der Wende zum Jahr 2000 erscheinen soll – setzt ein kulturelles Klima voraus, in dem sich Sorge und Neugier noch die Waage halten. Sie wendet sich an eine größere Öffentlichkeit, die noch immer bereit ist, statt Fundamentalismen und Betäubungen den Weg des wachen, besseren Wissens zu wählen. Besseres Wissen aber gewinnen wir heute nicht, ohne an den Abenteuern teilzunehmen, die bei der Revision der eigenen Geschichte auf uns zukommen. Ein neuer Aggregatzustand von Intelligenz wird auch den alten Schulen des philosophischen Wissens neue Informationen abgewinnen. Platon wieder lesen: Das kann bedeuten, sich darauf einzulassen, mit Platon – und Platon zum Trotz[11] – an der Aktualisierung unserer Intelligenz zu arbeiten.

1 Vgl. Fr. Nietzsche, Kritische Studienausgabe Bd. 4, München 1980, S. 577.

2 Der von Nietzsche – nach dem Vorgang von Kant, Marx und Feuerbach – mit angeregte Verdacht, daß die Geschichte der europäischen Metaphysik sich auch als Erfolgsgeschichte einer profunden Unwahrheit oder Halbwahrheit lesen lasse, ist im 20. Jahrhundert in ein Spektrum von tiefreichenden Anklagen entfaltet worden; Heidegger glaubte, in der Geschichte der europäischen Metaphysik und Technik den Vollzug eines umgreifend-heillosen Geschicks der »Seinsvergessenheit« zu erkennen; Adorno sah in ihr den Siegeszug einer zwanghaften, latent paranoiden Identitätslogik; Hermann Schmitz diagnostiziert bereits am Aufkommen der Philosophie deren Führungsrolle bei der Entwicklung eines machtorientierten Vernunfttypus, der auf falschen Abstraktionen, auf irreführenden Dualismen und auf einer tiefen Verkennung der Natur von Leib, Gefühl und Subjektivität gegründet ist; die feministische Kritik denunziert die Mehrheit der Philosophen als Agenten einer machtgestützten androzentrischen Illusionsfabrikation; bei Otto Rank, Peter Sloterdijk u. a. finden sich Ansätze zu einer Kritik der klassischen Philosophie als Medium einer Geburtsvergessenheit, die sich in heroischen, technologischen und idealistisch-spontaneistischen Kompensationen niederschlägt. Alle diese Deutungen haben gemeinsam, daß sie die europäische Philosophie in eine weitgespannte Kritik destruktiver Rationalitätsformen einbeziehen.

3 Vgl. Marsilio Ficino, Über die Liebe oder Platons Gastmahl (übers. v. K. P. Hasse; hrsg. u. eingeleitet P. R. Blum), Hamburg 1984, S. 11.

4 Vgl. Henry Corbin, Histoire de la philosophie islamique, Paris 1986.

5 Vgl. A. v. Harnack, Dogmengeschichte, Tübingen [8]1991, S. 63 ff. und 112 ff.

6 Vgl. Ioan P. Couliano, Jenseits dieser Welt. Außerweltliche Reisen von Gilgamesch bis Albert Einstein, München 1995, Kap. 10: »Interplanetare Reise – Die platonische Raumfähre«.

7 Vgl. hierzu Peter Sloterdijk, Im selben Boot. Versuch über die Hyperpolitik, Frankfurt 1993, Kap. II (S. 26–49): »Staats-Athletik, Vom Geist der Megalopathie«.

8 Vgl. Werner Jaeger, Paideia – Die Formung des griechischen Menschen, Berlin–New York 1989 (zuerst 1933).

9 Vgl. Arnold Gehlen, Moral und Hypermoral. Eine pluralistische Ethik, Frankfurt am Main [3]1973, S. 79 ff.

10 Vgl. Paul Rabbow, Paidagogia. Die Grundlegung der abendländischen Erziehungskunst in der Sokratik (hrsg. v. Ernst Pfeiffer), Göttingen 1960; Pierre Hadot, Philosophie als Lebensform. Geistige Übungen in der Antike, Berlin [2]1991.

11 Vgl. Adriana Cavarero, Platon zum Trotz, Berlin 1992.

*Platon, römische Kopie nach einem Werk des späten 4. Jahrhun-
derts v. Chr., Rom, Vatikan, Salle delle Muse.*

Über Platon

Einleitung von Rafael Ferber

Wenn Europa neu gebaut werden soll, darf die Philosophie nicht fehlen. Denn Philosophie ist wesentlich eine Prägung Europas und insbesondere Platons. Zwar ist Europa eine Mischkultur, aber es nimmt gleichwohl einen singulären Platz in der Geschichte der Menschheit ein, da es einen Sonderweg eingeschlagen hat, der inzwischen von fast allen anderen Kulturen übernommen wurde. Der europäische Sonderweg, der mit Griechenlands Befreiung von Kleinasien begann, ist zunächst der Weg der politischen Freiheit. Er fand einen Höhepunkt in der Errichtung einer direkten Demokratie in Athen. Der äußeren Befreiung folgte die Befreiung von den Mythen des eigenen Volkes, indem die Mythen als solche erkannt wurden. Diesen Weg der inneren Befreiung von den eigenen Voraussetzungen waren bereits die Vorsokratiker gegangen; den Weg der Befreiung ging auch Sokrates, der Lehrer Platons, indem er die moralischen Ansichten seiner Mitmenschen und ihrer Führer der kritischen Befragung unterzog.

Diesen Weg zu gehen war nicht leicht, da er gegen äußere wie auch innere Widerstände zu beschreiten war. So hat Platon die Ergebnisse seines Denkens wohl nur mit großer Mühe gewonnen. Und er erfuhr, wie schwer diese Ergebnisse für andere nachzuvollziehen waren; so schwer jedenfalls, daß sie ihm in schriftlicher Form nicht ausreichend verständlich erschienen. Im »Siebten Brief«, der eine Art von Autobiographie Platons darstellt und wahrscheinlich von ihm selber stammt, ist zu lesen: »Wenn mir aber schiene, daß es [das, worum ich mich ernsthaft bemühe] in geeigneter Form niederzuschreiben sei für die Mehrheit der Menschen und sagbar wäre, was hätte es für mich schöneres im Leben zu tun gegeben als dies, den Menschen zu großem Nutzen geschrieben und das Wesen der Dinge für alle ans Licht gebracht zu haben« (Ep. VII. 341d–e). Wenn diese Sätze von Platon stammen, so wird jeder Versuch, Platon durch seine Schriften verständlich zu machen, ein Wagnis sein, da sie das, worum es ihm ernsthaft ging, nur unangemessen und unvollständig wiedergeben.

Dennoch hat Platon versucht, seine Botschaft einem breiten Publikum bekannt zu machen, indem er Gespräche niederschrieb, die nicht nur Mitglieder seiner Schule, sondern auch gebildete Laien interessieren sollten. Deshalb wurde bei der vorgelegten Auswahl einerseits darauf geachtet, Stellen wiederzugeben, welche Platons Denken auch für den Laien zugänglich machen; andererseits habe ich auch anspruchsvollere Passagen berücksichtigt, um die Schwierigkeiten von Platons Denken nicht zu verbergen. Der Sinn einer Philosophie mag deutlicher aus einer Sammlung einiger entscheidender Texte hervorgehen als aus einer Gesamtausgabe, deren innere Logik oft auch für Forscher ein Rätsel bleibt. Die folgende Auswahl kann eine solche Gesamtausgabe nicht ersetzen. Doch kann diese Leseausgabe Studierenden und interessierten Laien helfen, einen roten Faden in einem Werk zu finden, zu dem nach Alfred North Whitehead (1861–1947) die europäische philosophische Tradition lediglich eine Reihe von Fußnoten bildet.

Ich folge einer alten Tradition, wenn ich meine Textauswahl mit dem »Phaidros« eröffne, obwohl er wahrscheinlich zu den späten Dialogen zu zählen ist.[1] Aus diesem Dialog habe ich den Abschnitt ausgewählt, der die Schriftkritik und die platonische Bestimmung des Philosophen enthält (Phdr. 274c–279c).

Die Schrift ist für Platon ein zweideutiges Mittel der philosophischen Mitteilung. Sie weist mindestens drei Schwächen auf, die sich allerdings weniger aus der Schriftlichkeit als solcher als aus dem Faktum der Veröffentlichung des Geschriebenen ergeben. Erstens täuscht die Schrift Lebendigkeit vor, obwohl sie tot ist. Zweitens kann sich die Schrift ihren Adressaten nicht aussuchen; sie ist sowohl für diejenigen zugänglich, die sie zu verstehen imstande sind, als auch für diejenigen, an die sie nicht gerichtet ist. Schließlich bedarf die schriftliche Mitteilung der Hilfe ihres Urhebers, falls sie angegriffen wird.

Mit dieser Schriftkritik ist die platonische Bestimmung des Philosophen verbunden. Philosoph hieß ursprünglich jemand, der mit der Weisheit befreundet oder vertraut ist.[2] Bei Platon wird daraus einer, der nach der Weisheit strebt, ohne sie ganz zu besitzen (vgl. Smp. 203d–204b); doch gewinnt der Begriff im »Phaidros« noch eine zusätzliche Dimension: Philosoph heißt nicht jeder, der schreibt, und auch nicht jeder, der nur – und sei es noch so gut – schreibt. So ist ein Dichter oder ein Verfasser von Gesetzen noch kein Philosoph. Philosoph heißt nur, wer »Kostbareres« oder »Wertvolleres« hat, als er schreibt. Das ist die erste Antwort auf die Frage »Wer ist Philosoph und wer nicht?«, die in der Geschichte des westlichen Denkens entworfen wurde.[3]

Hinsichtlich dieses »Wertvolleren« hat sich eine bedeutsame Kontroverse entwickelt. Während die einen Forscher glauben, daß damit nur eine gelegentliche mündliche Hilfestellung gemeint sei[4], sind andere der Ansicht, daß hiermit etwas Wesentlicheres beabsichtigt ist: daß der Philosoph über die schriftlichen Darlegungen hinaus Lehrinhalte hat, die er nur mündlich seinen Schülern mitteilt und die in diesem Sinne »esoterisch« sind.[5] Diese Lehrinhalte wurden in der von Platon gegründeten Privatuniversität, der *Akademie*, als die »sogenannten ungeschriebenen Lehren«[6] bezeichnet und haben vermutlich vor allem das Wesen der Seele und das Wesen des Guten betroffen.[7] Die Kontroverse um den Sinn dieses »Wertvolleren« ist noch nicht abgeschlossen.

Friedrich Nietzsche (1844–1900) hat einen wesentlichen Aspekt von Platons Schriften getroffen, wenn er in seiner Vorlesung »Einleitung in das Studium der platonischen Dialoge« (Wintersemester 1871/72) erklärt: »Aber nach Plato hat die Schrift überhaupt nicht einen Lehr- und Erziehungszweck, sondern nur einen Erinnerungszweck für den bereits Erzogenen und Belehrten. Die Erklärung der Phädrusstelle setzt die Existenz der Akademie voraus, die Schriften sind Erinnerungsmittel für die Mitglieder der Akademie.«[8] Dient doch die Schrift nur zur Erinnerung für den, der schon weiß, wovon sie handelt (vgl. Phdr. 275d). Dies gilt allerdings nicht für alle platonischen Schriften. So sollte etwa die »Verteidigung des Sokrates« in erster Linie Sokrates ein Denkmal setzen und für die Philosophie bei gebildeten Laien werben. Wichtig ist in diesem Zusammenhang, daß Platon seine Schriften wohl mit leichter Untertreibung als Spiel bezeichnet hat, als »Spiel dessen, der mit Reden zu spielen weiß, indem er von der Gerechtigkeit und den anderen Dingen, wovon du sprichst, Geschichten erzählt« (Phdr. 276e).[9] Da Platon hiermit auch auf sein Hauptwerk, den »Staat«, Bezug nimmt, das unter anderem eine Geschichte über die Gerechtigkeit erzählt (vgl. 376d.501e), so darf angenommen werden, daß Platons Schriftkritik im »Phaidros« auch andere Schriften wie z. B. den »Staat« mit meint.[10]

An diesem Punkt knüpft sich eine weitere Kontroverse an: ob der platonische Philosoph das erstrebte Wissen nicht nur für prinzipiell erreichbar hält, sondern es de facto erreicht hat. Während ich der Ansicht bin, daß der Philosoph das erstrebte letzte Wissen um das Wesen nicht erreicht hat[11], so ist demgegenüber die Behauptung vertreten worden, der platonische Philosoph habe es bereits zu Lebzeiten gewonnen, wenn auch nur für eine kurze Zeit. Aus diesem Wissen falle er jedoch immer wieder in die alltägliche Erfahrungsweise zurück.[12] Nun ist zuzugeben, daß der Philosoph in die Nähe dieses Wissens gelangen und eine einmal gewonnene Nähe wieder verlieren kann. Der Prozeß der Annäherung an die Wahrheit vollzieht sich nicht linear; Momente großer Nähe werden immer wieder von Pausen und Abschweifungen unterbrochen. Doch kann das Wissen, das der Philosoph erreicht, schwerlich schon das letzte sein. Sein Wissen bleibt vom göttlichen Wissen unterschieden, das an keinen Körper gebunden ist. Da der Philosoph Mensch ist, kann er dieses göttliche Wissen um das Wesen im Grunde erst besitzen, wenn er tot ist: »Und dann, wie es scheint, werden wir haben, was wir begehren und wovon wir behaupten, Liebhaber zu sein, die Erkenntnis, wenn wir tot sein werden, wie die Überlegung andeutet, solange wir leben aber nicht« (Phdr. 66e). Aber der Mensch kann in seinem Leben an dieses nicht mehr an einen Leib gebundene göttliche Wissen durch einen Dialog näher herangeführt werden und an ihm für Momente teilhaben. Es bleibt jedoch auch in der höchsten dem Menschen möglichen Form, der unmittelbar erkennenden Vernunft, noch an die körperliche Verdüsterung der Erkenntnismittel gebunden, die *alle* von Natur aus defizient sind (vgl. Ep. VII. 343d–e), da sie nur »Beschaffenheiten« des Wesens erkennen (vgl. Ep. VII. 343b–c). Sogar die unmittelbare Einsicht ist fehlbar, wenn sie auch an Verwandtschaft und Ähnlichkeit dem gesuchten Wesen am nächsten kommt (vgl. Ep. VII. 343 d).[13] Deshalb ist die philosophische Erkenntnis selbst in ihrer höchsten Form noch gefährdet.

Nun beginnt der Verfasser des »Siebten Briefes« seine autobiographischen Mitteilungen mit den Worten: »Einst, als ich jung war, erging es mir wie vielen anderen. Ich glaubte nämlich, sobald ich mündig geworden sei, mich sofort mit den öffentlichen Angelegenheiten der Stadt befassen zu müssen. Doch ergab sich, daß folgende politischen Ereignisse dazwischen kamen« (Ep. VII. 324 b–c). Es fand in Athen auf Intervention Spartas eine Umwälzung der Staatsverfassung statt, durch die dreißig Männer zur absoluten Herrschaft kamen. Diese verlangten von einem »mir befreundeten älteren Mann, Sokrates« (Ep. VII. 324 e), daß er einen unbescholtenen Bürger aufsuche und ihn mit Gewalt der Hinrichtung entgegenführe, damit er an ihrem verbrecherischen Regime teilhabe, »ob er es wolle oder nicht« (Ep. VII. 325 a). Sokrates jedoch verweigerte den Gehorsam und setzte sich lieber jeder Gefahr aus, als daß er an ihrem frevelhaften Treiben teilnahm. Das und anderes erfüllte Platon mit Unwillen gegen die Herrschaft der Dreißig, und er verzichtete vorläufig auf seine politischen Ambitionen. Nicht lange danach wurde die Herrschaft der Dreißig und die ganze damalige Staatsverfassung gestürzt. Platon fühlte wieder die Begierde, in der Politik eine Rolle zu spielen. Unglücklicherweise zogen jedoch einige der neuen Gewalthaber Sokrates vor Gericht, klagten ihn der Gottlosigkeit an und richteten damit einen Mann hin, »der an dem frevelhaften Verfahren gegen einen ihrer Freunde, der in die Verbannung gehen mußte, nicht teilhaben wollte, wiewohl sie selber vom Unglück der Verbannung betroffen waren« (Ep. VII. 325 c). So kam es zu der paradoxen Situation, daß dieselbe politische Gruppierung, deren Interessen Sokrates durch sein Verhalten verteidigt hatte, nun für seinen Tod gestimmt hat.

Auf diese Weise gewann Platon schon früh Einblick in die Abgründigkeit der politischen Verhältnisse Athens und auch der Politik im allgemeinen. Er hat, soweit es überliefert ist, nie mehr einen Versuch unternommen, in Athen politischen Einfluß zu

gewinnen. Der Tod des Sokrates war offenbar das einschnei-
dende Jugenderlebnis und wohl auch das Trauma Platons geworden. Es bewog ihn, Athen für eine gewisse Zeit zu verlassen,
und blieb in seinem Gedächtnis haften, so daß sein späteres
Leben zu einem beträchtlichen Teil in der Meditation über den
Tod des Sokrates bestand.

Um Sokrates ein würdiges Gedächtnis zu geben, hat ihn Platon bis in sein reifes Alter zum Wortführer seiner Dialoge gemacht. Sie sollten Sokrates' Unterredungen nachahmen. Es handelt sich jedoch nicht um Nachahmungen im buchstäblichen
Sinn, vielmehr sind sokratische und platonische Gedanken in
ihnen auf eine schwer entwirrbare Art und Weise vermischt.
Anfänglich lehnen sie sich noch stark an Sokrates an; spätestens
in den mittleren Dialogen legt Platon Sokrates Elemente des
eigenen Denkens in den Mund. In den späten Dialogen »Sophistes« und »Politikos« dagegen macht er einen Fremdling aus
Elea, im »Timaios« Timaios und in den »Gesetzen« einen Athener zum Wortführer. Sokrates freilich hat keine Zeile geschrieben. Indem Platon aber Sokrates nicht Abhandlungen in den
Mund legt, sondern Gespräche führen läßt, hat er etwas Wesent-
liches von der Mitteilungsform seines Lehrers aufbewahrt.

Das deutlichste Dokument von Platons Freundschaft mit Sokrates ist die »Apologie«. Sie besteht aus drei Reden: der Verteidigungsrede des Sokrates, dem Antrag des Sokrates und einem
Schlußwort. In der Verteidigungsrede unterscheidet Sokrates
zwischen zwei Vorwürfen: Einerseits habe er sich im allgemeinen eine Feindschaft zugezogen, andererseits die konkrete Anklage provoziert, er frevle wider die Gesetze und führe neue
Götter ein. Seine Verteidigung besteht nun in der Erzählung, wie
er zu seiner Tätigkeit gekommen ist. Das Orakel zu Delphi hat
ihn nämlich für den weisesten aller Menschen erklärt. Sokrates
ist perplex, versucht jedoch den Ausspruch zu verstehen. Er
prüft daraufhin Staatsmänner, Dichter und Handwerker auf ihre
Weisheit und stellt fest, daß sie alle weniger wissen als er. So
akzeptiert er, tatsächlich selbst der Weiseste zu sein, weil er
erkannt hat, daß seine Weisheit nichts wert ist.

Sokrates macht hier die Entdeckung, daß wir auf die Frage

»Was ist X?« keine gültige Antwort besitzen, wenn wir für X moralische Begriffe einsetzen wie z. B. Gerechtigkeit, Tapferkeit, Besonnenheit. Wir bringen vielmehr jeweils nur konventionelle Meinungen vor, die zudem häufig in sich widersprüchlich sind oder zu Absurditäten führen. In diesem Sinn prüft Sokrates Meletos, indem er ihn fragt, wer die Jugend besser mache. Dabei zeigt er Meletos, daß er seine Meinungen, wonach die Gesetze oder jeder Richter die Jugend besser mache, nicht durchdacht habe. Er treibt ihn zur Folgerung, daß alle Athener – außer Sokrates – die Jugend besser machten, eine Absurdität, auf die auch Meletos nichts mehr zu sagen weiß. Der Grund, weshalb sich Sokrates so verhaßt macht, liegt also in der Entdeckung eines Umstandes, der normalerweise nicht auffällt, daß nämlich unsere moralischen Begriffe nicht genügend geklärt sind. Zu wissen, daß wir nichts wissen oder daß unser Wissen wenig wert ist, heißt auch zu wissen, daß wir um das Wesen dieser Begriffe nicht wissen. Daß Sokrates dies in einer so penetranten Art und Weise seinen Zeitgenossen deutlich zu machen versucht hat, ist auch ein Grund dafür, weshalb er sich deren Feindschaft zuzog.

Sokrates hat jedoch diese Prüfung (griechisch: *Elenchos*) seiner Zeitgenossen nicht freiwillig übernommen, sondern erscheint wie getrieben von einem göttlichen Zeichen, dem *Daimonion*. Dies ist einer der rätselhaftesten Züge im Bild des Sokrates, und wir können kaum mehr rekonstruieren, worum es sich hier gehandelt hat. Zwar ist diese warnende Stimme etwas ganz Persönliches, doch hat es damit noch nicht sein Bewenden. Es scheint, wie Georg Wilhelm Friedrich Hegel (1770–1831) erkannt hat, daß in Sokrates an die Stelle eines äußeren ein inneres Orakel bzw. »das Zeugnis des Geistes der Individuen getreten ist«[14]. Das *Daimonion* symbolisiert aus der Retrospektive den Übergang einer unbewußten Sittlichkeit, die die herrschenden Konventionen befolgt, zu einer ihrer selbst bewußten Moralität, die selber zu entscheiden vermag, welche der herrschenden Konventionen als moralisch richtig zu befolgen sind und welche nicht.

Als Gipfel der Arroganz mußten jedoch die Richter empfunden haben, daß Sokrates beantragte, im Rathaus Athens, dem *Prytaneion*, gespeist zu werden. Das war ein Privileg der Ratsherren und ständigen Ehrengäste Athens. Offensichtlich war Sokrates der Ansicht, daß sein Aufrütteln dem Allgemeinwohl Athens diene, wofür ihm der Staat Auszeichnung und die Erhaltung seiner physischen Existenz schulde. Diese Provokation ist die erste Artikulation des Gedankens, daß die Philosophie im Interesse des Staates sei, ja sogar, daß ein Gemeinwesen jemanden, der es aus dem Schlummer seiner Selbstzufriedenheit wecke, brauche. Von der Antike bis heute ist denn auch geschlossen worden, daß Sokrates seinen Tod herausgefordert habe. Er habe gewußt, daß der Konflikt mit Athen unausweichlich wurde, daß er aber in einem höheren Sinn im Recht war und deshalb die »große Kollision«[15] durchstehen mußte. Das Prinzip, für das er eintrat, das Recht auf freie Prüfung der überkommenen Meinungen, hat ihn jedenfalls überlebt. Deshalb konnte Sokrates von Hegel mit Recht als »welthistorische Person«[16] bezeichnet werden, als eine Gestalt, die einen Wendepunkt in der Geschichte des menschlichen Geistes markiert. Er hat trotz oder eher wegen seines Todes der Sache, für die er gelebt hat, zum Leben verholfen. Der Mensch tritt aus der Befolgung der herrschenden Konventionen heraus in die Reflexion über sie.

Einige Forscher sind sogar der Meinung, daß die »Apologie« die Reden des Sokrates vor dem Gericht wörtlich wiedergibt. Das läßt sich nicht überprüfen. Platon wollte jedenfalls, daß sie als authentisch betrachtet werde. Die Schrift gehört zu den großartigsten der Weltliteratur. Karl Popper (1902–1994) nennt sie die »schönste philosophische Schrift, die ich kenne«.[16]

Den Dialog »Menon« hat Platon wahrscheinlich kurz nach der Eröffnung der Akademie geschrieben. Er ist als ein Übungsstück für Mitglieder dieser neu eröffneten Gemeinschaft aufzufassen.[18] Zwar endet das Gespräch ohne Lösung bzw. aporetisch, insofern die Frage nach dem Wesen der Tüchtigkeit bzw. der Tugend nicht beantwortet wird, doch heißt dies nicht, daß Platon über keine Antwort auf diese Frage und die folgende »Ist die Tugend lehrbar?« verfügt hätte. Soweit Tugend für ihn auf einem Wissen beruht, ist sie auch lehrbar. Entscheidend ist hier, daß Menon die Ausgangsfrage »Was ist Tugend?« gar nicht versteht. Er zählt zwar keine einzelnen Beispiele von Tugenden

Platon und der junge Aristoteles. Detail aus dem Fresko »Die Schule von Athen« (1508–1511) von Raffael, Rom, Vatikan, Stanza della Segnatura.

auf, wohl aber einige »social patterns« oder »Universalien«, die jedoch noch zu wenig allgemein sind.[19] So bestehe z. B. die Tugend des Mannes darin, seinen Freunden nützlich zu sein und den Feinden zu schaden. Menon gibt aber keine Antwort auf die

Frage nach dem allgemeinen Wesen der Tugend. Da er diese Frage zuerst gar nicht versteht, muß er am Beispiel von Figur und Farben in die Bedeutung dieser Frage eingeführt werden. Menons selbständiger Definitionsversuch, Tugend sei, »das Schöne und Gute zu begehren, und imstande sein, es sich zu verschaffen« (Men. 77b), scheitert an der Zirkularität, da Menon versucht, die Tugend wieder durch die Gerechtigkeit zu definieren. Gerechtigkeit ist jedoch auch ein Teil der Tugend, so daß die Tugend durch einen Teil der Tugend bestimmt würde.

Sokrates entwickelt darauf das Paradox, daß man überhaupt nicht forschen kann, weder nach dem, was man schon weiß, noch nach dem, was man nicht weiß. Das eine kennt man nicht und kann es deshalb gar nicht suchen. Das andere dagegen kennt man bereits und sucht es deshalb nicht (vgl. Men. 80e). Sokrates löst dieses Paradox durch den Rückgriff auf die Unsterblichkeit der Seele, die schon oft wiedererstanden sei, alle Dinge auf Erden und im Hades geschaut habe und deshalb vor der Geburt in einem Körper schon alles wüßte. Lernen bestehe in der Erinnerung an das, was wir schon vor der Geburt gewußt, aber infolge der Wiedereinkörperung unserer Seele wieder vergessen haben. Das ist eine mythologische Fassung der Tatsache, daß wir bei jeder Begriffsanalyse von einem Vorverständnis ausgehen müssen. So müssen wir z. B. bereits von einem Begriff der Tugend ausgehen, um überhaupt ihr Wesen klären zu können. Die These, Lernen beruhe auf Wiedererinnerung, wird dann an einem unwissenden Sklaven Menons vorgeführt, der das Problem der Verdoppelung eines Quadrates löst, indem Sokrates durch Fragen aus ihm die richtige Antwort »herauszieht«. Das führt zu der interessanten Bemerkung, daß auch dem Nichtwissenden, hier dem Sklaven, wahre Meinungen innewohnen, um die er allerdings nicht weiß, die ihm jedoch durch geschickte Fragen entlockt werden können.

Die Ausgangsfrage »Was ist Tugend?« wird zunächst mit Hilfe einer Voraussetzung, einer Hypothesis, beantwortet. Wenn die Tugend Wissen ist, so ist sie auch lehrbar. Allerdings stellt sich dann die Frage, wer die Lehrer der Tugend sind. Jedenfalls nicht die Sophisten, in der Interpretation Platons hochbezahlte Lehrer der Rhetorik und Lebenstüchtigkeit. Auch ist nicht jeder angesehene Athener schon ein Lehrer der Tugend, sonst hätten ja Themistokles oder Aristides sie ihren Söhnen beibringen können. So scheint die Tugend nicht lehrbar zu sein. Doch ist die These Lehrbarkeit oder Unlehrbarkeit eine falsche Alternative, wenn unter Lehrbarkeit ein *Wissen* verstanden wird, das gelehrt werden soll. Es gibt auch richtige *Meinungen*, die im Unterschied zum echten Wissen allerdings nicht fest begründet sind. Wer sie hat, verfügt noch nicht über den Grund seines Wissens, kann jedoch gleichwohl richtig handeln. In der Tat gibt es Menschen, die richtig handeln, ohne eine philosophische Ausbildung erhalten zu haben. Auch kann man den Weg nach Larissa, einer Stadt in der Nähe Athens, anderen richtig weisen, ohne ihn selbst gegangen zu sein und ihn wirklich zu kennen. Sollte jedoch die Tugend im Sinn richtiger Meinungen lehrbar sein, so müßte es Lehrer dieser Meinungen geben. Anscheinend gibt es aber keine. So zeichnet sich die Lösung ab, daß man zur Tugend durch die Gottheit gelangt, die sie auf übernatürlichem Wege zuteil werden läßt. Dies konnte allerdings nicht Platons letztes Wort gewesen sein. Gewißheit über die Sache ergibt sich erst dann, wenn die Frage über das Wesen der Tugend behandelt wird, ohne eine Voraussetzung zu machen.

Der Dialog »Protagoras« führt nun in Platons Auseinandersetzung mit den Sophisten ein, zu denen die historische Gestalt Protagoras (480–410 v. Chr.) gehörte. Der gewählte Ausschnitt, versucht zwei wichtige Resultate zu begründen: Tugend sei Wissen, was im »Menon« nur vorausgesetzt wurde, und niemand tue freiwillig Unrecht. Um die erste These zu beweisen, geht Sokrates von der Schwäche der Erkenntnis aus. Die menschliche Erkenntnis kann offensichtlich von den Leidenschaften – »bald dem Zorn, bald der Lust, bald der Unlust, manchmal der Liebe, oft aber der Furcht« (Prot. 352b–c) – überwältigt werden. Das ist die Erfahrungstatsache der Willensschwäche (griechisch: *Akrasia*): trotz der Erkenntnis des Besseren tun wir häufig das Schlechtere.

Sokrates macht nun gegenüber Protagoras, dem Sprecher der Mehrheit, das Zugeständnis, die Lust sei ein Gut, die Unlust ein

Übel. Wenn uns die Lust überwältigt, so werden wir von etwas überwältigt, was uns gut zu sein scheint. Was uns gut zu sein scheint, das halten wir für gut. Wenn wir die Lust aber für gut halten, so tun wir das infolge einer Erkenntnis. Deshalb würde im Falle der *Akrasia* unsere Erkenntnis von einer anderen überwunden; lächerlicherweise aber würde die Erkenntnis eines größeren Gutes der eines geringeren untergeordnet, das uns im Moment größer erscheint. Doch niemand zieht freiwillig ein geringeres Gut einem größeren vor.

Daraus ergibt sich das andere Paradox, daß niemand freiwillig Unrecht tut. Man tut Unrecht, weil man ein scheinbares Gut für ein echtes Gut hält, sich in einem Irrtum befindet. Man tut also nicht Unrecht, weil man Unrecht tun will, sondern weil man sich im Moment des Unrechttuns über seine eigenen Interessen im unklaren ist. Tut man aber aus Unwissenheit Unrecht, so tut man es unfreiwillig. Tut man umgekehrt das, was richtig ist, so wird man von einem Wissen geleitet. Daraus ergibt sich das Paradoxon, daß Tugend Wissen ist; das heißt, wenn man weiß, was gut ist, dann tut man es auch.

Beide Paradoxien führen zur entscheidenden Einsicht, daß man nur das Gute wollen kann. Will man das Schlechte, so will man etwas, was einem gut zu sein scheint, sonst könnte man es gar nicht wollen.[20]

Dem »Phaidon«, den man zu den mittleren Dialogen zählt, ist die Passage entnommen, die sich als die erste intellektuelle Autobiographie bezeichnen läßt: die Autobiographie des platonischen Sokrates. Sie dokumentiert Sokrates' Unzufriedenheit mit den materiellen Ursachen für Entstehen, Vergehen und Sein, wie sie die Naturforschung der Vorsokratiker eingeführt hat. Sokrates erkennt vielmehr, daß es auch eine immaterielle oder mentale Verursachung gibt, insofern nicht seine Knochen und Sehnen, sondern seine Vernunft seinen Körper veranlaßt, im Gefängnis zu bleiben. Anaxagoras habe zwar die Vernunft eingeführt, sie aber nicht zu Erklärungszwecken gebraucht. Weiterhin entdeckt Sokrates, daß der unmittelbare Zugang zu den Dingen, das heißt der Zugang über die Sinneswahrnehmung, nicht zum erwünschten Erkenntnisziel führe, nämlich zur Erklärung, weshalb etwas eine bestimmte Eigenschaft wie »groß« oder »schön« habe. Deshalb gelte es, die »Flucht in die Logoi« bzw. die »Flucht zu den Begriffen« zu ergreifen und sich zur »zweitbesten Fahrt« aufzumachen, das heißt, statt mit Segeln zu fahren, zu versuchen, mit Rudern voranzukommen. Statt der Sinneswahrnehmung, die uns in Widersprüche und Verwirrung führt, sollen Vernunftgründe verwendet werden. So ist das Große nicht durch irgendwelche materiellen Ursachen groß und das Schöne schön, sondern durch die Anwesenheit von unsichtbaren Wesen, die Platon Ideen nennt, oder durch die Gemeinschaft mit ihnen. Das Modell der mentalen Verursachung wird so gewissermaßen auf die sinnliche Welt im allgemeinen ausgedehnt, insofern diese erst durch die Annahme immaterieller Wesenheiten erklärbar wird.

Diese »Flucht zu den Begriffen« führt zur berühmten »Ideenlehre« Platons. Sie besteht in der Annahme einer Welt, die zwar nicht sichtbar ist, aber gleichwohl existiert. Platon geht hier von einem Begriff der Existenz bzw. des Seins aus, den er von Parmenides übernimmt. Sein heißt danach »immer und prozeßlos« sein. Während die Sinnesphänomene ständig im Fluß sind, existieren diese nur durch das Denken zu erfassenden Gebilde immer und prozeßlos. Sie werden von Platon Ideen genannt. Nicht Ideen im Sinn von Einfällen oder Vorstellungen, sondern objektive Wesenheiten, die unabhängig von unserer Erfassung existieren. Allerdings glaube ich, daß diese Existenz der Ideen nur semantischer Natur ist, insofern nun Bedeutungen von Wörtern zu den Bezugsgegenständen werden, über die gesprochen wird. Es ist eine Existenz von vergegenständlichten Bedeutungen von Wörtern und, soweit diese Bedeutungen in Sätzen miteinander verbunden werden, auch des Inhalts von Sätzen, das heißt von Propositionen.[21] Platon dagegen scheint der Ansicht gewesen zu sein, daß die »Ideen« von jeher da waren und von der menschlichen Fähigkeit, zu denken und zu abstrahieren, unabhängig sind, da unser Denken sie schon voraussetzt. Die Frage ist nicht leicht zu klären. Auf jeden Fall besitzt die Stelle aus dem »Phaidon« großes Gewicht. Man hat sie auch als den Beginn der »Metaphysik« bezeichnet, einer Philosophie, die eine unsichtbare Welt jenseits der sichtbaren annimmt, durch die erst die sichtbare Welt erklärbar wird.

Die kleine Szene am Schluß des »Phaidon« gehört zu den erinnerungswürdigsten Szenen der Dialoge; sie zeigt am Beispiel des sterbenden Sokrates, wie die Vernunft den Körper beherrschen kann. Zweifelsohne ist dieses Sterben von Platon stilisiert worden, doch mindert das nicht die Eindrücklichkeit dieser würdigen Art und Weise, sich den Tod zu geben.

Im »Symposion« (»Gastmahl«) beruft sich Sokrates in seiner Lobrede auf den Eros auf die Priesterin Diotima, die ihn in die Liebeskunst eingewiesen hat. Diotima zeigt, daß alle Menschen das Gute, ja den ständigen Besitz des Guten wollen und daß sie es bereits durch ihre Geschlechtlichkeit wollen. Diese Liebe zum ständigen Besitz des Guten zeigt sich als Wunsch nach Unsterblichkeit: nach der physischen Unsterblichkeit durch Fortpflanzung auf der einen Seite, nach der Unsterblichkeit des Namens auf der anderen. Zuletzt offenbart sich dieses Streben nach dem Guten auch als Philosophie, ist doch die platonische Philosophie nichts anderes als dieses seiner selbst bewußt gewordene Streben und entspricht so einem natürlichen Bedürfnis, das sie zur Entfaltung bringt. Der Gegenstand der Erfüllung ist aber für den Philosophen weder die physische Fortpflanzung noch die Unsterblichkeit des Namens, sondern es sind die »immer seienden« Ideen, die als immer seiende auch den Charakter des Guten haben. Im »Gastmahl« ist es die Idee des Schönen, deren ständige Schau der Philosoph erstrebt.

Nach der Rede des Sokrates führt Platon wieder in die Realität zurück: Alkibiades springt zur Türe herein und hält eine Lobrede auf Sokrates. Dabei – er ist schon angeheitert – legt er ein Geständnis ab. Die Weinlaune läßt ihn etwas erzählen, was man ansonsten verschweigt, nämlich eine Beschämung seiner selbst. Sokrates muß auch die Fähigkeit gehabt haben, Menschen zu beschämen. Alkibiades meint ursprünglich, daß sich Sokrates in ihn verliebt habe, doch dreht sich das Verhältnis um, und Sokrates stellt Alkibiades wie einem Geliebten nach. Dabei erlebt er, daß dieser ihn unberührt läßt und wie ein Bruder mit ihm schläft. Nach einigen weiteren Lobreden auf Alkibiades zeigt Sokrates nochmals seine Trinkfestigkeit und redet seine Zechgenossen in den Schlaf.

Unter den Ideen ragt insbesondere die Idee des Guten heraus. Sie findet sich im »Staat«, aus dem hier das sechste und siebente Buch wiedergegeben ist. Die Idee des Guten bringt die Erfüllung des Strebens nach dem Guten und hat eine solche Bedeutung, daß sie im Zentrum der Ausbildung der angehenden Philosophen, ja sogar im Zentrum des von Platon entworfenen Staates steht. Der Zweck des Staates nach Platon ist eben nichts anderes als die Verwirklichung des Guten. Nun hält aber Platon nur die Philosophen für fähig, dieses Gute, das in uns schlummert und das jedermann von uns will, auch zu erkennen, soweit es eben erkannt werden kann. Deshalb kommt es zuerst auf die Ausbildung der Philosophen an. Entsprechend hoch sind die Ansprüche, die an ihre Ausbildung gestellt werden und die sich ebenso an den Intellekt wie auch an den Charakter richten. Der Philosoph muß sich auf das Ganze konzentrieren, die Wahrheit lieben, seelische Größe haben; hinsichtlich seiner intellektuellen Fähigkeiten soll er über ein gutes Gedächtnis verfügen und lernbegierig sein. Nun scheinen so hochbegabte Menschen kaum zu existieren; diejenigen Philosophen, die man kennt, sind verdreht, wenn nicht gar charakterlich und intellektuell verdorben; sogar die besten erweisen sich als unbrauchbar für das Staatsleben. Sokrates antwortet auf diese Unbrauchbarkeit mit dem Bild vom verkannten Steuermann: Der eigentliche Führer wird verkannt und gilt als unbrauchbar, da er nicht die Interessen der anderen bedient.

Da der Name der Philosophie gleichwohl noch genügend Klang habe, träten an ihre Stelle die Sophisten. Die verschwindend kleine Zahl von wahren Philosophen jedoch enthalte sich mit Vorteil der Politik. Unter den Staaten in ihrer jetzigen Verfassung gäbe es keinen, der den Forderungen einer philosophischen Natur entspräche. Deshalb gälte es in Gedanken einen Staat zu gründen, der schwer, aber nicht unmöglich zu realisieren ist. Um nun das Gute im Staat zu verwirklichen, müssen die Philosophen versuchen, das Gute zuerst zu erkennen. Dazu genügen die bisherigen Erörterungen über die Kardinaltugenden im vierten Buch nicht, die Philosophen haben vielmehr einen »längeren und größeren Weg« zu gehen. Nur so lernen sie das »Größte«, was es zu lernen gibt, die Idee des Guten.

Sie ist weder Lust noch Einsicht. Sie ist nicht Lust, da es auch moralisch verwerfliche Lüste gibt. Sie ist nicht Einsicht, da sich dann die Frage stellte, wovon sie Einsicht ist, wenn nicht vom Guten. Sokrates ruft zu ihrem Verständnis nochmals die »Ideenlehre« in Erinnerung. Trotzdem teilt er die Idee oder das Wesen des Guten nicht mit, da es für den jetzigen Anlauf noch zuviel wäre, auch nur seine Meinung darüber in vollem Umfang zu äußern. Um aber seine Gedanken in einer vorläufigen Art und Weise mitzuteilen, flicht er drei Gleichnisse ein, die das Vorläufige, das er zu sagen hat, verständlich und mit einer gewissen Hintergründigkeit darstellen sollen.[22]

Diese drei Sinnbilder sind das Sonnen-, Linien- und Höhlengleichnis. Im Sonnengleichnis wird das Gute mit der Sonne verglichen. Ähnlich wie das Licht der Sonne etwas Drittes ist zwischen Sehen und Gesehenwerden, so fungiert auch das Gute als ein Drittes zwischen und über Denken und Sein. Es ist gleichsam die Lichtquelle, innerhalb derer es überhaupt Erkenntnis und ihre Gegenstände geben kann. Wir sehen sie im Normalfall allerdings nicht, sondern nur gespiegelt. In den Worten Rainer Maria Rilkes (1875–1926) aus der achten Duineser Elegie, die in unserem Jahrhundert die Thematik des »Dritten« wieder aufnahm und dichterisch gestaltete: »Der Schöpfung immer zugewendet, sehn wir nur auf ihr die Spiegelung des Frein, vor uns verdunkelt.«

Im Liniengleichnis wird das Gute als »voraussetzungsloser Anfang« bestimmt, im Höhlengleichnis der mühsame Aufstieg zu jenem Guten gezeigt. Dieser Aufstieg ist ein Sinnbild für den philosophischen Bildungsgang, der sein Ziel eben in jenem »Dritten« findet. In der Auslegung wird nun die Höhle mit der Sinneswelt und der Ort oberhalb der Höhle mit der Welt des Denkbaren verglichen. Die philosophische Bildung besteht in der Umwendung der Seele von der sichtbaren zur unsichtbaren Welt, bis sie in der Lage ist, die Idee des Guten zu sehen.

Die Wissenschaften, die diese Umwendung zu bewirken vermögen, sind die des Quadriviums, also Arithmetik, Geometrie, Astronomie und Harmonik, insofern sie sich mit jenen nur geistig erfaßbaren Wesen beschäftigen. Sie bilden erst das Vorspiel zur Hauptmelodie, der Dialektik, die jenes begriffliche

Verfahren darstellt, das durch das Mittel einer Realdefinition jeweils das Wesen von etwas ausfindig zu machen sucht. Hier aber geht es darum, das Wesen des Guten von allen anderen Bestimmungen zu abstrahieren. Der Dialektiker ist der, der das jeweilige Wesen und insbesondere das Wesen des Guten zu erfassen sucht. Allerdings gibt der platonische Sokrates hier keine Wesensdefinition des Guten, sondern entwickelt nur ein Programm dessen, was zu tun ist, um zu ihr zu gelangen.

Nach welchen Kriterien sind die angehenden Dialektiker auszuwählen? Es müssen die in körperlicher, charakterlicher und intellektueller Hinsicht besten jungen Männer und Frauen sein. Es sind sozusagen junge »Übermenschen«, die der junge Nietzsche – vielleicht in einer Art Selbstporträt – so charakterisiert: ».. . ein Schlag Menschen mit starken Gliedern, größerer Gelenkigkeit und einem ungestümen leidenschaftlichen Gemüth, zugleich wohlwollend«[23]. Ohne Leidenschaft gelangt der angehende Philosoph nicht zur Erkenntnis. Auch ein Zeitplan für den Bildungsgang der angehenden Dialektiker ist angegeben. Er besteht aus einem theoretischen und einem praktischen Teil. Der theoretische Teil zerfällt ins Studium des Quadriviums, das sich vom zwanzigsten bis zum dreißigsten Lebensjahr erstreckt, und ins Studium der Dialektik, das vom dreißigsten bis zum fünfunddreißigsten Lebensjahr dauern soll. Zwischen dem fünfunddreißigsten und fünfzigsten Lebensjahr wird die dialektische Ausbildung durch einen Aufenthalt in der »Höhle« unterbrochen. Entscheidend ist, daß die Philosophen gezwungen werden müssen, selbst wieder hinabzusteigen in die Alltagswelt und sich um die Angelegenheiten anderer Menschen zu kümmern. Erst fünfzigjährig werden die Philosophen ans Ziel, nämlich zur Schau der Idee des Guten, geführt, und erst dann sind sie zum Königtum befähigt.

(Die inhaltliche Ausfüllung dieses im »Staat« nur skizzierten Ausbildungsganges ist vermutlich der »ungeschriebenen Lehre« vorbehalten geblieben, die nicht mehr nur in Gleichnissen das Gute und den Weg zu ihm zeigen, sondern ihn selbst gehen sollte. Inhaltlich dürfte sie, nach den fragmentarischen Nachrichten zu urteilen, die wir über sie besitzen, in einer Lehre von zwei Prinzipien bestanden haben: dem des einen und dem der unbestimmten Zweiheit. Dabei wurde die Idee des Guten durch das eine, das Schlechte dagegen durch die unbestimmte Zweiheit charakterisiert, insofern das Schlechte im Gegensatz zur *einen* Idee des Guten unbestimmt viele Formen aufweist. Zu diesen beiden Prinzipien sollen die Philosophen durch ein Abstraktionsverfahren gelangen, in dem die sinnlich wahrnehmbare auf die unsichtbare Welt zurückgeführt wird und diese auf eine ihr zugrundeliegende Ordnung von nichtaddierbaren, »qualitativen« Zahlen und diese wieder auf die zwei Prinzipien.[24] Platon hielt es jedoch für unratsam, seine sehr schwierigen Überlegungen, denen er kaum den Status der Gewißheit einräumen konnte, in einem Werk mitzuteilen, das auch für breitere Kreise bestimmt war.[25] Für eine breitere Öffentlichkeit hat er jedenfalls die drei Gleichnisse geschrieben und den Vergleich des Guten mit der Sonne durchgeführt. Diese Ausführungen sind auch eine der entscheidenden Inspirationsquellen für das heliozentrische Weltsystem, das die Sonne in die Mitte des Universums stellt, geworden.)

Weitere Abschnitte aus dem »Parmenides«, »Theaitetos«, »Sophistes« und »Politikos« folgen. Platon hat sie vermutlich als *eine* Serie konzipiert: Der Theaitetos verweist auf den »Parmenides« (vgl. Tht. 183e) und macht auf ein weiteres Treffen aufmerksam (Tht. 210d), das dann am Beginn des »Sophistes« (Sph. 216a) stattfindet, den man bereits zu den Spätdialogen zählt; der »Politikos« deutet wieder auf den »Sophistes« zurück (vgl. Plt. 284b).

Der »Parmenides« beginnt mit dem Auftreten von Glaukon und Adeimantos, die bereits im »Staat« die beiden Hauptgesprächspartner des Sokrates waren. Damit könnte angedeutet sein, daß der Dialog zur Belehrung Glaukons und Adeimantos – und das heißt wahrscheinlich auch von Mitgliedern der platonischen Akademie – diente. Zuerst fingiert jedoch Platon eine Begegnung des jungen Sokrates mit den Vorsokratikern Parmenides (um 515–?) und Zenon (um 495–nach 445), in deren Verlauf Sokrates eine Erweiterung der von Zenon entwickelten Methode der indirekten Widerlegung fordert. Zenon versucht nämlich die These des Parmenides »Alles ist eins« zu unterstützen, indem er die gegenteilige These »Es gibt Vielheit« durch den Nachweis unmöglicher Konsequenzen ad absurdum führt. Es gilt nicht nur zu beweisen, daß ein Ding jeweils Vieles ist, sondern auch, inwiefern das Eine selbst jeweils vieles ist und das Viele eines ist.

Zuerst folgen jedoch fünf Einwände gegen die »Ideenlehre«: a) Wovon gibt es Ideen? Auch von »Haar, Kot, Schmutz und dergleichen« (Prm. 130c)? b) Wie ist die Teilhabe der Sinnesphänomene an den Ideen zu verstehen? Besteht sie nur teilweise oder gänzlich? In beiden Fällen ergeben sich Schwierigkeiten. c) Haben wir nicht zwischen Sinnesphänomenen und Ideen jeweils eine dritte Idee anzunehmen, kraft derer Sinnesphänomene und Ideen jeweils erst die Eigenschaften haben, die sie haben? Das führt zum vieldiskutierten Problem des »Dritten Menschen« zwischen dem sinnlich wahrnehmbaren und der Idee des Menschen. d) Wenn die Ideen getrennt von den Sinnesphänomenen existieren, so scheinen sie für uns unerkennbar zu werden. e) Falls Gott aber nur die transzendenten Ideen erkennt, so scheinen umgekehrt die Sinnesphänomene bei uns für Gott unerkennbar zu werden.

Wichtig scheint mir, daß diese Einwände von Parmenides nicht direkt widerlegt werden. Das wäre wohl zwecklos gewesen und hätte einen möglichen Gegner der »Ideenlehre« vermutlich nur noch mehr in Opposition gebracht. Daraus ist nicht zu folgern, daß Platon die Ideen wegen dieser Einwände schon aufgegeben hätte. Ohne sie gäbe es keinen Richtpunkt mehr für das Denken, und ohne sie würde auch die Fähigkeit der Dialektik zerstört werden, die solche Ideen voraussetzt (vgl. Prm. 135b–c). Der junge Sokrates braucht vielmehr noch etwas Übung; denn »ohne dieses Hin- und Hergehen durch alles ist es nicht möglich, dem Wahren begegnend, Vernunft zu erlangen« (vgl. Prm. 136e). Um diesem Mangel abzuhelfen, stellt der Schlußteil des »Parmenides« solche geistigen Exerzitien vor, die hier nicht mehr mit aufgenommen worden sind. Über ihren Sinn ist viel gerätselt worden, und ein Konsens steht noch aus. Sicher ist, daß sie eine Übung (vgl. Prm. 135c.d. 136a.c.) und ein »mühsames Spiel« (Prm. 137b) darstellen. Ihr Sinn *könnte* darin liegen, daß sowohl die Annahme von Ideen, die hier am Beispiel des Einen (vgl. Prm. 136b–c) vorgeführt wird, wie auch deren

Verneinung in Schwierigkeiten führt. Der Dialog endet folglich auch in einem Widerspruch sowohl für die Hypothese der Annahme als auch für die der Verneinung des Einen, und zwar sowohl für das Eine als auch für das Andere, und zudem sowohl in Beziehung auf sich selbst als auch auf alles Andere (Prm. 166c). Dies führt in einen völligen Relativismus und Skeptizismus hinsichtlich der Ideen, da nun beides – die Annahme von Ideen als auch deren Verneinung – mit gleichem Recht behauptbar und nicht behauptbar erscheint.

Es wird aber leicht übersehen, daß dieses Resultat des »Parmenides« nur mit der Klausel eines »scheint« vertreten wird (vgl. Prm. 166c). In der Tat kann ein solches wohl nur zu Übungszwecken formuliertes »Ergebnis« nicht richtig sein, zumal auch Platon das Gesetz vom zu vermeidenden Widerspruch akzeptiert (vgl. R. 436b). Ob Platon diese Argumente tatsächlich außerhalb des »Parmenides« in seinem mündlichen Unterricht in der Akademie widerlegt hat, ist wahrscheinlich, aber kaum nachweisbar. Die Ideen tauchen im »Sophistes« (245e–259d), im »Politikos« (263a–264b. 286a–b) und im »Timaios« (27d–28a.48e) wieder auf.

Daß sich der Relativismus selbst widerlegt, wird von Platon auch im »Theaitetos«, »Sophistes« und »Politikos« vorgeführt. Da diese drei Dialoge von Platon als Trilogie konzipiert wurden, liegt es nahe, daß sie etwas Gemeinsames haben. In formaler Hinsicht besteht dieses Gemeinsame meines Erachtens in dem Ziel, jüngere Mitglieder der Akademie, für die stellvertretend Theaitetos und Sokrates der Jüngere stehen, in die platonische Philosophie einzuüben. Inhaltlich gesehen, besteht das Gemeinsame dieser drei Dialoge in dem Ziel, in wohlabgestufter Anordnung den Relativismus von innen heraus zu widerlegen.

Die Trilogie »Theaitetos«, »Sophistes« und »Politikos« hat deshalb auch eine thematische Einheit, die ich so charakterisieren möchte: Die Bestreitung eines »Absoluten« widerlegt sich selbst, insofern sie die Existenz eines »Absoluten« voraussetzt. Dies versucht der »Theaitetos« durch die Erkenntnis zu zeigen, daß sich der Homo-Mensura-Satz »Der Mensch ist das Maß aller Dinge« selbst widerlegt. Sollte nämlich der Homo-Mensura-

Satz wahr sein, so ergibt sich in der platonischen Interpretation, daß das, was jedem *scheint*, auch *ist* (vgl. Tht. 170a). Diese These widerlegt sich aber selbst, weil dann auch deren Verneinung »Der Mensch ist nicht das Maß aller Dinge« wahr wäre (vgl. Tht. 171b). Ebenso setzt die sophistische Behauptung des Nichtseins (vgl. Sph. 236e–241b) die Behauptung »Das Nichtsein ist« voraus, wie der »Politikos« zusammenfaßt (vgl. Plt. 284b). Derselbe Dialog zeigt jedoch, daß die politische Kunst etwas »Absolutes« voraussetzt, da sich ansonsten auch dort der Relativismus von innen heraus zerstören würde. Deshalb setzt die politische Kunst voraus, richtiges politisches Handeln sei nicht nur an einem relativen, sondern auch an einem »absoluten« Maßstab meßbar. Im »Theaitetos« bedingt so eine relativistisch konzipierte Erkenntnis, im »Sophistes« eine sophistische »Ontologie«, im »Politikos« eine relativistisch aufgefaßte politische Kunst etwas »Absolutes«.

Aus dem »Theaitetos« wird zuerst der Abschnitt über Sokrates als Geburtshelfer präsentiert. Sokrates nimmt hier auf, was er bereits in der »Apologie« von sich behauptet hat: Er sei niemandes Lehrer. Er selbst sei »unfruchtbar an Weisheit« (Tht. 150b); zu entbinden zwinge ihn die Gottheit. Seine Hebammenkunst führt er nun am Beispiel des Wissens vor. Nach Theaitetos, einem jungen Mathematiker, ist »Wissen nichts anderes als Wahrnehmung« (Tht. 151e). Diese These verbindet Sokrates mit dem Homo-Mensura-Satz des Protagoras, der »Mensch ist das Maß aller Dinge«, *nämlich* »der seienden, daß sie sind, der nicht seienden, daß sie nicht sind« (Tht. 152a). Auch illustriert er sie mit den Ansichten Homers und Heraklits, verwendet sie zur Erklärung von Sinnestäuschungen, von Träumen und der Relativität unserer Sinneswahrnehmungen auf die eigene Person: Nicht einmal uns selbst erscheint etwas als dasselbe, weil wir uns selbst nicht gleichbleiben. Nach einer Reihe von Argumenten gegen den Vorschlag des Theaitetos folgt der entscheidende Gegenschlag. Der Satz des Protagoras schließt die Wahrheit seines Gegenteils und die Falschheit seiner selbst ein (Tht. 169d–171d). Also ist der Mensch nicht das Maß aller Dinge.

In der Mitte des Dialoges befindet sich die berühmte Abschweifung über die philosophische Rede und die Rede vor Gericht. Sie ist hier eingeflochten worden, um die Konsequenzen des Relativismus für das tägliche Leben deutlich zu machen: Gäbe es keinen objektiven – und das heißt hier vom jeweiligen Menschen unabhängigen – Maßstab, so wäre es eine bloße Machtfrage, wer in moralischen, politischen und religiösen Fragen recht behielte. Als Beispiel für diese »relativistische« Rede, in der es in erster Linie darauf ankommt, recht zu bekommen, steht die von Platon ins Lächerliche gezogene Rede vor Gericht. Umgekehrt vergißt er nicht, die Lächerlichkeit des Philosophen in den Augen der Welt darzustellen. Das philosophische Lebensziel bestehe jedoch nicht darin, in den Augen der Welt einen momentanen Erfolg zu erringen, sondern einem objektiven Maßstab näherzukommen. Dieses Ziel versucht ein philosophisches Gespräch wie der »Theaitetos« zu erreichen, und das heißt hier »Verähnlichung mit Gott«. Die eindrückliche Passage stilisiert, zwecks besseren Verständnisses stark übertreibend, den entscheidenden Unterschied zwischen Rhetorik und Philosophie und der entsprechenden menschlichen Ideale.

Der folgende Text nimmt die These des Protagoras wieder auf und widerlegt sie, indem sie die Herakliter zu widerlegen sucht. Offensichtlich ist für alles, was über die bloße, allen Menschen gemeinsame Sinneswahrnehmung hinausgeht, nicht jeder Mensch, sondern nur der weisere das Maß. Sie sind die Experten in einem bestimmten Gebiet, wie z. B. die Ärzte im Gebiet von Krankheit und Gesundheit. Die Vertreter eines extremen Relativismus jedoch, die Herakliter, für die alles fließt, sind selbst gar nicht greifbar, da sie selber ständig »im Fluß« sind. Das heißt, sie können selbst ihre These nicht konsistent vertreten. Deshalb muß Sokrates ihre These artikulieren, der keinen relativistischen Standpunkt einnimmt. Nun sind unsere Sinne jeweils auf je eine Sinnesqualität beschränkt, das Auge auf die Farben, das Ohr auf die Töne. Wichtig ist aber für die Erschütterung der Meinung »Wissen ist nichts anderes als Wahrnehmung« die Frage, wie wir das erfassen, was den Sinnesqualitäten gemeinsam ist. Wie erfassen wir z. B. deren Sein? Da wir das Sein der Sinnesqualitäten durch die Sinne nicht erfassen können, leitet diese Frage zur These über, daß Wissen nicht Wahrnehmung ist.

Aus dem Dialog »Sophistes« ist das Kernstück über das Sein des Nichtseins wiedergegeben. Wenn wir über etwas Nichtseiendes wahre Aussagen machen, müssen wir annehmen, daß auch das Nichtseiende in gewisser Weise ist. Setzt doch eine wahre Aussage etwas voraus, worüber gesprochen wird. Doch kann nach einem Satz des Parmenides (vgl. D/K.B 7.1–2) niemand zeigen, daß das Nichtseiende ist. Das Nichtseiende ist weder sagbar noch erkennbar. Wenn Parmenides recht hat, kann der Sophist, der falsche Aussagen macht, seiner Falschheit gar nicht überführt werden, da seine Aussagen keinen Bezugspunkt mehr haben, an dem ihre Falschheit aufgewiesen werden könnte. Doch zwingt gerade der Sophist, anzuerkennen, daß das Nichtseiende in gewisser Weise sei, weil er ansonsten keine falschen Aussagen machen könnte. Folglich muß der parmenideische Satz, wonach sich niemals zeigen läßt, daß das Nichtseiende nicht sei, selbst überprüft werden. Das Nichtseiende muß in gewisser Weise sein, wie das Seiende in gewisser Weise nicht sein muß. Das führt nun zu einer Untersuchung dessen, was eigentlich »Sein« bedeutet.

Dabei finden wir uns in einem Riesenstreit wieder, in einer *Gigantomachie*. Die einen behaupten, daß nur das Körperliche sei, die anderen dagegen, daß nur die geistig erfaßbaren Ideen seien. Doch müssen die Vertreter des körperlichen Seins zugeben, daß das körperliche Sein Möglichkeit ist, nämlich die Möglichkeit, eine Veränderung zu bewirken oder zu erleiden. Umgekehrt müssen auch die Vertreter des unkörperlichen Seins diesem eine Bewegung einräumen: Wenn das unkörperliche Sein erkannt wird, so erleidet es etwas und erfährt damit eine Art von Bewegung. Das Seiende erscheint so als Drittes neben Bewegung und Stillstand.

Diese drei Begriffe – Sein, Bewegung und Ruhe – müssen untereinander wieder eine bestimmte Gemeinschaft haben, das heißt, sie müssen in einer bestimmten Art und Weise miteinander verbunden werden können. Platon erläutert das am Beispiel der Buchstaben und Töne, die sich nicht alle beliebig miteinander kombinieren lassen. Die richtigen Kombinationen ausfindig zu machen ist Sache des Grammatikers oder Musikverständigen. Die Wissenschaft jedoch, die die richtige Verbindung und Scheidung von Begriffen erörtert, ist die Dialektik. Da jeder der drei genannten Begriffe einerseits mit sich selbst identisch, andererseits von den anderen verschieden ist, ergeben sich insgesamt fünf solcher Begriffe – auch oberste Gattungen genannt: Bewegung, Ruhe, Sein, Selbigkeit und Verschiedenheit. Das Nichtseiende wird als Verschiedenes bestimmt. Da das Verschiedene eine der fünf obersten Gattungen ist und durch seine Teilhabe am Sein existiert, existiert auch das Nichtsein. Damit läßt sich auch die Möglichkeit des Irrtums erklären und der Sophist dingfest machen. Der Sophist nämlich, der Falsches behauptet, behauptet Verschiedenes vom Sein und damit auch ein Sein. Um also überhaupt Falsches behaupten zu können, setzt auch der Sophist Wahrheit und Sein voraus.

Aus dem »Politikos« wurde die zentrale Stelle ausgewählt, in der erneut der Relativismus widerlegt werden soll, diesmal allerdings in der politischen Kunst. Gibt es keinen »absoluten« Maßstab mehr, dann gibt es auch nicht mehr das Relative an sich; es existiert nur noch das, was im Vergleich zueinander relativ ist. Nicht nur der Homo-Mensura-Satz wie im »Theaitetos« und nicht nur die Behauptung des Nichtseins wie im »Sophistes« – auch die Behauptung der Existenz von Künsten setzt die Bejahung von etwas »Absolutem« voraus: Erst wenn ein »absoluter« Maßstab existiert, existiert auch das Relative an sich, das Relative, das gemessen an einem »absoluten« Maßstab relativ ist. Dieser »absolute« Maßstab ist im »Politikos« allerdings nicht die Idee des Guten; er ist hier das Angemessene (τὸ μέτριον). Es wird mit verschiedenen Ausdrücken umschrieben: dem »Schicklichen, dem richtigen Zeitpunkt, dem Pflichtgemäßen und allem, was in die Mitte von zwei Extremen gesetzt ist« (Plt. 284e). Auf die Idee des Guten wird zwar unter dem Begriff des »obersten Prinzips« – bzw. wörtlich übersetzt des »Genauen selbst« (248d) – verwiesen, ihre inhaltliche Erörterung bleibt jedoch auch in diesem Dialog ausgespart. Es ist jedoch wichtig zu sehen, daß für Platon zwischen der Idee des Guten bzw. dem »Genauen selbst« und den Sinnesphänomenen ein vermittelndes und abgeleitetes Prinzip steht, das Prinzip des Angemessenen, an dem sich der Staatsmann zunächst zur Verwirklichung des

Guten zu orientieren hat. Es ist nicht das »Gute selbst«, wohl aber die Beurteilungsinstanz für die Verwirklichung des Guten unter den empirischen Bedingungen der Sinneswelt. Innerhalb dieser Bedingungen kann zwar nicht das Gute schlechthin, wohl aber das Angemessene, Schickliche und eben das, was in der Mitte zwischen zwei Extremen liegt, realisiert werden.[26]

Der kosmologische Traktat »Timaios« ist im wesentlichen ein Monolog und spricht über die Erschaffung der Welt bis zur Entstehung des Menschen. Ausgangspunkt ist wieder die Grundunterscheidung zwischen Ideen und Sinnesphänomenen. Die Welt wurde geschaffen, indem ein göttlicher Handwerker, der Demiurg, sie mit dem Blick auf die gleichbleibenden Ideen als ein Abbild ihrer geformt hat. Der Charakter der Darstellung kann nur Wahrscheinlichkeit beanspruchen, da sich die Rede des »Timaios« nicht auf Ideen, sondern auf ihre Abbilder, also auf Veränderliches, bezieht. Der Grund für die Erschaffung der Welt liegt darin, daß alles möglichst gut sein sollte. Deshalb führt der Demiurg das Reich des Sichtbaren aus der Unordnung zur Ordnung, überzeugt, daß dieser Zustand jenem anderen vorzuziehen sei. Diese Welt ist nur *eine*, die einmal gewordene und ewig weiterbestehende Welt, *ein* beseeltes Geschöpf. Sie ist ein einziges Ganzes aus in sich vollständigen Teilen.

Timaios schildert dann, wie die Seele erschaffen wird und wie Meinung und Wissenschaft entstehen. Er beschreibt die Erschaffung der Zeit als bewegtes Abbild der Ewigkeit, die Erschaffung der Sterne, der Planetenumläufe, die Erschaffung der vier Arten von Lebewesen – der Götter, Vögel, Wasser- und Landtiere –, die Erschaffung der Erde, der Dämonen und zuletzt der Menschen. Es folgt die Kreation des menschlichen Körpers, der Sinnesorgane und insbesondere der Sehkraft. Während das Bisherige durch die Vernunft hervorgebracht worden ist, müssen den Werken der Vernunft auch die der »blinden Notwendigkeit« an die Seite gestellt werden, das heißt hier im Prinzip die Werke des »blinden Zufalls«. Denn bei der Entstehung dieser Welt wirkten Zufall und Vernunft in Gemeinschaft miteinander, wobei die Vernunft die Oberhand über den Zufall hatte.

Hier erklärt Platon aus dem Munde Timaios' erneut, daß er

sich nicht im vollen Umfang über die Prinzipien äußern kann. Indem er jedoch einen neuen Anfang macht, führt er interessanterweise eine dritte Gattung ein, die »als Empfängerin und gleichsam Amme alles Werdens« (Ti. 49a) anzusehen ist. Diese dritte Gattung ist sozusagen eine Vorform des Raumes, in der alle Sinnesphänomene Platz haben, und sie könnte dem zweiten Prinzip auf der Ebene der Sinneswelt entsprechen. Sie erfüllt nämlich die Funktion des aufnehmenden Prinzips, das nach Aristoteles ein und dasselbe mit dem Raum ist (vgl. Aristoteles, Ph. Δ2.209b12–13), auch wenn Platon dieses Prinzip in der »ungeschriebenen Lehre« anders nennt.

In der Mitte des »Timaios« stellt der Protagonist die Frage, ob nicht die Dinge, die wir mit Augen sehen oder die wir durch irgendwelche andere körperliche Empfindungen wahrnehmen, allein die Wirklichkeit sind. Ohne wiederum die Existenz der Ideen voll zu begründen, geht er von einer Voraussetzung aus: Wenn Vernunft ($\nu o \tilde{\nu} \varsigma$) und wahre Meinung ($\delta \acute{o} \xi \alpha \, \grave{\alpha} \lambda \eta \theta \acute{\eta} \varsigma$) zwei verschiedene Erkenntnisarten sind, so gibt es Ideen. Dies ist offensichtlich, da Vernunft und wahre Meinung in Hinsicht auf Ursprung und Beschaffenheit etwas Verschiedenes sind: Vernunft entsteht durch Belehrung, wahre Meinung durch Überredung; Vernunft ist mit wahrer Begründung verbunden, wahre Meinung nicht; Vernunft läßt sich durch Überredung nicht beseitigen, wahre Meinung schon. Zuletzt ist jedermann der wahren Meinung teilhaftig, an der Vernunft aber neben den Göttern nur ein geringer Teil der Menschen (vgl. Ti. 51e). Wenn wir also einige Voraussetzungen machen, die mit Ausnahme der letzten auch heute noch eine gewisse Plausibilität besitzen, so müssen wir Ideen annehmen. Die Annahme einer Welt mit Ideen scheint so für Platon trotz ihrer Schwierigkeiten die bessere Hypothese gegenüber einer Welt ohne diese unsichtbaren Wesenheiten gewesen zu sein.

Der »Philebos« kehrt wieder zur Thematik des Guten zurück, und zwar zu dem, was gut ist für den Menschen. Wiedergegeben ist die Schlußpassage. Auch das Gute des »Philebos« ist noch nicht die Idee des Guten, sondern befindet sich nur in deren Vorraum. Es wird bestimmt als Schönheit, Ebenmaß und Wahrheit. Dabei ergibt sich eine Rangordnung, bei der das Maß, Maßvolle und Angemessene ($τὸ μέτρον, μέτριον, καίριον$) auf dem ersten, das Symmetrische, Schöne, Vollendete und Ausreichende ($τὸ σύμμετρον, καλόν, τέλειον, ἱκανόν$) auf dem zweiten, die Vernunft ($νοῦς$) auf dem dritten, richtige Meinung ($δόξα ἀληθής$) auf den vierten und die Lust ($ἡδονή$) auf den fünften Platz zu stehen kommt. Das ideale Leben ist ein Leben, das aus Lust und Vernunft gemischt ist.

Allerdings bleibt auch im »Philebos« die Frage, was das Gute seinem Wesen nach ist, ausgespart. Mit dem Maß, das auf dem ersten Platz steht, könnte auf die Idee des Guten angespielt sein, da sie in der »ungeschriebenen Lehre« auch als Maß galt. Die Verbindung wird hergestellt durch das vom Neuplatoniker Syrianus überlieferte Fragment aus dem verlorenen aristotelischen Dialog »Politikos«: »Er [Aristoteles] schreibt im zweiten Buch des ›Politikos‹ darüber... und formuliert ausdrücklich so: ›Denn das genaueste Maß von allem ist das Gute‹« (in Metaph. 168.33–35). Nicht der Mensch also, wie nach dem Homo-Mensura-Satz des Protagoras, vielmehr das Gute ist so das »genaueste Maß« aller Dinge. Zwar versuchte Platon dies in einer öffentlichen Vorlesung »Über das Gute« für jedermann darzulegen, doch muß ihm diese öffentliche Vorlesung, deren Datierung umstritten bleibt, mißglückt sein. Ihr Scheitern ist für Platon vermutlich einer der Gründe gewesen, nichts mehr darüber zu schreiben und seine Ansichten nur mündlich in der Akademie darzutun.

Das Alterswerk Platons »Nomoi«, die »Gesetze«, blieb in dieser Auswahl unberücksichtigt. Zitiert sei daraus nur die »Definition« des Guten, die Platon dem Athener in den Mund legt: »Der Gott aber dürfte uns wohl am meisten Maß aller Dinge sein, und das weit mehr als, wie sie sagen, irgendein Mensch« (Lg. 716c). Der Mensch aber, das vermeintliche Maß aller Dinge, ist nur ein Spielzeug in der Hand Gottes, und das ist in Wahrheit gerade das Beste an ihm (vgl. Lg. 803c). Es ist ein Gott, der in diesem für den Jugendunterricht konzipierten (Lg. 811c–d) Alterswerk für die Idee des Guten steht, auch wenn das nur eine Hypothese ist: »Gott mag wissen, ob sie wahr ist« (R. 517b).

Platon spricht in den Dialogen jeweils durch den Mund eines Protagonisten, durch Sokrates, den eleatischen Fremden, Timaios oder den Athener. Es sind aber auch dreizehn Briefe bekannt, in denen er im eigenen Namen redet. Die meisten dieser Briefe sind nicht echt. Auch die Echtheit des »Siebten Briefes« läßt sich nicht beweisen und ist in Frage gestellt worden. Besonders denkwürdig ist darin die sogenannte »philosophische Abschweifung«. Stammte sie von Platon, so wäre sie die einzige Stelle, aus der sich Platons Philosophie aus seinem eigenen Mund kennenlernen ließe, und insofern von unschätzbarem Wert. Sollte sie aber nicht von Platon stammen, so kann sie nur aus seiner engsten Umgebung und aus größter Vertrautheit mit Platons Leben und Denken herrühren. Nachdem ich persönlich früher dazu neigte, den »Siebten Brief« für unecht zu halten[27], bin ich heute zur Ansicht gelangt, daß Platons Autorschaft wahrscheinlich ist.[28] Wer sonst könnte diesen Brief geschrieben oder diktiert haben? Unabhängig von der Echtheitsfrage halte ich die philosophische Digression für eines der wichtigsten Dokumente des menschlichen Geistes, das ich etwas frei übersetzt habe, um seinen Sinn deutlich zu machen.

Das in der Digression enthaltene »gültige Argument« zeigt uns, daß unsere Erkenntnismittel – Name, Definitionssatz, wahre Meinung, diskursives und unmittelbares Erkennen – zwar das Wesen meinen, es aber aufgrund der »Schwäche der Reden« nicht als Wesen zu erfassen vermögen. Auch die unmittelbare Einsicht kommt ihm »an Verwandtschaft und Ähnlichkeit« (342d) nur am nächsten, da auch sie von der körperlichen Verdüsterung noch nicht gänzlich frei ist. Was die vier Erkenntnismittel erfassen, sind nur »Beschaffenheiten« oder Aspekte des Wesens. Eine schriftliche Fixierung würde dieses Wesen jedoch in einer unwandelbaren Art und Weise niederlegen und damit die Illusion erwecken, das Wesen sei bereits als solches und nicht nur in einem seiner Aspekte erfaßt. Zudem garantiert die schriftliche Mitteilung noch nicht den langwierigen Bildungsprozeß, der für das Verständnis der Ideen nötig ist. Aber das Hin- und Herreiben der Erkenntnismittel kann doch günstige Bedingungen für das »Aufleuchten« von Vernunft und Einsicht schaffen, das heißt für den höchsten uns möglichen Bewußtseinszustand.

Platon, antike Kopie eines Kopfes der in der Akademie in Athen aufgestellten Bronzestatue des Silanion, München, Glyptothek.

Der Verfasser umschreibt den Vorgang so: »Kaum aber, wenn jedes einzelne von ihnen aneinander gerieben wird, Namen und Definitionen, Anschauungen und Wahrnehmungen, man sie in wohlgesinnten Prüfungen prüft und ohne Mißgunst Fragen und Antworten gebraucht, beginnt Vernunft über dem jeweiligen Gegenstand und Einsicht aufzuleuchten, falls man sich anstrengt, soweit es menschlicher Kraft möglich ist« (Ep. VII 344b–c).[29]

Unter den Sokratikern war Platon derjenige, der vielleicht am meisten Lehrerfolg hatte. Es gelang ihm, begabte Menschen in seinen Kreis zu ziehen und ihnen den Weg zu einem sinnvollen Leben zu weisen, zu einem Leben gemäß dem Besten in ihnen selbst. Auch wenn er damit nicht immer erfolgreich war, so hat er gleichwohl viele Menschen, insbesondere junge, geprägt und in ihnen als Lehrer einen unauslöschlichen Eindruck hinterlassen, wie es Sokrates bei ihm selbst getan hatte. Mehr noch hat Platon durch sein geschriebenes Werk einen bis heute nachwirkenden Einfluß auf die westliche Philosophie ausgeübt. Einem guten Philosophen zu begegnen ist etwas vom Schönsten, was einem Menschen geschehen kann: Noch immer kann die Lektüre Platons als eine unübertreffliche Einübung in das philosophische Denken gelten.

Vielleicht werden sich Leser die Frage stellen, was heute noch von Platons Philosophie gültig bleibt. Zweifelsohne ist auch Platon den Grenzen seiner Person und Zeit verhaftet geblieben. Weder kannte er das Christentum noch die neuzeitliche Naturwissenschaft und Technik noch gar die Französische oder die industrielle Revolution. Sein politischer und philosophischer Aristokratismus ist nicht mehr vertretbar. Vieles wirkt übersteigert und ist schon zu seiner Zeit so empfunden worden. Wahrscheinlich hat Platon auch die Möglichkeit der Philosophie zur Lebensbewältigung überschätzt. Manches – etwa sein ironisch-höhnischer und destruktiver Umgang mit Gegnern – ist auch menschlich fragwürdig geblieben. Doch wäre Platon kein echter Philosoph, wenn er nicht etwas zu artikulieren vermocht hätte, was über die Grenzen seiner Person und seiner Zeit hinausreicht. Das scheint mir insbesondere dreierlei zu sein: Das erste gehört zum Wesen der Philosophie als einer rationalen Tätigkeit, nämlich die von Sokrates übernommene Dialektik, für die sich der Begriff *Elenchos* eingebürgert hat. Sie ist wesentlich ein negatives Verfahren, die »Reinigung« der Seele durch Prüfung jeder vorgebrachten These auf ihren Wahrheitsgehalt. Platon wußte, wie rasch wir uns in den entscheidenden Fragen unseres Lebens mit einem Scheinergebnis zufriedengeben, wie anstrengend und mühsam, aber auch aufregend der Weg zu einer begründeten Erkenntnis ist.

Gibt es aber diese Dialektik oder Kunst der rationalen Argumentation und ist nicht alle menschliche Rede nur Ausdruck eines Inneren oder Kommunikation mit anderen, so muß es auch eine dieser rationalen Argumentation entsprechende Welt objektiver Sinngehalte bzw., wie ich es nenne, eine semantische Welt geben. Dies geht aus dem »letzten« Argument für die »Ideenlehre« hervor, das sich im »Timaios« findet (vgl. Ti. 51d). Sogar ein Gegner Platons, Karl Popper, bedient sich einer ähnlichen Argumentation für die von ihm sogenannte Welt 3, das heißt die Welt der objektiven Sinngehalte: ».. . wenn die gesamte Sprache bloß für Ausdruck und Kommunikation gehalten wird, dann läßt man all das außer acht, was für menschliche Sprache im großen Unterschied zur tierischen Sprache charakteristisch ist: ihre Fähigkeiten, wahre und falsche Aussagen zu machen und gültige und ungültige Argumente vorzubringen. Das wiederum hat zur Folge, daß der Physikalist nicht in der Lage ist, dem Unterschied zwischen Propaganda, verbaler Einschüchterung und rationaler Argumentation Rechnung zu tragen.«[30] Für den Physikalisten oder Materialisten wäre rationale Argumentation auch etwas Physikalisches, etwa eine Form von Propaganda. Falls es aber wahre und falsche Aussagen, gültige und ungültige Argumente gibt und nicht alle menschliche Rede auf Ausdruck und Kommunikation zurückführbar ist, dann muß es auch Wahrheit und Falschheit, Gültigkeit und Ungültigkeit, das heißt semantische Gegenstände, semantische Sachverhalte und deduktive Verhältnisse zwischen ihnen geben, also das, was nach Popper zur Welt 3 gehört. Es muß eine semantische Welt geben. Sie ist allerdings für Platon nicht von Menschen gemacht, sondern unabhängig vom Menschen.

Platon wußte aber auch, daß sowohl die Erkenntnis der Ideen als auch deren Mitteilung mit großen Schwierigkeiten behaftet ist und man einen Gegner kaum direkt widerlegen kann, geschweige denn zum »Sehen« der Ideen zwingen kann. Deshalb hielt er es wie im »Parmenides« für angezeigt, zuerst einige Übungen vorzuführen, um dann im »Theaitetos«, »Sophistes« und »Politikos« die Schwierigkeiten einer Position von innen her darzulegen, die solche objektiven Sinngehalte leugnet. Würde die »Ideenlehre« nicht von innen her gewonnen und begründet, so wären deren Ergebnisse nur »wahre Meinungen« und würden von der nächstbesten Propaganda zugunsten einer anderen Meinung wieder weggeschwemmt werden. Ob Platon all die Schwierigkeiten, in welche die »Ideenlehre« führt, gelöst hat, wissen wir nicht. Doch scheint er der Überzeugung gewesen zu sein, daß die Annahme einer Welt der Ideen zusätzlich zur materiellen Welt trotz ihrer Schwierigkeiten der Behauptung einer nur materiellen Welt vorzuziehen ist. Diese Hypothese einer Welt solcher Sinngehalte scheint mir zu den dauernden Errungenschaften Platons zu gehören, auch wenn wir sie heute anders formulieren.

Zuletzt scheint mir das, was Platon die Idee des Guten nennt, ein bleibender Fluchtpunkt allen Philosophierens zu sein, soweit es zu den wesentlichen Fragen vordringt. Um ihren übergeschichtlichen und transkulturellen Kern deutlich zu machen, habe ich es das Dritte genannt, nämlich das Dritte zwischen und über Dialektik und Ideen, Denken und Sein. Von verschiedenen Traditionen wird es verschieden bezeichnet: als das eine von der neuplatonischen Tradition, wenn nicht gar schon bereits von Platon in der »ungeschriebenen Lehre«. Es dürfte aber auch dem Brahman der »Upanischaden« Indiens sowie dem Tao des »Tao te king« des Chinesen Laotse entsprechen. Das neuplatonische eine ist wie das Brahman und Tao nicht erkennbar, nicht nennbar und überseiend. Jedes Reden darüber verfängt sich in Paradoxien, sobald es versucht, das Unaussprechliche und Unerkennbare auszusprechen und zu erkennen. In diesem »Dritten« sehe ich auch heute die ungelöste Aufgabe eines Denkens, das die Kerngedanken der drei verschiedenen Traditionen aufnimmt und integriert. Doch scheint es für uns Europäer und insbeson-

dere die Deutschen wichtig, zuerst die eigene Tradition kennenzulernen, bevor man die östliche zu verstehen in der Lage ist.
Noch entscheidender aber ist, zuerst selbst jene Erfahrung zu
machen, zu der auch die Schrift nur ein Hilfsmittel ist:

»Von mir gibt es keine Schrift darüber noch wird es je eine
geben. Denn das, worum ich mich ernsthaft bemühe, ist keineswegs sagbar wie andere Lehren, sondern aus langem Umgang
mit der Sache selbst, und wenn man ihr sein Leben widmet,
entflammt es unvorhergesehen wie ein von einem Feuerfunken
in der Seele angezündetes Licht und nährt sich sogleich selbst«
(Ep. VII. 341c–d).

Zur Lage der Platonforschung

Über wenige Philosophen wird soviel geschrieben wie über
Platon. Leider gibt es keine Gesamtdarstellung, in der die For-
schungsresultate der letzten dreißig Jahre integriert sind. Eine
gute Gesamtschau unter Berücksichtigung der einschlägigen Literatur bietet für den deutschsprachigen Leser immer noch Paul
Friedländer, »Platon«, 3 Bände, Berlin ³1964–1975, der insbesondere Form und Gehalt der platonischen Dialoge zusammen
zu sehen sucht. Hinsichtlich der Ansprüche, die heute an die
logische Analyse von platonischen Argumenten gestellt werden
können, ist sie allerdings nicht mehr ausreichend. Hier sind
insbesondere die Arbeiten von Gregory Vlastos (1908–1991)
wie sie in seinen »Platonic Studies«, Princeton ²1981, gesammelt
sind, wegweisend geworden. Myles Burnyeats ausgezeichneter
Kommentar »The Theaetetus of Plato«, Indianapolis/Cam-
bridge 1990, ist ein musterhaftes Beispiel dafür, wie weit sich in
dieser analytischen Richtung kommen läßt.

Heute ist die Forschung, soweit sie zu den grundsätzlichen
Fragen vordringt, gespalten in die »Esoteriker« und die »Anti-
Esoteriker«. Die einen glauben, daß bereits im Hintergrund der
frühen Dialoge eine »ungeschriebene Lehre« steht, mittels derer
wir schwierige Stellen der Dialoge aufschlüsseln können. Die
anderen halten diese »ungeschriebene Lehre« für eine Konstruk-
tion des Aristoteles und der Akademie. Die wichtigsten Vertreter der »esoterischen« Richtung, Hans Krämer, Konrad Gaiser

(1929–1988) und Thomas Alexander Szlezák, leben in Tübingen und bilden die sogenannte Tübinger Schule. Ihre Ergebnisse sind von Giovanni Reale (Mailand) und Maurizio Migliori (Macerata) übernommen, verbreitet und modifiziert worden. Die andere Richtung wurde insbesondere von Harold Cherniss (1904–1987) stark gemacht. Ihm folgen mit Einschränkungen unter anderen Ernst Heitsch, Luc Brisson, Myles Burnyeat und Margherita Isnardi-Parente. Beide Richtungen bekämpfen sich heute noch zum Teil mit großer Bitterkeit.

Weniger zahlreich scheinen diejenigen, die sich keiner dieser Schulen anschließen und eine mittlere Linie verfolgen[31], wonach Platon zwar nach einem bestimmten Zeitpunkt, etwa während der Abfassungszeit des »Staates«, eine »ungeschriebene Lehre« zugeschrieben werden kann. Diese bestünde aber kaum in einer fundamentalistischen Orthodoxie, mit deren Hilfe sich schwierige Stellen der Dialoge erst aufschlüsseln ließen, sondern vielmehr in »ungeschriebenen Meinungen«, deren Sinn man auch dort, wo sie über die Dialoge hinausgehen, mittels einzelner Dialogstellen annäherungsweise rekonstruieren könne. Auf alle Fälle hat Platon das Entscheidende seiner Lehre vom Guten: daß es noch jenseits des Seins ist, im Sonnengleichnis des »Staates« ausgesprochen. Der 1989 in Bevagna (Umbrien) gegründeten »Internationalen Platongesellschaft« gebührt unter anderem das Verdienst, die Vertreter dieser verschiedenen Positionen miteinander in persönlichen Austausch gebracht zu haben. Sie hält alle drei Jahre Symposien über einen platonischen Dialog ab: 1989 in Perugia über den »Phaidros«, 1992 in Bristol über den »Politikos« und 1995 in Granada über den »Timaios«. Das Symposium 1998 wird in Toronto stattfinden; das Thema ist noch nicht festgelegt.

Zu Übersetzung und Anmerkungen

Platon müßte neu ins Deutsche übersetzt werden. Es gibt das Projekt der Mainzer Akademie der Wissenschaften, das zu allen Dialogen eine neue Übertragung mit Kommentar zu liefern beabsichtigt, doch wird, bis das Projekt abgeschlossen ist, noch einige Zeit verstreichen. Die Schleiermachersche Übersetzung ist zwar im wesentlichen wortgetreu, der interessierte Laie von heute kann jedoch ihr umständliches Deutsch nur noch schwer nachvollziehen, zu dem bereits der junge Friedrich Nietzsche seinen Studenten mitteilt: »... ein geschwollenes verhängnisvolles Deutsch, an dem man sich seinen Stil, ja selbst seinen Sinn für den platonischen Stil verderben kann«[32]. Andere Übersetzungen sind wieder zu hieratisch, wieder andere in ihrem Bemühen, Platon dem Leser nahezubringen, etwas zu glatt. Trotz aller Bedenken habe ich hier diejenige Otto Apelts bevorzugt, da sie ungeachtet altertümlicher Wendungen im allgemeinen gut lesbar ist und von einem eingehenden Verständnis zeugt. Zudem ist sie in einer neu aufgelegten Ausgabe des Meiner Verlages mitsamt einem hilfreichen Kommentar leicht greifbar. Um den Gedankengang verständlicher zu machen, habe ich Untertitel eingefügt. Nur in Ausnahmefällen habe ich mir erlaubt, in die Apeltsche Übersetzung einzugreifen.

Bei den Anmerkungen habe ich mich auf wenige Erläuterungen und weiterführende Literaturangaben beschränkt, die sich Studierende aneignen können. Im Rahmen der vorliegenden »Lesebuch«-Ausgabe konnte die sorgfältige Arbeit vieler verdienter Gelehrter nicht eigens erwähnt werden; sie findet sich jedoch mit annähernder Vollständigkeit in den einschlägigen Bibliographien der großen Forscher Harold Cherniss und Luc Brisson verzeichnet (vgl. das Literaturverzeichnis auf S. 495 f.). Für die neueste Literatur orientiert man sich am besten im jährlich herausgegebenen »Année philologique«, im »Répertoire bibliographique de la philosophie« und im »Philosopher's Index«.[33]

1 Diogenes Laertios, III. 38. Zur heutigen Datierung des »Phaidros« vgl. Robinson, 1992, 23–30, und Rowe, 1992, 31–39.

2 Vgl. dazu den Aufsatz von Burkert, 1960, 159–77.

3 Vgl. zum ganzen Komplex der Schriftkritik und der Bestimmung des Philosophen Ferber, 1991, 22–30.

4 Dies ist die Deutung, welche Vlastos, ²1981, 394–397, vertreten hat und etwa von Heitsch, 1987, 41–50, 1989, 278–287, 1993, 218, Anm. 515, und Brisson, 1989, 61, Anm. 35, verteidigt wird.

5 Diese Deutung ist von Krämer, 1959, 393–396, eingeführt worden und wird etwa von Szlezák, 1978, 18–32, 1985, 20, Anm. 20, 1990, 75–85, und mit Modifikationen auch von Ferber, 1991, 28, übernommen.

6 Der Ausdruck stammt von Aristoteles, Ph. Δ2.209b14–15. Vgl. zur genauen Bedeutung des Ausdrucks Szlezák, 1993, 155–174, insb. 158–160, 172–174.

7 Vgl. Ferber, 1991, 28–29.

8 Nietzsche, 1995, 12.

9 Übersetzungen in der Einleitung stammen jeweils von Rafael Ferber, wenn nicht anderes vermerkt (Anm. d. Verlages).

10 Vgl. Ferber, 1991, 22.

11 Vgl. Ferber, 1991, Gill, 1992, 156–171, 1993, 55–71.

12 Das ist die Ansicht Alberts, 1989. Vgl. dazu Ferber, 1992, 662–667, 1993a, 37–54, Gill, 1993, 55–71, Steinthal, 1993, 99–105.

13 Vgl. Ferber, 1991, 45–61, 76, Anm. 101.

14 Hegel, 1971, Erster Teil, zweites Kapitel, B, 496.

15 Hegel, 1971, Erster Teil, zweites Kapitel, B. 3, 514.

16 Hegel, 1971, Einleitung B, Verhältnis der Philosophie zu anderen Gebieten, 441.

17 Popper, 1984, 2. Kapitel, 41–54, 41. Popper schreibt darin: »Ich halte die Rede für authentisch«, 42.

18 Das haben unter anderen Erler, 1988, im allgemeinen für die Frühdialoge und Merkelbach, 1988, im besonderen für den Menon, herausgearbeitet.

19 Das ist ein wichtiges Ergebnis von Benson, 1990, 125–142.

20 Vgl. für einen Versuch, diese schwierigen Thesen verständlich zu machen, Ferber, 1991, 39–66.

21 Graeser, 1974, insb. 24–32, hat eine Deutung vorgelegt, wonach die Ideen Hybride von Sinn und Bedeutung (im Fregeschen Wortverständnis) sind. Vgl. zum Begriff der semantischen Existenz, in dem der Sinn selber zur Bedeutung wird, Ferber, ²1994, 114–120.

22 Eine Zusammenfassung der wichtigsten Interpretationen von 1804–1984 unter besonderer Berücksichtigung des Liniengleichnisses bietet Lafrance, 1987, insb. 63–172; vgl. zum griechischen Text, seiner Geschichte und Übersetzung Lafrance, 1994, insb. 249–407. Ausführlich habe ich mich zu diesen drei Gleichnissen und ihrer Auslegung geäußert in Ferber, 1989, 49–148.

23 Nietzsche, 1995, 63.

24 Dazu grundsätzlich Krämer, 1966, 35, 70; 1989. Eine neue Rekonstruktion dieser nur indirekt überlieferten Lehre von qualitativen Zahlen enthält Ferber, 1989, 149–219.

25 Weiterführend zur Frage, warum Platon die ungeschriebene Lehre nicht geschrieben hat, Ferber, 1991.

26 Vgl. Ferber, 1994, S. 63–75.

27 Vgl. Ferber, 1989, 158; 1991, 72–73, Anm. 79.

28 Zur Echtheitsfrage ist jetzt Brisson, 1993, 37–46, zu konsultieren, der für die Echtheit eintritt.

29 Vgl. zur erkenntnistheoretischen Digression des »Siebten Briefes«, Ferber, 1991, 33–61, worin sich eine wörtliche Übersetzung der entscheidenden Stellen findet.

30 Popper, 1989, 87.

31 Vgl. Vegetti, 1993, 110.

32 Nietzsche, 1995, 10.

33 Ich danke Luc Brisson herzlich für seine Durchsicht der Einleitung.

Abkürzungen

Ap.	Apologie, Verteidigung des Sokrates
D/K.B.	Die Fragmente der Vorsokratiker, griechisch und deutsch von Hermann Diels, herausgegeben von Walter Kranz
Ep.	Briefe
in Metaph.	in Metaphysica Commentaria, herausgegeben von W. Kroll (Commentaria in Aristotelem Graeca VI pars i), Berlin 1902
Lg.	Gesetze
Men.	Menon
Phdr.	Phaidros
Phlb.	Philebos
Ph.	Physik des Aristoteles
Plt.	Politikos
Prm.	Parmenides
Prot.	Protagoras
R.	Staat
Sph.	Sophistes
Smp.	Symposium
Tht.	Theaitetos
Ti.	Timaios

Platon
Lebenslauf

427 Platon wird in Athen geboren. Diogenes Laertios bezieht sich in seiner Biographie auf Apollodor, nach dem die Geburt in die 88. Olympiade (428/5 v. Chr.) fällt. Sein Geburtstag fällt auf den siebten Tag des Monats Thargelion (Mai/Juni), den Geburtstag Apollons nach der Überlieferung der Delier. Sein Vater heißt Ariston, seine Mutter Periktione; beide stammen aus altem Geschlecht. Er hatte zwei Brüder, Adeimantos und Glaukon, und eine Schwester, Potone, die Mutter des Speusipp. Speusipp ist Nachfolger Platons als Leiter der Akademie.
Platon ist wahrscheinlich nicht sein ursprünglicher Name, sondern ein Übername. Nach Diogenes Laertios soll er zuerst Aristokles geheißen haben. Diogenes überliefert auch drei verschiedene Deutungen des Übernamens, nämlich Platons hervorragende Körperverfassung, seinen Redefluß und seine breite Stirn.

408 Mit zwanzig Jahren wird Platon Schüler des Sokrates. Diogenes Laertios berichtet, daß er seine Dichtungen daraufhin verbrannte.

399 Sokrates wird zum Tod verurteilt. Vermutlich zieht sich Platon darauf mit einigen Sokratikern nach Megara zurück.

388 Platon begibt sich nach Unteritalien, um die Pythagoräer kennenzulernen. Es ist anzunehmen, daß er den Pythagoräer Archytas persönlich gekannt hat. Während dieser ersten sizilischen Reise besucht er auch den Tyrannen von Syrakus, Dionysius den Ersten. Das Verhältnis scheint in einem Zerwürfnis geendet zu haben.
In Syrakus befreundet er sich mit Dion, einem Verwandten des Tyrannen. Es ist möglich, wenn auch nicht beweisbar, daß Platon noch andere Reisen nach Afrika unternommen hat.

387 Nach der ersten sizilischen Reise kauft Platon ein Grund-stück, das dem Heros Akademos geweiht war, und eröff-net eine Schule, die Akademie. Sie wird rasch zu einem Anziehungspunkt für begabte, insbesondere jüngere Men-schen.

367 Platon begibt sich ein zweites Mal nach Syrakus, da Dio-nysius der Erste gestorben war und dessen Sohn, Diony-sius der Zweite, ihm auf Empfehlung Dions hin fähig zu sein scheint, seine Pläne von einem Philosophenkönigtum zu realisieren. Doch Dionysius verbannt Dion und hält Platon als Gefangenen zurück.

365 Platon kann nach Athen zurückkehren.

361 Platon begibt sich auf dringende Einladung Dionysius' des Zweiten ein drittes Mal nach Syrakus. Die Beziehungen verschlechtern sich jedoch wieder. Durch Intervention Archytas' und der Tarentiner kann Platon Syrakus verlas-sen.

360 Platon kehrt nach Athen zurück.

357 Dion gelingt es, in Syrakus die Macht zu ergreifen.

353 Dion wird von einer Verschwörergruppe, angeführt von Kallippos, einem Schüler der Akademie, getötet.

347 Platon stirbt in Athen im Alter von ungefähr 80 Jahren, nach Diogenes Laertios, der sich auf Hermippos bezieht, im ersten Jahr der 108. Olympiade (348/5).

PLATON
SCHRIFTEN

Editorische Notiz (des Verlages)

Die in dieser Ausgabe wiedergegebenen Schriften Platons entstammen der siebenbändigen Ausgabe des Felix Meiner Verlages, Hamburg: »Platon, Sämtliche Dialoge, in Verbindung mit Kurt Hildebrandt, Constantin Ritter und Gustav Schneider herausgegeben und mit Einleitungen, Literaturübersichten, Anmerkungen und Registern versehen von Otto Apelt«. Der Verlag dankt Manfred Meiner für die freundliche Zusammenarbeit bei dieser Edition. Die Auswahl und Zusammenstellung der Texte besorgte Rafael Ferber, Zürich, der auch den letzten Text, die philosophische Digression aus dem Siebten Brief Platons neu übersetzt hat. Die vorliegenden Texte sind alle Auszüge aus den Dialogen oder eben dem Siebten Brief; Rafael Ferber hat sie jeweils mit eigenen Überschriften betitelt oder untergliedert und auch neu mit Einleitung, Anmerkungen, Literaturhinweisen und Registern versehen. Peter Sloterdijks Essay über die »Europäische Philosophie und das Erbe Platons« entstand für diesen Band.

Sprache und Orthographie der Apeltschen Ausgabe sind weitestgehend gleich geblieben. Einzelne altertümliche Wendungen wurden korrigiert, wie »eure« statt »euere«, »wurde« statt »ward«, »Frauen« statt »Weiber«, einige Abkürzungen ausgeschrieben, wie »Sokrates« statt »Sokr.«, und aus »Theätet«, wie er noch im gleichnamigen Dialog bei Apelt hieß, ist nun durchgehend »Theaitetos« geworden. Druckfehler wurden berichtigt und die Interpunktion dem aktuellen Standard angeglichen. Alternative Begriffe des Übersetzers stehen wie schon bei Apelt in eckigen Klammern.

Phaidros

Der Mythos von Theuth

SOKRATES: Weißt du nun, auf welche Weise eigentlich du einem Gott gefallen wirst in der eigenen Betätigung des Redens und deinen Lehren darüber?

PHAIDROS: Durchaus nicht. Aber du wohl?

SOKRATES: Wenigstens kann ich eine Sage darüber erzählen von den Alten; für ihre Wahrheit tragen jene die Verantwortung. Doch wenn wir von uns aus die Wahrheit finden sollten, würden wir uns dann wohl noch irgend kümmern um menschliche Mutmaßungen?

PHAIDROS: Eine lächerliche Frage! Doch erzähle einmal die Sage, die du gehört haben willst.

SOKRATES: Also: ich hörte, in der Gegend von Naukratis in Ägypten sei einer der alten Götter des Landes zu Hause, der, dem auch der heilige Vogel geweiht ist, den sie Ibis nennen. Der Dämon selbst aber heiße Theuth[1]. Er sei der erste Erfinder der Zahl und des Rechnens, der Geometrie und Astronomie, außerdem des Brett- und Würfelspiels und namentlich auch der Schrift. Über ganz Ägyptenland habe dazumal als König Thamus[2] geherrscht, in der großen Stadt des oberen Gebiets, welche die Griechen das ägyptische Theben nennen, während der Gott bei ihnen Ammon heißt. Zu diesem kam Theuth und zeigte ihm seine Künste mit dem Ansinnen, sie sollten allen Ägyptern mitgeteilt werden. – Thamus fragte nach dem Nutzen einer jeden. Und wie jener seine Erklärungen gab, tadelte er bald, bald lobte er, was ihm gut oder schlecht schien an der Darlegung. So soll er dem Theuth über jegliche seiner Künste eine eingehende Beurteilung für und wider gegeben haben, die nachzuerzählen zu umständlich wäre. Als er aber bei der Schrift war, sagte Theuth: »Dieser Lehrgegenstand, o König, wird die Ägypter weiser und gedächtnisfester machen; denn als Mittel für Gedächtnis und Weisheit ist er erfunden worden.« Doch Thamus erwiderte: »O

du Meister der Kunstfertigkeit, Theuth: der eine ist imstande die Künste hervorzubringen, ein anderer, zu beurteilen, in welchem Verhältnis Schaden und Nutzen sich verteilen werden für die
275 Leute, die sie brauchen sollen. Auch du hast jetzt, als Vater der Schrift, aus Voreingenommenheit das Gegenteil von dem angegeben, was sie vermag. Denn diese Kunst wird Vergessenheit schaffen in den Seelen derer, die sie erlernen, aus Achtlosigkeit gegen das Gedächtnis, da die Leute im Vertrauen auf das Schriftstück von außen sich werden erinnern lassen durch fremde Zeichen, nicht von innen heraus durch Selbstbesinnen. Also nicht ein Mittel zur Kräftigung, sondern zur Stützung des Gedächtnisses hast du gefunden. Und von Weisheit gibst du deinen Lehrlingen einen Schein, nicht die Wahrheit: wenn sie vieles gehört haben ohne Belehrung, werden sie auch viel zu verstehen sich einbilden, da sie doch größtenteils nichts verstehen und schwer zu ertragen sind im Umgang, zu Dünkelweisen geworden und nicht zu Weisen.«

PHAIDROS: O Sokrates, leicht erdichtest du Geschichten aus Ägypten und aus welchen Landen du immer willst.

SOKRATES: Mein Freund, die Leute im Heiligtum des Zeus zu Dodona meinten, von einer Eiche seien zuerst Worte der Weissagung gekommen. Den Menschen von dazumal aber, da sie nicht weise waren wie ihr Jungen, genügte es in ihrer Einfalt, auf Eiche und Fels zu hören, wenn sie nur Wahres erzählten. Für dich jedoch ist es wohl nicht gleichgültig, wer der Erzähler ist und aus welchem Lande. Denn nicht darnach allein fragst du, ob es sich so verhalte oder anders.

PHAIDROS: Du hast Recht mit deinem Tadel; und ich glaube wirklich, daß es sich mit der Schrift so verhält, wie der Thebäer sagt.

Die Schriftkritik

SOKRATES: Also wer da meint, in schriftlicher Aufzeichnung eine Kunstanweisung zu hinterlassen, und anderseits, wer solche annimmt in dem Glauben, es könne etwas Deutliches und Sicheres aus schriftlichen Aufzeichnungen entnommen werden, dürfte mit großer Einfalt behaftet sein und wirklich die Weissagung Ammons nicht kennen, indem er geschriebenen Worten eine weitergehende Bedeutung beilegt als die, Wissenden zur Erinnerung zu dienen an die Dinge, worüber die Aufzeichnungen handeln.

PHAIDROS: Ganz richtig.

SOKRATES: Denn das ist wohl das Bedenkliche beim Schreiben und gemahnt wahrhaftig an die Malerei: auch die Werke jener Kunst stehen vor uns, als lebten sie; doch fragst du sie etwas, so verharren sie in gar würdevollem Schweigen. Ebenso auch die Worte des Aufsatzes: du möchtest glauben, sie sprechen und haben Vernunft; aber wenn du nach etwas fragst, was sie behaupten, um es zu verstehen, so zeigen sie immer nur ein und dasselbe an. Und dann: einmal niedergeschrieben, treibt sich jedes Wort allenthalben wahllos herum, in gleicher Weise bei denen, die es verstehen, wie auch genau so bei denen, die es nichts angeht, und weiß nicht zu sagen, zu wem es kommen sollte und zu wem nicht. Wenn es dann schlecht behandelt und ungerechterweise geschmäht wird, so bedarf es immer seines Vaters, der ihm helfen sollte: denn selbst kann es weder sich wehren noch sich helfen[3].

PHAIDROS: Auch das ist vollkommen richtig.

276 SOKRATES: Doch wie? Sehen wir nach einem andern Wort, dem leiblichen Bruder von jenem, und beachten, auf welche Weise dieses zustande kommt und wieviel besser und wirkungsvoller es seiner Natur nach ist als jenes.

PHAIDROS: Welches wäre das, und wie entsteht es?

SOKRATES: Das, welches mit Sachkenntnis aufgezeichnet wird in der Seele des Lernenden, fähig zur Selbstverteidigung und kundig des Redens und Schweigens, je nach Umständen.

PHAIDROS: Von dem lebendigen und beseelten Wort des Wissenden sprichst du, wovon das geschriebene mit Recht als ein Nachbild bezeichnet werden könnte?

Schreiben als Spiel

SOKRATES: Allerdings. Beantworte mir nun folgendes. Wird wohl ein verständiger Landwirt den Samen, an dem ihm etwas liegt und von dem er Frucht zu ernten wünschte, im Ernst zur

Sommerzeit in die Furchen der Adonisgärten legen und sich darüber freuen, wenn er sieht, wie derselbe binnen acht Tagen schön aufgeht? Oder mag er das wohl, *wenn* er es tut, einmal als Spielerei und des Festes wegen so machen, um dagegen, wo es ihm ernst ist, nach den Kunstregeln der Landwirtschaft den Samen in den geeigneten Boden zu säen und zufrieden zu sein, wenn im achten Monat seine Saat zur Reife kommt?

PHAIDROS: Ja, Sokrates, so wird er wohl behandeln, was ihm ein ernstes Anliegen ist; und das andere, wie du sagst, in davon verschiedener Weise.

SOKRATES: Und wer vom Gerechten und Guten und Schönen Sachkenntnis besitzt, wollen wir annehmen, daß dieser für die Behandlung seines Samens weniger Verständnis habe als der Landwirt?

PHAIDROS: Keineswegs.

SOKRATES: Dann wird er ihn auch im Ernst nicht durch die Rohrfeder aussäen und in schwarzes Wasser schreiben mit Worten, die nicht fähig sind, sich selbst redend zu helfen, und unfähig, die Wahrheit ordentlich zu lehren.

PHAIDROS: Allerdings ist das nicht wahrscheinlich.

SOKRATES: Nein. Doch wird er, dünkt mich, wenn er schreibt, zur Spielerei das Gartenland der Schrift besäen und beschreiben, für sich selbst Erinnerungen aufspeichernd auf die Zeit, da er das vergeßliche Greisenalter erreichen wird, und für jeden, der derselben Spur folgt; und er wird sich freuen beim Anblick der aufgehenden zarten Pflänzchen. Wenn andere andere Unterhaltungen pflegen, an Gelagen sich erquickend und den anderen Genüssen verwandter Art, dann wird, dünkt mich, er inzwischen anstatt dessen mit diesem Spiel sich unterhalten.

PHAIDROS: Ein Spiel gar schöner Art ist es, Sokrates, das du einem geringen gegenüberstellst: darin bestehend, daß einer in Worten sich unterhalten kann, indem er plaudert über Gerechtigkeit und die anderen Themen, von denen du sprichst.

SOKRATES: So ist's, mein lieber Phaidros, aber noch viel schöner, meine ich, ist es, im Ernst sich damit zu beschäftigen: indem ein Mann, der eine geeignete Seele gefunden, nach den Kunstregeln der Dialektik[4] in ihr mit Sachkenntnis Worte pflanzt und sät, die sich selbst und dem, der sie gepflanzt, zu helfen imstande

277 sind und nicht ohne Ertrag bleiben, sondern Früchte bringen, aus denen immer wieder eine neue Saat an Worten in neuen Herzen sprießt, die das überlieferte Gut immer unsterblich zu erhalten vermag und den Besitzer glücklich macht, soweit es für einen Menschen möglich ist, das zu sein.

PHAIDROS: Ja, das ist noch viel schöner.

Der Philosoph als Dialektiker

SOKRATES: Jetzt endlich, mein Phaidros, können wir die früher aufgeworfene Frage entscheiden, nachdem hierüber Einverständnis erreicht ist.

PHAIDROS: Welche?

SOKRATES: Bei deren Erwägung wir hierher gelangt sind: um nämlich den Vorwurf, der dem Lysias gemacht worden ist bezüglich der Aufzeichnung seiner Reden, zu beurteilen und die Reden selbst, welche kunstmäßig und ohne Kunst geschrieben würden. Der Punkt der Kunstmäßigkeit nun scheint mir genügend aufgeklärt zu sein.

PHAIDROS: Das schien wirklich. Doch erinnere mich noch einmal inwiefern.

SOKRATES: Bevor jemand die Wahrheit kennt von den einzelnen Dingen, über die er redet oder schreibt, und in der Lage ist, jegliches für sich zu definieren und wieder nach Aufstellung der Definition in seine Gattungen zu zerlegen bis zur Grenze der Teilbarkeit; und bevor er ebenso bezüglich der Natur der Seele Unterscheidungen trifft und die Gattung herausfindet, die der einzelnen Seele angemessen ist und hiernach seine Rede setzt und anordnet, einer vielseitigen Seele vielseitige und alle Tonarten umfassende, einer einfachen einfache Worte bestimmend – eher wird er nicht imstande sein, kunstmäßig, soweit es ihm gegeben ist, das Gebiet der Reden zu bearbeiten, weder um zu lehren noch um zu überreden, wie das unsere ganze vorhergehende Erörterung ausführlich dargetan hat.

PHAIDROS: Allerdings war das ungefähr unser Ergebnis.

Schreiben als Spiel des Dialektikers,
Reden als Ernst

SOKRATES: Und nun wiederum bezüglich der Frage, ob es rühmlich oder schimpflich sei, Reden zu halten oder zu schreiben, und welche Umstände dabei einen Vorwurf begründen oder nicht, hat uns darüber nicht das kurz zuvor Gesagte Aufklärung gebracht in dem Sinne –

PHAIDROS: In welchem?

SOKRATES: Daß, mag nun Lysias oder wer sonst immer eine Schrift verfaßt haben oder noch verfassen in persönlicher Angelegenheit oder in öffentlicher als Gesetzgeber, als Verfasser eines politischen Aktenstücks, indem er der Überzeugung ist, damit große Sicherheit und Deutlichkeit zu erreichen, so gereicht das dem Verfasser zum Vorwurf, mag diesen jemand aussprechen oder nicht. Denn wer wachend und träumend nichts versteht von Gerechtigkeit und Ungerechtigkeit, Bösem und Gutem, der vermag in Wahrheit dem Vorwurf der Schande nicht zu entgehen, selbst wenn der große Haufe insgesamt sein Verhalten lobt.

PHAIDROS: Gewiß nicht.

SOKRATES: Dagegen wer der Überzeugung ist, an dem geschriebenen Worte über jedes Thema müsse notwendig das Spiel stark mitbeteiligt sein und nie sei ein Wort, das recht ernst zu nehmen wäre, in gebundener oder ungebundener Form geschrieben worden oder vorgetragen, so wie die Rhapsodenvorträge, die ohne aufklärende Zwischenfragen und Belehrung nur zu dem Zweck der Überredung gehalten wurden – vielmehr seien wirklich die besten solcher Worte nur ein Erinnerungsmittel für Wissende; dagegen allein den Schulvorträgen, die, zum Zwecke des Lernens gehalten, wirklich in eine Seele eingeschrieben werden über Gerechtes, Schönes und Gutes, komme die nötige Klarheit, Vollendung und der Anspruch auf ernste Beachtung zu; und solche Worte dürfe der Mensch gleichsam als seine echten Söhne bezeichnen, vor allem das innerlich in ihm etwa Vorhandene, das von ihm erdacht worden, sodann die etwaigen Abkömmlinge und Brüder davon, die in anderen Seelen in gebührender Weise gezeugt wurden; während er von den übrigen nichts wissen will – – dieser Mann von solcher Art, mein Phaidros, ist am Ende das

278

Vorbild, dem gleich zu werden ich und du für uns beide wünschen möchten.

PHAIDORS: Mein Wille und Wunsch schließt sich vollständig dem deinen an.

Der Philosoph als Freund der Weisheit

SOKRATES: Mag damit denn unsere Spielerei über den Gebrauch der Worte ihr geziemendes Ende erreicht haben. Und du geh hin, und sage dem Lysias, herabgestiegen zum Quell und zur Musenstätte der Nymphen, hätten wir beide Stimmen vernommen, die uns auftrugen, dem Lysias und wer sonst etwa Reden verfaßt und ebenso dem Homeros und wer sonst etwa eine Dichtung mit oder ohne Musikbegleitung verfaßt hat, und drittens dem Solon und jedem, der in politischen Ausführungen unter der Bezeichnung von Gesetzen Schriftstücke verfaßt hat, folgendes auszurichten: Ist der Verfasser im Besitz des Wissens um die Wahrheit der Sache, versteht er nachzuhelfen, wenn er ins Verhör kommt über den Inhalt des Geschriebenen, und ist fähig, selbst, indem er spricht, die geschriebenen Texte als minderwertig zu erweisen, dann soll man ihn nicht mit einem Namen bezeichnen, der von diesen hergenommen ist, sondern vielmehr von dem, was er als ernste Beschäftigung getrieben hat.

PHAIDROS: Welchen Namen teilst du ihm demnach zu?

SOKRATES: Einen Weisen ihn zu nennen, mein Phaidros, das scheint mir zu hoch zu sein und allein für einen Gott angemessen. Aber Freund der Weisheit oder etwas Ähnliches: damit dürfte er selbst eher einverstanden sein, und das wäre dann auch entsprechender[5].

PHAIDROS: Jedenfalls ist es nicht unpassend.

Der Philosoph besitzt Kostbareres als das, was er schreibt

SOKRATES: Anderseits den, der nichts Kostbareres[6] hat als seine Kompositionen und Schriftstücke, die er unter langem Hin- und Herwenden, Aneinanderfügen und Ausstreichen zustande gebracht hat, wirst du den wohl mit Recht einen Dichter oder Schriftsteller oder Gesetzschreiber nennen?

PHAIDROS: O ja.

SOKRATES: Das also richte deinem Freunde aus.

PHAIDROS: Und du? Was wirst du tun? Auch an deinem Freund dürfen wir doch nicht vorbeigehen.

SOKRATES: Welchem denn?

PHAIDROS: Dem schönen Isokrates[7]! Was willst du ihm melden, Sokrates? Als was werden wir ihn anerkennen?

SOKRATES: Mein Phaidros, Isokrates ist noch jung. Was ich jedoch von ihm für eine Erwartung hege, will ich aussprechen.

PHAIDROS: Also was?

SOKRATES: Seiner Begabung nach scheint er mir besser zu sein, als daß er an dem Maß der Reden des Lysias zu messen wäre, dazu von edlerer Charakteranlage. Und so sollte es mich nicht wundern, wenn er mit zunehmenden Jahren selbst in den Reden, auf die er jetzt seinen Fleiß wendet, alle, die je mit Reden sich befaßt haben, weiter hinter sich zurückließe als Kinder, und ferner, wenn ihm diese Aufgaben nicht genügten, sondern ein göttlicher Antrieb ihn zu Größerem führte. Denn von Natur, mein Freund, liegt in seiner Seele ein gewisser philosophischer Zug. Das also werde ich als Auftrag der Gottheiten des Ortes hier als meinem Geliebten dem Isokrates melden; und du jenes als deinem Geliebten dem Lysias.

PHAIDROS: Das wird geschehen. Doch gehen wir, da auch die Schwüle erträglicher geworden ist.

SOKRATES: Ziemt es sich nicht, vor dem Aufbruch an die Götter hier ein Gebet zu richten?

PHAIDROS: O ja.

SOKRATES: Lieber Pan du, und alle ihr andern Gottheiten dieser Stätte, möchtet ihr mir verleihen schön zu werden im Innern; und daß all mein äußerer Besitz den inneren Eigenschaften nicht widerstreite. Reich möge mir dünken, wer weise ist. An Goldes Last möge mir soviel zuteil werden, als nur eben der Verständige zu heben und zu tragen vermöchte.

Bedürfen wir sonst noch einer Sache, mein Phaidros? Für mich ist damit ein volles Maß erbeten.

PHAIDROS: Schließe mich ein in dein Gebet. Denn gemeinsam ist, was Freunden gehört.

SOKRATES: Gehen wir!

Apologie
oder Des Sokrates Verteidigungsrede

Erste Rede: Verteidigung
Ein schlichter Vortrag in ungesuchten Worten

17 Welchen Eindruck, meine athenischen Mitbürger, meine Ankläger auf euch gemacht haben, weiß ich nicht; ich meinesteils stand so unter dem Bann ihrer Worte, daß ich mich beinahe selbst vergaß: so überzeugend klangen ihre Reden. Und doch, von Wahrheit war kaum eine Spur zu finden in dem, was sie gesagt haben. Am meisten aber war ich erstaunt über *eine* von den vielen Lügen, die sie vorgebracht haben, über die Warnung nämlich, die sie an euch richteten, ihr solltet euch ja nicht von mir täuschen lassen, denn ich sei ein Meister der Rede. Daß sie sich nicht entblödeten, dies zu sagen, trotz der Gewißheit, alsbald durch die Tatsachen von mir widerlegt zu werden, wenn es sich nämlich nunmehr herausstellt, daß ich nichts weniger bin als ein Meister der Rede, das schien mir der Gipfel aller Dreistigkeit zu sein, es müßte denn sein, daß sie den einen Meister der Rede nennen, der die Wahrheit sagt. Denn wenn sie es so meinen, dann habe ich kein Bedenken, mich als Redner gelten zu lassen – nur eben nicht als einen von ihrer Art. Sie, die Kläger, haben, wie gesagt, so gut wie nichts Wahres vorgebracht; von mir aber sollt ihr die volle Wahrheit vernehmen. Aber, beim Zeus, meine Mitbürger, was ihr von mir zu hören bekommt, wird kein in Worten und Wendungen schön gedrechseltes und wohlverziertes Redewerk sein wie das dieser Ankläger, sondern ein schlichter Vortrag in ungesuchten Worten. Denn ich bin fest überzeugt von der Gerechtigkeit meiner Sache, und keiner von euch möge mich anders als mit Vertrauen anhören. Es wäre doch auch in der Tat ein starker Verstoß, meine Mitbürger, wollte ich in diesen meinen Jahren vor euch auftreten wie ein Jüngling, der sich in künstlichem Redeschmuck gefällt. Und ich richte an euch, meine athenischen Mitbürger, recht dringend die folgende Bitte: wenn ihr von mir bei meiner Verteidigung die nämliche Redeweise

vernehmt, deren ich mich auf dem Markt an den Wechslertischen bediene, wo viele von euch mir zugehört haben, wie auch anderwärts, so wundert euch nicht, und machet darob keinen Lärm. Es verhält sich damit nämlich folgendermaßen: Es ist heute das erstemal, daß ich vor Gericht erscheine, siebenzig Jahre alt. Ich bin also ein völliger Fremdling in der hier üblichen Redeweise. Gesetzt nun, ich wäre hier ein Fremder im eigentlichen Sinne, so würdet ihr es offenbar verzeihlich finden, wenn ich mich derjenigen Sprache und Redeform bediente, in der ich erzogen bin. So wende ich mich denn jetzt an euch mit der, wie mir scheint, nicht unbilligen Bitte: macht euch keine Gedanken über meine Redeweise, gleichviel ob sie schlecht oder gut ist; richtet vielmehr euren Sinn und eure ganze Aufmerksamkeit darauf, ob, was ich sage, recht ist oder nicht; denn das ist die Pflicht und Aufgabe des Richters, wie es die des Redners ist die Wahrheit zu sagen.

Zwei Klassen von Anklägern

An erster Stelle liegt es mir ob, meine athenischen Mitbürger, mich gegen die falschen Beschuldigungen früherer Zeit und gegen meine früheren Ankläger zu rechtfertigen, sodann gegen die späteren Anschuldigungen und Ankläger. Schon längst nämlich seit vielen Jahren haben euch zahlreiche Ankläger gegen mich in den Ohren gelegen, die nichts als Unwahrheiten vorbrachten. Leute, die ich mehr fürchte als den Anytos[1] und seinen Anhang, so gefährlich diese auch sein mögen; gefährlicher, meine Mitbürger, sind doch jene, welche die meisten von euch schon von Kindheit an gegen mich einzunehmen und als durchaus lügenhafte Ankläger euch weiszumachen suchten: »Es treibt hier ein gewisser Sokrates sein Wesen, ein weiser Mann, der über die Himmelserscheinungen nachgrübelt, auch alles Unterirdische aufgespürt hat und die schlechte Sache zur guten zu machen weiß.« Diese Leute, die solches Gerede verbreiteten, sie sind meine wirklich gefährlichen Ankläger. Denn wer das hört, der ist der Meinung, daß solche Grübler auch an keine Götter glauben. Dazu kommt, daß die Zahl dieser Ankläger groß ist und daß sie ihr Geschäft schon lange Zeit treiben, ferner, daß ihr, an die ihre Reden sich richteten, in einem Alter standet, dem die größte

Vertrauensseligkeit innewohnt, denn ihr waret Knaben, nur einige bereits Jünglinge, und einen Anwalt für den Angeklagten gab es nicht – also ein ganz einseitiges Verfahren. Und was das Tollste ist, man kann nicht einmal die Namen dieser Leute erkunden und angeben, es sei denn, daß ein oder der andere Komödienschreiber darunter ist. Aber alle, die aus Neid oder Verleumdungssucht euch auf ihre Seite brachten, dazu auch solche, die, selbst erst angestiftet, andere anstifteten – ihnen allen ist sehr schwer beizukommen. Denn es ist gar nicht möglich, irgendeinen von ihnen hierher vor Gericht zu bringen und zu überführen. Es ist geradezu ein Kampf gegen Schatten, den ich führen muß, und meine Widerlegung verhallt in der Luft, denn es gibt niemanden, der antwortet.

Stellet also euch euererseits auf den Standpunkt, daß, wie ich sage, zwei Klassen von Anklägern gegen mich erstanden sind, erstens diejenigen, die jetzt mit ihrer Anklage hervorgetreten sind, sodann die früheren, von denen eben die Rede war; und ich darf wohl auf euer Einverständnis rechnen, wenn ich glaube, mich gegen diese letzteren an erster Stelle verteidigen zu müssen. Habt doch auch ihr den Anklagen dieser Leute früher Gehör geschenkt und in weit höherem Maße als denen der jetzigen.

Wohlan denn! So gilt es denn, mich zu verteidigen, meine Mitbürger, und zu versuchen, den Stachel der Verleumdung aus eurer Seele, die ihn so lange Zeit in sich getragen, in so kurzer Zeit zu entfernen. Wohl wäre es mein Wunsch, es möchte dazu kommen und es möchte meine Verteidigung nicht erfolglos bleiben, sofern dies für euch und für mich von Segen ist. Allerdings halte ich das Beginnen für schwierig und verkenne nicht den eigentlichen Stand der Sache. Gleichwohl mag sie ihren Lauf nehmen, wie es Gott gefällt: das Gesetz fordert Gehorsam, und die Verteidigung ist unabweisbare Pflicht.

Sokrates frevelt wider die Gesetze, treibt epistemischen Unfug und macht die schlechte Sache zur guten

Werfen wir also den Blick rückwärts auf den Ursprung der Beschuldigung, die zu meinem bösen Leumund geführt und die dann auch dem Meletos[2] den Mut gegeben hat, diese Klage gegen mich anzustrengen. Gut denn. Was brachten also die Verleumder in ihren Reden gegen mich vor? Wir müssen sie wie gerichtliche Ankläger ansehen und ihre Beschuldigungen wie aus einer beschworenen Klageschrift verlesen lassen. Also: »*Sokrates frevelt wider die Gesetze und treibt Unfug, indem er dem nachspürt, was unter der Erde ist und was am Himmel sich zeigt, und die schlechte Sache zur guten macht, zudem auch andere in ebendiesen Dingen unterweist.*« So etwa lautet die Anklage. Ihr habt es ja selbst in der Komödie des Aristophanes gesehen: da schwebt ein gewisser Sokrates in den Wolken hin und her, der sich für einen Luftwandler ausgibt und auch sonst allerhand albernes Zeug zu Markte bringt, lauter Dinge, von denen ich nichts, rein gar nichts verstehe. Wenn ich dies sage, so soll darin durchaus nicht eine Mißachtung solcher Weisheit liegen; es kann ja Leute geben, die in diesen Dingen ein wirkliches Wissen besitzen – möchte es mir erspart bleiben, vom Meletos mit einer so gefährlichen Anklage verfolgt zu werden –, doch wie gesagt, meine Mitbürger, ich verstehe von der Sache gar nichts. Als Zeugen rufe ich eine große Zahl von euch selbst auf und fordere euch alle, die ihr je meinen Unterhaltungen beigewohnt habt, auf, eure Erfahrungen darüber zu gegenseitiger Belehrung miteinander auszutauschen; nicht wenige von euch sind dazu in der Lage. Gebt euch denn einander Auskunft darüber, ob jemals einer auch nur das Geringste über dergleichen Dinge in meinen Unterredungen gehört hat. Daraus werdet ihr erkennen, daß es ganz ähnlich auch mit allem andern steht, was die große Menge von mir fabelt.

Sokrates lehrt nicht für Geld und unterscheidet sich insofern von den Sophisten

Daran ist also nichts; und wenn ihr etwa von dem oder jenem vernommen habt, ich sähe es darauf ab, Unterricht zu geben und dafür Geld einzustreichen, so ist auch das nicht wahr, obschon es in meinen Augen sehr schätzenswert ist, wenn man die Fähigkeit besitzt, andere zu unterrichten wie Gorgias aus Leontini und Prodikos aus Keos und Hippias aus Elis. Denn keinem von ihnen fehlt die Fähigkeit dazu: sie ziehen von Stadt zu Stadt und suchen die jungen Leute, die doch in der Lage wären, den belehrenden Umgang mit jedem beliebigen ihrer eigenen Mitbürger ganz umsonst zu genießen, für sich zu gewinnen, indem sie sie auffordern, den Umgang mit jenen abzubrechen und sich an sie anzuschließen gegen Bezahlung, mit der obendrein noch Dank verbunden sein soll. Übrigens gibt es jetzt hier noch einen anderen Weisheitslehrer, aus Paros, der, wie ich erfuhr, unter uns weilt. Ich begegnete nämlich einem Manne, der den Sophisten mehr Geld gezahlt hat als alle anderen zusammengenommen, dem Kallias, dem Sohne des Hipponikos. Mit ihm ließ ich mich in ein Gespräch ein. Er hat nämlich zwei Söhne, und so sagte ich:

»Mein Kallias, wenn deine Söhne Füllen oder Kälber wären, dann ließe sich gegen Lohn ein Wärter für sie finden, der sie zu trefflichen und guten Vertretern der ihrer Gattung zukommenden Tüchtigkeit zu machen hätte; es wäre das ein Pferdezüchter oder ein Landwirt. Bei dir aber handelt es sich um Menschen. Wen also gedenkst du ihnen zum Erzieher zu geben? Wer versteht sich auf diese Art von Tüchtigkeit, die des Menschen und Bürgers? Denn du hast dir die Sache gewiß überlegt in Rücksicht auf deine Söhne. Gibt es einen solchen,« fragte ich, »oder nicht?«

»Gewiß«, erwiderte er.

»Wer ist es?« fuhr ich fort, »und woher, und wie hoch ist der Preis?«

»Euenos,« erwiderte er, »aus Paros und der Preis fünf Minen.«

Da pries ich den Euenos glücklich, wenn er wirklich diese Kunst innehat und so preiswert lehrt. Würde ich doch auch selbst mir darauf etwas zugute tun und mich damit brüsten, wenn ich mich darauf verstünde. Indes, ich verstehe ja nichts davon, meine Mitbürger.

Dennoch ist niemand weiser als Sokrates

Vielleicht wird einer von euch erwidern: »Aber Sokrates, womit beschäftigst du dich denn eigentlich? Woher stammt denn all das verleumderische Gerede gegen dich? Doch nicht etwa daher, daß du nichts treibst, was von dem Tun und Treiben der anderen merklich abweicht? Wie hätte dann ein solcher Ruf und Leumund entstehen können? Ich müßte mich doch sehr täuschen: du treibst gewiß Dinge, die der großen Menge auffällig sind. Sage uns also, wie es damit steht, denn wir möchten kein leichtfertiges Urteil über dich fällen.«

Wer das sagt, scheint mir eine ganz berechtigte Forderung zu stellen, und ich werde versuchen euch die Gründe darzulegen, die für meinen Ruf und bösen Leumund bestimmend gewesen sind. So höret denn. Es werden manche von euch glauben, ich hätte es nur auf einen Scherz abgesehen; aber ihr dürft völlig überzeugt sein: ich werde euch die reine Wahrheit sagen. Ich bin nämlich, meine Mitbürger, durch nichts anderes zu diesem meinem Ruf gekommen als durch eine bestimmte Art von Weisheit. Und was ist das für eine Weisheit? Vielleicht nichts anderes als schlichte Menschenweisheit. Denn in der Tat scheint dies die Art von Weisheit zu sein, die mir eigen ist. Die vorhin von mir genannten Männer dagegen dürften wohl Vertreter einer Weisheit sein, die über menschliches Wissen hinausgeht; ich wüßte keine treffendere Bezeichnung dafür; denn ich verstehe mich nicht darauf, sondern wer dies sagt, der lügt und hat es dabei darauf abgesehen, mich zu verleumden.

Und nun, meine Mitbürger, laßt euch durch meine scheinbare Großsprecherei nicht zu lärmendem Widerspruch reizen. Denn das Wort, das ich aussprechen will, stammt nicht von mir her, vielmehr werde ich es auf einen Urheber zurückführen, der euren vollen Glauben verdient. Als Zeugen nämlich für meine Weisheit, für ihr Vorhandensein überhaupt wie für ihre Beschaffenheit, will ich euch den Gott in Delphi stellen. Ihr kanntet ja doch den Chairephon. Er war mein Freund von Jugend auf, war auch mit euch, der Volkspartei, befreundet und floh mit euch aus der Stadt, wie er auch mit euch wieder zurückkehrte. Ihr kennt ja die Art des Chairephon, sein heftiges Losstürmen auf jedes erstrebte Ziel. So war er denn, als er einst nach Delphi kam, kühn genug, das Orakel darüber zu befragen – doch, wie gesagt, macht keinen Lärm, ihr Männer! Er fragte nämlich, ob jemand weiser sei als ich. Da tat nun die Pythia den Spruch, es sei niemand weiser als ich. Und darüber wird auch sein Bruder hier Zeugnis ablegen, da jener selbst nicht mehr unter den Lebenden weilt.

Sokrates prüft Staatsmänner auf ihre Weisheit

Vergeßt nun nicht, weshalb ich euch dies sage: ich will euch Aufklärungen geben über den Ursprung der Verleumdungen gegen mich. Nachdem mir nämlich der Bescheid zu Ohren gekommen, stellte ich bei mir folgende Erwägungen an. »Was mag der Gott wohl meinen, und was für ein Rätsel gibt er da auf? Denn von Weisheit kann ich nicht die geringste Spur in mir finden. Was meint er also damit, wenn er mich für den Weisesten erklärt? Lügen wird er doch gewiß nicht, denn das widerspricht seinem Wesen.« So schwankte ich lange Zeit hin und her über den Sinn seines Spruches. Endlich schlug ich nach den allerschwersten Bedenken folgenden Weg ein zur Erforschung der Sache. Ich machte mich an einen der im Rufe der Weisheit stehenden Männer heran, um in ihm womöglich den lebendigen Gegenbeweis gegen den Spruch des Gottes zu finden und dem Orakel darzutun: siehe, dieser da ist weiser als ich, und du hast doch mich dafür erklärt. Bei näherer Betrachtung dieses Mannes nun und im Gespräch mit ihm – den Namen brauche ich nicht zu nennen; es war einer der Staatsmänner, mit dem mir bei näherem Einblick in sein Wesen solches begegnete – erhielt ich den Eindruck, der Mann komme zwar vielen anderen Menschen und am allermeisten sich selbst weise vor, sei es aber durchaus nicht. Darauf suchte ich ihm denn klarzumachen, er bilde sich zwar ein, weise zu sein, sei es aber nicht. Die Folge davon war, daß ich mich ihm sowie vielen, die dabei waren, verhaßt machte; bei mir selber aber dachte ich im Weggehen: »Diesem Mann bin ich allerdings an Weisheit überlegen; denn wie es scheint, weiß von uns beiden keiner etwas Rechtes und Ordentliches, aber er bildet sich ungeachtet seiner Unwissenheit ein, etwas zu wissen, während ich, meiner Unwissenheit mir bewußt, mir auch nicht einbilde, etwas zu wissen. Es scheint also, ich bin doch noch um ein kleines Stück weiser als er, nämlich um dies: was ich nicht weiß, das bilde ich mir auch nicht ein zu wissen.« Darauf machte ich mich an einen anderen, an einen, der für noch weiser galt als jener, und der Eindruck war ganz der nämliche. So machte ich mir auch ihn zum Feinde und noch viele andere.

Sokrates prüft Dichter auf ihre Weisheit

Darauf machte ich nun förmlich die Runde und bemerkte überall mit Kummer und Besorgnis, daß ich mich nur verhaßt machte; gleichwohl dünkte es mich notwendig, die Widerlegung des Gottesspruches allen anderen Rücksichten voranzustellen. Um also den Sinn des Orakelspruches zu ergründen, glaubte ich mich an alle wenden zu müssen, die in dem Rufe standen, etwas zu wissen. Und, beim Hunde, meine Mitbürger – denn ich muß euch die Wahrheit sagen –, es war eine merkwürdige Erfahrung, die ich da machte: diejenigen, die sich des glänzendsten Rufes erfreuten, schienen mir bei meiner dem Gotte geweihten Prüfung es so gut wie an allem fehlen zu lassen, andere hinwiederum, die weniger geachtet waren, auf einer weit höheren Stufe der Einsicht zu stehen. So muß ich euch denn meine Wanderung vorführen, eine wahre Kette von Mühseligkeiten; denn das Orakel durfte doch am Ende nicht gar unwiderlegt bleiben.

Nach den Staatsmännern nämlich wendete ich mich zu den Dichtern, den Meistern der tragischen, dithyrambischen und anderer Dichtung, überzeugt, mir hier den gleichsam handgreiflichen Beweis meiner geistigen Unterlegenheit im Vergleich mit ihnen holen zu können. So nahm ich denn diejenigen von ihren Gedichten vor, auf die sie, wie mir schien, den größten Fleiß verwendet hatten, und bat sie um Auskunft über den Sinn derselben, um gleichzeitig auch einen gewissen geistigen Gewinn davon zu haben. Ich schäme mich nun, meine Mitbürger, euch die Wahrheit zu sagen; und doch muß es sein: nahezu alle Anwesenden wußten besser als die Dichter Bescheid zu geben über die Werke, die diese selbst verfaßt hatten. Es wurde mir also binnen kurzem klar, daß ihre Werke nicht Früchte der Weisheit sind, sondern einer gewissen natürlichen Anlage und einer Begeisterung, wie sie sich bei den Wahrsagern und Orakelsängern findet. Denn auch diese sagen vielerlei Schönes, sind sich aber des eigentlichen Sinnes dessen, was sie sagen, nicht bewußt. In ähnlicher Geistesverfassung befinden sich auch die Dichter, wie mir damals klar wurde. Zugleich bemerkte ich, daß ihre dichterische Begabung sie zu dem Glauben verleitet, auch in allen übrigen Dingen, von denen sie nichts verstehen, an Weisheit alle anderen zu übertreffen. Ich machte mich also auch von ihnen los in der Meinung, ihnen in derselben Hinsicht überlegen zu sein wie den Staatsmännern.

Sokrates prüft Handwerker auf ihre Weisheit

Schließlich machte ich mich an die Handwerker. Daß ich selbst nämlich so gut wie nichts wisse, das war mir völlig klar, bei diesen aber war ich meiner Sache ganz sicher: ich durfte auf viele schöne Kenntnisse bei ihnen rechnen. Darin täuschte ich mich denn auch nicht, denn sie wußten in der Tat Dinge, die ich nicht wußte: sie waren also insofern weiser als ich. Allein, meine Mitbürger, die guten Handwerker schienen mir an demselben Fehler zu leiden wie die Dichter: weil ein jeder von ihnen ein vortrefflicher Vertreter seiner Kunst war, machte er zugleich den Anspruch, auch sonst auf den wichtigsten Gebieten allen anderen an Weisheit überlegen zu sein, eine Kurzsichtigkeit, die einen tiefen Schatten auf jene ihre Weisheit warf. Ich richtete also an mich selbst im Namen des Orakels die Frage, was ich vorziehen würde: der zu bleiben, der ich bisher war, also weder weise zu sein auf die Art dieser Handwerker noch auch ihren Unverstand zu teilen oder aber beides mit ihnen zu teilen. Die Antwort, die ich mir und dem Orakel gab, lautete dahin, es sei besser für mich, zu bleiben wie ich bin.

Sokrates ist der Weiseste, weil er erkannt hat, daß seine Weisheit wenig wert ist

Dieses Prüfungsverfahren, meine Mitbürger, war für mich die Quelle vieler Feindschaften, und zwar von Feindschaften der gefährlichsten und schwersten Art: daher die zahlreichen Verleumdungen wider mich, daher der Ruf, in den ich kam, ein Weiser zu sein. Denn die Zuhörer sind in der Regel des Glaubens, ich selbst sei im Besitze der Weisheit, die ich durch Prüfung und Widerlegung anderer suche. In Wahrheit aber kommt, so scheint es, meine Mitbürger, diese Weisheit nur der Gottheit zu, und ihr Orakelspruch kann nur dieses besagen, daß die menschliche Weisheit herzlich wenig, ja gar nichts bedeutet.

Und allem Anschein nach gilt dieser Spruch nicht eigentlich dem Sokrates, sondern der Gott bedient sich meines Namens nur beispielsweise, als wollte er sagen: »Derjenige unter euch, ihr Menschen, ist der weiseste, der wie Sokrates erkannt hat, daß seine Weisheit in Wahrheit keinen Pfennig wert ist.« Dieses also im Sinne der Gottheit zu erforschen und zu ergründen, mache ich auch jetzt noch immer die Runde bei Bürgern und Fremden, wo ich einen für weise halte; stellt sich mir dies aber als nicht zutreffend heraus, dann mache ich mich zum Helfer des Gottes und erbringe den Nachweis, daß er nicht weise ist. Und diese Tätigkeit hat mir keine Zeit übriggelassen, mich irgendwie den staatlichen und häuslichen Geschäften zu widmen: der Dienst, den ich der Gottheit leiste, bringt tausendfältige Armut über mich.

Sokrates macht sich durch seine Prüfungen verhaßt

Dazu kommt noch folgender Umstand: es schließen sich mir Jünglinge, die als Söhne der wohlhabendsten Bürger sehr viel freie Zeit haben, freiwillig an, und diese finden nicht wenig Vergnügen daran zuzuhören, wenn ich die Menschen ins Gebet nehme. Oft machen sie es mir auch nach und probieren an anderen ihre Überführungskunst; und dabei finden sie gewiß mehr als genug Menschen, die da glauben, etwas zu wissen, tatsächlich aber wenig oder nichts wissen. So kommt es denn, daß die von ihnen Überführten gegen mich voller Zorn sind statt gegen sich selber und von einem gewissen Sokrates reden, einem gottlosen Menschen und Verführer der Jugend. Und fragt man sie nach Beweisen, also nach Taten und Lehre des Mannes, dann wissen sie nichts zu sagen, sondern sind wie vor den Kopf geschlagen; um aber nicht völlig ratlos zu scheinen, kramen sie die bekannten Schlagworte aus, die man gemeinhin den Philosophen entgegenhält, nämlich er *lehre die himmlischen Erscheinungen und die Dinge unter der Erde, lehre den Unglauben in bezug auf die Götter und lehre die Kunst, die schlechtere Sache zur besseren zu machen*. Denn den wahren Grund ihres Hasses einzugestehen, das bringen sie nicht über sich; sie wollen nicht gestehen, daß sie durch Sokrates bloßgestellt werden als Leute, die vorgeben, etwas zu wissen, in der Tat aber nichts wissen. Bei ihrem vorauszusetzenden Ehrgeiz aber, bei ihrer Leidenschaftlichkeit, ihrer großen Zahl, ihrem vollen Krafteinsatz und der Überredungskunst in ihren Aussagen wider mich ist es begreiflich, daß sie auch euer Ohr schon längst mit ihren leidenschaftlichen Verleumdungen gegen mich gewonnen haben.

Aus ihrer Mitte sind auch meine Ankläger Meletos, Anytos und Lykon[3] hervorgegangen, Meletos, um seinem beleidigten Herzen für die Dichter Rache an mir zu verschaffen, Anytos, um sich der Handwerker und Staatsmänner, Lykon, um sich der Redner anzunehmen. Es würde mich also, wie schon zu Anfang bemerkt, wundernehmen, wenn es mir gelänge, in so kurzer Zeit den Eindruck dieser so mächtig angeschwollenen Verleumdung aus euren Herzen zu verdrängen. Damit habt ihr, meine Mitbürger, die volle Wahrheit vernommen; ich habe euch nicht das geringste verschwiegen oder unterschlagen. Und doch weiß ich, daß ich mich eben dadurch verhaßt mache. Darin liegt denn zugleich der Beweis dafür, daß ich die Wahrheit sage und daß es mit der Verleumdung gegen mich und ihren Gründen so und nicht anders bestellt ist. Und möget ihr nun jetzt oder in der Folge euch mit der Untersuchung der Sache beschäftigen, immer werdet ihr diese meine Auffassung bestätigt finden.

Klage gegen Sokrates

Damit mag denn meine Rechtfertigung vor euch gegen die Anschuldigungen der ersten Ankläger abgeschlossen sein. Nunmehr will ich versuchen mich gegen Meletos, den Biedermann und Vaterlandsfreund, wie er sich nennt, und gegen die späteren Ankläger zu verteidigen. Wir müssen nämlich, als handelte es sich um ganz neue Ankläger, nunmehr die eidliche Klage auch dieser Leute vornehmen. Sie lautet etwa folgendermaßen: »Sokrates vergeht sich wider die Gesetze, indem er die Jugend verdirbt und nicht an die vaterländischen Götter glaubt, sondern einem Glauben an eine neue Art von Dämonentum huldigt.« Das ist der Gegenstand der Anklage, und wir wollen nun diese Anklage Punkt für Punkt einer genauen Prüfung unterwerfen.

Zunächst stellt er mich als Frevler an der Jugend hin, die ich angeblich verderbe. Ich dagegen, meine Mitbürger, werfe dem

Meletos widergesetzliches Verhalten vor, weil er mit ernsthaften Dingen Scherz treibt, nämlich leichtfertig seine Mitmenschen den Drangsalen gerichtlicher Verfolgung preisgibt und sich anstellt als ginge er ganz auf in Eifer und Sorge für Dinge, um die er sich tatsächlich niemals auch nur einen Augenblick gekümmert hat. Daß dem so ist, will ich versuchen auch euch klarzumachen.

Prüfung des Meletos: Wer macht die Jugend besser?

Also Meletos, nun achtgegeben und geantwortet! Legst du nicht den größten Wert auf die sittliche Besserung der Jugend?
MELETOS: Gewiß.
SOKRATES: Nun, so sage hier vor den Richtern, wer macht sie denn besser? Das weißt du ja doch offenbar, denn du hast ja ein so warmes Herz für sie. Hast du doch ihren Verführer in mir, wie du sagst, ausfindig gemacht und bringst mich vor die Richter und verklagst mich; nun nenne also auch den, der sie sittlich bessert, und gibt ihn den Richtern mit Namen an. – Siehst du, Meletos, du schweigst und weißt nichts zu sagen. Und doch! Ist das nicht in deinen Augen eine Schande und der volle Beweis für meine Behauptung, daß du dich nie um die Sache gekümmert hast? So sage denn, mein Bester, wer macht sie denn besser?
MELETOS: Die Gesetze.
SOKRATES: Aber das ist es nicht, was ich wissen will, sondern welcher Mensch – der freilich auch zuvor die Gesetze kennen muß.
MELETOS: Hier, die Richter, Sokrates.
SOKRATES: Wie sagst du, Meletos? Die hier Versammelten sollen imstande sein, die Jugend zu erziehen? Sie sollen sie besser machen?
MELETOS: Unbedingt.
SOKRATES: Etwa alle oder nur einige von ihnen, andere wieder nicht?
MELETOS: Alle.
SOKRATES: Das heißt wohl gesprochen, bei der Hera! Über Mangel an guten Erziehern können wir uns also wahrlich nicht beklagen. Und nun weiter. Wie steht es mit den Zuhörern hier? Machen auch sie die Jugend besser oder nicht?

MELETOS: Auch sie.

SOKRATES: Und die Ratsherren?

MELETOS: Auch die Ratsherren.

SOKRATES: Aber, Meletos, die Männer der Volksversammlung
25 [die Ekklesiasten], verderben sie vielleicht die Jugend? Oder
sorgen auch sie für deren Besserung?

MELETOS: Auch sie.

SOKRATES: Es scheint also, alle Athener sind bemüht um die
sittliche Besserung der Jugend außer mir: ich bin der einzige, der
sie verdirbt. Ist das deine Meinung?

MELETOS: Ganz entschieden.

SOKRATES: Damit hast du mir einen schweren Schlag versetzt.
Doch antworte mir. Verhält es sich deiner Ansicht nach mit den
Pferden ebenso? Sind es die Menschen insgesamt, die die Pferde
besser machen, und nur ein einzelner, der sie verdirbt? Oder
findet nicht das gerade Gegenteil statt, daß nämlich ein einzelner
oder nur ganz wenige imstande sind, sie besser zu machen,
nämlich die Pferdezüchter, während die meisten, wenn sie sich
mit Pferden abgeben und sie brauchen, sie ruinieren? Verhält es
sich nicht so, Meletos, nicht nur bei den Pferden, sondern auch
bei allen anderen Geschöpfen? Ja, so verhält es sich unzweifelhaft, möget ihr, du und Anytos, es nun zugeben oder nicht. Es
wäre ja auch ein unerhörtes Glück für die Jugend, wenn es nur
einen gäbe, der sie verdirbt, alle andern aber sich ihr förderlich
erwiesen. Aber, mein Meletos, du läßt ja keinen Zweifel darüber,
daß du dich nie um die Jugend gekümmert hast, und gibst klar zu
erkennen, daß du in deinem Leichtsinn dir niemals irgendwelche
Sorgen darüber gemacht hast, weshalb du mich eigentlich hier
vor Gericht ziehst.

Niemand verdirbt die Jugend absichtlich

Ferner sage uns, beim Zeus, Meletos, ist es besser, unter braven
Bürgern zu leben als unter böswilligen? Antworte, mein Freund,
es ist ja keine schwere Frage. Nicht wahr, die Böswilligen tun
ihren Nächsten doch immer Böses, die Guten dagegen Gutes?

MELETOS: Gewiß.

SOKRATES: Gibt es nun irgend jemanden, der von seinen Bekannten lieber Nachteil als Vorteil haben will? Antworte, mein Bester. Das Gesetz fordert von dir eine Antwort. Gibt es jemanden, der Schaden haben will?

MELETOS: Gewiß nicht.

SOKRATES: Wohlan denn, ziehst du mich hier vor Gericht als einen, der absichtlich die Jugend verführt und sie schlechter macht oder der es unabsichtlich tut?

MELETOS: Absichtlich, in meinen Augen wenigstens.

SOKRATES: Wie also, Meletos? Du bist soviel weiser in deinen jungen Jahren als ich in meinen hohen Jahren, denn du siehst schon ein, daß die Bösen ihren Nächsten immer Böses tun, die Guten aber Gutes – und ich soll noch in so tiefer Unwissenheit stecken, daß ich nicht einmal dies weiß, daß, wenn ich einen durch meinen Umgang mit ihm zu einem verworfenen Menschen mache, ich mich in die Lage bringe, von ihm irgendwelchen bösen Streich fürchten zu müssen? Und einem solchen Unheil soll ich mich mit voller Absicht aussetzen, wie du sagst? Nein, das glaube ich dir nicht, Meletos, und vermutlich auch kein anderer Mensch: sondern entweder verderbe ich die Jugend überhaupt nicht oder, wenn ich sie verderbe, dann unabsichtlich; in beiden Fällen also lügst du. Verderbe ich sie aber unabsichtlich, dann fordert das Gesetz bei derartigen Verfehlungen keine gerichtliche Verfolgung, vielmehr soll man dann den Betreffenden beiseite nehmen zum Zwecke der Belehrung und Warnung. Denn kein Zweifel: wenn ich zu voller Einsicht gelangt bin, dann werde ich ablassen von dem, was ich unabsichtlich tue. Du aber hast jede Gelegenheit, mit mir zusammenzukommen und mich zu belehren, gemieden und hast dich nicht dazu entschließen können; statt dessen ziehst du mich hier vor Gericht, wohin dem Gesetze nach diejenigen gehören, die der Züchtigung bedürfen, nicht aber der Belehrung.

Sokrates glaubt nicht an Götter

So viel, meine Mitbürger, liegt wohl nun klar zutage, daß, wie gesagt, Meletos sich keinen Deut um diese Dinge gekümmert hat. Gleichwohl sage uns doch, Meletos, auf welche Weise ich deiner Meinung nach die Jugend verderbe. Deine Klageschrift gibt ja wohl genügende Auskunft darüber. Sie sagt, ich verderbe sie dadurch, daß ich sie lehre, nicht an die staatlich anerkannten Götter zu glauben, sondern an ein neues Dämonentum anderer Art. Sind das nicht die Lehren, durch die ich deiner Meinung nach Verderben stifte?

MELETOS: Ja, das ist meine ganz entschiedene Meinung.

SOKRATES: Bei ebendiesen Göttern nun, Meletos, von denen jetzt die Rede ist, erkläre dich noch deutlicher gegen mich und die Anwesenden, denn ich vermag nicht klar zu sagen, was für eine Lehre du mir zuschreibst: lehre ich den Glauben an das Dasein von doch irgendwelchen Göttern, so daß ich selbst doch an das Dasein von Göttern glaube – also kein völliger Atheist bin und mich nicht dadurch schuldig mache –, nur eben nicht an das der staatlichen Götter, sondern an andere, und besteht eben in diesem Umstande, in diesem Glauben an *andere* Götter mein angebliches Verbrechen, oder erklärst du mich für völlig ungläubig in bezug auf die Götter und für beflissen, meinen eigenen Unglauben als Lehrer auch auf andere zu übertragen?

MELETOS: Dies letztere behaupte ich: du glaubst überhaupt an keine Götter.

SOKRATES: Du wunderlicher Meletos, was willst du mit dieser Behauptung? Ich soll also wohl Sonne und Mond nicht für Götter halten wie die übrigen Menschen?

MELETOS: So ist es, beim Zeus, ihr Richter: er hält tatsächlich die Sonne für einen Stein, den Mond für eine Erde.

SOKRATES: Du meinst wohl, es sei Anaxagoras,[4] den du als Angeklagten vor dir hast, mein lieber Meletos, und denkst so geringschätzig von den Richtern und hältst sie für solche Fremdlinge in der Bücherwelt, daß sie nicht wissen sollten, daß die Bücher des Anaxagoras von derartigen Äußerungen wimmeln? Also von mir lernen denn auch die jungen Leute diese Weisheit, die sie manchmal, hochgerechnet, für eine Drachme auf dem Markte an dem Orchestraplatze kaufen können, um dann den Sokrates auszulachen, wenn er diese Weisheit als sein Eigentum in Anspruch nimmt, zumal es noch dazu so ungereimtes Zeug ist! Aber, beim Zeus, soll ich denn in deinen Augen wirklich ein so ausgemachter Gottesleugner sein?

MELETOS: Ja, beim Zeus, das bist du ohne jede Einschränkung.

SOKRATES: Das glaubt dir niemand, Meletos, und wenn ich recht sehe, glaubst du es selber nicht. Denn mir scheint dieser Ankläger, meine Mitbürger, ein durch und durch übermütiger und zuchtloser Gesell zu sein, der aus reinem Übermut, Frevelsinn und jugendlichem Mutwillen diese Klage eingereicht hat. Denn es will mir vorkommen, als habe er es auf ein Rätsel abgelegt und mache nun die Probe: »wird der weise Sokrates wohl merken, daß ich mir mit ihm einen Scherz erlaube und mich mit mir selber in Widerspruch setze, oder werde ich ihn und die übrigen Zuhörer täuschen?« Denn wie mir scheint, stellt dieser Ankläger in der Klageschrift Behauptungen auf, mit denen er sich selbst widerspricht, wie wenn er etwa sagte: »Sokrates ist schuldig, weil er nicht an Götter glaubt, sondern an Götter glaubt.« Und was wäre das anders als ein Scherz?

Man kann nicht an Dämonentum ohne Dämonen glauben

So erwägt denn, meine Mitbürger, mit mir, inwiefern er sich meiner Meinung nach in solchen Widersprüchen bewegt. Du aber antworte uns, Meletos. Ihr aber, vergesset nicht, worum ich euch gleich anfangs bat: enthaltet euch jeglichen Lärmens, wenn ich in meiner gewohnten Art spreche.

Gibt es wohl, Meletos, irgendeinen Menschen, der zwar an menschliche Eigenschaften glaubt, an Menschen aber nicht glaubt? Antworten soll er, meine Mitbürger, statt immer wieder bloß aufzumurren! Gibt es einen, der nicht an Pferde glaubt, wohl aber an Eigenschaften von Pferden? Oder der nicht an Flötenspieler glaubt, wohl aber an Eigenschaften von Flötenspielern? Nein, es gibt keinen, du Ehrenmann: wenn du nicht antworten willst, nun so sage ich es dir und den anderen Anwesenden. Aber auf das Folgende wenigstens gib Antwort: Gibt es jemanden, der zwar an Dämonentum glaubt, an Dämonen aber nicht glaubt?

MELETOS: Nein.

SOKRATES: Welche Wohltat, daß du dich endlich zu einer Antwort bequemt hast, wenn auch nur aus Achtung vor den Richtern. Du gibst also zu, daß ich an Dämonentum glaube und es auch lehre, gleichviel ob neues oder altes. Jedenfalls glaube ich an

Dämonentum nach deiner ausdrücklichen Versicherung, wie du es ja auch in deiner Anklageschrift eidlich bezeugt hast. Glaube ich aber an Dämonentum, dann muß ich unbedingt auch an Dämonen glauben. Ist es nicht so? Ja, so ist es! Denn ich nehme an, daß du beistimmst, da du ja nicht antwortest. Die Dämonen aber – halten wir sie nicht entweder für Götter oder für Sprößlinge der Götter? Gibst du es zu oder nicht?

MELETOS: Gewiß.

SOKRATES: Wenn ich also, wie du zugibst, an Dämonen glaube und die Dämonen eine Art Götter sind, so wäre das ja eben jenes Rätsel- und Scherzspiel, auf das du es nach meiner Behauptung abgelegt hast: denn ich, der ich nach deiner Aussage an keine Götter glaube, soll doch anderseits wieder an Götter glauben. Wenn es ferner wahr ist, daß die Dämonen Sprößlinge der Götter sind, nämlich unechte von Nymphen oder anderen Wesen, als deren Kinder sie in der Überlieferung ja auch gelten, wer in aller Welt möchte da an Kinder der Götter glauben, an Götter aber nicht? Das wäre ja doch gerade so ungereimt, als wollte jemand an Sprößlinge von Pferden und Eseln glauben, an Maulesel nämlich, nicht aber an das Dasein von Pferden und Eseln. Nein, Meletos, kein Zweifel: entweder wolltest du mit Einreichung dieser Klage mir einen Possen spielen, oder du konntest kein wahres Vergehen ausfindig machen, dessen du mich beschuldigen könntest. Daß du aber irgendeinen auch nur halbwegs vernünftigen Menschen überreden könntest, es könne ein und derselbe Mensch einerseits an Dämonentum und göttliche Wesen glauben und anderseits wieder weder an Dämonen noch an Götter noch an Heroen glauben, das ist eine reine Unmöglichkeit.

Trotz Unhaltbarkeit der Anklage wird die Feindschaft der Menge Sokrates zu Fall bringen

Doch meine Mitbürger, daß ich nicht schuldig bin im Sinne der Anklage des Meletos, das bedarf meines Erachtens keiner langen Ausführungen weiter zum Zwecke der Verteidigung, sondern das Gesagte genügt. Was aber einen schon früher berührten Punkt anlangt, nämlich daß eine starke Feindschaft bei vielen erwachte, so ist dies ohne Zweifel wahr. Und dies ist's, was mich zu Falle bringen wird, wenn ich nun einmal fallen soll, nicht Meletos oder Anytos, sondern der böse Leumund bei der Menge und deren Gehässigkeit. Dies hat schon viele treffliche Männer zu Fall gebracht, und das wird, denk' ich, auch in Zukunft so sein, und es hat keine Gefahr, daß es bei mir haltmache.

Gleichwohl gilt es, auf dem zugewiesenen Posten auszuharren

Vielleicht könnte nun jemand sagen: »Und da schämst du dich nicht, Sokrates, einem Berufe nachzugehen, der dich nunmehr dem Tode in die Arme liefert? Ich aber würde ihm mit gerechter Entrüstung antworten: »Du irrst gewaltig, mein Bester, wenn du meinst, ein Mann der auch nur etwas auf sich hält, solle ängstlich mit Leben oder Tod rechnen, statt bei seinem Tun und Handeln darauf zu sehen, ob er gerecht oder ungerecht handelt und ob seine Taten die eines edeln oder eines ehrvergessenen Mannes sind. Denn nichtswürdig wären ja nach deinem Urteil alle die gottentstammten Helden, die vor Troja ihr Leben ließen, unter ihnen aber vor allen anderen der Thetis Sohn, der jegliche Gefahr für nichts achtete, wenn ihm etwas Schimpfliches zugemutet wurde. So besonders, als seine Mutter, sie, die Göttin, seinem Verlangen, den Hektor zu töten, mit etwa folgenden Worten, glaub' ich, entgegentrat: »Wenn du deines Freundes Patroklos Tod rächen und den Hektor töten willst, so mußt du selber sterben.« Denn, sagt sie, *Nach Hektor sogleich ist der Tod dir bereitet.*

Er aber beantwortete diese Abmahnung sofort mit dem Ausdruck der Verachtung von Tod und Gefahr, denn als ein Feigling zu leben und seine Freunde nicht zu rächen schien ihm weit abschreckender. Er sagt *Lieber stürb' ich sogleich,* nachdem ich den Frevler gestraft, damit ich nicht hier weile, dem Spotte ausgesetzt, *Bei den gewölbten Schiffen die Erde belastend.*

Von ihm glaubst du gewiß nicht, daß er sich um Tod und Gefahr bekümmert habe. Und so ist es in der Tat, meine Mitbürger: Wo einer sich selbst seinen Posten bestimmt hat, überzeugt, daß es keinen besseren Entschluß gebe oder wo er seinen Posten von einem Vorgesetzten angewiesen erhalten hat, da muß er ausharren und der Gefahr Trotz bieten und weder des Todes noch der Gefahr achten gegenüber der Schande.

Sokrates handelt in göttlichem Auftrag, der bis zum Tod erfüllt werden muß

Bedenket doch, meine Mitbürger: Als die Feldherren, die doch nur ihr *Menschen* zu meinen Vorgesetzten gewählt hattet, mir bei Potidaia, bei Amphipolis, bei Delion meinen Posten anwiesen, da habe ich auf diesem Posten gleich den anderen ausgeharrt und dem Tode getrotzt. Wäre es da nicht unverzeihlich, wenn ich gegenüber der Weisung des Gottes, der, wie ich glaubte und annahm, mich aufforderte, mein Leben der Wahrheitsforschung sowie der eigenen Prüfung und der der anderen zu widmen – wenn ich da aus Furcht vor dem Tode oder vor wer weiß welchem anderen Schrecknis meinen Posten hätte verlassen wollen? Ja, wahrlich unverzeihlich wäre das, und *dann* könnte man mich allerdings mit vollstem Recht vor Gericht fordern wegen mangelnden Götterglaubens, sofern ich dem Orakel nicht folge und den Tod fürchte und vermeine weise zu sein, ohne es doch zu sein. Denn den Tod fürchten, meine Mitbürger, was ist das anders als sich dünken weise zu sein, ohne es doch zu sein? Es heißt nämlich soviel wie sich einbilden, zu wissen, was man nicht weiß. Denn es weiß niemand vom Tode, ob er nicht vielleicht sogar das allergrößte Glück für die Menschen ist, und doch fürchtet man sich vor ihm, als wüßte man ganz genau, daß er das größte Übel sei. Und doch, was wäre dies anderes als jene verrufene Unwissenheit, die in der Einbildung besteht, zu wissen, was man nicht weiß? Dies aber, meine Mitbürger, ist der Punkt, in dem ich mich auch bei dieser Frage vielleicht von den meisten Menschen unterscheide, und wenn ich wirklich sagen darf, ich sei in irgend etwas weiser als ein anderer, so wäre das eben darin, daß ich, nicht ausreichend bekannt mit den Dingen im Hades, mir auch nicht einbilde, ein Wissen davon zu besitzen. Gesetzwidrig handeln aber und dem Bessern – er sei nun Gott oder Mensch – den Gehorsam zu verweigern, das, weiß ich, ist nichtswürdig und schändlich. Niemals also werde ich statt der Übel, die ich als solche sicher kenne, Dinge fürchten oder meiden, von denen ich nicht weiß, ob sie nicht vielleicht für uns ein Glück sind. Setzet einmal den Fall, ihr sprächet mich jetzt frei und das sei so zugegangen: ihr wäret nicht einverstanden gewesen mit Anytos, welcher erklärte, entweder hätte ich gar nicht vor Gericht gezogen werden dürfen oder, nachdem dies einmal geschehen, sei es unumgänglich notwendig, mich zum Tode zu verurteilen, denn, wie er begründend hinzufügte, wenn ich glücklich davonkäme, dann würden eure Söhne in tätiger Befolgung der Lehren des Sokrates dem vollen Verderben zugeführt werden. Darauf hättet ihr mir erklärt: »Sokrates, jetzt zwar wollen wir dem Anytos nicht nachgeben, sondern sprechen dich frei, doch nur unter der Bedingung, daß du dich nicht mehr mit dergleichen Untersuchungen abgibst und der Weisheitsliebe frönst: wirst du dabei ertappt, dann ist dir der Tod gewiß.« Wenn ihr also, wie gesagt, unter dieser Bedingung mich freisprächet, so würde ich euch erwidern: »Meine Mitbürger, eure Güte und Freundlichkeit weiß ich sehr zu schätzen, gehorchen aber werde ich mehr dem Gotte als euch, und solange ich noch Atem und Kraft habe, werde ich nicht aufhören der Wahrheit nachzuforschen und euch zu mahnen und aufzuklären und jedem von euch, mit dem mich der Zufall zusammenführt, in meiner gewohnten Weise ins Gewissen zu reden: Wie, mein Bester, du, ein Athener, Bürger der größten und durch Geistesbildung und Macht hervorragendsten Stadt, schämst dich nicht, für möglichste Füllung deines Geldbeutels zu sorgen und auf Ruhm und Ehre zu sinnen, aber um Einsicht, Wahrheit und möglichste Besserung deiner Seele kümmerst du dich nicht und machst dir darüber keine Sorge? Und bestreitet dies einer von euch und versichert, er sorge allerdings darum, so werde ich ihn nicht etwa sofort gehen lassen und mich entfernen, sondern ich werde ihn ausfragen und prüfen und ins Gebet nehmen, und wenn ich den Eindruck gewinne, daß er ungeachtet aller Versicherung keine Tugend besitze, so werde ich es an Vorwürfen nicht fehlen lassen, daß er das Schätzenswerteste am geringsten achtet und das Wertlose höher.«

So werde ich's mit jung und alt halten, wer mir auch immer in den Weg kommt, mit Fremden und Einheimischen, vor allem

aber doch mit euch Einheimischen, denn ihr steht mir als stamm-
verwandt näher. So nämlich befiehlt es der Gott, dessen könnt
ihr gewiß sein. Auch glaube ich, daß euch und eurer Stadt nie ein
größeres Glück beschert worden ist als dieser mein dem Gott
geweihter Dienst. Besteht ja doch meine ganze Tätigkeit darin,
daß ich in beständiger Wanderung euch mahne, jung und alt,
weder das körperliche Wohl noch die Sorge für Hab und Gut
höher zu stellen und eifriger im Auge zu haben als das Wohl der
Seele und ihre möglichste Besserung. Denn, so lautet meine
Rede, nicht aus Reichtum geht die Tugend hervor, sondern aus
der Tugend der Reichtum und alle anderen menschlichen Güter
im persönlichen wie im öffentlichen Leben. Wenn ich nun durch
solche Reden die Jugend verderbe, dann müssen sie ja wohl
schädlich sein; wenn aber jemand sagt, ich lehre anderes als
dieses, so ist das null und nichtig. Darum, meine Mitbürger, das
versichere ich euch: folget dem Anytos, oder folget ihm nicht,
sprechet mich frei oder nicht, auf keinen Fall werde ich anders
handeln, und müßte ich noch so oft den Tod über mich ergehen
lassen.

Die Hinrichtung schadet den Athenern mehr als Sokrates

Enthaltet euch, meine Mitbürger, jeder störenden Kundgebung
und bleibet eingedenk meiner Bitte an euch, meine Worte nicht
mit Lärm aufzunehmen, sondern sie anzuhören; ihr werdet,
denke ich, es nicht zu bereuen haben, wenn ihr ruhig zuhört. Ich
habe euch nämlich noch einiges andere zu sagen, was euch
vielleicht zu lärmendem Widerspruch reizen wird; doch lasset
euch nicht dazu hinreißen.

So lasset euch denn gesagt sein: Wenn ihr mich hinrichtet –
und meine Schilderung hat euch gezeigt, wer ich bin –, so werdet
ihr euch selbst größeren Schaden zufügen als mir: Mir wird
Meletos so wenig gefährlich werden wie Anytos; steht das doch
gar nicht in seiner Macht; denn es verträgt sich, dächt' ich, nicht
mit der göttlichen Weltordnung, daß der bessere Mensch von
dem schlechteren Leid erfahre. Ja, mich ums Leben bringen,
mich in die Verbannung treiben, mich der Bürgerrechte berauben, das kann er vielleicht; aber das mag er wie mancher andere

vielleicht für ein großes Unglück halten: ich dagegen halte nicht dies für ein Übel, sondern weit mehr die Handlungsweise, in der er sich jetzt gefällt, indem er es unternimmt ungerechterweise einen Menschen ums Leben zu bringen.

Daher, meine Mitbürger, bin ich jetzt weit entfernt, um meiner selbst willen mich zu verteidigen, wie mancher wohl annehmen möchte, vielmehr gilt meine Verteidigung euch, um euch zu bewahren vor einer Versündigung an dem euch von Gott bescherten Geschenk, indem ihr über mich den Tod verhängt. Denn nehmt ihr mir das Leben, so werdet ihr nicht leicht einen anderen dieser Art finden, der, mag es auch lächerlich klingen, der Stadt geradezu als Zuchtmittel von der Gottheit beigegeben ist, als wäre sie ein großes, edles Roß, das aber eben wegen seiner Größe zur Trägheit neigt und der Anregung durch den Sporn bedarf. So hat denn der Gott auch mich der Stadt beigegeben als einen Mann, der nicht müde wird euch zu wecken, zu mahnen, zu schelten, kurz, der den ganzen Tag euch überall auf dem Nacken sitzt. Ein anderer dieser Art wird euch so bald nicht wieder erstehen, meine Mitbürger. Darum, wenn ihr mich hört, werdet ihr meiner schonen. Doch wer weiß! Ihr werdet vielleicht, ähnlich einem aus dem Schlummer Geweckten, in eurem Ärger auf mich losschlagen und, vom Anytos verleitet, mich ohne Bedenken zum Tode verurteilen, um dann euer weiteres Leben zu verschlafen, wenn euch nicht der Gott aus Erbarmen einen andern zusendet.

Zeugnis für Sokrates' göttlichen Auftrag ist seine Armut

Daß es aber die *Gottheit* ist, die mich euch als solchen Mahner beigegeben, das könnt ihr aus folgendem entnehmen. Es sieht doch nämlich nicht wie *menschliches* Verhalten aus, daß ich meine persönlichen Angelegenheiten samt und sonders vernachlässigt habe und nun schon so viele Jahre der Verkümmerung meines Hauswesens ruhig zusehe, nur darauf bedacht, unablässig für euer Wohl tätig zu sein, indem ich mich an jeden einzelnen wende und ihm wie ein Vater oder ein älterer Bruder ins Gewissen rede, er solle sich ja der Tugend befleißigen. Und wenn ich von allem dem noch einen Gewinn hätte und meine

Mahnungen mir einigen Lohn einbrächten, so wäre mein Verhalten vielleicht begreiflich. So aber seht ihr auch selbst, daß die Ankläger, die in allen übrigen Punkten bei ihrer Anklage nicht das geringste Schamgefühl zeigen, doch es nicht fertigbringen konnten, die schamlose Behauptung aufzustellen und einen Zeugen dafür beizubringen, ich hätte jemals mir einen Gewinn verschafft oder Bezahlung erbeten. Denn ich habe, denk' ich, einen ausreichenden Zeugen dafür, daß ich die Wahrheit sage. Dieser Zeuge, wer ist es? – meine Armut.

Sokrates hält sich von politischer Tätigkeit fern, da sie seinen Untergang bedeutet hätte

Vielleicht könntet ihr es sonderbar finden, daß ich mit meinen Ratschlägen und meiner Vielgeschäftigkeit mich immer nur an einzelne wende, es aber nicht über mich gewinnen kann, öffentlich in der Volksversammlung vor euch aufzutreten als Berater des Staates. Der Grund liegt in einer Erscheinung, über die ihr mich oft genug habt sprechen hören. Es ist dies ein gewisses göttliches und dämonisches Zeichen[5], was ja auch Meletos in seiner Klageschrift ins Lächerliche gezogen hat. Mich hat diese Erscheinung schon gleich von Kindheit auf begleitet: es ist eine Stimme, die sich immer nur in abmahnendem Sinne vernehmen läßt, um mich von einem Vorhaben abzubringen, niemals aber in zuredendem Sinne. Das ist es, was mich der staatlichen Tätigkeit fernhält. Und es scheint mir ein wahrer Segen, daß es das tut. Denn glaubt mir, meine Mitbürger: hätte ich schon frühzeitig mich mit politischen Angelegenheiten befaßt, dann wäre es längst mit mir vorbei, und ich hätte weder euch noch mir irgendwelche nützlichen Dienste erweisen können. Seid mir nicht gram, wenn ich euch die Wahrheit sage: kein Mensch ist seines Lebens sicher, der euch oder einer anderen Volksmenge offen und ehrlich entgegentritt und allerlei Unrecht und Gesetzwidrigkeit im Staate zu verhindern sucht, sondern wer wirklich ein Vorkämpfer des Rechtes sein will, der muß, um auch nur kurze Zeit sein Leben zu fristen, schlechterdings sich auf den Einzelverkehr beschränken und auf die Beteiligung an den öffentlichen Angelegenheiten verzichten.

Sokrates hat sich jedoch unmoralischer Politik widersetzt

Für diese Behauptungen will ich euch schlagende Beweise anführen, nicht Worte, sondern, worauf ihr so großes Gewicht legt, Tatsachen. Vernehmet also, was mir begegnet ist, um euch zu überzeugen, daß ich dem Rechte zuwider vor niemandem, er sei, wer er wolle, zurückweichen werde aus Furcht vor dem Tode, mag dieser mir auch noch so stark drohen für den Fall, daß ich eben nicht nachgebe. Was ich euch vortragen werde, ist ärgerlicher und unerquicklicher Art, aber es ist die Wahrheit. Ich habe, meine Mitbürger, niemals eine andere amtliche Stellung im Staate bekleidet als die eines Ratsherrn. Meine Phyle, die Antiochis, hatte gerade die Leitung der Geschäfte, als ihr die zehn Feldherren, die sich nicht um Rettung der Schiffbrüchigen nach der Seeschlacht [bei den Arginusen] bemüht hatten, alle zumal aburteilen wolltet, in ungesetzlichem Verfahren, wie ihr späterhin alle selbst erkanntet. Damals war ich der einzige Prytane, der sich gegen dieses gesetzwidrige Verfahren erklärte, und obschon die Stimmführer drauf und dran waren, meine Verhaftung und Abführung durchzusetzen, und ihr lärmend beistimmtet, glaubte ich doch lieber im Bunde mit Gesetz und Recht allen Gefahren trotzen zu müssen, als aus Furcht vor Gefängnis oder Tod mich euch und euren widergesetzlichen Beschlüssen anzuschließen. Diese Vorgänge fallen in die Zeit, wo der Staat noch eine demokratische Verfassung hatte.

Als aber die Wendung zur Oligarchie eingetreten war, ließen die Dreißig mich nebst vier anderen in ihr Amtslokal [Tholos] kommen und gaben uns den Befehl, aus Salamis den dort heimischen Leon zur Stelle zu schaffen, um ihn hinzurichten, wie sie denn auch vielen anderen häufig derartige Befehle erteilten in der Absicht, möglichst viele zu ihren Mitschuldigen zu machen. Damals, darf ich sagen, habe ich nicht durch Worte, sondern durch die Tat bewiesen, daß ich mich, derb herausgesagt, keinen Deut um den Tod kümmere, dagegen auf nichts mehr halte als darauf, nichts Ungerechtes und Frevelhaftes zu begehen. Denn selbst jenes Schreckensregiment konnte mich trotz all seiner Macht nicht dazu bringen, ein Unrecht zu begehen; nein, sobald wir die Amtsstätte verlassen hatten, machten sich die vier anderen alsbald auf nach Salamis und holten den Leon, ich aber eilte flugs wieder in meine Wohnung. Und wer weiß, ob ich nicht darüber mein Leben eingebüßt hätte, wenn jenes Regiment nicht über Nacht gestürzt worden wäre. Und diesen Vorgang werden mir viele von euch bestätigen können.

Sokrates war nie jemandes Lehrer

Meint ihr nun wohl, ich hätte so viele Jahre durchhalten können, wenn ich mich der staatlichen Tätigkeit gewidmet und dabei als redlicher Mann mich immer zum Verfechter des Rechtes gemacht und darin, wie es sich gehört, meine höchste Aufgabe erkannt hätte? Weit gefehlt, meine Mitbürger. Und wäre es bei einem anderen Menschen etwa anders gewesen?

33   Von mir wird man denn den Eindruck haben, daß ich mein Leben lang immer der gleiche geblieben bin, sowohl was meine gelegentliche öffentliche Tätigkeit anlangt, wie in meinen persönlichen Angelegenheiten: niemals habe ich irgendeinem auch nur das Geringste wider das Recht eingeräumt, und dabei denke ich nicht bloß an die Bürger im allgemeinen, sondern auch an diejenigen, welche meine Verleumder als meine Schüler hinstellen. Ich aber bin niemals jemandes Lehrer gewesen. Wohl aber habe ich, wenn jemand Verlangen trug, mich reden zu hören, in Ausübung meines eigenartigen Berufes mich niemals jemandem, gleichviel ob jung oder alt, versagt, auch verstehe ich mich zu solchen Unterhaltungen nicht etwa nur, wenn man mich dafür bezahlt, sonst aber nicht: nein, ob reich oder arm, ich lasse mich fragen, und wer will, kann antworten und hören, was ich sage. Und ob nun ein solcher Frager ein tüchtiger Mann wird oder nicht, dafür bin billigerweise nicht ich verantwortlich, denn ich habe ja nie irgendeinem Unterricht versprochen oder erteilt, und behauptet etwa jemand, er habe von mir jemals beiseits etwas gelernt oder gehört, was nicht auch alle anderen hören konnten, so könnt ihr überzeugt sein, daß er die Unwahrheit sagt.

Keiner der Jugendlichen klagt Sokrates an

Aber wie kommt es, daß manche so lange Zeit gern mit mir Umgang pflegen? Ihr habt's schon gehört, meine Mitbürger; ich habe euch die volle Wahrheit gesagt: es macht ihnen Vergnügen zuzuhören, wenn die Leute ins Gebet genommen werden, die sich einbilden, weise zu sein, es aber nicht sind; denn das hat einen gewissen Reiz. Mir aber ist, wie gesagt, diese Aufgabe von der Gottheit zugewiesen durch Orakel, durch Träume und durch alle möglichen Zeichen, durch welche der göttliche Wille überhaupt dem Menschen kundgegeben wird.

Dies, meine Mitbürger, ist wahr und ist leicht zu erweisen. Wenn ich wirklich die jungen Leute teils verderbe teils verdorben habe, so müßten doch wohl einige ältere von ihnen, die nun in reiferen Jahren erkannt hätten, daß ich ihnen in ihrer Jugend irgend einmal einen verderblichen Rat erteilte, jetzt entweder selbst hier auftreten, um mich anzuklagen und Vergeltung zu üben, oder, falls sie sich dazu nicht verstehen wollten, dann müßte irgendeiner aus ihrer Verwandtschaft, Vater, Bruder oder wer sonst von den Angehörigen, wenn ihren Verwandten von mir irgend etwas Schlimmes widerfahren, jetzt dessen eingedenk sein. Wirklich sind auch viele von ihnen hier zur Stelle: ich sehe zunächst da den Kriton, meinen Alters- und Stammesgenossen, den Vater des Kritobulos dort; dann den Sphettier Lysanias, dort den Vater des Äschines; ferner den Antiphon hier, den Kephisier, des Epigenes Vater. Sodann andere, deren Brüder in der geschilderten Art mit mir Umfang gepflogen, Nikostratos, des Theozotides Sohn, Bruder des Theodotos – und zwar ist Theodotos tot, der ihn also gewiß nicht zu meinen Gunsten 34 beeinflußt haben kann – und hier Paralos, des Demodokos Sohn, dessen Bruder Theages war; dort auch Adeimantos, des Ariston Sohn, und sein Bruder, dieser Platon da, und Aiantodoros, von welchem Apollodoros dort ein Bruder ist. Und noch viele andere könnte ich euch nennen, von denen Meletos doch wenigstens den einen oder den anderen in seiner Rede hätte als Zeugen aufführen sollen. Hat er es aber bei jener Gelegenheit vergessen, so hole er es jetzt nach – ich gebe ihm gern die Möglichkeit dazu – und mache die entsprechenden Angaben darüber. Aber das gerade Gegenteil findet statt: ihr findet, meine Mitbürger, sie sämtlich bereit mir zur Seite zu stehen, mir, ihrem Verführer, der ihren Verwandten Böses angetan hat, wie Meletos und Anytos sagen. Die Verführten selbst könnten ja einen Grund haben, mir beizustehen; aber die nicht verführten, schon reiferen Männer, ihre Verwandten, welchen anderen Grund hätten sie wohl mir beizustehen als einzig den gerechten und billigen, daß sie wissen: Meletos lügt, und ich sage die Wahrheit.

Sokrates bittet die Richter nicht um Freispruch

Gut denn, meine Mitbürger. Was ich zu meiner Verteidigung vorzubringen habe, wäre etwa dies, wenn sich vielleicht auch noch ein oder das andere ähnlicher Art hinzufügen ließe. Vielleicht aber wird nun mancher von euch ungehalten sein, wenn er an sich selber zurückdenkt, wie er als Angeklagter in irgendeinem weit unbedeutenderen Prozeß als diesem die Richter mit den inständigsten Bitten bestürmt hat unter einem Strome von Tränen und unter Hinweis auf seine eigens zu dem Zwecke der heftigsten Mitleidserregung mitgebrachten Kinder und seine sonstigen Verwandten und zahlreichen Freunde, während ich alle diese Mittel der Rührung verschmähe und dies in einer Lage, die allem Anschein nach die äußerste Gefahr in sich birgt. Wer weiß, ob nicht mancher, von solchen Gedanken erfüllt, sich in seiner Selbstgefälligkeit gegen mich gereizt fühlt und eben dadurch zur Erbitterung gegen mich hingerissen bei der Abstimmung sich von seinem Zorne reizen läßt. Sollte nun einer von euch so gesinnt sein – ich glaube es zwar nicht, sollte es aber der Fall sein –, so dürften meines Erachtens folgende Worte gegen ihn am Platze sein: Mein Bester, ich habe auch wohl einige Verwandte, denn auch hier gilt das Wort Homers, auch ich stamme nicht *Vom Baume oder dem Felsen,* sondern von Menschen, auch ich habe also Verwandte und Söhne, meine Mitbürger, und zwar drei, einer schon ein Jüngling, zwei aber noch Kinder. Doch gleichwohl habe ich keines von ihnen hierherbringen lassen, um mir unter Hinweis auf sie ein freisprechendes Urteil zu erflehen.

Und warum werde ich nichts dergleichen tun? Nicht aus

übertriebenem Selbstgefühl oder aus Mißachtung gegen euch, meine Mitbürger, nein! Aber ganz abgesehen davon, ob ich den Tod verachte oder nicht – denn das ist eine andere Frage –, erscheint es mir in Rücksicht auf den guten Ruf als eine Forderung des Anstandes an mich, an euch und an den ganzen Staat, daß ich mich nicht auf dergleichen Unfug einlasse, ich, ein Mann von so hohen Jahren und so bekanntem Namen, mag es auch mit diesem Namen, was seine Berechtigung anlangt, stehen, wie es wolle; aber es ist nun einmal die feststehende Meinung: daß

35 Sokrates vor den andern Menschen etwas voraus habe. Wenn also diejenigen unter euch, die in dem Rufe hervorragender Weisheit oder Tapferkeit oder irgendwelcher sonstigen Tugend stehen, sich von dieser Seite zeigen, so ist das eine Schande. So habe ich oft genug gesehen, wie Leute von hervorragendem Ruf sich vor den Richtern ganz sonderbar anstellten, als meinten sie, wer weiß welchen Schrecknissen preisgegeben zu werden, wenn sie sterben müßten, geradeso als ob sie der Unsterblichkeit sicher wären, wenn ihr sie nicht zum Tode verurteilt. Sie drücken, so dünkt mich, dem Staate ein Schandmal auf, und es könnte dann auch ein Fremder meinen, die an Tüchtigkeit hervorragenden Athener, denen ihre Mitbürger selbst vor sich den Vorzug geben bei Wahl der Obrigkeiten und Verteilung sonstiger Auszeichnungen, unterschieden sich nicht von den Frauen. Solches Verhalten also, meine Mitbürger, dürfen weder wir zeigen, die wir etwas in der Welt gelten, noch dürft ihr, wenn wir uns dessen schuldig machen, es zulassen; vielmehr müßt ihr gerade darauf Wert legen zu zeigen, daß ihr weit eher den verurteilt, der solche Rührszenen vor euch aufführt und die Stadt lächerlich macht, als den, der Ruhe und Anstand bewahrt.

Bitten wäre weder ehrenhaft noch gerecht noch fromm

Aber auch abgesehen von dem guten Ruf, meine Mitbürger, scheint es mir auch schon vom Standpunkte des strengen Rechts verwerflich, die Gnade des Richters anzuflehen und durch Bitten die Freisprechung zu erwirken statt durch belehrende und überzeugende Aufklärung. Denn nicht dazu hat der Richter seinen Platz eingenommen, um nach Gunst des Rechtes zu walten, sondern um unparteiisch den Sachverhalt festzustellen. Und durch seinen Richtereid hat er sich nicht verpflichtet, sich dem, dem er nach Gutdünken sein Wohlwollen schenkt, gnädig zu erweisen, sondern sein Richteramt streng nach den Gesetzen auszuüben. Also weder wir dürfen euch daran gewöhnen, meineidig zu werden, noch dürft ihr euch daran gewöhnen: beide würden wir uns dadurch den Vorwurf der Gottlosigkeit zuziehen. Mutet mir also, meine Mitbürger, gegen euch nicht eine Art des Auftretens zu, die ich weder für ehrenhaft noch für gerecht noch für fromm halte, zumal da ich, dem Himmel sei's geklagt, vom Meletos hier der Gottesleugnung geziehen werde. Denn kein Zweifel: wenn ich euch, die ihr durch euren Eid gebunden seid, durch berückende Rede auf meine Seite brächte und durch Bitten einen Druck auf euch ausübte, so würde ich euch ja lehren, nicht an das Dasein von Göttern zu glauben, und würde durch meine Verteidigung mich recht eigentlich selbst beschuldigen, daß ich nicht an Götter glaube. Aber das sei ferne von mir. Denn ich glaube an sie so fest, meine Mitbürger, wie keiner meiner Ankläger, und ich stelle es euch und der Gottheit anheim, über mich zu richten, wie es wohl für mich am besten sein wird wie auch für euch.

Zweite Rede: Gegenantrag des Sokrates nach der Verurteilung

Nur dreißig Stimmen hätten anders fallen müssen

Wenn ich nicht ungehalten bin, meine Mitbürger, über das von euch gefällte Verdammungsurteil, so hat das, abgesehen von manchen anderen Umständen, seinen Grund besonders darin, daß mir dies Urteil nicht unerwartet gekommen ist; nein, weit eher wundere ich mich über die Zahl der Stimmen, die sich nach beiden Seiten hin ergeben haben. Denn ich hatte nicht auf einen so geringen Unterschied gerechnet, sondern auf einen weit größeren. So aber hätten nur dreißig Stimmen anders fallen müssen, dann wäre ich freigekommen. Zwar dem Meletos gegenüber bin ich meiner Ansicht nach auch so freigesprochen, und nicht nur dies, sondern es ist jedermann klar, daß, wenn ich nicht Anytos

36

und Lykon als Ankläger gegen mich aufgetreten wären, er zu einer Geldbuße von tausend Drachmen verurteilt worden wäre, da er dann noch nicht den fünften Teil der Stimmen erlangt hätte.

Antrag Sokrates' auf Speisung im Prytaneion

Der Kläger trägt auf Tod gegen mich an. Gut. Ich aber, welchen Gegenantrag soll ich, meine Mitbürger, stellen? Offenbar doch den Antrag auf die verdiente Strafe. Wie also? Was für eine Strafe oder Buße habe ich dafür verdient, daß ich es mir beikommen ließ, mein Leben lang nicht der Ruhe zu pflegen, sondern im Gegensatz zu der großen Menge, unbekümmert um Gelderwerb, Hauswirtschaft, Heeführer- und Rednertätigkeit und sonstige amtliche Tätigkeit, um Geheimbünde, um Parteiungen, wie sie das öffentliche Leben mit sich bringt – denn ich hielt mich in der Tat für zu gut, um mich meiner persönlichen Sicherheit zuliebe auf dergleichen einzulassen –, daß ich also unbekümmert um all dies einen Weg verschmähte, auf dem ich weder euch noch mir selbst irgendwelche ersprießlichen Dienste hätte leisten können? Dafür wählte ich einen anderen Weg: ich wandte mich persönlich jedem einzelnen zu, um ihm die meiner Meinung nach größte Wohltat zu erweisen; ich bemühte mich nämlich, einem jeden von euch die Überzeugung beizubringen, daß er unrecht täte, sich eher um sein Hab und Gut zu bekümmern als um sich selber und um die möglichste Förderung seiner sittlichen und geistigen Bildung. Ebensowenig dürfe er eher Sorge tragen für die Angelegenheiten des Staates als für den Staat selber, und ebenso müsse er es in allen übrigen Dingen halten. Was soll mir nun verdientermaßen bei einer solchen Sinnesart widerfahren? Etwas Gutes, meine Mitbürger, wenn der Antrag in Wahrheit dem Verdienste entsprechend gestellt werden soll, und zwar muß dies Gute von der Art sein, daß es auf meine Verhältnisse paßt. Was aber ist nun passend für einen Mann, einen Wohltäter eurer Stadt, der der Muße bedarf für seinen Beruf, euch aufzurütteln und zu mahnen? Ich wüßte nicht, meine Mitbürger, was für einen solchen Mann passender wäre als die Speisung im Prytaneion [Rathaus]; für ihn ist sie weit mehr angebracht als für Mitbürger von euch, die in Olympia mit dem Rennpferd oder dem Zweigespann oder dem Viergespann gesiegt haben. Denn diese verschaffen euch nur ein scheinbares Glück, ich dagegen ein wirkliches und echtes; auch bedürfen sie keiner Versorgung, ich aber bedarf ihrer. Soll ich also meinen Antrag stellen entsprechend dem, worauf ich rechtlichen Anspruch habe, so beantrage ich Speisung im Prytaneion.

Sokrates tut niemandem vorsätzlich unrecht, deshalb auch nicht sich selbst

37 Vielleicht werden diese Worte einen ähnlichen Eindruck auf euch machen wie meine Äußerungen über die Mitleidserregung und das Flehen um Schonung, den Eindruck nämlich der Selbstüberhebung. Aber von Hochmut kann hier gar nicht die Rede sein, vielmehr steht es damit folgendermaßen. Ich bin überzeugt, daß ich niemandem vorsätzlich unrecht tue. Euch freilich überzeuge ich davon nicht, weil die Zeit gegenseitiger Aussprache für uns zu kurz war. Denn es will mich bedünken, wenn bei euch die Bestimmung bestünde wie anderwärts, über Tod und Leben nicht bloß einen Tag zu Gericht zu sitzen, sondern mehrere Tage, dann wäret ihr wohl überzeugt worden. So aber, bei so kurzer Zeit, ist es nicht leicht, sich von schweren Verleumdungen reinzuwaschen. Überzeugt also, wie ich bin, niemandem unrecht zu tun, weise ich es es weit von mir, mir selbst unrecht zu tun und mir selbst das Zeugnis auszustellen, irgendwelche Strafe zu verdienen und einen dementsprechenden Antrag gegen mich selbst zu stellen. Welche Furcht sollte mich auch dazu treiben? Etwa, daß mich die Strafe trifft, die Meletos gegen mich beantragt, von der ich, wie gesagt, nicht weiß, ob sie ein Glück oder ein Unglück ist? Statt dessen sollte ich es mir einfallen lassen, etwas zu wählen, was, wie ich sicher weiß, ein Unglück ist? Worauf also sollte ich denn antragen? Etwa auf Gefängnis? Was soll mir das Leben im Gefängnis, wo ich nichts bin als der Sklave der jemaligen Behörde, der Elfmänner nämlich? Oder auf eine Geldstrafe und Gefängnis bis zu ihrer Abzahlung? Aber das käme für mich auf dasselbe hinaus wie das vorige; denn ich habe keine Geldmittel, um die Schuld abzutragen. Oder soll ich den Antrag auf Verbannung stellen? Vielleicht nämlich würdet ihr diesem

Antrag beistimmen. Ich müßte doch wahrlich von einem unbändigen Lebensdrang beseelt sein, wenn ich so unvernünftig wäre, mir nicht folgende Frage vorzulegen: »Euch, meinen *Mitbürgern,* war mein Treiben und Reden schon unerträglich; ihr fandet es lästig und anstößig, so daß ihr jetzt trachtet, es loszuwerden – und nun sollen *fremde* Leute sich leicht darein finden? Nun und nimmermehr, meine Mitbürger! Das wäre ein schönes Leben für einen Mann in meinen Jahren, in der Fremde zu weilen, von einer Stadt zur andern wandernd und nirgends geduldet. Denn glaubt mir, ich mag kommen, wohin ich will, überall werden die jungen Leute mir zuhören, geradeso wie hier. Weise ich sie ab, so werden sie mich wegtreiben unter Beistand der für ihre Sache gewonnenen älteren Leute. Weise ich sie aber nicht ab, dann werden dies eben um ihretwillen ihre Eltern und Angehörigen tun.

Ein Leben ohne Prüfung und Erforschung ist nicht lebenswert. Antrag auf eine Geldstrafe

Nun könnte man vielleicht einwenden: »Aber Sokrates, könntest du es nicht über dich gewinnen, schweigend und in Ruhe in der Fremde zu leben?« Das ist der Punkt, den es am allerschwierigsten ist, euch begreiflich zu machen. Sage ich nämlich, dies sei nichts anderes als Ungehorsam gegen die Gottheit und deshalb sei es mir unmöglich, mich still zu verhalten, so werdet ihr mir das nicht glauben als einem, der mit seiner wahren Meinung hinter dem Berge hält. Sage ich aber, daß es das größte Glück für den Menschen ist, sich Tag für Tag über die Tugend zu unterhalten und über die weiteren Fragen, über die ihr mich reden hört, als einen Prüfer und Erforscher sowohl meiner selbst wie anderer, und daß ein Leben ohne Prüfung und Erforschung nicht lebenswert sei, so werdet ihr dieser meiner Rede noch weniger Glauben schenken. Es ist so, wie ich sage, meine Mitbürger, aber es euch glaublich zu machen ist keine leichte Sache. Dazu kommt noch, daß ich nicht gewohnt bin, mir irgend etwas Schlimmes gegen mich selbst zuzumuten. Hätte ich nämlich Geld, so würde ich auf eine Strafsumme antragen, die ich zahlen könnte, denn das würde ich nicht als Schädigung empfinden. So aber habe ich keines, ihr müßtet denn eure Forderung auf das wenige beschränken, was ich zu zahlen imstande wäre; und das wäre etwa eine Mine Silber. So viel also beantrage ich. Platon aber hier, meine Mitbürger, und Kriton und Kritobulos und Apollodoros fordern mich auf, dreißig Minen zu beantragen, wofür sie selbst Bürgen sein wollen. Soviel also beantrage ich, und diese Männer hier werden euch zuverlässige Bürgen für diese Geldsumme sein.

Dritte Rede: Schlußwort des Sokrates

Zuerst an die Richter, welche ihn verurteilt haben

Eine kurze Spanne Zeit ist es, meine athenischen Mitbürger, die mir ohne das von euch über mich verhängte Todesurteil noch zu leben vergönnt gewesen wäre. Um dieser kurzen Zeit willen aber werdet ihr zu trauriger Berühmtheit gelangen und starken Beschuldigungen ausgesetzt sein von seiten der schmähsüchtigen Gegner unserer Stadt, darüber, daß ihr den Sokrates umgebracht habt, einen weisen Mann. Ja, einen weisen Mann werden sie mich nennen, wenn ich es auch nicht bin, sie, die euch lästern wollen. Hättet ihr nur ein kleines Weilchen warten wollen, so wäre euch euer Wunsch von selbst erfüllt worden. Denn ihr seht mir ja doch an, wie weit in meinen Jahren ich vorgerückt, wie nahe dem Tode ich bin. Doch das sage ich nicht zu euch allen, sondern nur zu denen, die mich zum Tode verurteilt haben. Und an ebendiese richte ich noch die folgenden Worte:

»Vielleicht glaubt ihr, meine Mitbürger, den Grund meiner Verurteilung in dem Mangel an Redebereitschaft finden zu müssen, durch die ich euch hätte umstimmen können, wenn ich entschlossen gewesen wäre, alle Mittel der Tat und des Wortes aufzubieten, um den Freispruch zu erwirken. Weit gefehlt! Ein Mangel war es allerdings, der meine Verurteilung herbeiführte, aber nicht an Worten, sondern an Dreistigkeit und Schamlosigkeit und an dem Willen, mit rednerischen Mitteln auf euch zu wirken, die euren Ohren die liebsten sind: ich hätte mich aufs Wehklagen und Jammern legen und mich in Wort und Tat zu noch gar manchen Dingen verstehen müssen, die meiner nicht würdig sind, wie ich behaupte. Dinge, die ihr freilich von den anderen zu hören gewohnt seid. Allein weder bei der Verteidigung selbst glaubte ich mir irgend etwas Unehrenhaftes erlauben zu dürfen zur Abwendung der Gefahr, noch auch gereut es mich jetzt, mich so verteidigt zu haben; nein, weit lieber will ich durch eine solche Verteidigung dem Tode geweiht sein als mir durch eine Verteidigung von jener Art das Leben erkaufen. Denn weder vor Gericht noch im Kriege, es handle sich nun um mich oder irgendeinen anderen, verträgt es sich mit der Ehre, nichts

39 unversucht zu lassen, um nur ja dem Tode zu entgehen. Denn auch, was die Schlachten anlangt, so zeigt sich oft deutlich genug, daß sich da mancher dem Tode entziehen kann durch Wegwerfen der Waffen sowie dadurch, daß man die Verfolger um Gnade anfleht. Und so gibt es noch gar mancherlei andere Mittel in jeder Art von Gefahr, kurz, man kann so dem Tode entfliehen, wenn man vor nichts Unehrenhaftem zurückscheut in Wort und Tat. Nein, meine Mitbürger, dem Tode zu entgehen ist, denk ich, nicht schwer, weit schwerer dagegen ist es, der Schlechtigkeit zu entgehen; denn sie läuft schneller als der Tod. So bin denn auch ich jetzt als langsamer alter Mann von dem Langsameren (unter jenen beiden) eingeholt worden, meine Ankläger dagegen, rüstige und flinke Leute, von dem Schnelleren (unter jenen beiden), von der Schlechtigkeit. Und so scheide ich denn jetzt von euch, des Todes schuldig erklärt von euch, sie aber der Niederträchtigkeit und Ungerechtigkeit überführt von der Wahrheit. Und ich belasse es bei diesem Spruch wie auch jene. Wer weiß denn: vielleicht sollte es so kommen, und ich glaube, es ist gut so.«

Sie werden Rechenschaft ablegen müssen über ihr Leben

»Nun möchte ich noch einen Blick in die Zukunft tun und euch, die ihr mich verurteilt habt, die eure voraussagen. Denn ich stehe bereits auf dem Punkte, wo die Menschen vornehmlich zu Weissagern werden, wenn sie nämlich unmittelbar an der Schwelle des Todes stehen. So verkünde ich euch denn, ihr Männer, die ihr mich hingerichtet habt: es wird alsbald nach meinem Tode eine Strafe, eine weit schwerere, beim Zeus, über euch kommen, als ihr sie über mich durch das Todesurteil ver-

hängt habt. Denn jetzt habt ihr das getan in dem Wahn, ihr
würdet nicht Rechenschaft geben müssen über euer Leben; es
wird aber, so behaupte ich, sich ganz das Gegenteil davon für
euch ergeben. Die Zahl derer, die von euch Rechenschaft fordern, wird größer werden: bisher habe ich sie zurückgehalten,
ohne daß ihr es gewahr wurdet. Sie werden auch um so gefährlicher werden, je jünger sie sind, und ihr werdet um so größeren
Ärger davon haben. Wenn ihr nämlich glaubt, durch Hinrichtung von Menschen den Schmähungen gegen euren unlauteren
Lebenswandel Einhalt zu tun, so seid ihr im Irrtum. Denn ein
solches Befreiungsmittel ist weder leicht möglich noch ehrenhaft, vielmehr ist das schönste und zugleich leichteste Mittel
dies, nicht anderen das Dasein unmöglich zu machen, sondern
nach Kräften an der eigenen sittlichen Besserung zu arbeiten.
Dies ist es, was ich euch, meinen Gegnern vor Gericht, weissage,
und damit scheide ich von euch.«

Darauf an die Richter, welche Sokrates freigesprochen
haben: Das göttliche Zeichen trat nicht warnend entgegen

Mit denen aber, die mich freigesprochen haben, möchte ich gern
noch ein Wort reden über die hier soeben erlebten Vorgänge,
solange die Behörden noch durch ihre Geschäfte in Anspruch
genommen sind und ich noch nicht nach meiner baldigen Todes-
stätte mich begeben muß. Ich bitte also, ihr Männer, verweilet
noch so lange. Es hindert ja nichts, uns miteinander zu unterhal-
40 ten, solange es erlaubt ist. Denn euch als meinen Freunden will
ich die eigentliche Bedeutung dessen, was mir heute widerfahren
ist, dartun. Mir ist nämlich, ihr Richter – denn euch darf ich mit
Fug und Recht Richter nennen –, etwas ganz Sonderbares begegnet. Die gewohnte prophetische Stimme, die dämonische, war in
der ganzen letzten Zeit immer sehr rege und warnte mich auch
bei ganz geringen Anlässen, wo ich etwa im Begriffe war, das
Rechte zu verfehlen. Eben jetzt aber ist mir doch, wie ihr selbst
seht, etwas widerfahren, was man wohl für der Übel größtes
halten dürfte, wofür es denn auch allgemein gilt. Gleichwohl trat
das göttliche Zeichen mir weder heute früh beim Verlassen
meiner Wohnung warnend entgegen noch bei meinem Gange

hierher auf das Gericht noch an irgendwelcher Stelle meiner
Rede, wenn mir etwas auf der Zunge lag: und doch hat es bei
anderen Gelegenheiten mich oft mitten im Satze aufgehalten.
Heute aber ist es mir während des ganzen gerichtlichen Vorgan-
ges nirgends entgegengetreten weder bei meinem Tun noch bei
meinen Reden. Was ich mir nun als Grund dafür denke? Ich will
es euch sagen: was mir widerfahren, ist allem Vermuten nach ein
Glück, und unmöglich können wir recht haben mit unserem
Glauben, der Tod sei ein Unglück. Ich habe den schlagenden
Beweis für diese Behauptung: unmöglich konnte mir das gewohnte Warnungszeichen ausbleiben, wenn mein Vorhaben
nicht ein glückliches gewesen wäre.

Der Tod ist einem traumlosen Schlaf vergleichbar oder der Übersiedelung von hier nach einem anderen Ort

Auch von folgender Seite her wollen wir uns klarmachen, wieviel Ursache wir haben zu hoffen, daß der Tod ein Glück sei.
Eines von zweien nämlich ist das Totsein: entweder ist es eine
Art Nichtsein, so daß der Tote keinerlei Empfindung hat von
irgend etwas, oder es ist, wie der Volksmund sagt, eine Art
Verpflanzung und Übersiedelung der Seele von hier nach einem
anderen Ort. Im ersten Falle nun, wo von Empfindung nicht
mehr die Rede ist, sondern von einer Art Schlaf, der so tief ist,
daß dem Schlafenden nicht einmal irgendein Traumbild erscheint, wäre der Tod ein wunderbarer Gewinn. Denn ich
glaube, wenn einer eine solche Nacht, die ihm einen völlig
traumlosen Schlaf gebracht hat, auswählte und ihr die übrigen
Nächte und Tage seines Lebens gegenüberstellen müßte, um zu
entscheiden, wie viele Tage und Nächte in seinem Leben er
glücklicher verbracht habe als diese Nacht – ich glaube, dann
wird nicht etwa bloß ein Mann gewöhnlichen Schlages, sondern
der Großkönig in eigener Person finden, daß diese sich sehr
leicht zählen lassen im Vergleich zu den anderen Tagen und
Nächten. Ist also der Tod von dieser Art, so nenne ich ihn einen
Gewinn; denn die ganze Ewigkeit scheint dann eben nichts
weiter zu sein als eine einzige solche Nacht. Ist aber der Tod
gleichsam eine Art Auswanderung von hier nach einem anderen

Ort und hat es mit dem, was der Volksmund sagt, seine Richtigkeit, daß dort alle Verstorbenen weilen, was gäbe es dann, ihr Richter, für ein größeres Glück als dieses? Denn findet einer bei
41 seiner Ankunft im Hades, erlöst von diesen sogenannten Richtern, die wahren Richter, die dort, wie es heißt, Recht sprechen, Minos, Rhadamanthys, Aiakos und Triptolemos nebst den anderen Heroen, die ein rechtschaffenes Leben geführt haben, wäre das etwa eine Verschlechterung unserer Aufenthaltsstätte? Oder aber mit Orpheus, Musaios, Hesiod und Homer zu verkehren, wieviel würde mancher von euch dafür geben! Ich wenigstens wollte gern oftmals des Todes sein, wenn dem so ist. Ja, für mich hätte der Aufenthalt dort noch seinen ganz besonderen Zauber: denn wenn ich dann etwa dem Palamedes begegnete und dem Telamonier Aias oder wer sonst von den alten Helden durch ungerechten Richterspruch den Tod gefunden, so wäre es für mich eine wahre Wonne, mein Geschick mit dem ihren zu vergleichen. Und dann noch die Hauptsache: seine Aufgabe darin zu sehen, daß man die dort Weilenden ausforsche und prüfe wie die Menschen hier auf Erden, wer von ihnen weise sei und wer es zu sein glaube, ohne es doch zu sein. Wieviel gäbe mancher darum, wenn er die Führer des großen Heeres vor Troja oder den Odysseus oder den Sisyphos oder tausend andere, die zu nennen wären, Männer und Frauen, verhören könnte! Mit ihnen dort sich zu unterhalten und zu verkehren und sie auszuforschen, welches überschwengliche Glück wäre das. Und soviel wenigstens ist doch ganz sicher: dort verhängt man nicht wegen solcher Unterredungen die Todesstrafe. Denn wie in anderer Beziehung, so sind auch darin die dort Weilenden glücklicher als die Erdenkinder hier, daß sie die ganze weitere Zeit hindurch unsterblich sind, wenn der Volksmund recht hat.

Es ist für Sokrates das beste, schon jetzt zu sterben

Aber auch ihr, meine Richter, sollt dem Tode mit froher Hoffnung ins Angesicht schauen und eines als unverbrüchliche Wahrheit anerkennen, den Satz nämlich, daß es für einen rechtschaffenen Mann kein Übel gibt, weder im Leben noch im Tode, und daß seine Sache von den Göttern nicht im Stich gelassen wird. So ist auch mein Schicksal nicht ein bloßes Spiel des Zufalls, sondern ich zweifle nicht, daß es für mich das beste war, schon jetzt zu sterben und aller Mühsal ledig zu werden. Darum hat mich auch die innere Stimme nicht gewarnt, und ich meines Teiles hege keinen besonderen Groll gegen diejenigen, die mich verurteilt haben, und gegen meine Ankläger. Freilich wurden sie bei ihrer Verurteilung und Anklage nicht von der eben geschilderten Gesinnung geleitet, sondern von der Absicht, mir wehe zu tun; und das darf nicht ungerügt bleiben.

An seinen Söhnen sollen die, welche Sokrates verurteilt haben, Vergeltung üben

Um eines aber bitte ich sie noch: Wenn meine Söhne erwachsen sind, so übet Vergeltung an ihnen aus, ihr Männer, in dem ihr ihnen dasselbe Leid antut, das ich euch antat, sofern euch dünket, daß sie mehr auf Gelderwerb und sonstigen Tand bedacht sind als auf Tugend. Und bilden sie sich etwas ein auf Dinge, von denen sie nichts verstehen, so haltet nicht zurück mit eurem Tadel gegen sie – wie ich damit nicht zurückhalte gegen euch –, wenn sie ihr Streben nicht auf das richten, was nottut, und wenn 42 sie wähnen, etwas zu sein, während an ihnen rein gar nichts ist. Wenn ihr dies tut, dann ist mir volles Recht von euch geworden, mir und meinen Söhnen.

Es ist Zeit, zu gehen

Aber nun ist es Zeit, daß wir gehen, ich, um zu sterben, ihr, um weiter zu leben. Wer von uns beiden dem besseren Lose entgegengeht, das ist allen verborgen, nur der Gottheit nicht.[6]

Menon
oder Über die Tugend

Ist die Tugend lehrbar?

₇₀ MENON: Kannst du mir sagen, Sokrates, ob die Tugend lehrbar ist? Oder ist sie nicht lehrbar, sondern durch Übung zu erlangen? Oder wird sie den Menschen weder durch Übung noch durch Lehre, sondern von Natur oder sonst irgendwie zuteil?
SOKRATES: Vordem, mein Menon, waren die Thessalier berühmt unter den Hellenen und bewundert wegen ihrer Reitkunst und ihres Reichtums, jetzt aber sind sie es auch, wie mich dünkt, wegen ihrer Weisheit, und nicht am wenigsten die Mitbürger deines Freundes Aristippos in Larissa. Das verdankt ihr aber dem Gorgias.[1] Denn nach seinem Einzug in diese Stadt gewann er sich ob seiner Weisheit die Zuneigung nicht nur der Hervoragendsten unter den Aleuaden, zu denen dein Liebling Aristippos gehört, sondern auch unter den übrigen Thessaliern. Er ist es denn auch, der euch die Gewohnheit beigebracht hat, unbefangen und freimütig auf jede Frage zu antworten, die man an euch richtet, wie man es von Wissenden nicht anders erwartet: stellte er es doch auch selbst jedem Hellenen, der es wünschte, frei, ihn über jeden beliebigen Gegenstand zu befragen, und blieb keinem die Antwort schuldig. Hier [in Athen] ₇₁ dagegen ist umgekehrt eine Art Geistesdürre eingetreten und allem Anschein nach ist die Weisheit aus hiesigen Landen zu euch übergesiedelt. Denn versuche nur einem der Unsrigen hier diese deine Frage vorzulegen: du wirst keinen finden, der dir nicht ins Gesicht lachen und sagen wird: »Mein Fremdling, du hältst mich wohl für einen Göttergünstling, da du mir zutraust zu wissen, ob die Tugend lehrbar sei oder auf welche Weise man ihrer teilhaftig werde; ich aber weiß nicht nur nicht, ob sie lehrbar oder nicht lehrbar ist, sondern befinde mich selbst darüber in völliger Unwissenheit, was die Tugend überhaupt ist.«

Sokrates weiß nicht einmal, was Tugend ist

Ich nun, mein Menon, befinde mich meinerseits in der nämlichen Lage. Ich bin, was diesen Punkt anlangt, ebenso arm an Auskunft wie meine Mitbürger und mache mir selbst Vorwürfe darüber, daß ich so völlig unwissend bin hinsichtlich der Tugend. Wovon ich aber nicht weiß, was es ist, wie sollte ich hinsichtlich dessen wissen, wie beschaffen es ist? Oder hältst du es für möglich, daß einer, der den Menon überhaupt nicht kennt, wisse, ob er schön oder reich oder von edler Geburt oder das Gegenteil davon sei? Hältst du das für möglich?

MENON: Ich nicht. Aber du, mein Sokrates, weißt du wirklich nicht einmal, was Tugend ist? Und sollen wir das über dich auch daheim bei uns berichten?

SOKRATES: Nicht nur dies, mein Freund, sondern auch, daß ich noch keinen anderen angetroffen habe, der meines Erachtens darüber Bescheid gewußt hätte.

MENON: Wie? Bist du nicht mit Gorgias zusammengewesen, als er sich hier aufhielt?

SOKRATES: Jawohl.

MENON: Und er wußte deines Erachtens nicht Bescheid darüber?

SOKRATES: Mein Gedächtnis ist nicht besonders stark, mein Menon; ich kann also im Augenblick nicht sagen, was ich damals für einen Eindruck hatte, aber vielleicht weiß nicht nur er, sondern auch du Bescheid über das, was er sagte. Frische also meine Erinnerung darüber auf, wie er sich äußerte. Oder, wenn es dir recht ist, gib selbst Auskunft; denn offenbar stimmt deine Ansicht mit der seinen zusammen.

MENON: So ist es.

SOKRATES: Sehen wir also von ihm ab, zumal er doch auch nicht zugegen ist. Du selbst aber bei den Göttern, mein Menon, für was erklärst du denn die Tugend? Sage es ohne jeden Rückhalt, damit ich auf der glücklichsten Lüge ertappt werde, wenn es sich herausstellt, daß ihr, du und Gorgias, Bescheid wißt, im geraden Widerspruch mit meiner Behauptung, noch mit niemandem zusammengetroffen zu sein, der über die Sache Bescheid wüßte.

Menon sagt ihm, was Tugend ist

MENON: Aber das läßt sich ja unschwer sagen, mein Sokrates. Erstens, wenn du die Mannestugend erklärt wissen willst, so besteht diese, wie leicht anzugeben, darin, daß der Mann die Fähigkeit besitzt, die Geschäfte des Staates zu führen und dabei seinen Freunden nützlich zu sein, seinen Feinden aber zu schaden und sich selbst wohl zu hüten, daß ihm nichts von der letzteren Art begegne. Handelt es sich aber um Frauentugend, so ist die Auskunft darüber nicht schwer: eine gute Hausverwalterin muß die Frau sein, muß die Ordnung im Inneren des Hauses wahren und dem Manne gehorsam sein. Wieder eine andere Tugend ist die Tugend des Kindes, des weiblichen sowohl wie des männlichen, und auch die des älteren Mannes, wobei es wieder darauf ankommt, ob er ein Freier oder ein Sklave ist. Und so gibt es noch mancherlei andere Tugenden, so daß es nicht an Stoff fehlt, um Auskunft über die Tugend zu geben, was sie ist. Denn je nach den Tätigkeiten und Lebensaltern bestimmt sich hinsichtlich eines jeden Geschäftes für einen jeden von uns die Tugend, und ebenso auch, meiner Meinung nach, mein Sokrates, die Untauglichkeit.[2]

SOKRATES: Ein großes Glück, so scheint es, ist mir widerfahren, mein Menon; denn während mein Suchen auf eine Tugend gerichtet war, habe ich nun einen ganzen Schwarm von Tugenden gefunden, der sich bei dir festgesetzt hat. Aber, mein Menon, wenn du – um an dem Bild von dem Bienenschwarm festzuhalten – auf meine Frage, worin das Wesen der Bienen bestehe, sagen wolltest, es gäbe deren viele und mancherlei, was würdest du antworten, wenn ich dich weiter fragte: »Ist denn deiner Meinung nach ihre Vielheit und Mannigfaltigkeit sowie die Verschiedenheit ihrer Arten darin begründet, daß sie Bienen sind? Oder ist dies ihr Bienensein durchaus kein Grund für ihre Verschiedenheit, liegt vielmehr der Grund dieser Verschiedenheit in irgend etwas anderem, z. B. in der Schönheit oder Größe oder sonst etwas Ähnlichem?« Sage, was würdest du auf diese Frage antworten?

MENON: Meine Antwort würde so lauten: sie unterscheiden sich eine von der anderen durchaus nicht dadurch, daß sie Bienen sind.

SOKRATES: Wenn ich nun weiter sagte: gib mir also eben das an, worin sie sich nicht unterscheiden, sondern sämtlich übereinstimmen. Was soll das deiner Meinung nach sein? Darüber könntest du mir doch wohl Auskunft geben?

MENON: Jawohl.

Die Tugend ist in allen Menschen dieselbe

SOKRATES: Das Gleiche gilt denn auch von den Tugenden. Mag es ihrer auch viele und mancherlei geben, so stehen sie doch alle unter ein und derselben Begriffsbestimmung, die den Grund dafür enthält, daß sie Tugenden sind, und der Antwortende tut gewiß gut, auf diese sein Augenmerk zu richten, um so dem Fragenden Auskunft zu geben über das Wesen der Tugend. Oder verstehst du nicht, was ich meine?

MENON: Ich glaube dich wohl zu verstehen, allein vollkommen im klaren, so wie ich es wünschte, bin ich noch nicht über die Frage.

SOKRATES: Steht es denn deiner Meinung nach nur mit der Tugend so, mein Menon, daß es eine andere gibt für den Mann, eine andere für die Frau und die übrigen, oder verhält es sich auch mit Gesundheit, Größe und Kraft ebenso? Ist die Gesundheit des Mannes deiner Ansicht nach von der der Frau verschieden? Oder ist, wenn es sich einmal um Gesundheit handelt, der Begriff derselben überall derselbe, mag sie sich bei einem Mann finden oder bei sonst wem?

MENON: Was die Gesundheit wenigstens anlangt, so scheint sie mir bei Mann und Frau die nämliche zu sein.

SOKRATES: Nicht auch Größe und Kraft? Wenn eine Frau kräftig ist, wird sie dann nicht auf Grund desselben Begriffes und derselben Kraft kräftig sein? Mit diesem Ausdruck »derselben« meine ich es nämlich so: für das Wesen der Kraft macht es keinen Unterschied, ob die Kraft sich bei einem Manne oder bei einer Frau findet. Oder scheint dir ein Unterschied stattzufinden?

MENON: Nein.

73 SOKRATES: Wird es dagegen für das Wesen der Tugend einen Unterschied machen, ob sie sich bei einem Knaben oder bei einem Greis, ob bei einer Frau oder bei einem Manne findet?

MENON: Ich kann mir nicht helfen, mein Sokrates, aber mir will es scheinen, als ob es damit nicht ganz dieselbe Bewandtnis hätte wie in den genannten Fällen.

SOKRATES: Wieso? Erklärtest du es nicht für Mannestugend, den Staat, für Frauentugend, das Haus gut zu verwalten?

MENON: Jawohl.

SOKRATES: Ist es nun möglich, den Staat oder das Haus oder sonst etwas gut zu verwalten, wenn man es nicht besonnen und gerecht verwaltet?

MENON: Gewiß nicht.

SOKRATES: Wer nun besonnen und gerecht verwaltet, wird dessen Verwaltung nicht auf Besonnenheit und Gerechtigkeit gegründet sein?

MENON: Notwendig.

SOKRATES: Es gilt also dieselbe Anforderung an beide, an die Frau wie an den Mann, wenn sie tugendhaft sein sollen, die Forderung nämlich der Gerechtigkeit und Besonnenheit.

MENON: Allem Anschein nach.

SOKRATES: Nun weiter. Wird ein Knabe oder ein Greis, wenn sie zuchtlos und ungerecht sind, jemals als tugendhaft erfunden werden?

MENON: Nun und nimmermehr.

SOKRATES: Wohl aber, wenn sie besonnen und gerecht sind?

MENON: Ja.

SOKRATES: Alle Menschen also sind auf die gleiche Weise tugendhaft: auf Grund der nämlichen ihnen innewohnenden Eigenschaften werden sie als tugendhaft erfunden.

MENON: So scheint es.

SOKRATES: Offenbar wären sie aber nicht auf die gleiche Weise tugendhaft, wenn ihre Tugend nicht die nämliche wäre.

MENON: Gewiß nicht.

Erster Definitionsversuch Menons: Tugend ist, imstande zu sein, über Menschen zu herrschen

SOKRATES: Da also die Tugend aller die nämliche ist, so strenge dein Gedächtnis etwas an, und versuche zu sagen, was Gorgias darunter versteht und du mit ihm.

MENON: Was anderes als *imstande zu sein, über Menschen zu herrschen?* Sofern du wenigstens eine einzige Bestimmung für alles wünschst.

SOKRATES: Ja, die wünsche ich allerdings. Aber besteht die Tugend eines Knaben, mein Menon, und eines Sklaven gleichfalls darin, imstande zu sein, über ihre Gebieter zu herrschen? Und, wer herrscht, scheint der noch ein Sklave zu sein?

MENON: Nein, mein Sokrates, das kommt mir ganz unmöglich vor.

SOKRATES: Es wäre ja auch wider alle Vernunft, mein Bester. Bedenke auch noch folgendes. »Zu herrschen imstande sein« sagst du. Müssen wir nicht dazu den Zusatz machen »gerecht, nicht aber ungerecht«?

MENON: Das ist allerdings meine Meinung. Denn die Gerechtigkeit, mein Sokrates, ist Tugend.

SOKRATES: *Die* Tugend, mein Menon, oder *eine* Tugend?

MENON: Wie meinst du das?

SOKRATES: Wie bei irgendeinem beliebigen anderen Begriff. Bei der *Rundung* z. B. würde ich sagen, sie sei *eine* Figur, nicht aber so schlechtweg sie sei *die* Figur. Der Grund aber dieser Ausdrucksweise ist der, daß es noch andere Figuren gibt.

MENON: Und damit hast du vollkommen recht; denn auch ich behaupte, daß es nicht bloß die Tugend der Gerechtigkeit, sondern auch noch andere Tugenden gibt.

74 SOKRATES: Was wären das für welche? Nenne sie, wie auch ich dir noch andere Figuren nennen könnte, wenn du es von mir wünschtest. Also nenne auch du mir noch andere Tugenden.

MENON: Nun, die Tapferkeit ist meiner Ansicht nach eine Tugend und die Besonnenheit und Weisheit und Hochherzigkeit und noch gar viele andere.

SOKRATES: Abermals, mein Menon, sehen wir uns in der nämlichen Lage: bei der Nachfrage nach *einer* Tugend haben wir wiederum viele gefunden, nur in anderer Weise als vorhin; die *eine* aber, die allen diesen zugrunde liegt, sind wir nicht imstande zu finden.

Illustration der Wesensdefinition am Beispiel der Figur

MENON: Ja, mein Sokrates, ich bin noch nicht imstande, wie du es verlangst, eine alles Einzelne umfassende Tugend zu finden entsprechend den anderen [von dir beigebrachten] Fällen.

SOKRATES: Das ist wohl begreiflich. Allein ich will, wenn es mir möglich ist, versuchen uns vorwärtszubringen. Denn du siehst wohl ein, daß es sich mit allem folgendermaßen verhält. Gesetzt, mein Menon, es fragte dich jemand nach dem Wesen dessen, was ich vorhin anführte, nämlich der Figur, und du antwortetest ihm, sie sei »Rundung«, und er fragte dann wie ich, »ist Rundung *die* Figur oder *eine* Figur?«, so würdest du doch offenbar antworten »eine Figur«.

MENON: Allerdings.

SOKRATES: Doch wohl aus dem Grunde, weil es noch andere Figuren gibt?

MENON: Ja.

SOKRATES: Und wenn er weiter fragte, »was für welche«, so würdest du sie nennen?

MENON: Gewiß.

SOKRATES: Und wenn er ferner über die Farbe dieselbe Frage an dich richtete, was sie ist, und du sagtest »das Weiße«, und der Fragende erwiderte mit der weiteren Frage, ob das Weiße *die* Farbe oder *eine* Farbe sei, würdest du da nicht antworten »eine Farbe«, weil es ja auch noch andere Farben gibt.

MENON: Gewiß.

SOKRATES: Und wenn er dich aufforderte, andere Farben zu nennen, so würdest du doch andere Farben nennen, die ebensogut Farben sind wie das Weiße.

MENON: Ja.

SOKRATES: Gesetzt nun, er behandelte die Sache so wie ich und sagte: Wir stoßen immer auf eine Vielheit; aber damit darfst du mir fernerhin nicht kommen, sondern da du diese vielen Dinge mit *einem* Namen bezeichnest und sagst, sie seien alle ohne Ausnahme Figur, und dies noch dazu trotz ihres Gegensatzes untereinander – was ist denn nun also das, was ebensogut das Runde wie das Gerade umfaßt, nämlich das, was du Figur nennst, und zwar so, daß du von dem Runden nicht weniger sagst, es sei eine Figur, wie von dem Geraden? Oder meinst du es nicht so?

MENON: Doch.

SOKRATES: Wenn du nun diese Aussage machst, sagst du damit etwa, das Runde sei ebensowohl gerade als rund oder das Gerade ebensowohl rund als gerade?

MENON: Das gewiß nicht, mein Sokrates.

SOKRATES: Aber daß es eine Figur sei, behauptest du doch ebensogut von dem Runden wie von dem Geraden und umgekehrt.

MENON: Es ist so, wie du sagst.

Figur ist das, was stets der Farbe nachfolgt

SOKRATES: Was ist nun also das, dem dieser Name »Figur« zukommt? Versuche es anzugeben. Wenn du nun dem, der diese
75 Frage, sei es über die Figur, sei es über die Farbe, an dich richtete, antwortetest: »Ich verstehe überhaupt nicht, was du willst, Mensch, und begreife nicht, was du sagst«, so würde er wohl erstaunt sagen: »Du verstehst nicht, daß ich nach dem suche, was alle diese gemeinsam Gleiches an sich haben?« Oder würdest du, mein Menon, auch auf folgende Frage keine Antwort geben können: »Was ist beim Runden und Geraden und allem übrigen, was du Figur nennst, das allen gemeinsame Gleiche?« Versuche es anzugeben, auf daß du dich dadurch gehörig vorbereitest zur Beantwortung der Frage über die Tugend.

MENON: Nein, mein Sokrates, du mußt es sagen.

SOKRATES: Soll ich dir zu Willen sein?

MENON: Gewiß.

SOKRATES: Wirst du dann also bereit sein, auch mir über die Tugend Auskunft zu geben?

MENON: Jawohl.

SOKRATES: So muß ich denn frisch ans Werk gehen. Es lohnt sich ja auch.

MENON: Ohne Zweifel.

SOKRATES: Wohlan denn, laß uns versuchen dir anzugeben, was Figur ist. Sieh also zu, ob du mit folgender Erklärung derselben einverstanden bist. Es sei uns nämlich Figur dasjenige, was allein unter allem Seienden stets der Farbe nachfolgt [Begleiter der

Farbe ist]. Genügt dir das? Oder wünscht du es irgendwie anders? Ich nämlich wäre zufrieden, wenn du mir in dieser Weise Auskunft auch über die Tugend gäbest.

MENON: Aber das hat keinen Sinn, mein Sokrates.

SOKRATES: Was meinst du damit?

MENON: Daß nach deiner Erklärung Figur ist, was stets der Farbe nachfolgt. Nun meinetwegen. Wenn aber einer erwiderte, er wisse nicht, was Farbe ist, sondern er sei darüber ebenso im unklaren wie über die Figur, als was würde dir dann deine eben gegebene Antwort erscheinen?

Figur ist die Grenze des Körpers

SOKRATES: Als die reine Wahrheit. Und wenn der Frager einer von den Weisen und Widerspruchskünstlern und Streitrednern wäre, so würde ich zu ihm sagen: »Ich habe meine Antwort gegeben; ist sie nicht richtig, so ist es an dir, das Wort zu ergreifen und die Widerlegung zu geben.« Wünschen aber die Disputierenden, so wie wir jetzt, als gute Freunde ihre Sache zu führen, so ziemt es sich selbstverständlich, freundlicher und dem eigentlichen Zweck der Wahrheitsforschung entsprechender zu antworten. Dies letztere aber ist so zu verstehen, daß man nicht bloß die richtige Antwort gibt, sondern dies auch nur auf Grund dessen tut, was der Fragende zugestandenermaßen auch wirklich verstanden hat. Auch ich will denn versuchen, auf diese Weise mit dir zu reden. So sage mir denn: Es gibt doch etwas, was man *Ende* nennt. Ich meine etwas derart wie Grenze und Äußerstes. Alle diese Ausdrücke bedeuten, wie ich meine, ziemlich dasselbe. Prodikos würde vielleicht damit nicht einverstanden sein; aber du, glaube ich, brauchst den Ausdruck »Begrenztsein« ebenso wie den »zu Ende sein«. Das ist es, was ich sagen will, ohne alle Vieldeutigkeit.

MENON: Ja, so halte ich es mit der Ausdrucksweise, und ich glaube zu verstehen, was du meinst.

76 SOKRATES: Und weiter auch brauchst du doch von etwas den Ausdruck *Fläche* und von etwas anderem wieder den Ausdruck *Körper,* wie es bekanntermaßen in der Geometrie üblich ist.

MENON: Gewiß.

SOKRATES: Auf Grund dessen also wirst du nun wohl begreifen, was ich mit Figur meine. Von jeder Figur nämlich behaupte ich, worin der Körper als in sein Begrenzendes auslaufe, das sei Figur. Zusammenfassend also sage ich, Figur sei die Grenze des Körpers.

Farbe ist der dem Sehvermögen entsprechende, wahrnehmbare Ausfluß der Körperflächen

MENON: Als was aber erklärst du die Farbe, mein Sokrates?

SOKRATES: Du treibst ein übermütiges Spiel, mein Menon. Du belästigst einen alten Mann mit der Zumutung zu antworten, du selbst aber lehnst es ab, dich zu besinnen und zu sagen, was denn eigentlich Gorgias unter Tugend verstehe.

MENON: Du brauchst mir nur Auskunft zu geben, mein Sokrates, dann werde ich sie dir auch geben.

SOKRATES: Auch mit verhülltem Antlitz, mein Menon, könnte einer an der Art deiner Unterhaltung erkennen, daß du schön bist und noch Liebhaber hast.

MENON: Wieso?

SOKRATES: Weil du in deinen Reden nichts anderes kennst als Befehle erteilen, wie es die herrischen Lebemänner machen, als gewohnt zu gebieten, solange sie sich der Jugendblüte erfreuen. Und vielleicht hast du es auch mir schon angemerkt, daß ich männlicher Schönheit gegenüber nicht widerstandsfähig bin. Ich werde dir also zu Willen sein und antworten.

MENON: Ja, das tue auf alle Fälle.

SOKRATES:: Ist es dir nun recht, daß ich dir im Sinne des Gorgias antworte, also auf eine Weise, die es dir am leichtesten macht zu folgen?

MENON: Es ist mir Recht; wie sollte es auch nicht?

SOKRATES: Sprecht ihr nicht mit Empedokles von gewissen Ausflüssen aller Dinge?

MENON: Allerdings.

SOKRATES: Und von Poren, in welche und durch welche die Ausflüsse ihren Weg nehmen?

MENON: Jawohl.

SOKRATES: Und von den Ausflüssen passen die einen – so sagt

ihr – zu einigen unter den Poren, während die anderen entweder zu klein oder zu groß dafür sind?

MENON: So ist es.

SOKRATES: Du sprichst doch auch von einem Sehvermögen [Gesicht]?

MENON: Gewiß.

SOKRATES: Daraus nun »*entnimm dir, was ich sagen will*« – mit Pindar zu reden. Farbe nämlich ist der dem Sehvermögen [Gesicht] entsprechende und wahrnehmbare Ausfluß der Körperflächen.

MENON: Ich wüßte nicht, mein Sokrates, wie du eine bessere Antwort als diese hättest geben können.

SOKRATES: Vielleicht deshalb, weil sie in der dir geläufigen Weise abgefaßt ist. Zugleich, denke ich, merkst du auch, daß du ihr gemäß auch das Wesen des Tones und Geruches und vieler anderer ähnlichen Erscheinungen deuten kannst.

MENON: Zweifellos.

SOKRATES: Ja, mein Menon, die Antwort hat etwas von dem Tone der Tragödie an sich, und deshalb gefällt sie dir auch besser als die über die Figur.

MENON: Allerdings.

SOKRATES: Indes meiner Überzeugung nach, du Sohn des Alexidemos, ist nicht sie, sondern jene [die über die Figur] die bessere. Ich glaube aber, auch du würdest diese Ansicht teilen, wenn du nicht, wie du gestern sagtest, genötigt wärest, vor der Mysterienfeier abzureisen, sondern wenn du dabliebest und die Weihen empfingest.

77 MENON: Nun, mein Sokrates, das würde ich trotz jener Äußerung tun, wenn du mir vieles von dieser Art mitteilen wolltest.

Zweiter Definitionsversuch Menons: Tugend ist, voll Begier nach dem Schönen und Guten imstande zu sein, es sich zu verschaffen

SOKRATES: Nun, an gutem Willen soll es meinerseits nicht fehlen, dir dergleichen mitzuteilen, nicht nur in deinem, sondern auch in meinem Interesse. Allein ich fürchte, ich werde nicht imstande sein, dir vieles dergleichen mitzuteilen. Aber wohlan denn, versuche auch du dein Versprechen zu lösen: gib die Erklärung von dem Wesen der Tugend als eines Ganzen, und mache nicht immer wieder »aus dem Einen Vieles«, um in der Sprache derer zu reden, die sich vorkommenden Falles über diejenigen lustig machen, die etwas zerbrechen. Nein, ganz und heil muß sie bleiben, und auf *diese* Weise mußt du angeben, was die Tugend ist. Die Beispiele dafür habe ich dir ja gegeben.

MENON: Nun gut. Es scheint mir denn, mein Sokrates, die Tugend gemäß dem Dichterspruch darin zu bestehen, *daß man sich des Schönen erfreut und desselben mächtig ist.* Und so verstehe ich denn unter Tugend dies, *voll Begier nach dem Schönen imstande zu sein, es sich zu verschaffen.*

SOKRATES: Meinst du das so, daß, wer das Schöne begehrt, nach dem Guten begierig ist?

MENON: Sicherlich.

SOKRATES: Etwa in der Meinung, daß es manche gibt, die das Schlechte, und wieder andere, die das Gute begehren? Sollten nicht alle, mein Bester, das Gute begehren? Glaubst du das nicht?

MENON: Nein.

SOKRATES: Glaubst du vielmehr, daß manche das Schlechte begehren?

MENON: Ja.

SOKRATES: Weil sie das Schlechte für gut halten. Das ist doch wohl deine Meinung. Oder begehren sie etwa das Schlechte trotz der Erkenntnis, daß es schlecht ist?

MENON: Beides, wie ich glaube.

SOKRATES: Glaubst du wirklich, mein Menon, daß einer, der das Schlechte als Schlechtes erkennt, gleichwohl dasselbe begehre?

MENON: Ganz gewiß.

SOKRATES: Worauf zielt denn das Begehren deiner Meinung nach ab? Doch wohl darauf, daß man der Sache teilhaftig werde?

MENON: Jawohl, denn worauf denn sonst?

SOKRATES: Geschieht dies im Glauben, daß das Schlechte dem nütze, dem es zuteil wird, oder in der Erkenntnis, daß das Schlechte dem schadet, dem es sich zugesellt?

MENON: Bei manchen wohl in dem Glauben, das Schlechte nütze, bei anderen dagegen in der Erkenntnis, daß es schadet.

SOKRATES: Meinst du auch, daß diejenigen, die glauben, das Schlechte nütze, die Erkenntnis haben, daß das Schlechte schlecht ist?

MENON: Nein, das scheint mir schlechterdings unmöglich.

SOKRATES: Also ist es doch klar, daß diese Leute, diese Nichtkenner des Schlechten, nicht das Schlechte begehren, sondern dasjenige, was sie für gut halten, während es tatsächlich schlecht ist. Mithin begehren diejenigen, die es nicht kennen und es für gut halten, offenbar das Gute. Oder nicht?

MENON: Was diese anlangt, dürfte es sich wohl so verhalten.

SOKRATES: Diejenigen aber nun, die das Schlechte deiner Meinung nach begehren und dabei noch überzeugt sind, das Schlechte schade demjenigen, dem es widerfährt, sind sich doch offenbar klar darüber, daß sie dadurch Schaden leiden werden?

MENON: Notwendig.

78 SOKRATES: Aber sind eben diese nicht der Meinung, daß, wer Schaden leidet, beklagenswert ist, insoweit er Schaden leidet.

MENON: Auch das ist notwendig.

SOKRATES: Und halten sie die Beklagenswerten nicht für unglückselig?

MENON: So scheint es mir.

SOKRATES: Sollte es nun einen geben, der wünscht beklagenswert und unglückselig zu sein?

MENON: Das schwerlich, mein Sokrates.

SOKRATES: Niemand also, mein Menon, wünscht sich das Schlechte, es sei denn, er wünsche ein Unglückseliger zu sein. Denn was heißt Beklagenswertsein denn anders als das Schlechte begehren und es zu seinem Besitz machen?

MENON: Du scheinst recht zu haben, mein Sokrates: keiner wünscht für sich das Schlechte.

Aber nur, was mit der Gerechtigkeit erworben wird, ist Tugend

SOKRATES: Sagtest du nicht erst vorhin: die Tugend besteht darin, daß man das Gute begehrt und desselben mächtig ist?

MENON: Ja, das sagte ich.

SOKRATES: Ist bei diesem Wortlaut nicht das Begehren [des

Guten] bei jedermann vorhanden, so daß in dieser Beziehung wenigstens keiner besser ist als der andere?

MENON: Allem Anschein nach.

SOKRATES: Dann aber ist es klar, daß, wenn einer besser ist als der andere, dieser Vorzug darauf zurückzuführen ist, daß er des Guten mächtig ist.

MENON: Allerdings.

SOKRATES: Es besteht also, wie es scheint, nach deiner Erklärung die Tugend in der Macht, sich das Gute zu verschaffen.

MENON: Diese deine jetzige Annahme scheint mir in jeder Beziehung das Richtige zu treffen.

SOKRATES: Laß uns also auch dieses daraufhin prüfen, ob du damit die Wahrheit sagst. Du behauptest, die Tugend bestehe darin, daß man imstande ist, sich das Gute zu verschaffen.

MENON: Jawohl.

SOKRATES: Als Gutes aber bezeichnest du doch z. B. Gesundheit und Reichtum?

MENON: Auch den Besitz von Gold verstehe ich darunter und von Silber und von Ehrenstellen im Staat und von Ämtern.

SOKRATES: Dergleichen und nichts anderes verstehst du doch unter dem Guten?

MENON: Nichts anderes, sondern alles dergleichen verstehe ich darunter.

SOKRATES: Gut denn. Der Erwerb von Gold also und von Silber ist Tugend, wie Menon, der väterliche Gastfreund des Großkönigs, behauptet. Bezeichnest du die Art dieses Erwerbs noch weiter durch Worte wie *gerecht* und *gottgefällig*? Oder kommt es dir darauf nicht an, nennst du ihn vielmehr unterschiedslos Tugend, auch wenn er sich auf ungerechte Weise vollzieht?

MENON: Das denn doch nicht, mein Sokrates.

SOKRATES: Vielmehr Schlechtigkeit?

MENON: Unbedingt.

SOKRATES: Es darf also, wie es scheint, dieser Erwerb nicht anders als mit Gerechtigkeit oder Besonnenheit oder Frömmigkeit oder sonst einem Teil der Tugend vor sich gehen. Andernfalls wird er keine Tugend sein, mag er auch zum Guten verhelfen.

MENON: Ja; denn wie wäre denn Tugend möglich ohne diese Eigenschaften?

SOKRATES: Aber *kein* Gold und Silber erwerben, weder für sich noch für einen anderen, wenn es nicht gerecht dabei zugeht – ist solcher Verzicht auf Erwerb nicht auch Tugend?

MENON: So scheint es wohl.

SOKRATES: Der Verzicht also auf den Erwerb solcher Güter wäre danach ebensogut Tugend wie der Erwerb derselben, und es steht mit der Sache, wie es scheint, vielmehr so: was mit Gerechtigkeit geschieht, wird Tugend sein, was aber ohne alles dahin Gehörige geschieht, Schlechtigkeit.

79 MENON: Deine Behauptung scheint mir unwidersprechlich zu sein.

Die Definition ist zirkulär

SOKRATES: Erklärten wir nicht kurz vorher jede einzelne dieser Eigenschaften für einen Teil der Tugend, die Gerechtigkeit und Besonnenheit und alles von dieser Art?

MENON: Ja.

SOKRATES: Dann hast du mich wohl zum besten, mein Menon?

MENON: Wieso, mein Sokrates?

SOKRATES: Weil du ungeachtet meiner eben erst an dich ergangenen Bitte, die Tugend nicht zu zerreißen und zu zerstückeln, und trotz der Beispiele, die ich für die erforderliche Antwort gegeben habe, dich nicht daran kehrst, vielmehr behauptest, es sei Tugend, imstande zu sein, sich das Gute zu verschaffen mit Gerechtigkeit, welch letztere du doch für einen Teil der Tugend erklärst.

MENON: Allerdings.

SOKRATES: Aus dem, was du zugestehst, folgt doch aber, es sei Tugend, wenn man mit einem Teile der Tugend seine Handlungen vollzieht. Denn die Gerechtigkeit erklärst du ja für einen Teil der Tugend wie alles dahin Gehörige.

MENON: Was meinst du damit?

SOKRATES: Dies: Trotz meiner Bitte, die Tugend als Ganzes zu bestimmen, erklärst du sie ihrem eigentlichen Wesen nach nicht im mindesten, behauptest vielmehr, jede Handlung sei Tugend, wenn sie mit einem Teil der Tugend vollzogen wird, als hättest du die Tugend bereits als Ganzes bestimmt und als ob ich ohne weiteres das nötige Verständnis haben würde, auch wenn du sie in Teile zerstückelst. Du siehst dich also, mein lieber Menon, wie mich dünkt, abermals zum Anfang zurückgedrängt, nämlich zu der Frage »was ist Tugend«, wenn jede mit einem Teil der Tugend zusammenhängende Handlung Tugend sein soll. Denn dies besagt doch die Aussage dessen, der behauptet, daß jede Art von Handlung, die mit Gerechtigkeit vollzogen wird, Tugend ist. Oder meinst du, es bedürfe nicht noch einmal der nämlichen Frage, sondern um das Wesen eines Teiles der Tugend zu kennen, brauche man nicht erst sie selbst zu kennen?

MENON: Das ist nicht meine Meinung.

SOKRATES: Darum verwarfen wir ja auch, wie du dich erinnern wirst, als ich dir vorhin Auskunft gab über die Figur, eine derartige Antwort, die mit Hilfe des erst Gesuchten und noch nicht Zugestandenen ihre Aufgabe zu erfüllen sucht.

MENON: Und das mit vollem Recht, mein Sokrates.

SOKRATES: Also darfst auch du, mein Bester, dich nicht der Meinung hingeben, du könntest bei noch unerledigter Untersuchung über das Wesen der Tugend als eines Ganzen durch eine auf die Teile sich stützende Antwort die Tugend irgendeinem klar deuten oder du könntest überhaupt irgend etwas anderes durch eine derartige Ausführung einem zu klarer Erkenntnis bringen. Vielmehr mußt du dich überzeugt halten, daß es abermals der nämlichen Frage bedürfen wird: was für ein Begriff der Tugend dir bei deinen betreffenden Behauptungen vorschwebt. Oder hältst du meine Worte für unberechtigt?

MENON: Nein, du scheinst mir recht zu haben.

Sokrates gleicht dem Zitterrochen

SOKRATES: Antworte also wieder ganz von vorn: wofür erklärst du und dein Genosse die Tugend?

MENON: Mein Sokrates, ich hörte schon vor meinem Zusammensein mit dir, daß dein ganzes Tun und Treiben darauf hinausläuft, selbst wie in der Irre zu gehen und die anderen an sich irrezumachen. Und ich müßte mich sehr täuschen, wenn du jetzt mich nicht behext und bezauberst und völlig in deine Gewalt bringst, so daß ich nicht mehr aus und ein weiß. Und – im

Scherze zu reden – es kommt mir vor, als wärest du, was dein Antlitz und sonstiges Wesen verlangt, zum Verwechseln ähnlich jenem breiten Meerfisch, dem Marmelzitterrochen[3]. Denn auch dieser macht jeden, der ihm nahe kommt und ihn berührt, erstarren. Etwas derart hast auch du denn, wie mich dünkt, jetzt mir angetan. Du hast mich erstarren gemacht. Denn tatsächlich bin ich starr an Seele und Mund und weiß nicht, was ich antworten soll. Und doch habe ich wer weiß wie oft über die Tugend die mannigfachsten Reden gehalten, auch vor großen Versammlungen, und, wie ich mir einbildete, immer recht gut. Und jetzt weiß ich nicht einmal, was sie überhaupt ist. Und es will mir scheinen, du tust gut daran, dich von hier weder zu Schiff noch zu Lande zu entfernen. Denn wenn du als Fremder in einer anderen Stadt dir dergleichen erlaubtest, so würdest du wohl als ein Zauberer verhaftet werden.

SOKRATES: Du bist ein gerissener Schelm, mein Menon, und hättest mich beinahe übertölpelt.

MENON: Wieso denn, mein Sokrates?

SOKRATES: Ich merke wohl, weshalb du das Bild für mich einführtest.

MENON: Nun weshalb denn, meinst du?

SOKRATES: Damit ich meinerseits wieder ein Bild für dich einführe. Ich weiß es ja von allen Schönen: sie haben ihre Freude daran, wenn man in Bildern von ihnen redet. Denn sie kommen dabei auf ihre Rechnung: denn schön sind, denke ich, auch die Bilder der Schönen. Allein ich werde keinen Gegenvergleich für dich machen. Was mich aber anlangt, so trifft der Vergleich von mir mit dem Marmelzitterrochen allerdings dann zu, wenn dieser Fisch bei seiner starr machenden Wirkung auf die anderen auch selbst starr wird; wo nicht, dann nicht. Denn wenn ich die anderen ratlos mache, so tue ich das nicht auf Grund eigener Wohlberatenheit; nein, wenn ich die anderen ratlos mache, so bin ich selbst dabei schlechterdings ratlos. So weiß ich auch jetzt betreffs der Tugend nicht, was sie eigentlich ist. Du aber wußtest es ja vielleicht vor deiner Berührung mit mir, jetzt dagegen nimmst du dich aus wie ein Nichtwissender. Gleichwohl will ich im Verein mit dir erwägen und untersuchen, was sie denn eigentlich ist.

Paradox: Man kann nicht forschen, weder nach dem, was man weiß, noch nach dem, was man nicht weiß

MENON: Und auf welche Weise willst du denn, mein Sokrates, die Untersuchung anstellen über einen Gegenstand, von dem du überhaupt nicht weißt, was er ist? Denn als wie beschaffen soll man sich denn ein Ding, das man überhaupt nicht kennt, vorstellen, um es zu untersuchen? Oder, laß auch den günstigsten Fall eintreten, nämlich den, daß du es zufällig träfest, woran willst du denn erkennen, daß es das ist, was du ja nicht kanntest?

SOKRATES: Ich verstehe, was du sagen willst, mein Menon. Merkst du, daß es der (bekannte) Satz der Widerspruchskünstler (Eristiker) ist, auf dem du damit zu sprechen kommst? Der Satz nämlich, daß es dem Menschen nicht möglich ist zu forschen, weder nach dem, was er weiß, noch nach dem, was er nicht weiß? Denn weder nach dem, was er weiß, wird er forschen, denn er weiß es ja, und wer in dieser Lage ist, bedarf keiner Nachforschung, noch nach dem, was er nicht weiß; denn er weiß ja gar nicht, wonach er forschen soll.[3]

81 MENON: Hältst du diesen Satz nicht für richtig, mein Sokrates?

SOKRATES: Nein, ich nicht.

MENON: Kannst du sagen, weshalb?

Die Seele ist unsterblich

SOKRATES: Jawohl. Denn ich habe von Männern und Frauen, die Bescheid wissen mit den göttlichen Dingen, verkünden hören –

MENON: Nun, welche Kunde denn?

SOKRATES: Eine wahre, wie mich dünkt, und schöne.

MENON: Und welche wäre das? Und wer sind die Kündenden?

SOKRATES: Es sind diejenigen unter den Priestern und Priesterinnen, die Wert darauf legen, Rechenschaft ablegen zu können über ihre Berufstätigkeit. Es kündet es aber auch Pindar wie noch zahlreiche andere Dichter, so viele ihrer des Gottes voll sind. Was sie aber sagen, ist folgendes. Doch merk' auf, ob sie dir auch die Wahrheit zu sagen scheinen. Sie sagen nämlich, die Seele des Menschen sei unsterblich und abwechselnd scheide sie ab, was man dann Sterben nennt, und lebe dann wieder auf, zugrunde aber gehe sie niemals. Darum müsse man ein möglichst gottgefälliges Leben führen.

»Denn wer an Persephone Buße zahlt für alte Schuld,
Des Seele gibt sie nach neun Jahren wieder
Hinauf ans Sonnenlicht.
Da werden hehre Fürsten aus ihnen und mächtige Herrscher und weisheitsvolle Männer.
In alle Zukunft aber preist sie der Menschen Mund als heilige Heroen.«

Lernen ist Wiedererinnerung

Da also die Seele unsterblich und oft wiedererstanden ist und, was hier auf Erden und was im Hades ist, kurz alle Dinge geschaut hat, gibt es nichts, was ihr unbekannt wäre. Mithin ist es kein Wunder, wenn sie imstande ist auch hinsichtlich der Tugend und anderer Dinge sich wiederzuerinnern an das, was sie ehedem ja doch wußte. Denn da die ganze Natur in innigem Zusammenhang steht und die Seele mit allem bekannt geworden ist, so hindert nichts, daß man, wenn man sich nur an eines wiedererinnert – was die Leute denn *Lernen* nennen – auch alles andere wieder auffindet, wenn man nur den Mut nicht verliert und die Mühe des Forschens nicht scheut. Denn das Suchen und Lernen ist eben durchweg Wiedererinnerung. Also jenem eristischen Satz muß man den Gauben versagen. Denn er würde uns nur träge machen und hat für Weichlinge allerdings einen verführerischen Klang. Der meinige dagegen regt zu Arbeit und Forschung an. Ihn halte ich denn für wahr, und in diesem Vertrauen will ich mit dir untersuchen, was die Tugend ist.

MENON: Ja, mein Sokrates. Aber wie meinst du es damit, daß wir nicht lernen, sondern daß dies sogenannte Lernen Wiedererinnerung sei? Kannst du mich darüber belehren, daß es sich tatsächlich so verhält?

SOKRATES: Sagte ich nicht eben erst, mein Menon, du seist ein Schelm! Und jetzt frägst du mich, ob ich dich belehren kann, ungeachtet meiner Versicherung, es gebe kein Lernen, sondern nur Wiedererinnerung. Offenbar also hast du es sehr eilig damit zu zeigen, daß ich mir selbst widerspreche.

82

MENON: Gott bewahre, mein Sokrates, eine solche Absicht lag mir ganz fern; wenn ich so sprach, so folgte ich nur meiner gewohnten Art. Aber wenn du mir irgendwie klarmachen kannst, daß es sich so verhält, wie du sagst, so halte dich nicht zurück damit.

SOKRATES: Nun, leicht ist es eben nicht; doch will ich um deinetwillen mich entschlossen ans Werk machen. Aber rufe mir irgendeinen Beliebigen aus deinem zahlreichen Gefolge hier herbei, damit ich es dir an ihm klarmache.

MENON: Gern. (Zum Sklaven.) He, Bursch, hierher!

SOKRATES: Ist er ein Grieche, und spricht er Griechisch?

MENON: Wie sollte er nicht? Gehört er doch von Geburt an zu meinem Hause.

SOKRATES: Merk' also genau auf, was von beiden auf ihn zutrifft, ob er sich wiedererinnert, oder ob er die Sache von mir lernt.

MENON: Nun, an Aufmerksamkeit soll es meinerseits nicht fehlen.

Beweis durch Verdoppelung eines Quadrats: Fehlerhafte Antwort des Sklaven

SOKRATES: (Zum Sklaven.) Sage, mein Bursche, siehst du dieser viereckigen Fläche an, daß sie ein Viereck ist?

SKLAVE: Ja.

SOKRATES: Es ist doch eine viereckige Figur mit lauter gleichen Seiten – diesen da –, vieren an der Zahl.

SKLAVE: Jawohl.

SOKRATES: Sind nicht auch diese durch die Mitte [den Seiten parallel] gezogenen Linien gleich?

SKLAVE: Ja.

SOKRATES: Eine solche Figur könnte man sich doch auch größer und kleiner denken?

SKLAVE: Gewiß.

SOKRATES: Wenn nun diese Seite zwei Fuß betrüge und auch diese zwei Fuß, wieviel Fuß betrüge das Ganze? Mache dir dies aber so klar: wenn die Strecke auf dieser Seite zwei Fuß betrüge, auf dieser aber nur einen Fuß, würde nicht dann die Figur *einmal* zwei Fuß enthalten?

SKLAVE: Ja.

SOKRATES: Da es aber auch auf dieser Seite zwei Fuß sind, kommen da nicht zweimal zwei Fuß heraus?

SKLAVE: Das ist der Fall.

SOKRATES: Die Figur enthält also zweimal zwei Fuß?

SKLAVE: Ja.

SOKRATES: Wieviel macht aber einmal zwei Fuß aus? Rechne es aus, und sag' es mir.

SKLAVE: Vier, mein Sokrates.

SOKRATES: Ließe sich nun nicht ein zweites, doppelt so großes Viereck herstellen, und zwar von der gleichen Art, mit lauter gleichen Seiten wie dieses?

SKLAVE: Ja.

SOKRATES: Wieviel Fuß wird es also enthalten?

SKLAVE: Acht.

SOKRATES: Wohlan denn, versuche mir zu sagen, wie lang jede Seite desselben sein wird. Die Seite unseres Vierecks hier ist zwei Fuß lang; wie lang wird nun aber die Seite des doppelten sein?

SKLAVE: Offenbar, mein Sokrates, doppelt so lang.

SOKRATES: (Zu Menon.) Du siehst doch, Menon, daß ich ihn nichts lehre, sondern alles erfrage? Und jetzt glaubt er zu wissen, wie groß die Seite sei, welche das achtfüßige Quadrat ergeben soll. Oder scheint es dir nicht so?

MENON: Gewiß.

SOKRATES: Weiß er es denn wirklich?

MENON: Nein, bewahre.

SOKRATES: Er glaubt aber, es sei die doppelte Seite.

MENON: Ja.

Korrektur des Fehlers

SOKRATES: Laß dir nun also zeigen, wie er sich Schritt für Schrit wiedererinnert, entsprechend dem Wesen der Wiedererinnerung. (Zum Sklaven.) Du aber sage mir: die doppelte Seite soll deiner Behauptung zufolge das doppelte Viereck ergeben? Ich meine das aber nicht so, daß es in dieser Richtung lang, in jener dagegen kurz sein soll, sondern es soll allseitig gleich sein wie dieses Viereck hier, aber doppelt so groß, nämlich achtfüßig. Nun sieh zu, ob du noch immer der Meinung bist, daß die doppelte Seite dies Viereck ergeben werde.

SKLAVE: Ich bleibe dabei.

SOKRATES: Erhält nun nicht diese Seite die doppelte Länge, wenn wir ihr eine gleich große Strecke von diesem Punkte aus anfügen?

SKLAVE: Gewiß.

SOKRATES: Diese [verdoppelte] Strecke also, behauptest du, soll das achtfüßige Viereck ergeben, wenn man vier gleich große Seiten bildet?

SKLAVE: Ja.

SOKRATES: Laß uns also auf ihr ein Viereck mit lauter gleichen Seiten konstruieren. Dann muß doch wohl dies hier das Viereck sein, welches du für ein achtfüßiges ausgibst?

SKLAVE: Allerdings.

SOKRATES: Sind in ihm nicht diese vier Quadrate enthalten, deren jedes diesem vierfüßigen gleich ist?

SKLAVE: Ja.

SOKRATES: Wie groß also muß es sein? Nicht viermal so groß?

SKLAVE: Ohne Zweifel.

SOKRATES: Was nun viermal so groß ist, ist denn das das Doppelte?

SKLAVE: Nein, beim Zeus.

SOKRATES: Sondern das Wievielfache?

SKLAVE: Das Vierfache.

SOKRATES: Die doppelte Seitenlinie, mein Bursche, ergibt also nicht das doppelte, sondern das vierfache Quadrat.

SKLAVE: Du hast recht.

SOKRATES: Denn viermal vier ist sechzehn. Nicht wahr?

SKLAVE: Ja.

SOKRATES: Welche Linie aber ergibt das achtfüßige? Diese ergibt doch das vierfache.

SKLAVE: Ja.

SOKRATES: Die Hälfte hier aber von ihr ergibt das vierfüßige hier?

SKLAVE: Ja.

SOKRATES: Gut. Ist das achtfüßige nicht das doppelte von diesem da, von dem da aber die Hälfte?

SKLAVE: Ja.

SOKRATES: Muß also die Seite desselben nicht größer sein als diese, dagegen kleiner als diese da? Oder nicht?

SKLAVE: Meiner Meinung nach, ja.

SOKRATES: Schön; denn nichts anderes als deine Meinung sollst du in deiner Antwort zum Ausdruck bringen. Und so sage mir: war diese nicht zwei Fuß lang, diese da aber vier Fuß?

SKLAVE: Ja.

SOKRATES: Es muß also doch die Seite des achtfüßigen Quadrats größer sein als diese zweifüßige hier, kleiner aber als die vierfüßige?

SKLAVE: Notwendig.

SOKRATES: Versuche also zu sagen, wie lang sie nach deiner Meinung sein muß.

SKLAVE: Drei Fuß lang.

SOKRATES: Wenn sie also drei Fuß lang sein soll, so müssen wir doch die Hälfte von dieser anfügen, um sie dreifüßig zu machen? Denn diese Seite beträgt zwei, diese da einen Fuß. Und ebenso von dieser Seite hier. Dies hier sind zwei, dies ein Fuß. Und so ergibt sich denn dies von dir gemeinte Viereck.

SKLAVE: Ja.

SOKRATES: Wenn es nun auf dieser Seite drei Fuß lang ist und auf dieser auch, so muß die ganze Fläche doch dreimal drei Fuß groß sein?

SKLAVE: Offenbar.

SOKRATES: Dreimal drei macht aber wieviel Fuß?

SKLAVE: Neun.

SOKRATES: Das Doppelte aber mußte wieviel Fuß sein?

SKLAVE: Acht.

SOKRATES: Also auch die dreifüßige Seite ergibt noch nicht das achtfüßige Quadrat.

SKLAVE: Offenbar noch nicht.

SOKRATES: Aber wie groß muß sie denn sein? Versuche es uns genau anzugeben; und wenn du es nicht ausrechnen willst, so 84 zeige uns in der Figur die betreffende Linie.

SKLAVE: Aber beim Zeus, mein Sokrates, ich weiß es nicht.

Nichtwissen ist Voraussetzung des Lernens

SOKRATES: (Zu Menon.) Merkst du auch wieder, mein Menon, auf welcher Stufe der Wiedererinnerung er sich bereits befindet? Anfangs wußte er zwar nicht, welches die Seite des achtfüßigen Quadrates sei, wie er es auch jetzt noch nicht weiß, aber damals glaubte er doch es zu wissen und antwortete zuversichtlich wie ein Wissender und fühlte sich frei von jeder Verlegenheit. Jetzt aber fühlt er sich bereits verlegen, und wie er es tatsächlich nicht weiß, so glaubt er auch nicht es zu wissen.

MENON: Du hast recht.

SOKRATES: Ist er nicht also jetzt in einer besseren Lage hinsichtlich der Sache, die er nicht wußte?

MENON: Auch das halte ich für richtig.

SOKRATES: Wenn wir ihn also in Verlegenheit setzten und wie der Zitterrochen ihn erstarren machten, haben wir ihm dadurch Schaden getan?

MENON: Nein, wie mir scheint.

SOKRATES: Wir haben ihn also doch wohl einige Schritte vorwärtsgebracht in Auffindung des Sachverhalts. Denn jetzt wird er mit Freuden auch als ein Nichtwissender im Forschen fortfahren, damals aber glaubte er mit Leichtigkeit angesichts vieler oft versichern zu können, das doppelte Quadrat müsse auch eine doppelt so lange Seite haben.

MENON: Wohl richtig.

SOKRATES: Glaubst du nun, er würde jemals den Versuch gemacht haben, nach dem zu forschen oder das zu lernen, was er glaubte zu wissen, ohne es doch zu wissen, wenn er nicht zuvor in Verlegenheit gebracht worden wäre durch das erweckte Gefühl seines Nichtwissens und von Sehnsucht nach dem Wissen ergriffen worden wäre?

MENON: Schwerlich, mein Sokrates.

SOKRATES: Das Erstarren also war ihm von Nutzen?

MENON: So dünkt mich.

SOKRATES: So gib nun acht, was er auf Grund dieses Zustandes der Verlegenheit mit mir forschend auffinden wird, lediglich, indem ich frage, nicht aber lehre. Paß aber genau auf, ob du mich etwa dabei ertappst, daß ich ihn belehre und ihm erläuternde

Auskunft gebe, statt mich darauf zu beschränken, ihm seine Meinung abzufragen.

Richtige Antwort des Sklaven: Diagonale ist die Seite des verdoppelten Quadrats

(Zum Sklaven.) So sage du mir denn: Ist dies nicht unser vierfüßiges Quadrat? Du verstehst doch?

SKLAVE: Ja.

SOKRATES: Wir können ihm doch hier ein zweites gleiches anfügen.

SKLAVE: Ja.

SOKRATES: Und an sie beide wieder hier dieses gleiche dritte?

SKLAVE: Ja.

SOKRATES: Und endlich können wir noch zur Vervollständigung in dem [enstandenen] Winkel dieses da hinzufügen?

SKLAVE: Gewiß.

SOKRATES: So wären das also nun vier gleiche Quadrate?

SKLAVE: Ja.

SOKRATES: Wieviel mal so groß ist nun also dies Ganze als das ursprüngliche hier?

SKLAVE: Viermal so groß.

SOKRATES: Es sollte aber nur doppelt so groß sein; oder erinnerst du dich nicht?

SKLAVE: Ja, gewiß.

SOKRATES: Teilt nun nicht eine Linie von dieser Art, von Winkel zu Winkel, jedes dieser Quadrate in zwei gleiche Teile?

SKLAVE: Ja.

SOKRATES: So entstehen doch vier gleiche Linien, die dieses Quadrat hier einschließen?

SKLAVE: So ist es.

SOKRATES: Überlege also: wie groß ist dieses Quadrat?

SKLAVE: Ich kann nicht darauf kommen.

SOKRATES: Sind dies nicht vier Quadrate, und hat nicht jede Linie von jedem die Hälfte innen abgeschnitten? Oder nicht?

SKLAVE: Ja.

SOKRATES: Wie viele solcher Hälften [Dreiecke] sind nun in diesem Quadrat enthalten?

SKLAVE: Vier.

SOKRATES: Wie viele aber in diesem da?

SKLAVE: Zwei.

SOKRATES: Die vier aber sind im Verhältnis zu den zwei was?

SKLAVE: Das Doppelte.

SOKRATES: Wieviel Fuß groß ist nun dieses Quadrat da?

SKLAVE: Acht Fuß.

SOKRATES: Mit welcher Seite?

SKLAVE: Mit dieser.

SOKRATES: Mit derjenigen, die von einem Winkel des vierfüßigen Quadrates zu dem anderen gezogen ist?

SKLAVE: Ja.

SOKRATES: Der Name aber für diese Linie ist bei den Gelehrten »Diagonale«. Ist dies aber der Fall, so wird, deiner Behauptung zufolge, du Sklave des Menon, die Diagonale die Seite des doppelten Quadrates bilden.

SKLAVE: Ohne Zweifel, Sokrates.

Dem Nichtwissenden wohnen wahre Meinungen inne

SOKRATES: (Zu Menon.) Was meinst du nun dazu, mein Menon? Hat dieser irgendeine Meinung geäußert, die nicht seine eigene wäre?

MENON: Nein, nur seine eigene.

SOKRATES: Und doch wußte er nichts davon, wie wir kurz vorher behaupteten.

MENON: Du hast recht.

SOKRATES: Diese Meinungen aber gehörten doch seinem Geiste an. Oder nicht?

MENON: Ja.

SOKRATES: Dem Nichtwissenden wohnen also doch wahre Meinungen inne über das, was er nicht weiß, mag dies letztere nun sein, was es wolle.

MENON: Allem Anschein nach.

SOKRATES: Und jetzt eben sind ihm diese Meinungen aufgedämmert wie im Traum. Wenn man ihn aber häufig und in mannigfacher Weise nach dem Nämlichen fragt, so wird er schließlich gewiß in den Besitz strengsten Wissens darüber gelangen.

MENON: Aller Vermutung nach.

SOKRATES: Nicht also durch Belehrung, sondern durch bloßes Fragen wird er zum Wissen gelangen, indem er aus sich selbst das Wissen gewinnt.

MENON: Ja.

SOKRATES: Heißt aber das Wissen aus sich selbst gewinnen nicht soviel als sich wiedererinnern?

MENON: Allerdings.

SOKRATES: Steht es also damit nicht so, daß dieser Sklave das Wissen, das er jetzt besitzt, entweder zu irgendwelcher Zeit empfangen hat oder es immer besaß?

MENON: Ja.

SOKRATES: Wenn er es nun immer besaß, so war er auch immer ein Wissender; wenn er es aber irgendwann empfangen hat, so wird er es doch nicht in dem jetzigen Leben empfangen haben. Oder hat ihn jemand in der Geometrie unterrichtet? Denn er wird im ganzen Gebiete der Geometrie das Nämliche leisten und ebenso in allen anderen Wissensgebieten. Hat ihn nun irgend jemand in allem unterrichtet? Du mußt es ja besser wissen als sonstwer, denn er ist ja in deinem Hause geboren und aufgewachsen.

MENON: Nun, ich weiß, daß ihn nie jemand unterrichtet hat.

SOKRATES: Er besitzt aber doch diese Meinungen. Oder nicht?

MENON: Das scheint unabweisbar, mein Sokrates.

Wenn die Wahrheit unserer Seele jederzeit innewohnt, ist die Seele dann nicht unsterblich?

SOKRATES: Wenn er sie aber nicht in dem gegenwärtigen Leben empfangen hat, ist es dann nicht schon ausgemacht, daß er sie in irgendeiner anderen Zeit besaß und erlernt hatte?

MENON: Allem Anschein nach.

SOKRATES: Und das wäre doch die Zeit, wo er noch nicht Mensch war?

MENON: Ja.

SOKRATES: Wenn ihm nun sowohl in der Zeit, wo er Mensch ist, wie in der, wo er es nicht ist, wahre Meinungen innewohnen sollen, die, durch Fragen geweckt, zum Wissen werden, wird dann seine Seele nicht die ganze Zeit hindurch mit Kenntnissen ausgerüstet sein? Denn offenbar ist er die ganze Zeit hindurch entweder Mensch oder nicht.

MENON: Allem Anschein nach.

SOKRATES: Wenn nun die Wahrheit über das Sein der Dinge unserer Seele jederzeit innewohnt, muß dann die Seele nicht unsterblich sein? Also voll froher Zuversicht muß du den Versuch machen, dem, was du jetzt zufällig nicht weißt, mit anderen Worten, woran du dich nicht erinnerst, nachzuforschen und die Erinnerung daran wieder aufzufrischen.

MENON: Sonderbar, mein Sokrates, aber es kommt mir vor, als ob du recht hättest.

SOKRATES: Auch mir, mein Menon. Und im übrigen möchte ich für das Gesagte nicht mit vollem Nachdruck einstehen. Daß wir aber bei dem Glauben an die Notwendigkeit des Nachforschens nach dem, was man nicht weiß, tüchtiger und mannhafter und weniger träge sein werden als bei dem Glauben an die Unmöglichkeit der Auffindung dessen, was wir nicht wissen, und an die Unstatthaftigkeit danach zu forschen, dafür trete ich nach Kräften in vollem Umfang ein, mit Wort und Tat.

MENON: Auch damit scheinst du mir recht zu haben, mein Sokrates.

Rückkehr zur Ausgangsfrage von einer Voraussetzung aus

SOKRATES: Da wir also darüber einig sind, daß man forschen müsse nach dem, was man nicht weiß, ist es dir da recht, daß wir gemeinsam danach forschen, was die Tugend eigentlich ist?

MENON: Ja, gewiß. Doch möchte ich meinerseits am liebsten auf meine anfängliche Frage zurückkommen und erwägen und hören, ob man der Tugend als etwas Erlernbarem nachgehen müsse oder ob sie den Menschen von Natur oder auf welche Weise sonst zuteil werde.

SOKRATES: Nun, mein Menon, wenn ich über dich ebenso Herr

wäre wie über mich, so würden wir die Lehrbarkeit oder Nicht-
lehrbarkeit der Tugend nicht eher erwägen, als wir erforscht
hätten, was sie selbst ist. Da aber du, um der lieben Freiheit
willen, nicht einmal dich selbst zu beherrschen versuchst, wohl
aber mich zu beherrschen versuchst und auch beherrschst, so
werde ich mich dir fügen; denn was läßt sich denn machen? Wir
müssen also, wie es scheint, erwägen, wie beschaffen etwas ist,
von dem wir noch gar nicht wissen, was es ist. Ohne also deiner
Herrschaft im übrigen zu nahezutreten, bitte ich doch mir eine
Kleinigkeit nachzugeben und zu gestatten die Untersuchung
darüber, ob sie lehrbar ist oder wie sonst, auf Grund einer
Voraussetzung zu führen. Von einer Voraussetzung aber bei
einer Betrachtung ausgehen – das meine ich so, wie die Geometer
öfters es machen, wenn jemand sie frägt z. B. hinsichtlich des
Flächeninhalts einer Figur, ob es möglich sei, in diesen Kreis dies
Dreieck seinem Flächeninhalt nach einzuschreiben. Es erwidert
87 dann wohl einer: Noch weiß ich nicht, ob dieses so geht, aber es
dürfte wohl folgende Voraussetzung für die Sache förderlich
sein: wenn diese Figur [d. h. das Dreieck] ihrem Flächeninhalt
nach so beschaffen ist, daß, wenn man an der gegebenen Seite
derselben ein [ihr gleiches] Rechteck konstruiert, dieses an Flächeninhalt um ebensoviel zurückbleibt, wie das konstruierte
Rechteck selbst Flächeninhalt hat, so wird sich meines Erachtens
etwas anderes ergeben als in dem anderen Falle, wo dies unmöglich ist. Von einer Voraussetzung aus will ich dir also sagen, was
sich in betreff der Einschreibung derselben in den Kreis ergibt,
ob sie unmöglich ist oder nicht.

Wenn die Tugend ein Wissen ist, so ist sie lehrbar

So wollen wir es denn auch mit der Tugend halten. Da wir
nämlich hinsichtlich ihrer weder wissen, was sie ist, noch wie
beschaffen sie ist, so laß uns auf Grund einer Voraussetzung
erwägen, ob sie lehrbar ist oder nicht lehrbar. Und zwar formulieren wir die Sache in Frageform so: Welche Beschaffenheit
muß die Tugend als Teil unseres Seelenlebens haben, wenn sie
lehrbar oder nicht lehrbar sein soll? Gesetzt nun zunächst, sie
wäre etwas anderes als Wissen, wäre sie dann lehrbar – was nach

unserer vorigen Erörterung soviel heißt als durch Wiedererinnerung gewinnbar – oder nicht? Beide Bezeichnungen sollen dabei ganz gleich gelten. Nun, ist sie dann lehrbar? Oder ist es nicht allgemein anerkannt, daß durch Lehre dem Menschen nichts anderes beigebracht wird als Wissen?

MENON: Mir wenigstens scheint es so.

SOKRATES: Wenn also die Tugend ein Wissen ist, so ist sie offenbar lehrbar.

MENON: Unstreitig.

SOKRATES: Damit wären wir also schnell fertig geworden. Nämlich: ist die Tugend von dieser Art, so ist sie lehrbar, ist sie von anderer Art, dann nicht.

MENON.: Gewiß.

SOKRATES: Demnächst gilt es nun also wohl zu untersuchen, ob die Tugend ein Wissen ist oder etwas vom Wissen Verschiedenes.

MENON: Ja, das müssen wir wohl nunmehr untersuchen.

SOKRATES: Wie nun? Erklären wir die Tugend nicht für ein Gut, und ist dies nicht unsere feste Voraussetzung, daß sie ein Gut sei?

MENON: Ohne Zweifel.

SOKRATES: Wenn es nun irgendein anderes Gut gibt, das ohne Wissen bestehen kann, dann wäre es möglich, daß die Tugend kein Wissen wäre. Wenn es aber kein Gut gibt, das nicht auf Wissen beruht, dann würden wir mit der Annahme, daß sie ein Wissen sei, das Richtige treffen.

MENON: So ist es.

SOKRATES: Gut aber sind wir doch vermöge der Tugend.

MENON: Ja.

SOKRATES: Wenn aber gut, auch nützlich; denn alles Gute ist nützlich. Nicht wahr?

MENON: Ja.

SOKRATES: Also ist die Tugend doch etwas Nützliches?

MENON: Notwendig nach dem Zugegebenen.

Die Tugend, als etwas Nützliches, ist eine Art Einsicht

SOKRATES: Laß uns nun mit unserer Betrachtung ins einzelne gehen und zusehen, was für Dinge uns nützlich sind. Gesundheit, Kraft, Schönheit und Reichtum, das und dergleichen sind doch die Dinge, die wir nützlich nennen. Nicht wahr?

MENON: Ja.

88 SOKRATES: Ebendieselben erklären wir aber auch zuweilen für schädlich. Oder bist du anderer Meinung?

MENON: Nein, auch ich denke so.

SOKRATES: Erwäge nun, was für die Nützlichkeit oder Schädlichkeit dieser Dinge in jedem einzelnen Falle maßgebend ist. Macht nicht richtiger Gebrauch sie nützlich, unrichtiger aber schädlich?

MENON: Allerdings.

SOKRATES: Laß uns also weiter die *Seelenzustände* betrachten. Besonnenheit, Gerechtigkeit, Tapferkeit, Gelehrigkeit, Gedächtniskraft, Großmut sowie alles dergleichen sind dir doch wohlbekannte Namen?

MENON: Gewiß.

SOKRATES: Nun frage dich: Wenn eine dieser Eigenschaften kein Wissen ist, sondern verschieden vom Wissen, wirkt sie dann in allen Fällen nützlich oder nicht in manchen auch schädlich? Wenn z.B. die Tapferkeit nicht Einsicht ist, sondern eine Art Kühnheit, wie steht es dann damit? Schlägt es dem Menschen nicht zum Schaden aus, wenn er ohne vernünftige Überlegung kühn ist, zum Nutzen dagegen, wenn er es mit ihr ist?

MENON: Ja.

SOKRATES: Und nicht anders steht es doch mit der Besonnenheit und Gelehrigkeit. Gehen wir beim Lernen und beim Ordnen unserer Angelegenheiten mit vernünftiger Überlegung zu Werke, so ist das Ergebnis ein nützliches, wo nicht, ein schädliches.

MENON: Unzweifelhaft.

SOKRATES: Mit einem Worte also: führt nicht alles Streben und Ringen der Seele, von Einsicht geleitet, zum Glück, vom Unverstand geleitet, zum Gegenteil?

MENON: So scheint es.

SOKRATES: Wenn also Tugend ein Stück unseres Seelenlebens ist und sie unbedingt als nützlich gedacht werden muß, dann muß sie Einsicht sein. Denn alle Seelentätigkeit ist an und für sich weder nützlich noch schädlich; nützlich oder schädlich wird sie erst durch das Eingreifen der Einsicht oder des Unverstandes. Dieser Darlegung zufolge muß denn die Tugend, als etwas Nützliches, unbedingt eine Art Einsicht sein.

MENON: Auch ich bin dieser Meinung.

Wenn Tugend Wissen ist, dann ist man nicht von Natur aus tugendhaft

SOKRATES: Und was nun die anderen Güter anlangt, den Reichtum und dergleichen, von denen wir eben sagten, sie seien bald nützlich, bald schädlich, steht das mit ihnen nicht ebenso? Wie die Einsicht als Leiterin der ganzen Seele die Seelentätigkeit nützlich machte, der Unverstand dagegen schädlich, macht so nicht auch bei diesen Dingen die Seele durch richtige Anwendung und Führung sie nützlich, durch unrichtige dagegen schädlich?

MENON: Sicherlich.

SOKRATES: Die richtige Leitung aber gibt ihnen die verständige Seele, die falsche dagegen die unverständige?

MENON: So ist es.

SOKRATES: Man kann also doch ganz allgemein sagen: für den Menschen kommt es hinsichtlich alles anderen auf die Seele an, hinsichtlich der Seelentätigkeit selbst aber auf die Einsicht, wenn 89 sie gut sein soll. Demzufolge wäre Einsicht also das eigentlich Nützliche. Wir behaupten aber doch von der Tugend, sie sei etwas Nützliches?

MENON: Allerdings.

SOKRATES: Tugend also erklären wir damit für Einsicht, sei es, daß sie ganz mit ihr [der Einsicht] zusammenfalle oder ein Teil von ihr sei.

MENON: Damit scheinst du mir recht zu haben, mein Sokrates.

SOKRATES: Wenn dem nun so ist, so wären die Tugendhaften dies nicht von Natur.

MENON: Schwerlich.

SOKRATES: Zudem würde dann folgender Fall eintreten. Wenn die Tugendhaften dies von Natur wären, so gäbe es wohl Leute, welche die von Natur Tugendhaften unter den Jünglingen herauserkennen; diese Jünglinge aber würden wir auf Anweisung jener Leute in Verwahrung nehmen, sie auf der Akropolis behüten und noch viel strenger unter Verschluß und Siegel legen als das Gold, damit niemand sie verderben könnte, sie vielmehr nach Eintritt in das Mannesalter sich den Staaten nützlich erwiesen.

MENON: Ja, das hat alles für sich, mein Sokrates.

Wenn Tugend Wissen ist, dann ist sie auch lehrbar

SOKRATES: Da nun die Tugendhaften nicht von Natur tugendhaft werden, so werden sie es doch wohl durch Unterricht?

MENON: Diese Folgerung scheint mir unabweislich. Und wenn die Tugend nach unserer Voraussetzung Wissen ist, mein Sokrates, dann ist sie offenbar lehrbar.

SOKRATES: Vielleicht beim Zeus! Wer weiß aber, ob unsere Voraussetzung nicht falsch war?

MENON: Aber eben vorhin schien sie uns doch noch völlig berechtigt.

SOKRATES: Ja; aber nicht bloß für vorhin muß sie berechtigt scheinen, sondern auch für jetzt und für die Zukunft, wenn sie irgend etwas taugen soll.

MENON: Was soll das denn? Was macht dich denn stutzig und mißtrauisch dagegen, ob die Tugend Wissen sei?

SOKRATES: Ich will es dir sagen, mein Menon. Daß nämlich die Tugend, *wenn* sie Wissen ist, lehrbar ist, das ist ein Satz, den ich nicht zurücknehme. Aber *daß* sie Wissen ist, das bezweifle ich, und du magst jetzt prüfen, ob ich das mit Recht tue. Antworte mir nämlich auf folgende Frage: Wenn irgendeine Sache, nicht etwa bloß die Tugend, lehrbar ist, muß es dann nicht notwendig Lehrer und Schüler dafür geben?

MENON: Wie mir scheint, ja.

SOKRATES: Und so auch das Gegenteil: wofür es weder Lehrer noch Schüler gibt, dafür möchte die Vermutung zutreffend sein, daß es nicht lehrbar sei.

Doch es gibt keine Lehrer der Tugend

MENON: Mag sein. Aber scheint es dir keine Lehrer der Tugend zu geben?

SOKRATES: Soviel ich auch nachforsche, ob es irgendwelche Lehrer derselben gibt – alle meine Mühe ist umsonst: ich kann keine finden. Und doch suche ich im Verein mit vielen, und zwar vor allem mit solchen, die meiner Meinung nach auf diesem Gebiete die Kundigsten sind. Und so hat sich denn auch jetzt, mein Menon, wie gerufen Anytos hier neben uns hingesetzt, den wir an unserer Untersuchung teilnehmen lassen wollen. Und dies mit vollem Recht. Denn erstens ist Anytos der Sohn eines reichen und einsichtsvollen Mannes, des Anthemion, der seinen Reichtum nicht dem Zufall verdankt oder der Freigebigkeit eines Gönners wie der Thebaner Ismenias, der jüngsthin Summen erhielt, die ihn reich machten wie einen Polykrates, sondern ihn durch eigene Klugheit und Rührigkeit erwarb. Auch sonst zeigt er sich nicht als ein hochmütiger oder prunksüchtiger und unleidlicher Bürger, sondern als ein bescheidener und schlichter Mann. Ferner hat er diesem seinem Sohn eine gute Erziehung und Bildung gegeben. So urteilt das athenische Volk, das ihn ja zu den wichtigsten Ämtern wählt. Es ist also nicht mehr als billig, daß man mit solchen Männern die Frage nach Lehrern der Tugend, ob es nämlich welche gibt und wer sie sind, untersucht.

Kunst und Handwerk haben jedoch einen Lehrer

Du also, mein Anytos, steh' uns bei, und untersuche mit mir und diesem deinem Gastfreund Menon unsere Frage nach den Lehrern der Tugend. Dabei schlage aber folgenden Weg ein: Wenn wir aus unserem Menon hier einen tüchtigen Arzt machen wollten, zu was für Lehrern würden wir ihn dann wohl schicken? Doch wohl zu den Ärzten?

ANYTOS: Gewiß.

SOKRATES: Und wenn wir einen tüchtigen Schuster aus ihm machen wollten, dann doch wohl zu den Schustern?

ANYTOS: Ja.

SOKRATES: Und so auch in den weiteren Fällen.

ANYTOS: Gewiß.

SOKRATES: Gib mir nun noch einmal Auskunft über diese Dinge auf folgende Weise: Wollen wir einen Arzt aus ihm machen, so würde es, wie wir behaupten, das Richtige sein, ihn zu den Ärzten zu schicken. Bedeutet diese Behauptung nicht soviel wie dieses: wir würden vernünftig handeln, wenn wir ihn lieber als zu anderen zu solchen schicken, die darauf Anspruch machen, Vertreter dieser Kunst zu sein und dafür Bezahlung fordern, indem sie sich einem jeden, der zu ihnen kommen und lernen will, als Lehrer anbieten? Wäre das nicht der richtige Gesichtspunkt, der uns dabei leiten soll?

ANYTOS: Ja.

SOKRATES: Ebenso steht es doch auch mit dem Flötenspiel und den übrigen Künsten? Wäre es nicht reine Torheit, wenn wir einen, aus dem wir einen Flötenspieler machen wollen, statt ihn zu solchen Leuten zu schicken, die sich anheischig machen, die Kunst zu lehren, und sich dafür bezahlen lassen, wer weiß welchen anderen Leuten mit ihm beschwerlich fallen und ihn bei solchen Unterricht suchen lassen wollten, die sich weder für Lehrer ausgeben noch irgendeinen Schüler haben in dem Fach, das der, den wir hinschicken, nach unserem Wunsche von ihnen erlernen soll? Wäre dies in deinen Augen nicht reine Unvernunft?

ANYTOS: Ja, beim Zeus, und noch mehr als dies, nämlich Dummheit.

Lehrer der Tugend sind die Sophisten

91 SOKRATES: Du hast recht. Nun also hast du Gelegenheit, mit mir gemeinsamen Rat zu pflegen über diesen deinen Gastfreund Menon. Immer wieder nämlich, mein Anytos, gibt er mir zu verstehen, daß er Verlangen trägt nach jener Weisheit und Tugend, welche die Menschen fähig macht, ihr Haus und ihren Staat gut zu verwalten, ihre Eltern zu versorgen und Mitbürger wie Fremde in einer eines angesehenen Mannes würdigen Weise zu empfangen und zu entlassen. Das ist die Tugend, in Rücksicht auf welche du dich nach Lehrern umsehen mußt, zu denen wir ihn mit Aussicht auf sicheren Erfolg schicken können. Oder

bedarf es nach der eben gegebenen Darlegung überhaupt noch
der Umschau? Denn sind es nicht die, welche sich anheischig
machen, Lehrer der Tugend zu sein und sich selbst ohne Unterschied jedem Hellenen, der sie von ihm zu erlernen wünscht,
dazu anbieten und sich dafür nach festgesetztem Preise bezahlen
lassen?

ANYTOS: Und wer wären diese, mein Sokrates?

SOKRATES: Du weißt doch selbst, daß es diejenigen sind, welche
die Leute Sophisten nennen.

ANYTOS: Da sei Gott vor, mein Sokrates. Möge der Himmel
einen jeden meiner Verwandten und Freunde, jeden Mitbürger
und Fremden vor dem wahnwitzigen Beginnen bewahren, sich
an sie zu wenden und sich von ihnen herunterbringen zu lassen!
Denn sie sind doch der reine Ruin und Verderb für die, die mit
ihnen Umgang pflegen.

Sokrates verteidigt erfolglos die Sophisten

SOKRATES: Was sagst du, mein Anytos? Sie also sind von allen,
die sich als zuständige Vertreter einer heilsamen Kunst ausgeben, die einzigen, die in auffallendem Gegensatz zu den anderen
dasjenige, was man ihnen anvertraut, nicht nur nicht fördern,
sondern im Gegenteil sogar verderben? Und dafür fordern sie
noch ganz unverhohlen Bezahlung? Das kann ich dir unmöglich
glauben. Weiß ich doch, daß der einzige Protagoras mit dieser
seiner Weisheit mehr Geld verdiente als Pheidias, dem man so
überaus herrliche Werke verdankt, und als zehn Bildhauer sonst.
Es müßte doch wunderlich zugehen, wenn du mit deiner Meinung recht hättest! Den Schuhflickern und Kleiderausbesserern
würde es keine dreißig Tage unbemerkt durchgehen, wenn sie
die Kleider und Schuhe in schlechterem Zustand wieder ablie-
fern, als sie sie erhalten haben, vielmehr würden sie, wenn sie
sich dergleichen zuschulden kommen ließen, alsbald Hungers
sterben; und Protagoras, auf den sich die Blicke von ganz Griechenland richteten, soll unbemerkt bei seinen Schülern nur Schaden gestiftet und sie schlechter wieder entlassen haben, als er sie
bekommen, und das mehr als vierzig Jahre lang! Denn ich
glaube, er ist in einem Alter von nahezu siebzig Jahren gestor-

ben, und vierzig Jahre lang übte er seine Kunst aus, und diese
ganze Zeit hindurch bis zum heutigen Tage hat sein Ansehen
nicht die mindeste Einbuße erlitten. Und nicht bloß Protagoras
wäre zu nennen, sondern noch sehr viele andere, die teils vor ihm
gelebt haben, teils jetzt noch leben. Was sollen wir nun von
92 deinem Standpunkt aus von ihnen sagen? Daß sie wissentlich die
jungen Leute täuschen und ruinieren oder gar daß sie es selbst
nicht merken? Und einen solchen Wahnwitz sollen wir Leuten
zutrauen, die gar manche für die weisesten Männer erklären?

Jeder angesehene Athener ist ein Lehrer der Tugend

ANYTOS: Weit gefehlt, mein Sokrates! Nicht sie sind wahnwit-
zig, sondern weit mehr diejenigen jungen Leute, die ihr Geld an
sie loswerden; und noch mehr als diese diejenigen, die sie solchen Leuten anvertrauen, ihre Angehörigen nämlich; am allermeisten aber die Städte, die ihnen den Aufenthalt gestatten und
sie nicht austreiben, mag es nun ein Fremder oder ein Mitbürger
sein, der sich dergleichen herausnimmt.

SOKRATES: Hat denn, mein Anytos, dir irgendein Sophist ein
Leid angetan, oder wie kommt es, daß du von so grimmigem
Haß gegen sie erfüllt bist?

ANYTOS: Nein, beim Zeus! Nicht ein einziges Mal bin ich mit
irgendeinem von ihnen in Berührung gekommen, wie ich das
denn auch von keinem der Meinigen dulden würde.

SOKRATES: Also ganz und gar unbekannt bist du mit den Männern?

ANYTOS: Und wünsche es auch nicht anders.

SOKRATES: Wie kannst du also, mein Bester, von einer Sache wie
dieser, mit der du ganz und gar unbekannt bist, wissen, ob sie
ihrem Kern nach gut oder schlecht ist?

ANYTOS: Mit Leichtigkeit! Was an diesen Leuten wenigstens ist,
das weiß ich, mag ich nun unbekannt mit ihnen sein oder nicht.

SOKRATES: Du bist vielleicht ein Seher, mein Anytos. Denn
nach dem, was du selbst sagst, müßte ich mich doch wundern,
wie du auf andere Art über sie unterrichtet sein kannst. Indes,
unsere Frag war ja gar nicht die, welche Leute den Menon, wenn
er sich mit ihnen einließe, verderben würden; dies mögen, wenn

du willst, meinetwegen die Sophisten sein. Aber nenne uns nun die, auf die es eigentlich ankommt, und tue deinem väterlichen Gastfreund hier den Gefallen, ihm Bescheid zu sagen, an was für Leute er in dieser großen Stadt sich wenden muß, um es dahin zu bringen, daß er in der von mir vorhin erörterten Tugend etwas mehr als ein bloßer Laie sei.

ANYTOS: Warum sagst du ihm nicht selbst Bescheid?

SOKRATES: Ich habe ja doch diejenigen genannt, die ich für Lehrer auf diesem Gebiet hielt; aber meine Rede taugt nichts, wie du meinst. Und vielleicht hast du recht. Aber du mußt nun deinerseits sagen, an welche Leute in Athen er sich wenden soll. Nenne den Namen irgendeines Beliebigen.

ANYTOS: Was hat es denn für einen Sinn, hier irgendeinen Einzelnen bei Namen zu nennen? Jeder angesehene Athener, der ihm in den Wurf kommt, wird ihn, wenn er ihm nur folgen will, in der Tugend mehr fördern als alle Sophisten.

Nochmals: Ist die Tugend lehrbar?

SOKRATES: Diese angesehenen Männer aber, sind sie denn das, was sie sind, ganz von selbst geworden? Und sind sie denn, ohne bei irgend jemand in die Lehre gegangen zu sein, gleichwohl 93 imstande, andere dasjenige zu lehren, was sie selbst nicht erlernt haben?

ANYTOS: Auch sie haben es, glaube ich, von den älteren, gleichfalls angesehenen Männern erlernt. Oder glaubst du nicht, daß es viele tüchtige Männer in dieser Stadt gegeben hat?

SOKRATES: Gewiß, mein Anytos. Es gibt hier, wie ich glaube, tüchtige Staatsmänner, und es hat deren auch nicht weniger gute gegeben als jetzt. Aber sind diese Männer auch tüchtige Lehrer ihrer eigenen Tugend gewesen? Denn das ist's, worauf es uns jetzt ankommt. Nicht, ob es hier tüchtige Männer gibt oder nicht, auch nicht, ob es vordem solche gegeben hat, sondern ob die Tugend lehrbar ist, das ist nach wie vor der Gegenstand unserer Untersuchung. Diese Untersuchung aber läuft darauf hinaus, ob die tüchtigen Männer der Gegenwart und der Vorzeit es verstanden, diese ihre Tugend, in der sie selbst hervorragten, auch einem anderen mitzuteilen, oder ob sie etwas ist, was einem

Menschen überhaupt nicht beigebracht werden und was keiner von einem anderen empfangen kann. Das ist es, was wir, ich und Menon, nach wie vor suchen.

Themistokles lehrte seinen Sohn nicht seine Weisheit

Erwäge nun die Sache von deinem eigenen Standpunkt aus so: Du meinst doch, *Themistokles* sei ein tüchtiger Mann gewesen?

ANYTOS: Sicherlich, mehr als irgendein anderer.

SOKRATES: Wenn also überhaupt je einer ein Lehrer der eigenen Tugend war, so sei auch er, und er besonders, ein tüchtiger Lehrer gewesen?

ANYTOS: Das glaube ich wohl, wenn er nur wollte.

SOKRATES: Aber wie nun? Sollte er nicht gewünscht haben, daß auch aus anderen tüchtige Männer würden, vor allem aber doch aus seinem eigenen Sohn? Oder glaubst du, er habe es ihm nicht gegönnt und habe absichtlich ihm die Tugend, in der er selbst hervorragte, nicht beigebracht? Oder hast du nicht gehört, daß Themistokles seinen Sohn Kleophantos wohl zu einem guten Reiter heranbilden ließ? Er konnte ja aufrecht auf dem Pferde stehen und in dieser Haltung vom Pferd seinen Wurfspieß schleudern, wie er denn auch manche andere erstaunliche Leistungen vollbrachte, zu welchen ihn sein Vater heranbilden ließ, der ihn überhaupt in allem geschickt machte, wobei es auf tüchtige Lehrer ankommt. Oder hast du das nicht von den älteren Leuten gehört?

ANYTOS: Jawohl.

SOKRATES: Man könnte also seinem Sohn nicht nachsagen, daß er von Natur schlecht veranlagt gewesen wäre?

ANYTOS: Das wohl nicht.

SOKRATES: Aber nun weiter. Daß Kleophantos, des Themistokles Sohn, ein Mann geworden wäre, der, worin der Vater tüchtig und einsichtsvoll war, es auch seinerseits gewesen wäre, hast du das je von einem Bürger gehört, einem jungen oder einem alten?

ANYTOS: Niemals.

SOKRATES: Sollte er also willens gewesen sein, seinen eigenen Sohn in jenen anderen Künsten unterweisen zu lassen, in der ihn selbst auszeichnenden Tüchtigkeit aber, der Weisheit nämlich,

ihn um nichts besser zu machen als seine Nachbarn – sofern
nämlich die Tugend lehrbar wäre?

ANTYOS: Schwerlich, beim Zeus.

Ähnliches gilt von Aristides, Perikles und Thukydides

SOKRATES: So steht es also mit seiner Lehrbegabung für die
Tugend bei einem Mann, den du zu den Besten der Vorzeit
rechnest. Laß uns denn nun einen anderen ins Auge fassen, den
Aristides, des Lysimachos Sohn. Oder erkennst du diesen nicht
als einen tüchtigen Mann an?

ANYTOS: Jawohl, unbedingt.

SOKRATES: Hat nicht auch dieser seinen Sohn Lysimachos in
allem, was von Lehrern abhängt, so trefflich wie nur irgendeinen
Athener bilden lassen – was aber die Tugend anlangt, glaubst du
da, er habe ihn darin zu einem irgendwie über die anderen
hervorragenden Manne gemacht? Denn mit diesem hast du ja
Umgang gepflogen und weißt, wie es mit ihm steht. Und um den
Perikles nicht zu vergessen, diesen an Weisheit so hervorragenden Mann, so hat er, wie du weißt, zwei Söhne aufgezogen, den
Paralos und den Xanthippos.

ANYTOS: Jawohl.

SOKRATES: Diese hat er, wie auch dir bekannt, zu Reitern heranbilden lassen, die es in dieser Kunst mit jedem Athener aufnah-
men; auch in Musik, Wettkampf und allem, was Sache der Kunst
ist, ließ er sie unterweisen, und zwar mit bestem Erfolg. Und zu
tugendhaften Männern hätte er sie nicht machen wollen? Nun,
ich denke, er wollte es wohl, wenn es nur eben lehrbar wäre.
Damit du aber siehst, daß nicht wenige und nicht die Untüchtig-
sten unter den Athenern in diesem Punkte versagt haben, so
denke nur daran, daß auch *Thukydides* zwei Söhne hatte, Melesias und Stephanos, und sie in allem wohl unterweisen ließ, wie
sie denn die trefflichsten Ringer in Athen waren. Denn den einen
ließ er vom Xanthias, den anderen vom Eudoros unterrichten;
diese aber galten damals als die trefflichsten Ringer. Oder erinnerst du dich nicht?

ANYTOS: Ja, ich weiß es vom Hörensagen.

Die Tugend ist nicht lehrbar

SOKRATES: Es ist also klar: wäre die Tugend lehrbar, so wäre es nicht zu diesem Mißverhältnis gekommen, daß er ihnen zwar diejenigen Künste, die nur mit erheblichem Aufwand zu lehren waren, beibringen ließ; was er aber ohne Aufwand erreichen konnte, sie nämlich zu tugendhaften Männern zu machen, ihnen nicht beibrachte. Aber vielleicht war Thukydides ein unvermögender Mann und hatte unter den Athenern und Bundesgenossen nicht viele Freunde? Im Gegenteil, er machte ein großes Haus und hatte großen Einfluß in der Stadt und unter den übrigen Hellenen. Wäre die Sache also lehrbar, so wäre es ihm nicht schwergefallen, einen Lehrer zu finden, der seine Söhne zu tugendhaften Männern gemacht hätte, unter den Einheimischen oder unter den Fremden, wenn ihm selbst nicht die Zeit zu Gebote stand wegen der Häufung der Staatsgeschäfte. Allein, mein Freund Anytos, es ist wohl nun einmal so: die Tugend ist nicht lehrbar.

ANYTOS: Es scheint mir, Sokrates, du machst die Menschen ohne Skrupel schlecht. Ich nun möchte dir, wenn du mir folgen willst, raten, dich in acht zu nehmen. Denn vielleicht ist es auch in einer anderen Stadt leichter, den Menschen wehe als wohl zu tun, in der unsrigen aber ganz besonders. Und ich glaube, auch du weißt das.

Bald scheint die Tugend lehrbar, bald wieder nicht

95 SOKRATES: (Zu Menon) Mein Menon, Anytos scheint mir zu grollen. Und das wundert mich nicht. Denn erstens glaubt er, ich höhne diese Männer, sodann rechnet er sich selbst zu ihnen. Aber wenn er einmal erkennen wird, was es mit dem Verleumden eigentlich auf sich hat, dann wird er ablassen von seinem Groll; jetzt aber ist er darüber noch in Unkenntnis. Du aber sage mir, gibt es nicht auch bei euch treffliche Männer?

MENON: Gewiß.

SOKRATES: Wie nun? Lassen sich diese darauf ein, die jungen Leute in die Lehre zu nehmen und sich als Lehrer oder die Tugend als lehrbar anzukündigen?

MENON: Nein, beim Zeus, mein Sokrates, sondern einmal kannst du von ihnen hören, sie sei lehrbar, dann wieder, sie sei es nicht.

SOKRATES: Können wir sie also als Lehrer der Tugend gelten lassen, wenn sie nicht einmal darüber mit sich einig sind?

MENON: Nein, das glaube ich nicht, mein Sokrates.

SOKRATES: Wie denkst du nun aber über die Sophisten, die einzigen, die sich dazu anheischig machen? Siehst du sie als Lehrer der Tugend an?

MENON: Gerade dies, mein Sokrates, bewundere ich am Gorgias am meisten, daß du niemals ein derartiges Versprechen von ihm hörst; vielmehr macht er sich sogar über die anderen lustig, wenn er ihre Versprechungen hört. Aber tüchtige Redner müsse man bilden, das ist seine Meinung.

SOKRATES: Also auch dir scheinen die Sophisten keine Lehrer zu sein?

MENON: Ich kann es nicht sagen, mein Sokrates. Denn es geht auch mir so wie den meisten: Bald scheint es mir so, bald wieder nicht.

SOKRATES: Weißt du denn, daß nicht bloß du und die anderen Staatsmänner so denken, nämlich die Tugend bald für lehrbar halten, bald wieder nicht, sondern daß sich auch der Dichter Theognis in gleichem Sinne äußert?

MENON: In welchem Gedicht?

Beleg durch Theognis

SOKRATES: In den Elegien, wo es heißt:

Denen geselle zum Trunk und zum Schmaus dich, sitze bei denen,
Zeige gefällig dich nur denen, die mächtig im Staat.
Nur von den Besten erlernst du das Beste; verkehrst du mit Schlechten,
Dann ist bald auch dahin, was du besaßt an Vernunft.

Du siehst, hier redet er doch von der Tugend als etwas Lehrbarem?

MENON: Allem Anschein nach.

SOKRATES: An anderer Stelle aber, etwas weiterhin, sagt er:

Ließe Vernunft sich machen und sich einpflanzen dem Manne,
dann, meint er,
Großen und herrlichen Preis trügen dann jene davon,
welche dies zu leisten fähig wären, und
Nimmer aus tüchtigem Stamm wüchs' ein verdorbener Sohn,
Folgt' er verständiger Weisung; doch nimmer wirst durch
Belehrung
Einen schlechten du je machen zum tüchtigen Mann.

96

Nicht wahr, hier setzt er sich doch selbst mit sich über die
nämliche Sache in Widerspruch?

MENON: Offenbar.

SOKRATES: Kannst du mir nun sonst irgendein Berufsgebiet
nennen, wo einerseits diejenigen, die sich selbst als Lehrer dafür
ausgeben, weit entfernt, als Lehrer anderer anerkannt zu werden, nicht einmal selbst als wahrhaft Sachverständige, sondern
als schlecht beschlagen gelten in dem Fach, als dessen Lehrer sie
sich aufspielen, anderseits die anerkannt tüchtigen praktischen
Vertreter desselben sich bald für die Lehrbarkeit desselben aussprechen, bald wieder sie leugnen? Kannst du von Leuten, die
sich über irgendeine Sache in einem solchen Wirrwarr von Widersprüchen befinden, sagen, sie seien wirklich berufene Lehrer
derselben?

MENON: Beim Zeus, ich gewiß nicht.

Ein Berufsfach, wo es keine Lehrer gibt, ist nicht lehrbar

SOKRATES: Wenn also weder die Sophisten noch die tüchtigen
Staatsmänner selbst Lehrer auf diesem Gebiet sind, so gibt es
doch überhaupt keine?

MENON: Schwerlich.

SOKRATES: Wenn aber keine Lehrer, dann doch auch keine
Schüler?

MENON: Damit magst du wohl recht haben.

SOKRATES: Wir waren aber doch einig darüber, daß ein Berufsfach, wo es weder Lehrer noch Schüler gibt, auch nicht lehrbar
sei?

MENON: Das waren wir.

SOKRATES: Nun lassen sich doch für die Tugend nirgends Lehrer entdecken?

MENON: So ist es.

SOKRATES: Wenn aber keine Lehrer, auch keine Schüler?

MENON: Das leuchtet ein.

SOKRATES: Die Tugend mußt also wohl nicht lehrbar sein.

MENON: Es scheint, sie ist es nicht, wenn anders unser Gedankengang richtig war. Darum frage ich mich denn auch verwundert, ob es überhaupt keine tugendhaften Männer gibt; oder wenn es deren gibt, wie hat man sich dann das Werden derselben zu denken?

SOKRATES: Sehe ich recht, mein Menon, so steht es schlimm mit uns beiden hinsichtlich unserer Bildung: an dir scheint Gorgias, an mir Prodikos als Lehrer nicht seine Schuldigkeit getan zu haben. Wir müssen also allem anderen zuvor unser Augenmerk auf uns selbst richten und einen zu finden suchen, der uns wenigstens nach irgend*einer* Richtung hin besser zu machen vermag. Ich sage dies aber im Hinblick auf unsere eben geführte Untersuchung. Denn – lächerlich genug – wir beachteten nicht, daß es nicht bloß das Wissen ist, das den Menschen zu einem rechten und guten Verfahren in ihren Handlungen verhilft; und so erklärt es sich wohl auch, daß wir zu keiner Erkenntnis darüber gelangen konnten, auf welche Art der Mensch in den Besitz der Tugend kommt.

MENON: Wie meinst du das, mein Sokrates?

Wahre Meinung ist für richtiges Handeln kein schlechterer Führer als Einsicht

SOKRATES: So: Darüber, daß die tugendhaften Menschen unter 97 allen Umständen nützlich sein müssen, haben wir uns doch richtig geeinigt. Nicht wahr?

MENON: Ja.

SOKRATES: Und daß sie uns nützlich sein werden, wenn sie unsere Angelegenheiten richtig leiten, auch darüber haben wir uns mit gutem Grunde geeinigt.

MENON: Ja.

SOKRATES: Daß es aber nicht möglich ist, richtig zu leiten, wenn man nicht die volle Einsicht besitzt, das ist eine Voraussetzung von uns, die, wie es scheint, nicht richtig war.

MENON: Wie meinst du es denn mit dem *richtig*?

SOKRATES: So: Wenn einer bei voller Kenntnis des Weges nach Larissa oder wohin er sonst will, diesen Weg ginge und anderen ihn wiese, so würde es mit dieser Weisung doch richtig und gut bestellt sein?

MENON: Gewiß.

SOKRATES: Wenn nun aber einer die richtige Meinung über die Art des Weges hätte, ohne ihn doch selbst gegangen zu sein und ihn wirklich zu kennen, würde der nicht auch richtig weisen?

MENON: Allerdings.

SOKRATES: Und solange er die richtige Meinung hat über das, was dem andern durch wirkliches Wissen klar ist, wird er kein schlechterer Führer sein als der mit der vollen Einsicht Ausgerüstete. Denn er mutmaßt wenigstens das Richtige, wenn ihm auch die volle Einsicht fehlt.

MENON: Du hast recht.

SOKRATES: Wahre Meinung ist also für richtiges Handeln kein schlechterer Führer als Einsicht. Und das eben ist, was wir vorhin in unserer Betrachtung über die Beschaffenheit der Tugend übersehen haben. Denn wir sagten, die Einsicht allein leite das richtige Handeln. Tatsächlich kommt auch die richtige Meinung dafür in Betracht.

MENON: So scheint es wenigstens.

SOKRATES: Wahre Meinung ist also um nichts weniger nützlich als wirkliches Wissen.

MENON: Insofern denn doch, mein Sokrates, als der wahrhaft Wissende immer die Sache trifft, der richtig Meinende sie zuweilen wohl trifft, dann aber auch wieder nicht.

Unterschied zwischen richtiger Meinung und Wissen

SOKRATES: Wie? Wer *immer* im Besitze der richtigen Meinung ist, sollte der nicht immer auch die Sache treffen, solange er eben mit seiner Meinung das Richtige trifft?

MENON: Das scheint mir unwidersprechlich. Ich kann es also bei diesem Sachverhalt nicht recht begreifen, warum denn eigentlich das Wissen soviel höher im Rang steht als die wahre Meinung und was der Grund der Verschiedenheit beider ist.

SOKRATES: Kennst du den Grund dieser Ratlosigkeit oder soll *ich* dir ihn sagen?

MENON: Ja, bitte, sage ihn.

SOKRATES: Nun, du hast nicht an die Bildwerke des Daidalos gedacht. Vielleicht gibt es bei euch auch keine.

MENON: Worauf soll das hinaus?

SOKRATES: Nun, auch diese entwischen und laufen davon, wenn sie nicht angebunden werden; bindet man sie aber an, so bleiben sie an ihrer Stelle.

MENON: Was soll das?

SOKRATES: Von seinen Werken eines zu besitzen, das unbefestigt ist, hat keinen besondern Wert. Es steht damit wie mit einem Durchgänger: er verharrt nicht an seiner Stelle. Befestigt aber ist es von großem Wert; denn es sind sehr schöne Werke. Was will ich denn nun damit klarmachen? Das Wesen der wahren Meinung. Denn auch mit den wahren Meinungen hat es keine Not, solange sie ausharren, und ihre Wirkungen sind durchweg gut. Aber lange Zeit auszuharren ist nicht ihre Sache, sondern sie entweichen aus der Seele des Menschen; sie haben also keinen rechten Wert, den sie erst dann bekommen, wenn man sie festbindet durch denkende Erkenntnis des Grundes. Das aber ist, Freund Menon, die Wiedererinnerung, worüber wir früher übereingekommen sind. Wenn sie aber befestigt sind, so werden aus ihnen erstens sichere Erkenntnisse, und zweitens erhalten sie dadurch die Kraft des Beharrens. Und darum ist denn das Wissen von höherem Wert als die richtige Meinung und das befestigende Band ist es, was die Wissenschaft von der wahren Meinung unterscheidet.

MENON: Wahrlich, beim Zeus, ein zutreffendes Gleichnis!

Die Tugend wohnt den Menschen weder von Natur aus inne, noch ist sie lehrbar

SOKRATES: Und in der Tat, auch was ich sage, ist nicht Ausfluß des Wissens, sondern der bloß mit Bildern spielenden Vermutung. Daß aber richtige Meinung und Wissen zwei verschiedene Dinge sind, das ist meines Erachtens durchaus nicht bloße mit Bildern spielende Vermutung; sondern wenn ich irgend etwas zu wissen behaupte – und das dürfte herzlich wenig sein –, so würde ich dies vor allem dazu rechnen.

MENON: Und du tust recht daran, mein Sokrates.

SOKRATES: Und weiter: habe ich nicht auch darin recht, daß die wahre Meinung als Leiterin jegliche Handlung nicht schlechter zum Ziele führt als das Wissen?

MENON: Auch damit scheinst du mir recht zu haben.

SOKRATES: Wahre Meinung würde demnach an Wert nicht zurückstehen hinter dem Wissen und nicht weniger nützlich sein für das Handeln; und ebenso würde es mit dem Manne stehen, der im Besitz der wahren Meinung ist im Verhältnis zu dem, der über das Wissen gebietet.

MENON: Richtig.

SOKRATES: Der tugendhafte Mann aber ist nützlich. Darüber waren wir einig.

MENON: Ja.

SOKRATES: Da also nicht nur das Wissen tugendhafte und dem Staate nützliche Männer schaffen kann, wenn es überhaupt welche gibt, sondern auch die richtige Meinung, von diesen beiden aber keines, weder das Wissen noch die wahre Meinung, den Menschen von Natur innewohnt – denn sie sind beide erworben –, oder glaubst du, daß eines von beiden der Natur zu verdanken sei?

MENON: Nein, ich nicht.

SOKRATES: Wenn also nicht der Natur, so sind die Menschen auch wohl nicht von Natur tugendhaft.

MENON: Gewiß nicht.

SOKRATES: Da aber nicht von Natur, so untersuchten wir demnächst, ob die Tugend Einsicht ist.

MENON: Ja.

SOKRATES: Wenn die Tugend nun Einsicht ist, so muß sie – das war unsere Ansicht – doch auch lehrbar sein?

MENON: Ja.

SOKRATES: Und wenn sie lehrbar ist, so wird sie Einsicht sein?

MENON: Gewiß.

SOKRATES: Und wenn es Lehrer dafür gibt, so wird sie lehrbar sein, im anderen Falle aber nicht?

MENON: Jawohl.

SOKRATES: Aber darüber sind wir doch einig geworden, daß es keine Lehrer dafür gibt?

MENON: Gewiß.

SOKRATES: Also sind wir darüber einig geworden, daß sie weder lehrbar noch Einsicht sei?

MENON: Allerdings.

SOKRATES: Aber für etwas Gutes erklären wir sie doch beide?

MENON: Ja.

SOKRATES: Und was richtig leitet, das ist doch unserer Überzeugung nach nützlich und gut?

MENON: Gewiß.

99 SOKRATES: Richtige Leiter aber können unseres Erachtens nur diese zwei sein, wahre Meinung und Wissen. Wer über sie verfügt, der ist auch ein richtiger Leiter. Denn was durch glücklichen Zufall geschieht, geschieht nicht durch menschliche Leitung. Was den Menschen zum Führer zum Richtigen macht, das ist eben dies beides, wahre Meinung und Wissen.

MENON: Das scheint mir richtig.

Zur Tugend kommen die Staatsmänner durch die Gottheit

SOKRATES: Da aber nun die Tugend nicht lehrbar ist, so kann sie doch auch nicht mehr als Wissen betrachtet werden?

MENON: Nein, allem Anschein nach.

SOKRATES: Von jenen zwei guten und nützlichen Dingen scheidet also das eine aus, und das Wissen wäre denn für die politische Tätigkeit nicht maßgebend.

MENON: Nein, wie es scheint.

SOKRATES: Die Staatsleitung also jener Männer, eines Themistokles und der anderen, die Anytos eben nannte, hatte nichts mit Weisheit zu tun und ging nicht von weisen Männern aus. Darum sind sie auch nicht imstande, andere zu ihresgleichen zu machen; denn ihre Bedeutung beruht nicht auf Wissen.

MENON: Wie es scheint, hast du recht, mein Sokrates.

SOKRATES: Wenn aber nicht auf Wissen, so bliebe nur noch die Treffsicherheit in wahrer Meinung übrig. Diese also wäre es, die die Staatsmänner befähigt, die Staatsgeschäfte richtig zu führen, wobei sie, was das Verhältnis zur wirklichen Einsicht anlangt, durchaus nichts voraus haben vor den Wahrsagern und gottbegeisterten Sehern. Denn auch diese verkünden Wahres, und zwar in reichlicher Fülle, ohne doch wirkliche Einsicht zu haben in das, was sie sagen.

MENON: So mag es wohl sein.

SOKRATES: Verdienen es also, mein Menon, diese Männer nicht, daß man sie *göttliche* nennt, sie, die mit ihren Handlungen und Ratschlägen in wichtigen Angelegenheiten häufig den besten Erfolg erzielen?

MENON: Allerdings.

SOKRATES: Mit Recht nun können wir doch als göttliche Männer die ebengenannten Wahrsager und Seher sowie auch alle Dichter bezeichnen. Und mit mindestens eben dem Rechte können wir auch die Staatsmänner göttlich und begeistert nennen als berührt vom Hauche der Gottheit und ergriffen von ihrer Gewalt, wenn sie durch ihre Ratschläge so manche wichtige Angelegenheit in die richtige Bahn leiten, ohne doch eigentliche Einsicht zu haben in das, was sie sagen.

MENON: Allerdings.

SOKRATES: Auch die Frauen, mein Menon, nennen ja doch den tugendhaften Mann göttlich. Und wenn die Spartaner die Tugendhaftigkeit eines Mannes recht preisen wollen, so sagen sie von ihm: »Ein göttlicher Mann«.

MENON: Und das mit Recht, mein Sokrates, wie mir scheint. Aber vielleicht nimmt dir Anytos deine Worte übel.

Die Tugend wird durch göttliche Schickung zuteil

SOKRATES: Das kümmert mich nicht. Mit ihm, mein Menon, zu reden wird sich schon ein andermal Gelegenheit bieten. Wenn wir aber jetzt in unserer Untersuchung durchweg richtig verfahren sind und die Wahrheit gesagt haben, dann dürfte die Tugend wohl weder ein Naturgeschenk noch lehrbar sein, vielmehr durch göttliche Schickung denen innewohnen, die ihrer teilhaftig sind, es müßte denn einen Staatsmann geben, der fähig wäre, auch einen andern dazu zu machen. Gäbe es aber einen, so würde der, wie man wohl sagen könnte, unter den Lebenden ebenso

100

dastehen wie unter den Toten, dem Homer zufolge, *Teiresias*, von dem er sagt, unter denen im Hades

Ist er allein beseelt, die anderen irren als Schatten.

Ein solcher Mann nämlich würde hinsichtlich der Tugend in aller Augen sofort sich ebenso darstellen wie ein wirklicher Gegenstand neben bloßen Schattenbildern.

MENON: Herrliche Worte, wie mir scheint, mein Sokrates.

SOKRATES: Dieser Darlegung zufolge, mein Menon, wird die Tugend also denen, welchen sie innewohnt, durch göttliche Schickung zuteil. Die volle Erkenntnis der Sache werden wir aber erst dann erlangen, wenn wir unter Aufschub der Untersuchung über die Art und Weise, wie sie den Menschen zuteil wird, die Frage über das eigentliche Wesen der Tugend selbst nach Kräften erledigt haben werden. Jetzt aber ist es Zeit für mich zu gehen; du aber suche die Überzeugung, die du selbst gewonnen hast, auch diesem deinem Gastfreund, dem Anytos, beizubringen, damit er in seiner Schroffheit nachlasse. Denn wenn du ihn überzeugst, so wirst du damit auch den Athenern einen Dienst erweisen.[4]

Protagoras

Ist die Lust ein Gut?

Sokrates: Bist du der Meinung, sagte ich, Protagoras[1], daß die Menschen teils ein gutes, teils ein trübseliges Leben führen?

Er gab es zu.

Hältst du es nun für ein gutes Leben, wenn der Mensch in Trübsal und Schmerz lebt?

Er verneinte es.

Wie aber, wenn er nach einem angenehmen Leben aus demselben ausscheidet? Hat er dann nicht deines Erachtens ein gutes Leben geführt?

Das sollt' ich meinen, erwiderte er.

Ein angenehmes Leben also ist gut, ein unangenehmes vom Übel [schlecht].

Ja, sagte er, wenn man sein Leben in der Freude am Schönen dahinbringt.

Wie nun, mein Protagoras? Du hältst doch nicht auch, wie die meisten, gewisse Annehmlichkeiten für schlecht und gewisse Widerwärtigkeiten für gut? Ich meine es mit meiner Frage nämlich so: Ist das Angenehme nicht auch gut, eben insofern es angenehm ist, also ohne alle Rücksicht auf anderweitige Folgen? Und sind nicht ebenso die Widerwärtigkeiten vom Übel [schlecht], eben insofern als sie widerwärtig sind?

Ich weiß nicht, Sokrates, erwiderte er, ob ich so schlankweg in dem Sinne, wie du fragst, auch antworten darf, daß alles Angenehme auch gut und alles Unangenehme auch vom Übel [schlecht] sei; doch scheint es mir nicht nur für die jetzige Antwort, sondern auch im Hinblick auf mein ganzes sonstiges Leben sicherer, folgendermaßen zu antworten: Das Angenehme ist zum Teil nicht gut und das Unangenehme zum Teil nicht vom Übel, zum Teil aber auch das erstere gut, das letztere vom Übel und drittens beide zum Teil keines von beiden, weder schlecht noch gut.

Nennst du aber nicht, erwiderte ich, angenehm das, was Teil hat an der Lust oder Lust erzeugt?

Allerdings.

Wenn ich also frage, ob das Angenehme, insofern es angenehm ist, nicht auch gut ist, so heißt das so viel als: Ist die Lust selbst nicht ein Gut?

Laß uns, erwiderte er, mein Sokrates, den von dir immer empfohlenen Weg einschlagen, nämlich die Sache genau prüfen, und wenn deine so erörterte These mit der Vernunft zu stimmen scheint und Angenehm und Gut sich als ein und dasselbe erweisen, dann werden wir uns darauf einigen; wo nicht, so werden wir sie nicht gelten lassen.

Willst du nun, fragte ich, die Führung bei der Erörterung übernehmen, oder soll ich der Führende sein?

An dir ist es, erwiderte er, die Führung zu übernehmen; denn du bist ja der Urheber der Untersuchung.

352 Wohlan denn, sagte ich, werden wir nicht auf folgende Weise zur Klarheit über die Sache gelangen?

Ist die Erkenntnis ein Sklave?

Angenommen, es sollte einer einen Menschen aus seinem Äußeren auf seine Gesundheit hin prüfen oder für irgendwelche sonstige körperliche Leistungsfähigkeit, ohne doch zunächst von ihm mehr zu sehen als das Gesicht und was von den Händen aus dem Gewande hervorragt, so wird er doch wohl sagen: Mach keine Umstände, entblöße mir auch deine Brust und den Rücken, und laß sie mich sehen, damit ich genauere Einsicht erlange. So etwa vermisse auch ich etwas für unsere Untersuchung. Nachdem ich [im allgemeinen] aus deiner Antwort deine Ansicht über das Gute und Angenehme kennengelernt habe, möchte ich etwa folgende Aufforderung an dich richten: Laß dich nun dazu herbei, Protagoras, mir auch in bezug auf folgenden Punkt deine Gedanken zu enthüllen: Wie denkst du über die Erkenntnis (ἐπιστήμη)? Teilst du auch hier die Ansicht der meisten Menschen oder etwa nicht? Die meisten nämlich halten von der Erkenntnis nicht viel; sie meinen, sie sei nichts Starkes, Leitendes, Gebietendes, und sie wollen sie nicht als etwas von dieser Art anerkennen, behaupten vielmehr, es komme oft genug vor, daß der Mensch die Erkenntnis zwar besitze, daß aber nicht sie über ihn die Herrschaft habe, sondern irgend etwas anderes, bald Zorn, bald Lust, bald Unlust, zuweilen auch leidenschaftliche Liebe und oftmals Furcht, kurz sie denken von der Erkenntnis nicht besser als wie von einem Sklaven: in solchem Maße lassen sie sich von allen übrigen Seelenzuständen herumzerren.[2] Denkst du nun auch ähnlich über sie, oder ist die Erkenntnis in deinen Augen etwas Schönes und berufen zur Herrschaft über den Menschen dergestalt, daß, wer das Gute und Böse richtig erkennt, schlechterdings durch keine Gewalt dazu gebracht werden kann, etwas anderes zu tun, als was die Erkenntnis gebietet, da es eben keine bessere Gehilfin für den Menschen gibt als die Einsicht?

Ich teile, erwiderte er, mein Sokrates, deine Ansicht, ja es würde, wenn für irgend jemanden, so für mich geradezu schmählich sein, wollte ich nicht Weisheit und Erkenntnis für das Mächtigste erklären von allem, was dem Menschen zuteil werden kann.

Das heißt, versetzte ich, recht und wahr gesprochen. Nun weißt du aber doch, daß die meisten Menschen von dieser unserer Ansicht nichts wissen wollen, sondern behaupten, daß viele, die das Bessere recht wohl kennen, es doch nicht tun wollen, obschon sie es könnten, sondern sich für ihr Tun anders entscheiden; und alle, die ich nach dem Grund dafür fragte, behaupten, es sei entweder Lust oder Unlust oder was ich sonst vorhin in dieser Beziehung anführte, unter deren obsiegender Gewalt die Betreffenden so handelten.

Nun, von den Menschen, versetzte er, mein Sokrates, bekommt man auch sonst genug zu hören, was nicht richtig ist.

Wohlan denn, so versuche, im Bunde mit mir die Menschen eines Besseren zu belehren und ihnen klarzumachen, was es eigentlich auf sich hat mit dem, was ihnen da widerfährt und was sie als ein Überwundenwerden durch die Lüste bezeichnen, infolgedessen sie nicht das Bessere tun trotz richtiger Erkenntnis desselben. Denn wenn wir zu ihnen sagten: »Ihr habt nicht recht, ihr Leute, sondern seid im Irrtum«, so würden sie uns vermutlich fragen: Nun, Protagoras und Sokrates, wenn das,

353

was uns da widerfährt, nicht ein Überwundenwerden durch die Lust ist, was ist es denn dann, und wie nennt ihr es? Das müßt ihr uns sagen.

Was brauchen wir uns, mein Sokrates, an die Meinung der Leute zu kehren, die sagen, was ihnen gerade in den Mund kommt?

Irre ich nicht, erwiderte ich, so kann uns das förderlich sein für Bestimmung des Verhältnisses, in dem die Tapferkeit zu den übrigen Teilen der Tugend steht. Bist du also gewillt, an unserem eben getroffenen Abkommen festzuhalten, demzufolge ich die Führung haben soll, so mußt du mir folgen auf dem Weg, der meiner Meinung nach am besten zur Klärung der Sache führt; willst du das aber nicht, so lasse ich die Sache fallen, wenn es dir recht ist.

Nein, sagte er, du hast recht; fahre nur fort, wie du begonnen.

Prüfung der These ergibt vorerst Zugeständnis an die Menge: Lust ist etwas Gutes und Unlust von Übel

Wenn also, sagte ich, die Leute uns abermals fragten: Wofür erklärt ihr das, was wir ein Überwundenwerden durch die Lüste nannten? so würde ich ihnen folgende Antwort geben: So merket denn auf; denn ich und Protagoras, wir werden versuchen es euch klarzumachen. Ihr meint doch, liebe Leute, solche Niederlage erleide man auch in Lagen wie der, wo ihr, wie häufig, durch den verführerischen Reiz von Speisen, Getränken und Liebeslust überwältigt, ungeachtet der Erkenntnis ihrer Verwerflichkeit, euch gleichwohl dem Genusse derselben hingebt? Ja, würden sie da sagen. Wir würden sie dann doch wohl weiter fragen: Inwiefern aber meint ihr, daß sie verwerflich seien? Etwa weil ein jeder dieser Genüsse für den Augenblick diese Lust gewährt und angenehm ist, oder weil er für die Folgezeit Krankheiten erzeugt oder Armut und manche andere derartige Übel mit sich führt? Oder gesetzt auch, er hätte für die Folgezeit keine derartige Wirkung, sondern gewähre nur Lust, wäre er dann auch vom Übel, welcher Art auch immer er sei? Würden sie dann wohl, Protagoras, eine andere Antwort geben als die, sie seien nicht wegen der Lust, die sie im Augenblick gewähren, verwerflich, sondern wegen der späteren Folgen, nämlich der Krankheiten und sonstiger Übel?

Ich glaube wohl, antwortete Protagoras, daß die Leute so antworten werden.

Was nun Krankheiten erzeugt, erzeugt doch auch Unlust, und was Armut hervorruft, ruft doch gleichfalls Unlust hervor?

Protagoras stimmte zu.

354 Offenbar also, liebe Leute, sind doch in euren Augen, wie ich und Protagoras behaupten, diese Genüsse nur deshalb vom Übel, weil sie in Unlust enden und uns anderer Genüsse berauben? Das würden sie zugeben.

Wir waren beide darüber einverstanden.

Wenn sie nun wieder nach dem Entgegengesetzten fragten: Ihr Leute, wenn ihr anderseits wieder behauptet, das Gute sei [unter Umständen] unangenehm, habt ihr dann dabei nicht Dinge im Auge wie turnerische Anstrengungen und ärztliche Behandlung mit Brennen, Schneiden, Arzneien und Fasten, Dinge also, von denen ihr euch sagt, daß sie zwar einerseits gut, anderseits aber doch auch übel sind? Das würden sie doch zugeben?

Er stimmte bei.

Nennt ihr sie nun um deswillen gut, weil sie für den Augenblick die stärksten Schmerzen und Qualen verursachen oder weil in der Folgezeit aus ihnen Gesundheit erwächst und körperliches Wohlbefinden und Rettung der Staaten aus Gefahren und Erweiterung ihrer Herrschaft [über andere] und Reichtum? Sie würden das letztere für richtig erklären, sollte ich meinen.

Er stimmte bei.

Aus keinem anderen Grunde also nennt ihr diese Dinge doch gut, als weil sie schließlich lustvolle Zustände und Abwendung und Vertreibung der Unlust zur Folge haben? Oder könnt ihr als ausschlaggebend für die Bezeichnung dieser Dinge als guter irgend etwas anderes anführen als Lust und Unlust? Nein! würde ihre Antwort lauten, glaube ich.

Das glaube auch ich, sagte Protagoras.

Also jagt ihr doch der Lust nach als etwas Gutem, und die Unlust meidet ihr als ein Übel?

Er stimmte bei.

Was ihr also für ein Übel haltet, das ist eben nichts anderes als die Unlust, und für ein Gutes nichts anderes als die Lust; denn ihr erklärt ja doch sogar den vorhandenden Lustzustand selbst für ein Übel, wenn er uns größerer Annehmlichkeiten beraubt, als die sind, welche er selbst bietet, oder wenn er Unlust zur Folge hat, deren Maß das Maß der in ihm enthaltenen Lust übertrifft. Denn wäre es wirklich ein anderer Grund, aus dem ihr den Lustzustand als ein Übel bezeichnet, und hättet ihr dabei irgendein anderes Ziel im Auge, dann wäret ihr auch imstande, es uns anzugeben; aber das wird euch nicht möglich sein.

Auch meiner Meinung nach nicht, sagte Protagoras.

Steht es nun anderseits nicht ebenso mit dem eigentlichen Schmerz- und Unlustgefühl? Ihr nennt doch dann den Unlustzustand selbst gut, wenn er uns entweder von größerer Unlust befreit, als die ist, welche er selbst mit sich führt, oder wenn er uns Annehmlichkeiten verschafft, die mehr besagen als die augenblickliche Unlust? Denn wenn euch für eure Bezeichnung der vorhandenen Unlust als einer guten etwas anderes als ausschlaggebend gilt als das, was ich dafür ausgebe, dann müßt ihr auch imstande sein, es anzugeben; aber das wird euch nicht möglich sein.

Da hast du recht, sagte Protagoras.

Aus dem Zugeständnis ergibt sich die Lächerlichkeit der These: Erkenntnis sei nur ein Sklave

Wenn ihr mich nun, fuhr ich fort, weiter fragtet, ihr Leute: Weshalb überhaupt machst du in dieser Sache soviel Worte und Umstände? so würde ich antworten: Habt Nachsicht mit mir. Denn erstens ist es nicht leicht, das eigentliche Wesen dessen darzulegen, was ihr ein Überwundenwerden durch die Reize der Lust nennt, sodann aber ist gerade dies der Angelpunkt, um den sich die ganze Beweisführung dreht. Aber auch jetzt steht es euch noch frei, eure Behauptung zurückzunehmen, wenn ihr das Gute als etwas erklären könnt, das irgendwie verschieden ist von der Lust, oder das Schlechte [Übel] als etwas, das verschieden ist von der Unlust. Oder genügt es euch, euer Leben in angenehmer Art hinzubringen ohne Unlust? Ist dies aber der Fall und könnt

355

ihr nichts anderes als gut oder übel bezeichnen, als was in Lust oder Unlust endet, so laßt euch nun folgendes gesagt sein. Ich versichere euch nämlich: Wenn sich dies so verhält, dann macht ihr euch lächerlich mit eurer Behauptung, der Mensch entscheide sich, verführt und geblendet durch die Reize der Lust, in seinem Tun nicht selten für das Schlechte trotz der Erkenntnis, daß es schlecht sei, während es doch in seiner Macht stünde, es zu unterlassen; und ebenso mit der anderen Behauptung, der Mensch wolle das Gute nicht tun trotz Erkenntnis desselben, weil er sich der Lust des Augenblicks gefangengebe.

Der Beweis für die Lächerlichkeit besteht in der Dummheit, für etwas Besseres etwas Schlechteres einzutauschen

Daß dies aber lächerlich ist, wird sich mit voller Klarheit ergeben, wenn wir auf den Gebrauch der vielerlei Namen, als da sind »angenehm« und »unangenehm«, »gut und schlecht [übel]«, verzichten und uns vielmehr, da es, wie erwiesen, sich nur um zweierlei handelt, auch nur zweier Namen dafür bedienen, und zwar zuerst der Namen gut und schlecht [übel], weiterhin sodann wieder der Namen angenehm und unangenehm. Dieses festgestellt, wollen wir also sagen: Der Mensch, ob er gleich das Schlechte als Schlechtes erkennt, tut es dennoch. Wenn uns nun jemand fragt: Warum denn? so werden wir antworten: Weil er sich überwinden läßt. – Wovon denn? wird jener uns fragen. – Wir aber dürfen nun nicht mehr antworten »von der Lust«, denn sie führt ja nunmehr einen anderen Namen, nämlich den des Guten. Also müssen wir jenem antworten und sagen: Weil er überwunden ist. – Nun, wovon denn? wird er fragen. – Vom Guten, ja beim Zeus. – Sollte nun unser Frager etwa ein Spötter sein, so wird er in Lachen ausbrechen und sagen: Was ihr da sagt, ist wahrlich zum Lachen, daß ein Mensch, der das Schlechte als solches erkennt, obschon er es nicht tun sollte, es dennoch tut, weil er überwunden wird vom Guten. – Etwa, wird er fragen, weil dem Guten in euren Augen der Sieg über das Schlechte nicht gebührt? Oder gebührt ihm doch dieser Sieg? – Darauf werden wir offenbar anworten müssen: Weil er ihm *nicht* gebührt; denn sonst würde der, von dem wir sagen, er lasse sich von den Reizen der Lust überwinden, keinen Fehltritt begehen. – Unter welcher Voraussetzung aber, wird er vielleicht fragen, steht denn das Gute hinter dem Schlechten oder das Schlechte hinter dem Guten zurück? Doch wohl nur dann, wenn das Schlechte größer [mächtiger] ist, das Gute dagegen kleiner [machtloser] oder wenn des Ersteren mehr, des Letzteren weniger ist? – Wir werden uns damit einverstanden erklären müssen. – Offenbar also, wird er nun sagen, bedeutet dies euer »Überwundenwerden« nichts anderes als dies: gegen geringeres Gute mehr Schlechtes in Kauf nehmen. –

Quantifikation von Lust und Unlust

Damit also hat es diese Bewandtnis. Nunmehr wollen wir uns hinwiederum der anderen Ausdrücke bedienen, nämlich der Namen »angenehm« und »unangenehm« für die nämlichen Dinge. Der Mensch also, sagen wir nun, tut – vorhin sagten wir das Schlechte, jetzt aber müssen wir sagen – das Unangenehme, obschon er es als solches erkennt, überwunden von dem Angenehmen, das offenbar nicht wert war zu siegen. Und welche andere gegenseitige Wertabschätzung von Lust und Unlust gibt es denn als die nach dem Mehr- oder Minderbetrag der einen gegen die andere, das heißt danach, auf welcher Seite das Größere und Kleinere, das Mehr oder Weniger, das dem Grade nach Höhere oder Niedere liegt. Denn wollte einer einwerfen: Aber es ist doch, Sokrates, ein erheblicher Unterschied zwischen dem augenblicklich Angenehmen und demjenigen Angenehmen oder Unangenehmen, das erst in der Folgezeit liegt, so würde ich antworten: Aber was ist es anderes als Lust und Unlust, worin er liegt? Denn worin sollte er sonst liegen? Nein, wie ein des Wägens kundiger Mann mußt du das Angenehme und das Unangenehme, sowohl das nahe wie das ferne, übersichtlich zusammenordnen und auf die Waage legen und mir dann sagen, welche von beiden Seiten im Übergewicht ist. Denn wenn du Angenehmes gegen Angenehmes wägst, dann mußt du das Größere und Mehrere wählen, wenn aber Unangenehmes gegen Unangenehmes, dann das Kleinere und Geringere; und wenn Angenehmes

gegen Unangenehmes, so kommt es darauf an, ob das Unangenehme überwogen wird von dem Angenehmen oder das Angenehme von dem Unangenehmen; in ersterem Falle muß man tun,
was diesem Verhältnis entspricht, gleichviel ob es sich um ein
Näheres oder um ein Ferneres handelt, im letzteren Falle nicht.
So und nicht anders verhält es sich doch damit, ihr Leute? würde
ich sagen. Ich bin meiner Sache ganz sicher, sie würden nichts
anderes zu sagen wissen.

Das Heil unseres Lebens besteht in der Erkenntnis der Quantitäten von Lust und Unlust, in einer Meßkunst

Damit erklärte sich auch Protagoras einverstanden.

Da sich dies nun so verhält, so beantwortet mir folgendes,
werde ich sagen. Erscheinen eurem Gesicht die nämlichen Grö-
ßen in der Nähe größer, in der Ferne kleiner, oder nicht? – Ja,
werden sie sagen. – Und das Dicke und die Menge ebenso? Und
die gleichen Töne aus der Nähe stärker, aus der Ferne schwächer? – Auch das werden sie bejahen. Hinge nun euer Wohlergehen davon ab, daß ihr die großen Entfernungen für euer
Handeln wähltet, die kleinen aber miedet und unbeachtet ließet,
worin müßtet ihr dann das Heil eures Lebens finden? In der
Meßkunst oder in der Macht des Scheines? Oder würde uns die
letztere nicht irreführen und zur Folge haben, daß wir oftmals
die wahren Verhältnisse völlig verdrehen und dann Reue empfinden über unser Tun sowie über unsere Wahl des Großen und
Kleinen, während die Meßkunst dies Trugbild seiner Macht
entkleiden und durch klare Feststellung des wahren Tatbestan-
des unserer an dieser Wahrheit festhaltenden Seele zur Ruhe
verhelfen und so zur Heilbringerin für unser Leben werden
würde? Würden die Leute zugeben, daß uns bei dieser Annahme
die Meßkunst zum Glücke verhelfen würde oder etwa irgendeine andere Kunst?

Nein, die Meßkunst, räumte er ein.

Und wie, wenn von der Wahl des Geraden und Ungeraden
[der Zahlen] das Heil unseres Lebens abhinge, so daß es auf die
richtige Wahl der höheren oder tieferen Zahl ankäme sowohl im
Verhältnis einer jeden von beiden Arten zu sich selbst wie der

einen Art zur anderen, mag es sich nun um Nahes oder Fernes handeln, worin würde dann das Heil unseres Lebens liegen? Nicht in irgendeiner Art von Erkenntnis? Und wäre sie nicht 357 auch eine messende Kunst, da es sich dabei um Mehrbetrag oder Minderbetrag handelt? Und da es hier Gerades und Ungerades ist, worauf sie sich bezieht, kann es dann wohl eine andere sein als die Rechenkunst? Das würden uns die Leute doch wohl zugeben; oder nicht?

Auch Protagoras war der Ansicht, sie würden es zugeben.

Überwunden werden durch die Lust (Akrasia) beruht auf Unwissenheit

Gut denn, ihr Leute. Da sich aber das Heil des Lebens uns als abhängig erwies von der richtigen Wahl der Lust und Unlust nach Maßgabe des Mehr oder Weniger und des Größeren und Kleineren, mag es nun ferner sein oder näher, erscheint da nicht auch sie [die Wahl] erstens als eine Meßkunst, da Überschuß, Mangel und gegenseitige Gleichheit den Gegenstand ihrer Erwägungen bildet? – Ganz unbedingt. – Ist sie aber eine Meßkunst, dann doch notwendig auch eine Kunst und ein Wissen? – Dem werden sie beistimmen. – Welcher Art nun diese Kunst und dies Wissen sind, das wollen wir ein andermal untersuchen[3]. Die Tatsache aber, daß sie ein Wissensfach ist, reicht hin zu dem Beweis, den ich und Protagoras führen müssen zur Beantwortung der Frage, die ihr an uns richtet. Eure Frage aber wurde, wenn ihr euch erinnern wollt, damals aufgeworfen, als wir zwei miteinander übereinkamen, daß nichts mächtiger sei als das Wissen und daß, wo dies ist, es auch stets die Herrschaft hat sowohl über die Lust wie über alles andere. Ihr dagegen behauptetet, gar oft bemächtige sich die Lust der Herrschaft über den Menschen, auch wenn er das Bessere wisse; da wir euch das nun nicht zugaben, so richtetet ihr an uns die Frage: »Nun Protagoras und Sokrates, wenn dieser Vorgang nicht ein Überwundenwerden durch die Lust ist, was soll er denn sonst sein, und wofür erklärt ihr ihn denn? Das saget uns.« Hätten wir nun damals euch gleich erwidert, er wäre Unwissenheit, dann hättet ihr uns ausgelacht; wenn ihr uns aber jetzt auslacht, dann lacht ihr damit auch euch

selber aus: denn auch ihr habt eingeräumt, daß, wer in der Wahl
von Lust und Unlust, das heißt von Gutem und Schlechtem,
fehlgeht, dies aus Mangel an Erkenntnis tut und nicht bloß im
allgemeinen an Erkenntnis, sondern, wie ihr des Näheren euch
belehren ließet, auch an Meßkunde. Eine ohne Erkenntnis vollzogene fehlerhafte Handlung aber, das wißt ihr auch wohl selbst,
hat ihren Grund in der Unwissenheit. Mithin ist das Überwundenwerden durch die Lust eben nichts anderes als die größte
Unwissenheit. Als Arzt für sie kündigt sich Protagoras an sowie
auch Prodikos und Hippias. Ihr aber haltet die Sache für etwas
anderes als Unwissenheit und nehmt deshalb weder selbst Unterricht bei den Lehrern alles dessen, d. h. bei diesen unseren
Sophisten, noch schickt ihr eure Söhne zu ihnen, als ob es sich
um Dinge handelte, die nicht lehrbar wären, sondern sitzt auf
euren Geldsäcken und gebt nichts heraus für sie, womit ihr denn
euch persönlich wie auch dem Staate übel mitspielt.

Niemand tut freiwillig etwas Schlechtes

358 So also würden wir den Leuten geantwortet haben. Nun aber
frage ich nächst dem Protagoras auch euch, Hippias und Prodikos – denn an der Untersuchung sollt auch ihr teilnehmen –, ob
ihr meine Ausführungen für wahr oder für unwahr haltet.

Allen schien das Gesagte ganz unwidersprechlich wahr. Ihr
räumet also ein, sagte ich, daß das Angenehme gut ist und das
Unangenehme vom Übel. Von seinen Wortunterscheidungen
aber bitte ich den Prodikos jetzt abzusehen; denn magst du es nun
angenehm ($\dot\eta\delta\acute\upsilon$) nennen, oder ergötzlich ($\tau\epsilon\rho\pi\nu\acute o\nu$) oder erfreu-
lich ($\chi\alpha\rho\tau\acute o\nu$) oder wonach und wie immer du es zu benennen Lust
hast, mein bester Prodikos, die Wahl des Ausdrucks steht dir frei
für deine Antwort auf meine Frage. Da lachte Prodikos auf und
gab seine Zustimmung, ebenso auch die anderen.

Wie aber, meine Freunde, sagte ich, steht es nun mit dem
Folgenden? Sind nicht alle Handlungen, die diesem Ziele, nämlich einem schmerzlosen und angenehmen Leben, zustreben,
auch schön [löblich], und ist nicht jede schöne Handlung auch
gut und nützlich?

Sie stimmten bei.

Wenn also das Angenehme gut ist, so tut niemand, der weiß oder glaubt, daß anderes besser ist als das, was er zunächst vorhat und was er auch tun kann, das Schlechtere, wenn es doch in seiner Macht steht, das Bessere zu tun; und das Unterliegen im Kampf mit sich selbst ist nichts anderes als Unwissenheit, wie die Herrschaft über sich selbst nichts anderes ist als Weisheit.

Damit waren alle einverstanden.

Wie nun? Was versteht ihr unter Unwissenheit? Doch wohl dies, daß man über wichtige Dinge falscher Ansicht und im Irrtum ist?

Auch damit erklärten sich alle einverstanden.

Nicht wahr, fuhr ich fort, dem Schlechten wendet sich doch niemand freiwillig zu noch dem, was er für schlecht hält, wie es denn allem Anschein nach überhaupt nicht in der menschlichen Natur liegt, sich dem zuwenden zu wollen, was man für schlecht hält, und nicht vielmehr dem Guten. Sieht man sich aber genötigt, von zwei Übeln das eine zu wählen, so wird niemand das größere wählen, wenn es ihm freisteht, das geringere zu wählen.

Mit alledem waren sie sämtlich einverstanden.

Wie nun? fuhr ich fort. Ihr kennt doch die Ausdrücke Bangigkeit und Furcht, und ihr versteht doch wohl darunter dasselbe wie ich? – Dich habe ich dabei im Auge, mein Prodikos. Ich verstehe darunter die Erwartung eines Übels, ihr mögt das nun Furcht nennen oder Bangigkeit.

Protagoras und Hippias nun hielten das für die richtige Erklärung von Bangigkeit und Furcht, Prodikos wollte sie aber nur für die Bangigkeit ($\delta\acute{\epsilon}o\varsigma$) gelten lassen, nicht für die Furcht ($\varphi\acute{o}\beta o\varsigma$).

Aber darauf, sagte ich, mein Prodikos, kommt es nicht an, wohl aber auf das Folgende: wenn das Vorige wahr ist, wird da irgendein Mensch sich dem zuwenden wollen, wovor er Furcht hat, wenn es ihm doch freisteht, sich auch anderswohin zu wenden? Oder ist das nach dem Zugestandenen unmöglich? Denn wovor er Furcht hat, das hält er zugestandenermaßen für schlecht, und was er für schlecht hält, dem wendet sich aus freien Stücken niemand zu und wählt es nicht.

359   Auch dem stimmten alle bei.

Phaidon

Sokrates' Unzufriedenheit mit materiellen Ursachen

PHAIDON: Sokrates hielt nun eine ganze Zeitlang inne, in Gedanken versunken. Dann sagte er: Auf keine geringe Sache, mein Kebes, gehst du aus. Denn wir müssen nun überhaupt genau die Ursache des Entstehens und Vergehens untersuchen. Ich will dir, wenn es dir recht ist, erzählen, wie es mir damit ergangen ist. Wenn dir nun etwas von dem, was ich sage, brauchbar erscheint, so kannst du dann zur Unterstützung deiner eigenen Behauptung davon Gebrauch machen.

KEBES: Ja, mir ist es recht.

SOKRATES: Höre also, was ich zu sagen habe. Als ich noch jung war, mein Kebes, hatte ich ein unbezwingliches Verlangen nach jener Weisheit, die man Naturkunde nennt. Denn sie hatte für mich etwas Erhabenes als Quelle der Kenntnis der Ursache eines jeden Dinges, warum es entsteht und warum es vergeht und warum es ist. Und oftmals wand ich mich förmlich hin und her, um Fragen wie die folgenden zu entscheiden: ob, wenn das Warme und das Kalte in Fäulnis gerät, wirklich Lebewesen entstehen, wie einige behaupten; und ob es das Blut sei, vermittels dessen wir denken, oder die Luft oder das Feuer oder nichts von alledem, sondern das Gehirn es sei, das die Wahrnehmungen des Hörens, Sehens und Riechens bewirke, aus denen dann Gedächtnis und Urteil entstehe und aus Gedächtnis und Urteil hinwiederum, wenn sie aus dem Zustand des Ungewissen und Schwankenden herausgekommen wären, sich das Wissen bilde. Anderseits betrachtete ich auch das Vergehen dieser Dinge sowie auch die Erscheinungen am Himmel und an der Erde, um schließlich zu erleben, daß ich mir für diese ganze Betrachtungsweise absolut untauglich vorkam. Als Beweis dürfte folgendes genügen, was ich dir mitteile. Was ich vorher ganz klar wußte, wie es wenigstens mir selbst und den anderen schien, das verschleierte sich mir, als wäre ich infolge dieser Betrachtungsweise

mit Blindheit geschlagen, so daß ich auch das verlernte, was ich
vorher zu wissen glaubte; so neben vielem anderen die Antwort
auf die Frage nach der Ursache des Wachstums des Menschen;
denn diese Ursache, meinte ich vordem, sei doch jedermann
wohlbekannt, nämlich das Essen und Trinken. Denn wenn infolge der Nahrung sich an das Fleisch Fleischsubstanz, an die
Knochen Knochensubstanz und so in dem gleichen Verhältnis
auch an das übrige die entsprechende Substanz ansetze, so ver-
mehre sich die erst kleine Masse allmählich, und so werde der
kleine Mensch groß. So meinte ich damals; und tat ich nicht recht
daran?

KEBES: So scheint es mir.

SOKRATES: Betrachte auch noch das Folgende. Es schien mir
nämlich eine durchaus richtige Ansicht, wenn ich annahm, daß
ein großer Mensch, neben einem kleinen Menschen stehend,
eben gerade durch den Kopf größer sei und ebenso ein Pferd im
Verhältnis zu einem Pferd. Und noch deutlicher: Die Zehn
schien mir mehr als die Acht zu sein, weil sie zwei Einheiten
mehr enthält und das Zweiellige größer als das Einellige, weil es
dieses um die Hälfte des Ganzen überragt.

KEBES: Und wie denkst du nun jetzt darüber?

SOKRATES: Ich bilde mir, beim Zeus, nicht im entferntesten ein
die Ursache von irgend etwas dieser Art zu wissen; bin ich mir
doch nicht einmal darüber klar, daß, wenn man zu Eins Eins
hinzusetzt, entweder die Eins, zu der es hinzugesetzt wurde,
Zwei geworden ist oder das Hinzugesetzte und das, zu dem es
97 hinzugesetzt wurde, infolge der Hinzusetzung des Einen zu dem
Anderen zwei geworden ist. Denn ich begreife nicht, wie das
zugeht: als jedes von beiden getrennt von dem anderen war, war
jedes von beiden eins und sie waren damals nicht zwei; nachdem
sie aber einander nahe gekommen waren, soll dieser durch ihre
gegenseitige Annäherung vollzogene Zusammentritt die Ursache geworden sein, daß sie zwei wurden. Ebensowenig kann ich
mich überzeugen, daß, wenn man Eines spaltet, diese Spaltung
die Ursache sei ihres Zweiwerdens. Denn die Ursache des Zweiwerdens ist ja hier der vorigen geradezu entgegengesetzt; dort
nämlich bestand sie darin, daß sie einander nahe gebracht und
das Eine zu dem Andern hinzugesetzt wurde, hier aber darin,

daß eines von dem anderen entfernt und getrennt wird. Auch warum eine Einheit entsteht, ja überhaupt warum irgend etwas entsteht, vergeht oder ist, getraue ich mir nach dieser Art des Verfahrens nicht mehr zu wissen, sondern braue mir selbst auf gut Glück eine andere Art des Verfahrens zusammen, mit dieser dagegen lasse ich mich nicht mehr ein.

Die Offenbarung des Anaxagoras: Vernunft als Ursache

Als ich nun aber einst jemanden aus einem Buche, angeblich des Anaxagoras, vorlesen hörte und die Behauptung vernahm, daß die Vernunft es ist, die alles anordnet und alles bewirkt, da freute ich mich über diese Art von Ursache, und es schien mir in gewisser Weise sehr richtig zu sein, daß die Vernunft die Ursache von allem sei; so kam ich denn zu der Überzeugung, daß, wenn es sich so verhält, eben die Vernunft auch wirklich alles ordne und ein jedes Ding auf die denkbar zweckmäßigste Weise einrichte; wenn also jemand die Ursache in bezug auf irgend etwas finden wolle, wie es entsteht oder vergeht oder ist, so müsse er ergründen, welches gerade für dies Ding die zweckmäßigste Art zu sein oder sich sonst in irgendwelchem Zustand des Leidens oder Wirkens zu befinden sei.

Nach dieser Maxime sei also der Mensch angewiesen, sowohl in Rücksicht auf den Menschen selbst wie auf alles andere sein Augenmerk ausschließlich darauf zu richten, was das Beste und Zweckmäßigste sei. Notwendigerweise müsse der nämliche auch die Kenntnis des Schlechteren besitzen; denn es sei ein und dieselbe Wissenschaft, welche beides umfasse. Dieses also erwägend, glaubte ich hocherfreut an Anaxagoras einen Lehrer über die Ursache aller Dinge ganz nach meinem Sinne gefunden zu haben, der mir zunächst klarmachen würde, ob die Erde flach oder rund ist, weiter aber des näheren Rechenschaft geben würde von der Ursache und Notwendigkeit mit bestimmter Angabe des Besseren und des Grundes, warum gerade die Beschaffenheit für sie das Bessere sei; und wenn er behaupte, daß sie in der Mitte liege, werde er weitere Ausführungen *darüber* geben, daß es besser für sie war und ist, in der Mitte zu liegen. Und wenn er mir dies nachwiese, war ich darauf gefaßt, nicht

weiter nach irgendeiner anderen Art von Ursache ausschauen zu
brauchen. Und auch hinsichtlich der Sonne war ich darauf gefaßt, in der nämlichen Art Auskunft zu erhalten; ebenso über
den Mond und die anderen Gestirne, sowohl über ihre Schnelligkeit im Verhältnis zueinander wie über ihre Umläufe und sonstigen Eigenschaften, inwiefern es für jedes von ihnen besser ist,
das zu tun und zu wirken, was es tut und wirkt. Denn ich konnte
mir doch nicht denken, daß er erst behaupten würde, alles dies
sei durch die Vernunft geordnet worden, und dann noch eine
andere Ursache einführen würde als die, daß es das Zweckmäßigste für sie sei, so zu sein, wie sie sind. Kurz ich war des
Glaubens, er würde, indem er für jedes einzelne und für alles
insgesamt den Grund angebe, in näheren Ausführungen dann
das für jedes einzelne Zweckmäßigste sowie das für alles gemeinsame Gute erläutern. Und man hätte mir noch soviel bieten
können, ich hätte von diesen Hoffnungen nicht gelassen; vielmehr nahm ich in vollstem Eifer die betreffenden Bücher zur
Hand und las sie, so schnell ich nur konnte, um so bald als
möglich das Zweckmäßigste und das Schlechtere zu erkennen.

Enttäuschung über Anaxagoras: Der Mann macht von der Vernunft keinen Gebrauch

So hoch waren meine Erwartungen gespannt, mein Freund.
Welche Enttäuschung also, als ich bei fortschreitendem Lesen
sehe, daß der Mann von der Vernunft gar keinen Gebrauch
macht und ihr nicht die geringste Ursächlichkeit für die Anordnung der Dinge zuschreibt, sondern Luft und Äther und Wasser
als Ursachen anführt und noch viele andere ungereimte Sachen.
Und sein Verfahren schien mir ganz so, wie wenn jemand erst
sagte, Sokrates tue alles, was er tue, auf Grund der Vernunft, und
dann, wenn er versuchte, im einzelnen die Ursachen von allem
anzugeben, was ich tue, nun zunächst erklärte, daß ich deshalb
jetzt hier sitze, weil mein Körper aus Knochen und Sehnen
zusammengesetzt ist und die Knochen fest sind und voneinander
getrennte Gelenke haben, die Sehnen aber, die die Knochen samt
dem Fleisch und der sie umschließenden Haut rings umgeben,
gespannt und nachgelassen werden können; indem nun die Kno-

chen in ihren Gelenken hängen, bewirken die Sehnen durch ihr Nachlassen und ihre Spannung, daß ich jetzt imstande bin, meine Glieder zu biegen, und aus diesem Grunde sitze ich hier in gebeugter Haltung. In ganz ähnlicher Weise könnte er auch meine Unterredung mit euch erklären, indem er Töne und Lüfte und Gehörseindrücke und tausenderlei anderes als Ursache anführte, unbekümmert darum, die wahren Gründe zu nennen, nämlich daß, weil es den Athenern besser zu sein schien, mich zu verurteilen, es auch mir besser schien, hier zu sitzen, und gerech-

99 ter auszuharren und die Strafe über mich ergehen zu lassen, die sie angeordnet haben; denn, beim Hund, diese Sehnen und Knochen wären längst in Megara oder in Böotien, fortgetragen von der Vorstellung des Besten, wenn ich es nicht für gerechter und schöner erachtet hätte, statt zu fliehen und davonzulaufen, jede Strafe des Staates über mich ergehen zu lassen, die er über mich verhängt. Aber dergleichen als Ursachen zu bezeichnen ist doch gar zu ungereimt. Wenn dagegen jemand sagte, daß ich ohne den Besitz dieser Knochen und Sehnen und was ich sonst an mir habe nicht imstande wäre meine etwaigen Absichten auszuführen, so dürfte er damit die Wahrheit treffen. Aber daß ich auf Grund dieser äußeren Mittel tue, was ich tue, und daß ich *insofern* vernünftig handle, nicht aber insofern, als ich das Beste wähle, das zu behaupten wäre doch eine große und auffällige Gedankenlosigkeit. Denn das hieße nicht imstande sein zu unterscheiden zwischen der eigentlichen Ursache und dem, ohne welches die Ursache nicht wirken kann. Und dies letztere nun scheinen mir die meisten, wie im Dunkel daran herumtastend, als Ursache zu bezeichnen unter falscher Verwendung dieses Ausdrucks. Daher läßt der eine die Erde ruhen, indem er sie mit einem Wirbel unter dem Himmel umgibt, ein anderer gibt ihr wie einem großen Backtrog die Luft als Stütze. Der wirkenden Ursache aber, durch welche alles dies seine jetzige Lage als die denkbar zweckmäßigste erhalten hat, spüren sie nicht nach und glauben auch nicht, daß ihr eine göttliche Kraft innewohne, sondern meinen einen stärkeren und unsterblicheren und fester alles zusammenhaltenden Atlas gefunden zu haben als diesen den unsrigen; daß aber das Gute und Zweckmäßige es sei, was bindet und zusammenhält, das erscheint ihnen völlig nichtssa-

gend. Ich nun wäre sehr gern bei jedermann in die Lehre gegangen, der mich über *diese* Ursache und die Art ihrer Wirksamkeit unterrichtet hätte. Da ich mich ihrer aber entschlagen mußte und sie weder selbst finden noch an einem anderen erlernen konnte, so ist es dir, mein Kebes, vielleicht recht, wenn ich dir eine Schilderung gebe von der zweitbesten Fahrt, die ich zur Auffindung der Ursache unternommen habe.

KEBES: Wie sollte es nicht?

Sokrates' zweitbeste Fahrt: Die Flucht zu den Begriffen

SOKRATES: Nachdem ich mich also daraufhin von der Betrachtung der gegebenen Dinge losgesagt hatte, schien mir alle Vorsicht geboten, mich vor dem Schicksal derjenigen zu bewahren, die die Sonne bei ihrer Verfinsterung anschauen und beobachten; büßen doch manche das Augenlicht ein, wenn sie nicht das Bild derselben im Wasser oder sonst einer spiegelnden Fläche betrachten. So etwas ging auch mir durch den Kopf, und ich fürchtete, ich möchte an der Seele völlig erblinden, wenn ich mit den Augen die Dinge betrachtete und sie mit den übrigen Sinnen alle zu erfassen versuchte. Es erschien mir demnach notwendig, zu den *Begriffen* meine Zuflucht zu nehmen und an ihrer Hand das wahre Wesen der Dinge zu erforschen. Vielleicht trifft mein Vergleich nicht ganz zu; denn ich leugne auf das bestimmteste, daß der, welcher die Dinge begrifflich betrachtet, sich in höherem Grade einer bildlichen Betrachtungsweise bediene als der, welcher sich unmittelbar an die gegebenen Dinge wendet. Ich schlug also nun diesen Weg ein, und indem ich in jedem einzelnen Fall denjenigen Satz zugrunde lege, den ich für den unumstößlichsten halte, setze ich das, was mir mit diesem zusammenzustimmen scheint, als wahr, mag es sich nun um das Ursächliche oder um irgend etwas anderes handeln, was aber nicht, als nicht wahr. Ich will dir aber meine Meinung noch deutlicher machen, denn ich glaube, du verstehst sie jetzt noch nicht.

KEBES: Nein, beim Zeus, noch nicht ganz.

Begriffe sind Ursachen

SOKRATES: Nun, was ich meine, ist nichts Neues, sondern was ich nie müde geworden bin zu predigen wie bei anderen Gelegenheiten, so in dem vorigen Teil unserer Untersuchung. Denn ich gehe jetzt daran, dir den Betriff der Ursache klarzumachen, wie ich ihn aufgefaßt habe; ich wende mich also wieder dem viel behandelten Thema zu und beginne mit dem Satz, daß es ein Schönes an sich gibt und ebenso ein Gutes und Großes und so weiter. Wenn du mir das zugibst und das Dasein dieser Wesenheiten einräumst, hoffe ich dir daraus das Ursächliche aufzeigen und die Unsterblichkeit der Seele begründen zu können.

KEBES: Meines Zugeständnisses bist du sicher. Also mache dich unverweilt an die Ausführung.

SOKRATES: Sieh nun zu, ob dir die unmittelbaren Folgerungen aus obiger Annahme ebenso einleuchtend sind wie mir. Wenn nämlich außer dem An-sich-Schönen noch irgend etwas anderes schön ist, so ist es meiner Meinung nach aus keinem anderen Grunde schön, als weil es an jenem Schönen teilhat. Und so in allen anderen Fällen. Bist du mit dieser Art von Ursache einverstanden?

KEBES: Einverstanden.

SOKRATES: Mit jenen anderen hochweisen Ursachen weiß ich also nun nichts mehr anzufangen und verstehe sie nicht mehr; sondern wenn mir jemand als Grund dafür, daß irgend etwas schön ist, entweder die blühende Farbe oder die Gestalt oder sonst etwas Derartiges angibt, so lasse ich mich auf all das von vornherein gar nicht ein – denn alles andere verwirrt mich nur – und halte mich schlicht und einfach und vielleicht einfältig daran, daß nichts anderes es schön macht als die Gegenwart oder Gemeinschaft – oder wie immer man auch dies Verhältnis der Zusammengehörigkeit bezeichnen will – jenes Urschönen. Denn über die Art dieses Beisammenseins will ich keine weiteren Versicherungen geben, sondern beschränke mich auf die Behauptung, daß alles Schöne durch das Schöne schön wird. Und damit scheine ich die sicherste Antwort zu haben sowohl für mich selbst wie für jeden anderen, und daran festhaltend glaube ich vor jedem Fehltritt bewahrt zu sein; denn die Antwort an mich selbst wie an jeden anderen, daß das Schöne durch das Schöne schön sei, bietet volle Sicherheit. Glaubst du nicht auch?

KEBES: Ja.

SOKRATES: Demnach ist doch auch das Große groß und das Größere größer durch die Größe und das Kleinere kleiner durch die Kleinheit?

KEBES: Ja.

SOKRATES: Also würdest auch du es abweisen, wenn jemand sagen wollte, es sei einer durch den Kopf größer als der andere und der Kleinere durch eben dies kleiner, sondern du würdest versichern, daß du nichts anderes behauptest, als daß jedes Größere durch nichts anderes größer ist im Verhältnis zu einem anderen als durch die Größe und daß es deswegen größer ist, wegen der Größe, das Kleinere aber durch nichts anderes kleiner als durch die Kleinheit und deswegen kleiner, wegen der Kleinheit; denn wenn du sagst, daß jemand durch den Kopf größer und kleiner sei, so müßtest du befürchten, daß eine widersprechende Stimme sich in dir regte, die sagte, es sei dann durch das Nämliche das Größere größer und das Kleinere kleiner, zweitens, es sei dann durch den für sich genommen kleinen Kopf der Größere größer und das sei doch unbegreiflich, daß einer durch etwas Kleines groß werde. Oder würdest du das nicht befürworten?

Und KEBES sagte lachend: Ja, gewiß.

SOKRATES: Du würdest dich also wohl bedenken zu sagen, daß die Zehn durch die Zwei mehr sei als die Acht und daß sie aus diesem Grunde überragend sei und nicht vielmehr durch die Menge und wegen der Menge? Und daß das Zweiellige um eine Elle größer sei als das Einellige und nicht vielmehr durch die Größe? Denn das Bedenken ist das gleiche.

KEBES: Allerdings.

Rechtfertigung dieses Grundsatzes durch einen höheren, bis zu einem, der ausreicht

SOKRATES: Wie nun? Wenn Eins zu Eins hinzugesetzt wird, würdest du dich da nicht hüten zu sagen, die Hinzusetzung sei die Ursache davon, daß es nun Zwei geworden, und wenn es gespalten wird, sei die Spaltung die Ursache? Und würdest du nicht kräftigst Zeugnis dafür ablegen, daß du kein anderes Werden von irgend etwas kennst als durch Teilnahme an der besonderen Wesenheit dessen, zu dem es gehört, und daß du somit keine andere Ursache des Zweiwerdens weißt als die Teilnahme an der Zweiheit? Daran müßte denn teilnehmen, was Zwei werden wolle, und an der Einheit, was Eins werden wolle, jene Spaltungen aber und Hinzusetzungen und alle derartigen Klügeleien würdest du weit von dir weisen und sie denen zur Antwort überlassen, die weiser sind als du. Du aber würdest aus Angst vor dem eigenen Schatten, wie es im Sprichwort heißt, und vor deiner Unerfahrenheit dich an jene sichere Schutzwehr des Grundsatzes halten und von diesem Standpunkt deine Antwort geben. Wenn aber jemand an diesen Grundsatz selbst rühren würde, so würdest du dich zunächst darauf nicht einlassen und nicht antworten, sondern erst die daraus sich ergebenden Folgen daraufhin prüfen, ob sie miteinander zusammenstimmen oder sich widerstreiten. Wenn es sich aber als notwendig erweisen sollte, von jenem Grundsatz selbst Rechenschaft zu geben, so würdest du sie in gleicher Weise geben durch Aufstellung eines anderen höheren und unter diesen höhern sich als besten darstellenden Grundsatzes, bis du zu einem allerseits zulangenden kämest, und dabei würdest du nicht, wie die Helden der Streitreden, Verschiedenartiges durcheinandermischen, indem du bald über das Prinzip, bald über die daraus sich ergebenden Folgerungen sprächest, wenn anders du etwas von dem finden willst, was wirklich ist. Denn das hält wohl kein einziger von ihnen der Untersuchung oder der Sorge wert. Sind sie doch bei ihrer Weisheit imstande, alles durcheinanderzurühren und gleichwohl es möglich zu machen, mit sich zufrieden zu sein. Du aber, wenn du wirklich ein Philosoph bist, wirst es so machen, wie ich sage.

102   Damit triffst du ganz die Wahrheit, sagten SIMMIAS und KEBES zugleich.

ECHEKRATES: Beim Zeus, mein Phaidon, mit Recht, denn mit geradezu zwingender Deutlichkeit auch für einen Schwächling an Geist scheint mir jener dies dargelegt zu haben.

PHAIDON: Allerdings, mein Echekrates, und es waren auch alle Anwesenden dieser Ansicht.

ECHEKRATES: Und auch wir, die wir nicht anwesend waren und es nun hören. Aber welchen weiteren Verlauf nahm nun die Unterredung?

Sokrates wird geheißen, den Giftbecher zu trinken

116 PHAIDON: Nach diesen Worten erhob sich Sokrates und ging in einen Nebenraum, um zu baden. Kriton folgte ihm, uns aber gab er die Weisung zu bleiben. So blieben wir denn und unterhielten uns unter uns über das Gehörte und erwogen es nochmals, dann aber kamen wir auch wieder auf das große Unglück zu sprechen, von dem wir betroffen seien, denn wir kamen uns geradezu vor, als wären wir unseres Vaters beraubt und müßten fortab als Waisen leben. Als er aber gebadet hatte, wurden seine Kinder zu ihm gebracht – er hatte zwei kleine Söhne und einen großen –, und auch die Frauen seiner Verwandtschaft fanden sich ein. Mit ihnen sprach er im Beisein des Kriton und teilte ihnen seine letzten Wünsche mit, worauf er die Frauen und Kinder weggehen hieß, während er selbst zu uns kam. Und es war schon nahe am Sonnenuntergang. Denn er hatte eine geraume Zeit drinnen verweilt. Als er bei uns eingetreten, ließ er sich vom Bade erfrischt nieder und sprach dann nur noch wenig. Und es erschien der Diener der Elfmänner, trat zu ihm und sagte: »Von dir, mein Sokrates, brauche ich nicht zu befürchten, was ich bei andern befürchte, nämlich daß sie mir zürnen und mir fluchen, wenn ich ihnen die Notwendigkeit ankündige, den Giftbecher zu trinken auf Befehl der Behörde. Dich aber habe ich schon die ganze Zeit daher als den edelsten, gelassensten und besten Mann kennengelernt, der je diese Stätte betreten hat; und so zweifle ich denn auch jetzt keinen Augenblick, daß du nicht mir zürnst, denn du kennst ja die Schuldigen, sondern eben ihnen. Nun also, du kennst ja meinen Auftrag, lebe wohl, und suche das Unvermeidliche so gelassen wie möglich zu tragen.« Dabei brachen ihm die Tränen hervor, und so wandte er sich um und ging fort. Sokrates aber blickte ihm nach und sagte: »Auch du lebe wohl; dein Wort werde ich befolgen.«

Und zugleich sagte er zu uns gewendet: Was für ein feinfühlender Mann! Die ganze Zeit über suchte er mich auf, unterhielt sich zuweilen mit mir und zeigte die größte Herzlichkeit; und nun, wie echt menschlich weint er um mich! Aber wohlan, mein Kriton, wir wollen seiner Anweisung folgen: es bringe einer das Gift her, wenn es gerieben ist; wo nicht, so mag es der Mann reiben!

KRITON: Aber ich glaube, mein Sokrates, die Sonne steht noch über den Bergen und ist noch nicht untergegangen. Auch weiß ich, daß andere erst lange nach geschehener Ankündigung den Trank nahmen, nachdem sie sich zuvor noch mit Essen und Trinken gütlich getan, ja einige sogar auch noch mit Frauen zusammen waren, nach denen sie verlangten. Also dränge nicht; es hat noch Zeit.

SOKRATES: Wenn die, von denen du redest, mein Kriton, so handeln, so haben sie dazu ihren guten Grund; sie glauben nämlich einen Vorteil davon zu haben, wenn sie so handeln; und ich meinerseits glaube ebenso guten Grund zu haben, nicht so zu handeln; denn wenn ich ein wenig später den Trank nehme, glaube ich dadurch nichts zu gewinnen, sondern mich nur vor mir selbst lächerlich zu machen, wenn ich so begierig am Leben hänge und da spare, wo nichts mehr vorhanden ist. So folge denn, und tu, wie ich sage.

Sokrates trinkt den Giftbecher

Nach diesen Worten winkte Kriton seinem neben ihm stehenden Diener. Der Diener ging hinaus, und nach geraumer Zeit kam er wieder mit dem Mann, der das Gift reichen sollte, das er gerieben in einem Becher brachte.

Als aber SOKRATES den Mann sah, sagte er: Gut, mein Bester, du verstehst dich ja auf diese Dinge; was habe ich zu tun?

Nichts anderes, sagte er, als, nachdem du getrunken, umherzugehen, bis du deine Schenkel schwer werden fühlst, und dich dann niederzulegen; so wird die Wirkung von selbst eintreten. Dabei reichte er dem Sokrates den Becher. Er ergriff ihn, und ganz heiter, mein Echekrates, ohne zu zittern oder die Farbe oder die Miene zu ändern, sondern, wie es seine Art war, den Mann starr anblickend sagte er: Was meinst du von diesem Trank? Darf man davon eine Spende weihen oder nicht?

Wir reiben, sagte er, Sokrates, gerade nur so viel, als der Trinkende nach unserer Meinung nötig hat.

SOKRATES: Ich verstehe. Aber ein Gebet wenigstens darf und soll man doch wohl an die Götter richten, daß die Übersiedelung von hier nach dort glücklich vonstatten gehe. Das ist es denn auch, worum ich jetzt bitte: und möchte es in Erfüllung gehen.

Sobald er dies gesagt, setzte er den Becher an und trank ihn wohlgemut und ruhig aus. Von uns aber waren die meisten bis dahin leidlich imstande gewesen, die Tränen zurückzuhalten, doch als wir ihn trinken und mit dem Tranke fertig sahen, da nicht mehr, sondern auch mir selbst, sosehr ich mich auch wehrte, brachen die Tränen stromweise hervor, so daß ich mein Antlitz verhüllte und weinte – um mich; denn nicht um ihn, sondern um mein Geschick, daß ich eines solchen Freundes beraubt sein sollte! Kriton war bereits vor mir aufgestanden, da er nicht vermochte, die Tränen zurückzuhalten. Apollodoros aber, der schon vorher unaufhörlich geweint hatte, brach nun vollends in lautes Jammern aus und weinte völlig fassungslos, daß es allen Anwesenden tief ins Herz schnitt außer dem Sokrates selbst.

Dieser aber sagte: Wie stellt ihr euch an, ihr Toren. Ich habe doch die Frauen eben deshalb weggeschickt, damit sie mir nicht eine solche Szene aufführten; denn man muß in andächtigem Schweigen von hinnen scheiden: so ist mir kund geworden. Also schweiget, und haltet an euch.

Diese Worte machten, daß wir uns schämten und mit den Tränen zurückhielten; er aber ging hin und her und als ihm, wie er sagte, die Beine schwer wurden, legte er sich auf den Rücken, wie ihm der Mann geraten hatte. Und zugleich befühlte ihn der, der ihm das Gift gereicht hatte, und sah sich nach einiger Zeit seine Füße und Schenkel an; darauf drückte er kräftig seinen Fuß und fragte, ob er es spüre; Sokrates sagte: Nein! Darauf die Unterschenkel und so am Körper und, immer weiter heraufgehend, zeigte er uns, daß er kalt und starr wurde. Er befühlte ihn noch wiederholt und sagte, wenn es bis zum Herzen vorgedrungen wäre, dann wäre es aus mit ihm. Schon war er bis in die Gegend des Unterleibes erkaltet, da schlug er die Kopfhülle – denn er hatte sich verhüllt, zurück und sprach sein letztes Wort: »Mein Kriton, wir müssen dem Asklepios einen Hahn opfern. Spendet ihn, und verabsäumt es nicht.« »Nun, das wird geschehen,« sagte Kriton, »aber hast du nicht sonst noch etwas auf dem Herzen?«

Auf diese Frage gab Sokrates keine Antwort mehr, sondern verfiel bald in Zuckungen; der Mann enthüllte ihn: seine Augen waren gebrochen. Als Kriton dies sah, drückte er ihm den Mund und die Augen zu.

So, mein Echekrates, starb unser Freund, ein Mann, der, wie wir wohl sagen dürfen, von allen Zeitgenossen, die wir kannten, der beste war und an Einsicht und Gerechtigkeit überhaupt von niemand übertroffen wurde.

Das Gastmahl
Symposion

Eros ist Liebe zu dem, woran er selbst Mangel leidet

Gewiß, mein lieber Agathon: mit dem Anfang deiner Rede hast du es sehr glücklich getroffen, mit deiner Bemerkung nämlich, man müsse zunächst dartun, welches Wesens der Eros ist, sodann die von ihm ausgehenden Wirkungen schildern. Dieser Anfang hat meinen vollen Beifall. Wohlan denn, sage mir vom Eros, da du auch seine übrigen Eigenschaften schön und prächtig geschildert hast, auch noch folgendes: Ist der Eros von solcher Beschaffenheit, daß sich in ihm die Liebe zu irgend etwas darstellt, oder zu nichts? Diese meine Frage läuft nicht etwa darauf hinaus, ob Eros von einem Vater oder einer Mutter stammt – denn es wäre lächerlich zu fragen, ob der Eros Liebe sei von Mutter oder Vater –, sondern sie hat die Bedeutung, als fragte ich, ob eben dein Vater Vater von irgend jemandem ist oder nicht. Du würdest dann, wenn du es mit deiner Antwort genau nehmen wolltest, wohl sagen: Der Vater ist Vater eines Sohnes oder einer Tochter. Oder nicht?

Gewiß, sagte Agathon.

Und die Mutter – steht es mit ihr nicht ebenso?

Auch dies bejahte er.

Fahre nun, sagte Sokrates, noch etwas fort in deinen Antworten, damit du deutlicher siehst, worauf ich hinauswill. Wenn ich dich nämlich fragte: Und ferner: Wie steht es mit dem Bruder? Ist er, eben als Bruder, Bruder von etwas oder nicht?

Er ist es.

Doch wohl von einem Bruder oder einer Schwester?

Er stimmte zu.

Danach versuche denn, fuhr Sokrates fort, auch über den Eros Auskunft zu geben. Ist der Eros Liebe zu nichts oder zu etwas?

Unbedingt ist er Liebe zu etwas.

Dies »etwas«, sagte Sokrates, halte treu in deinem Gedächtnis fest. Jetzt aber sage mir nur soviel: Begehrt der Eros nach dem, worauf seine Liebe gerichtet ist, oder nicht?

Gewiß, erwiderte er.

Wenn er es begehrt und liebt, tut er das als einer, der im Besitz dessen ist, was er begehrt und liebt, oder als einer, der es noch nicht besitzt?

Als einer, der es noch nicht besitzt, aller Wahrscheinlichkeit nach, antwortete er.

Sieh denn zu, fuhr Sokrates fort, ob es nicht etwa bloß wahrscheinlich, sondern notwendig ist, daß der Begehrende das begehrt, dessen er ermangelt, oder aber, wessen er nicht ermangelt, das überhaupt nicht begehrt. Mir scheint das, Agathon, ganz unausweislich notwendig zu sein. Und dir?

Auch mir will es so scheinen, erwiderte er.

Recht so. Wünscht also wohl jemand, der groß ist, groß zu sein, oder wer stark ist, stark zu sein?

Unmöglich nach dem Zugestandenen.

Allerdings, denn wer es schon ist, der hat es nicht erst noch nötig.

Ganz recht.

Es könnte zwar – fuhr Sokrates fort – der Fall sein, daß einer, der stark ist, doch den Wunsch hegte, stark zu sein, und wer schnell ist, schnell zu sein, und wer gesund ist, gesund zu sein. Denn vielleicht könnte einer glauben, daß, wer so geartet sei und alles dies sein eigen nenne, dennoch auch den Wunsch danach habe. Denn, um jeder Täuschung vorzubeugen, mein Agathon, du brauchst nur aufzumerken: jetzt, im gegenwärtigen Augenblick, besitzen sie unbedingt das, was sie haben, ob sie es nun wünschen oder nicht, und was hat es dann für einen Sinn, es zu begehren? Aber gesetzt, es sagte einer: ich, der ich gesund bin, wünsche auch gesund zu sein, und ich, der ich reich bin, wünsche auch reich zu sein und begehre eben das, was ich habe, so würden wir ihm entgegnen: Tor du, du bist im Besitz von Reichtum, Gesundheit und Kraft und wünschst auch in Zukunft dies zu besitzen, denn jetzt, für den Augenblick wenigstens, hast du es ja, magst du wollen oder nicht. Wenn du also sagst: ich wünsche, was ich jetzt habe, so sagst du, wohlgemerkt, nichts anderes als dies: ich wünsche das, was ich jetzt habe, auch in Zukunft zu haben. Nicht wahr, das würde er zugeben?

Agathon erklärte sich einverstanden.

Da habe Sokrates fortgefahren: Das heißt doch soviel als dasjenige lieben, was ihm noch nicht zur Verfügung steht und was er nicht besitzt, also den weiteren gesicherten Besitz dessen, was er jetzt besitzt.

Ja, gewiß, lautete die Antwort.

Also steht die Sache doch so: Er sowohl wie jeder andere Begehrende begehrt etwas, was ihm nicht zur Verfügung steht und für ihn noch nicht vorhanden ist; was man nicht hat und was man nicht selbst ist, wohl aber zu sein wünscht, dies und dergleichen sind die Dinge, auf welche die Begierde und die Liebe gerichtet sind.

Allerdings, erwiderte jener.

Auf denn, habe da Sokrates gesagt, es gilt nunmehr uns zu verständigen über das Bisherige. Nicht wahr, der Eros ist erstens doch Liebe zu etwas, sodann Liebe zu dem, woran er selbst Mangel leidet?

Ja, lautete die Antwort.

Eros ist nicht schön, aber Liebe zur Schönheit

201 Weiter erinnere dich, worauf du die Liebe deinen Worten nach bezogst. Oder, wenn du willst, so werde ich dich daran erinnern. Denn, irre ich nicht, so sagtest du etwa, unter den Göttern sei Ordnung geschaffen worden durch die Liebe zum Schönen; denn zum Häßlichen gebe es keine Liebe. War das nicht ungefähr das, was du sagtest?

Allerdings, antwortete Agathon.

Und damit hattest du auch ganz recht, mein Lieber, erwiderte Sokrates. Und ist dem so, wäre denn Eros dann nicht Liebe zur Schönheit, nicht aber zur Häßlichkeit?

Er gab es zu.

Ist dann nicht weiter unter uns festgestellt worden, daß er das liebt, was er entbehrt und nicht hat?

Ja, sagte er.

Also entbehrt Eros der Schönheit und besitzt sie nicht.

Notwendig, erwiderte er.

Wie nun? Was der Schönheit entbehrt und nichts weniger als im Besitz der Schönheit ist, kannst du das schön nennen?

Gewiß nicht.

Willst du also noch festhalten an deiner Behauptung, Eros sei schön, wenn die Dinge wirklich so liegen?

Darauf habe Agathon erwidert: Was ich damals sagte, scheine ich durchweg ohne klares Bewußtsein gesagt zu haben.

Und doch sprachst du so schön, mein Agathon, erwidert Sokrates. Aber eine Kleinigkeit beantworte mir noch: Scheint dir das Gute nicht auch schön zu sein?

Mir gewiß.

Wenn aber Eros des Schönen ermangelt, das Gute aber schön ist, so wird er wohl auch des Guten ermangeln.

Ich, mein Sokrates, fühle mich außerstande, dir zu widersprechen; magst du also mit deiner Behauptung recht behalten.

Darauf Sokrates: Der Wahrheit kannst du nicht widersprechen, mein lieber Agathon, dem Sokrates zu widersprechen wäre nicht schwer.

Eros ist kein Gott

Und dich will ich nun dir selbst überlassen. Dagegen wende ich mich den Ausführungen einer Mantineerin zu, der Diotima[1], die, wie in diesen, so in vielen anderen Dingen weise war und den Athenern einst aus Anlaß eines Opfers vor Ausbruch der Pest einen zehnjährigen Aufschub der Krankheit bewirkte und die auch mich in Sachen der Liebe belehrte – ihre Ausführungen also will ich nunmehr allein, ohne Zuziehung eines anderen, so gut es mir eben gelingen mag, euch wiederzugeben versuchen auf Grund dessen, worüber ich mich mit Agathon verständigt habe. Es gilt also, mein Agathon, wozu du selbst den Weg gewiesen, zuerst das Wesen des Eros und seine Eigenart darzulegen, sodann die Wirkungen, die von ihm ausgehen. Es scheint mir nun, wir machen uns die Sache am leichtesten, wenn ich dem Verhörsverfahren folge, welches die Freundin mit mir seinerzeit einschlug. Ich nahm nämlich in der Unterhaltung mit ihr ziemlich denselben Standpunkt ein wie Agathon jetzt eben mir gegenüber, indem ich behauptete, Eros sei ein großer Gott und gehöre zu den Schönen; sie widerlegte mich denn mit denselben Gründen wie ich ihn: er sei weder schön nach meiner Ansicht noch gut. Ich erwiderte: Wie, Diotima? Also häßlich wäre Eros und schlecht?

Sie entgegnete: Lästere nicht! Oder glaubst du, was nicht schön ist, das sei notwendig häßlich?

Unbedingt.

Auch, was nicht weise, das sei unwissend? Oder merkst du nicht, daß es zwischen Weisheit und Unwissenheit noch ein Mittleres gibt?

Und was wäre das?

Die richtige Meinung, die es auch ohne Bewußtsein der Gründe gibt, erwiderte sie. Sie, diese richtige Meinung, ist weder ein Wissen – denn wie könnte etwas ein Wissen sein, von dem man sich nicht Rechenschaft geben kann – noch Unwissenheit –, denn wie könnte etwas Unwissenheit sein, das mit der Wahrheit zusammenstimmt? Es ist also die richtige Meinung ein Mittleres zwischen Einsicht und Unwissenheit.

Das hat seine Richtigkeit, erwiderte ich.

Bilde dir also nicht ein, du könntest durch ein Gewaltverfahren erzwingen, daß, was nicht schön ist, darum auch schon häßlich sei, und was nicht gut ist, darum auch schon schlecht sei. So halte es denn auch mit dem Eros, von dem du selbst zugibst, daß er nicht gut sei und nicht schön: sei überzeugt, daß er trotzdem nicht häßlich und schlecht sein muß, sondern ein Mittleres zwischen beiden.

Und doch, erwiderte ich, sind alle darüber einverstanden, daß er ein großer Gott sei.

Meinst du, entgegnete sie, mit dem »alle« die Unwissenden oder auch die Einsichtigen?

Alle ohne Ausnahme.

Da brach sie in Lachen aus und sagte: Wie wäre es möglich, Sokrates, daß er als großer Gott anerkannt werde von seiten derer, die ihn nicht einmal als Gott gelten lassen?

Und wer wären die? fragte ich.

Einer du, lautete die Antwort, und eine ich.

Wie kommst du, versetzte ich, zu dieser Meinung?

Sehr einfach, erwiderte sie. Sage mir nur, hältst du nicht alle Götter für glückselig und schön? Oder hast du den Mut zu leugnen, daß einer der Götter schön und glückselig sei?

Beileibe nicht, erwiderte ich.

Glückselig aber nennst du doch die, die im Besitze des Guten und Schönen sind?

Allerdings.

Vom Eros aber hast du doch eingeräumt, daß er aus Mangel am Guten und Schönen nach ebendiesem strebt, dessen er bedürftig ist.

Ja, das habe ich zugegeben.

Wer nicht teilhat am Schönen und Guten, wie könnte denn der ein Gott sein?

Nimmermehr, wie es scheint.

Siehst du nun, erwiderte sie, auch du hältst den Eros nicht für einen Gott.

Eros ist ein Dämon, ein Mittleres zwischen Mensch und Gott

Was wäre denn also der Eros? fuhr ich fort. Etwa ein Sterblicher?

Bewahre.

Aber was denn?

Wie schon vorher gesagt, ein Mittleres zwischen Sterblichem und Unsterblichem.

Was also, Diotima?

Ein großer Dämon, lieber Sokrates. Denn alles Dämonische ist ein Mittleres zwischen Gott und Mensch.

Mit welcher Wirkungskraft begabt? fragte ich.

Wirkend als Dolmetsch und Bote von den Menschen bei den Göttern und von den Göttern bei den Menschen: von diesen übermittelt er die Gebete und Opfer, von jenen Befehle und Vergeltungen der Opfer; zwischen beiden ist er das den Zusammenhang wahrende Verbindungsglied, so daß das All ein festgefügtes Ganzes ist. Durch diese Dämonenkraft wird auch die gesamte Wahrsagekunst [Mantik] in Gang erhalten wie auch die Kunst der Priester, derer sowohl, die es mit Opfern und Weihungen zu tun haben, wie derer, die sich auf Besprechungen, Wahrsagung aller Art und Zauberkünste verstehen. Gott gesellt sich nicht unmittelbar zu den Menschen, vielmehr vollzieht sich aller Verkehr und alle Zwiesprache der Götter mit den Men-

203

schen durch Vermittelung dieses Dämonentums, sei es im Wachen oder im Schlaf. Und wer mit diesen Dingen genau Bescheid weiß, der ist ein dämonischer Mann, der aber auf irgendwelchem anderen Gebiet genau Bescheid weiß in Kunst oder Handwerk, ein Banause. Solcher Dämonen gibt es viele und von mancherlei Art, einer von ihnen ist auch der Eros.

Eros ist Sohn des Reichtums und der Armut

Von welchem Vater stammt er und von welcher Mutter? fragte ich.

Das, erwiderte sie, erfordert eine längere Darlegung. Gleichwohl sollst du es hören. Als Aphrodite zur Welt kam, hielten die Götter einen Schmaus und mit den anderen auch Poros (Erwerb, Reichtum), der Sohn der Metis (Klugheit). Nach beendigter Mahlzeit kam Penia, eine Gabe zu erbitten – denn es ging hoch her – und weilte an der Tür. Poros nun, berauscht vom Nektar (denn Wein gab es noch nicht), begab sich in den Garten des Zeus und schlief schwer benebelt ein. Penia aber, getrieben durch ihre Dürftigkeit, sann darauf, sich listigerweise zu einem Kinde von Poros zu verhelfen, legte sich zu ihm und empfing den Eros. So ist es denn gekommen, daß der Eros auch der Aphrodite Begleiter und Diener wurde, erzeugt am Tage ihrer Geburt, und zugleich von Natur ein Liebhaber des Schönen, da ja auch Aphrodite eine Schönheit ist. Als Sohn des Poros und der Penia ist ihm folgendes Los gefallen: erstens ist er immer arm, und weit gefehlt, daß er zart und schön wäre, wie die meisten wähnen, ist er vielmehr rauh und struppig, barfuß und obdachlos, zum Lager hat er nie etwas anderes als die bloße Erde ohne Decke, an den Türen und auf der Straße sucht er seine Ruhestätte unter freiem Himmel, die Natur der Mutter teilend, stets der Dürftigkeit gesellt. Vom Vater her ist er der listige Späher nach dem Schönen und Guten, tapfer, waghalsig und unermüdlich, ein gewaltiger Jäger, unerschöpflich im Ersinnen von Anschlägen, dabei beseelt von lebhaftestem Streben nach Erkenntnis der Wahrheit und nie verlegen um Auskunft, der Weisheit Freund [Philosoph] sein Leben lang, ein gewaltiger Zauberer, Giftmischer und Sophist; und weder wie ein Unsterblicher ist er geartet noch wie ein Sterblicher, sondern an demselben Tage ist er bald obenauf, solange ihm die Mittel zufließen, bald sinkt er wie tot dahin, lebt aber immer wieder auf vermöge der Natur seines Vaters, doch, was er gewonnen, zerrinnt immer wieder; niemals also ist er der Mittel völlig ledig, niemals aber auch wirklich reich. Zwischen Weisheit und Unwissenheit hält er die Mitte. Damit nämlich verhält es sich folgendermaßen. Keiner der Götter ist Wahrheitsforscher oder strebt weise zu werden; denn er ist es schon, wie denn überhaupt, wer weise ist, nicht philosophiert [nach Weisheit sucht]. Ebensowenig philosophieren anderseits die aller Einsicht Baren, noch begehren sie weise zu werden. Denn eben darin liegt ja das Bedenkliche des Unverstandes, daß man, ohne schön, gut und verständig zu sein, sich gleichwohl einbildet, man sei allen Anforderungen gewachsen. Wer nun nicht glaubt bedürftig zu sein, der trägt auch kein Verlangen nach dem, dessen er nicht zu bedürfen glaubt.

204

Eros ist ein Philosoph und steht in der Mitte zwischen einem Weisen und einem Toren

Wer sind denn also, Diotima, die Philosophierenden, wenn es weder die Weisen noch die Toren sind?

Das ist doch nunmehr schon jedem Kinde klar, versetzte sie, daß die zwischen beiden in der Mitte Stehenden es sind, zu denen auch Eros gehört: denn was wäre schöner als die Weisheit? Eros aber ist Liebe zu allem Schönen, folglich ist Eros notwendig ein Philosoph; als Philosoph aber steht er in der Mitte zwischen einem Weisen und einem Toren. Auch dies hat seinen Grund in seiner Geburt; stammt er ja doch von einem weisen und bemittelten Vater ab und von einer Mutter, die weder weise noch bemittelt ist. So steht es, mein lieber Sokrates, mit dem Wesen dieses Dämons. Daß du dir aber unter Eros etwas ganz anderes dachtest, das nimmt mich durchaus nicht wunder. Du meintest, wie ich aus deinen Worten entnehmen zu können glaube, das Geliebte sei Eros, wie das Liebende. Deswegen glaub' ich, schien dir Eros so über alles schön. Ist doch das Geliebte das wahrhaft Schöne, Zarte, Vollendete, Preiswerte; das Liebende dagegen nimmt sich ganz anders aus, nämlich so, wie ich es schilderte.

Die Liebe gilt dem dauernden Besitz des Guten

Darauf ich: Gut denn, Freundin, denn du hast recht. Welchen Nutzen bringt nun Eros, so beschaffen, den Menschen?

Das soll, versetzte sie, mein Sokrates, nunmehr an die Reihe kommen als Gegenstand, über den ich versuchen werde dich zu belehren. Mit der Wesensart und der Herkunft des Eros hat es also diese Bewandtnis: auf das Schöne ist er gerichtet, wie du sagst. Wenn aber jemand uns fragte: in welcher Beziehung ist denn der Eros auf das Schöne gerichtet, Sokrates und Diotima? Doch, um es noch deutlicher auszudrücken: wer das Schöne liebt, worum ist es ihm bei dieser Liebe zu tun?

Darauf ich: Darum, daß es ihm zuteil werde.

Diese Erwiderung, sagte sie, bedarf einer weiteren Frage, nämlich: welcher Vorteil erwächst denn dem davon, dem das Schöne zuteil wird?

Auf diese Frage, erklärte ich, habe ich keine Antwort zur Hand.

So nimm denn an, mein Sokrates, es werde durch einen Tausch an die Stelle des Schönen das Gute gesetzt und es hieße nun: der Liebende liebt das Gute, und die Frage lautete demgemäß. Was liebt er also, Sokrates?

Daß es ihm zuteil werde, erwiderte ich.

205 Und was für einen Vorteil hat der davon, dem das Gute zuteil wird?

Darauf habe ich die Antwort leichter zur Hand, erklärte ich, nämlich: glücklich wird er sein.

Denn durch den Besitz des Guten, fuhr sie fort, sind die Glücklichen glücklich, und es bedarf nun nicht mehr der weiteren Frage: worauf zielt denn das Verlangen dessen, der glücklich zu sein wünscht, hin?, sondern damit scheint die Antwort ihren Abschluß gefunden zu haben.

Du hast recht, erwiderte ich.

Dies Verlangen aber und diese Liebe, hältst du sie für eine durchgehende Seelenstimmung aller Menschen und glaubst du, daß alle Menschen sich immer im Besitz des Guten sehen wollen, oder wie denkst du darüber?

Ebenso, versetzte ich: Diesen Wunsch teilen alle.

Darauf sie: Wenn alle von dem gleichen Liebesverlangen erfüllt sind und es immer sind, dann müßten wir doch auch vor allem sagen, daß sie lieben; tatsächlich aber sagen wir nur von bestimmten Personen, daß sie lieben, von anderen dagegen nicht.

Ich selber muß mich darüber wundern, erwiderte ich.

Laß das gut sein, entgegnete sie, wundere dich nicht. Wir sondern nämlich aus dem Begriffsbereich der Liebe nur eine bestimmte Art ab, geben ihr den Namen des Ganzen und nennen sie demnach Liebe, für die andern verwenden wir andere Namen.

Wie zum Beispiel? fragte ich.

Folgendermaßen:

Du weißt doch, daß der Begriff des Schaffens ein vielumfassender ist; denn gelangt irgend etwas aus dem Nichtsein zum Sein, so handelt es sich immer um eine Ursache, und darin liegt eben das Schaffen beschlossen; es sind also auch die Werktätigkeiten im Dienste sämtlicher Künste Schaffenstätigkeiten und die damit beschäftigten Meister sämtlich schaffende Geister.

Allerdings.

Indes gleichwohl werden, wie du weißt, sie nicht Dichter genannt, sondern erhalten andere Namen, und aus dem gesamten Schaffensgebiet wird *ein* abgesonderter Teil, nämlich der auf das Musische und Metrische bezügliche, mit dem Namen des Ganzen benannt, denn das allein nennt man Dichtkunst sowie die, die sich auf diesem Teilgebiete der Schaffenskunst betätigen, Dichter.

Du hast recht, sagte ich.

So also steht es auch mit der Liebe. Im allgemeinen ist jedes Verlangen nach dem Guten und der Glückseligkeit für einen jeden auch Liebe, und sie, die Liebe beschränkt sich also nicht auf die größte und verfängliche Liebe. Allein für die, die sich vielfach auf andere Weise ihr zuwenden, sei es geleitet durch Geldgier oder durch ihren Eifer für Leibesübungen oder für Philosophie, ist weder das Wort »lieben« noch »Liebhaber« üblich, wogegen für diejenigen, die sich *einer* bestimmten Art zuwenden und ihr mit vollem Eifer huldigen, die Ausdrücke für das Ganze gebräuchlich sind, Liebe, lieben und Liebhaber.

Mir scheint, du hast recht, bemerkte ich.

Es geht nun zwar die Rede, fuhr sie fort, daß diejenigen lieben, die ihre andere Hälfte suchen; ich aber behaupte, daß die Liebe weder auf die Hälfte geht noch auf das Ganze, wenn es nicht eben auch, mein Freund, ein Gutes ist. Sind doch die Menschen bereit, sogar ihre eigenen Füße und Hände sich abschneiden zu lassen, wenn diese ihre eigenen Gliedmaßen ihnen schädlich zu sein scheinen, denn niemandes Herz, sollt' ich meinen, hängt an dem Eigenen, es müßte denn einer das Gute sein Eigen nennen und ihm zugehörig, das Schlechte aber als ihm fremd, denn die Menschen lieben nichts anderes als das Gute. Oder bist du anderer Meinung?

Gott bewahre! lautete meine Antwort.

Darf man nun, so fuhr sie fort, so schlechtweg sagen: die Menschen lieben das Gute?

Ja, erwiderte ich.

Doch wie? Ist nicht der Zusatz nötig, versetzte sie, daß sie auch den Besitz des Guten lieben?

Allerdings!

Und nicht wahr? fuhr sie fort, nicht nur den Besitz, sondern auch den dauernden Besitz?

Auch dieses Zusatzes bedarf es.

Es gilt also, sagte sie, um alles zusammenzufassen, die Liebe dem dauernden Besitz des Guten.

Du hast vollkommen recht, erwiderte ich.

Die Liebe zeugt im Schönen und ist auf die Unsterblichkeit gerichtet

Da also die Liebe immer auf dies Ziel gerichtet ist, fuhr sie fort, in welcher Weise muß man es dann verfolgen, und in welcher Wirkungsart muß der Eifer und die Anstrengung der Liebe hervortreten, um diesen ihren Namen zu verdienen? Was ist es für eine Betätigung? Weißt du's zu sagen?

Wahrlich, liebe Diotima, erwiderte ich; könnt' ich dies sagen, dann würd' ich nicht zu den Bewunderern deiner Weisheit gehören und nicht als Schüler in eben diesen Fragen zu dir in die Lehre gehen.

Nun, so will ich es dir sagen, entgegnete sie. Es ist dies die Zeugung im Schönen, dem Körper wie der Seele nach.

Sehergabe gehört dazu, sagte ich, um deine Worte zu deuten: ich fasse sie nicht.

Nun gut, erwiderte sie, so werd' ich mich deutlicher ausdrükken. Alle Menschen nämlich, mein Sokrates, tragen Zeugungsstoff in sich, ihr Körper nicht bloß, sondern auch ihr Geist, und sobald sie das gehörige Alter erreicht haben, trägt unsere Natur Verlangen nach Zeugung. Zeugen aber kann sie nicht im Häßlichen, wohl aber im Schönen. Die Vereinigung nämlich von Mann und Frau ist Zeugung. Es ist dies aber ein göttlicher Vorgang, und das sterbliche Geschöpf trägt dieses beides, die Schwangerschaft und die Zeugung, als unsterbliche Beigabe in sich. Im Disharmonischen aber ist ein solcher Vorgang unmöglich. Das Häßliche aber steht zu allem Göttlichen in einem Verhältnis der Disharmonie, das Schöne dagegen in einem Verhältnis der Harmonie. Es ist also die Schönheit, die als Schicksals- und Entbindungsgöttin über der Geburt waltet. So kommt es denn, daß, wenn das zeugungsbedürftige Wesen dem Schönen sich nähert, es froh gestimmt wird und in Wonne zerfließt und sich entlädt und zeugt. Trifft es aber auf Häßliches, dann zieht es sich finster und traurig in sich selbst zusammen, wendet sich ab, rollt sich zusammen und zeugt nicht, sondern behält seinen Zeugungsstoff bei sich, an dem es schwer zu tragen hat. Daher das wunderbare Entzücken des Zeugungsbedürftigen und von Zeugungsstoff Strotzenden beim Anblick des Schönen; wird er doch dadurch von schweren Wehen befreit. Denn, mein Sokrates, sagte sie, die Liebe gehört nicht so schlechthin dem Schönen, wie du glaubst.

Aber wem denn sonst?

Der Erzeugung und Hervorbringung im Schönen.

Mag sein, versetzte ich.

Ohne allen Zweifel, erwiderte sie. Warum nun also der Erzeugung? Weil die Zeugung etwas Ewiges und Unsterbliches ist, soweit bei Sterblichen davon die Rede sein kann. Daher gehört dazu nach dem Zugestandenen auch unbedingt neben dem Streben nach dem Guten auch das nach Unsterblichkeit, wenn anders die Liebe dem *dauernden* Besitz des Guten gilt. Aus dieser

207

Betrachtung ergibt sich also mit Notwendigkeit, daß die Liebe auch auf die Unsterblichkeit gerichtet ist.

Durch die Liebe hat der Sterbliche Anteil an der Unsterblichkeit

Über alles dies belehrte sie mich, sooft sie auf das Gebiet der Liebe zu reden kam, und dabei fiel auch gelegentlich die Äußerung: Was meinst du wohl, Sokrates, sei der Grund dieser Liebe und dieses Verlangens? Oder merkst du nichts von der ungestümen Aufregung, in die alle Tiere versetzt werden, wenn der Trieb der Zeugung über sie kommt, Vierfüßler so gut wie Vögel, wie sie alle krank werden und der Liebesraserei verfallen und nicht bloß miteinander sich vereinen, sondern auch der Ernährung des Erzeugten sich hingeben wollen und wie auch die schwächsten Tiere bereit sind, für ihre Jungen mit den stärksten zu kämpfen und für sie zu sterben, und wie sie selbst sich der Hungerqual preisgeben, um nur jenen Nahrung zu schaffen, und vor keiner Mühe zurückschrecken? Bei den Menschen, so fuhr sie fort, könnte man ein solches Verhalten wohl auf Überlegung zurückführen; bei den Tieren aber, was ist bei ihnen der Grund, daß sie so heftigen Liebesregungen ausgesetzt sind? Kannst du mir's sagen?

Und ich erklärte wiederum, ich wisse es nicht.

Sie erwiderte: Glaubst du denn, du würdest es je zur Kennerschaft in Sachen der Liebe bringen, wenn du das nicht begreifst?

Aber eben deshalb, liebe Diotima, bin ich ja, wie eben bemerkt, dein Schüler geworden, weil ich weiß, daß ich der Lehrer bedarf. So gib mir nun nicht bloß hiervon den Grund an, sondern auch von allem anderen, was die Liebeskunde betrifft.

Wenn du also, begann sie nun, des festen Glaubens bist, die Liebe habe zum Ziel dasjenige, worüber wir oftmals uns verständigt haben, so wundere dich nicht. Denn auch in der Tierwelt strebt aus dem nämlichen Grunde die sterbliche Natur danach, soweit wie möglich fortzudauern und ewig zu sein. Sie vermag dies aber nur durch die Zeugung, indem sie immer ein neues Junges hinterläßt für das dahinschwindende Alte. Bezeichnet man doch auch jedes einzelne Geschöpf während seiner Lebenszeit als das nämliche, wie man z. B. von einem Knäbchen als von derselben Person spricht bis ins Greisenalter; seine Stoffmasse ist in beständigem Wechsel, und doch bezeichnet man ihn als denselben, während er tatsächlich sich beständig erneuert und das Alte verliert, als da sind Haare, Fleisch, Knochen, Blut, kurz den ganzen Körper. Und das gilt nicht etwa bloß vom Körper, sondern auch von der Seele: Sinnesart, Charakter, Ansichten, Begierden, Gefühle der Lust, der Unlust, der Furcht – nichts von alledem bleibt bei dem Einzelnen immer sich gleich, sondern es findet ein beständiger Wechsel von Entstehen und Vergehen statt. Und noch weit auffälliger ist es, daß auch die Kenntnisse nicht etwa bloß in ihrem gegenseitigen Verhältnis zueinander dem Wechsel des Entstehens und Vergehens in uns unterworfen sind, so daß wir auch in bezug auf die Kenntnisse niemals dieselben sind, nein, auch mit jeder einzelnen Kenntnis hat es dieselbe Bewandtnis. Denn wenn man von *Nachsinnen* spricht, so geschieht das in der Voraussetzung, daß das Wissen verschwinde. Vergessen nämlich ist das Verschwinden einer Kenntnis, Nachsinnen aber erneuert die Erinnerung an die schwindende Kenntnis und gibt ihr wieder Halt, so daß sie dieselbe zu sein scheint. Denn auf diese Weise erhält sich alles Sterbliche, nicht etwa dadurch, daß es schlechterdings immer dasselbe bleibt wie das Göttliche, sondern dadurch, daß das Abgehende und Veraltende stets ein anderes Neues, von gleicher Art mit sich selbst, zurückläßt. Durch diese Veranstaltung, mein Sokrates, fuhr sie fort, hat das Sterbliche Anteil an der Unsterblichkeit, der Körper nicht nur, sondern auch alles andere. Das Unsterbliche aber auf andere Weise. Wundere dich also nicht, wenn von Natur ein jedes Wesen seinen Sprößling in Ehren hält. Denn die Unsterblichkeit ist es, um deretwillen einem jeden diese hingebende Fürsorge und Liebe anhaftet.

Physische und geistige Unsterblichkeit

Mit Verwunderung hatte ich diese Darlegung vernommen und sagte: Gut denn; aber, weiseste Diotima, steht es damit auch in Wirklichkeit so?

Darauf sie, in einem Ton, wie die hochweisen Herren vom

Katheder herab: Präg dir's fest ein, mein Sokrates. Wirst du doch auch, wenn du deinen Blick auf den Ehrgeiz der Menschen richten willst, genau auf das eben von mir Gesagte achten müssen; sonst wirst du dich nicht genug wundern können über ihre Unvernunft, wenn du dir zu Gemüte führst, von welch unbändigem Liebesdrang nach Berühmtheit sie besessen sind und nach »einem unsterblichen Namen, der nimmer vergeht in der Zukunft« und wie sie bereit sind, dafür noch größere Gefahren zu bestehen als für ihre Kinder und ihr Vermögen zu opfern und alle Mühsal auf sich zu nehmen, ja selbst den Tod dafür nicht zu scheuen. Denn glaubst du wohl, fuhr sie fort, Alkestis wäre für Admetos in den Tod gegangen oder Achill dem Patroklos in den Tod gefolgt oder euer Kodros[2] seinen Kindern im Tod vorangegangen, um ihnen die Herrschaft zu erhalten, wenn sie nicht des Glaubens gewesen wären, »nimmer würde vergessen werden ihr Edelsinn«, dessen wir noch jetzt gedenken? Weit gefehlt, fuhr sie fort, nein, für den »unsterblichen Tatenruhm« und für »ehrenreiches Gedenken«, tun, mein' ich, alle alles und dies in um so höherem Grade, je trefflicher sie sind; denn das Unsterbliche ist es, dem ihre Liebe gilt.

Diejenigen, fuhr sie fort, deren Zeugungstrieb nach seiten des Körpers liegt, wenden sich mehr den Frauen zu und tun ihrer Liebeslust auf diese Weise Genüge, um, wie sie meinen, durch Zeugung von Kindern Unsterblichkeit und Fortleben im Gedächtnis und Glückseligkeit »sich zu erwerben alsbald für alle kommende Zeit«. Diejenigen aber, denen es auf die Seele ankommt – denn es gibt ja, fuhr sie fort, auch solche, die einen noch stärkeren Zeugungstrieb in der Seele haben als im Körper für alles, was die Seele gebührendermaßen erzeugen und in sich reifen lassen soll. Was aber ist das? Weisheit und alle andere Tugend. Deren Erzeuger sind nicht nur sämtliche Dichter, sondern auch alle die Werkmeister, denen man eigene Erfindungskraft beimißt. Was aber die Weisheit anlangt, so zeigt sie sich von ihrer stärksten und schönsten Seite in dem, was sie für Verwaltung der Staaten und des Hauswesens leistet, eine Leistung, die man mit den Namen Besonnenheit und Gerechtigkeit bezeichnet. Wenn nun irgendein Gottbegnadeter von Jugend auf in seiner Seele mit solchen Gedanken schwanger geht und die Zeit herankommt, wo er zu zeugen und hervorzubringen verlangt, da sucht er auch, denk' ich, allerorten nach dem Schönen, um in ihm zu zeugen. Denn im Häßlichen wird er nun und nimmermehr zeugen. Die schönen Körper entzücken ihn mehr als die häßlichen in seinem Zeugungsdrang, und wenn er auf eine schöne, edle und wohlveranlagte Seele stößt, da ist er außer sich vor Entzücken über die Verbindung von beiden, und einem solchen Auserwählten gegenüber kann er sich nicht genugtun in Erörterungen über die Tugend und über Wesensart und Tätigkeit des tugendhaften Mannes und sucht bildend auf ihn einzuwirken. Denn einmal in Berührung, denk' ich, mit dem Schönen und ihm zugesellt, gebiert und zeugt er, womit er schon lange schwanger ging, in seinen Gedanken ganz nur ihm angehörend, gleichviel ob anwesend oder abwesend, und in Gemeinschaft mit ihm zieht er das Erzeugte auf. So haben denn Genossen dieser Art eine weit innigere Gemeinschaft und festere Freundschaft miteinander als eine auf leiblichen Kindersegen gegründete; haben sie ja doch schönere und unsterblichere Kinder miteinander gezeugt. Und es würde sich wohl jeder lieber solche Kinder wünschen als die leiblichen, im Hinblick auf Homer und in dem ehrgeizigen Streben, es dem Hesiod und den übrigen hervorragenden Dichtern gleichzutun darin, daß sie solche Sprößlinge hinterlassen, die ihnen als Abbilder ihrer eigenen Tüchtigkeit zu glänzendem Ruhme und ehrendem Andenken verhelfen, oder, fuhr sie fort, solche Kinder, wie sie Lykurg in Lakedämon hinterließ als die Retter Lakedämons und, man könnte sogar sagen, ganz Griechenlands. Hoch in Ehren steht bei euch auch Solon wegen der Erzeugung seiner Gesetze und auch sonst so viele Männer in so manchen Orten in Griechenland wie im Barbarenland, die viele schöne Leistungen aufzuweisen haben, indem sie Tugendhaftigkeit mancherlei Art in die Erscheinung treten ließen. Ja vielen von ihnen sind um solcher Kinder willen sogar schon Heiligtümer errichtet worden, noch keinem einzigen bisher aber wegen seiner leiblichen Kinder.

Stufen der Liebe

210 Soweit kannst auch du, mein Sokrates, in die Geheimnisse der
Liebe eingeweiht werden; ob du aber auch für die letzte und
höchste Weihe, die auf dem richtigen Wege zu erreichen der
Zweck des Bisherigen war, schon empfänglich genug bist, weiß
ich nicht. Ich, fuhr sie fort, werde dir Kunde geben, und an
gutem Willen soll es dabei nicht fehlen. Versuche du nur zu
folgen, sofern du es vermagst. Es muß nämlich, begann sie, wer
den richtigen Weg zu diesem Ziele wählt, als Jüngling fürs erste
allerdings den schönen Leibern nachgehen, und zwar zunächst,
wenn der Führer ihn richtig leitet, *einen* solchen Leib lieben und
in ihm den Sinn für das Edle und Schöne wecken, dann aber zu
der Erkenntnis kommen, daß die Schönheit in jedem einzelnen
Körper der in jedem anderen Körper verschwistert ist und daß,
wenn es gilt, der Schönheit der sichtbaren Gestalt nachzugehen,
es einen großen Mangel an Einsicht verraten würde, wenn er
nicht die Schönheit an allen Körpern als die eine und gleiche
anerkennen wollte. Ist er aber zu dieser Einsicht gelangt, dann
muß er sich in alle schönen Körper verlieben und nachlassen von
der ungestümen Leidenschaft für einen einzigen, von der er sich
nun vielmehr mit Verachtung und Geringschätzung lossagt.
Weiterhin muß er der geistigen Schönheit einen höheren Rang
zuerkennen als der körperlichen, so daß, wenn einer bei ausrei-
chender Seelengüte auch noch sowenig körperlichen Reiz hat,
ihm dies genügt und er ihn liebt, ihm seine ganze Sorge zuwendet
und durch die wohlgewählten Samenkörner seiner Reden bes-
sernd auf die Jünglinge einwirkt. So soll er gezwungen werden,
auch auf das Schöne im tätigen Leben sowie in den Gesetzen zu
achten und einzusehen, daß das alles eng miteinander verwandt
ist. Das soll dazu führen, daß er dem körperlich Schönen nur
einen geringfügigen Wert beizumessen lernt. Nach Beobachtung
des tätigen Lebens soll man ihn zu den Wissenschaften führen,
auf daß er auch die Schönheit der Wissenschaften erkenne und,
bereits eine Fülle des Schönen überblickend und nicht mehr nach
Sklavenart haftend an der Liebe zur Schönheit eines Knäbleins
oder eines einzelnen Menschen oder einer einzelnen Lebensbe-
tätigung, ein Nichtsnutz und Kleinigkeitskrämer werde – nein!

211

hinaus soll er auf das weite Meer des Schönen und es überschau-
end viele schöne und herrliche Reden und Gedanken gebären in
unerschöpflichem Weisheitstrieb, bis er, hierdurch gekräftigt
und herangereift, eine einzige Wissenschaft erschaut, nämlich
diejenige, die gerichtet ist auf ein Schönes von folgender Art.
Jetzt, sagte sie, mußt du deine ganze Geisteskraft zusammenneh-
men, um mir zu folgen.

Das Schöne, worauf alle früheren Bemühungen hinzielten

Wer nämlich bis hierher gelangt ist als Zögling in der Liebes-
lehre, der wird, bei wohlgeordneter und richtiger Betrachtung
des mancherlei Schönen endlich am Ziele des zu dem Liebens-
werten führenden Weges angelangt, plötzlich ein Schönes von
wunderbarer Natur erblicken, eben das, mein Sokrates, auf das
alle früheren Bemühungen hinzielten. Zum ersten ist es ein ewig
Seiendes, weder entstehend noch vergehend, weder zunehmend
211 noch abnehmend, sodann nicht in gewisser Beziehung schön, in
anderer häßlich, auch nicht bald schön, bald wieder nicht, auch
nicht beziehungsweise schön und beziehungsweise hinwiederum häßlich, auch nicht hier schön, dort häßlich, so daß es die
einen schön, die anderen häßlich finden. Auch wird sich dies
Schöne dem Beschauer nicht darstellen als ein Gesicht oder in
der Gestalt von Händen oder von sonst etwas Körperhaftem,
ebensowenig aber auch als irgendeine Art von Rede oder wissen-
schaftlicher Erkenntnis, auch nicht als etwas, das in irgendeinem
anderen ist, sei es in einem lebenden Wesen oder sei es auf Erden
oder im Himmel oder sonst in irgend etwas anderem, sondern
rein für sich und mit sich in unabänderlicher Daseinsform ver-
harrend; alles andere Schöne aber nimmt an jenem in gewisser
Weise teil, nämlich so, daß, während dies Andere entsteht und
vergeht, jenes Urschöne keinerlei Wechsel unterworfen ist weder durch Zunahme noch durch Abnahme oder durch sonst
irgendwelche Veränderung seines Zustandes. Wenn aber einer,
emporsteigend von diesen irdischen Erscheinungen hienieden
auf dem Wege der richtigen Knabenliebe, jenes Urschöne selbst
zuerst auftauchen sieht, dann ist er in unmittelbarer Nähe des
Zieles[3], denn das ist der richtige Weg, um selbständig oder von

einem anderen geleitet das Ziel der Liebe zu erreichen: beginnend mit dem sinnlich Schönen hienieden, muß man dem Schönen zuliebe Schritt für Schritt immer weiter emporsteigen, als ginge es eine Stufenleiter hinauf, von einem einzelnen Schönen zu zweien und von zweien zu allen schönen Körpern, von den schönen Körpern sodann zu den schönen Lebensberufen und von diesen zu den schönen Wissensgebieten, und von diesen Wissensgebieten aus gelangt man schließlich zu jenem Wissensgebiet, das nichts anderes zu seinem Gegenstand hat als eben jenes Schöne selbst, das er nun schließlich in seiner Reinheit erkennt.

Auf dieser Stufe ist das Leben lebenswert

Auf dieser Stufe des Lebens, mein lieber Sokrates, erklärte die Freundin aus Mantinea, ist, wenn irgendwo, das Leben für den Menschen lebenswert, da er das Urschöne schaut. Bekommst du es jemals zu schauen, so wird es in deinen Augen einen ganz anderen Wert haben als Gold, Gewänder und als schöne Knaben und Jünglinge, bei deren Anblick du jetzt ganz außer dir gerätst und gleich vielen anderen, die sich in den Anblick ihres Lieblings versenken und sich von ihm nicht trennen können, womöglich bereit bist, Essen und Trinken ganz zu vergessen, um immer nur ihn zu schauen und mit ihm zusammenzusein. Was also, sagte sie, darf man wohl erwarten, wenn einem das Glück beschert würde, das Schöne selbst zu schauen in voller Deutlichkeit, Reinheit und Unvermischtheit, ohne jede Spur von menschlichem Fleisch, von Farben und sonstigem irdischem Tand, wenn er vielmehr das göttliche Schöne selbst in seiner immer sich gleichbleibenden Form schauen könnte? Meinst du etwa, fuhr sie fort, es sei ein richtiges Leben, wenn ein Mensch dahin blickt und immerdar jenes anschaut und mit ihm zusammen ist? Oder sagst du dir nicht, fuhr sie weiter fort, daß es ihm dort und dort allein gelingen wird, im Anschauen des Schönen mit seinem geistigen Auge nicht bloß Schattenbilder der Tugend zu erzeugen – denn er haftet ja nicht am bloßen Bilde –, sondern die wahre Tugend, denn das, womit er in Verbindung steht, ist ja die volle Wahrheit. Gebiert er aber die wahre Tugend und läßt er sie

212

sich weiter entwickeln, dann ist es ihm beschieden, ein Gottge-
liebter zu werden und der Unsterblichkeit teilhaftig, wenn anders sie sonst einem Menschen zuteil wird.

Auch Sokrates hält die Liebeskunst in Ehren

Solches, mein Phaidros und ihr anderen, sprach Diotima, und
was mich anlangt, so hat sie mich überzeugt. Durchdrungen aber
von dieser Überzeugung, suche ich auch die anderen zu überzeugen, daß man einen besseren Beihelfer zur Erlangung dieses
Besitzes für die armen Menschenkinder nicht leicht finden kann
als den Eros. Daher behaupte ich denn, jedermann müsse den
Eros ehren, und ich selbst halte die Liebeskunst in Ehren und
befleißige mich ihrer aufs angelegentlichste und empfehle sie den
anderen und preise jetzt und immerdar die Macht und den
Wagemut des Eros, soweit meine Kraft nur reicht.

Diese Rede, mein Phaidros, magst du, wenn es dir recht ist, als
einen Lobgesang auf Eros gelten lassen, wo nicht, so wähle für
sie einen Namen, wie er dir gerade gut dünkt.

Alkibiades tritt auf

Als Sokrates so gesprochen, wären die übrigen voll Lobes gewesen, nur Aristophanes wäre im Begriff gewesen, etwas zu erwidern, weil Sokrates in seiner Rede auf ihn angespielt hatte mit
seinem Hinweis auf die »umlaufende Rede«. Da habe sich plötzlich ein starkes Getöse, verursacht durch heftiges Pochen an der
Haustür, vernehmen lassen wie von Nachtschwärmern, auch
habe man eine Flötenspielerin blasen hören. Da habe Agathon
den Sklaven zugerufen: Rasch, ihr Burschen, tut eure Pflicht,
und schaut nach; und ist es ein Bekannter, dann ruft ihn herein,
wo nicht, so sagt, wir wären nicht mehr beim Trinken, sondern
pflegten bereits der Ruhe. Nicht lange darauf habe man des
Alkibiades Stimme vom Hofe her vernommen; er war stark
betrunken und fragte laut schreiend nach Agathon und verlangte
gebieterisch, man solle ihn zu Agathon führen. So sei er denn,
gestützt von der Flötenspielerin und einigen andern Begleitern,
eingetreten und sei am Saaleingang stehengeblieben, geschmückt

mit einem dichten Kranz von Efeu und Veilchen und mit einer
Fülle von Bändern auf dem Haupte, und habe sich folgendermaßen vernehmen lassen: Seid gegrüßt, ihr Männer! Wollt ihr einen
schwer berauschten Mann als Mitzecher aufnehmen, oder sollen
wir wieder abziehen, nach Bekränzung nur des Agathon, was
der Zweck unseres Kommens war? Denn gestern, rief er, war ich
nicht imstande zu kommen; jetzt aber bin ich gekommen, den
Kopf umwunden mit Bändern, damit ich statt meines Hauptes
das Haupt des weisesten und schönsten Mannes, indem ich ihn
öffentlich als solchen ausrufe, damit umwinde. Kann sein, ihr
werdet über mich lachen als über einen Berauschten. Aber lacht
immerhin, ich sage die Wahrheit, dessen bin ich gewiß. Doch
213 nun sagt mir auf der Stelle: Laßt ihr euch meine Eintrittsbedin-
gungen gefallen oder nicht? Wollt ihr meine Mitzecher sein oder
nicht?

Da brachen alle in hellen Jubel aus und hießen ihn eintreten
und sich niederlassen, und Agathon lud ihn dazu ein. So trat er
denn ein, geführt von seinen Begleitern. Er löste zugleich seine
Bänder ab, um den Agathon damit zu schmücken, und da diese
ihm vor den Augen flatterten, sah er den Sokrates nicht und ließ
sich neben Agathon mitten zwischen Sokrates und jenem nieder.
Sokrates nämlich war etwas abgerückt, um Platz zu machen.
Alkibiades ließ sich nun neben Agathon nieder, umarmte ihn
und wand ihm die Bänder um den Kopf. He, ihr Burschen, rief
nun Agathon, löst dem Alkibiades seine Sohlen ab, damit er sich
als dritter bei uns niederlasse.

Alkibiades sieht Sokrates

Recht so, erwiderte Alkibiades; aber wer ist hier unser dritter
Trinkgenosse? Dabei wandte er sich um und wurde des Sokrates
ansichtig; bei seinem Anblick sprang er auf mit dem Ruf: Beim
Herakles, was soll das? Sokrates hier? Mir wieder aufzulauern
hast du hier deinen Platz genommen, wie du so oft plötzlich
auftauchtest, wo ich dich am wenigsten vermutete. Und wozu
bist du jetzt da? Und warum hast du deinen Platz gerade hier
gewählt und nicht neben Aristophanes oder einem anderen
Spaßmacher, der seine Witze leuchten lassen will, sondern hast

mit Aufbietung aller Kunst es zuwege gebracht, gerade neben dem Schönsten aller Tischgenossen deinen Platz zu finden?

Darauf Sokrates: Agathon, jetzt ist es an dir, mir beizuspringen; denn die Liebe zu diesem Menschen ist eine wahre Qual für mich geworden. Denn von jener Zeit an, wo ich ihm meine Liebe zuwandte, darf ich auch nicht ein einziges schönes Menschenkind mehr anblicken oder gar mit ihm reden, ohne daß er nicht aus Eifersucht und Neid sich wunder wie anstellt und mich schilt und am liebsten mich die Kraft seiner Arme fühlen lassen möchte. Sieh also zu, daß er nicht auch jetzt auf dergleichen verfällt, sondern versöhne uns, oder, wenn er es auf Gewalt ankommen läßt, so hilf mir, denn ich bin in heller Angst vor seiner Raserei und seinem Liebesfeuer.

Nein, sagte Alkibiades, zwischen mir und dir ist von Versöhnung nicht die Rede, doch hierfür soll später mit dir abgerechnet werden. Jetzt aber, Agathon, gib mir einige von den Bändern zurück, um auch dieses Mannes wunderbares Haupt zu bekränzen und seinem Tadel vorzubeugen, daß ich dich schmückte, ihn aber, ihn der im Redekampf alle Menschen, nicht nur gestern wie du, sondern immerdar, überwindet, trotzdem nicht bekränzt habe.

Dabei nahm er einige von den Bändern, schmückte den Sokrates damit und ließ sich dann nieder.

Alkibiades wird aufgefordert, eine Lobrede auf Sokrates zu halten

Nachdem er sich niedergelassen, sagte er: Wie nun, ihr Genossen? Es scheint, ihr seid noch nüchtern; das darf euch nicht gestattet sein; nein! trinken müßt ihr; denn das haben wir miteinander abgemacht. Zum Leiter des Gelages, bis ihr genug getrunken habt, erwähle ich mich selbst. Aber es schaffe Agathon ein großes Trinkgefäß zur Stelle, wenn er eines im Hause hat. Doch nein, nicht nötig, he, Bursche, rief er, bringe das große Kühlgefäß dort her; sein Blick fiel nämlich auf ein solches, das mehr als acht Maß faßte. Dies ließ er zunächst für sich selber füllen und trank es aus, dann ließ er es für den Sokrates wieder füllen mit den Worten: Gegen Sokrates, ihr Genossen, verfängt

214

kein noch so listiger Anschlag von mir. Denn man lege ihm noch
soviel auf, er trinkt es aus, ohne doch jemals trunken zu werden.
Der Bursche also schenkte ein, und Sokrates trank aus. Eryximachos aber wandte sich an Alkibiades mit der Frage:

Wie halten wir's nun? Wollen wir auf jedes Gespräch und
jeden Gesang verzichten beim Becher und nur so schlechtweg
trinken wie die Durstigen?

Alkibiades: Mein Eryximachos, du bester Sohn des besten
und verständigsten Vaters, sei mir willkommen.

Auch du mir, entgegnete Eryximachos. Aber wie sollen wir's
halten?

Ganz wie du befiehlst; denn dir muß man gehorchen.

Wiegt doch ein Arzt weit mehr als viele andere Menschen.

Befiehl also, was du willst.

So höre denn, entgegnete Eryximachos. Ehe du eintratest, waren wir übereingekommen, es solle reihum nach rechts jeder eine
Rede auf Eros halten und ihn preisen, so schön als möglich. Wir
anderen nun haben alle schon unsere Reden gehalten. Du aber
hast noch nicht geredet und schon ausgetrunken, bist also verpflichtet zu reden und, wenn dies geschehen, dem Sokrates eine
Aufgabe zu stellen ganz nach deinem Gefallen; und Sokrates
wieder seinem Nachbarn zur Rechten und so auch die anderen.

Mein Eryximachos, erwiderte Alkibiades, du hast ganz recht,
aber einen berauschten Mann zum Redekampf mit Nüchternen
auffordern, das heißt doch nicht mit gleichem Maße messen.
Und weiter, du trefflicher Ehrenmann, glaubst du denn irgend
etwas von dem, was Sokrates soeben sagte? Laß dir nur gesagt
sein: das gerade Gegenteil von dem, was er sagte, ist wahr. Denn
wenn ich in seiner Gegenwart irgendeinen anderen lobe als ihn,
gleichviel ob einen Gott oder einen Menschen, so bekomme ich
unfehlbar die Kraft seiner Arme zu spüren.

Lästere nicht, sagte Sokrates.

Beim Poseidon, erwiderte Alkibiades, laß jeden Widerspruch
fahren, denn was mich anlangt, so werde ich in deiner Gegenwart nie einen anderen loben.

Gut, so tue danach, sagte da Eryximachos, wenn dir's beliebt:
halte eine Lobrede auf den Sokrates.

Wie sagst du? entgegnete Alkibiades. Hältst du das für nötig, Eryximachos? Soll ich dem Mann zu Leibe gehen und Rache an ihm nehmen in eurer Gegenwart?

Du da, Alkibiades, sagte Sokrates, was hast du im Sinn? Willst du in deiner Lobrede mich lächerlich machen, oder wie wirst du's halten?

Die Wahrheit werd' ich sagen. Aber gestattest du's auch? Das ist zu überlegen.

Fort mit allen Bedenken, erwiderte Sokrates; die Wahrheit zu sagen gestatte ich nicht nur, sondern befehle es.

Keinen Augenblick werd' ich zögern, entgegnete Alkibiades. Doch geb' ich dir folgende Weisung. Sage ich irgend etwas, was nicht wahr ist, so unterbrich mich ohne jedes Bedenken, und 215 bezichtige mich der Lüge; denn absichtlich werde ich keine Unwahrheit sagen. Wenn aber im Verlauf meiner Rede mir mein Gedächtnis hie und da einen Streich spielt und Verwirrung anrichtet, so wundere dich nicht; denn es ist keine leichte Aufgabe, in einem Zustand wie dem meinigen deine wunderlichen Eigenheiten geläufig und in gehöriger Ordnung aufzuzählen.

Alkibiades vergleicht Sokrates mit Silenen und dem Satyr Marsyas

Mein Lob des Sokrates, ihr Männer, soll sich aufbauen auf der Grundlage von Gleichnissen. Er selbst freilich wird darin die Absicht wittern, ihn lächerlich zu machen, allein das Gleichnis soll der Wahrheit dienen, nicht dem Spott. Ich behaupte nämlich, er habe die größte Ähnlichkeit mit jenen hockenden Silenen[4] in den Bildhauerwerkstätten, wie sie von den Meistern der Kunst mit Hirtenpfeifen oder Flöten im Munde dargestellt werden: mit einer Doppeltür versehen, bergen sie, wie sich zeigt, in ihrem Inneren Götterbilder. Und weiter vergleiche ich ihn auch mit dem Satyr Marsyas. Daß du wenigstens in deinem Äußeren ihnen ähnlich bist, Sokrates, wirst du selbst nicht bestreiten; daß du aber auch im übrigen ihnen gleichst, darüber laß dich nunmehr belehren. Du bist ein übermütiger Schalk, oder nicht? Wenn du es leugnest, stelle ich dir Zeugen. Aber ein Flötenbläser – solltest du nicht auch das sein? Ja, weit wundersamer als

Marsyas. Denn nur mit Hilfe von musikalischen Werkzeugen bezauberte dieser die Menschen durch die Macht, die von seinem Munde ausging, und so auch noch jetzt jeder, der seine Weisen spielt. Denn des Olympos Melodien für die Flöte sind, so behaupte ich, zugleich die des Marsyas, da dieser sein Lehrer war. Diese Weisen, mag nun ein guter Flötenspieler oder eine gewöhnliche Flötenbläserin sie vortragen, sind die einzigen, welche die innere Ergriffenheit bewirken und kundtun, wer nach den Göttern und nach den Weisen Verlangen trägt, denn sie sind selbst göttlicher Herkunft.

Sokrates bewirkt dasselbe mit bloßen Worten

Du aber unterscheidest dich von ihm nur dadurch, daß du ohne Instrumente mit bloßen Worten dasselbe bewirkst. Was uns wenigstens anlangt, so steht es so: mögen wir von irgendwelchem anderen auch noch so trefflichen Redner andere Ansichten vortragen hören, so macht das auf uns sozusagen auch nicht den mindesten Eindruck. Hört aber einer dich an oder deine Lehren aus dem Munde eines anderen, mag der Berichtende auch noch so geringwertig und mögen Mann, Frau oder Knabe die Zuhörer sein, so fühlen wir uns hingerissen und innerlich ergriffen. Ich wenigstens, ihr Männer, würde, wenn ich damit nicht den Eindruck völliger Trunkenheit machen würde, euch unter eidlicher Versicherung berichten, wie es mir selbst unter dem Einfluß seiner Reden ergangen ist und jetzt noch ergeht. Denn wenn ich ihn höre, dann pocht mir das Herz weit stärker als den Korybantenschwärmern, und seine Reden entlocken mir Tränen. Und tausend anderen ergeht es ebenso, wie ich sehe. Wenn ich den Perikles hörte und andere treffliche Redner, so mußte ich zwar ihre Redegabe anerkennen, aber Eindrücke wie vom Sokrates empfing ich nie; nie geriet meine Seele in solche Erregung, nie zeigte sie sich so entrüstet darüber, daß mein Verhalten eines freien Mannes unwürdig sei; aber von diesem Marsyas hier mußte ich das oft über mich ergehen lassen, so daß mir das Leben unerträglich schien ohne eine Änderung meines ganzen Wesens. Und dies, Sokrates, wirst du nicht als wahrheitswidrig bezeichnen. Bin ich mir doch auch jetzt noch bewußt, daß, wollte ich

216

ihm mein Ohr leihen, ich die Kraft zum Widerstand nicht finden würde, sondern das gleiche über mich ergehen lassen müßte. Denn er zwingt mich einzugestehen, daß ich bei allen mir noch anhaftenden Schwächen doch meine eigene Ausbildung vernachlässige und die Geschäfte der Athener betreibe. Mit Gewalt verstopfe ich mir deshalb die Ohren wie zum Schutze vor den Sirenen und eile spornstreichs von dannen, um nicht an ihm hängen zu bleiben, bis ich ein Greis bin. Er ist der einzige Mensch, dem gegenüber ich einen inneren Vorgang verspürte, den wohl niemand in mir vermuten würde, nämlich Scham vor irgend jemand; er ist der Einzige, vor dem ich mich schäme. Denn ich bin mir zwar wohl bewußt, daß ich nicht imstande bin, ihm zu widersprechen in dem Sinne, daß ich seinen Anweisungen nicht zu gehorchen brauchte, aber sobald ich von ihm fort bin, hat der ehrende Beifall der Menge bei mir wieder die Oberhand. Ich laufe also fort von ihm und meide ihn, und wenn ich ihn sehe, so schäme ich mich meines Abfalls von seinen Anweisungen. Und oftmals würde ich's dankbar empfinden, wenn er nicht mehr unter den Lebenden wäre; träte aber dieser Fall ein, so würde ich – dessen bin ich sicher – noch weit mehr Schmerz empfinden, so daß ich ratlos bin, wie ich mich zu diesem Mann stellen soll.

Alkibiades versucht Sokrates zu verführen

Was also das Flötenspiel betrifft, so haben ich und viele andere derartige Erfahrungen mit dem Satyr hier gemacht. Laßt euch nun andere Belege von mir vorführen für seine Ähnlichkeit mit denen, mit welchen ich ihn verglich, sowie für seine wunderbare Macht. Denn laßt euch gesagt sein, daß niemand von euch diesen Mann wirklich kennt. Aber ich will das Dunkel lichten, da ich einmal angefangen habe. Ihr seht ja, daß Sokrates in die Schönen verliebt ist und sich immer mit ihnen zu schaffen macht und voller Entzücken ist und wie er anderseits seinem äußeren Gebaren nach jede Erkenntnis ablehnt und nichts weiß. Erinnert das nicht an die Silenen? Ich dächte doch, in hohem Maße. Denn das ist nur die äußere Hülle bei ihm, wie jene künstliche Silenengestalt. Öffnet man sie aber, welche Fülle von geistiger Kraft zeigt da das Innere! Kaum zu glauben, ihr Tischgenossen! Wisset denn, daß es ihm in Wahrheit gar nicht darauf ankommt, ob einer schön ist – nein, er verachtet das so gründlich, wie keiner glauben möchte –, und ebensowenig, ob einer reich ist oder sonst mit Ehren geziert ist, die von der Menge wer weiß wie hoch gepriesen werden. Alle diese Güter hält er für wertlos, und wir Menschen sind in seinen Augen nichts – merkt's euch –, sein ganzes Leben aber ist ein fortwährendes ironisches Spiel der Verstellung und der Hänselei der Menschen. Ob aber sonst einer die Götterbilder in seinem Inneren geschaut hat, wenn er es einmal ernst meinte und sich erschloß, weiß ich nicht; aber ich habe sie schon einmal gesehen, und mir erschienen sie so göttlich und so golden, so unvergleichlich schön und wundervoll, daß ich schlechtweg alles tun zu müssen glaubte, was Sokrates von mir verlangte. Da ich nun wähnte, er habe es ernstlich auf meine Jugendreize abgesehen, so hielt ich das für einen unverhofften Fund und für einen wunderbaren Glücksfall für mich, als ob es mir nunmehr, wenn ich dem Sokrates zu Willen wäre, alles zu hören vergönnt wäre, was er selber wußte. Denn ich bildete mir auf meine Jugendreize wer weiß was ein. In solcher Anschauung befangen, verzichtete ich nunmehr auf meine bisherige Gewohnheit, nicht ohne einen dienenden Begleiter mit ihm zusammenzusein: ich entließ diesen Diener und war allein mit ihm zusammen. Denn ihr sollt die volle Wahrheit hören. Dabei müßt ihr aber gespannt aufmerken, und wenn ich eine Unwahrheit sage, Sokrates, dann strafe mich Lügen. Ich war nun, ihr Männer, ganz allein mit ihm zusammen und nahm an, er würde mir alsbald mit Anträgen kommen, wie sie ein Liebender seinem Geliebten an einsamer Stelle macht, und freute mich darauf. Davon geschah aber nicht das geringste, vielmehr nahm seine Unterhaltung mit mir ganz den gewöhnlichen Verlauf, und als es Abend wurde, ging er nach Hause. Darauf forderte ich ihn auf, sich an meinen gymnastischen Übungen zu beteiligen, und zog ihn zu diesen heran in der Hoffnung, damit etwas zu erreichen. Er übte also mit mir und rang oft mit mir ohne jeden Zuschauer. Und was bedarf es weiterer Worte? Es war alles umsonst. Da ich aber mit alledem nicht vorwärtskam, so glaubte ich mit kräftigeren Mitteln gegen den Mann vorgehen zu müssen und nicht nachlassen zu dürfen, da ich mich einmal darauf eingelassen; ich mußte doch endlich wissen, wie es mit der Sache stände. Ich lade ihn also ein, mit mir zu speisen, ganz als wäre ich der Liebhaber, der seinem Geliebten nachstellt. Aber auch hierin ging es mir sonderbar: er ließ sich nicht etwa gleich dazu herbei, mit der Zeit jedoch ging er darauf ein. Als er sich zum erstenmal einfand, wollte er nach dem Essen gleich wieder fortgehen, und das ließ ich für diesmal geschehen, weil ich mich schämte. Einen weiteren Anschlag machte ich in folgender Weise: nachdem wir gespeist, führte ich die Unterhaltung fort bis tief in die Nacht, und als er fortgehen wollte, nötigte ich ihn dazubleiben, unter dem Vorgeben, es sei zu spät. Er legte sich also zur Ruhe auf das an das meinige anstoßende Lager, auf dem er auch zu Tische gelegen hatte, und es schlief in dem Zimmer niemand sonst als wir. Bis hierher nun wäre an dem Bericht nichts auszusetzen, und jedermann könnte zuhören; was aber nun folgt, das hätte ich nicht gewagt euch mitzuteilen, wenn nicht erstens der Wein, dem Sprichwort zufolge, sei's ohne Kinder oder mit Kindern, die Wahrheit sagte und wenn es zweitens nicht ungerecht wäre, einen Beleg für den edlen Stolz des Sokrates zu verschweigen, nachdem man sich als seinen Lobredner angekündigt hat.

Alkibiades ist getroffen vom Stachel der Philosophie

Und dazu kommt drittens noch, daß es mir geht wie dem von der Natter Gebissenen. Denn man sagt, daß wer diesen Schmerz an sich selbst erlebt hat, sich scheue über die Art desselben sich zu irgendwelchem andern zu äußern als zu denen, die selbst schon gebissen worden sind, weil diese allein es verstehen und verzeihen würden, wenn er vor Schmerz sich nicht lassen und in seinem Tun und Reden keine Grenzen finden konnte. Was mich nun anlangt, so bin ich gebissen von etwas noch Schmerzhafterem und gerade an der für solchen Biß schmerzhaftesten Stelle – am Herzen nämlich oder an der Seele, oder wie man es sonst nennen will, bin ich getroffen und gepeinigt worden von dem Stachel der Philosophie, der, wenn er einen jugendlichen und nicht unbegabten Geist erfaßt, sich noch grimmiger einbohrt als der Zahn der Natter und jede Rücksicht schwinden läßt in Rede und Tat. Und angesichts von Männern wie Phaidros, Agathon, Eryximachos, Pausanias, Aristodemos und Aristophanes – was bedarf's noch, den Sokrates selbst zu nennen und die anderen? Habt ihr doch alle an euch selbst die philosophische Raserei und Schwärmerei verspürt. Darum dürft ihr alle es hören, denn ihr werdet mir verzeihen, was ich damals tat und nunmehr erzähle. Die Diener aber und wer der Weihen und Geistesbildung bar ist – sie mögen ihre Ohren verriegeln, so fest wie nur möglich.

Sokrates beschämt Alkibiades

Als nämlich, ihr Freunde, das Licht ausgelöscht war und die Sklaven sich entfernt hatten, da hielt ich es für angebracht, auf alle Verschleierungen und Beschönigungen zu verzichten und frei herauszurücken mit der Sprache über das, was mir am Herzen lag. Ich stieß ihn also an und fragte ihn: Sokrates, schläfst du?

Bewahre! erwiderte er.

Weißt du, worauf ich hinaus will?

Worauf denn? fragte er.

Du bist, will mir scheinen, der einzige Liebhaber, sagte ich, der verdient, es zu sein, und willst nur, glaube ich, nicht mit der Sprache herausrücken. Mit mir aber steht es so: für Torheit würde ich es halten, dir nicht auch hierin zu Willen zu sein ebenso wie in jedem anderen Falle, sei es etwa, daß du meines Vermögens oder der Beihilfe meiner Freunde bedürftig wärest. Denn mir liegt nichts mehr am Herzen, als so tüchtig wie möglich zu werden, und dafür wüßte ich keinen zuständigeren Beihelfer als dich. Wollte ich also einem solchen Manne nicht zu Willen sein, so würde ich mich vor allen Einsichtigen weit mehr schämen als ich mich vor der Masse der Toren schämen würde, wenn ich es gewährte.

Darauf erwiderte er höchst ironisch und ganz nach seiner Weise und Gewohnheit: Mein lieber Alkibiades, du scheinst in der Tat kein Dummkopf zu sein, wenn du recht hast mit deiner Behauptung über mich und mir wirklich eine solche Kraft innewohnt, die imstande wäre, aus dir einen besseren Menschen zu machen. Eine Schönheit über alle Begriffe hinaus würdest du dann in mir erblicken, eine Schönheit, vor der deine Wohlgestalt so gut wie völlig verschwindet. Wenn du also bei ihrem Anblick sie mit mir zu teilen und einen Austausch von Schönheit gegen Schönheit vorzunehmen trachtest, so ist es keine geringe Übervorteilung, auf die du es gegen mich abgesehen hast; gehst du doch vielmehr darauf aus, für den bloßen Schein der Schönheit dir die wahre Schönheit anzueignen, denkst also in Wahrheit darauf »goldene gegen eherne« Rüstung einzutauschen. Doch, mein Bester, sieh schärfer zu, sonst merkst du nicht, daß an mir gar nichts ist. Glaube mir, des Geistes Auge fängt erst dann an scharf zu sehen, wenn das des Leibes seine Schärfe zu verlieren beginnt. Davon bist du noch weit entfernt.

Darauf erwiderte ich: Was ich dir gegenüber auf dem Herzen hatte, das habe ich dir mitgeteilt in vollster Übereinstimmung mit meiner wirklichen Gesinnung. An dir aber ist es nun, mit dir zu Rate zu gehen, was du für dich und für mich das Beste hältst.

Das heißt den Nagel auf den Kopf treffen, entgegnete er; ja, in der Folgezeit wollen wir in gegenseitiger Verständigung es so halten, wie es uns beiden in diesem wie in allen anderen Punkten als Bestes erscheint.

Nachdem ich solche Wechselreden mit ihm geführt und gleichsam meine Pfeile abgeschossen hatte, glaubte ich doch, es sei nicht ohne eine Wunde für ihn abgegangen. Ich stand also auf und ließ ihn nicht weitersprechen, warf meine Hülle über ihn – denn es war Winter –, legte mich mit unter seinen Mantel, schlang meine Arme um ihn, diesen wahrhaft dämonischen und wunderbaren Mann, und blieb so die ganze Nacht neben ihm liegen. Und auch hierin, mein Sokrates, wirst du mich nicht einer Unwahrheit zeihen. Denn bei all diesem meinem Bemühen zeigte dieser Mann eine Überlegenheit und Verachtung, verbunden mit Spott und Hohn über meine Jugendreize, auf die ich mir doch wer weiß was einbildete, nun, ihr Richter – denn Richter seid ihr über des Sokrates Hochmut –, wißt bei allen Göttern und allen Göttinnen, nachdem ich mit Sokrates das Lager geteilt, erhob ich mich, ohne daß etwas weiteres geschehen wäre, als wenn ich beim Vater oder älteren Bruder geschlafen hätte.

Sokrates' Fähigkeit, Strapazen zu ertragen

Nach diesem Vorgang, wie glaubt ihr wohl, daß es in meinem Inneren ausgesehen habe? Empfand ich es doch als eine Beschimpfung, während ich anderseits sein ganzes Wesen, seine Besonnenheit und Mannhaftigkeit bewunderte, da ich in ihm einen Mann gefunden hatte, wie ich ihn niemals zu finden geglaubt hätte an Weisheit und Unerschütterlichkeit. So könnte ich es denn weder über mich bringen, ihm zu zürnen und auf seinen Umgang mit mir zu verzichten, noch wußte ich Rat über die Mittel, ihn an mich zu ziehen. Denn das wußte ich wohl, daß er gegen Geld unbedingt besser noch gefeit sei als Aias gegen Eisen, und das einzige Mittel, mit dem ich gehofft hatte, ihn für mich zu gewinnen, hatte sich mir als unbrauchbar bewiesen. Ratlos also und ganz in der beispiellosen Gewalt dieses Mannes konnt' ich nicht Rast und nicht Ruhe finden. Das alles nämlich hatte sich unter uns schon abgespielt, als wir gemeinsam den Feldzug nach Potidäa mitmachten und Tischgenossen waren.

Was zunächst das Ertragen von Strapazen anlangt, so stach er nicht nur mich, sondern auch alle anderen aus. Wenn wir die Verbindung verloren hatten und, wie dies häufig im Felde vorkommt, in die Lage gebracht waren, hungern zu müssen, da gab es keinen, der es an Widerstandskraft auch nur entfernt mit ihm aufgenommen hätte. Lebten wir aber in Saus und Braus, so verstand niemand so wie er zu genießen wie in allen anderen Stücken, so besonders im Trinken – ohne besondere Neigung dafür –, worin er, wenn er zum Mitmachen genötigt war, alle hinter sich ließ, und – wunderbar genug – kein Mensch hat jemals den Sokrates trunken gesehen. Und ich glaube, es wird nicht lange dauern, so wird er auch hier davon den Beweis geben. Was aber die Beschwerden des Winters anlangt – an Härte sucht dort der Winter seinesgleichen –, so gab er unter anderem folgende erstaunliche Probe seiner Leistungsfähigkeit: bei grimmigster Kälte, wo die anderen alle entweder das Haus hüteten oder nur in unglaublich dicker Kleiderumhüllung, mit Sohlen und die Füße umwickelt mit Filz und Schafpelz ausgingen, wagte er sich trotz alledem ins Freie, nur bekleidet mit seinem gewöhnlichen Mantel, und schritt ohne Schuhe leichter über das

Eis als die anderen in ihrem Schuhwerk. Die Soldaten aber witterten darin eine Verhöhnung, die er ihnen antun wolle.

Sokrates' Hartnäckigkeit im Denken

So also in diesem Falle. Doch

wie er auch jenes erzwang und bestand, der gewaltige Krieger,

dort in dem Feldzug, ist gewiß auch hörenswert. Tief in Nachdenken versunken, blieb er vom frühen Morgen ab an derselben Stelle stehen und, da es mit seiner Denkarbeit nicht vorwärtsgehen wollte, ließ er nicht locker, sondern blieb nachsinnend stehen. Und schon war es Mittag; die Leute wurden aufmerksam darauf und teilten es verwundert einer dem andern mit, daß Sokrates nun schon vom frühen Morgen ab in sich versunken dastände. Schließlich brachten einige Ionier nach der Abendmahlzeit ihre Lagerdecken heraus, teils um im Kühlen zu schlafen – denn jetzt war es Sommer –, teils um aufzupassen, ob er auch in der Nacht in dieser Stellung verharren würde. Wirklich blieb er stehen, bis der Morgen anbrach und die Sonne aufging. Dann verrichtete er sein Gebet an die Sonne und ging von dannen.

Sokrates, der Retter des Alkibiades

Wollt ihr aber auch etwas hören von seiner Haltung in den Schlachten – ein begreiflicher Wunsch, dessen Erfüllung nur ein Akt der Gerechtigkeit ist –, so vernehmet: als jene Schlacht stattfand, die mir gemäß der Entscheidung der Feldherrn den Kampfpreis einbrachte, war niemand anders mein Retter als er: er wollte mich, den Verwundeten, nicht verlassen, sondern trug Sorge, mich und meine Waffen zu retten. Und was mich anlangt, mein Sokrates, so trat ich schon damals dafür ein, die Feldherren möchten dir den Ehrenpreis des Kampfes zuerkennen – und das wirst du mir weder zum Vorwurf machen noch mich der Lüge zeihen. Da indes die Feldherren in Rücksicht auf meinen höheren militärischen Rang mir den Preis zuerkennen wollten, da tratest du selber noch entschiedener als die Feldherren dafür ein, daß ich ihn erhalten sollte und nicht du.

Sokrates auf dem Rückzug

Ferner, ihr Männer, war es wohl der Mühe wert, den Sokrates zu schauen beim Rückzug des Heeres nach der Schlacht bei Delion.
221 Ich war nämlich dabei beteiligt als Reiter, er als Schwerbewaffneter. Nachdem die Menge auseinandergesprengt war, war er und an seiner Seite Laches im Rückzug begriffen; ich, sie zufällig treffend, sprach ihnen Mut zu und versicherte sie, ich würde sie nicht im Stiche lassen. Hier bot sich mir noch ein schöneres Schaustück als bei Potidäa – brauchte ich doch als Reitersmann weniger um mich selbst besorgt zu sein –: erstens, wie sehr er dem Laches überlegen war an Besonnenheit, sodann wie er dort einherschritt nicht anders, wie mir scheinen wollte, als hier in Athen »einherstolzierend und die stierenden Augen umherwerfend«, um mich deiner Worte zu bedienen, mein Aristophanes: in aller Ruhe schaute er hin auf Freund und Feind, für jedermann schon aus weiter Entfernung sich kundgebend als einen Mann, der, wenn einer Hand an ihn legen wollte, sich mit aller Kraft zur Wehr setzen würde. Daher kam er denn auch ungefährdet davon, er und sein Genosse. In der Regel nämlich pflegt man im Kriege diejenigen, die eine solche Haltung zeigen, überhaupt nicht anzugreifen, sondern diejenigen zu verfolgen, die Hals über Kopf sich aus dem Staube machen.

Sokrates' Einzigartigkeit

Noch so manches andere der Bewunderung Werte wäre an Sokrates hervorzuheben. Indes, was die sonstigen menschlichen Erscheinungsweisen betrifft, so könnte man wohl auch von einem andern Ähnliches sagen, was aber eine unvergleichliche Bewunderung herausfordert, ist dies, daß es keinen einzigen Menschen weder in der Vorzeit noch in der Gegenwart gibt, dem er ähnlich wäre. Einem Achill zum Beispiel könnte man als ähnlich zur Seite stellen einen Brasidas und andere, anderseits einem Perikles Männer wie Nestor und Antenor und andere; und ähnliche Gegenüberstellungen ließen sich noch gar manche machen, aber einen Mann von so wunderlicher Eigenart, seiner Person wie seinen Reden nach, wird man nicht wieder finden, man mag noch so lange suchen, weder unter den Mitlebenden noch unter den Altvorderen, man müßte ihn denn, wie ich es tat, mit keinem Menschen, sondern mit Silenen und Satyrn vergleichen, ihn und seine Reden.

Sokrates' täuschende Erscheinung

Denn das habe ich in meinen vorigen Ausführungen ganz unberührt gelassen, daß auch seine Reden jenen Silenen ganz gleichen, wenn man den Deckel aufklappt. Denn wer des Sokrates Reden hören will, dem erscheinen sie zuerst wohl lächerlich; sie sind äußerlich in Worte und Ausdrücke gehüllt wie in das Fell eines übermütigen Satyrs. Denn von Lasteseln spricht er und von Schmieden und Schustern und Gerbern, und über denselben Gegenstand scheint er immer dasselbe zu sagen, so daß jeder Unkundige und Geistesarme über seine Reden lachen muß. Öffnet man aber den Verschluß und vertieft sich in das Innere, so wird man zunächst finden, daß es die einzig wirklich vernünftigen Lehren sind, sodann aber auch, daß sie die göttlichsten sind und die meisten Bilder der Tugend in sich bergen und das weiteste Gebiet, ja alles umspannen, worauf derjenige sein Augenmerk richten muß, der ein trefflicher und tüchtiger Mensch werden will.

Das ist es, ihr Freunde, was ich zum Lobe des Sokrates zu sagen habe; anderseits habe ich auch Tadel mit einfließen lassen und euch Kunde gegeben von der übermütigen Behandlung, die ich mir von ihm gefallen lassen mußte. Und gewiß, ich bin nicht der einzige, den er so behandelt hat, sondern auch mit Charmides, des Glaukon Sohn, und mit Euthydemos, des Diokles Sohn, und noch gar vielen anderen hat er ein täuschendes Spiel getrieben, als wäre er der Liebhaber und nicht vielmehr selbst der Geliebte. Dies sage ich denn auch dir zur Warnung, mein Agathon: laß dich nicht täuschen von ihm, sondern laß dir unsere Leiden zur Warnung dienen, um nicht erst, wie die Toren, durch Schaden klug zu werden, wie das Sprichwort sagt.

222

Agathon legt sich neben Sokrates

Als Alkibiades so gesprochen, brach ein Gelächter aus über seine Offenherzigkeit, die den Schein erweckte, als sei er immer noch in Sokrates verliebt.

Sokrates aber erklärte: Du scheinst mir ganz nüchtern zu sein, Alkibiades; denn sonst hättest du nicht in so feiner Berechnung mit kunstvollen Redewendungen zu verbergen gesucht, zu welchem Zweck du dies alles gesagt hast, und wärest nicht nur so nebenbei am Schluß auf die eigentliche Sache zu sprechen gekommen, als ob nicht vielmehr deine ganze Rede darauf berechnet gewesen wäre, mich und den Agathon zu entzweien in dem Wahne, ich dürfe bloß dich und keinen anderen lieben, Agathon aber dürfe nur von dir und keinem anderen geliebt werden. Aber der Schleier ist gelüftet und dein Satyr- und Silenendrama aufgedeckt. Laß ihn denn, lieber Agathon, keinen Gewinn davon haben, sondern trage Sorge, daß niemand uns beide entzweie.

Darauf Agathon: In der Tat, mein Sokrates, es scheint, du hast ganz recht. Vermute ich richtig, so hat er sich auch in keiner anderen Absicht zwischen uns gelegt als um uns zu trennen. Das soll ihm nunmehr nichts helfen, sondern ich werde zu dir herüberkommen und mich neben dir niederlegen.

Ja, komm nur, erwiderte Sokrates, und lege dich neben mir nieder.

Beim Himmel, rief da Alkibiades, was muß ich mir wieder von dem Menschen gefallen lassen. Er glaubt mich aufs gründlichste demütigen zu müssen. Aber geht es nicht anders, du Einziger, dann weise dem Agathon seinen Platz wenigstens in der Mitte zwischen uns an.

Ganz unmöglich, erwiderte Sokrates, denn du hast mich gelobt, und ich muß wieder meinen Nachbarn zur Rechten loben. Wenn nun Agathon in der Reihe nach dir kommt, würde er dann nicht noch einmal mich loben, während er vielmehr von mir gelobt werden müßte? Gib dich also zufrieden, du Übermensch, und mißgönne dem Jüngling nicht eine Lobrede von mir. Trage ich doch das lebhafteste Verlangen, ihn zu preisen.

Herrlich, herrlich, rief da Agathon, Alkibiades! Unmöglich kann ich auf diesem Platze hier bleiben, nein, ich muß ihn unbedingt wechseln, um von Sokrates gelobt zu werden.

Nun ja, es bleibt eben beim alten, erwiderte Alkibiades: wenn Sokrates zugegen ist, dann kann kein anderer an die Schönen herankommen. Und wie hat er jetzt wieder Mittel und gewinnende Worte gefunden, um den Agathon neben sich zu haben.

Sokrates redet Aristophanes und Agathon in den Schlaf

Agathon also erhob sich, um seinen Platz neben Sokrates einzunehmen. Da erschien plötzlich eine große Schar von Nachtschwärmern an der Tür, und da gerade jemand hinausging, so fanden sie dieselbe geöffnet und stürmten nun geraden Weges herein zu uns und ließen sich nieder. So füllte sich denn alles mit Lärm, und ohne jede Ordnung war man gezwungen, maßlos zu trinken. Eryximachos und Phaidros nebst einigen anderen – so erzählte Aristodemos – entfernten sich, ihn selbst habe der Schlaf überwältigt und ihn lange auf dem Lager festgehalten entsprechend der Länge der Nächte in jener Jahreszeit; erst beim Anbruch des Tages, als die Hähne krähten, sei er erwacht und habe bemerkt, daß die einen noch schliefen, die anderen sich entfernt hatten; nur Agathon, Aristophanes und Sokrates wären noch wach gewesen und hätten aus einem großen Pokal getrunken, rechts herum. Sokrates habe sich mit ihnen unterhalten, und im übrigen, erklärte Aristodemos, entsinne er sich nicht mehr des Gegenstandes der Unterhaltung, denn dem Anfang habe er nicht beigewohnt und sei zwischendurch auch eingenickt – die Hauptsache, sagte er, sei jedoch die gewesen, daß Sokrates ihnen das Zugeständnis abgezwungen habe, ein und derselbe Mann müsse fähig sein, eine Komödie und eine Tragödie zu schreiben, und der kunstgerecht ausgebildete Tragödiendichter sei auch ein Komödiendichter. Während sie nun zu diesem Zugeständnis genötigt wurden, ohne recht zu folgen, seien sie eingenickt; zuerst sei Aristophanes eingeschlafen, bei schon vorgerückter Morgenzeit auch Agathon. Sokrates aber sei, nachdem sie über seinen Belehrungen eingeschlummert, aufgestanden und weggegangen, er selbst habe sich ihm, wie gewöhnlich, angeschlossen. So habe er sich nach dem Lykeion begeben, und nachdem er ein Bad genommen, habe er ganz wie sonst daselbst auch den noch übrigen Teil des Tages zugebracht. Dann sei er gegen Abend nach Hause zur Ruhe gegangen.

Der Staat

Die Philosophen sind die Führer des Staates

SOKRATES: Die Philosophen also, mein Glaukon, und die, die es nicht sind, haben sich uns ihrem beiderseitigen Wesen nach in einer lang ausgesponnenen Erörterung mit Mühe und Not zu erkennen gegeben.

GLAUKON: Vielleicht würde es mit einer kurzen erst recht seine Schwierigkeiten haben.

SOKRATES: Ja, allem Anschein nach. Meiner Meinung nach würde die Sache noch klarer hervorgetreten sein, wenn sie die einzige wäre, die zu erledigen wäre, und nicht noch vieles der Erörterung harrte für den, der zur Einsicht gelangen will über den Unterschied des gerechten und ungerechten Lebens.

GLAUKON: Was müssen wir also demnächst vornehmen?

SOKRATES: Was anderes, als was sich als natürliche Folge ergibt? Da nämlich Philosophen diejenigen sind, die das immer sich völlig Gleichbleibende zu erfassen vermögen, während die, welche das nicht können, sondern nur in der Region des Vielen und Allgestaltigen herumschweifen, mit Philosophie nichts gemein haben, welche sollen denn die Führer des Staates sein?

GLAUKON: Mit welcher Antwort darauf werden wir wohl das richtige treffen?

SOKRATES: Diejenigen von beiden, die sich als fähig erweisen, über die Gesetze und Obliegenheiten der Staaten zu wachen, diese sind es, die man als Wächter bestellen muß.

GLAUKON: Richtig.

SOKRATES: Kann aber darüber ein Zweifel obwalten, ob ein Blinder oder ein Scharfsehender als Wächter über irgend etwas die Obhut führen soll?

GLAUKON: Wie könnte man darüber in Zweifel sein?

SOKRATES: Meinst du nun also etwa, es unterschieden sich von Blinden auch nur im geringsten diejenigen, die in Wahrheit ausgeschlossen sind von der Erkenntnis des wahrhaft Seienden an jeglichem Ding und die kein deutliches Idealbild davon in ihrer Seele haben und nicht imstande sind wie Maler auf das eigentliche Urbild der Wahrheit hinzuschauen, sich immer nach diesem zu richten und es so scharf wie nur möglich ins Auge zu fassen, um daraufhin die Anschauungen über das Schöne, Gerechte und Gute hienieden gesetzlich zu regeln, wenn es einer solchen Regelung bedarf, und was einmal festgesetzt ist, auch in seinem Bestand zu behüten?

GLAUKON: Nein, beim Himmel, es ist kaum ein Unterschied zwischen ihnen.

SOKRATES: Wollen wir also etwa lieber diese als Wächter anstellen als diejenigen, die das wahre Wesen jedes Dinges kennen, dabei aber an Erfahrung hinter jenen in keiner Weise zurückstehen noch auch sonst in irgendwelchen Stücken, was Tüchtigkeit anbelangt, von ihnen übertroffen werden?

GLAUKON: Es wäre ja wider alle Vernunft, andere zu wählen – vorausgesetzt allerdings, daß sie in den anderen Beziehungen nicht zurückstehen –; denn eben das, worin sie vor jenen den Vorzug haben, ist ja doch wohl das Wichtigste von allen.

485 SOKRATES: Wir müssen also doch wohl die Frage erörtern, auf welche Weise sie in *einer* Person die Eigenschaften beider, der bloßen Praktiker und der Philosophen, vereinigen können?

GLAUKON: Gewiß.

SOKRATES: Es gilt also zunächst, entsprechend dem, was wir gleich zu Beginn dieser Untersuchung sagten, uns über die Naturanlagen derselben klarzuwerden. Und wenn wir uns über sie genügend verständigt haben, dann werden wir, glaube ich, auch darin einig sein, daß sie in *einer* Person dies vereinigen können und daß keine anderen als diese die Leiter der Staaten sein dürfen.

GLAUKON: Wie das?

Merkmale einer philosophischen Natur

Ganzheitlichkeit

SOKRATES: Soviel muß doch unter uns hinsichtlich der philsophischen Naturen als ausgemacht gelten, daß sie stets mit ganzem Herzen an einer geistigen Tätigkeit hängen, die ihnen etwas von jenem Sein offenbart, das immerdar ist und unberührt bleibt von jedem Wandel durch Entstehen oder Vergehen.

GLAUKON: Das mag als ausgemacht gelten.

SOKRATES: Und doch wohl auch dies, daß es dieses Sein in vollem Umfang ist, dem sie nachgehen, und daß sie weder auf einen kleinen noch auf einen größeren, weder auf einen ansehnlicheren noch auf einen bescheideneren Teil, soweit es auf sie ankommt, verzichten, ganz so wie wir vorhin es von den Ehrsüchtigen und den Verliebten ausführten.

GLAUKON: Du hast recht.

Wahrheitsliebe

SOKRATES: Überlege nun: müssen nicht demnach diejenigen, die Männer von der uns bezeichneten Art werden sollen, in ihren Naturanlagen auch außerdem noch folgenden Vorzug aufweisen?

GLAUKON: Welchen?

SOKRATES: Daß sie ohne Falsch sind und sich, soweit es auf ihren Willen dabei ankommt, keinerlei Unwahrheit zuschulden kommen lassen, sondern die Unwahrheit hassen, die Wahrheit dagegen lieben.

GLAUKON: Das ist annehmbar.

SOKRATES: Nicht bloß annehmbar, sondern unbedingt notwendig ist es, daß der seiner Natur nach in irgend etwas Verliebte alles liebt, was dem Geliebten verwandt und angehörig ist.

GLAUKON: Richtig.

SOKRATES: Kannst du nun irgend etwas finden, was mit der Weisheit enger verwandt wäre als die Wahrheit?

GLAUKON: Wie könnte ich das?

SOKRATES: Ist es also möglich, daß die nämliche Natur der Weisheit in Liebe zugetan ist und zugleich der Lüge?

GLAUKON: Nimmermehr.

SOKRATES: Also der wahrhaft Wißbegierige muß gleich von jung auf mit höchstem Eifer der Wahrheit zustreben.

GLAUKON: Unbedingt.

SOKRATES: Bei wem aber nun die Begierden mit voller Entschiedenheit nach *einem* Ziele hingerichtet sind, bei dem sind sie bekanntlich nach den übrigen Richtungen hin schwächer: er gleicht einem Strom, der nach jener Seite hin abgeleitet ist.

Glaukon: Sehr richtig.

Sokrates: Bei wem also die Strömung nach der Seite der Wissenschaften hingeht und nach allem, was dahin gehört, bei dem stehen alle Begierden im Dienste der reinen Seelenlust und sind der Sinnenlust abgewandt, vorausgesetzt eben, daß einer nicht bloß dem Scheine nach, sondern in Wahrheit weisheitsliebend [philosophisch] ist.

Glaukon: Ganz notwendig.

Sokrates: Ein solcher aber ist nun jedenfalls besonnen und jeder Gewinnsucht abhold; denn um weswillen man sich um Geld und Gut zu prunkhaftem Aufwand bemüht, das setzt einen Eifer voraus, der jedem anderen eher ansteht als diesem.

Glaukon: So ist es.

Sokrates: Und ferner mußt du auch auf folgendes achten, wenn du die philosophische Natur von der nichtphilosophischen unterscheiden willst.

486 Glaukon: Auf was denn?

Seelengröße

Sokrates: Daß dir kein etwaiger Zug niedriger Sinnesart an ihr unbemerkt bleibe; denn kleinliche Engherzigkeit ist das gerade Gegenteil einer Seelenstimmung, die immer auf das Volle und Ganze gerichtet ist, sei es göttlicher sei es menschlicher Art.

Glaukon: Sehr wahr.

Sokrates: Einer Sinnesart nun, die auf das Höchste gerichtet und der Betrachtung der Zeit und des Seins in ihrer Gesamtheit zugewandt ist, traust du der die Ansicht zu, daß das menschliche Leben etwas Großes sei?

Glaukon: Unmöglich.

Sokrates: Also auch den Tod wird ein solcher nicht für etwas Schreckliches halten?

Glaukon: Nimmermehr.

Sokrates: Eine feige und niedrige Natur hat also, wie ersichtlich, mit wahrhafter Philosophie nichts gemein.

Glaukon: Das ist auch meine Meinung.

Sokrates: Wie nun? Ein Mann von strengen Sitten, aller Hab-

gier, allem Niedrigen, aller Prahlerei, aller Feigheit abhold, kann sich der je als unverträglich oder ungerecht erweisen?
GLAUKON: Unmöglich.
SOKRATES: Und so wirst du denn bei Aufspürung philosophischer Seelenanlage und ihres Gegenteils darauf zu achten haben, ob der Betreffende gleich von Jugend auf gerecht und umgänglich, oder unverträglich und ungebärdig ist.
GLAUKON: Gewiß.
SOKRATES: Aber auch folgendes wirst du, denke ich, nicht außer acht lassen.
GLAUKON: Was denn?
SOKRATES: Ob er lernbegierig ist oder ungelehrig. Oder kannst du erwarten, daß irgendeiner wirkliche Liebe und Lust haben werde zu dem, was ihm, wenn er sich damit abgibt, nur Qualen bereitet und auch den kleinsten Fortschritt schwermacht?
GLAUKON: Schwerlich.

Gedächtnisstärke

SOKRATES: Und ferner: wenn einer von dem Gelernten nichts behalten kann, da er ein Gedächtnis hat wie ein Sieb, findet sich in dessen Seele irgendein Platz für ein wirkliches Wissen?
GLAUKON: Wie wäre das möglich?
SOKRATES: Was denkst du also von dieser nutzlosen Abquälerei? Wird er nicht unvermeidlich dahin kommen, schließlich sich selbst und diese Art von Beschäftigung zu hassen?
GLAUKON: Unbedingt.
SOKRATES: Eine vergeßliche Seele dürfen wir also niemals für wirklich philosophisch beanlagt gelten lassen, sondern Gedächtniskraft müssen wir als unerläßliche Bedingung fordern.
GLAUKON: Unter allen Umständen.
SOKRATES: Aber der Zug einer den Musen abholden und unschönen Natur kann doch wohl auf nichts anderes gehen als auf Maßlosigkeit.
GLAUKON: Gewiß.
SOKRATES: Hältst du aber die Wahrheit für verwandt mit Maßlosigkeit oder mit Ebenmäßigkeit?
GLAUKON: Mit dem Ebenmaß.

Mäßigkeit

SOKRATES: Zu allem Bisherigen müssen wir also noch eine von Natur maßvolle und Wohlgefallen erweckende Sinnesart fordern, der der angeborene Trieb es leichtmacht sich hinzuwenden nach jener Form des Seins, die das wahre Wesen eines jeden Dinges darstellt.

GLAUKON: Unbedingt.

SOKRATES: Wie steht es also? Du meinst doch nicht etwa, wir hätten Eigenschaften aufgezählt, die in irgendwelcher Hinsicht für eine Seele, welche das wahre Sein in gehöriger Weise und voller Strenge erfassen will, nicht unbedingt erforderlich wären und die nicht eine aus der anderen folgten?

487 GLAUKON: Sie sind unbedingt erforderlich.

SOKRATES: Hast du nun irgend etwas auszusetzen an einem Lebensberuf, den niemals einer genügend erfüllen kann, wenn er nicht von Natur gedächtnisstark ist und lernbegierig, hochgesinnt, voll Anmut, befreundet und verwandt mit Wahrheit, Gerechtigkeit, Tapferkeit, Besonnenheit?

GLAUKON: Der Tadel selbst könnte daran nichts tadeln.

SOKRATES: Wenn nun aber derartige Naturen in Bildung und Alter zur Reife gelangt sind, wären sie dann nicht die einzigen, denen du die Leitung des Staates anvertrauen möchtest?

Einwand des Adeimantos: Verdorbenheit und Unbrauchbarkeit der Philosophen

ADEIMANTOS: (einfallend) Niemand dürfte imstande sein, dir gegen dieses Ergebnis eine Einwendung zu machen. Aber deinen jeweiligen Zuhörern bei dieser Art von Erörterungen, wie du sie jetzt vorträgst, ergeht es regelmäßig folgendermaßen: unerfahren in der Kunst des Fragens und Antwortens, wie sie sind, haben sie das Gefühl, daß sie durch den Gang der Erörterung mit jeder Frage ein klein wenig abseits gelenkt werden; werden nun am Schluß der Erörterung diese kleinen Ablenkungen summiert, so erscheint die Abirrung dann ganz erheblich, und das Ergebnis den ersten Behauptungen widersprechend, und so kommen sie in eine Lage wie Leute, die, des Brettspiels unkundig, von den

Kundigen schließlich matt gesetzt werden und nicht mehr ziehen können: auch sie glauben so am Schluß matt gesetzt zu sein und können nichts mehr vorbringen unter dem Zwange auch eines Brettspieles, aber von anderer Art als dieses, nicht mit Steinchen, sondern mit Worten; in Wahrheit aber – meinen sie – hätten sie mit ihrer ursprünglichen Ansicht doch recht. Ich sage dies aber im Hinblick auf die vorliegende Frage. Denn jetzt könntest du wohl von einem zu hören bekommen, in strenger Gedankenentwicklung durch Worte vermöge er nicht dir auf jede einzelne Frage zu entgegnen, tatsächlich aber sehe er, daß alle, welche sich der Philosophie zuwendeten und sich nicht damit begnügten, sich zur bloßen Schulung des Geistes damit zu befassen, um noch als Jünglinge dann sich wieder davon loszumachen, sondern länger dabei verweilten, zum größten Teil ganz verdrehte, um nicht zu sagen grundverdorbene Menschen würden; diejenigen aber, die sich noch als die Trefflichsten heraushöben, hätten doch insofern unter der von dir gepriesenen Beschäftigung zu leiden, als sie dadurch unbrauchbar würden für den Staatsdienst.

SOKRATES: Glaubst du denn, daß sie damit die Unwahrheit sagen?

ADEIMANTOS: Ich weiß es nicht, möchte aber gern hören, was du darüber meinst.

SOKRATES: So höre denn: mir scheinen sie die Wahrheit zu sagen.

ADEIMANTOS: Was hat es denn dann für einen Sinn zu sagen, nicht eher würden die Staaten über das Unheil hinauskommen, als bis in ihnen die Philosophen zur Herrschaft gelangten, sie, die wir im Einverständnis miteinander als unbrauchbar für sie erklären?

SOKRATES: Die Frage, die du mir da vorlegst, kann nicht wohl anders als durch ein Gleichnis [Bild] beantwortet werden.

ADEIMANTOS: Und du, dünkt mich, bist wohl nicht gewohnt, in Gleichnissen zu reden.

Gleichnis des Sokrates vom verkannten Steuermann

Sokrates: Nun, nur immer zu. Erst bürdest du mir die Last
488 eines so schwierigen Nachweises auf, und nun spottest du auch
noch? Höre denn mein Gleichnis, damit du noch besser erkennst, wie gierig ich nach Gleichnissen bin. Denn so schwer ist
das Ungemach, das jene »Trefflichsten« in ihrem Verhältnis zum
Staate erleiden, daß es überhaupt nichts anderes gibt, das sich,
einzeln genommen, damit vergleichen ließe, vielmehr muß man
zur Vergleichung und Verteidigung der Angegriffenen vieles zu
einem vereinigen, wie es die Maler machen, wenn sie Bockhir-
sche und dergleichen Mischgebilde malen. Denke dir nämlich
folgenden Vorgang, mag er sich nun mit vielen oder mit *einem*
Schiffe ereignen: Einen Schiffsherrn, der zwar an Größe und
Stärke alle überragt, aber schwerhörig ist; auch mit seinem Gesicht ist es schlecht bestellt und ebenso schlecht mit seiner
Kenntnis des Schiffswesens; die Schiffsleute aber denke dir in
Fehde miteinander über die Führung des Steuers, indem jeder
meint, ihm käme dies Amt zu, ohne daß er doch jemals diese
Kunst erlernt hat oder seine Lehrmeister angeben kann oder
auch nur die Zeit, in der er sie erlernt hätte. Überdies – denke dir
– behaupten sie [die Schiffsleute] noch, diese Kunst sei überhaupt nicht erlernbar, ja wer sie für erlernbar erklärt, den wollen
sie ohne weiteres in Stücke zerreißen. Denke sie dir ferner dessen
schuldig, daß sie beständig den Schiffsherrn umlagern und be-
stürmen und alles aufbieten, daß er ihnen das Steuer übergebe;
und wenn nicht sie, sondern andere ihn für sich gewinnen, so
kommt es auch vor, daß sie diese anderen ermorden oder aus
dem Schiffe herauswerfen, den edlen Schiffsherrn durch ein
Schlafmittel oder durch Trunkenheit oder wie sonst in ihre
Gewalt bringen und darauf selbst die Leitung des Schiffes übernehmen, über alles, was darin ist, verfügend; so segeln sie denn
zechend und schmausend weiter ganz so, wie es von solchen
Leuten zu erwarten ist; überdies aber preisen sie als Meister im
Schiffswesen und gründlichen Kenner der Steuermannskunst
sowie alles dessen, was zur Ausrüstung des Schiffes gehört, einen
jeden, der sich als geschickten Helfer zeigt bei ihrem Bemühen,
die Herrschaft in die Hand zu bekommen durch Überredung

oder Vergewaltigung des Schiffsherrn; wer ihnen aber nicht zu
Willen ist, den tadeln sie als unbrauchbar; vom rechten Steuermann aber wissen sie nicht einmal soviel, daß er sorglich acht
haben muß auf Jahres- und Tageszeit, auf Himmel und Sterne,
auf Luftströmungen und alles, was sonst in sein Fach einschlägt,
wenn er in Wahrheit Schiffsleiter sein will; was die wahre Steuermannskunst für sich anlangt, unabhängig davon, ob man einen
als Steuermann wünscht oder nicht, so sind sie vielmehr des
Glaubens, eine kunstmäßige Erlernung und Einübung derselben
sei unvereinbar mit dem Erwerb dessen, was *sie* sich unter Steuermannskunst denken. Wenn also derartige Vorgänge sich auf
dem Schiffe abspielen, wird da nicht der wahrhaft des Steuerns
Kundige deiner Meinung nach tatsächlich nur als Wetterprophet
489 und Schwätzer und für sie unbrauchbar bezeichnet werden von
dem Schiffsvolk der eben geschilderten Schiffe?
ADEIMANTOS: Ja, gewiß.
SOKRATES: Ich glaube also auch nicht, daß du das Bild erst noch
näher erläutert haben willst, um zu erkennen, daß es den Staaten
in ihrem Verhältnis zu den wahren Philosophen gleicht; du
verstehst wohl auch ohne dies meine Meinung.
ADEIMANTOS: Gewiß.
SOKRATES: Zunächst nun halte jenem Zweifler, der seine Verwunderung darüber äußerte, daß die Philosophen in den Staaten
nicht in Achtung stehen, unser Gleichnis zu seiner Belehrung
vor, und suche ihn zu überzeugen, daß es viel verwunderlicher
wäre, *wenn* sie in Achtung ständen.
ADEIMANTOS: Gut; ich werde ihn darüber belehren.
SOKRATES: Und auch darüber, daß du demnach recht hast mit
deiner Behauptung, die Trefflichsten unter den der Philosophie
Beflissenen seien in den Augen der großen Menge unbrauchbare
Leute. Als verantwortlich aber für diese Unbrauchbarkeit laß
ihn diejenigen anklagen, die keinen Gebrauch von ihnen machen, nicht aber jene Trefflichsten selbst. Denn es ist doch ein
unnatürliches Verhältnis, daß ein Steuermann das Schiffsvolk
bitten soll, sich unter seine Leitung zu stellen, und desgleichen
auch, daß »die Weisen vor die Türen der Reichen kommen«.
Nein, wer dies glänzende Witzwort aufgebracht hat, hat es mit
der Wahrheit nicht ernst genommen; in Wahrheit steht es damit

so, daß, wer krank ist, mag er nun reich oder arm sein, vor die Tür des Arztes kommen muß und jeder, der der Leitung bedarf, zu dem, der sich aufs Leiten versteht, nicht aber so, daß der Leiter, sofern er in Wahrheit etwas taugt, die der Leitung Bedürftigen bittet sich leiten zu lassen. Sondern wenn du die jetzigen politischen Machthaber mit den eben vorgeführten Schiffsleuten vergleichst, wirst du nicht fehlgehen, und ebensowenig, wenn du die von diesen als unbrauchbare Gesellen und Wetterpropheten Verschrienen mit den wahrhaften Steuermännern vergleichst.

ADEIMANTOS: Sehr richtig.

SOKRATES: Infolgedessen und unter diesen Umständen ist es nicht leicht, daß das edelste Lebenswerk bei Leuten in Achtung stehe, die sich das gerade Gegenteil als Lebensziel setzen. Doch die weitaus größte und durchschlagendste Verleumdung erfährt die Philosophie durch diejenigen, die sich für Philosophen ausgeben; sie sind es denn auch, auf die sich deine Äußerung bezieht, der Ankläger der Philosophie behaupte, die meisten von denen, die sich mit ihr zu schaffen machen, seien grundverdorben, die verhältnismäßig noch Trefflichsten unter ihnen aber unbrauchbar, worin ich dir recht gab. Nicht wahr?

ADEIMANTOS: Ja.

Nochmals Wahrheitsliebe der Philosophen

SOKRATES: Was also die angebliche Unbrauchbarkeit der wirklich Trefflichen anlangt, so haben wir die Gründe dafür doch nunmehr dargelegt.

ADEIMANTOS: Gewiß.

SOKRATES: Ist es dir nun recht, daß wir demnächst die Notwendigkeit der sittlichen Verderbnis der Mehrzahl [der sogenannten Philosophen] nachweisen und nach Kräften zu zeigen versuchen, daß auch hieran die Philosophie nicht schuld ist?

ADEIMANTOS: Durchaus.

SOKRATES: So laß uns denn unser Hören und Reden beginnen mit der Erinnerung an den Ausgangspunkt unserer Untersuchung, wo wir die Naturanlage schilderten, die unbedingt erforderlich ist für den, der ein braver und tüchtiger Mann werden

490 will. An der Spitze dieser Erfordernisse aber stand, wie du dich erinnerst, die Wahrheit, der er unbedingt und auf alle Weise nachtrachten sollte, wofern er nicht als ein Windbeutel von jeder Gemeinschaft mit der Philosophie ausgeschlossen sein wollte.

ADEIMANTOS: Ja, so lautete die Behauptung.

SOKRATES: Steht nun nicht dies eine schon im schärfsten Gegensatz zu den jetzt geläufigen Anschauungen über ihn?

ADEIMANTOS: Sicherlich.

SOKRATES: Werden wir uns gegen diese nicht in bündiger Weise folgendermaßen rechtfertigen: der wahrhaft Lernbegierige fühlt sich von Natur getrieben, seine ganze Kraft für die Erkenntnis des Seienden einzusetzen, und kann nicht verweilen bei den vielen Einzeldingen, die gemeinhin für seiend gehalten werden, sondern er verfolgt seinen Weg, ohne zu ermatten und von seiner Liebesbegeisterung zu lassen, bis er das eigentliche Wesen eines jeden Dinges erfaßt hat mit demjenigen Vermögen der Seele, dem es zukommt, dergleichen zu erfassen. Es kommt aber demjenigen Vermögen zu, das mit dem wahrhaft Seienden verwandt ist. Hat er nun mit diesem Vermögen sich dem wahrhaft Seienden genähert und sich ihm beigesellt und so Vernunft und Wahrheit gezeugt, so ist er zur Erkenntnis gelangt und lebt dann erst wahrhaft und gedeiht und wird so seines Schmerzes ledig, eher aber nicht. Sollte dies nicht eine bündige Rechtfertigung sein?

ADEIMANTOS: Ja, die denkbar bündigste.

SOKRATES: Und nun weiter. Wird ein solcher irgendwelchen Anlaß haben, die Lüge zu lieben, oder nicht vielmehr zum geraden Gegenteil, nämlich sie zu hassen?

ADEIMANTOS: Ja, sie zu hassen.

SOKRATES: Geht also die Wahrheit als Führerin voran, so ist, glaube ich, jeder Gedanke daran ausgeschlossen, daß ihr ein Chor von Untugenden folge.

ADEIMANTOS: Wie wäre das auch möglich?

SOKRATES: Wohl aber eine gesunde und gerechte Sinnesart, der sich dann auch die Besonnenheit zugesellt.

ADEIMANTOS: Richtig.

Zusammenfassung der Erfordernisse

SOKRATES: Und also auch das weitere Gefolge der philosophischen Begabung – warum sollten wir es noch einmal von vorn der Reihe nach vorführen und seine Notwendigkeit nachweisen? Denn du erinnerst dich doch wohl, daß sich als Erfordernis für sie ergab Tapferkeit, Hochherzigkeit, Gelehrigkeit, Gedächtnisstärke. Und als du den Einwand machtest, es würde sich zwar jeder genötigt sehen, unseren Behauptungen zuzustimmen, wenn er aber, sich wegwendend von diesen kunstgerechten Erörterungen, sich die Leute, um die sich diese Erörterung dreht, selbst ansähe, so würde er einige von ihnen, wie der Augenschein zeige, für unbrauchbar, die meisten aber für grundverdorben erklären, da gingen wir den Gründen dieser Wahrheitsverdrehung nach und sind nun so bei unserer jetzigen Frage angelangt, warum die meisten sittlich verdorben sind; um deswillen haben wir denn die Begabung der wahrhaften Philosophen abermals vorgenommen und sie nach ihrer inneren Notwendigkeit bestimmt.

ADEIMANTOS: So ist es.

Korruptionsformen einer philosophischen Natur

SOKRATES: Es gilt nun also, für diese philosophische Naturanlage die Arten ihrer Zerstörung zu betrachten, wie sie bei den meisten dem Untergang anheimfällt, während nur wenige dem Verderben entfliehen, die man dann eben nicht sittlich verdorben, wohl aber unbrauchbar nennt; und sodann anderseits diejenigen Naturen, die es diesen nachzumachen suchen und sich in 491 deren Berufsgebiet eindrängen, sich darauf hin anzusehen, auf Grund welcher Seelenbeschaffenheit sie sich einem Berufe zuwenden, der ihnen nicht zukommt und dem sie nicht gewachsen sind, so daß sie sich vielfacher Verstöße schuldig machen und so auf jede Weise und vor aller Welt die Philosophie in den von dir geschilderten Ruf bringen.

ADEIMANTOS: Welches sind nun diese Verderbnisarten, von denen du da sprichst?

SOKRATES: Ich will sie zu schildern suchen, wenn ich nur kann.

Das nun, denke ich, wird uns jeder zugeben, daß Naturen von der geschilderten Art, ausgestattet mit allen den Vorzügen, die wir ihnen eben als Bedingung auferlegen, wenn sie sich als vollkommen philosophische erweisen sollen, nur selten unter Menschen vorkommen und nur ausnahmsweise. Oder meinst du nicht?

ADEIMANTOS: Ganz entschieden.

SOKRATES: Und diese wenigen nun – gib acht, wie vielen und schweren Gefahren sie ausgesetzt sind.

ADEIMANTOS: Nun, welchen denn?

SOKRATES: Von allem, was hier in Betracht kommt, hört sich nichts wunderbarer an als dies, daß jede einzelne der gerühmten Naturanlagen für sich die sie besitzende Seele verderben und von der Philosophie abziehen kann. Ich meine die Anlage zu Tapferkeit, zu Besonnenheit und allem, was wir sonst angeführt haben.

ADEIMANTOS: Ja, da klingt sonderbar.

SOKRATES: Außerdem wirken verderbend und abziehend alle sogenannten Güter wie Schönheit, Reichtum, Körperkraft, starker verwandtschaftlicher Anhang in der Stadt und alles, was dahin gehört. Und damit hast du denn meine Meinung in ihren Grundzügen.

ADEIMANTOS: Allerdings; doch möchte ich gern von dir noch eine genauere Ausführung darüber haben, wie du es damit meinst.

SOKRATES: So nimm denn die Sache ganz allgemein; das wird dir volle Klarheit bringen, so daß dir das vorher von mir über die philosophischen Anlagen Gesagte nicht mehr befremdend erscheinen wird.

ADEIMANTOS: Wie soll ich diese Aufforderung verstehen?

SOKRATES: Von jedem Samen oder Gewächs, sei es von Pflanzen oder von Tieren, wissen wir, daß, wenn es in bezug auf Nahrung, Witterung und Boden nicht erhält, was ihm zukommt, es stets, je kräftiger es ist, um so mehr zurückbleibt hinter seiner eigentlichen Bestimmung; denn dem Guten ist ja das Schlechte schärfer entgegengesetzt als dem Nichtguten.

ADEIMANTOS: Ohne Zweifel.

SOKRATES: Es läßt sich also, denke ich, nicht leugnen: die edelste Natur kommt in solchem Falle, da die Nahrung dann für sie noch unzuträglicher ist, schlechter weg als die gemeine.

ADEIMANTOS: Du hast recht.

SOKRATES: Ist dann nicht auch, mein Adeimantos, die Behauptung gerechtfertigt, daß die bestveranlagten Seelen, wenn sie eine schlechte Erziehung erhalten, sich durch ganz besondere Schlechtigkeit hervortun? Oder meinst du, die großen Verbrechen und die vollendete Ruchlosigkeit erwüchsen aus einer gemeinen Natur und nicht vielmehr aus einer reich begabten, aber durch Erziehung verdorbenen, während eine schwache Natur nie Urheberin von etwas Großem werden kann, weder im Guten noch im Bösen?

ADEIMANTOS: Nein, ich denke so darüber wie du.

492 SOKRATES: Die von uns angenommene Philosophennatur also wird, denke ich, wenn ihr der entsprechende Unterricht zuteil wird, sich notwendig gedeihlich entwickeln und jeglicher Tugend teilhaftig werden, bleibt ihr aber für die Erziehung der richtige Boden versagt, in den sie eingesenkt werden und in dem sie Wurzel fassen muß, so schlägt alles zum Gegenteil aus, es müßte denn ein Gott ihr zu Hilfe kommen. Oder glaubst auch du wie die große Menge, daß es, in irgend nennenswerter Zahl, junge Leute gibt, die von Sophisten verdorben werden, oder auf eigene Hand lehrende Sophisten, die Jünglinge verderben? Sind nicht vielmehr eben die Leute, die dies behaupten, selbst die größten Sophisten, und bilden sie nicht auf das vollkommenste jung und alt, Männer und Frauen nach ihrem Wunsche und machen so aus ihnen das, was sie haben wollen?

ADEIMANTOS: Wann denn?

SOKRATES: Wenn sie in dichter Masse beisammensitzen in Volksversammlungen oder Gerichtshöfen oder Theatern oder im Kriegslager oder bei sonstigen Ansammlungen einer großen Menge in öffentlichen Angelegenheiten und durch starken Lärm je nachdem ihren Tadel oder ihr Lob über das Vorgetragene kundgeben, beides in ganz übertriebener Weise, mit Schreien und Klatschen, und sich ihnen selbst noch die Felsen und die ganze Örtlichkeit, wo sie tagen, mit ihrem Widerhall zugesellen, so daß der Lärm für Tadel und Lob auf das Doppelte verstärkt wird. In solcher Umgebung – wie glaubst du wohl, daß es dem

Jüngling da, wie man zu sagen pflegt, ums Herz sein wird? Oder
welche Bildung, im Einzelunterricht empfangen, könnte ihm ein
hinreichendes Gegengewicht bieten? Wird sie nicht, fortge-
schwemmt durch die Gewalt solchen Tadels und Lobes, der
Strömung folgend von dannen getragen werden? Und wird er
sich nicht zu den gleichen Anschauungen über Schön und Häßlich bekennen wie sie und sich dasselbe Ziel setzen wie sie und
einer von ihrer Art werden?

ADEIMANTOS: Ganz unvermeidlich, Sokrates.

Philosoph wird man nur durch göttliche Schickung

SOKRATES: Und doch haben wir vom stärksten Drucke noch
nicht geredet.

ADEIMANTOS: Von welchem?

SOKRATES: Dem, den sie durch die Tat hinzufügen, wenn die
Rede nicht hinreicht, den Jüngling zu gewinnen, sie, diese Erzieher und Sophisten. Oder weißt du nicht, daß sie den, der ihnen
nicht folgt, mit Entziehung des Bürgerrechts, mit Geldbußen
und mit dem Tode bestrafen?

ADEIMANTOS: Ja, das weiß ich nur zu gut.

SOKRATES: Wer wäre also, deiner Meinung nach, der andere
Sophist, und welches wäre die im Einzelumgang vernommene
Rede, die diesem entgegenwirken und den Sieg davontragen
könnte?

ADEIMANTOS: Danach wird man wohl vergeblich suchen.

SOKRATES: Sicherlich, und schon der bloße Versuch wäre eine
große Torheit. Denn es gibt nicht und hat nicht gegeben und
wird auch nie geben eine auf Tugend gerichtete Charakterbil-
dung, die im Gegensatz stünde zu derjenigen, die die genannten
schlimmen Erzieher geben, die Sache rein menschlich betrachtet; denn göttliche Fügung wollen wir, wie man im Sprichwort
sagt, von der Rede unberührt lassen. Denn kein Zweifel: was
überhaupt sich noch rettet und sich in gesunder Weise entwik-
kelt unter den jetzigen staatlichen Verhältnissen, davon kann
493 man mit Recht sagen, einer Schickung Gottes verdanke es seine
Rettung.

ADEIMANTOS: Auch ich denke nicht anders darüber.

Die diomedische Notwendigkeit zwingt den angehenden Philosophen zu tun, was die Menge gutheißt

SOKRATES: So mußt du dich denn außerdem auch noch zu folgender Ansicht bekennen.

ADEIMANTOS: Zu welcher?

SOKRATES: Daß keiner von den um Geld lehrenden Einzellehrern, die von jenen für Sophisten erklärt und für Leute gehalten werden, die ihnen ins Handwerk pfuschen, etwas anderes lehrt als diese Vorurteile der großen Menge, von denen sie beherrscht ist, wenn sie versammelt ist, und die er als Weisheit preist. Es ist so, als wenn jemand einer großen und gewaltigen Bestie, die er sich aufzieht, mit gutem Bedacht ihre Triebe und Begierden abmerkte, wie man sich ihr nahen und wie man sie anfassen muß und wann sie am gefährlichsten oder am zahmsten ist und wodurch sie so gestimmt wird und die Töne, die sie bei den verschiedenen Gelegenheiten jedesmal von sich zu geben pflegt, und hinwiederum, durch was für Töne eines anderen sie besänftigt und zur Wut gereizt wird; hat er ihr aber dies alles durch langdauernden Umgang mit ihr abgemerkt, so male dir die Sache nun weiter so aus: er nennt das Weisheit und bringt es als ein kunstgerechtes Verfahren auf wissenschaftliche Regeln und wirft sich zum Lehrer dieser Wissenschaft auf, ohne doch in Wahrheit von diesen Lehren und von diesen Begierden etwas zu verstehen, inwieweit nämlich etwas davon schön oder häßlich oder gut oder schlecht oder gerecht oder ungerecht ist, lauter Benennungen, die er trotz seiner Unkenntnis alle auf die Seelenregungen des gewaltigen Tieres anwendet, indem er gut alles nennt, was ihm Vergnügen macht, schlecht alles, was es unwirsch macht; einen anderen Ausweis darüber hat er nicht, sondern erklärt das, was sich unmittelbar als notwendig aufdrängt, für gerecht und schön, die Natur des Notwendigen und Guten aber in ihrem tatsächlichen starken Gegensatze zueinander hat er weder selbst erkannt, noch ist er imstande, sie einem anderen aufzuweisen. Mit wem es nun so bestellt ist, beim Zeus, scheint dir der nicht ein sonderbarer Lehrmeister zu sein?

ADEIMANTOS: Mir sicherlich.

SOKRATES: Findest du nun irgendeinen Unterschied zwischen

diesem und demjenigen, der es für Weisheit hält, der großen und bunt gemischten Menge bei ihren Zusammenkünften ihre Stimmungen und Lieblingsneigungen abgemerkt zu haben, sei es in Malerei, Musik oder auch Staatskunst? Denn weit gefehlt, daß, wenn er sich mit dieser Menge näher einläßt und ihr entweder mit einem dichterischen Werk oder einer sonstigen Kunstleistung oder einer Dienstleistung für den Staat aufwartet und damit die Menge zum Herrn über sich macht, dies frei wäre von allem Zwang, ist es im Gegenteil gerade die allerstärkste, nämlich die sogenannte diomedische Notwendigkeit[1], die ihn zwingt zu tun, was die Menge gutheißt. Aber daß diese gelobten Leistungen auch in Wahrheit gut und schön seien, hast du schon jemals einen von jenen darüber eine Rechtfertigung geben hören, die nicht lächerlich gewesen wäre?

Adeimantos: Und irre ich nicht, so werde ich sie auch niemals hören.

Philosophie ist für die große Menge ein Ding der Unmöglichkeit

Sokrates: Wenn du nun alles das bei dir erwogen hast, so verbinde damit noch die Erinnerung an unseren früheren Satz[2]; es ist doch undenkbar, daß die große Menge sich jemals mit dem Schönen an sich im Gegensatz zu dem vielen Schönen und mit dem Wesensbegriff irgendeines Dinges im Gegensatz zu den vielen Einzeldingen befreunden oder daran glauben wird.

494

Adeimantos: Nun und nimmermehr.

Sokrates: Philosophie also ist für die große Masse ein Ding der Unmöglichkeit.

Adeimantos: Sicherlich.

Sokrates: Wer es also mit der Philosophie hält, der verfällt unvermeidlich ihrem Tadel.

Adeimantos: Unausbleiblich.

Sokrates: Und also auch dem Tadel jener Einzellehrer, die mit dem großen Haufen schön tun und darauf aus sind, ihm zu gefallen.

Adeimantos: Offenbar.

Eine philosophische Natur kann schwerlich ihrem Beruf treu bleiben

SOKRATES: Kannst du dir nun denken, daß solchen Widerständen gegenüber eine philosophische Natur sich behaupten kann, dergestalt, daß sie, ihrem Berufe treu bleibend, zum Ziele gelangt? Beachte dabei aber auch das früher Gesagte: wir waren doch darüber einig, daß Gelehrigkeit, Gedächtnisstärke, Tapferkeit und Hochherzigkeit Bedingungen der philosophischen Natur seien.

ADEIMANTOS: Ja.

SOKRATES: Wird nun nicht ein so Beanlagter gleich von jung auf unter allen Genossen der erste sein, zumal wenn ihn die Natur auch mit körperlichen Vorzügen, entsprechend den geistigen, ausgestattet hat?

ADEIMANTOS: Wie könnte es anders sein?

SOKRATES: Es werden also, denke ich, seine Angehörigen und Mitbürger von dem Wunsche beseelt sein, ihn, wenn er älter wird, für ihre eigenen Interessen auszunutzen.

ADEIMANTOS: Sehr begreiflich.

SOKRATES: Sie werden also vor ihm kriechen und ihn mit Bitten und Ehren überhäufen, darauf bedacht, seine künftige Macht schon im voraus in Beschlag zu nehmen und ihr zu huldigen.

ADEIMANTOS: Ja, das ist so der Lauf der Dinge.

SOKRATES: Wie wird nun deiner Meinung nach ein solcher unter solchen Umständen es halten, zumal wenn er Bürger einer mächtigen Stadt ist und in ihr durch Reichtum und Geburt hervorragt und außerdem durch Schönheit und Körpergröße? Wird er sich nicht in maßlosen Hoffnungen ergehen und sich für den Mann halten, dem Hellenen und Barbaren das Schicksal ihrer Staaten in die Hand legen müssen, und wird er darob den Kopf nicht gar hoch tragen, strotzend von Eitelkeit und leerem Dünkel, aber wahrer Einsicht bar?

ADEIMANTOS: Ohne Zweifel.

SOKRATES: Wenn nun vor einen Mann, mit dessen Innerem es so bestellt ist, ein ruhiger Mahner hintritt und ihm die Wahrheit sagt, daß Vernunft in seiner Seele nicht wohne und er sie doch nötig habe, daß sie aber nicht anders zu erwerben sei, als wenn man sich selbstlos um ihren Besitz bemüht, glaubst du, daß er, umdrängt von so vielen Hindernissen, geneigt sein wird, ihm Gehör zu schenken?

ADEIMANTOS: Weit gefehlt.

SOKRATES: Wenn sich nun gleichwohl Einer wenigstens findet, weil er bei ursprünglich guter Naturanlage durch diese Reden eine verwandte Saite in seinem Innern anklingen hört und ihnen Beachtung schenkt und sich umstimmen läßt und einen Zug zur Philosophie hin verspürt, wie werden sich dann wohl jene anstellen, die glauben seine Gunst und Genossenschaft zu verlieren? Werden sie nicht alles daran setzen und weder Taten noch Worte sparen, um einerseits ihn selbst davon abzubringen, daß er dem Mahner folge, anderseits dem Mahner das Gelingen seiner Sache unmöglich zu machen, in dem sie ihn sowohl persönlich mit Nachstellungen heimsuchen wie auch öffentlich ihn mit gerichtlichen Anklagen verfolgen?

ADEIMANTOS: Das ist ganz unausbleiblich.

SOKRATES: Kann also dieser zum Philosophen werden?

ADEIMANTOS: Schwerlich.

Aus angehenden Philosophen können auch die größten Verbrecher hervorgehen

SOKRATES: Du siehst also doch, daß wir nicht ohne Grund sagten, es seien erstens die einzelnen Teile, aus denen die philosophische Natur sich zusammensetzt, wenn sie nicht die richtige Nahrung erhielten, in gewisser Weise selbst schon an dem Abfall von diesem Berufe schuld, dazu kämen aber noch die sogenannten Güter, Reichtum und aller sonstige Glanz.

ADEIMANTOS: Damit hat es seine volle Richtigkeit.

SOKRATES: Das wird denn, mein Trefflicher, auf viele und mancherlei Weise der bestveranlagten Natur, die, wie oben bemerkt, schon ohnedies selten genug ist, zum Verhängnis und Verderben für Ausübung des edelsten Berufs. Und aus diesen Männern gehen sowohl diejenigen hervor, die den Staaten und den Einzelnen das größte Unheil bringen, wie auch ihre größten Wohltäter, wenn nämlich ein glücklicher Zufall sie in diese Richtung gebracht hat. Von einer kleinlichen Natur dagegen geht

nichts Großes aus, weder für den Einzelnen noch für den
Staat.

ADEIMANTOS: Sehr wahr.

An die Stelle der berufenen Philosophen setzen sich die Sophisten

SOKRATES: Indem also *sie,* die die nächste Verpflichtung für die
Philosophie haben, diese im Stich lassen und ihr gleich einer
verlassenen Braut den Rücken wenden, führen sie selbst ein ihrer
unwürdiges und nicht wahrhaftes Leben, an die Philosophie
aber drängen sich nun, wie an eine von ihren Verwandten verlassene Waise, andere, Nichtswürdige heran und beschimpfen und
verunglimpfen sie mit Schmähungen, wie du sie jenen ihren
Verleumdern in den Mund legst: diejenigen, die sich mit ihr
befaßten, seien zum Teil nichts nütze, die meisten aber wert, für
ihre Schändlichkeit von allem möglichen Unglück heimgesucht
zu werden.

ADEIMANTOS: Das ist es allerdings, was man aus ihrem Munde
hört.

SOKRATES: Und sie haben damit ganz recht. Denn wenn nun
andere Leutchen diesen Platz leer werden sehen, der doch mit so
schönen Verheißungen und Aufschriften geziert ist, so machen
sie es wie diejenigen, die sich aus der Haft in die Tempel retten:
auch sie suchen, ihrem Werktagsberufe entrinnend, hoffnungs-
freudig ihr Heil bei der Philosophie, und zwar die, welche in
ihren Werktagsgeschäftchen die Eingebildetsten sind. Denn mag
es mit der Philosophie, wie gesagt, auch traurig genug bestellt
sein, so erfreut sie sich nach wie vor doch eines Ansehens, mit
dem die übrigen Künste sich an Großartigkeit nicht messen
können: das macht denn viele begehrlich nach ihr, die, bei unzu-
länglicher Begabung, nicht nur körperlich heruntergekommen
sind durch ihre Fachtätigkeit und Werktagsarbeit, sondern auch,
durch das Geisttötende derselben, an der Seele geknickt und
verkümmert sind. Oder ist das nicht unausbleiblich?

ADEIMANTOS: Gewiß.

SOKRATES: Nehmen sich diese nun, deiner Meinung nach, viel
anders aus als ein zu Gelde gekommener Schmiedegesell, ein

unansehnlicher Kahlkopf, der, eben erst aus dem Gefängnis entlassen, aber in einem Bade gesäubert und neu gekleidet, wie ein Bräutigam herausgeputzt, die verarmte und von ihren Verwandten verlassene Tochter seines Herrn heiraten will?

496 ADEIMANTOS: Nicht viel anders.

SOKRATES: Was für Sprößlinge sind nun aus einer solchen Verbindung zu erwarten? Nicht unebenbürtige und nichtswürdige?

ADEIMANTOS: Unausbleiblich.

SOKRATES: Und nun *unser* Fall: Wenn Leute, die einer höheren geistigen Bildung unwürdig sind, sich dieser zuwenden und eine ungehörige Verbindung mit ihr eingehen, was für Gedanken und Meinungen werden dann wohl als Früchte dieser Verbindung zutage treten? Nicht solche, die in Wahrheit den Namen *Sophistereien* verdienen, an denen nichts Echtes und auf wirkliche Einsicht Gegründetes ist?

ADEIMANTOS: Zweifellos.

Die verschwindend kleine Zahl von wahren Philosophen enthält sich mit Vorteil der Politik

SOKRATES: Es bleibt also, mein Adeimantos, nur eine verschwindend kleine Zahl von solchen übrig, die eine würdige Verbindung mit der Philosophie eingehen, etwa eine edel angelegte und wohlerzogene Natur, die, von dem Schicksal der Verbannung getroffen, ihrer Anlage gemäß bei der Philosophie beharrt, weil keine Verführer da sind, oder gelegentlich eine große Seele, die, in einem kleinen Gemeinwesen erwachsen, über diese kleinen Verhältnisse sich erhaben fühlt und mit Verachtung darauf herabblickt; ab und zu, allerdings selten genug, mag es auch vorkommen, daß von einem anderen Berufe aus ein von dieser seiner Berufstätigkeit unbefriedigtes Talent sich ihr zuwendet. Es kann auch wohl ein Fall eintreten, wie bei unserem Freunde *Theages,* nämlich daß einem ein Zügel angelegt ist, der ihn bei der Philosophie festhält; Theages nämlich ist im übrigen ganz darauf angelegt, der Philosophie abwendig zu werden, aber seine Kränklichkeit, die ihm die politische Tätigkeit unmöglich macht, hält ihn dabei fest. Von mir aber und meinem Daimonion soll hier nicht weiter die Rede sein; denn vor mir hat es schwerlich irgendeinen gegeben, dem eine solche Warnerstimme zuteil geworden wäre. Wenn nun, wer zu der Zahl dieser Wenigen gehört und gekostet hat, wie süß und beseligend ihr Besitz ist, und anderseits wieder zur Genüge den Wahnwitz der Menge kennengelernt hat und weiß, daß, geradeheraus gesagt, auch nicht ein einziger in staatlichen Angelegenheiten irgend etwas Gesundes zu schaffen versteht und daß es keinen Bundesgenossen gibt, mit dem vereint man zum Schutze der gerechten Sache ausziehen könnte, ohne selbst dabei zugrunde zu gehen, daß er vielmehr wie ein unter wilde Tiere geratener Mensch, der weder mit an deren frevelhaftem Treiben sich beteiligen will noch die hinreichende Kraft hat, sich allein gegenüber einer Schar von lauter Unholden zu behaupten, ein frühzeitiges Ende findet, ehe er sich dem Staat oder seinen Freunden nützlich erweisen konnte, und so für sich selbst und die anderen umsonst gelebt hat – wer also dies alles in Erwägung zieht, der hält sich bescheiden zurück und beschränkt sich auf seine persönliche Angelegenheiten, tritt wie bei einem Unwetter, wenn Staubwirbel und Platzregen vor dem Luftstrom daherbrausen, unter ein Obdach und ist bei dem Anblick der anderen, die sich vor Zuchtlosigkeit nicht zu lassen wissen, zufrieden, wenn er selbst – gleichviel wie – unbefleckt von Ungerechtigkeiten und frevelhaften Taten sein irdisches Leben beschließt und heiteren und zuversichtlichen Sinnes unter guter Hoffnung aus ihm abscheidet.

497 ADEIMANTOS: Aber es ist doch nichts Geringes, was er erreicht hat, wenn er so abscheidet.

SOKRATES: Aber auch nicht das Größte, wenn ihm nicht ein Gemeinwesen beschieden war, das seinen Forderungen entsprach. Denn in einem solchen wird er selbst noch an Kraft mehr und mehr zunehmen und so nicht nur sein Heil fördern, sondern auch das des Staates.

Unter den Staaten in ihrer jetzigen Verfassung gibt es keinen, der den Forderungen einer philosophischen Natur entspräche

SOKRATES: (fortfahrend) Die Gründe also, weshalb die Philosophie in Verruf gekommen ist, und zwar mit Unrecht, sind, wie mich dünkt, nun zur Genüge dargelegt worden, es müßte denn sein, daß du noch etwas dazu vorzubringen hast.

ADEIMANTOS: Nein, darüber habe ich nichts mehr vorzubringen. Aber welche unter den jetzigen Staatsverfassungen wäre denn deiner Meinung nach diejenige, die der Philosophie genugtut?

SOKRATES: Keine einzige, sondern eben das ist ja meine Klage, daß unter den Staaten in ihrer jetzigen Verfassung sich keiner findet, der den Forderungen einer philosophischen Natur entspräche. Daher auch die Wandlungen und Verunstaltungen dieser Natur: wie ein ausländischer Same, in anderes Land gestreut, seine eigenartige Kraft verliert und sich den unwiderstehlichen Einwirkungen der neuen Heimstätte anzupassen pflegt, so vermag auch die philosophische Natur jetzt wenigstens ihre angeborene Kraft nicht zu bewahren, sondern schlägt in eine andere Gemütsart um. Wenn sich aber dereinst einmal der vollkommenste Staat für sie finden wird, entsprechend ihrer eigenen Vollkommenheit, dann wird es sich zeigen, daß sie in Wahrheit das Göttliche ist, alles andere dagegen nur menschlich, gleich sehr die Naturanlagen wie die Bestrebungen. Offenbar wirst du nun nächstdem fragen, welches diese Staatsverfassung ist.

ADEIMANTOS: Da bist du im Irrtum; denn nicht dieses wollte ich wissen, sondern ob es diejenige ist, die wir bei Gründung unserer Stadt geschildert haben, oder eine andere.

SOKRATES: In allen anderen Beziehungen ist es diese; auch wurde damals schon gesagt, es müßte sich in dem Staat immer eine machthabende Gewalt finden, welcher das nämliche Ideal einer Staatsverfassung geläufig und maßgebend wäre, das auch für dich maßgebend war bei Aufstellung deiner Gesetze.

ADEIMANTOS: Ja, das wurde gesagt.

SOKRATES: Aber es wurde nicht gehörig ins Licht gesetzt aus Furcht vor euren wißbegierigen Zwischenbemerkungen, an denen ich erkennen konnte, daß es auf eine lange und schwierige Erörterung hinauslaufen würde; und so ist denn auch der noch übrige Teil nicht etwa leicht abzutun.

ADEIMANTOS: Welcher?

SOKRATES: Die Frage, wie ein Staat sich die Beschäftigung mit der Philosophie angelegen sein lassen muß, ohne dabei zugrunde zu gehen. Denn alles Große birgt seine Gefahren in sich, und das Sprichwort hat in der Tat recht: das Schöne ist schwer.

ADEIMANTOS: Aber gleichwohl soll dieser Punkt aufgeklärt werden und dadurch die Erörterung ihren Abschluß erreichen.

Der Staat muß die Sache der Philosophie auf entgegengesetzte Art, als es jetzt geschieht, angreifen

SOKRATES: An gutem Willen dazu wird es mir wahrlich nicht fehlen, höchstens an der Kraft dazu. Von meinem kühnen Eifer kannst du dich ja durch den Augenschein überzeugen. Gleich jetzt kannst du sehen, wie kühn und wagemutig ich vorgehe: denn ich wage zu behaupten, daß der Staat gerade auf die entgegengesetzte Art, als es jetzt geschieht, diese Sache angreifen muß.

ADEIMANTOS: Wie denn?

SOKRATES: Heutzutage sind diejenigen, die sich überhaupt mit 498 Philosophie befassen, noch halbe Knaben, die vom Knabenalter bis zu ihrem Eintritt in die Haushaltungsgeschäfte und in die Erwerbstätigkeit sich gleich an den schwierigsten Teil derselben heranmachen, um ihr dann den Rücken zu kehren; und diese sind es, die noch für die besonders tüchtigen Philosophen gelten; unter dem schwierigsten Teil aber verstehe ich den, der es mit den Begriffen zu tun hat; wenn sie aber später einmal, von anderen, die sich mit ihr beschäftigen, dazu aufgefordert, sich entschließen, solchen Vorträgen beizuwohnen, tun sie sich wer weiß was darauf zugute, überzeugt, man dürfe dies höchstens als Nebenwerk treiben; gegen das Greisenalter hin aber erlischt bei ihnen das philosophische Licht noch viel gründlicher als die heraklitische Sonne, da es sich nicht, wie diese, aufs neue entzündet.

ADEIMANTOS: Welches ist nun aber der richtige Weg?

SOKRATES: Gerade der entgegengesetzte; junge Bürschchen und Knaben sollen sich einer knabenmäßigen Bildung und Weisheit befleißigen und sich mit vollem Eifer auf die Ausbildung des Körpers werfen, solange dieser noch im Wachstum und in der Entwicklung begriffen ist, auf daß dies späterhin der Philosophie zugute komme; bei fortschreitendem Alter aber, wo die Seele sich der vollen Reife zuneigt, muß man auf *ihre* Ausbildung durch entsprechende Übungen das größere Gewicht legen; wenn aber die Kraft wieder nachläßt und keine Beteiligung an Staats- und Kriegsdienst mehr zuläßt, dann müssen sie, frei von jeder sonstigen Verpflichtung, sich der Nährung der Seele weihen und, abgesehen von beiläufigem Nebenwerk, nichts anderes treiben, sie, denen es beschieden sein soll, glücklich zu leben und nach ihrem Abscheiden das vollendete irdische Leben durch ein entsprechendes Los im Jenseits zu krönen.

Unmöglich ist diese Verfassung nicht

ADEIMANTOS: Das heißt in der Tat mit kühnem Eifer reden, mein Sokrates; ich glaube aber, die meisten Zuhörer, Thrasymachos voran, werden noch eifriger widersprechen, nicht im geringsten gewillt, dir beizustimmen.

SOKRATES: Bringe uns nicht auseinander, mich und den Thrasymachos, die wir eben Freunde geworden sind und übrigens auch vorher keine Feinde waren. Denn wir werden in unseren Bemühungen nicht eher ruhen, als bis wir entweder diesen und die anderen überredet haben oder einen Schritt vorwärts getan haben in der Anweisung für sie auf jenes Leben nach der Wiedergeburt, wenn sie da nämlich wieder auf solche Dinge zu reden kommen.

ADEIMANTOS: Das heißt auf eine kurze Zeit vertrösten.

SOKRATES: Auf ein reines Nichts [von Zeit], verglichen mit der Ewigkeit. Wenn aber die meisten das Gesagte nicht glauben wollen, so ist das kein Wunder; denn sie haben noch niemals das jetzt Gesagte in der Wirklichkeit bestätigt gesehen, sondern was sie hierher Gehöriges hörten, waren nur künstlich zum Einklang miteinander gebrachte Worte, nicht aber solche, die, wie jetzt die unsrigen, ganz von selbst sich zum Einklang zusammenfanden. Einen Mann aber, in Wort und Tat möglichst vollkommen der Tugend selbst nachgebildet und gleichend und in einem ebenso vollkommenen Staate herrschend – den haben sie noch nie gesehen, weder einen einzelnen noch mehrere. Oder meinst du?

499

ADEIMANTOS: Nimmermehr.

SOKRATES: Und ebensowenig, mein Trefflicher, haben sie es

sich ernstlich angelegen sein lassen, gediegene und edle Unterredungen anzuhören, die das Ziel haben, die Wahrheit mit aller
Kraft auf jede Weise zu suchen, rein um der Erkenntnis selbst
willen, mit jenen Kunststückchen aber und Schaufechtereien
und Spitzfindigkeiten, die nur auf den äußeren Eindruck und auf
Rechthaberei abzielen, gleichviel ob vor Gericht oder in den
Unterhaltungen Einzelner, nicht das Geringste zu schaffen haben.

ADEIMANTOS: Auch dies nicht.

SOKRATES: Deshalb stellten wir, obschon wir schon damals den
Widerspruch dagegen voraussahen und fürchteten, gleichwohl,
von der Wahrheit gezwungen, den Satz auf, daß weder ein Staat
noch eine Verfassung und ebensowenig auch ein einzelner Mann
es zur Vollkommenheit bringen werde, ehe nicht jene wenigen
Philosophen, die jetzt zwar nicht als bös, aber als unbrauchbar
verschrien sind, durch eine glückliche Fügung, sie mögen wollen
oder nicht, sich in die Notwendigkeit versetzt sehen, sich des
Staates anzunehmen, und der Staat sich genötigt sieht, sich ihnen
unterzuordnen, oder ehe nicht Söhne der jetzigen Machthaber
oder Könige oder auch sie selber, gleichsam des Gottes Hauch in
sich verspürend, von wahrer Liebe zur wahren Philosophie ergriffen werden. Daß aber das Eintreten von einem dieser Fälle
oder von beiden eine Unmöglichkeit wäre, das lasse ich mir nicht
einreden. Denn dann würden wir mit Recht ausgelacht ob unserer Reden, die nichts als müßige Träume wären. Oder ist es nicht
so?

ADEIMANTOS: Ja.

SOKRATES: Wenn es also je einmal in der Unendlichkeit der
verflossenen Zeit vorgekommen ist, daß Männer von hoher
philosophischer Begabung sich genötigt gesehen haben, sich des
Staates anzunehmen, oder wenn es jetzt vorkommt in irgendeinem fernen Barbarenland, das außerhalb unseres Gesichtskrei-
ses liegt, oder wenn es später einmal vorkommen sollte, so
verfechten wir mit voller Entschlossenheit und guten Gründen
den Satz, daß die von uns beschriebene Verfassung bestanden hat
und besteht und bestehen wird, wenn die Philosophie die herr-
schende Göttin in der Stadt geworden ist. Denn unmöglich ist
diese Verfassung nicht, wie denn auch wir nichts Unmögliches

behaupten, obschon wir zugeben, daß es damit seine Schwierigkeit hat.

ADEIMANTOS: Auch *mir* scheint es so.

SOKRATES: Willst du damit sagen, daß es der großen Masse nicht so scheint?

ADEIMANTOS: Vielleicht.

Die große Menge wird sich zu einer anderen Ansicht bekehren

SOKRATES: Mein Bester! Verschone doch die große Menge mit solchen Anklagen. Sie wird sich gewiß zu einer anderen Ansicht bekehren, wenn du diesen Leuten nicht in streitsüchtiger, sondern in freundlich belehrender Weise zur Ehrenrettung der verleumdeten Philosophie zeigst, was für Männer du unter den Philosophen verstehst, und ihnen im Sinne des eben von uns Verhandelten Wesen und Strebensziel derselben klar auseinandersetzt, auf daß sie nicht wähnen, du meinst Leute, wie sie sie sich darunter denken. Oder willst du auch für den Fall, daß sie die Sache von dieser Seite zu sehen bekommen, in Abrede stellen, daß sie zu einer anderen Ansicht gelangen und sich anders darüber äußern werden? Oder glaubst du, daß, wer selbst arglos und sanft von Natur ist, einem Nichtgrollenden grollen oder einem Arglosen mit Arg begegnen werde? Nein! Denn ich erkläre, deiner Antwort zuvorkommend, daß meiner Ansicht nach ein solche Boshaftigkeit nur bei einigen wenigen, nicht aber bei der großen Menge vorkommt.

ADEIMANTOS: Du kannst mir glauben, daß ich ganz mit dir einverstanden bin.

SOKRATES: Also bist du doch auch in dem Punkt, auf den es mir eigentlich ankommt, mit mir einverstanden, daß an der Feindseligkeit der großen Menge gegen die Philosophie jene schuld sind, die von außen her sich unbefugterweise in sie eingedrängt haben und nun die wahren Philosophen verunglimpfen und anfeinden und in ihren Reden alles bloß vom persönlichen Standpunkt behandeln, ein Verfahren, das der Philosophie nichts weniger als Ehre macht.

Die Philosophen orientieren den Staat am Menschenideal

ADEIMANTOS: Gewiß.

SOKRATES: Es hat ja auch, mein Adeimantos, der, der in Wahrheit seinen Geist auf das Seiende gerichtet hält, gar keine Zeit, herniederzublicken auf das Treiben der Menschen und im Kampfe mit ihnen sich mit Neid und Feindseligkeit zu beladen; sondern ganz versunken in die Betrachtung eines wohlgeordneten Reiches von Wesen, die sich immer völlig gleichbleiben und weder Unrecht tun noch Unrecht voneinander leiden, sondern sich durchweg ordnungs- und vernunftgemäß verhalten, wird er alle Kraft daran setzen, diese nachzuahmen und soviel wie möglich *sein* Wesen ihnen ähnlich zu gestalten. Oder hältst du es für möglich, daß einer verzichten könne auf die Nachahmung dessen, dem er mit Liebe und Verehrung anhängt?

ADEIMANTOS: Unmöglich.

SOKRATES: Also dem Göttlichen und Makellosen nachhängend, wird er selbst makellos und göttlich, soweit dies einem Menschen möglich ist; Verlästerung freilich gibt es überall viel.

ADEIMANTOS: Ja, wahrhaftig.

SOKRATES: Wenn er sich nun durch irgendeine Gewalt genötigt sieht, seine Kraft daranzusetzen, das, was er dort schaut, nicht bloß zu seiner eigenen Bildung wirksam zu machen, sondern es auch in das persönliche und staatliche Leben der Menschen einzupflanzen, glaubst du da, er werde ein schlechter Werk- und Lehrmeister der Besonnenheit und Gerechtigkeit und jeder Art von bürgerlicher Tugend sein?

ADEIMANTOS: Nichts weniger als das.

SOKRATES: Aber wenn nun die Leute merken, daß wir die Wahrheit über ihn sagen, werden sie da den Philosophen noch grollen und es nicht glauben wollen, wenn wir behaupten, daß ein Staat nun und nimmermehr zur Glückseligkeit gelangen könne, wenn nicht diese dem göttlichen Musterbild folgenden Maler den Entwurf zu ihm gemacht haben?

ADEIMANTOS: Sie werden ablassen von ihrem Groll, wenn anders sie es gemerkt haben. Aber welcher Art soll nun dieser Entwurf sein?

SOKRATES: Sie nehmen zunächst den Staat und das Menschenle-

501

ben nach seinen Eigentümlichkeiten wie eine Tafel zur Hand und machen sie rein, was gar nicht so leicht ist. Denn sie, die Philosophen, stehen ja, wie du dir selbst sagen wirst, gleich von vornherein in starkem Gegensatz zu den andern Staatsmännern, da sie weder mit den Einzelnen noch mit dem Staate noch mit Gesetzgebung sich befassen wollen, wenn nicht der Staat zuvor gereinigt ihnen in die Hand gegeben ist oder sie selbst ihn gereinigt haben.

ADEIMANTOS: Und mit Recht.

SOKRATES: Nächstdem werden sie doch den Grundriß der Staatsverfassung entwerfen?

ADEIMANTOS: Gewiß.

SOKRATES: Wenn sie dann an die Ausführung gehen, lassen sie ihr Auge fleißig abwechselnd bald auf der einen, bald auf der anderen Seite verweilen, also einmal auf dem wahrhaft Gerechten, Schönen, Besonnenen und was sonst dahin gehört, und dann wieder auf demjenigen, das unter den Menschen ausgebildet worden ist und Geltung erlangt hat, und stellen durch Mengen und Mischen aus den Zielen menschlichen Strebens das Menschenideal her, in dessen Auffassung sie sich leiten lassen von dem, was Homer, wenn es unter den Menschen in die Erscheinung tritt, »göttlich« und »göttergleich« nannte.

ADEIMANTOS: Richtig.

SOKRATES: Und manches werden sie wieder auslöschen, manches anderseits neu auftragen, bis sie nach Kräften das Menschentum soweit wie möglich gottwohlgefällig gemacht haben.

ADEIMANTOS: Das müßte allerdings ein ganz herrliches Gemälde werden.

Die Gegner werden sich einverstanden erklären

SOKRATES: Dürfen wir also jetzt hoffen, jene Leute, die, um deine Worte zu wiederholen, mit aller Kraft gegen uns anstürmen, davon zu überzeugen, daß als ein solcher Maler von Staatsverfassungen derjenige gelten muß, den wir ihnen gegenüber priesen und um dessenwillen sie uns grollten, daß wir ihm die Geschicke des Staates in die Hand legen wollten, und werden sie jetzt diese Forderung etwas milder aufnehmen?

ADEIMANTOS: Ja, um ein gut Teil milder, wenn sie nicht unzurechnungsfähig sind.

SOKRATES: Was sollten sie auch dagegen einzuwenden haben? Etwa dies, diese Philosophen seien keine Liebhaber des Seienden und der Wahrheit?

ADEIMANTOS: Das wäre ja ganz ungereimt.

SOKRATES: Oder gar, ihre Naturanlage, wie wir sie beschrieben haben, sei nicht dem Vollkommensten verwandt?

ADEIMANTOS: Auch davon kann nicht die Rede sein.

SOKRATES: Und weiter etwa dies, eine solche Anlage werde, wenn in die richtige Lebensbahn gebracht, nicht der vollen Tugend teilhaftig und im Besitze der Philosophie sein, sicherer als irgendeine andere? Oder wird man das eher von jenen sagen wollen, die wir ausgeschlossen haben?

ADEIMANTOS: Gewiß nicht.

SOKRATES: Werden sie also auch weiter noch so außer sich sein vor Zorn, wenn wir behaupten, daß, ehe nicht das Philosophengeschlecht zur Herrschaft über den Staat gelangt, weder dem Staat noch den einzelnen Bürgern ein Ende des Unheiles beschieden sein wird noch auch die Verfassung, die wir in Gedanken entwerfen, in Wirklichkeit in Erfüllung gehen wird?

ADEIMANTOS: Vielleicht doch schon weniger.

SOKRATES: Laß uns nun nicht sagen »weniger«, sondern so: »sie haben sich völlig beruhigt und sind überzeugt«, mögen sie sich auch nur deshalb für einverstanden erklären, weil sie sich beschämt fühlen.

ADEIMANTOS: Gewiß.

Unmöglich ist es nicht, daß sich philosophisch begabte Söhne von Königen oder Machthabern finden

SOKRATES: Diese mögen uns also als in diesem Punkte überzeugt gelten. Was aber nun den folgenden Punkt anlangt, wird da irgendwer die Möglichkeit bezweifeln, daß sich wirklich Söhne von Königen oder Machthabern finden könnten, die philosophisch begabt sind?

ADEIMANTOS: Niemand wird das bezweifeln.

SOKRATES: Wenn sich nun solche finden, kann man etwa behaupten, sie müßten unbedingt der sittlichen Verderbnis anheimfallen? Daß es allerdings schwer ist, sie davor zu bewahren, das haben ja auch wir eingeräumt; aber daß im Verlauf der ganzen unendlichen Zeit auch nicht ein einziger jemals davor bewahrt werden könne, wer möchte uns das entgegenhalten?

ADEIMANTOS: Wie könnte er auch?

SOKRATES: Aber es braucht nur ein einziger wirklich Berufener zu erstehen, so wird er, wenn er über einen folgsamen Staat verfügt, imstande sein, alles das zu verwirklichen, was man jetzt für unglaublich hält.

ADEIMANTOS: Das wird er.

SOKRATES: Denn wenn ein Herrscher die von uns beschriebenen Gesetze und Berufstätigkeiten einführt, dann ist es nicht unmöglich, daß die Bürger sich bereit finden, danach zu leben.

ADEIMANTOS: Durchaus nicht.

SOKRATES: Aber daß, was *uns* annehmbar scheint, auch andern so scheine, wäre denn das ein Wunder und eine Unmöglichkeit?

ADEIMANTOS: Das glaube ich nicht.

SOKRATES: Daß es aber, seine Möglichkeit vorausgesetzt, auch das Beste ist, das haben wir, denke ich, im vorigen zur Genüge ausgeführt.

ADEIMANTOS: Ja, zur Genüge.

SOKRATES: Nun ist das Ergebnis also dies, daß in bezug auf die Gesetzgebung unsere Vorschläge die besten sind, wenn man sie sich verwirklicht denkt, daß ihre Verwirklichung aber zwar schwer, aber nicht unmöglich sei.

ADEIMANTOS: Das ist in der Tat das Ergebnis.

Die vollendeten Hüter müssen Philosophen sein

SOKRATES: Nachdem dieser schwierige Punkt also erledigt ist, muß nun doch weiter die Frage besprochen werden, auf welche Weise und durch welche Art der Belehrung und Beschäftigung wir die Erhalter der Verfassung für die Stadt gewinnen sollen und in welchem Alter sich ein jeder mit den einzelnen Gegenständen befassen soll?

ADEIMANTOS: Das muß geschehen.

SOKRATES: So hat mir also meine List nichts genützt, daß ich nämlich zuerst über die heikle Vermählungsfrage und über Kindererzeugung und Einsetzung der Herrscher hinweggegangen bin in dem Bewußtsein, wie anstoßerregend und schwierig zu verwirklichen die unbedingt wahre Ansicht über diese Dinge sei. Denn tatsächlich hat sich trotzdem die Notwendigkeit eingestellt, darauf des näheren einzugehen. Hiervon wäre die Frauen- und Kinderfrage also abgetan, aber die Frage nach der Bildung der Regierenden muß nun so gut wie von vorn behandelt werden. Wir sagten aber, wie du dich erinnern wirst, sie müßten sich als vaterlandsliebend erweisen, erprobt in Lust und Leid, und den Beweis liefern, daß weder Mühseligkeiten noch Gefahren noch irgendwelche sonstigen Schicksalsschläge sie von der treuen Erfüllung dieser Forderung abbringen können, daß aber im Falle des Unvermögens hierzu der Betreffende auszuscheiden sei, während derjenige, der unversehrt aus allen diesen Proben hervorgehe wie im Feuer geprüftes Gold, zum Herrscher zu bestellen und mit Geschenken und Auszeichnungen zu ehren sei im Leben wie im Tode. So ungefähr lauteten unsere Behauptungen an dem Punkte, wo die Untersuchung zur Seite abbog und sich auf Schleichwege begab aus Furcht, das jetzt uns beschäftigende Thema auf die Bahn zu bringen.

ADEIMANTOS: Das trifft vollständig zu; denn ich erinnere mich recht gut.

SOKRATES: Eine gewisse Scheu nämlich, mein Freund, hielt mich ab, das zu sagen, was nun doch kühn herausgesagt worden ist; nunmehr sei denn auch dies kühn herausgesagt, daß die vollendeten Hüter, die wir bestellen, Philosophen sein müssen.

ADEIMANTOS: Das sei so.

Probe der Philosophen hinsichtlich Charakter und Intellekt

SOKRATES: Bedenke nun, daß du begreiflicherweise nur wenige dieser Art haben wirst. Denn was die Naturanlage anlangt, die wir in unserer Darstellung als unerläßlich für sie bezeichneten, so wollen die einzelnen Bestandteile derselben sich nur selten zur Einheit zusammenschließen, in den meisten Fällen zeigt sich die Natur gespalten.

ADEIMANTOS: Was soll das heißen?

SOKRATES: Du weißt doch: lernbegierige, gedächtnisstarke, scharfsinnnige, raschfassende und mit allen sonstigen derartigen Vorzügen ausgestattete Geister haben ebensowenig wie die kraftvollen und großartigen Geister zugleich auch den Zug zu einer wohlgeordneten, ruhigen und auf Beharrlichkeit gegründeten Lebensweise; vielmehr werden Menschen dieser Art durch ihr rasches Temperament bald dahin, bald dorthin fortgerissen, und die Beharrlichkeit geht ihnen völlig ab.

ADEIMANTOS: Du hast recht.

SOKRATES: Diese beharrliche und dem Wechsel widerstrebende Sinnesart also, die mehr Verlaß bietet und gegenüber den Schrecknissen des Krieges sich nicht leicht aus dem Gleichgewicht bringen läßt, zeigt das gleiche Verhalten auch beim wissenschaftlichen Unterricht. Sie ist schwer in Bewegung zu setzen und dem Lernen abgeneigt, als wäre sie aller Empfindung bar, und wenn man ihr auf diesem Gebiet eine Anstrengung zumutet, so antwortet sie nur mit Schlafen und Gähnen.

ADEIMANTOS: So ist es.

SOKRATES: Wir aber behaupteten, daß sie beides in richtiger und treffender Weise verbinden müsse, wo nicht, so dürfe man sie nicht zur höchsten Stufe des Bildungsganges zulassen und müsse ihr Ehre und Herrschaft versagen.

ADEIMANTOS: Recht so.

SOKRATES: Also bist du doch der Meinung, daß sie nur selten vorkommen wird.

ADEIMANTOS: Wie sollte ich nicht?

SOKRATES: Sie muß also ihre Probe ablegen in all den Anstrengungen und Schrecknissen und Lüsten, die wir damals anführten, und außerdem fügen wir jetzt noch hinzu, was wir damals übergingen, daß man ihr auch in vielerlei Wissenfächern Übungen auferlegen muß, um zu prüfen, ob sie sich auch den höchsten Wissenschaften gewachsen zeigt oder ob sie versagt wie solche, 504 die in den Wettkämpfen versagen.

ADEIMANTOS: Ja, solche Prüfung empfiehlt sich durchaus. Aber was verstehst du denn unter den höchsten Wissenschaften?

Der längere Weg

SOKRATES: Du erinnerst dich wohl, daß wir drei Seelenvermögen voneinander sonderten und daraus unsere Folgerungen machten zur Bestimmung des eigentlichen Wesens der Gerechtigkeit, Besonnenheit, Tapferkeit und Weisheit.

ADEIMANTOS: Wollte ich mich dessen nicht erinnern, so wäre ich nicht wert, das Weitere noch mit anzuhören.

SOKRATES: Und auch an die dieser Erörterung vorausgeschickte Bemerkung erinnerst du dich wohl?

ADEIMANTOS: Welche denn?

SOKRATES: Wir sagten doch[3], daß, um die Sache in der denkbar größten Schärfe zu erkennen, es einen anderen längeren und umständlicheren Weg gebe, mit dessen Zurücklegung man die volle Klarheit erreicht haben werde, doch sei es möglich, sich mit Nachweisungen zu behelfen, die zu den vorhergehenden Erörterungen in angemessenem Verhältnis stünden. Und ihr erklärtet euch für befriedigt, und so begnügten wir uns denn mit der damaligen Erörterung, die meiner Ansicht nach allerdings die eigentliche Schärfe vermissen ließ; doch wenn sie euch genügt, so sprecht das auch aus.

ADEIMANTOS: Meines Erachtens war sie angemessen; offenbar aber auch nach dem Urteil der anderen.

SOKRATES: Aber, mein Freund, ein Maß solcher Dinge, das auch nur im geringsten hinter der Wahrheit zurückbleibt, kann unter keiner Bedingung »angemessen« sein; denn ein unvollständiges Maß für etwas ist überhaupt kein Maß dafür. Freilich gibt es mitunter Leute, die sich damit zufriedengeben und eine nähere Untersuchung nicht für nötig halten[4].

ADEIMANTOS: Ja, die Zahl derer ist recht groß, die ihrer Bequemlichkeit zuliebe so denken.

SOKRATES: Eine solche Denkart aber können wir durchaus nicht brauchen für einen Behüter des Staates und der Gesetze.

ADEIMANTOS: Sehr begreiflich.

SOKRATES: Ein solcher muß also den längeren und umständlicheren Weg einschlagen und sich ebenso große Anstrengungen im Lernen zumuten wie in den Leibesübungen; wo nicht, so wird er, wie eben gesagt, niemals den Gipfel der höchsten und unerläßlichsten Wissenschaft erreichen.

ADEIMANTOS: Sind denn nicht eben diese von uns erörterten Dinge die höchsten, oder sollte es noch etwas Höheres geben als die Gerechtigkeit und die weiteren Tugenden?

Die Idee des Guten als höchster Gegenstand des Wissens

SOKRATES: Ja, es gibt noch etwas Höheres, und eben auch für sie [die Tugenden] darf man sich in der Betrachtung nicht auf einen bloßen Umriß beschränken, wie es eben geschah, sondern man darf es nicht unterlassen, ihre Erörterung bis zur höchsten Vollendung fortzuführen. Oder ist es nicht lächerlich, in anderen ganz unbedeutenden Dingen sich keine Mühe verdrießen zu lassen, um es dahin zu bringen, daß sie sich in vollster Genauigkeit und Reinheit darstellen, dagegen bei den höchsten Dingen nicht auch die höchste Genauigkeit zu fordern?

ADEIMANTOS: Gewiß. Aber was du unter höchster Wissenschaft und unter dem Gegenstand derselben verstehst – glaubst du etwa, daß irgendeiner dir die Beantwortung der Frage erlassen wird, wie es damit stehe?

SOKRATES: Durchaus nicht; aber du magst selbst der sein, der frägt. Denn jedenfalls hast du es oft genug gehört, denkst aber jetzt nicht daran oder hast abermals die Absicht, mich mit lästigen Zwischenbemerkungen zu behelligen. Und zwar glaube ich eher das letztere; denn daß die Idee des Guten den höchsten Gegenstand des Wissens darstellt, hast du oft gehört, sie, die durch ihre Mitwirkung gerechte Handlungen sowie die anderen Handlungen dieser Art überhaupt erst heilsam und nützlich macht. Auch jetzt weißt du wohl recht gut, daß ich diese meine, und überdies, daß wir sie nicht in voller Genauigkeit kennen. Wenn wir sie aber nicht voll kennen, so weißt du doch, daß, mögen wir auch noch so genau alles andere ohne sie kennen, uns dies keinen Nutzen bringt, wie auch kein Besitz uns nützt ohne das Gute. Oder glaubst du, es sei ein Gewinn, alles mögliche zu besitzen, nur das Gute nicht? Oder alles andere, nämlich alles Nichtgute, zu verstehen, das Schöne aber und Gute nicht zu verstehen?

ADEIMANTOS: Beim Zeus, ich gewiß nicht.

Das Gute ist weder Lust noch Einsicht

SOKRATES: Aber auch das weißt du, daß die meisten die Lust für das Gute halten, die feineren Köpfe dagegen die Einsicht.

ADEIMANTOS: Gewiß.

SOKRATES: Und daß, mein Freund, diejenigen, die dies letztere glauben, sich nicht darüber ausweisen können, was das für eine Einsicht sei, sondern sich genötigt sehen, schließlich zu sagen, es sei die Einsicht in das Gute.

ADEIMANTOS: Ja, lächerlich genug.

SOKRATES: Und wie sollte es das nicht sein, wenn sie erst es unverzeihlich finden, daß wir das Gute nicht wissen, und dann wieder zu uns sprechen, als wüßten wir es? Denn sie erklären die Einsicht für Einsicht in das Gute, als ob wir schon verstünden, was sie meinen, wenn sie das Wort »gut« ausgesprochen haben.

ADEIMANTOS: Sehr wahr.

SOKRATES: Und um diejenigen, die die Lust für das Gute ausgeben – ist bei ihnen des Irrtums Fülle etwa geringer als bei jenen? Oder sehen sich nicht auch diese genötigt einzuräumen, daß es *schlechte* Lüste gibt?

ADEIMANTOS: Sicherlich.

SOKRATES: Folglich müssen sie auch einräumen, daß Gutes und Schlechtes dasselbe sei. Nicht wahr?

ADEIMANTOS: Gewiß.

SOKRATES: Ist es also nicht klar, daß es sich dabei um eine viel und stark umstrittene Sache handelt?

ADEIMANTOS: Unzweifelhaft.

SOKRATES: Und weiter: Ist es nicht klar, daß, wo es sich um Gerechtes und Schönes handelt, viele sich mit dem bloßen Schein begnügen und es, auch wenn keine Wahrheit dahinter steht, doch tun und besitzen und sich an den Schein halten, während sich beim Guten niemand damit zufriedengibt, bloß das Scheinbare zu besitzen, sondern jeder dem wirklich Vorhandenen nachstrebt und den bloßen Schein hier mit Verachtung von sich weist?

ADEIMANTOS: Gewiß.

Jede Seele strebt nach dem wirklich Guten

SOKRATES: Eine jede Seele also strebt dem Guten nach und läßt um seinetwillen nichts ungetan in der Ahnung, daß ihm doch ein Sein zukomme, dabei aber doch schwankend und unvermögend, es in seiner wahren Bedeutung befriedigend zu erfassen und zu einer festen Überzeugung darüber zu gelangen wie bei anderen Dingen, was denn auch der Grund ist, daß sie auch das übrige verfehlt, wo etwa ein Nutzen zu erwarten stand – und über eine so wichtige und so umfassende Sache sollen auch jene Besten im Staat so im dunkeln tappen, sie, denen wir die gesamte Leitung in die Hände legen wollen?

ADEIMANTOS: Nun und nimmermehr.

Über das Gute dürfen die vertrauenswerten Hüter nicht in Unkenntnis bleiben

SOKRATES: Ich glaube also, daß das Gerechte und Schöne, wie es sich ohne die Kenntnis davon, inwiefern es denn eigentlich gut ist, im einzelnen darstellt, keinen vertrauenswerten Hüter über sich hat an einem, der hierüber in Unkenntnis ist, und ich möchte vermuten, daß ohne diese Kenntnis niemand auch mit diesen Einzeldingen richtig Bescheid wissen werde.

ADEIMANTOS: Eine richtige Vermutung.

SOKRATES: Unsere Verfassung wird also doch dann ihre abschließende Ordnung und Gestaltung erhalten haben, wenn ein Wächter dieser Art die Aufsicht über sie führt, ein solcher nämlich, der die volle Kenntnis dieser Dinge besitzt?

Sokrates hat nur eine Meinung vom Guten

ADEIMANTOS: Notwendig. Aber du selbst, mein Sokrates, wofür erklärst du denn das Gute? Für Einsicht oder für Lust oder für etwas anderes, von diesen Abweichendes?

SOKRATES: Da habt ihr nun den Mann, ganz wie er ist. Ein Glück nur, daß ich dir schon längst angemerkt habe, daß du dich nicht mit dem zufriedengeben würdest, was die anderen darüber meinen.

ADEIMANTOS: Es scheint mir auch nicht in der Ordnung, mein Sokrates, sich nur darauf zu verstehen, fremde Ansichten darüber vorzutragen, seine eigenen aber nicht, wenn man so lange schon mit der Sache beschäftigt ist.

SOKRATES: Wie? Scheint es dir denn in der Ordnung, wie ein Wissender über Dinge zu reden, über die man nichts weiß?

ADEIMANTOS: Wie ein Wissender – das ganz und gar nicht, wohl aber soll man bereit sein, als Meinung das vorzutragen, was man eben meint.

SOKRATES: Wie? Bist du denn nicht gewahr geworden, daß die sicherer Erkenntnis entbehrenden Meinungen sämtlich vom Übel sind? Ja, daß auch die besten von ihnen blind sind? Oder meinst du, es unterschieden sich diejenigen, die ohne wirkliche Einsicht mit ihrer Meinung die Wahrheit treffen, von Blinden, die ihren Weg richtig treffen?

ADEIMANTOS: Nein.

SOKRATES: Willst du deine Aufmerksamkeit nur auf Übles richten, auf Blindes und Entstelltes, während du von anderen Klares und Schönes hören kannst?

GLAUKON: Beim Zeus, mein Sokrates, du willst doch nicht etwa, als wärest du schon am Ziele, jetzt zurücktreten? Um keinen Preis. Denn wir wollen zufrieden sein, wenn du uns deine Gedanken über das Gute auch nur so in vorläufiger Form entwickelst, wie du es mit der Gerechtigkeit, Besonnenheit und den übrigen Tugenden getan hast.

SOKRATES: Ja, und ich, lieber Freund, werde erst recht damit zufrieden sein; doch ich fürchte, ich werde der Sache nicht gewachsen sein und, wenn ich mich bereit finden lasse, durch mein verlegenes Auftreten mich lächerlich machen. Aber, ihr Trefflichen, das eigentliche Wesen des Guten wollen wir jetzt auf sich beruhen lassen; denn für unseren derzeitigen Anlauf ist es, glaube ich, schon zuviel gefordert, jetzt auch nur das zu erreichen, was ich so vorläufig über die Sache meine. Aber einen Sprößling des Guten, als welcher er mir erscheint, und ein volles Ebenbild desselben, das will ich euch durch meine Rede vorführen, wenn es euch erwünscht ist; sonst nicht.

GLAUKON: Nun, rede nur. Ein andermal kannst du uns dann die Ausführung über den Vater erstatten.

507 SOKRATES: Wohl wünschte ich, ich könnte sie euch wie eine Schuld auszahlen und ihr könntet sie in Empfang nehmen und nicht, wie jetzt, bloß die Zinsen. Diesen Zins also und diesen Sprößling des wahren Guten nehmt jetzt in Empfang. Doch gebt scharf acht, daß ich euch nicht etwa wider meinen Willen hintergehe, indem ich eine falsche Rechnung über den Zins erstatte.

GLAUKON: Wir werden nach Kräften acht haben. Aber sprich nur.

Erinnerung an die Ideen

SOKRATES: Ja. Aber erst muß ich mich noch eures Einverständnisses versichert haben in bezug auf gewisse Sätze, die, im vorigen bereits berührt und auch sonst schon oft vorgetragen, auch jetzt von mir in Erinnerung gebracht werden sollen.

GLAUKON: Welche?

SOKRATES: Wir behaupten, daß es eine Vielheit von schönen Dingen und von guten Dingen und so von jeder Art von Dingen gibt, wie wir sie dann auch in der Rede unterscheiden.

GLAUKON: Ja.

SOKRATES: Und auch, daß es ein Schönes an sich und ein Gutes an sich gebe, und so bei allem, was wir eben als Vielheit setzten; und indem wir nun umgekehrt das viele Einzelne einer Idee als der Einheit für jede Klasse des Vielen unterordnen, benennen wir es nach seinem wirklichen Wesen als dem, was an sich ist.

GLAUKON: So ist es.

SOKRATES: Und von den ersteren sagen wir, daß sie gesehen, aber nicht gedacht werden, von den Ideen aber, daß sie gedacht, aber nicht gesehen werden[5].

GLAUKON: Gewiß.

Das Licht als Drittes

SOKRATES: Womit an uns sehen wir nun das Gesehene?

GLAUKON: Mit dem Gesicht.

SOKRATES: Und mit dem Gehör nicht auch das Gehörte und mit den übrigen Sinnen alles sinnlich Wahrnehmbare?

GLAUKON: Ohne Zweifel.

SOKRATES: Hast du nun auch beachtet, wie der Bildner der Sinne das Vermögen des Sehens und Gesehenwerdens mit einem Vorzug ausgestattet hat, der es über alle anderen weit erhebt?

GLAUKON: Das nicht.

SOKRATES: Nun, so betrachte es so: bedarf etwa Gehör und Ton eines weiteren Mittels dazu, daß das erstere höre, der letztere gehört werde, so daß beim Ausbleiben dieses dritten das erste nicht hören, der letztere nicht gehört werden kann?

GLAUKON: Nein.

SOKRATES: Ich glaube aber auch, andere viele Vermögen haben etwas Derartiges nicht nötig, ja man darf wohl sagen kein einziges. Oder kannst du eines nennen?

GLAUKON: Ich gewiß nicht.

SOKRATES: Das Gesicht dagegen und das Gesehene bedürfen doch so etwas. Ist dir das nicht klar?

GLAUKON: Wieso?

SOKRATES: Mögen auch die Augen mit Sehvermögen ausgestattet sein und der Besitzer versuchen davon Gebrauch zu machen, und mag anderseits auch an den Gegenständen selbst Farbe haften, so wird doch, wenn nicht ein Mittel als ein Drittes eigens dafür von der Natur geschaffen, mitwirkt, offenbar das Gesicht nichts sehen, und die Farben werden unsichtbar sein.

GLAUKON: Und welches ist dieses?

SOKRATES: Nun, das was du Licht nennst.

GLAUKON: Richtig.

SOKRATES: Dinge also, die schon für sich genommen nicht un-
508 bedeutend sind, nämlich der Gesichtssinn und das Vermögen gesehen zu werden, sind demnach überdies noch durch ein kostbarere Band verbunden, als es bei anderen Zusammenpaarungen der Fall ist, wenn anders das Licht nichts Verächtliches ist.

GLAUKON: Weit gefehlt, daß es das wäre.

Das Sonnengleichnis

Die Sonne als Ursache des Lichtes

SOKRATES: Welchen nun von den Sterngöttern kannst du als den Urheber davon bezeichnen, also als den, dessen Licht unserem Gesicht dazu verhilft, auf das schönste zu sehen, und dem Gesehenen dazu, gesehen zu werden?

GLAUKON: Den auch du dafür hältst und sonst auch alle Welt; denn offenbar ist es die Sonne, wonach du frägst.

SOKRATES: Verhält sich nun das Gesicht zu diesem Gott naturgemäß folgendermaßen?

GLAUKON: Wie?

SOKRATES: Das Gesicht ist nicht die Sonne, weder es selbst noch dasjenige, dem es innewohnt, von uns Auge genannt.

GLAUKON: Das allerdings nicht.

SOKRATES: Aber das sonnenartigste, denke ich, ist es doch gewiß von allen Organen der sinnlichen Wahrnehmung.

GLAUKON: Weitaus.

SOKRATES: Hat es nun nicht auch seine Kraft von dieser gespendet erhalten wie etwas, das von ihr ihm zufließt?

GLAUKON: Sicherlich.

SOKRATES: Steht es nun mit der Sonne nicht auch so? Sie ist nicht Gesicht, aber Ursache davon und wird als solche von ihm gesehen.

GLAUKON: Ja.

SOKRATES: Sie also meine ich – das kannst du nun als meine Ansicht verkünden – mit jenem Sprößling des Guten, den das Gute selbst als sein Ebenbild erzeugt: was es selbst im Bereiche des Denkbaren ist im Verhältnis zur Vernunft und zum Gedachten, das ist die Sonne im Bereiche des Sichtbaren im Verhältnis zu dem Gesicht und zu dem Gesehenen.

GLAUKON: Wie? Laß dich weiter darüber vernehmen.

Auge und Seele

SOKRATES: Du weißt doch: wenn man die Augen nicht mehr auf solche Dinge richtet, auf deren Farben das Tageslicht fällt, sondern auf solche, über die sich nächtliche Dämmerung breitet, so werden sie blöde und scheinen beinahe blind, als ob keine eigentliche Sehkraft mehr in ihnen wäre.

GLAUKON: Gewiß.

SOKRATES: Wenn aber auf solche, die von der Sonne beleuchtet werden, dann, denke ich, sehen sie deutlich, und diesen nämlichen Augen wohnt jetzt offenbar Sehkraft inne.

GLAUKON: Ohne Zweifel.

SOKRATES: So denke dir denn auch das Verhältnis der Seele folgendermaßen: wenn sie fest gerichtet ist auf das, worauf das Licht der Wahrheit und des Seienden fällt, dann erfaßt und erkennt sie es und scheint im Besitze der Vernunft zu sein; wenn aber auf das mit Finsternis Gemischte, das Entstehende und Vergehende, dann fällt sie dem bloßen Meinen anheim, wird stumpfsichtig, wirft die Meinungen herüber und hinüber und macht nunmehr den Eindruck, als sei sie aller Vernunft bar.

GLAUKON: Ja, so ist es.

Die Idee des Guten als Ursache von Erkenntnis und Wahrheit

SOKRATES: Das also, was den Dingen, welche erkannt werden, Wahrheit verleiht und dem Erkennenden die Kraft zum Erkennen gibt, ist – das sei jetzt dein Spruch – die Idee des Guten, und diese mußt du dir jetzt als die Ursache der Erkenntnis und Wahrheit vorstellen, soweit die letztere erkannt wird: aber so schön sie auch beide sein mögen, Erkenntnis und Wahrheit, so wirst du doch das Richtige treffen mit der Annahme, daß sie selbst etwas noch Schöneres ist als diese; wie es aber im vorigen in bezug auf Licht und Gesicht richtig war, sie wohl für sonnenartig zu erklären, für falsch dagegen sie für die Sonne selbst zu halten, so steht es auch hier mit Erkenntnis und Wahrheit: sie beide für verwandt mit dem Guten zu halten ist recht, sie aber, sei es nun die eine oder die andere, für das Gute selbst zu halten, ist nicht recht, vielmehr steht das Gute selbst seinem ganzen Verhältnis nach auf einer noch höheren Stufe.

GLAUKON: Eine gar nicht auszudenkende Schönheit offenbarst du, wenn sie Erkenntnis und Wahrheit schafft, selbst aber noch über diese an Schönheit emporragt; denn daß du etwa die Lust damit meinen könntest, ist doch bei dir ganz ausgeschlossen.

Die Idee des Guten ragt auch über das Sein noch hinaus

SOKRATES: Lästere nicht; betrachte vielmehr das Abbild des Guten noch von folgender Seite.

GLAUKON: Von welcher?

SOKRATES: Du wirst, denke ich, sagen, die Sonne verleihe dem, was gesehen wird, nicht nur das Vermögen, gesehen zu werden, sondern auch Werden, Wachstum und Nahrung, ohne doch selbst ein Werden zu sein.

GLAUKON: Wie könnte sie das auch sein?

SOKRATES: Also mußt du auch sagen, daß dem Erkennbaren nicht nur das Erkanntwerden von dem Guten zuteil werde, sondern daß es sein Sein und Wesen von ihm habe, so daß das Gute nicht das Sein ist, sondern an Würde und Kraft noch über das Sein hinausragt.

GLAUKON: (mit einem starken Stich ins Komische) Beim Apollon, ein wahres Wunder von Hinausragen![6]

SOKRATES: Du selbst trägst doch die Schuld daran; denn du zwangst mich, meine Ansicht darüber mitzuteilen.

GLAUKON: Und du darfst davon auch nicht ablassen, sondern mußt unter allen Umständen wenigstens das Gleichnis von der Sonne noch weiter erläutern, wenn du noch irgend etwas darüber auf dem Herzen hast.

SOKRATES: Nun, nach meinem Überschlag sogar recht viel. Gleichwohl werde ich von dem, was mir im Augenblick zur Verfügung steht, mit Willen euch nichts vorenthalten.

GLAUKON: Ja nicht.

Das Liniengleichnis

Die »Abschnitte« der Wirklichkeit: Sichtbares und Denkbares. Ihre Unterteilung

SOKRATES: Halte dir also gegenwärtig, daß, wie gesagt, es sich dabei um zwei Mächte handelt, und daß die eine über das Geschlecht und den Bereich des Denkbaren herrscht, die andere über das *Sichtbare – Himmel* mag ich nicht sagen, um den Schein zu vermeiden, als wollte ich mit Wortdeuteleien spielen. Diese beiden Reiche, das Sichtbare und Denkbare, sind dir doch also in ihrem Unterschied klar?

GLAUKON: Jawohl.

SOKRATES: So nimm sie denn wie eine in zwei ungleiche Abschnitte geteilte Linie, und teile jeden dieser Abschnitte, von denen der eine das Gebiet des Sichtbaren, der andere das des Denkbaren darstellt, wieder nach dem nämlichen Verhältnis, und so wird dir, nach Maßgabe des gegenseitigen Verhältnisses von Deutlichkeit und Undeutlichkeit, im Gebiete des Sichtbaren der eine Abschnitt Bilder liefern. Ich verstehe aber unter Bildern erstens die Schatten, sodann die Abspiegelungen im Wasser und auf den Oberflächen dichter, glatter und glänzender Körper und alles Ähnliche. Du verstehst mich doch?

GLAUKON: Gewiß.

SOKRATES: Als den *anderen* Abschnitt setze den, der die Gegenstände selbst umfaßt, wovon dies die Bilder waren, also die uns umgebende Tierwelt und das ganze Gewächsreich und jede Art von Erzeugnissen des menschlichen Kunstfleißes.

GLAUKON: Ich tue es.

SOKRATES: Wirst du nun auch ohne Bedenken einräumen, hinsichtlich der Wahrheit und ihres Gegenteils verhalte sich bei dieser Teilung das Nachgebildete zu dem, dem es nachgebildet ist, ebenso wie das Gebiet der bloßen Meinung zu dem des Gedachten?

GLAUKON: Ohne weiteres.

SOKRATES: Nun fasse anderseits die Teilung des Denkbaren ins Auge nach ihrer Besonderheit.

GLAUKON: Und worin besteht diese Besonderheit?

SOKRATES: Darin: den einen Teil muß die Seele so aufsuchen, daß sie das, was die frühere Teilung in dem *einen* Abschnitt bot, nämlich wirkliche Gegenstände, bloß als Bilder benutzt, indem sie, von bloßen Voraussetzungen ausgehend, nicht zum Anfang zurückschreitet, sondern nach dem Ende hin vorschreitet, den anderen aber so, daß sie von der Voraussetzung aus zum voraussetzungslosen Anfang zu gelangen sucht und ein Verfahren einschlägt, das ohne Bilder, wie sie im ersten Abschnitt gebraucht wurden, sich lediglich auf reine Begriffe in ihrem inneren gegenseitigen Zusammenhang stützt.

GLAUKON: Diese Erläuterung habe ich nicht recht verstanden.

SOKRATES: Nur Geduld! Hast du erst das Folgende gehört, so wird dir das Verständnis schon leichter werden. Ich glaube nämlich, du weißt, wie es diejenigen machen, die es mit Geometrie und Arithmetik und den verwandten Wissenschaften zu tun haben: sie setzen das Ungerade und Gerade und die Figuren und die dreierlei Arten der Winkel und was damit verwandt ist bei ihrem jeweiligen Beweisverfahren voraus und machen, als wären sie vollständig darüber im klaren, es einfach zur Grundlage ihrer Beweise, ohne sich irgend verpflichtet zu fühlen, sich selbst oder anderen noch Rechenschaft darüber zu geben, da es ja für jeden von selbst einleuchtend sei; vielmehr schreiten sie von diesem Ausgangspunkt alsbald zu der weiteren Ausführung fort und erreichen schließlich folgerecht denjenigen Punkt, auf dessen Klarstellung sie es abgesehen hatten.

GLAUKON: Ja, dies Verfahren ist mir wohlbekannt.

SOKRATES: Und also wohl auch, daß sie sich der sichtbaren Gestalten bedienen und immer von diesen reden, während den eigentlichen Gegenstand ihres Denkens nicht diese bilden, sondern jene, deren bloße Abbilder diese sind. Denn das Quadrat an sich ist es und die Diagonale an sich, um derentwillen sie ihre Erörterung anstellen, nicht aber dasjenige, welches sie durch Zeichnung entwerfen, und so auch in den weiteren Fällen; eben die Figuren selbst, die sie bildend oder zeichnend herstellen, von denen es auch wieder Schatten und Bilder im Wasser gibt, dienen ihnen als Bilder, mit deren Hilfe sie eben das zu erkennen suchen, was niemand auf andere Weise erkennen kann als durch den denkenden Verstand.

511

GLAUKON: Du hast recht.

SOKRATES: Diese bezeichnete ich zwar als eine Art des Denkbaren, aber so, daß die Seele dabei gezwungen ist, die Untersuchung auf bloße Voraussetzungen zu stützen, indem sie nicht auf den Anfang zurückgeht – denn sie kann über ihre Voraussetzungen in der Richtung nach oben hin nicht hinaus –, sondern sich der sinnlichen Gegenstände, deren Abbilder die unteren Dinge sind und die auch ihrerseits nach allgemeiner Meinung vor jenen unteren Dingen [d. h. den Schatten usw.], den Vorzug deutlicher Erkennbarkeit besitzen, als Bilder bedient.

GLAUKON: Ich verstehe: du meinst das, was in das Gebiet der Geometrie und der ihr verwandten Fächer fällt.

SOKRATES: So verstehe denn auch folgendes: unter dem zweiten Abschnitt des Denkbaren meine ich das, was der denkende Verstand unmittelbar selbst erfaßt mit der Macht der Dialektik, indem er die Voraussetzungen nicht als unbedingt Erstes und Oberstes ansieht, sondern in Wahrheit als bloße Voraussetzungen, d. h. Unterlagen, gleichsam Stufen und Aufgangsstützpunkte, damit er, bis zum Voraussetzungslosen vordringend, an den wirklichen Anfang des Ganzen gelange, und wenn er ihn erfaßt hat, an alles sich haltend, was mit ihm in Zusammenhang steht, wieder herabsteige, ohne irgendwie das sinnlich Wahrnehmbare dabei mit zu verwenden, sondern nur die Begriffe selbst nach ihrem inneren Zusammenhang und mit Begriffen auch abschließe.

GLAUKON: Ganz verstehe ich das nicht; denn es scheint sich da um eine sehr bedeutende Aufgabe zu handeln. Aber soviel verstehe ich doch: du willst durch diese Gegenüberstellung feststellen, daß demjenigen, was durch die auf das Seiende und Gedachte gerichtete Wissenschaft der Dialektik betrachtet wird, größere Sicherheit und Deutlichkeit zukommt als dem von den mathematischen Fächern, also den sogenannten Künsten, Erkannten, denen die Voraussetzungen zugleich das Erste und Oberste sind und bei denen die Betrachtenden ihren Gegenstand zwar mit dem Verstand, nicht mit den Sinnen zu betrachten genötigt sind, aber, weil ihre Betrachtungsweise sie nicht aufwärts zu dem Ersten und Obersten führt, sondern sich auf bloße Voraussetzungen stützt, es dir nicht zu rein vernünftiger Einsicht über ihre Gegenstände zu bringen scheinen, obschon auch sie einer Vernunfterkenntnis mit Einschluß des Ersten und Obersten zugänglich sind. Mathematische Verstandeserkenntnis aber und nicht Vernunfterkenntnis scheinst du mir das von den geometrischen und den ihnen verwandten Wissenschaften eingehaltene Verfahren zu nennen, da du sie für etwas Mittleres hältst zwischen bloßer Meinung und Vernunft.

Die den »Abschnitten« der Wirklichkeit entsprechenden Seelenzustände

SOKRATES: Das hast du durchaus richtig aufgefaßt. Und so laß denn jenen vier Abschnitten auch vier Seelenzustände entsprechen, Vernunfttätigkeit dem obersten, mathematische Verstandestätigkeit dem zweiten, dem dritten aber weise den Glauben und dem vierten die bildliche Erkenntnis zu, und ordne sie nach *dem* Verhältnis, daß du ihnen [stufenweise] denjenigen Grad von Deutlichkeit beimißt, welcher dem Anteil entspricht, den ihre Objekte an der Wahrheit haben.

GLAUKON: Ich verstehe und räume es ein und ordne sie wie du sagst.

Das Höhlengleichnis

Die Höhle

514 SOKRATES: Nächstdem mache dir nun an folgendem Gleichnis den Unterschied des Zustandes klar, in dem sich unsere Natur befindet, wenn sie im Besitze der vollen Bildung ist, und anderseits, wenn sie derselben ermangelt. Stelle dir Menschen vor in einer unterirdischen Wohnstätte mit lang nach aufwärts gestrecktem Eingang, entsprechend der Ausdehnung der Höhle; von Kind auf sind sie in dieser Höhle festgebannt mit Fesseln an Schenkeln und Hals; sie bleiben also immer an der nämlichen Stelle und sehen nur geradeaus vor sich hin, durch die Fesseln gehindert, ihren Kopf herumzubewegen; von oben her aber aus der Ferne von rückwärts leuchtet ihnen ein Feuerschein; zwischen dem Feuer aber und den Gefesselten läuft oben ein Weg hin, längs dessen eine niedrige Mauer errichtet ist ähnlich der Schranke, die die Gaukelkünstler vor den Zuschauern errichten, um über sie weg ihre Kunststücke zu zeigen.

GLAUKON: Das steht mir alles vor Augen.

SOKRATES: Längs dieser Mauer – so mußt du dir nun es weiter
515 vorstellen – tragen Menschen allerlei Gerätschaften vorbei, die über die Mauer hinausragen und Bildsäulen und andere steinerne und hölzerne Bilder und Menschenwerk verschiedenster Art,

wobei, wie begreiflich, die Vorübertragenden teils reden, teils schweigen.

GLAUKON: Ein sonderbares Bild, das du da vorführst, und sonderbare Gestalten!

SOKRATES: Nichts weiter als unseresgleichen. Denn können denn erstlich solche Gefesselten von sich selbst sowohl wie gegenseitig voneinander etwas anderes gesehen haben als die Schatten, die durch die Wirkung des Feuers auf die ihnen gegenüberliegende Wand der Höhle geworfen werden?

GLAUKON: Wie wäre das möglich, wenn sie ihr Leben lang den Kopf unbeweglich halten müssen?

SOKRATES: Und ferner: gilt von den vorübergetragenen Gegenständen nicht dasselbe?

GLAUKON: Auch von ihnen haben sie nur Schatten gesehen.

SOKRATES: Wenn sie nun miteinander reden könnten, glaubst du nicht, daß sie der Meinung wären, die Benennungen, die sie dabei verwenden, kämen den Dingen zu, die sie unmittelbar vor sich sehen?

GLAUKON: Notwendig.

SOKRATES: Ferner: wenn der Kerker auch einen Widerhall von der gegenüberliegenden Wand her ermöglichte, meinst du da, daß, wenn einer der Vorübergehenden gerade etwas sagte, sie dann die gehörten Worte einem anderen zulegen würden als dem jeweilig vorüberziehenden Schatten?

GLAUKON: Nein, beim Zeus.

SOKRATES: Durchweg also würden diese Gefangenen nichts anderes für wahr gelten lassen als die Schatten der künstlichen Gegenstände.

GLAUKON: Notwendig.

SOKRATES: Nun betrachte den Hergang ihrer Lösung von den Banden und ihrer Heilung von dem Unverstand, wie er sich natürlicherweise gestalten würde, wenn sich folgendes mit ihnen zutrüge: wenn einer von ihnen entfesselt und genötigt würde plötzlich aufzustehen, den Hals umzuwenden, sich in Bewegung zu setzen und nach dem Lichte empor zu blicken, und alles dies nur unter Schmerzen verrichten könnte und geblendet von dem Glanze nicht imstande wäre, jene Dinge zu erkennen, deren Schatten er vorher sah, was, glaubst du wohl, würde er sagen, wenn man ihn versichert, er hätte damals lauter Nichtigkeiten gesehen, jetzt aber, dem Seienden nahegerückt und auf Dinge hingewandt, denen ein stärkeres Sein zukäme, sehe er richtiger? Und wenn man zudem noch ihn auf jedes der vorübergetragenen Menschenwerke hinwiese und ihn nötigte, auf die vorgelegte Frage zu antworten, was es sei, meinst du da nicht, er werde weder aus noch ein wissen und glauben, das vordem Geschaute sei wirklicher als das, was man ihm jetzt zeige?

GLAUKON: Weitaus.

Der Aufstieg

SOKRATES: Und wenn man ihn nun zwänge, seinen Blick auf das Licht selbst zu richten, so würden ihn doch seine Augen schmerzen und er würde sich abwenden und wieder jenen Dingen zustreben, deren Anblick ihm geläufig ist, und diese würde er doch für tatsächlich gewisser halten als die, die man ihm vorzeigte?

GLAUKON: Ja.

SOKRATES: Wenn man ihn nun aber von da gewaltsam durch den holperigen und steilen Aufgang aufwärts schleppte und nicht eher ruhte, als bis man ihn an das Licht der Sonne gebracht
516 hätte, würde er diese Gewaltsamkeit nicht schmerzlich empfinden und sich dagegen sträuben, und wenn er an das Licht käme, würde er dann nicht, völlig geblendet von dem Glanze, von alledem, was ihm jetzt als das Wahre angegeben wird, nichts, aber auch gar nichts zu erkennen vermögen?

GLAUKON: Nein, wenigstens für den Augenblick nicht.

SOKRATES: Er würde sich also erst daran gewöhnen müssen, wenn es ihm gelingen soll, die Dinge da oben zu schauen, und zuerst würde er wohl am leichtesten die Schatten erkennen, darauf die Abbilder der Menschen und der übrigen Dinge im Wasser, später dann die wirklichen Gegenstände selbst; in der Folge würde er dann zunächst bei nächtlicher Weile die Erscheinungen am Himmel und den Himmel selbst betrachten, das Licht der Sterne und des Mondes schauend, was ihm leichter werden würde, als bei Tage die Sonne und das Sonnenlicht zu schauen.

GLAUKON: Gewiß.

SOKRATES: Zuletzt dann, denke ich, würde er die Sonne, nicht etwa bloß Abspiegelungen derselben im Wasser oder an einer Stelle, die nicht ihr eigener Standort ist, sondern sie selbst in voller Wirklichkeit an ihrer eigenen Stelle zu schauen und ihre Beschaffenheit zu betrachten imstande sein.

GLAUKON: Notwendig.

SOKRATES: Und dann würde er sich durch richtige Folgerungen klarmachen, daß sie es ist, der wir die Jahreszeiten und die Jahresumläufe verdanken und die über allem waltet, was in dem sichtbaren Raum sich befindet, und in gewissem Sinne auch die Urheberin jener Erscheinungen ist, die sie vordem in der Höhle schauten.

GLAUKON: Offenbar würde er in solcher Stufenfolge zu dieser Einsicht gelangen.

SOKRATES: Wie nun? Meinst du nicht, er würde in der Erinnerung an seine erste Wohnstätte und an seine dortige Weisheit und an seine dortigen Mitgefangenen sich nun glücklich preisen ob dieser Veränderung, jene dagegen bemitleiden?

GLAUKON: Sicherlich.

SOKRATES: Wenn es damals aber unter ihnen gewisse Ehrungen und Lobpreisungen und Auszeichnungen gab für den, der die vorübergehenden Gegenstände am schärfsten wahrnahm und sich am besten zu erinnern wußte, welche von ihnen eher und welche später und welche gleichzeitig vorüberwandelten, und auf Grund dessen am sichersten das künftig Eintretende zu erraten verstand, glaubst du etwa, daß er sich danach zurücksehnen werde und die bei ihnen durch Ehren und Macht Ausgezeichneten beneiden werde? Oder nicht vielmehr, daß er, nach Homer, das harte Los wählen, nämlich viel lieber »einem anderen, einem unbegüterten Manne um Lohn dienen wolle« und lieber alles andere über sich ergehen lassen würde, als im Banne jener Trugmeinungen zu stehen und ein Leben jener Art zu führen?

GLAUKON: Ja, ich denke, er würde lieber alles andere über sich ergehen lasssen als auf jene Weise leben.

Der Abstieg

SOKRATES: Und nun bedenke auch noch folgendes: wenn ein solcher wieder hinabstiege in die Höhle und dort wieder seinen alten Platz einnähme, würden dann seine Augen nicht förmlich eingetaucht werden in Finsternis, wenn er plötzlich aus der Sonne dort anlangte?

GLAUKON: Gewiß.

SOKRATES: Wenn er nun wieder, bei noch anhaltender Trübung des Blicks, mit jenen ewig Gefesselten wetteifern müßte in der Deutung jener Schattenbilder, ehe noch seine Augen sich der jetzigen Lage wieder völlig angepaßt haben – und die Gewöhnung daran dürfte eine ziemlich erhebliche Zeit fordern –, würde er sich da nicht lächerlich machen und würde es nicht von ihm heißen, sein Aufstieg nach oben sei schuld daran, daß er mit verdorbenen Augen wiedergekehrt sei, und schon bald, der bloße Versuch, nach oben zu gelangen, sei verwerflich? Und wenn sie den, der es etwa versuchte sie zu entfesseln und hinaufzuführen, irgendwie in ihre Hand bekommen und umbringen könnten, so würden sie ihn doch auch umbringen?

GLAUKON: Sicherlich.

Die Auslegung

SOKRATES: Dieses Gleichnis, mein lieber Glaukon, mußt du seinem vollen Umfang nach mit den vorhergehenden Erörterungen in Verbindung bringen: die durch das Gesicht uns erscheinende Raumwelt setze der Wohnstätte der Gefesselten gleich, den Lichtschein des Feuers aber in ihr der Kraft der Sonne; den Aufstieg nach oben aber und die Betrachtung der oberen Welt mußt du der Erhebung der Seele in das Reich des nur Denkbaren vergleichen, wenn du eine richtige Vorstellung von meiner Meinung bekommen willst, da du sie ja zu hören begehrst. Gott mag wissen, ob sie richtig ist. Was sich mir also als richtig darstellt, ist dies: in dem Gebiete des Denkbaren zeigt sich zuletzt und schwer erkennbar die Idee des Guten; hat sie sich aber einmal gezeigt, so muß sich bei einiger Überlegung ergeben, daß sie für alle die Urheberin alles Rechten und Guten ist, indem sie im

Sichtbaren das Licht und den Quell und Herrn desselben [die Sonne] erzeugt, in dem Denkbaren aber selbst als Herrscherin waltend uns zu Wahrheit und Vernunft verhilft, so daß also diese Idee erkannt haben muß, wer einsichtig handeln will, sei es in persönlichen oder in öffentlichen Angelegenheiten.

GLAUKON: Diese Meinung teile auch ich, soweit mir ein Urteil darüber zusteht.

SOKRATES: So teile denn auch die folgende Ansicht mit mir, und wundere dich nicht, daß diejenigen, die zu dieser Höhe gelangt sind, keine Neigung verspüren, sich den menschlichen Alltagsgeschäften zu widmen; sondern ihre Seelen fühlen sich immer getrieben, dort oben zu verweilen. Und so ist es doch wohl auch ganz in der Ordnung, wenn anders es dem vorhin vorgeführten Bilde entsprechen soll.

GLAUKON: Ja, ganz in der Ordnung.

SOKRATES: Wie nun? Scheint es dir verwunderlich, wenn einer, der von den göttlichen Anschauungen her in das menschliche Elend herabkommt, haltungslos ist und sich recht lächerlich ausnimmt, wenn er, noch getrübten Blickes und noch nicht wieder genügend an die hiesige Finsternis gewöhnt, sich genötigt sieht, in Gerichtshöfen oder anderswo um die Schatten der Gerechtigkeit zu streiten oder um die Kunstgebilde, deren Schatten sie sind, und sich in einem Wettkampf einzulassen mit der Auffassungweise dieser Dinge von seiten solcher Leute, die niemals die Gerechtigkeit an sich geschaut haben?

GLAUKON: Nicht im geringsten verwunderlich.

518 SOKRATES: Nein, wer bei Vernunft ist, der würde sich sagen, daß die Störungen der Sehkraft zwiefacher Art sind und zwiefacher Ursache entstammen, nämlich erstens, wenn man aus dem Licht in die Finsternis, und zweitens, wenn man aus der Finsternis in das Licht versetzt wird. Und wenn er sich nun davon überzeugt hat, daß die nämlichen Vorgänge auch bei der Seele vorliegen, so wird er, wenn er eine Seele in Verwirrung und unfähig sieht, etwas zu erkennen, nicht unbedacht lachen, sondern prüfen, ob sie aus einem erleuchteteren Leben hierhergekommen ist und infolge der Ungewohnheit mit Finsternis geschlagen ist oder ob sie aus einem Zustand größerer Unwissenheit in helleren Glanz kommt und von dieser größeren Hellig-

keit geblendet ist; und so wird er denn die eine glücklich preisen ob ihres Zustandes und ihrer Lebensgestaltung, die andere dagegen bemitleiden; und wenn er über sie lachen wollte, so würde sein Lachen hier weniger lächerlich sein als das über die, welche von oben her aus dem Lichte herabkommt.

GLAUKON: Das ist gewiß zutreffend.

Bildung als Umwendung der Seele

SOKRATES: Wir müssen also, wenn dies wahr ist, zu folgender Überzeugung über die Sache gelangen: die Bildung ist nicht das, wofür sie gewisse Leute verheißungsvoll ausgeben. Ihre Verheißung nämlich lautet etwa dahin, sie pflanzten der Seele, in der es ursprünglich kein Wissen gebe, dies Wissen ein, etwa wie wenn sie blinden Augen die Sehkraft einsetzten.

GLAUKON: Ja, so lautet sie.

SOKRATES: Unsere vorliegende Untersuchung dagegen zeigt, daß man diese der Seele eines jeden innewohnende Wissenskraft und das Organ, durch welches ein jeder zu Kenntnissen kommt, ganz ähnlich wie wenn man das Auge nicht anders aus dem Dunklen nach dem Hellen umwenden könnte als mitsamt dem ganzen Leibe, so sie mitsamt der ganzen Seele aus dem Bereiche des Werdenden nach der anderen Seite umkehren muß, bis sie fähig geworden ist, die Betrachtung des Seienden und des Hellsten unter dem Seienden auszuhalten; dies aber ist, wie wir behaupten, das Gute. Nicht wahr?

GLAUKON: Ja.

SOKRATES: Es wäre demnach die Bildung eine Kunst der Umkehrung dieses Organs, die Art und Weise nämlich, wie es am leichtesten und wirkungsvollsten umgewendet wird, nicht aber eine Kunst, die darin bestände, ihm diese Sehkraft erst einzupflanzen; diese hat es vielmehr schon; es ist nur nicht nach der richtigen Seite hingewendet und blickt nicht dahin, wohin es sollte, und daß dies geschehe, das ist eben, was unsere Kunst der Erziehung bewirken will.

GLAUKON: So scheint es.

SOKRATES: Es scheinen also die anderen Tugenden, die man gewöhnlich als der Seele zugehörig bezeichnet, einige Verwandtschaft mit den körperlichen Vorzügen zu haben; denn in der Tat wohnten diese, wie es scheint, ihr früher nicht inne und wurden erst weiterhin durch gute Gewöhnung und Übung ihr beigebracht; die Tugend der vernünftigen Einsicht dagegen ist allem Anschein nach eines unvergleichlich göttlicheren Ursprungs: sie verliert niemals ihre Kraft, wird aber brauchbar und 519 nützlich durch die Umdrehung, wie anderseits durch das Mißlingen derselben unbrauchbar und schädlich. Oder hast du noch nicht auf Leute geachtet, die man bös, aber klug nennt, wie verschmitzt und scharf ihre schäbige Seele das erkennt, worauf sie es abgelegt hat, zum Zeichen, daß sie keine schlechte Sehkraft besitzt, aber an das Böse gekettet ist, so daß sie, je schärfer sie sieht, um so mehr Böses verübt?

GLAUKON: Gewiß.

SOKRATES: Wenn aber eben dies Vermögen einer solchen Natur, gleich von Kindheit auf, der mit dem Werden verwandten Bestandteile, die ihr wie Bleikugeln anhängen und die durch Eßbegier und dergleichen Lüste und Schleckereien sich fest in ihr einnisten und die Sehkraft der Seele nach unten hin wenden, durch kräftiges Beschneiden entledigt worden wäre und so befreit davon sich dem Wahren zugewendet hätte, so würde es [dies Vermögen] bei ganz dem nämlichen Menschen jene höhere Welt auf das schärfste erkennen, ebenso scharf wie jetzt das, worauf es hingewandt ist.

Notwendigkeit des Abstiegs

GLAUKON: Das ist wenigstens glaublich.

SOKRATES: Wie steht es nun mit dem Folgenden? Es ist doch nicht nur glaublich, sondern geradezu ein notwendiges Ergebnis aus dem Bisherigen, daß es ebenso verfehlt wäre, die Leitung des Staates den Ungebildeten und den der Wahrheit Unteilhaftigen anzuvertrauen, wie anderseits denen, die ununterbrochen ausschließlich ihrer Weiterbildung leben dürfen; denn die ersteren haben kein festes, einheitliches Lebensziel, das für alle ihre Handlungen persönlicher wie öffentlicher Art maßgebend wäre, die letzteren aber werden aus freien Stücken sich nicht zur praktischen Tätigkeit hergeben, von dem Glauben beseelt, sie seien schon zu Lebzeiten auf die Inseln der Seligen versetzt.

GLAUKON: Du hast recht.

SOKRATES: Für uns Gründer der Stadt ergibt sich daraus also die Aufgabe, den besten Köpfen die Beschäftigung mit derjenigen Wissenschaft zur Pflicht zu machen, die wir im Vorhergehenden für die wichtigste erklärten, nämlich daß sie sich der Betrachtung des höchsten Gutes widmen und jenen Anstieg nach der Höhe vollziehen. Haben sie aber nach gelungenem Anstieg sich genügend damit bekannt gemacht, so dürfen wir ihnen nicht mehr erlauben, was ihnen jetzt erlaubt wird.

GLAUKON: Was denn?

SOKRATES: Dort dauernd zu verweilen und sich zu weigern, wieder zurückzukehren zu jenen Gefesselten und teilzunehmen an ihren Mühsalen und Auszeichnungen, mögen diese nun von geringerem oder von höherem Wert sein.

GLAUKON: Wie? Wir sollen ihnen also Unrecht zufügen und ihnen ein schlechteres Leben auferlegen, während sie doch ein besseres führen könnten?

Denn es soll dem ganzen Staat gutgehen

SOKRATES: Es ist dir wohl wieder entfallen, mein Lieber, daß unser Staatsgesetz nicht darauf abzielt, daß es *einer* Klasse im Staate besonders wohl ergehe, sondern dies Wohlergehen soll dem Staat als Ganzem zukommen; darauf wirkt das Gesetz hin, indem es die Bürger durch Überredung und Zwang zur Einheit zusammenfaßt und sie dazu bringt, einander wechselseitig zugute kommen zu lassen, was ein jeder Förderliches für das Gemeinwesen zu leisten vermag, und indem es selbst dem Staate Männer von entsprechender Sinnesart schafft, nicht etwa um jeden ganz nach Belieben seiner besonderen Neigung folgen zu lassen, sondern um selbst die Verwendung derselben für den engen Zusammenschluß des Ganzen in die Hand zu nehmen.

GLAUKON: Richtig; ich hatte nicht mehr daran gedacht.

SOKRATES: So wirst du dir denn auch sagen, mein Glaukon, daß von Unrecht gegen die, die sich bei uns der Philosophie widmen, überhaupt gar nicht die Rede sein kann; wir werden vielmehr vollkommen im Rechte sein, wenn wir ihnen zur Pflicht machen, für die anderen zu sorgen und über sie zu wachen. So nämlich wird unser Spruch an sie lauten: »Diejenigen, die sich in anderen Staaten der Philosophie hingeben, bleiben ganz mit Recht verschont von den mühseligen Pflichten für den Staat; denn sie entwickeln sich da ganz auf eigene Hand, ohne daß die jeweilige Staatsverfassung von ihnen etwas wissen will, und es ist doch ganz natürlich, daß, was frei und wild aufwächst ohne irgend jemandes Pflege für sich in Anspruch zu nehmen, auch nicht darauf brennt, jemandem Kostgeld zu zahlen. Euch aber haben wir zu eurem eigenen wie zu des übrigen Staates Besten wie Führer und Könige in Bienenstöcken entstehen und groß werden lassen, indem wir euch eine bessere und vollkommenere Bildung im Vergleich mit jenen zuteil werden ließen und euch fähiger machten, euch nach beiden Seiten hin zu betätigen. Es muß also abwechselnd ein jeder von euch herabsteigen in die Wohnstätten der anderen und sich daran gewöhnen, die Finsternis zu schauen; denn einmal daran gewöhnt, werdet ihr tausendmal besser als jene da drunten alle jene Bilder erkennen und beurteilen, was sie sind und welchen Ursprungs, denn ihr habt ja, was das Schöne, Gerechte und Gute anlangt, die Wahrheit geschaut. Und so werden wir und werdet ihr eine wirkliche Staatsverfassung haben, keine bloß traumhafte, wie sie jetzt die meisten Staaten haben infolge der Schattengefechte ihrer Leiter und ihrer Parteikämpfe um die Herrschaft, als wäre diese wer weiß was für ein herrliches Gut. In Wahrheit aber steht es damit so: derjenige Staat, in dem die zur Herrschaft Bestimmten am wenigsten darauf erpicht sind zu herrschen, ist unbedingt am besten verwaltet und bleibt am sichersten von Bürgerkrieg verschont, und umgekehrt steht es mit demjenigen Staat, der mit Leitern von entgegengesetzter Art geschlagen ist.«

GLAUKON: Ganz gewiß.

SOKRATES: Hältst du es nun für möglich, daß unsere Zöglinge, wenn sie dies hören, uns den Gehorsam versagen und sich weigern werden, jeder, wie ihn abwechselnd die Reihe trifft, an den mühseligen staatlichen Geschäften teilzunehmen, wobei sie doch immer noch die meiste Zeit miteinander unter sich in ihrem aller irdischen Befleckung entrückten Reiche leben können?

GLAUKON: Nein. Denn was wir ihnen zumuten, ist gerecht, und gerecht sind auch sie selbst. Denn jeder von ihnen wird das Herrscheramt nur als eine ganz unerläßliche Pflicht übernehmen in völligem Gegensatz zu den gegenwärtigen Leitern der einzelnen Staaten.

Die Philosophen sind die besten Herrscher, weil sie Besseres kennen als die Herrschaft

SOKRATES: Ja, es steht in der Tat, mein Lieber, damit so: wenn du eine Lebensweise ausfindig machst, die für die zur Herrschaft Bestimmten annehmlicher ist als das Herrschen, dann ist die Verwirklichung einer vollendeten Staatsverfassung möglich; denn sie ist die einzige, in der die wirklich Reichen herrschen, reich nicht an Gold, sondern an dem, woran der Glückselige reich sein muß, an tugendhafter und einsichtsvoller Lebensführung; wenn aber Hungerleider und solche, die nach eigenem Gute gierig sind, sich der Staatsverwaltung zuwenden in der Annahme, von dorther müßten sie auf Räuberart in den Besitz des begehrten Gutes gelangen, dann ist diese beste Staatsverfassung nicht möglich; denn wenn das Herrscheramt ein vielbegehrter und umstrittener Beruf ist, so führt das zu einheimischem und innerem Krieg, der die Urheber selbst wie auch den übrigen Staat ins Verderben stürzt.

GLAUKON: Sehr richtig.

SOKRATES: Gibt es nun deiner Ansicht nach irgendeinen anderen auf die staatlichen Ämter mit Geringschätzung herablickenden Lebensberuf als den des wahren Philosophen?

GLAUKON: Nein, beim Zeus.

SOKRATES: Nun sollen aber doch nur Nichtliebhaber das Herrscheramt erhalten; wo nicht, so wird es zum Kampf mit den Mitbewerbern kommen.

GLAUKON: Ohne Zweifel.

SOKRATES: Wen sonst also willst du dazu vermögen, die Obhut des Staates zu übernehmen, als diejenigen, die einerseits die reifste Einsicht haben in die Grundlagen der besten Staatsverfassung und anderseits andere Auszeichnungen und ein besseres Leben kennen als das eines Staatsmannes?

GLAUKON: Niemanden sonst.

Die Umwendung der Seele

SOKRATES: Wenn es dir recht ist, laß uns nunmehr erwägen, auf welche Weise man in den Besitz solcher Männer im Staate gelangen wird und wie man sie hinaufführen soll ans Licht, ähnlich dem, was man von einigen erzählt, die seien aus dem Hades hinauf zu den Göttern gelangt?

GLAUKON: Wie sollte es mir nicht recht sein?

SOKRATES: Das wäre denn, wie es scheint, nicht eine Umwendung so leichter Art wie die der Scherbenstücke im Scherbenspiel, sondern eine Umkehrung der Seele aus einer Art nächtlichen Tages zum wahren Tag, d. h. zu jenem Anstieg, der zum Sein führt und den wir für die wahre Philosophie erklären werden.

GLAUKON: Gewiß.

SOKRATES: Müssen wir uns also nicht umsehen, welcher von den Wissenschaften eine solche Kraft innewohnt?

GLAUKON: Selbstverständlich.

Gymnastik und Musik bewirken noch nicht die Umwendung der Seele

SOKRATES: Was gäbe es also für eine Wissenschaft, mein Glaukon, die für die Seele eine Zugkraft hat von dem Werdenden zu dem Seienden? Doch, während ich das noch sage, fällt mir folgendes ein: sagten wir nicht, unsere Wächter müßten in ihren jungen Jahren sich tüchtig üben für den Krieg?

GLAUKON: Ja, das sagten wir.

SOKRATES: Die von uns gesuchte Wissenschaft muß also auch noch diese Eigenschaft haben?

GLAUKON: Welche?

SOKRATES: Nicht ohne Nutzen zu sein für kriegsbereite Männer.

GLAUKON: Ja, das muß sie, wenn es möglich ist.

SOKRATES: In Gymnastik und Musik wurden sie doch schon früher von uns gebildet.

GLAUKON: Das war der Fall.

SOKRATES: Die Gymnastik hat es nun doch nur mit Werdendem

und Vergänglichem zu tun; sie führt die Aufsicht über des Leibes wachsende und sich mindernde Kraft.

GLAUKON: Offenbar.

SOKRATES: Das wäre also nicht das Wissensfach, welches wir suchen.

522 GLAUKON: Nein.

SOKRATES: Aber etwa die Musik, in dem Sinne, wie wir sie früher besprochen haben?

GLAUKON: Sie war doch, wie erinnerlich, das Gegenstück zur Gymnastik und bildete die Wächter durch gute Gewöhnungen, indem sie ihnen durch den Einfluß des Wohlklanges eine gewisse darin anklingende Stimmung, nicht aber Wissenschaft beibrachte und durch den Einfluß des Zeitmaßes eine gewisse Gemessenheit, dazu auch in den Reden dem Verschwistertes bot, sowohl in denen, die mehr dem Gebiete des Sagenhaften, wie in denen, die mehr dem Gebiete des Wirklichen angehörten. Ein Wissen aber, das tauglich wäre für einen Zweck, wie du ihn jetzt im Auge hast, lag nicht in ihr.

SOKRATES: Eine genau zutreffende Erinnerung. Denn tatsächlich lag davon nichts in ihr. Aber, mein trefflicher Glaukon, wo fände sich nun eine solche Wissenschaft? Denn die Künste schienen uns doch alle etwas Handwerksmäßiges zu haben.

GLAUKON: Gewiß. Aber was bleibt denn sonst noch für ein Wissensfach übrig, wenn Musik und Gymnastik und die Künste ausgeschlossen sind?

SOKRATES: Nun gut. Wenn sich abgesondert von diesen nichts mehr finden läßt, so wollen wir uns an etwas von dem halten, was in alle diese hineinspielt.

GLAUKON: Nun, von welcher Art denn?

SOKRATES: Von der Art dessen, was allen Künsten und Forschungen und Wissenschaften unentbehrlich ist und was denn jeder mit als erstes erlernen muß.

GLAUKON: Was wäre dies?

Die Arithmetik ist nützlich für die Kriegskunst

SOKRATES: Diese ganz bescheidene Weisheit: die richtige Kenntnis der Eins, der Zwei und der Drei. Ich nenne das aber zusammenfassend Zähl- und Rechenkunst. Oder verhält es sich damit nicht so, daß jede Kunst und jede Wissenschaft sich damit befassen muß?

GLAUKON: Unbedingt.

SOKRATES: Also doch auch die Kriegskunst?

GLAUKON: Ganz unabweislich.

SOKRATES: Höchst lächerlich wenigstens ist die Feldherrnrolle, die in den betreffenden Tragödien Agamemnon dem Palamedes zufolge spielt. Oder ist es dir nicht erinnerlich, daß er, Palamedes, sich als denjenigen hinstellt, der das Zählen erfunden habe und daraufhin für das Heer vor Ilion die Anzahl der Heeresabteilungen festgestellt und die Zahl der Schiffe sowie alles übrige angegeben habe, als wäre vordem alles ungezählt gewesen und als hätte Agamemnon anscheinend nicht einmal gewußt, wieviel Füße er hat, zumal er nichts vom Zählen verstand? Nun wohl, sage, was muß er demnach für ein Feldherr gewesen sein?

GLAUKON: Ein Feldherr ganz besonderer Art, sofern dies wahr wäre.

SOKRATES: Also wird es doch eine unerläßliche Forderung an den Kriegsmann hinsichtlich seiner wissenschaftlichen Bildung sein, daß er rechnen und zählen kann?

GLAUKON: Ja, die allerunerläßlichste, wenn er nur den geringsten Anspruch darauf macht, sich auf Truppenaufstellungen zu verstehen, ja überhaupt nur ein wahrer Mensch zu sein.

SOKRATES: Denkst du nun über dies Wissensfach so wie ich?

GLAUKON: Wie denn?

523 SOKRATES: Es scheint zu den von uns gesuchten Fächern zu gehören, zu denen nämlich, die ihrer Natur nach zur Vernunfterkenntnis hinleiten, doch scheint mir niemand den rechten Gebrauch davon zu machen, der darin besteht, daß man ihm eine ganz entschiedene Zugkraft nach dem Sein hin zuerkennt.

GLAUKON: Wie meinst du das?

Wahrnehmungen von konträren Eigenschaften regen zum Denken an

SOKRATES: Ich will versuchen, dir klarzumachen, was ich darüber denke. Denn was ich von meinem Standpunkt aus auf das genannte Ziel hinleitend oder davon ableitend hinstelle, das mußt du als mein Mitforscher bestätigen oder abweisen, auf daß wir auch über diese Frage zu deutlicherer Erkenntnis gelangen, ob es sich nämlich damit so verhält, wie es mir vorschwebt.

GLAUKON: Laß nur sehen.

SOKRATES: So zeige ich denn, wenn deine Augen mir folgen, daß bei den sinnlichen Wahrnehmungen einiges die Vernunftkraft nicht zur Betrachtung anregt, da die Wahrnehmung hier anscheinend allein schon für die Beurteilung hinreicht, während dagegen anderes sie durchaus zur Betrachtung herausfordert, da die sinnliche Wahrnehmung nichts Befriedigendes zu ergeben scheint.

GLAUKON: Offenbar meinst du mit dem letzteren Gegenstände, die sich nur aus der Ferne zeigen, und auf Täuschung berechnete Bilder.

SOKRATES: Damit hast du meine Meinung ganz und gar nicht getroffen.

GLAUKON: Was meinst du also eigentlich?

SOKRATES: Unter den Wahrnehmungen, die nicht zur denkenden Betrachtung auffordern, verstehe ich alle diejenigen, welche sich nicht zugleich in die entgegengesetzte Wahrnehmung umsetzen, diejenigen dagegen, bei welchen dies der Fall ist, sehe ich als dazu auffordernde an, da dann die sinnliche Wahrnehmung ebensosehr das eine wie das gegenteilige andere kundgibt, gleichviel ob der Eindruck aus der Nähe oder aus der Ferne erfolgt. Folgendes Beispiel aber wird dir meine Meinung noch deutlicher machen: sieh hier diese drei Finger, den kleinsten, den zweiten und den mittleren.

GLAUKON: Gut.

SOKRATES: Aus der Nähe also gesehen mußt du sie dir vorstellen. Aber stelle nun folgende Betrachtung darüber an.

GLAUKON: Welche?

SOKRATES: Als Finger erscheint einer ganz ebenso wie der andere, und in dieser Beziehung gibt es keinen Unterschied zwischen ihnen, mag er nun in der Mitte sich zeigen oder am Ende, mag er weiß sein oder schwarz, mag er dick sein oder dünn oder was sonst dergleichen in Frage kommen kann. Denn bei alledem wird die Seele der meisten nicht dazu getrieben, die Vernunft zu fragen, was denn ein Finger nun eigentlich ist; denn nirgends bietet ihr der Gesichtssinn ein Anzeichen dafür, daß der Finger zugleich das Gegenteil von einem Finger sei.

GLAUKON: Nein, gewiß nicht.

SOKRATES: Begreiflicherweise also ist ein solcher Wahrnehmungsvorgang nicht danach angetan, die Vernunft zur Tätigkeit herauszufordern und aufzureizen.

GLAUKON: Gewiß nicht.

SOKRATES: Wie aber steht es nun mit der Größe und Kleinheit der Finger? Wird sie vom Gesicht in genügender Weise gesehen und ohne daß es für dasselbe etwas ausmacht, ob einer derselben in der Mitte oder am Ende seine Stelle hat? Und verhält es sich nicht ebenso mit Dicke und Dünnheit, Weichheit und Härte für den Tastsinn? Und auch die anderen Sinne – geben sie nicht ungenügende Kunde über die hierhergehörigen Erscheinungen? Oder verhält es sich nicht so mit jedem einzelnen: zunächst ist
524 doch der das Harte auffassende Sinn notwendigerweise auch für die Auffassung des Weichen bestimmt und berichtet der Seele, daß nach seiner Wahrnehmung dasselbe Ding hart und weich sei?

GLAUKON: Ja.

SOKRATES: Muß nicht unter solchen Umständen die Seele in Zweifel geraten, was diese Empfindung des Harten eigentlich besagt, wenn sie ebendasselbe auch als weich angibt, und was die Empfindung des Leichten und die des Schweren über die Bedeutung des Leichten und Schweren besagt, wenn sie das Schwere als leicht und das Leichte als schwer angibt?

GLAUKON: Ja, diese Berichte sind für die Seele höchst befremdlich und näherer Prüfung bedürftig.

SOKRATES: Bei solcher Sachlage ist es also ganz natürlich, daß die Seele zunächst das Rechenvermögen und die Vernunft zu Hilfe zieht und nachprüft, ob es eines ist oder zwei, was in jedem einzelnen solcher Fälle gemeldet wird.

GLAUKON: Gewiß.

SOKRATES: Ergibt es sich nun, daß es zwei sind, so stellt sich doch jedes von beiden als ein anderes und als *eines* dar?

GLAUKON: Ja.

SOKRATES: Ist also jedes *eines*, beide zusammen aber zwei, so wird sie die zwei als getrennt voneinander denken; denn wären sie ungetrennt, so würde sie sie nicht als zwei denken, sondern als eines.

GLAUKON: Richtig.

SOKRATES: Auch der Gesichtssinn nahm Großes und Kleines unserer obigen Aussage zufolge wahr, aber nicht getrennt voneinander, sondern als ein Vermischtes. Nicht wahr?

GLAUKON: Ja.

SOKRATES: Um nun darüber zur Klarheit zu gelangen, konnte die Vernunft nicht umhin, auch ihrerseits Großes und Kleines ins Auge zu fassen, nicht vermischt, sondern getrennt voneinander, im Gegensatz zu dem Gesicht.

GLAUKON: Richtig.

SOKRATES: Liegt darin also nicht der erste Anlaß für uns zu fragen, was eigentlich das Große und das Kleine ist?

GLAUKON: Unzweifelhaft.

SOKRATES: Und so nannten wir denn das eine das Denkbare, das andere das Sichtbare.

GLAUKON: Sehr richtig.

SOKRATES: Dies also ist es, was ich vorhin sagen wollte mit meiner Bemerkung, einiges sei von der Art, daß es das Denkvermögen zur Tätigkeit anrege, anderes dagegen wieder nicht, wobei ich als anregende sinnliche Wahrnehmungen diejenigen bestimmte, die bei ihrem Eintreten zugleich die Wahrnehmung des eigenen Gegenteils mit sich führen, als nicht anregende für die Vernunfttätigkeit dagegen diejenigen, bei denen das nicht der Fall ist.

GLAUKON: So begreife ich nun die Sache und bin damit einverstanden.

Die Zahlen werden durch das Denken erfaßt

SOKRATES: Und nun die Zahl und die Eins – wohin gehören sie? Auf diese oder auf jene Seite?

GLAUKON: Ich weiß nicht Bescheid.

SOKRATES: Aber halte dich bei Erwägung der Sache nur an das früher Gesagte. Denn wenn die Einheit durch das Gesicht oder durch irgendeinen anderen Sinn in voller Reinheit aufgefaßt wird, so würde ihr keine Zugkraft nach dem Sein hin beiwohnen, sowenig wie es beim Finger der Fall war; wenn aber die Sinnesanschauung immer auch etwas ihr [der Einheit] Gegenteiliges zeigt, so daß sie sich ebensosehr als Nicht-Eines wie als Eines darstellt, dann müßte die Seele doch nach einem Richter ausschauen, denn es würden sich ihr dann unabweisbare Zweifel aufdrängen und sie nötigen, unter Aufbietung ihrer eigenen Überlegungskraft nachzuforschen und zu fragen, was denn eigentlich die Eins an und für sich ist; und so würde denn die auf die Eins bezügliche Wissenschaft zu dem gehören, was die Seele 525 hinleitet und umwendet zu der Betrachtung des Seienden.

GLAUKON: Nun, das trifft in hohem Maße auf den Anblick ein und derselben Sache zu; denn den nämlichen Gegenstand sehen wir zugleich als Eins und als ein unendlich Vieles.

SOKRATES: Und wenn dies bei der Eins der Fall ist, so gilt das doch auch von allen Zahlen überhaupt?

GLAUKON: Selbstverständlich.

SOKRATES: Die Rechen- und Zählkunst aber bewegt sich doch ganz im Gebiete der Zahl?

GLAUKON: Ohne Zweifel.

SOKRATES: Diese Wissenschaft aber erweist sich doch als zugkräftig nach der Wahrheit hin.

GLAUKON: Und zwar in ganz hervorragendem Maße.

SOKRATES: Also gehört sie allem Anschein nach zu den von uns gesuchten Lehrfächern. Denn dem Kriegsmann ist diese Kenntnis unerläßlich für die Aufstellungen der Truppen, dem Philosophen aber für die Erfüllung seiner Aufgabe, die darin besteht, sich über das Gebiet des Werdenden zu erheben und das Sein zu erfassen, wofern er überhaupt als ein *verständiger* Berechner gelten will.

GLAUKON: So ist es.

SOKRATES: Unser Wächter aber ist doch Kriegsmann und Philosoph zugleich.

GLAUKON: Gewiß.

SOKRATES: Es liegt uns also ob, dies Fach zum gesetzlichen Lehrfach zu machen und diejenigen, die künftig im Staate der höchsten Amtsgewalt teilhaftig sein sollen, zu veranlassen, sich der Rechenkunst zuzuwenden und sich mit ihr zu befassen, nicht etwa bloß in laienhafter Weise, sondern bis sie durch reine Vernunfttätigkeit zur Anschauung der wahren Natur der Zahlen gelangt sind, eine Art der Behandlung, die nichts gemein hat mit Kaufen und Verkaufen wie bei Kaufleuten und Krämern, sondern die auf den Krieg abzielt sowie darauf, der Seele die Umkehr aus dem Werden zu Wahrheit und Sein zu erleichtern.

GLAUKON: Treffliche Worte.

Die Arithmetik zieht die Seele nach oben

SOKRATES: Und jetzt, da das auf die Rechenkunst bezügliche Lehrfach besprochen worden ist, wird mir auch klar, was für ein besonders feines Fach es ist und von wie vielfältigem Nutzen für Erreichung unseres obersten Zieles, sofern man es zur Erweiterung des Wissens, nicht aber zu Zwecken der Krämerei betreibt.

GLAUKON: Inwiefern also?

SOKRATES: Insofern, als es die Seele, wie eben vorhin dargelegt wurde, kräftig nach aufwärts treibt und sie nötigt, nur von reinen Zahlen zu reden und nicht zu dulden, daß man ihr bei den bezüglichen Erörterungen etwa mit Zahlen kommt, die mit sichtbaren oder greifbaren Körpern vermischt sind. Denn du weißt ja, wie es die geschulten Mathematiker machen: wenn einer versucht, die reine Eins in Gedanken zu zerteilen, so lachen sie ihn aus und weisen ihn ab, und wenn *du* sie zerstückelst, so antworten *sie* mit Vervielfältigung derselben, immer darauf bedacht zu verhüten, daß die Eins sich jemals auch als etwas zeigen könnte, das nicht Eines, sondern eine Vielheit von Teilen wäre.

GLAUKON: Sehr richtig.

526 SOKRATES: Was meinst du nun, mein Glaukon, wenn einer sie fragte: »Ihr wunderlichen Leute, was sind denn das für Zahlen,

von denen ihr redet, wo die Eins so ist, wie ihr sie haben wollt, jeder anderen gleich, nicht im mindesten verschieden und ohne jede Möglichkeit der Teilung?« – was meinst du wohl, das sie antworten würden?

GLAUKON: Vermutlich dieses, daß sie von solchen Zahlen reden, die man nur denken kann, während jedes andere Verfahren mit ihnen ausgeschlossen ist.

SOKRATES: Siehst du also, mein Freund, daß wir dieses Lehrfach mit vollem Recht für notwendig für uns erklären, da es die Seele offenbar nötigt, auf dem Wege des reinen Denkens sich der reinen Wahrheit zu nähern?

GLAUKON: Ja, das tut es in hervorragendem Maße.

SOKRATES: Wie nun? Hast du wohl schon darauf geachtet, daß die geborenen Rechengenies auch für fast alle anderen Wissensfächer eine rasche natürliche Auffassungsgabe haben und daß die langsamen Köpfe, wenn sie sich in diesem Fache bilden und üben, mögen sie auch sonst keinen Nutzen davon haben, daß ihre Fassungskraft an Schnelligkeit zunimmt?

GLAUKON: So ist es.

SOKRATES: Und schwerlich wirst du, wie ich glaube, viele Lehrfächer finden, die dem Lernenden und Beflissenen so große Mühe verursachen wie dieses.

GLAUKON: Schwerlich.

SOKRATES: Aus allen diesen Gründen dürfen wir auf dieses Lehrfach nicht verzichten, sondern müssen die besten Köpfe sich darin unterweisen lassen.

GLAUKON: Dem stimme ich bei.

Die Geometrie zieht die Seele nach oben

SOKRATES: Damit mag also dies Lehrfach als erstes abgetan sein. Als zweites wollen wir nun das damit zunächst verwandte daraufhin betrachten, ob es für uns einen Nutzen bietet.

GLAUKON: Welches? Oder meinst du die Geometrie?

SOKRATES: Ebendiese.

GLAUKON: Soweit sie auf das Kriegswesen Bezug hat, hat sie offenbar für uns Nutzen; denn für die Absteckung der Lagerplätze und das Besetzen von Plätzen und das Zusammenziehen und Ausdehnen eines Heeres sowie für alle anderen Formierungen der Heere in den eigentlichen Schlachten und auf den Märschen wird es einen großen Unterschied machen, ob sich einer auf Geometrie versteht oder nicht.

SOKRATES: Indes, für dergleichen Zwecke genügt schon ein bescheidener Teil der Geometrie und Rechenkunst. Dagegen gilt es den bedeutenderen und weiter vorschreitenden Teil derselben daraufhin zu prüfen, ob ihm einige Bedeutung für unseren Zweck zukommt, also ob er uns dazu verhilft, leichter die Idee des Guten zu schauen. Es verhilft aber – so behaupten wir – dazu alles, was die Seele nötigt, sich nach jener Region hinzuwenden, die die Stätte des Glückseligsten unter allem Seienden ist, dessen ansichtig zu werden sie auf jede Weise erstreben muß.

GLAUKON: Du hast recht.

SOKRATES: Wenn also die Geometrie uns nötigt, das Sein zu betrachten, so ist sie uns von Nutzen, wenn aber das Werden, dann hat sie keinen Nutzen.

GLAUKON: So behaupten wir wenigstens.

527 SOKRATES: Das nun werden uns die, welche nur einigermaßen der Geometrie kundig sind, nicht bestreiten, daß das Wesen dieser Wissenschaft in geradem Gegensatz steht zu der Ausdrucksweise, deren sich diejenigen bedienen, die sich mit ihr befassen.

GLAUKON: Wieso?

SOKRATES: Ihre Ausdrücke sind höchst lächerlich und gezwungen; denn als ob sie etwas ins Werk setzen und eine reale Wirkung erzielen wollten, wählen sie alle ihre Ausdrücke, als da sind viereckig machen [quadrieren], beispannen [oblongieren], hinzutun [addieren] und was sie sonst noch alle für Worte im Munde führen, tatsächlich aber ist der eigentliche Zweck dieser ganzen Wissenschaft nichts anderes als die reine Erkenntnis.

GLAUKON: Ganz entschieden.

SOKRATES: Dazu müssen wir uns doch über folgendes verständigen?

GLAUKON: Worüber?

SOKRATES: Daß diese Erkenntnis auf das ewig Seiende geht, nicht aber auf dasjenige, was bald entsteht und wieder vergeht.

GLAUKON: Damit hat es keine Not; denn die geometrische Erkenntnis bezieht sich auf das immer Seiende.

SOKRATES: So läge denn, mein Trefflicher, in ihr eine Kraft, die die Seele nach der Wahrheit hinzieht und philosophische Denkart erzeugt insofern, als wir dann nach oben richten, was wir jetzt verkehrterweise nach unten richten.

GLAUKON: Auf das entschiedenste kommt ihr das zu.

SOKRATES: Auf das entschiedenste müssen wir also darauf halten, daß die Bürger deines Musterstaates um keinen Preis der Geometrie fernbleiben. Denn auch ihre Nebenwirkungen sind nicht unbedeutend.

GLAUKON: Welche?

SOKRATES: Einerseits das, worauf du schon hinwiesest, die Vorteile für den Krieg; anderseits aber ist doch bekanntlich für die bessere Erfassung aller übrigen Lehrfächer derjenige, der sich mit der Geometrie vertraut gemacht hat, unendlich im Vorteil vor dem, der es nicht getan hat.

GLAUKON: In der Tat, beim Zeus.

SOKRATES: Soll das also das zweite gesetzliche Lehrfach für die jungen Leute sein?

GLAUKON: Ja, das soll es.

Erwähnung der Stereometrie

SOKRATES: Und wie nun? Wollen wir an die dritte Stelle die Astronomie setzen? Oder meinst du nicht?

GLAUKON: Doch; denn ein geschärfteres Auge zu haben für die Zeitbestimmungen der Monate und Jahre kommt nicht nur der Landwirtschaft und der Schiffahrt zugute, sondern nicht weniger auch der Kriegskunst.

SOKRATES: Du machst mir wirklich Spaß; denn es sieht gerade so aus, als hättest du Furcht vor der großen Menge, die ja vielleicht glauben könnte, du wolltest nutzlosen Wissenskram zur gesetzlichen Einrichtung machen. In Wahrheit aber hast du gar keine so geringe Meinung von dieser Wissenschaft, wohl aber eine solche, die schwer Glauben findet, nämlich daß in der Beschäftigung mit ihr ein gewisses Organ der Seele eines jeden gereinigt und belebt wird, das durch die andern Beschäftigungen zugrunde gerichtet und blind gemacht wird, während es doch weit mehr verdient, gesund erhalten zu werden, als tausend und abertausend leibliche Augen; denn durch dieses Organ allein wird die Wahrheit geschaut. Denjenigen nun, die diese Meinung teilen, wird dein kundgegebener Standpunkt außerordentlich gefallen; diejenigen dagegen, die von dieser Wahrheit keine Ahnung haben, werden begreiflicherweise deine Behauptung für völlig bedeutungslos halten; denn sie sehen dabei überhaupt keinen nennenswerten Nutzen außer dem von dir eben angegebenen. Entscheide dich also gleich auf der Stelle, zu welchen von 528 beiden du redest. Oder wendest du dich mit deinen Auslassungen an keine von beiden Parteien, sondern stellst deine Erörterungen in der Hauptsache für dich selbst an, ohne es indes einem anderen zu mißgönnen, wenn er davon einen Nutzen haben kann?

GLAUKON: Für dies letztere erkläre ich mich, daß ich nämlich ganz überwiegend in meinem eigenen Interesse rede und frage und antworte.

SOKRATES: Blicke also wieder zurück; denn eben vergriffen wir uns in der Wahl des auf die Geometrie folgenden Gegenstandes.

GLAUKON: Inwiefern?

SOKRATES: Indem wir auf die Betrachtung der Fläche gleich die in Bewegung befindlichen Körper folgen ließen, ehe wir noch die Körper bloß für sich betrachteten, während es sich doch eigentlich gehörte, nach der zweiten Ausdehnung erst die dritte folgen zu lassen; es bezieht sich diese aber auf die Würfel und auf alles, was Tiefe hat.

GLAUKON: Ja, so ist es. Aber dafür scheint man mit der Erfindung noch in Rückstand zu sein.

SOKRATES: Ja, und zwar aus zwiefachem Grunde: erstens nämlich stockt bei der Schwierigkeit des Gegenstandes die Untersuchung deshalb, weil kein Staat Wert auf die Sache legt, und zweitens bedürfen die Forschenden eines Leiters, ohne den sie schwerlich etwas finden werden; ein solcher aber wird sich schwer finden, und gesetzt, er fände sich, so werden unter den jetzigen Verhältnissen die dafür geeigneten Köpfe aus Eigendünkel ihm nicht folgen. Wenn aber ein ganzer Staat in gerechter Schätzung der Sache die Leitung mit in die Hand nähme, so würden einerseits diese sich auch mit anschließen, und anderseits würde durch unablässige und angestrengte Forschung die wahre

Natur des gesuchten Gegenstandes zutage treten; macht doch auch jetzt schon die Sache, obschon sie von den meisten mißachtet und gehemmt wird und die Forschenden nicht angeben können, in welcher Beziehung daraus Nutzen zu gewinnen wäre, allen diesen Widerständen zum Trotz infolge des ihr innewohnenden Reizes ihre Fortschritte, und man braucht sich nicht zu wundern, daß Licht in die Sache kommt.

GLAUKON: Ja, die Sache hat einen ganz außerordentlichen Reiz. Aber erkläre mir noch deutlicher, was du eben sagtest. Du bezeichnetest nämlich die Lehre von der Fläche als Geometrie.

SOKRATES: Ja.

GLAUKON: Dann reihtest du an sie die Astronomie, nahmst das aber später wieder zurück.

SOKRATES: Ja, vor lauter Eifer, schnell mit allem fertig zu werden, mache ich die Sache nur noch umständlicher. Denn während eigentlich die Behandlung der Tiefenausdehnung folgen mußte, übersprang ich sie doch, weil es da mit der Forschung noch so kümmerlich steht, und nannte gleich nach der Geometrie die Astronomie, die es doch schon mit der *Bewegung* von Körpern zu tun hat.

GLAUKON: Ja, das trifft zu.

Die Astronomie, wie sie jetzt betrieben wird, lenkt den Blick nach unten

SOKRATES: Als viertes Lehrfach also wollen wir die Astronomie ansetzen, indem wir uns jetzt die übergangene Wissenschaft [der Stereometrie] als schon vorhanden vorstellen, für den Fall nämlich, daß ein Staat sich ihrer annimmt.

GLAUKON: Wohl richtig. Und was den Vorwurf anlangt, den du 529 mir bei Gelegenheit meines unwürdigen Lobes der Astronomie machtest, so lobe ich sie jetzt in deiner Weise. Denn es scheint mir für jedermann offensichtlich, daß gerade sie besonders die Seele nötigt, nach oben zu blicken, und sie von der Erde nach dem Himmel führt.

SOKRATES: Mag sein, daß es für jedermann offensichtlich ist, nur für mich ist es das nicht. Denn ich bin anderer Ansicht.

GLAUKON: Und welcher?

SOKRATES: So wie sie jetzt von denen betrieben wird, die sie in
Beziehung zur Philosophie setzen, lenkt sie meiner Ansicht nach
den Blick durchaus nach unten.

GLAUKON: Wie meinst du das?

SOKRATES: Die Art, wie du die Wissenschaft von den himmlischen Dingen ihrem Wesen nach durch dein selbständiges Urteil
bestimmst, zeugt von ziemlicher Kühnheit. Denn allem Anschein nach würdest du auch, wenn etwa einer, den Kopf nach
oben gerichtet, Gemälde an der Decke anschaute und sich dadurch über irgend etwas unterrichtete, glauben, er schaue mit
seiner Vernunft und nicht mit seinen Augen. Vielleicht nun hast
du recht mit deiner Annahme, und die Torheit ist auf meiner
Seite. Denn ich meinerseits kann nicht glauben, daß irgendeine
andere Wissenschaft der Seele dazu verhelfen kann, nach oben
zu blicken, als jene, die es mit dem Seienden und Unsichtbaren
zu tun hat, und mag nun einer mit offenem Munde nach oben
oder mit geschlossenem Munde nach unten schauend sich über
irgendeinen Sinnesgegenstand unterrichten, so behaupte ich,
daß er sich weder wirklich unterrichte – denn nichts dergleichen
enthält ein wirkliches Wissen – noch daß seine Seele nach oben
blicke, sondern nach unten, mag er nun auf dem Rücken liegend
zu Lande oder zu Wasser sich unterrichten.

GLAUKON: Ich kann mich nicht über Unrecht beklagen; denn
der Vorwurf, den du mir machtest, war ein wohlverdienter.
Aber wie soll denn also deiner Meinung nach der Unterricht in
der Astronomie im Gegensatz zu der jetzigen Unterrichtsweise
gestaltet werden, wenn er den Schülern nützlich sein soll für den
von uns bezeichneten Zweck?

Die wahre Astronomie

SOKRATES: So: man wird zwar die Gestirne, diese Zierden des
Himmels, für das Schönste und Regelrechteste halten unter
allem Sichtbaren, aber da sie nun einmal im Sichtbaren gebildet
sind, so wird man zugeben, daß sie weit hinter dem Wahrhaften
zurückbleiben, nämlich hinter den Bewegungen, in welchen sich
die wahre Schnelligkeit und die wahre Langsamkeit nach der
wahren Zahl und nach durchgängig wahren Figuren gegeneinan-

der bewegen und, was zu ihnen gehört, mit sich führen. Dies ist denn nur durch den Verstand und durch Denken zu erfassen, nicht durch das Gesicht. Oder meinst du?

GLAUKON: Nimmermehr.

SOKRATES: Diesen himmlischen Sternenteppich also darf man nur als Fundstätte für Beispiele benutzen, um dadurch Einsicht zu gewinnen in jenes höhere Gebiet, ungefähr so, wie es der Fall wäre, wenn einer geometrische Modelle und Figuren zu sehen bekäme, die von einem Daidalos oder einem anderen Künstler oder Maler vorzüglich gezeichnet und ausgearbeitet worden wären. Denn wenn ein der Geometrie Kundiger dergleichen Werke sähe, so würde er sie zwar als Meisterstücke der Kunst anerkennen, aber es doch für lächerlich halten, sich ernstlich auf ihre Betrachtung in der Absicht einzulassen, etwa an ihnen das wahre Wesen des Gleichen und Doppelten oder sonst irgendeines Entsprechungsverhältnisses zu erfassen.

530

GLAUKON: Wie sollte es auch nicht lächerlich sein?

SOKRATES: In derselben Lage nun wird doch vermutlich ein wahrhaft Sternkundiger sein, wenn er die Bewegungen der Sterne betrachtet; er wird zwar überzeugt sein, daß der Himmel und was zu ihm gehört von dem Weltbildner so herrlich gestaltet worden sei, als es bei dergleichen Gebilden nur immer möglich ist; was aber das Maßverhältnis der Nacht zum Tage und dieser zum Monat und des Monats zum Jahr und der übrigen Sterne zu diesen und zueinander betrifft, wird er da den nicht für einen Toren halten, der da meint, diese Vorgänge erfolgten immer in genau der gleichen Weise und es komme nicht die geringste Abweichung vor, während es sich doch um körperliche und sichtbare Gebilde handelt, und wird er es nicht für ein törichtes Bemühen erklären, daraus auf alle Weise die Wahrheit zu erfassen?

GLAUKON: Mir wenigstens scheint es jetzt so beim Anhören deiner Worte.

SOKRATES: Unsere Beschäftigung mit der Astronomie hat also, wie es auch bei der Geometrie der Fall war, den Nutzen, daß sie uns Übungsaufgaben liefert; mit dem Sternenhimmel aber wollen wir uns nicht weiter abgeben, wenn wir darauf ausgehen durch wahrhafte Beschäftigung mit der Astronomie den von

Natur vernünftigen Seelenteil, statt ihn unbrauchbar werden zu lassen, brauchbar zu machen.

GLAUKON: Da stellst du eine Aufgabe, die, verglichen mit der jetzigen Behandlungsweise der Astronomie, die doppelte und dreifache Mühe erfordert.

SOKRATES: Ich glaube aber, auch bei den übrigen Lehrfächern müssen wir uns mit unseren Vorschriften nach den nämlichen Grundsätzen richten, wenn wir als Gesetzgeber einigen Nutzen schaffen wollen. – Aber was hast du nun noch zu erwähnen von Lehrfächern, die für uns in Betracht kommen?

GLAUKON: Augenblicklich fällt mir keines ein.

SOKRATES: Aber was die Bewegung anlangt, so haben wir es bei ihr nicht bloß mit *einer* Art zu tun, sondern mit mehreren. Sie sämtlich aufzuführen, wird wohl nur ein Eingeweihter imstande sein; solcher aber, mit denen auch wir Bescheid wissen, gibt es zwei.

GLAUKON: Welche?

SOKRATES: Außer der Astronomie noch ein Gegenstück zu ihr.

Die wahre Harmonik

GLAUKON: Welches?

SOKRATES: Allem Anschein nach sind wie die Augen für die Astronomie, so die Ohren für die harmonische Tonbewegung geschaffen, und es stellen sich diese Wissenschaften als verschwistert dar, wie die Pythagoreer behaupten und wir, mein Glaukon, mit ihnen. Oder wie halten wir es?

GLAUKON: So.

SOKRATES: Da also die Aufgabe eine umfangreiche ist, wollen wir uns bei jenen Auskunft holen, was sie hierüber und etwa außerdem noch lehren. Wir aber wollen in alledem sorgsam unseren Standpunkt bewahren.

GLAUKON: Welchen?

SOKRATES: Daß unsere Zöglinge sich nicht unterfangen, etwas von dem Genannten nur halb zu erlernen und so, daß es nicht stets darauf hinausliefe, worauf alles abzielen muß, wie wir eben von der Astronomie sagten. Oder weißt du nicht, daß auch in der Harmonie ein ganz ähnliches Verfahren herrscht? Auch da mü-

531 hen sie sich, gerade so wie die Sternkundigen auf *ihrem* Gebiet, ganz zwecklos damit ab, die gehörten Akkorde und Töne gegeneinander zu messen.

GLAUKON: Ja, wahrhaftig; und lächerlich genug ist es, wie sie von wer weiß welchen *Verdichtungen,* wie sie es nennen, reden und ihre Ohren förmlich an die Instrumente anklemmen, als wollten sie aus möglichster Nähe einen Ton erlauschen; woraufhin denn die einen behaupten, sie vernähmen noch einen Zwischenklang und das sei das kleinste Intervall, nach welchem man messen müsse, während die anderen einen Unterschied zwischen den betreffenden Tönen leugnen, beide aber einig darin, daß sie den Ohren mehr trauen als der Vernunft.

SOKRATES: Du meinst damit jene biederen Gesellen, die die Saiten quälen und martern, indem sie sie auf die Wirbel spannen. Um aber das Bild nicht zu weit auszuspinnen, indem ich etwa bei den Schlägen mit dem Schlägel verweile und bei dem Gebaren der Saiten, nämlich den Anklagen wider sie, ihrem Leugnen und ihren prahlerischen Ausreden, verzichte ich auf das Bild und erkläre, daß ich nicht diese Leute meine, sondern jene, die, wie wir eben sagten, uns über die Harmonie Auskunft geben sollen. Denn sie machen es nicht anders wie die Vertreter der Astronomie. Sie suchen nämlich die diesen vom Ohre aufgenommenen Akkorden zugrundeliegenden Zahlen, stellen sich aber keine weitergehende Aufgabe, um zu erforschen, welche Zahlen harmonisch sind und welche nicht und weshalb beides.

GLAUKON: Eine überaus herrliche Aufgabe deutest du da an.

SOKRATES: Ja, nützlich für die Erforschung des Schönen und Guten, aber ganz nutzlos, wenn man sie anders betreibt.

GLAUKON: Wohl richtig.

Die vier Wissenschaften waren nur das Vorspiel

SOKRATES: Ich glaube nun, wenn die planmäßige Behandlung aller dieser durchgesprochenen Fächer bis zur Erkenntnis ihrer Gemeinschaft und Verwandtschaft vorgedrungen ist und die betreffenden Gegenstände nach ihrer Zusammengehörigkeit überblickt werden, so kann die Beschäftigung mit ihnen etwas beitragen zur Erreichung unseres Zieles, und die darauf verwandte Mühe ist dann nicht fruchtlos, wie sie es andernfalls ist.

GLAUKON: Auch mir schwant so etwas. Aber es ist eine gewaltige Aufgabe, auf die du da hinweist, mein Sokrates.

SOKRATES: Meinst du mit dieser Aufgabe das Vorspiel, oder was? Oder wissen wir nicht, daß alles dies nur das Vorspiel ist zu der eigentlichen Melodie, die erlernt werden muß? Denn du willst doch nicht die in diesen Fällen Geschulten schon für Dialektiker ausgeben?

GLAUKON: Nein, beim Zeus, abgesehen von einigen ganz vereinzelten Ausnahmen, auf die ich gestoßen bin.

SOKRATES: Aber sind dir denn schon Leute vorgekommen, die, ohne imstande zu sein, genau Rede und Antwort zu stehen, deiner Meinung nach jemals etwas wissen werden von dem, was sie unserer Forderung nach wissen müssen?

GLAUKON: Nein, auch dies nicht.

Die Dialektik ist die Hauptmelodie

532 SOKRATES: Ist nun dies nicht eben die eigentliche Hauptmelodie, deren Durchführung das Werk der Dialektik ist? Und kann uns für sie, die ganz dem Reiche des nur Denkbaren angehört, nicht als Bild dienen das Sehvermögen, das nach unserer früheren Darstellung nicht mehr davor zurückschreckte die Tiere selbst anzuschauen und die Sterne selbst und schließlich sogar die Sonne selbst? Denn so wie dort ist es auch hier: wenn man ohne alle Mitwirkung der Sinne allein durch die Kunst der Dialektik vermittelst des reinen Denkens versucht, dem wahren Wesen eines jeden Dinges beizukommen, und nicht eher ruht, als bis man das Gute seinem eigentlichen Wesen nach durch die bloße Vernunfttätigkeit erfaßt hat, so gelangt man damit an das eigentliche Ziel des Denkbaren, wie jener dort damals an das des Sichtbaren.

GLAUKON: Unzweifelhaft.

SOKRATES: Und nennst du diesen Weg nicht den dialektischen?

GLAUKON: Wie sonst?

SOKRATES: Der Lösung aber aus den Banden und der Umwendung von den Schatten zu den menschlichen Bildwerken und zum Licht und dem Anstieg aus der unterirdischen Stätte an das

Sonnenlicht und dem noch nicht gleich weichenden Unvermögen, dort die Tiere und Gewächse und das Sonnenlicht selbst anzuschauen, und dem noch an den Abspiegelungen im Wasser und an den *Schatten* der wirklichen Gegenstände haftenden Blick, der aber jetzt doch schon nicht mehr auf bloße durch ein der Sonne einigermaßen ähnliches Licht hervorgerufene Schatten von Bildwerken schaut – diesem allen entspricht der Bedeutung nach die gesamte Schulung in jenen von uns durchgesprochenen Fächern, indem sie den besten Teil der Seele ebenso hinanführt zu dem Anblick des Besten unter allem Seienden, wie dort das lichtempfänglichste Organ zur Anschauung des Glänzendsten im Gebiete des Körperlichen und Sichtbaren emporgeführt wurde.

Was ist das Wesen der dialektischen Kunst?

GLAUKON: Ich will das gelten lassen, so schwer es mir auch wird, es gelten zu lassen, wie es mir in anderer Beziehung auch wieder schwer wird, es nicht gelten zu lassen. Indes wir brauchen uns ja mit unseren Erörterungen darüber nicht auf diesmal zu beschränken, sondern können auch später oft genug darauf zurückkommen. Wir wollen also das jetzt Behauptete als gültig annehmen und uns der Hauptmelodie selbst zuwenden und sie ebenso durchsprechen, wie wir es mit dem Vorspiel getan haben. Sage also, was ist das Wesen der dialektischen Kunst, in welche Arten zerfällt sie und über welche Wege verfügt sie? Denn diese wären es dann aller Wahrscheinlichkeit nach, die eben zu dem Punkt führen, wo angelangt der Wanderer Rast findet und das Ende der Wanderung erreicht hat.

533 SOKRATES: Da wirst du, mein lieber Glaukon, schwerlich mehr folgen können; meinerseits soll es, das kannst du glauben, an gutem Willen nicht fehlen, und hoffe ich, du wirst nicht ein bloßes Bild dessen, was wir meinen, zu schauen bekommen, sondern die Wahrheit selbst, soweit sie mir wenigstens sich als solche darstellt; ob aber wirklich zutreffend oder nicht, darüber ist es besser, sich einer bestimmten Erklärung zu enthalten; aber daß man etwas dem Ähnliches erschauen muß, das darf bestimmt behauptet werden. Nicht wahr?

GLAUKON: Zweifellos.

SOKRATES: Und also doch wohl auch dies, daß die Dialektik allein imstande ist, es dem, der der vorhin durchgegangenen Fächer kundig ist, zu zeigen, und daß es keinen anderen Weg der Erkenntnis desselben gibt?

GLAUKON: Auch dies kann man mit Bestimmtheit behaupten.

SOKRATES: Niemand wird uns ferner den Satz bestreiten, daß es eine von den genannten verschiedene wissenschaftliche Betätigung ist, die das eigentliche Wesen eines jeden Dinges methodisch in jedem einzelnen Falle zu erfassen sucht; alle anderen Künste beziehen sich entweder auf Meinungen und Begierden der Menschen oder sind ingesamt auf die verschiedenen Arten des Entstehens und der Zusammensetzung oder auf die Pflege des Entstandenen und Zusammengesetzten gerichtet, die übrigen Wissenschaften aber, nämlich die, denen wir einen Anteil an der Erfassung des Seienden zuschrieben, die Geometrie und die mit ihr verwandten Fächer, träumen wohl, wie ersichtlich, über das Seiende, es aber wachend zu schauen ist ihnen unmöglich, solange sie sich mit bloßen Voraussetzungen behelfen und an diesen nicht rütteln, da sie keine Rechenschaft über sie geben können. Denn was seinen Anfang im Nichtwissen hat und wessen Ende und Mitte aus dem, was man nicht weiß, zusammengeflochten sind – wie kann aus einer solchen Einhelligkeit des Nichtwissens sich jemals Wissenschaft ergeben?

GLAUKON: Unmöglich.

SOKRATES: Nun ist aber die dialektische Methode die einzige, die, mit den bloßen Voraussetzungen aufräumend, zum Anfang selbst vordringt, um diesen völlig sicherzustellen; sie zieht das in Wahrheit in einem wahren Brei von Barbarei vergrabene Auge der Seele mit sanftem Druck ans Licht hervor und führt es aufwärts, wobei sie sich der genannten Künste als Mithelferinnen und Mitarbeiterinnen am Werke der Seelenumwendung bedient. Wenn wir für diese Künste häufig den einmal dafür landläufigen Ausdruck »Wissenschaften« brauchten, so ist zu beachten, daß sie von Rechts wegen einen anderen Namen verdienen, der auf etwas Deutlicheres hinweist als »Meinung« und auf etwas Dunkleres als »Wissenschaft«; wir haben sie aber früher – ich weiß nicht mehr genau, wo – als mathematische

Verstandeserkenntnis bestimmt. Aber meines Erachtens darf unter Männern, die es mit einer Untersuchung über so wichtige Gegenstände zu tun haben, über Namen nicht gestritten werden. GLAUKON: Gewiß nicht. Man mag sich begnügen mit dem, was zur Verdeutlichung für andere den Gedanken, den man in der Seele hat, klarstellt.

Rekapitulation und Definition des Dialektikers

SOKRATES: Wir bleiben also bei unserer früheren Bestimmung und nennen den ersten Abschnitt *Wissenschaft*, den zweiten aber 534 [mathematische] *Verstandeserkenntnis*, den dritten sodann *Glauben* und den vierten *Bildlichkeit*, und die beiden letzteren zusammen *Meinung*, die zwei ersteren zusammen *Vernunfttätigkeit*. Dabei geht die Meinung auf das Werden, die Vernunfttätigkeit aber auf das Sein, und wie sich das Sein verhält zum Werden, so verhält sich die Vernunfttätigkeit zur Meinung, und wie die Vernunfttätigkeit zur Meinung, so die Wissenschaft zum Glauben und die mathematische Verstandeserkenntnis zur Bildlichkeit. Auf das Einzelne aber, worauf sich dies Entsprechungsverhältnis und die Zweiteilung auf beiden Seiten, auf der Seite des nur durch Meinung Erfaßbaren und des durch reines Denken Erkennbaren bezieht, wollen wir nicht näher eingehen, mein Glaukon, damit wir dadurch nicht in noch viel weitläufigere Erörterungen verwickelt werden, als es bei den bisherigen der Fall war.

GLAUKON: Nun, ich bin damit einverstanden, daß wir [nicht dies, sondern] das Weitere behandeln, soweit ich dabei zu folgen imstande bin.

SOKRATES: Nennst nun auch du denjenigen einen Dialektiker, der den Wesensbegriff eines jeden Dinges erfaßt? Und wer dies nicht kann, dem wirst du doch, insoweit als er sich und anderen keine Rechenschaft darüber geben kann, keine vernünftige Einsicht in den betreffenden Gegenstand zugestehen?

GLAUKON: Wie könnte ich das?

SOKRATES: Ebenso also verhält es sich auch mit dem Guten. Wer die Idee des Guten nicht so bestimmen kann, daß er sie begrifflich von allem anderen absondert und wie in der Schlacht

sich durch alle Widerstände hindurchschlägt, immer von dem
Eifer beseelt, sie [diese Idee] nicht nach dem Schein, sondern
nach dem Sein zu erweisen und dabei durchweg in unfehlbarer
Gedankenfolge dem Ziele zuschreitet, dem wirst du doch angesichts dieser seiner Unfähigkeit nicht die Erkenntnis des wahrhaft Guten selbst noch auch die irgendeines anderen Gutes
zutrauen, sondern wirst, wenn er auf irgendwelches Schatten-
bild derselben trifft, sagen, er treffe es durch Meinung und nicht
durch Wissenschaft; und das jetzige Leben verträume und ver-
schlafe er, und ehe er noch hier aufwache, gelange er in die
Unterwelt, um da in endgültigen Schlaf zu versinken?[8]

GLAUKON: Ja, beim Zeus, so wird meine Rede durchweg lauten.

SOKRATES: Aber wenn du nun deine Zöglinge, die du jetzt bloß
in Gedanken aufziehst und bildest, einmal in Wirklichkeit zu
erziehen hättest, so würdest du sie doch, denke ich, nicht wie
vernunftlose Bilder als Herrscher in der Stadt über die wichtigsten Dinge entscheiden lassen.

GLAUKON: Nein, das gewiß nicht.

SOKRATES: Du wirst es ihnen also durch Gesetz zur Pflicht
machen, vor allem sich derjenigen Bildung zu befleißigen, durch
die sie in den Stand gesetzt werden, in Frage und Antwort sich
als solche zu zeigen, die mit dem besten Wissen ausgerüstet sind.

GLAUKON: Das werde ich zur gesetzlichen Einrichtung machen, im Verein mit dir natürlich.

SOKRATES: Scheint dir nun nicht die Dialektik wie ein Schluß-
stein den ganzen Bau des Wissens zu krönen, so daß kein anderes
Wissensfach mit Fug mehr aufgesetzt werden kann, sondern hier
die Grenze für alles, was Wissen heißt, erreicht ist?

GLAUKON: Ja.

Wem und wann sind diese Kenntnisse zu überantworten?

SOKRATES: Es bleibt dir nun also noch die Frage der Verteilung
zu erledigen, nämlich wem wir diese Kenntnisse übermitteln
wollen und auf welche Weise.

GLAUKON: Offenbar.

SOKRATES: Erinnerst du dich nun, welche Eigenschaften wir bei
unserer früheren Auswahl der Herrscher für diese forderten?

GLAUKON: Wie sollte ich nicht?

SOKRATES: Im übrigen – nimm an – müssen die damals geschilderten Naturanlagen für die Auswahl maßgebend bleiben. Die beharrlichsten und tapfersten Jünglinge müssen bei der Wahl bevorzugt werden und womöglich auch die wohlgestaltetsten, und außerdem müssen die Gesuchten nicht nur von edler und achtunggebietender Sinnesart sein, sondern auch diejenigen Naturgaben besitzen, die der von uns geforderten Bildungsweise entsprechen.

GLAUKON: Und welche sind das deiner Bestimmung nach?

SOKRATES: Über durchdringende Verstandesschärfe zur Auffassung der Wissenschaft müssen sie, mein Trefflicher, gebieten, und das Lernen darf ihnen nicht schwerfallen; denn weit eher erlahmt die Seele bei starken Anforderungen an die wissenschaftliche Lerntätigkeit als bei denen auf den Turnplätzen; denn jene Art von Anstrengung ist mehr eine eigens an die Seele gerichtete Zumutung, weil auf sie beschränkt und nicht mit dem Körper geteilt.

GLAUKON: Richtig.

SOKRATES: Und also auch gedächtnisstark muß der sein, den wir suchen, und jeden Wankelmutes bar und von einer nie versagenden Arbeitslust. Oder kannst du es dir sonst als möglich vorstellen, daß sich einer finden wird, der zu allen den Anstrengungen für körperliche Ausbildung auch noch diese umfangreiche geistige Lerntätigkeit und Schulung bewältigen mag?

GLAUKON: Nur wer von Natur mit allseitig trefflichen Anlagen ausgerüstet ist, sonst keiner.

SOKRATES: Das jetzige Mißlingen nun der Philosophie und die Geringschätzung, der sie verfallen ist, haben, wie schon früher bemerkt, ihren Grund darin, daß man die Anforderungen an die Beschäftigung mit ihr außer acht läßt; denn nicht Bastarde müssen sich mit ihr beschäftigen, sondern Leute von reinem Blut.

GLAUKON: Wie meinst du das?

SOKRATES: Erstens darf der sich ihr Zuwendende, was die Arbeitslust anlangt, nicht auf einem Beine hinken, halb Arbeitsfreund, halb Arbeitsfeind; das ist aber der Fall, wenn einer zwar für Gymnastik, Jagd und alle körperlichen Anstrengungen immer zu haben ist, dagegen nichts wissen will vom Lernen, Hören und Forschen, sondern jede Anstrengung auf diesem Gebiete mit Abscheu von sich weist. Ein Hinkender ist auch der, dessen Arbeitslust sich ausschließlich nach der entgegengesetzten Seite gewendet hat.

GLAUKON: Eine sehr treffende Bemerkung.

SOKRATES: Und wir werden doch wohl auch ebenso in bezug auf die Wahrheit eine Seele für halbbürtig halten, die zwar die absichtliche Lüge haßt und nicht nur bei eigenem Vergehen dieser Art über sich selbst ungehalten ist, sondern auch über die Lügen anderer empört ist, aber der unfreiwilligen Lüge gegenüber sehr nachsichtig ist, und wenn sie etwa auf einer Unwissenheit ertappt wird, keinen Unwillen verspürt, sondern sich mit Behagen wie eine Sau im Schmutze der Unwissenheit herumwälzt?

536 GLAUKON: Gewiß.

SOKRATES: Auch was Besonnenheit, Tapferkeit, Hochherzigkeit und überhaupt alle Teile der Tugend anlangt, muß man mit größter Achtsamkeit über dem Unterschied von Bastard und Echtbürtigem wachen. Denn wenn man sich nicht auf diesen Unterschied versteht, sei es nun der Einzelne oder der Staat, so schleicht sich unvermerkt das Übel ein, daß man Hinkende und Bastarde je nachdem als Freunde oder als Herrscher zu allen möglichen Diensten und Leistungen verwendet, zu denen der Besitz jener Tugenden die Voraussetzung bildet.

GLAUKON: Ja, das trifft durchaus zu.

SOKRATES: Wir müssen also in allen dergleichen Fragen sehr behutsam zu Werke gehen; denn wenn wir nur Geradgliedrige und Geradsinnige sich dieser gewaltig großen Aufgabe geistiger und körperlicher Schulung widmen lassen und ihnen diese Bildung beibringen, so wird uns die Gerechtigkeit selber nicht tadeln können, und Staat und Verfassung werden ihr Heil dabei finden; lassen wir aber anders Geartete zu dieser Aufgabe zu, dann werden wir durchweg das Gegenteil bewirken und die Philosophie noch lächerlicher machen.

GLAUKON: Das wäre ja eine wahre Schmach.

SOKRATES: Allerdings. Aber lächerlich ist auch, glaube ich, was mir selbst jetzt begegnet ist.

GLAUKON: Was denn?

SOKRATES: Ich vergaß, daß wir uns bloß traulich scherzend unterhielten und habe mich in zu ernsthaften Zorn hineingeredet. Denn im Verlaufe meiner Ausführungen fiel mein Blick auf die Philosophie, und da ich sie schmählich beschimpft sah, wurde ich von Unwillen übermannt und habe wie in einem Anfall von Jähzorn gegen die Schuldigen mich in dem, was ich sagte, wohl allzu streng ausgedrückt.

GLAUKON: Nein, beim Zeus, wenigstens für mich als Zuhörer nicht.

SOKRATES: Aber für mich als Redner. Das aber laß uns nicht vergessen, daß wir bei unserer früheren Auswahl ältere Leute auswählten, was bei der jetzigen nicht zulässig sein wird. Denn Solon verdient keinen Glauben mit seinem Spruch, daß man alternd noch viel lernen könne; nein, weniger noch als laufen. Vielmehr gehören alle großen und gehäuften Anstrengungen der Jugend.

GLAUKON: Notwendig.

Frühe Selektion der angehenden Dialektiker

SOKRATES: Was nun zum Rechnen, zur Geometrie und zur ganzen vorbereitenden Schulung gehört, die der dialektischen Schulung vorausgehen soll, muß man ihnen im Knabenalter vorlegen, indem man der Belehrung eine Form gibt, die das Lernen nicht als Zwang erscheinen läßt.

GLAUKON: Warum denn?

SOKRATES: Weil kein Freier nur durch Druck wie ein Sklave zum Erlernen irgendeiner Wissenschaft vermocht werden soll; denn die Anstrengungen des Körpers machen, unter Zwang betrieben, den Körper nicht schlechter, in der Seele aber bleibt kein erzwungenes Wissen haften.

GLAUKON: Richtig.

537 SOKRATES: Du darfst also, mein Bester, die Knaben nicht zwangsweise in den Wissenschaften unterrichten, sondern spielend sollen sie lernen: so kannst du auch besser erkennen, wofür ein jeder von Natur bestimmt ist.

GLAUKON: Das läßt sich hören.

SOKRATES: Erinnerst du dich nun nicht, daß wir es auch für

notwendig erklärten, die Knaben als Zuschauer auf Pferden in den Krieg zu führen, und wenn es gefahrlos wäre, sie auch nahe heranzubringen und sie Blut kosten zu lassen wie junge Hunde?

GLAUKON: Ich erinnere mich wohl.

SOKRATES: Wer nun in allen diesen Anstrengungen, wissenschaftlichen Unterweisungen und Gefahren sich stets als derjenige erweist, der sich am leichtesten hineinfindet, den muß man in eine besondere Liste eintragen.

GLAUKON: In welchem Alter?

SOKRATES: Wenn sie von den notwendigen Leibesübungen losgesprochen werden. Denn diese Zeit, mag sie nun zwei oder drei Jahre dauern, verträgt keine andere Tätigkeit; sind doch Müdigkeit und Schlaf der wissenschaftlichen Lerntätigkeit feind, und zugleich ist auch die Art, wie sich ein jeder bei den Leibesübungen bewährt, eine der Prüfungen der Jugend, und zwar nicht die geringste.

GLAUKON: Wie sollte es nicht!

SOKRATES: Nach dieser Zeit aber, vom zwanzigsten Jahre ab, müssen die als hervorragend Erprobten mit größeren Auszeichnungen als die andern bedacht werden, und der Wissensstoff, der den Knaben im Unterricht nur in unzusammenhängender Behandlungsweise beigebracht wurde, muß für diese Auserwählten nun so zusammengestellt werden, daß die Verwandtschaft der einzelnen Wissensfächer miteinander sowohl wie mit der Natur des Seienden in klarem Zusammenhang hervortritt.

GLAUKON: Ja, dies ist die einzige Lehrweise, die das Erlernte den Schülern zum festen Eigentum macht.

SOKRATES: Und zugleich die entscheidendste Probe, ob man es mit einem dialektischen Kopf zu tun hat oder nicht. Denn wer die Fähigkeit hat für den zusammenfassenden Überblick, der ist auch dialektisch beanlagt, wer nicht, der ist es nicht.

GLAUKON: Das ist auch meine Meinung.

SOKRATES: Mit beständiger Rücksicht also hierauf mußt du diejenigen unter ihnen herauskennen, die diesen Anforderungen am besten entsprechen und sich als beharrlich erweisen im Lernen und als beharrlich im Krieg und den übrigen gesetzlichen Obliegenheiten – und sie sind es denn, die du, wenn sie das dreißigste Jahr zurückgelegt haben, aus den Auserwählten wiederum auserwählen mußt, um sie noch größerer Auszeichnungen teilhaftig zu machen und durch den Prüfstein der Dialektik zu erkunden, wer von ihnen fähig ist, unter Verzicht auf die Hilfe der Augen und jeder sonstigen Sinneswahrnehmung zum Seienden selbst im Bunde mit der Wahrheit vorzudringen. Und hier, mein Freund, bedarf es besonderer Vorsicht.

GLAUKON: Warum denn?

Vorsicht: Die Dialektik kann Unheil mit sich führen

SOKRATES: Fällt es dir nicht auf, welches gewaltige Unheil der jetzige Betrieb mit sich führt?

GLAUKON: Welches Unheil denn?

SOKRATES: Zu völliger Mißachtung der Gesetze werden die jungen Leute durch sie verführt.

GLAUKON: Allerdings.

SOKRATES: Ist es nun etwa ein Wunder, wenn es ihnen so ergeht, und findest du es nicht verzeihlich?

GLAUKON: Inwiefern denn?

SOKRATES: Setze gleichnisweise den Fall, es wäre ein untergeschobenes Kind inmitten einer Fülle von Reichtum und als Glied eines großen und mächtigen Familienverbandes unter zahlreichen Schmeichlern aufgewachsen und käme dann, zum Mann geworden, dahinter, daß er nicht von diesen sich selbst dafür ausgebenden Eltern stammt, ohne daß er doch seine wirklichen Eltern auffinden könnte – kannst du dir da eine ungefähre Vorstellung machen von dem Unterschied, wie dieser gegen die Schmeichler und gegen die der Unterschiebung Schuldigen [d. h. gegen die vermeintlichen Eltern] gesinnt sein wird, einmal in der Zeit, wo er noch nichts von der Unterschiebung wußte, und dann in der Zeit, wo er es wußte? Oder willst du meine Vermutung darüber hören?

GLAUKON: Ja, das will ich.

SOKRATES: Meiner Vermutung nach wird er den Vater und die Mutter und die übrigen vermeintlichen Verwandten mehr ehren als die Schmeichler und wird weniger unachtsam sein auf ihre etwaigen Bedürfnisse, weniger auch etwas Gesetzwidriges wider sie tun oder sagen und ihnen in wichtigen Dingen weniger unfolgsam sein als den Schmeichlern, solange er die Wahrheit noch nicht weiß.

GLAUKON: Wohl richtig.

SOKRATES: Ist er aber hinter die Wahrheit gekommen, so wird er, wenn ich recht vermute, nunmehr umgekehrt wie vorher in seiner Ehrerbietung und seinem Bemühen für die Eltern nachlassen, dagegen den Schmeichlern in beiden Beziehungen mehr entgegenkommen und ihnen weit mehr folgen als zuvor; ja er wird nunmehr ganz unverhohlen mit ihnen im engsten Verkehr stehen und sich in seiner Lebensweise nach ihren Wünschen richten, um seinen bisherigen Vater aber und um die anderen angeblichen Verwandten sich nicht mehr im geringsten kümmern, er müßte denn von Natur ein wahrer Ausbund von Rechtschaffenheit sein.

GLAUKON: Was du da sagst, ist ganz aus dem Leben gegriffen. Aber welche Beziehung hat dies Bild auf diejenigen, die sich mit der Dialektik abgeben?

SOKRATES: Folgende: Wir stehen doch von Kindheit auf unter dem Einfluß gewisser maßgebender Ansichten über Gerechtes und Gutes, nach denen wir erzogen worden sind wie von Eltern, in Gehorsam und Ehrerbietung gegen sie.

GLAUKON: So ist es.

SOKRATES: Neben diesen gibt es nun auch andere, ihnen entgegengesetzte, der Lust huldigende Lebensziele, die unserer Seele schmeicheln und sie an sich locken, aber ohne Erfolg bei denen, die auch nur einigermaßen auf gute Sitte halten; diese halten vielmehr die väterlichen Lehren in Ehren und folgen ihnen.

GLAUKON: So ist es.

SOKRATES: Wenn an einen, mit dem es so bewandt ist, eine Frage herantritt wie die: »was ist das Schöne?« und er eine Antwort gibt nach Maßgabe dessen, was er von dem Gesetzgeber gehört hat, woraufhin denn die dialektische Widerrede ihn widerlegt und ihn durch zahlreiche und mannigfache Gegengründe zu der Meinung bekehrt, dieses sein Schönes sei um nichts mehr schön als häßlich, und ebenso mit dem Gerechten und Guten und allem, was er besonders in Ehren gehalten hat – wie glaubst du, daß es dann mit seiner Ehrerbietung und seinem Gehorsam gegen jene stehen wird?

GLAUKON: Es kann nicht ausbleiben, daß er jetzt in seiner Ehrerbietung und Folgsamkeit gegen sie nachlassen wird.

SOKRATES: Wenn ihm also einerseits diese Satzungen nicht
mehr so ehrwürdig und so mit seiner Person verwachsen erscheinen wie vordem und er anderseits die wahren Gesetze nicht
findet, kann er sich dann der ganzen Sachlage nach einer anderen
539 Lebensweise zuwenden als der schmeichlerischen?

GLAUKON: Unmöglich.

SOKRATES: Ein Gesetzesverächter ist also dann wohl geworden
aus ihm, der ein Gesetzesfreund war.

GLAUKON: Notwendig.

Die Dialektik darf nicht zu jung gekostet werden.
Zeitplan der Erziehung

SOKRATES: Ist es also nicht ein ganz natürlicher Vorgang, der
sich bei denen abspielt, die sich auf diese Weise mit der Dialektik
einlassen, und verdienen sie nicht, wie oben bemerkt, verzei-
hende Nachsicht?

GLAUKON: Und Mitleid dazu.

SOKRATES: Damit dir nun dies Mitleid bei den Dreißigjährigen
erspart bleibe, mußt du doch alle Vorsicht anwenden bei ihrer
Einführung in die Dialektik.

GLAUKON: Gewiß.

SOKRATES: Ist nun nicht das allein schon eine sehr wichtige
Vorsichtsmaßregel, daß man sie nicht zu jung die Dialektik
kosten läßt? Denn es ist dir gewiß nicht entgangen, daß die
grünen Bürschchen, wenn sie zuerst solche dialektische Weisheit
schmecken, aus ihr eine Art Spielzeug machen, sie immer zur
Widerrede ausnutzen und, indem sie es denjenigen gleichzutun
suchen, von denen sie widerlegt werden, nun ihrerseits wieder
andere widerlegen und wie junge Hunde ihre Freude daran
haben, diejenigen, die ihnen in den Wurf kommen, mit ihrer
Disputierkunst zu zerren und zu rupfen.

GLAUKON: Ja, eine ganz erstaunliche Freude haben sie daran.

SOKRATES: Wenn sie also nun selbst viele andere widerlegt haben und von vielen widerlegt worden sind, so geraten sie ohne
Aufhalten und schnell dahin, daß sie nichts mehr von dem

glauben, was sie früher glaubten, und daraus erklärt sich dann der üble Ruf, in dem sie selbst so wie alles, was mit der Philosophie zusammenhängt, bei den Übrigen stehen.

GLAUKON: Sehr wahr.

SOKRATES: Wer aber schon älter ist, der wird mit solcher Tollheit nichts zu schaffen haben wollen und wird sich zur Nacheiferung lieber den wählen, der wirklich forschen und die Wahrheit erkennen will, als den, der nur zum Vergnügen seinen Scherz treibt und sich im Widersprechen gefällt; und so wird er denn selbst an sittlicher Tüchtigkeit zunehmen und auch die dialektische Kunst nicht in Verruf, sondern zu Ehren bringen.

GLAUKON: Richtig.

SOKRATES: Und auch die vor dieser jetzigen Maßregel aufgestellten Forderungen dienten doch alle zur Vorsorge dafür, daß es nur sittlich tüchtige und in sich gefestigte Naturen sein sollen, die man mit der Dialektik sich befassen läßt, und daß nicht wie jetzt der erste beste und Unberufene sich an sie heranmacht?

GLAUKON: Sicherlich.

SOKRATES: Genügt nun für die Beschäftigung mit der Dialektik bei anhaltender und anstrengender Arbeit mit Ausschluß jeder anderen Tätigkeit und unter Beschränkung auf die den leiblichen Übungen als Gegenstück entsprechenden geistigen Übungen ein Zeitraum von doppelt so vielen Jahren wie in der Gymnastik?

GLAUKON: Meinst du sechs oder vier?

SOKRATES: Setze unbedenklich fünf. Denn hierauf mußt du sie wieder in jene Höhle zurückbringen und sie nötigen, Führerstellungen beim Heere und sonstige Ämter zu verwalten, wie sie für jüngere Männer passen, damit sie auch an Erfahrung nicht hinter den anderen zurückstehen; und auch hierbei muß man sie noch prüfen, ob sie unter all den ablenkenden Einflüssen fest bleiben 540 oder vom rechten Wege abweichen werden.

GLAUKON: Wieviel Zeit setzest du dafür an?

Mit fünfzig ans Ziel

SOKRATES: Fünfzehn Jahre. Haben sie aber das fünfzigste Jahr erreicht, so muß man diejenigen, die alles glücklich bestanden und sich in jeder Beziehung im tätigen Leben wie auf wissenschaftlichem Gebiete durchweg ausgezeichnet haben, endlich zum Ziel führen und es ihnen zur Pflicht machen, den Lichtstrahl ihrer Seele nach oben zu richten und unmittelbar in den Urquell alles Lichtes zu schauen; und haben sie das Gute selbst erschaut, so müssen sie, diesem Musterbild als ihrem Leitstern folgend, ihr weiteres Leben lang ihre alles ordnende Fürsorge der Reihe nach abwechselnd dem Staat, den einzelnen Mitbürgern und sich selbst widmen; dabei bleibt ihnen der größere Teil ihrer Zeit für die Beschäftigung mit der Philosophie vorbehalten; wenn aber die Reihe an ihn kommt, muß ein jeder die sorgenvollen staatlichen Geschäfte und Herrscherpflichten auf sich nehmen, dem Staate zuliebe, nicht als etwas Wünschenswertes und Schönes, sondern als etwas Notwendiges. Und wenn sie in diesem Geiste immer wieder andere zu gleicher Tüchtigkeit erzogen und sie statt ihrer als Wächter des Staates zurückgelassen haben, dann sollen sie nach den Inseln der Seligen als nach ihrer Wohnstätte versetzt werden. Durch Denkmäler aber und Opfer muß die Stadt sie von Staats wegen ehren, wenn auch die Pythia damit einverstanden ist, als göttliche Wesen, wo nicht, als glückselige und göttliche Menschen.

GLAUKON: Von tadelloser Schönheit sind die Herrscher, die aus deiner Hand hervorgegangen sind wie aus der eines Bildhauers.

SOKRATES: Und auch die Herrscherinnen, mein Glaukon. Denn glaube nicht, daß, was ich gesagt habe, irgendwie mehr von den Männern gilt als von all den Frauen im Staat, die ihrer Natur nach sich als tauglich erweisen.

GLAUKON: Richtig, wenn anders sie alle Geschäfte mit den Männern teilen sollen, wie wir es zuvor dargestellt haben.

SOKRATES: Wie nun? Gebt ihr zu, daß es nicht bloß fromme Wünsche waren, was wir vom Staate und der Verfassung gesagt haben? Schwer durchführbar zwar, aber doch irgendwie möglich, und zwar nur auf die von uns angesehene Weise, nämlich wenn wirkliche Philosophen, seien es nun mehrere oder einer, in einem Staate die Herrschergewalt erlangen und im Besitz derselben allen jetzigen Auszeichnungen mit Verachtung den Abschied geben, überzeugt von der Erbärmlichkeit und Nichtswürdigkeit derselben, dagegen die Ehrenhaftigkeit und die auf sie gegründeten Auszeichnungen hochachten, für das Höchste und Notwendigste aber die Gerechtigkeit halten und, im Dienste derselben und auf ihre Förderung bedacht, ihren Staat entstehen lassen.

GLAUKON: Und wie das?

Kriminelles Nachspiel: Vertreibung aller Bürger, die über zehn Jahre alt sind

541 SOKRATES: So, daß sie alle Bürger, die über zehn Jahre alt sind, hinaus aufs Land schicken, die Kinder derselben aber unter ihre Obhut nehmen und sie, der jetzigen sittlichen Anschauungsweise, der auch ihre Eltern huldigen, völlig entrückt, nach ihren eigenen Grundsätzen und Gesetzen erziehen, deren Eigenart wir vorhin beschrieben haben. Und so wird, wie ihr mir zugeben müßt, am schnellsten und leichtesten der Staat und die Verfassung, auf die wir mit unseren Erörterungen hinzielten, zustande gebracht werden, und er wird nicht nur selbst glücklich sein, sondern auch dem Volk, unter dem er besteht, den größten Segen bringen.

GLAUKON: Sicherlich. Auch die *Art* seiner Entstehung, wenn er überhaupt entstehen sollte, scheinst du mir, mein Sokrates, richtig dargestellt zu haben.

Der Staat und auch der ihm gleichende Mensch steht nun deutlich vor uns

SOKRATES: Ist nun also nicht dieser Staat zur Genüge erörtert worden und auch der ihm gleichende Mensch? Denn auch dieser steht nun ganz deutlich vor uns, so, wie er nach unserer Forderung sein soll.

GLAUKON: Ganz deutlich; und deine Frage scheint mir damit erledigt zusein.

Parmenides

126 Aus unserer Heimat Klazomenä in Athen angelangt, trafen wir auf dem Markte den Adeimantos und Glaukon.[1] Adeimantos faßte mich an der Hand und sagte: Willkommen, Kephalos; hast du hier irgendwelchen Wunsch, den zu erfüllen in meiner Macht steht, so laß nur hören.

Was mich hierhergeführt hat, erwiderte ich, ist ja eben nichts anderes als dies, euch mit einer Bitte zu kommen.

Und welche wäre das? erwiderte er, laß hören.

Ich fragte ihn nun: Wie hieß doch gleich euer Bruder von mütterlicher Seite? Sein Name ist mir entfallen. Er war fast noch ein Knabe, als ich zum ersten Mal aus Klazomenä hierherkam; das ist nun schon lange her. Sein Vater hieß, glaub' ich, Pyrilampes.

Ganz recht, versetzte er.

Und er selbst?

Antiphon. Doch wozu eigentlich diese Frage?

Diese da, erwiderte er, sind meine Mitbürger, eifrige Freunde der Philosophie; sie haben gehört, der genannte Antiphon habe viel mit einem gewissen Pythodoros verkehrt, einem Freunde des Zenon, und habe oftmals aus dessen Munde den Bericht vernommen über den Gedankenaustausch, der sich einst zwischen Sokrates, Zenon und Parmenides abgespielt habe; die Sache habe sich also seinem Gedächtnis fest eingeprägt.

Das trifft zu, erwiderte er.

Das eben ist es, bemerkte ich, was wir recht genau zu hören verlangen.

Das hat keine Schwierigkeit, versetzte er; denn in seinen Jünglingsjahren hat er sich sehr eingehend damit beschäftigt, während er jetzt nach dem Beispiel seines gleichnamigen Großvaters es meist mit der Reitkunst zu tun hat. Doch wenn es sein soll, wollen wir ihn aufsuchen, denn er ist eben erst recht von hier nach Hause gegangen und wohnt nicht weit von hier in Melite.

127 Mit diesen Worten machten wir uns auf den Weg und trafen den Antiphon zu Hause, wo er eben dem Schmiede einen Zaum zur Ausbesserung übergab. Nachdem er nun diesen abgefertigt, teilten ihm seine Brüder den Grund unseres Kommens mit; da erkannte er mich von meinem früheren Aufenthalte her und begrüßte mich herzlich. Unserer Bitte gegenüber, uns jene Unterhaltung mitzuteilen, verhielt er sich zunächst abweisend, denn das, erklärte er, sei eine schwierige Sache; dann aber ließ er sich doch dazu herbei.

So erzählte denn Antiphon, was er von Pythodoros gehört, nämlich Zenon und Parmenides seien einst zu den Panathenäen[2] nach Athen gekommen. Parmenides sei schon hoch bei Jahren gewesen, stark ergraut, aber eine schöne und stattliche Erscheinung, etwa fünfundsechzig Jahre alt. Zenon sei an vierzig Jahre alt gewesen, hoch von Wuchs und von einnehmendem Aussehen; er habe für den Liebling des Parmenides gegolten. Ihr Quartier hätten sie, sagte er, bei Pythodoros außerhalb der Stadtmauern im Kerameikos gehabt. Dort hätten sich denn auch Sokrates und viele andere mit ihm eingefunden, getrieben von dem Wunsche, den Zenon seine Schrift vorlesen zu hören, die damals zuerst in Athen durch diese Männer bekannt wurde. Sokrates sei damals noch sehr jung gewesen. Vorgelesen nun habe ihnen Zenon seine Schrift selbst, Parmenides sei aber zufällig außer Hause gewesen; und der Vortrag sei fast schon zu Ende gewesen, als er selbst, Pythodoros, mit dem Parmenides und Aristoteles, dem späteren Genossen der Dreißig, eingetreten sei, und so hätten sie denn nur noch einen kleinen Rest der Schrift mit angehört; doch habe er selbst schon früher sie den Zenon vorlesen hören.

Zenons Vortrag: Es gibt keine Vielheit

Nach Beendigung des Vortrags habe nun Sokrates gebeten, den ersten Satz der ersten Beweisreihe noch einmal zu lesen, und nachdem dies geschehen, habe er den Zenon gefragt: Wie meinst du das? Doch wohl so, daß, wenn das Seiende Vieles ist, es

zugleich ähnlich und unähnlich sein müßte, was doch unmöglich
ist; denn es kann weder das Unähnliche ähnlich noch das Ähnliche unähnlich sein. Meinst du es nicht so?

Jawohl, habe Zenon geantwortet.

Wenn es also unmöglich ist, daß das Unähnliche ähnlich und
das Ähnliche unähnlich ist, so sei auch das Sein des Vielen
unmöglich; denn wenn Vieles wäre, so würde es mit jenen
Unmöglichkeiten behaftet sein. Nicht wahr, darauf laufen deine
Darlegungen hinaus? Sie wollen allen landläufigen Meinungen
zuwider erhärten, daß es keine Vielheit gibt? Und jede einzelne
deiner Darlegungen hältst du für einen Beweis dieses Satzes,
meinst mithin mit deinen einzelnen Darlegungen ebenso viele
Beweise geliefert zu haben für das Nichtsein des Vielen? Ist das
deine Meinung? Oder verstehe ich dich nicht richtig?

Bewahre, habe Zenon erwidert; du hast den Sinn meiner
Schrift ganz richtig verstanden.

Ich merke wohl, habe da Sokrates zum Parmenides gesagt, daß
unseres Zenon an sich schon so innige Freundschaft zu dir auch
noch durch diese Schrift verstärkt werden soll. Denn er hat darin
gewissermaßen dasselbe behauptet wie du, doch indem er der
Sache eine andere Wendung gibt, versucht er uns zu täuschen, als
sagte er damit etwas anderes. Du nämlich behauptest in deinem
Gedicht, das All sei Eins, und bringst dafür schöne und treffende
Beweise bei. Dieser aber sagt, das Viele sei nicht, und bringt auch
seinerseits dafür eine Fülle kräftiger Beweise bei. Wenn nun der
eine das Sein des Einen, der andere das Nichtsein des Vielen
behauptet und wenn jeder von beiden sich so ausdrückt, daß ihr
bei aller tatsächlichen Übereinstimmung des eigentlichen Sinnes
doch durchaus nicht dasselbe zu sagen scheint, so habt ihr,
scheint es, Dinge gesagt, für deren Verständnis uns anderen die
rechte Fassungskraft fehlt.

Zweck von Zenons Schrift: Hilfestellung für den Satz des Parmenides: Das All ist Eines

Nun ja, mein Sokrates, habe Zenon geantwortet. Indes hast du
das wahre Absehen der Schrift doch nicht völlig erfaßt, magst du
auch wie ein lakonischer Jagdhund der Spur zu folgen und dem

Gesagten beizukommen suchen. Aber vor allem täuscht du dich in folgender Beziehung: meine Schrift will gar nicht so hoch hinaus, daß sie ihren eigentlichen Zweck, den du richtig bezeichnet hast, vor der Welt verbergen und sich als wer weiß was Großartiges darstellen möchte. Nein, diese deine Deutung beruht nur auf einem beiläufigen Eindruck; in Wahrheit will die Schrift nichts anderes als dem Satze des Parmenides zu Hilfe kommen gegen diejenigen, welche ihn lächerlich zu machen suchen, durch den Hinweis nämlich auf die angeblichen Ungereimtheiten und Widersprüche, in die sich der Satz von dem *einen* Seienden verwickelt. Es wendet sich also diese meine Schrift gegen diejenigen, welche das Sein des Vielen behaupten, und gibt ihnen ihre Einwürfe sogar in verstärktem Maße zurück durch den Nachweis, daß ihre Voraussetzung der Existenz des Vielen zu noch weit größeren Ungereimtheiten führt als die Voraussetzung des Seins des Eins, wenn man der Sache nur scharf zuleibe geht. Aus solcher Streitlust wurde sie von mir noch in jungen Jahren verfaßt, wurde mir aber von irgend jemand entwendet, so daß es nicht einmal von meinem eigenen Entschlusse abhing, ob ich sie veröffentlichen solle oder nicht. Insofern also, Sokrates, täuschst du dich, als du glaubst, das Buch verdanke seinen Ursprung nicht der Streitlust eines Jünglings, sondern dem Ehrgeiz eines älteren Mannes. Im übrigen hast du sie, wie gesagt, nicht übel gedeutet.

Das Eine soll selbst als vieles erwiesen werden und das Viele als eines

Das laß ich mir gefallen, habe Sokrates erwidert, und gebe dir 129 recht. Doch nun gib mir Auskunft über folgendes: Glaubst du nicht, daß es einen für sich bestehenden Begriff der Ähnlichkeit gibt und einen anderen, ihm entgegengesetzten, nämlich der Unähnlichkeit? Und daß an diesen beiden ich und du und alles andere, was wir Vieles nennen, teilhaben? Und daß, was an der Ähnlichkeit teilhat, ähnlich wird, insofern und insoweit es an ihr teilhat, und was an der Unähnlichkeit, unähnlich, und was an beiden, beides? Und mag auch alles an diesen beiden einander entgegengesetzten Bestimmungen teilhaben und durch diese

Teilnahme an beiden einander zugleich ähnlich und unähnlich
sein, was wäre daran Wunderbares? Ja, wiese einer nach, daß das
Ähnliche an sich unähnlich oder das Unähnliche ähnlich werde,
dann müßte man allerdings an ein Wunder glauben. Weist man
aber von dem, was an beiden teilhat, nach, daß es beiden Bestimmungen unterliegt, so hat das für mich, mein Zenon, nichts
Befremdendes, sowenig wie wenn jemand nachweist, daß alles
Eins ist durch die Teilnahme an der Einheit und anderseits
zugleich auch Vieles durch die Teilnahme an der Vielheit. Aber
wenn einer das Eins selbst als Vieles erwiese und das Viele an sich
als Eins, so wäre das allerdings in meinen Augen ein Wunder.
Das gleiche gilt auch von allem übrigen: wenn jemand von den
Gattungs- und Artbegriffen selbst nachweist, daß sie in sich
selbst die entgegengesetzten Beschaffenheiten aufnehmen, dann
gäbe dies allen Grund sich zu verwundern; wenn dagegen einer
dartut, daß ich zugleich Einer und Vieles bin, was wäre daran
Wunderbares? Will er mich als eine Vielheit darstellen, so weist
er eben darauf hin, daß meine rechte Seite eine andere ist als
meine linke Seite, daß meine Vorderseite sich von der Hinter-
seite, mein Oben von meinem Unten sich unterscheidet; denn
ich habe eben, denke ich, an der Vielheit teil. Will er mich aber als
Eins darstellen, so wird er geltend machen, daß ich unter uns
sieben eben *ein* Mensch bin, da ich eben auch an der Einheit
teilhabe. Also hat er nach beiden Seiten hin mit seinem Nachweis
recht. Wenn also jemand darzutun sucht, daß Dinge wie z. B.
Steine, Holz und dergleichen zugleich Vieles und Eins sind, so
werden wir erklären, daß sein Beweis sich eben auf die Vielheit
und Einheit dieser Dinge, nicht auf die Vielheit des Eins selbst
noch auf die Einheit der Vielheit beziehe und daß er damit gar
nichts Wunderbares behaupte, sondern nur etwas, worüber wir
alle einig sind. Wenn aber einer, wie eben bemerkt, zunächst die
Wesensbegriffe absonderte, wie z. B. die der Ähnlichkeit und
Unähnlichkeit, der Vielheit und Einheit, der Ruhe und Bewegung und alles dergleichen, und dann nachwiese, daß diese selbst
miteinander vermischt und wieder voneinander getrennt werden
können, dann, mein Zenon, könnte ich mich allerdings eines
starken Erstaunens nicht erwehren. Die Ausführungen deiner
Schrift halte ich für eine ganz tüchtige Leistung; aber weit mehr

noch, wie gesagt, würde ich den bewundern, der die nämliche
Schwierigkeit als eine auch den Ideen selbst in mannigfacher
130 Verflechtung innewohnende dartun, also auch als ebenso in dem
Gebiete des rein Gedachten vorhanden nachweisen würde, wie
ihr sie für das Gebiet des Sichtbaren durchgesprochen habt.

Wovon gibt es Ideen?

Diese Bemerkungen des Sokrates – erzählte Pythodoros –, die
seiner eigenen Meinung nach durchweg nur einen unerfreuli-
chen Eindruck auf Parmenides und Zenon machen konnten,
hätten im Gegenteil deren volle Aufmerksamkeit erweckt, so
daß sie sogar häufig lächelnd einander angesehen hätten, als
bewunderten sie den Sokrates. Und Parmenides habe denn auch,
nachdem Sokrates geendet, dieser Stimmung Ausdruck gegeben
durch folgende Worte: Mein Sokrates, du verdienst alle Bewunderung ob deines Eifers für wissenschaftliche Erörterungen;
aber sage mir, bist du selbst auf diese von dir angegebene Eintei-
lung gekommen, auf diese Trennung zwischen gewissen selb-
ständigen Ideen einerseits und den an ihnen Anteil habenden
Dingen anderseits? Und kannst du dir etwas vorstellen unter der
Ähnlichkeit an sich als einer Ähnlichkeit, die getrennt besteht
von derjenigen, die wir hier an uns haben, und ebenso unter dem
Eins und dem Vielen und allem, was du soeben vom Zenon
hörtest?

Allerdings, habe Sokrates erwidert.

Auch unter solcherlei, habe Parmenides fortgefahren, wie
z. B. der Idee des Gerechten und Schönen und Guten und was
sonst noch dahin gehört?

Ja, habe er geantwortet.

Und ferner einen Begriff des Menschen, gesondert von uns
und von allen, die von gleicher Art sind wie wir, eine Idee des
Menschen oder des Feuers oder auch des Wassers?

Oftmals, habe er erwidert, mein Parmenides, bin ich darüber
in Zweifel gewesen, ob man sich hier ebenso entscheiden müsse
wie dort oder anders.

Bist du aber auch bei solchen Dingen, Sokrates, wo es beinahe
lächerlich scheinen könnte, wie z. B. Haar, Kot, Schmutz und

dergleichen verächtlichen und gemeinen Dingen in Zweifel, ob man für jedes eine besondere Idee aufzustellen habe, verschieden von dem, was uns davon durch die Hände geht, oder soll das hier nicht so sein?

Durchaus nicht, habe Sokrates gesagt, sondern deren Sein beschränkt sich auf das, was wir sehen; eine besondere Idee für sie anzunehmen, wäre doch gar zu wunderlich. Gleichwohl hat mich schon mehrfach der Gedanke beunruhigt, ob nicht für alle Dinge die nämliche Annahme gelte. Aber stelle ich mich auf diesen Standpunkt, so treibt es mich alsbald wieder fort, denn es befällt mich dann die Furcht, in einen bodenlosen Abgrund von Albernheit zu versinken. Indem ich also wieder zurückkehre zu denjenigen Dingen, für die es unserer Darlegung zufolge Ideen gibt, beschränke ich mich auf die Beschäftigung mit diesen.

Du bist noch jung, mein Sokrates, habe da Parmenides erwidert, und noch hat die Philosophie nicht derart von dir Besitz ergriffen, wie sie es meiner Meinung nach noch tun wird, und dann wirst du keines dieser Dinge geringachten; jetzt aber nimmst du noch zuviel Rücksicht auf die Meinungen der Menge infolge deiner Jugend.

Wie ist die Teilnahme zu verstehen?

Gib mir aber nun Auskunft über folgendes: Glaubst du wirklich an so etwas wie Ideen, von denen diese irdischen Dinge hier infolge ihrer Teilnahme an ihnen ihre Namen erhalten, wie sie 131 z. B. ähnlich werden durch die Teilnahme an der Ähnlichkeit, groß durch die Teilnahme an der Größe, schön und gerecht durch die Teilnahme an der Schönheit und Gerechtigkeit?

Allerdings, habe Sokrates geantwortet.

Alles, was teilhat an der Idee, muß doch wohl entweder an der ganzen Idee oder an einem Teile von ihr Anteil haben. Nicht wahr? Oder gäbe es noch eine andere Art der Teilnahme neben dieser?

Unmöglich, erwiderte Sokrates.

Scheint dir nun ein jedes der vielen Dinge die Idee als einheitliches Ganzes in sich zu haben? Oder wie?

Was stünde, habe Sokrates erwidert, dem im Wege, Parmenides?

Nun, an sich eines und dasselbe, würde sie dann einer Vielheit von getrennten Dingen zugleich als Ganzes innewohnen und so von sich selbst getrennt sein.

Nicht doch, habe er erwidert; denn es könnte damit ebenso bestellt sein wie mit dem Tage; wie dieser als ein und derselbe an vielen Stellen zugleich ist und trotzdem nicht von sich selbst getrennt ist, so könnte ja auch jede einzelne Idee allen Dingen zugleich als ein und dieselbe innewohnen.

Recht artig, mein Sokrates, habe er erwidert, wie du da ein und dasselbe an vielen Orten zugleich sein läßt, ähnlich wie wenn du ein Segeltuch über vielen Menschen ausbreitetest und dann sagtest, dies Eine sei als Ganzes über Vielen. Oder meinst du nicht, dies etwa sei der Sinn deiner Worte?

Vielleicht, habe er erwidert.

Wäre nun das Segeltuch über jedem ganz oder käme auf jeden nur ein Teil desselben, auf den einen dieser, auf den anderen jener?

Nur ein Teil.

Dann also, habe er fortgefahren, Sokrates, wären die Ideen teilbar, und was an ihnen teilhat, nimmt dann nur an einem Teil von ihnen teil, und sie wären nicht mehr in jedem ganz, sondern in jedem nur teilweise.

So scheint es wenigstens.

Willst du wirklich, Sokrates, behaupten, die einheitliche Idee sei uns in Wahrheit teilbar? Und trotzdem soll sie noch Eins sein?

Nein, das in keinen Fall, habe er erwidert.

Gewiß, in keinem Falle, habe er fortgefahren; denn wenn du die Größe selbst teilst und so jedes von den großen Dingen groß sein soll durch einen Teil, der kleiner ist als die Größe selbst, führt das nicht zu völligem Widersinn?

Allerdings, erwiderte er.

Und wie weiter? Wenn etwas einen kleinen Teil des Gleichgroßen für sich in Beschlag nimmt, dann soll es als Inhaber dieses Teiles, der noch kleiner ist als das Gleichgroße selbst, mit irgend etwas gleich groß sein?

Unmöglich.

Nun nehme aber man den Fall, daß einer von uns einen Teil der Kleinheit hat; dann wird die Kleinheit größer sein als eben dieser Teil, denn es ist ja nur ein Teil von ihr; und so wird denn die Kleinheit selbst größer sein, und dasjenige, dem das Weggenommene zugesetzt worden ist, wird kleiner werden und nicht größer als vorher.

Nein, das dürfte unmöglich sein, habe er erwidert.

Auf welche Weise, mein Sokrates, habe Parmenides versetzt, sollen denn also die Sinnendinge deiner Meinung nach an den Ideen teilnehmen, wenn sie weder an Teilen noch an dem Ganzen derselben teilnehmen können?

Ja, beim Zeus, habe er erwidert, es scheint mir nicht leicht darüber eine genaue Bestimmung zu geben.

Ein drittes Großes und ein unendlicher Regreß

Doch weiter. Wie stellst du dich zu Folgendem?

Und das wäre?

132 Irre ich nicht, so gründet sich deine Annahme einheitlicher Ideen auf folgende Betrachtung. Wenn sich dir eine Menge von Dingen als groß darstellt, so scheint dir bei dem Blick auf die Gesamtheit sich darin eine einheitliche Form kundzugeben, auf Grund deren du annimmst, das Große sei eine Einheit.

Da hast du recht, habe er erwidert.

Aber das Große selbst und die großen Dinge, wie stehen sie zueinander? Wenn du sie beide wiederum ebenso mit einem Blicke der Seele zusammen erfaßt, wird dann nicht abermals irgendein Großes auftauchen, welches den notwendigen Grund dafür abgibt, daß beide als groß erscheinen?

So scheint es.

Es wird also eine neue Idee der Größe auftauchen, die neben der Größe an sich und den an ihr teilhabenden Dingen steht; und über diesen beiden wiederum eine andere, durch die beide groß sein werden. Und so erhältst du nicht mehr je *eine* Idee [für eine zusammengehörige Gruppe von Dingen], sondern eine unzählige Menge.[3]

Ideen als Gedanken

Da habe Sokrates erwidert: es könnte doch sein, daß eine jede Idee ein bloßer die Dinge zusammenfassender Gedanke wäre und seine zuständige Stätte nirgend anderswo als in der Seele hätte. Denn dann wäre jegliche Idee nur *eine* und wäre nicht mehr den Einwürfen ausgesetzt, die eben erhoben wurden.

Wie aber? habe Parmenides entgegnet. Wäre nun jeder dieser Gedanken Eines und doch ein Gedanke von Nichts?

Nein, das ist unmöglich, habe er erwidert.

Sondern von Etwas?

Ja.

Von etwas Seiendem oder Nichtseiendem?

Etwas Seiendem.

Doch wohl von einer gewissen Einheit, die jener Gedanke als allen Dingen anhaftend erkennt, als eine Art einheitlicher Form?

Ja.

Wird dann dieses als Einheit Gedachte, das immer als dasselbige allen Dingen anhaftet, nicht eben die Idee sein?

Das läßt sich schwerlich leugnen.

Wie also? habe Parmenides fortgefahren, muß nicht, wenn deiner Meinung zufolge die Einzeldinge an der Idee teilhaben, entweder alles aus Gedanken bestehen, also der Denktätigkeit hingegeben sein, oder muß es nicht, obschon eigentlich Gedanke, doch ohne Denken sein?

Ideen als Muster und nochmals ein unendlicher Regreß

Auch das, habe Sokrates entgegnet, wäre ungereimt. Aber mir, Parmenides, leuchtet am meisten folgende Ansicht ein: Die Ideen stehen gleichsam als Musterbilder in voller Wirklichkeit da, die Einzeldinge aber sind ihnen ähnlich und sind Abbildungen von ihnen, und die Teilnahme der Einzeldinge an den Ideen besteht eben in nichts anderem als in dieser Nachbildung.

Wenn nun, erwiderte Parmenides, irgend etwas der Idee gleicht, muß da nicht notwendig auch die Idee dem ähnlich sein, das ihm nachgebildet ist, insoweit als es ihm wirklich ähnlich geworden ist? Oder gäbe es irgendwelche Möglichkeit, daß das Ähnliche dem Ähnlichen nicht ähnlich sei?

Nein, keine.

Ist es aber nicht unumgänglich notwendig, daß das Ähnliche an ein und derselben Idee Anteil hat wie das ihm Ähnliche?

Unbedingt.

Wird aber nicht dasjenige, woran das Ähnliche Anteil haben muß, um überhaupt ähnlich zu sein, eben die eigentliche Idee selbst sein?

Unbedingt.

So ist es demnach unmöglich, daß ein Einzelding der Idee ähnlich sei oder die Idee einem Einzelding; denn wäre dies der Fall, so würde immer neben der Idee noch eine andere Idee zum Vorschein kommen, und wenn sie wieder einem andern ähnlich ist, abermals eine andere, und so wird unaufhörlich immer wieder eine neue Idee auftauchen, wenn die Idee demjenigen, was an ihr Anteil hat, ähnlich ist.

Da hast du ganz recht.

Also nicht die Ähnlichkeit ist es, die die Einzeldinge an den Ideen teilnehmen läßt, sondern man muß einen anderen Grund für diese Teilnahme aufsuchen.

Allem Anschein nach.

Siehst du nun also, Sokrates, wie groß die Schwierigkeiten sind, wenn man Begriffe als für sich selbst bestehende Ideen bestimmt?

Gewiß.

So wisse denn, daß du, mit Verlaub zu sagen, noch gar keine Ahnung hast von den eigentlichen großen Schwierigkeiten, die mit der Annahme von besonderen, von den Dingen getrennten einheitlichen Wesenheiten verbunden sind.

Und welche wären denn das?

Unerkennbarkeit der Ideen für uns

Neben vielen anderen ganz besonders die folgende: Wenn jemand behauptete, daß die Ideen bei der ihnen von uns als notwendig zugeschriebenen Beschaffenheit überhaupt gar nicht erkannt werden können, so würde man diese Behauptung gar nicht als unrichtig erweisen können – es sei denn, daß der Urheber dieses Einwurfes ein Mann von reicher Erfahrung und trefflicher Begabung und gewillt wäre, weitläufigen Auseinandersetzungen und verwickelten Begründungen zu folgen, sonst wird dieser die Unerkennbarkeit der Ideen Behauptende kaum zu überzeugen sein.

Wieso denn, Parmenides? habe Sokrates gefragt.

Weil ich, Sokrates, glaube, daß du und jeder, der ein selbständiges Sein einer jeden für sich annimmt, erstens zugeben muß, daß keine dieser Ideen bei uns in der Sinnenwelt ihre Wohnstätte hat.

Ja, habe Sokrates erwidert, denn wie könnte sie sonst an und für sich sein?

Richtig bemerkt. Ferner haben alle Ideen, deren Bedeutung auf einem Verhältnis der Gegenseitigkeit beruht, ihr eigentliches Wesen in ihrer Beziehung aufeinander, nicht aber in Beziehung auf die Sinnendinge, mag man diese nun für Abbilder oder für sonstwie abhängig von denjenigen Wesenheiten erklären, an denen wir teilhaben und von denen die Benennungen entlehnt werden, mit denen man uns und unsere Zustände bezeichnet. Anderseits haben diese Nachbilder hienieden, die mit jenen Wesenheiten gleichnamig sind, *ihre* Seinsgeltung hinwiederum lediglich im Verhältnis zu sich selber und nicht zu den Ideen und beziehen sich lediglich aufeinander, nicht aber auf jene Dinge, welche die gleichen Namen mit ihnen führen.

Wie meinst du das? habe da Sokrates gefragt.

Setze z. B., habe des Parmenides Antwort gelautet, den Fall, es wäre von uns hier einer Herr über irgendeinen anderen oder Sklave eines anderen, so ist er doch offenbar nicht Sklave des Herrn an sich und ebensowenig Herr des Sklaven an sich, sondern als Mensch ist er beides im Verhältnis zu einem Menschen. Die Herrschaft an sich dagegen ist, was sie ist, in Beziehung auf die Knechtschaft an sich und ebenso die Knechtschaft an sich: sie ist Knechtschaft im Verhältnis zur Herrschaft an sich, und es steht nicht etwa so, daß die irdischen Dinge ihre Beziehung auf jene oder jene ihre Beziehung auf uns hier haben, sondern, wie 134 gesagt: wie jene sich auf sich selbst beschränken und ihre Beziehungen nur zueinander selbst haben, so beziehen sich auch die

Dinge bei uns hier nur aufeinander. Oder verstehst du nicht, was ich meine?

Doch, ich verstehe es sehr wohl.

Ist nun nicht das Wissen an sich eben nichts anderes als das Wissen der Wahrheit an sich?

Gewiß.

Und so wird jede einzelne Wissenschaft an sich jedesmal ein Wissen des entsprechenden Teils des an sich Seienden sein. Oder nicht?

Ja.

Unser Wissen hienieden dagegen, wird es sich nicht auf die bei uns gültige Wahrheit beziehen? Und jedes Fachwissen bei uns, muß es sich nicht jedesmal auf den entsprechenden Teil unserer irdischen Dinge beziehen?

Notwendig.

Aber die Ideen selbst haben wir, wie du selbst zugibst, weder in uns, noch können sie überhaupt hier bei uns ihren Platz haben.

Das können sie allerdings nicht.

Von der Idee des Wissens selbst aber werden doch die Gattungen an sich erkannt für jedes einzelne Gebiet des an sich Seienden?

Ja.

Diese Idee aber haben wir nicht.

Allerdings nicht.

Es wird also von uns keine der Ideen erkannt, denn wir besitzen kein Wissen an sich.

Allerdings nicht, wie es scheint.

Unerkennbar also ist uns das Schöne an sich und das Gute an sich sowie alles, was wir als für sich bestehende Ideen annehmen.

So scheint es.

Noch schlimmer: Unerkennbarkeit der Dinge bei uns für Gott

Und nun laß dich auf etwas noch Schlimmeres als das Besprochene aufmerksam machen.

Das wäre.

Wenn es eine Idee des Wissens an sich gibt, so wird diese doch weit genauer sein als unser Wissen hier, und ebenso wird es wohl mit der Schönheit und allen anderen Ideen stehen. Gibst du das zu oder nicht?

Ja.

Wenn nun überhaupt irgend etwas des Wissens an sich teilhaftig ist, so würdest du doch keinem anderen als Gott das genaueste Wissen zuschreiben?

Nur ihm, ganz unbedingt.

Wird Gott nun imstande sein mit seinem Wissen an sich auch die Dinge hier bei uns zu erkennen?

Warum denn nicht?

Weil, erwiderte Parmenides, von uns ja eingeräumt worden ist, mein Sokrates, daß weder jene Ideen ihre Beziehung auf die Dinge hier bei uns haben noch das bei uns Geltende auf jenes, sondern daß sich jedes von beiden auf sein eigenes Gebiet beschränkt.

Das wurde allerdings eingeräumt.

Ist also jene genaueste Herrschaft und jenes genaueste Wissen bei Gott, so wird weder die Herrschaft Gottes jemals über uns herrschen noch seine Erkenntnis jemals uns oder etwas von dieser unserer Sinnenwelt erkennen, sondern das Verhältnis ist beiderseits dasselbe: *wir* herrschen mit unserer Art von Herrschaft nicht über jene und haben mit unserer Erkenntnis durchaus keine Erkenntnis des Göttlichen, und jene sind, als Götter, weder Herren über uns, noch erkennen sie die menschlichen Angelegenheiten.

Aber das, erwiderte er, klingt denn doch gar zu unglaublich, wenn man der Gottheit das Wissen abspricht.

Eine besonders gute Begabung ist für Erkenntnis und Lehre der Ideen notwendig

135 Gleichwohl, Sokrates, erwiderte Parmenides, muß dies und noch gar vieles andere notwendig im Gefolge der Ideen auftreten, wenn es diese Ideen wirklich gibt und wenn man jede einzelne Idee als eine selbständige Wesenheit bestimmt. Wer also von ihnen Kunde erhält, der weiß sich mit der Sache nicht abzufinden und bestreitet entweder das Dasein derselben über-

haupt, oder aber, wenn er es zur Not auch zugibt, so erklärt er es doch für unmöglich, daß sie der menschlichen Erkenntnis zugänglich seien, und mit dieser Behauptung scheint es auch wirklich etwas auf sich zu haben, und ihr Urheber scheint, wie vorhin schon bemerkt, äußerst schwer belehrbar zu sein. Es gehört schon eine besonders gute Begabung dazu, um einsehen zu können, daß es für jedes Gebiet des Seienden eine bestimmte Gattungseinheit und eine für sich bestehende Wesenheit gibt, und noch mehr Bewunderung verdient der Mann, welcher imstande wäre, dies alles selber aufzufinden und es einem anderen in deutlicher und wohlgegliederter Darlegung klarzumachen.

Ich stimme dir bei, Parmenides, entgegnete Sokrates, denn du sprichst mir ganz aus der Seele.

Ohne Ideen kein Richtpunkt für das Nachdenken und keine Wissenschaft

Indes, versetzte Parmenides, wenn man nun anderseits in Rücksicht auf alle diese jetzt vorgebrachten Bedenken wie auch noch andere dieser Art keine Ideen der Dinge zulassen und keine besondere Idee für jedes Gebiet bestimmen will, so fehlt einem ja bei diesem Fortfall einer bleibenden Idee für jede Klasse des Seienden jeder Richtpunkt für das Nachdenken, und damit wird jedem wissenschaftlichen Streben der Boden entzogen. Das scheinst du in hohem Maße empfunden zu haben.[4]

Da hast du recht, habe er erwidert.

Ohne Übung keine Erkenntnis der Ideen

Wie willst du es nun mit der Philosophie halten? Wohin willst du dich wenden, wenn diese Bedenken keine Aufklärung finden?

Ich vermag das zur Zeit nicht recht abzusehen.

Ja, allzufrüh, mein Sokrates – denn es fehlt dir noch die nötige Vorübung –, unternimmst du es, eine Idee des Schönen, des Gerechten, des Guten und so alle weiteren Ideen aufzustellen. Schon neulich habe ich das bemerkt, als ich einer Unterredung zugehört, die du mit unserem Aristoteles hier hattest. Herrlich und göttlich, das kannst du mir glauben, ist der Trieb nach höherer Erkenntnis, der dich beseelt. Du muß dich aber besser in Zucht nehmen und üben mittelst jener nutzlos scheinenden und von der Menge als Geschwätz verschrienen Erörterungsweise, solange du noch jung bist; denn sonst wirst du der Wahrheit nicht habhaft werden.

Und welches wäre denn nun, mein Parmenides, die Art und Weise dieser Übung?

Eben die, die du jetzt als Zuhörer des Zenon kennengelernt hast. Doch hat mir die Erklärung Freude gemacht, die du an ihn richtetest, des Inhalts, du würdest es nicht dabei bewenden lassen, an den Sinnendingen und in bezug auf diese das beständige Hin und Her der Untersuchung zu üben, sondern du würdest die Untersuchung übertragen auf das, was man vor allem mit dem reinen Verstande erfasse und als Ideen anzuerkennen habe.

Ja, versetzte Sokrates, bei Beschränkung auf die Sinnenwelt ist es meiner Ansicht nach allerdings leicht genug nachzuweisen, daß die Dinge zugleich ähnlich und unähnlich sind und allen möglichen sonstigen Bestimmungen unterliegen.

Das Zenonische Verfahren muß ergänzt werden

Und damit hast du ganz recht, erwiderte er. Doch mußt du das Verfahren noch ergänzen, nämlich nicht bloß die Voraussetzung machen »das oder das ist« und daraus die Folgerungen ziehen, sondern auch die, daß das Gesetzte *nicht* ist. Nur so wird die Übung wirklich fruchtbar sein.

Wie meinst du das?

Nimm z. B. die genannte Voraussetzung des Zenon »wenn Vieles ist«. Hier gilt es einerseits die Folgerungen zu ziehen für das Viele sowohl in seinem Verhältnis zu sich selbst wie auch zu dem Eins, anderseits für das Eins sowohl im Verhältnis zu sich selbst wie zu dem Vielen; sodann ist wiederum die Voraussetzung zu machen »wenn Vieles nicht ist« und zu untersuchen, welche Folgerungen sich aus jeder von beiden Voraussetzungen ergeben sowohl für das Eins wie für das Viele sowohl in ihrem Verhältnis zu sich selbst wie zueinander. Und handelt es sich ferner um die Frage, »ob es eine Ähnlichkeit gibt oder nicht

gibt«, so ist zu untersuchen, welche Folgen sich aus jeder von
beiden Voraussetzungen ergeben sowohl für das Vorausgesetzte
selbst wie für die übrigen Dinge nicht nur im Verhältnis zu sich
selbst, sondern auch zueinander. Und ebenso steht es mit dem
Unähnlichen, mit der Bewegung und Ruhe, mit Entstehen und
Vergehen und mit dem Sein selbst und dem Nichtsein. Kurz, um
die Annahme welcher Sache auch immer es sich handeln mag als
einer seienden und nichtseienden oder sonst irgendwelchen Bestimmungen unterliegenden, immer gilt es die Folgerungen zu
ziehen im Verhältnis zu der Sache selbst wie auch zu dem Andern, sei es nun ein einzelnes davon, was du hervorhebst, oder
eine Gruppe oder alles insgesamt; und auch das andere hinwiederum mußt du betrachten sowohl im Verhältnis zu sich selbst
wie auch zu einem andern, was du gerade heraushebst, sowohl
bei bejahender wie bei verneinender Annahme, wenn du wirklich als wohlerprobter Kenner aller Übungen recht eigentlich der
Wahrheit auf den Grund kommen willst.

Eine schier unlösbare Aufgabe, mein Parmenides, stellst du
mir da, und das Verständnis läßt mich noch im Stich. Aber wäre
es nicht angebracht, daß du selbst eine solche Voraussetzung
machtest, um mir das Verständnis zu erleichtern?

Ein schweres Werk, Sokrates, mutest du mir da zu, mir in
meinen Jahren.

Aber du, Zenon, habe da Sokrates gesagt, bist doch berufen,
uns dieses zu leisten?

Da habe, sagte Antiphon, Zenon lachend erwidert: Nein,
Sokrates, ihn selbst, den Parmenides, wollen wir bitten; denn die
Aufgabe, von der er spricht, ist wahrlich kein Kinderspiel. Oder
siehst du nicht, was für ein schweres Werk du forderst? Wären
wir hier in größerer Anzahl versammelt, so würde es allerdings
wenig angemessen sein, ihn mit Bitten zu belästigen; denn es
ziemt sich nicht, dergleichen Erörterungen vor einer großen
Versammlung anzustellen, zumal für einen so betagten Mann;
hat doch die große Menge keine Ahnung davon, daß ohne diese
allseitige Durchsprechung, ohne dies unablässige Auf- und Ab-
wogen der Untersuchung es nicht möglich ist, die Wahrheit zu
erfassen und zur Einsicht zu gelangen. Ich also, mein Parmenides, vereinige meine Bitten mit denen des Sokrates, um auch

selbst endlich einmal wieder eine Erörterung aus deinem Munde zu vernehmen.

Parmenides führt dies zögernd am Beispiel des Einen vor

Nach diesen Worten des Zenon – so erzählte Antiphon – habe Pythodoros seiner Angabe nach sowohl selbst wie auch Aristoteles und die anderen den Parmenides gebeten, ihnen eine Probe der gestellten Aufgabe zu geben und ihnen diese Bitte nicht abzuschlagen.

137 Nun wohl, habe da Parmenides erwidert, ich kann mich dem nicht entziehen. Indes ich fürchte, es geht mir ebenso wie dem Rosse, mit dem sich Ibykos im Liede verglich: wie dies Roß, erprobt im Wettkampfe, aber schon über die kraftvollen Jahre hinaus, als es noch einmal eingespannt wurde, um den Wagen zum Siege zu führen, durch seine Erfahrung gewarnt, vor dem Kommenden zitterte, so – singt Ibykos – sehe auch er sich wider seinen Willen trotz seiner hohen Jahre wieder unter das Joch der Liebe gebeugt. So erfüllt auch mich der Rückblick auf eine erfahrungsreiche Vergangenheit mit lebhaftester Besorgnis: wie soll ich bei meinen hohen Jahren durch eine solche Flut schwieriger Gedanken mich hindurcharbeiten? Aber gleichwohl! Euer Wunsch muß Erfüllung finden, zumal wir ja, wie Zenon bemerkt, unter uns sind. Womit also wollen wir beginnen, und welches soll unsere erste Voraussetzung sein? Oder seid ihr, da wir uns nun einmal auf ein mühevolles Spiel einlassen, einverstanden, daß ich mit mir selbst und meiner eigenen Voraussetzung beginne, indem ich unter Zugrundelegung des Eins selbst die Folgerungen sowohl aus dem Sein des Eins wie aus dem Nichtsein des Eins ziehe?

Theaitetos[1]

Sokrates' Entbindungskunst

SOKRATES: Mit meiner Entbindungskunst steht es nun im übrigen so wie bei jenen; der Unterschied aber ist der, daß meine Kunst Männer, nicht Frauen entbindet und daß es die *Seelen* der Männer sind, auf deren Geburtswehen sie ihr Augenmerk richtet, nicht ihre Leiber. Der wichtigste Teil aber meiner Kunst ist die Fähigkeit, auf jede Weise zu prüfen, ob der Geist des Jünglings eine Schein- und Lügengeburt zutage bringt oder etwas Echtes und Wahres. Denn in folgendem Punkte gleiche ich ganz den Hebammen: ich selbst bin unfruchtbar an Weisheit, und mit dem Vorwurf, den schon viele mir gemacht haben, daß ich nämlich zwar die anderen frage, selbst aber keinerlei Anwort gebe, weil ich über keine Weisheit gebiete, hat es seine volle Richtigkeit. Der Grund davon ist folgender: zu entbinden zwingt mich der Gott, selbst aber zu gebären, hat er mir versagt. Demgemäß bin ich selbst aller Weisheit bar, auch habe ich nicht irgendwelchen Fund aufzuweisen, der als Frucht meiner Seele gelten könnte. Diejenigen aber, die mit mir verkehren, erscheinen anfänglich zum Teil völlig unwissend, alle aber, denen Gott es vergönnt, machen im Verlauf unseres Verkehrs wunderbare Fortschritte nach ihrem eigenen Zeugnis und dem anderer, und zwar offenbar, ohne von mir je etwas gelernt zu haben; vielmehr haben sie selbst aus sich viel Schönes herausgefunden und halten es fest. Die Entbindung aber ist des Gottes und mein Werk. Das zeigt sich an folgendem: Schon viele, die dies nicht erkannten und sich selbst für die Urheber [ihrer Geburten] hielten, mich aber verachteten, gaben entweder aus eigenem Antrieb oder von anderen überredet vorzeitig den Umgang mit mir auf. Die Folge davon war, daß sie nicht nur, was in ihrer Seele zurückgeblieben war, infolge schlechten Umgangs als Fehlgeburt an den Tag brachten, sondern auch das durch meine Kunst glücklich an den Tag Gebrachte durch schlechte Pflege verkommen ließen, indem sie Trug und Schein höher hielten als die Wahrheit, und schließlich sich selbst und anderen unwissend vorkamen. Einer von ihnen war Aristides, des Lysimachos Sohn, und zahlreiche andere. Mit einigen von ihnen, wenn sie sich dann wieder einfinden mit der Bitte um Erneuerung des Verkehrs und sich wer weiß wie anstellen, verbietet mir das innewohnende Daimonion den Umgang, mit anderen läßt es ihn zu, und diese machen nun wieder Fortschritte. Es machen nun aber die mit mir Verkehrenden auch in folgender Beziehung die nämliche Erfahrung wie die gebärenden Frauen: sie leiden an Wehen und werden Tag und Nacht von Zweifelsschmerzen geplagt, weit mehr als jene. Diesen Schmerz aber vermag meine Kunst zu wecken und auch zu stillen. Mit diesen also hat es diese Bewandtnis.

Bei manchen hinwiederum, die mir nicht schwanger scheinen und denen ich nach meiner Überzeugung nichts nützen kann, mache ich den wohlwollenden Vermittler und weiß – unberufen – recht gut diejenigen herauszufinden, deren Umgang für sie förderlich sein dürfte. Viele von ihnen habe ich dem Prodikus zugeführt, viele auch anderen weisen und gottbegnadeten Männern.

Dies habe ich dir, mein Bester, deshalb so ausführlich mitgeteilt, weil ich vermutete, daß du, wie du auch selbst glaubst, mit Gedanken schwanger gehst und Wehen hast. Wende dich also an mich als den Sohn einer Hebamme, der auch selbst sich auf die Entbindungskunst versteht, und beantworte bereitwillig nach besten Kräften meine Fragen. Und wenn ich bei Prüfung dessen, was du vorbringst, dies oder jenes für ein Scheingebilde und nicht für etwas Wahres halte und es darum ohne viel Aufhebens zu machen beiseite schaffe und wegwerfe, so werde nicht zornig wie die Frauen, die zum erstenmal gebären, wegen der Neugeborenen. Denn bei vielen, mein Trefflicher, habe ich schon einen wahren Ingrimm gegen mich bemerkt: wie bissige Hunde gehen sie auf mich los, wenn ich sie von einer Albernheit befreie, und glauben nicht, daß ich es aus reinem Wohlwollen tue; denn sie verkennen völlig, daß kein Gott den Menschen bös gesinnt ist und daß auch ich dergleichen nicht aus Bosheit tue, sondern weil es mir durchaus nicht erlaubt ist, die Unwahrheit durchzulassen und die Wahrheit zu unterdrücken.

Wissen ist Wahrnehmung

Fange nun also noch einmal von vorn an, und suche das Wesen des Wissens zu bestimmen. Daß du aber dazu nicht imstande seiest, das darfst du nicht wieder hören lassen. Denn wenn Gott will und du dich tapfer hältst, wirst du dazu auch imstande sein.

THEAITETOS: Angesichts deiner so nachdrücklichen Mahnung, lieber Sokrates, würde es wenig ehrenhaft sein, wollte man nicht auf alle Weise bestrebt sein vorzubringen, was man in sich hat. Meine Meinung also geht dahin: der, welcher etwas weiß, nimmt dasjenige wahr, was er weiß. Demnach ist, wie es jetzt scheint, *das Wissen nichts anderes als Wahrnehmung.*

SOKRATES: So ist's recht und wacker, mein Sohn; denn so muß man seine Meinung sagen. Aber wohlan, laß uns gemeinsam prüfen, ob es eine echte oder eine Fehlgeburt ist. Wahrnehmung, behauptest du, sei Wissen?

THEAITETOS: Ja.

152 SOKRATES: Es scheint, du hast keine schlechte Bestimmung des Wissens gegeben, sondern diejenige, die auch Protagoras gab. Nur sagte er das nämliche auf eine andere Weise. Er behauptet nämlich, *der Mensch sei das Maß aller Dinge, der seienden, daß sie sind, der nicht seienden, daß sie nicht sind.*[2] Du hast es doch gelesen?

THEAITETOS: Gewiß, und nicht bloß einmal.

SOKRATES: Meint er es also nicht so, daß für mich alles so ist, wie es mir erscheint, und für dich hinwiederum so, wie es dir erscheint? Mensch aber bin ich ebenso wie du?

THEAITETOS: Ja, so meint er es.

SOKRATES: Von einem weisen Mann aber darf man doch nicht annehmen, daß er Albernheiten redet. Wir wollen also seinem Gedanken nachgehen. Kommt es nicht öfters vor, daß beim Wehen des nämlichen Windes der eine von uns friert, der andere nicht, und der eine nur unmerklich, der andere heftig.

THEAITETOS: Gewiß.

SOKRATES: Wollen wir nun dann den Wind an und für sich kalt oder nicht kalt nennen, oder sollen wir mit Protagoras sagen, daß es für den Frierenden kalt, für den anderen aber es nicht sei?

THEAITETOS: Das letztere.

SOKRATES: Und so erscheint es doch auch jedem von beiden?

THEAITETOS: Ja.

SOKRATES: Das »erscheint« ist aber doch so viel wie »er nimmt wahr«.

THEAITETOS: So ist's.

SOKRATES: Also bei dem Warmen und allem Ähnlichen ist Erscheinung und Wahrnehmung dasselbe. Denn wie jeder etwas wahrnimmt, so scheint es auch für jeden zu sein.

THEAITETOS: Einverstanden.

SOKRATES: Wahrnehmung geht also immer auf das Seiende und ist untrüglich. Das kann aber nur dann der Fall sein, wenn sie Wissen ist.

THEAITETOS: So scheint's.

SOKRATES: Das hat doch wohl Protagoras, der ja, bei den Charitinnen, ein hochweiser Mann war, uns, als dem großen Haufen, nur in Rätseln angedeutet, während er seinen Schülern im geheimen die Wahrheit mitteilte?

THEAITETOS: Wie meinst du das, mein Sokrates?

SOKRATES: Ich will dir Auskunft geben, und zwar keine schlechte. Nämlich: nichts ist an und für sich eines, und für nichts sind die Bezeichnungen »*etwas*« oder »*ein irgendwie Beschaffenes*« statthaft, sondern wenn du es groß nennst, wird es auch klein erscheinen, und wenn schwer, auch leicht und so weiter durchgängig, indem nichts weder *etwas* noch *irgendwie beschaffen* ist. Vielmehr *wird*, und zwar aus Schwung, Bewegung und Mischung miteinander, alles, was wir mit falscher Bezeichnung *sein* nennen. Denn niemals *ist* etwas, sondern *wird* immer. Und darüber sind alle Weisen der Reihe nach, mit einziger Ausnahme des Parmenides, einverstanden, Protagoras und Heraklit und Empedokles, und von den Dichtern die hervorragendsten in beiden Gebieten der Dichtung, in der Komödie Epicharm und in der Tragödie Homer, der mit den Worten (Ilias 14, 201).

Auch der Okeanos, unsre Geburt und Tethys die Mutter

alles als entstanden aus Strömung und Bewegung bezeichnete. Oder scheint er es dir nicht so zu meinen?

153 THEAITETOS: Ja.

Bewegung ist Ursache des Werdens, Ruhe des Vergehens

SOKRATES: Wer könnte nun gegen ein so gewaltiges Heer mit Homer als Feldherrn an der Spitze Zweifel erheben, ohne sich lächerlich zu machen?

THEAITETOS: Keine leichte Aufgabe, mein Sokrates.

SOKRATES: Nein, gewiß nicht, mein Theaitetos. Der Satz, daß Bewegung die Ursache des scheinbar Seienden und des Werdens ist, die Ruhe dagegen die Ursache des Nichtseins und des Vergehens, wird auch durch folgende Beweise gestützt: die Wärme nämlich und das Feuer, die doch auch erst alles andere erzeugen und durch ihren Einfluß beherrschen, werden selbst aus Schwung und Reibung erzeugt; das aber sind beides Bewegungen. Oder wären dies nicht die Entstehungsweisen des Feuers?

THEAITETOS: Sie sind es.

SOKRATES: Und was das Geschlecht der lebenden Wesen anlangt, so entsteht es doch aus den nämlichen Ursachen.

THEAITETOS: Unmöglich auf andere Weise.

SOKRATES: Und wie steht's mit dem körperlichen Wohlbefinden? Wird es nicht durch Ruhe und Trägheit untergraben, dagegen durch Leibesübungen und Bewegungen bedeutend gefördert?

THEAITETOS: Ja.

SOKRATES: Und was die Seelenbeschaffenheit anlangt, steht es da nicht so, daß die Seele durch Lernen und Übung, also Bewegungen, Kenntnisse erwirbt und bewahrt und sich bessert, während die Ruhe, die hier nichts anderes bedeutet als Mangel an Bildungstrieb und Lernbegier, zur Folge hat, daß sie nicht bloß nichts lernt, sondern auch, was sie gelernt hat, vergißt?

THEAITETOS: Sicherlich.

SOKRATES: Das eine also, nämlich die Bewegung, ist heilsam für Seele und Körper, das andere gerade umgekehrt.

THEAITETOS: Allerdings.

SOKRATES: Soll ich dir weiter reden von den Windstillen zu Wasser und zu Lande und ähnlichen Erscheinungen, daß nämlich die Ruhe Fäulnis und Verderbnis verursacht, das Gegenteil aber Gedeihen? Und soll ich dem Ganzen die Krone aufsetzen und beweisen, daß Homer mit dem goldnen Seile nichts anderes meint als die Sonne, und zeigt, daß solange der Umschwung und die Sonne im Gange ist, alles im Himmel wie auf Erden Bestand hat und gedeiht, wenn aber einmal das Ganze wie gefesselt stillstünde, alle Dinge zugrunde gehen und, wie man zu sagen pflegt, das Unterste zu oberst gekehrt würde?

THEAITETOS: Ja, so ist es wohl, mein Sokrates; Homer will das zeigen, was du ihm beilegst.

Relativität der Sinnesqualitäten und Identität mathematischer Verhältnisse

SOKRATES: Mache dir nun also, mein Bester, folgende Vorstellung: zunächst, was das Sehen anlangt, sei, was du weiße Farbe nennst, weder etwas Gesondertes außerhalb deiner Augen noch auch in deinen Augen; auch darfst du keinen Ort dafür annehmen. Denn dann *wäre* es ja schon an bestimmter Stelle und bliebe da und wäre nicht im Werden begriffen.

THEAITETOS: Wie das?

SOKRATES: Laß uns unserer obigen Annahme folgen, daß nichts an und für sich eins sei. So wird sich uns ergeben, daß Schwarz und Weiß und jede andere Farbe aus dem Zusammentreffen der Augen mit der entsprechenden Bewegung entsteht, und das, was wir in jedem einzelnen Fall Farbe nennen, ist weder das auf etwas Treffende noch das, worauf es trifft, sondern ein Mittleres, das sich für jeden besonders gestaltet. Oder würdest du die Meinung verfechten, daß, wie dir jedesmal eine Farbe erscheint, sie auch einem Hunde und jedem beliebigen Geschöpfe erscheine?

THEAITETOS: Nimmermehr, beim Zeus.

SOKRATES: Und weiter. Erscheint einem anderen Menschen irgend etwas so wie dir? Hast du darüber volle Sicherheit oder nicht vielmehr darüber, daß nicht einmal dir selbst etwas als dasselbe erscheint, weil du dir selbst niemals gleichbleibst?

THEAITETOS: Dies scheint mir richtiger als jenes.

SOKRATES: Wenn nun das, was wir messen oder was wir berühren, groß oder weiß oder warm wäre, so würde es sich auch für einen anderen, der darauf stieße, niemals anders darstellen, solange es sich nicht selbst verändert. Wenn aber anderseits das Messende oder Berührende es wäre, dem diese einzelnen Eigenschaften innewohnten, so würde es seinerseits, wenn ein anderes herantritt oder etwas erleidet, ohne daß es selbst etwas erleidet, nicht ein anderes werden; während wir jetzt, mein Freund, uns genötigt sehen, mit wunderlichen und lächerlichen Behauptungen leichtfertig um uns zu werfen, wie Protagoras sagen würde und jeder, der dessen Meinung zu vertreten suchte.

THEAITETOS: Wie meinst du das?

SOKRATES: Ein einfaches Beispiel wird dir den Sinn meiner Worte völlig klarmachen. Wenn du sechs Würfel mit vieren vergleichst, so sagen wir, es seien mehr als vier und zwar anderthalbmal soviel, wenn aber mit zwölf, es seien weniger, und zwar halb soviel; eine andere Behauptung ist gar nicht möglich. Oder hältst du sie für möglich?

THEAITETOS: Ich nicht.

SOKRATES: Wie nun, wenn Protagoras oder sonst jemand dich fragte: Lieber Theaitetos, kann etwas größer oder mehr werden anders als durch Vermehrung? Was würdest du antworten?

THEAITETOS: Wenn ich, mein Sokrates, die mir richtig scheinende Antwort auf die letzte Frage geben soll, so würde ich sagen: Nein! Wenn ich aber mit Rücksicht auf die frühere Frage antworten soll, so werde ich sagen: Ja! Denn sonst würde ich mir [in Rücksicht auf diese frühere Frage] widersprechen.

SOKRATES: Vortrefflich, bei der Hera, mein Freund, und göttlich! Allein wenn du mit Ja antwortest, so dürfte wohl etwas vorgehen, was an das Euripideische Wort [Eurip. Hippol. 612] erinnert: unsere Zunge nämlich wird zwar unwiderlegt bleiben, aber nicht unser Gedanke.

THEAITETOS: So ist's.

SOKRATES: Wären wir nun, ich und du, geistesmächtige und weise Männer und hätten das ganze Reich der Gedanken durchforscht, so würden wir nunmehr uns allerhand Fallen stellen und als streitbare Sophisten, uns im Kampfe messend, Rede gegen Rede triumphieren lassen. So aber sind wir einfache Leute, und darum wollen wir zunächst ganz schlicht unsere Gedanken für sich daraufhin prüfen, ob sie uns miteinander übereinstimmen oder ob das gerade Gegenteil der Fall ist.

THEAITETOS: Das ist mein aufrichtiger Wunsch.

Fortsetzung der Untersuchung und Verwunderung als Anfang der Philosophie

SOKRATES: Und erst recht der meinige. Da es sich nun so verhält, wollen wir da nicht in aller Ruhe als Leute, die reichliche
155 Zeit haben, die Untersuchung nochmals beginnen und nicht ärgerlich werden, sondern uns selbst aufrichtig daraufhin prüfen, was es mit diesen Erscheinungen in uns auf sich hat. Erstens nämlich werden wir bei solcher Selbstbeobachtung wohl den Satz aufstellen, daß niemals irgend etwas größer oder kleiner wird weder an Masse noch an Zahl, solange es sich selbst gleich ist.

THEAITETOS: Ja.

SOKRATES: Zweitens: daß ein Ding, dem weder etwas hinzugesetzt noch abgezogen wird, weder je zunimmt noch abnimmt, sondern immer sich gleich ist.

THEAITETOS: Zweifellos.

SOKRATES: Nicht auch drittens, daß, was früher nicht war, später aber ist, dazu unmöglich gelangen kann, ohne geworden zu sein und zu werden?

THEAITETOS: Auch das scheint richtig.

SOKRATES: Diese drei Sätze widersprechen sich nun, glaube ich, in unserer Seele. Wir brauchen nur an das Beispiel mit den Würfeln zu denken oder auch an folgenden Fall: ich, ein Mann in diesem Alter, werde, ohne gewachsen zu sein oder abgenommen zu haben, innerhalb eines Jahres, während ich jetzt noch größer bin als du, der Jüngling, weiterhin kleiner sein, ohne daß *meine* Körpermasse sich verringert hätte, sondern dadurch, daß *du* gewachsen bist. Denn ich bin ja doch später, was ich früher nicht war [nämlich kleiner], ohne es geworden zu sein; und dies letztere müßte doch der Fall sein; denn ohne das Werden ist das Gewordensein unmöglich, kleiner aber würde ich nur dann, wenn [bis dahin, wo Theaitetos mich an Größe übertreffen wird] ich etwas von meiner Körpermasse verlöre. Und noch tausend und abertausend Fälle dieser Art lassen sich anführen, wenn wir dieses zulassen.

Du folgst mir doch, lieber Theaitetos? Wenigstens scheinst du mir in solchen Dingen nicht unerfahren zu sein.

THEAITETOS: Wahrhaftig bei den Göttern, mein Sokrates, ich komme nicht aus der Verwunderung heraus über die Bedeutung dieser Dinge, und zuweilen wird mir's beim Blick auf sie geradezu schwindelig.

SOKRATES: Ja, hier zeigt sich, mein Freund, daß Theodoros bei seinem Urteil über dich von einem ganz richtigen Gefühl geleitet wurde. Denn gerade den Philosophen kennzeichnet diese Gemütsverfassung, die Verwunderung. Denn diese, und nichts anderes, ist der Anfang der Philosophie, und derjenige scheint kein schlechter Genealoge zu sein, welcher die Iris für die Tochter des Thaumas erklärte. Aber siehst du aus dem, was unserer Meinung nach Protagoras behauptet, ein, weshalb dies sich so verhält, oder noch nicht?

THEAITETOS: Noch ist es mir nicht klar.

SOKRATES: Wirst du es mir also Dank wissen, wenn ich mit dir die verborgene Wahrheit des Gedankens eines berühmten Mannes oder vielmehr berühmter Männer erforsche?

THEAITETOS: Wie sollte ich dir nicht Dank wissen, und zwar den allergrößten?

Es gibt kein Sein, sondern nur ein Werden

SOKRATES: Halte also sorgfältig Umschau, daß keiner der Uneingeweihten uns behorche. Es sind dies aber diejenigen, die das Sein nur dem zugestehen, was sie fest mit den Händen fassen können, während sie Handeln und Werden und alles Unsichtbare nicht als seiend gelten lassen.

THEAITETOS: Das müssen in der Tat harte und massive Leute sein, von denen du redest.

156 SOKRATES: Ja, mein Sohn, sie sind aller Bildung abhold. Unsere Leute dagegen sind viel feiner, und deren Geheimnisse will ich dir jetzt mitteilen. Das Prinzip aber, aus dem sich auch alles, was wir vorhin besprachen, herleitet, ist folgendes: das All war Bewegung und sonst nichts. Die Bewegung aber hat zwei Arten, jede von beiden der Menge nach unbegrenzt, der inneren Bedeutung nach aber die eine ein Tun, die andere ein Leiden. Aus deren Gemeinschaft und gegenseitiger Reibung entsteht Gezeugtes von unbegrenzter Menge, aber immer paarweise, das eine ein

Wahrgenommenes, das andere Wahrnehmung, die immer aus dem Wahrgenommenen zugleich hervortritt und erzeugt wird. Für die Wahrnehmungen nun haben wir die Bezeichnungen Sehen, Hören, Riechen, Kälte, Wärme und infolgedessen auch Lust, Schmerz, Begierde und Furcht, wie sie genannt werden, und so weiter, zahllose ohne Namen, eine große Menge aber auch mit Namen versehen. Das Geschlecht des Wahrgenommenen aber entspricht immer den einzelnen Wahrnehmungen, den mancherlei Gesichtswahrnehmungen die mancherlei Farben, den Gehörsempfindungen die Töne und den anderen Wahrnehmungen das andere Wahrgenommene in verwandtschaftlicher Zusammengehörigkeit. Welches Licht wirft nun, mein Theaitetos, dieser Mythos auf das frühere? Merkst du's?

THEAITETOS: Nicht recht, mein Sokrates.

SOKRATES: Aber sieh zu, ob er [der Mythos] sich nicht doch zu einem guten Abschluß abrundet. Denn er will doch wohl sagen, daß dies alles, wie gesagt, sich bewegt, daß aber dieser Bewegung Schnelligkeit und Langsamkeit innewohnt. Alles Langsame nun hat seine Bewegung an dem nämlichen Platze und gegen dasjenige hin, was sich nähert, und zeugt dann auf diese Weise; das auf diese Weise Erzeugte aber ist schneller. Denn es schwingt sich fort, und darin besteht seine Bewegung. Wenn nun das Auge und ein anderes dem Auge Entsprechendes durch Annäherung die weiße Farbe und die sie begleitende Wahrnehmung erzeugt, was nicht eintreten würde, wenn eines von beiden auf ein anderes [d. h. nicht Entsprechendes] gestoßen wäre, dann füllt sich, infolge der dazwischen entstehenden Schwingungen der Gesichtswahrnehmung von den Augen aus und der Weiße von dem zugleich mit ihm die Farbe erzeugenden Gegenstande aus, das Auge mit der Gesichtswahrnehmung. Es sieht also dann und wird nicht etwa Gesichtswahrnehmung, sondern ein sehendes Auge. Der Gegenstand aber, der die Farbe mit erzeugt, umkleidet sich ringsum mit weißer Farbe und wird auch seinerseits nicht weiße Farbe, sondern ein Weißes, sei es Holz oder Stein oder was für ein Gegenstand es sein mag, der diese Farbe an sich trägt. Und für die anderen Wahrnehmungen, das Harte und Warme und alles, gilt dieselbe Annahme, daß es, wie schon früher gesagt, an und für sich nichts ist und daß alles und alle

157 Beschaffenheit eine Folge der Bewegung in der gegenseitigen Berührung ist. Denn auch, daß das Wirkende und das Leidende etwas *sei,* läßt sich, wie sie sagen, nicht zuverlässig an einem von ihnen beobachten. Denn weder ist ein Wirkendes ein solches, ehe es mit dem Leidenden zusammentrifft, noch ein Leidendes, ehe es mit dem Wirkenden zusammentrifft. Auch zeigt sich dasjenige, was mit einem Gegenstand als wirkend zusammentrifft, anderseits wieder als leidend, wenn es auf einen anderen Gegenstand stößt. Aus alledem ergibt sich also, wie wir von Anfang sagten, daß nichts an und für sich *eines sei,* sondern daß es immer nur im Verhältnis zu einem anderen *werde.* Das Sein aber ist mit der Wurzel auszurotten, obschon wir eben erst uns vielfach aus Gewohnheit und Unachtsamkeit genötigt sahen, von dem Worte Gebrauch zu machen. Geht es dagegen nach der Rede dieser weisen Männer, so ist weder der Ausdruck *etwas* zulässig, sei es an irgendeinem, sei es an mir, noch der Ausdruck *dieses* oder *jenes* oder sonst irgendein Ausdruck, der auf etwas Festes hindeutet, sondern man muß Ausdrücke gebrauchen wie *Werdendes, Gewirktes, Vergehendes, Sich-Veränderndes.* Denn wenn jemand etwas in seiner Rede als fest erscheinen läßt, so gibt er sich dadurch einer leichten Widerlegung preis. So muß man sowohl über das Einzelne sich ausdrücken wie über die Zusammenfasssungen des Vielen in je einen Begriff [Gattung], welcher Zusammenfassung wir die Bezeichnung *Mensch* und *Stein* geben und so weiter für jede Art von Geschöpfen und überhaupt für jede Gattung.

Scheint dir, mein Theaitetos, dies verlockend zu sein, und hast du Lust auf ein so lecker scheinendes Mahl?

THEAITETOS: Ich kann nichts sagen, mein Sokrates. Vermag ich doch nicht einmal deutlich zu erkennen, ob, was du sagst, auch dir selbst glaublich ist oder ob es nur dazu dienen soll, mich auf die Probe zu stellen.

SOKRATES: Du erinnerst dich nicht, mein Lieber, daß ich selbst nichts weiß und mir nichts der Art als Eigentum beimesse; vielmehr bin ich unfruchtbar und leiste nur Hebammendienste bei dir; und deshalb lasse ich meine Zaubersprüche auf dich wirken und gebe dir von jeglicher Weisheit zu kosten, bis ich deinen Gedanken ans Licht gebracht habe. Ist er ans Licht gebracht, dann erst werde ich prüfen, ob er sich als Fehlgeburt oder als echte Geburt erweist. So gib denn mutig und unverzagt und brav deine Meinung kund über das, wonach ich frage.

THEAITETOS: So frage nur.

Schlafen und träumen wir nicht jetzt?

SOKRATES: Ich frage also abermals, ob du damit einverstanden bist, daß nichts gut und schön und alles das, was wir eben durchgingen, *sei*, sondern es immer nur *werde*.

THEAITETOS: Nun, mir scheint, angesichts deiner eben gehörten Ausführung, diese Ansicht in hohem Maße vernünftig zu sein, auch die Gründe, die du entwickeltest, annehmbar.

SOKRATES: Also dürfen wir nicht unerörtert lassen, was ihr noch zur Vollständigkeit fehlt. Es fehlt aber noch das Kapitel von den Träumen und Krankheiten und unter diesen vor allem von dem Wahnsinn sowie alles, was wir als Gehörs- oder Gesichtstäuschungen oder sonst als Sinnestäuschung bezeichnen. Denn du sagst dir wohl, daß in allen diesen Fällen unser eben durchgesprochener Satz eine vollständige Widerlegung zu erfahren scheint, da uns in diesen Fällen zweifellos falsche Wahrnehmungen gegeben werden und weit entfernt, daß das, was einem jeden erscheint, auch sei, vielmehr im Gegenteil nichts ein Sein hat, was erscheint.

THEAITETOS: Damit hast du vollständig recht, mein Sokrates.

SOKRATES: Welche Auskunft, mein Sohn, bleibt also für den, der die Wahrnehmung als Wissen hinstellt und behauptet, daß das, was einem jeden erscheint, für den, dem es erscheint, auch wirklich sei?

THEAITETOS: Ich scheue mich, mein Sokrates, zu entgegnen, daß ich nichts zu sagen weiß, weil du mir eben erst eine solche Entgegnung [nämlich, daß ich nichts zu sagen wisse], verwiesen hast. Denn in Wahrheit könnte ich nicht zweifeln, daß die Wahnsinnigen oder die Träumenden unwahre Vorstellungen haben, wenn die einen wähnen, Götter zu sein, andere sich für geflügelt halten und im Schlafe zu fliegen meinen.

SOKRATES: Du denkst wohl also auch an folgende Zweifelsfrage über diese Dinge und dabei vor allem über Schlafen und Wachen?

THEAITETOS: Welche denn?

SOKRATES: Du hast doch wohl oftmals fragen hören, mit welchem Beweise man sich gegen einen helfen könnte, der uns fragte, ob wir jetzt in diesem Augenblicke schlafen und ob wir alle unsere Erinnerungen nur träumen oder ob wir wachen und uns wachend unterhalten.

THEAITETOS: In der Tat, mein Sokrates, hält es schwer, den erforderlichen Beweis zu führen. Denn alles entspricht sich beiderseits ganz genau. Nichts nämlich hindert, unsere jetzige Unterhaltung als im Schlafe geführt zu betrachten; und wenn wir vollends im Traume Träume zu erzählen scheinen, so grenzt die Ähnlichkeit beider Fälle ans Wunderbare.

SOKRATES: Du siehst also, daß es hier reichliche Gelegenheit zum Zweifel gibt, wenn sogar über das Verhältnis von Wachen und Schlafen Zweifel bestehen; und da wir nun etwa gleiche Zeit schlafen und wachen, so verficht unsere Seele in jedem der beiden Zustände auf das bestimmteste die Wahrheit der jeweiligen Vorstellungen, so daß wir gleich lange dieses als wahr hinstellen und dann wieder jenes und beides mit gleicher Kraft behaupten.

THEAITETOS: Ohne Zweifel.

SOKRATES: Steht es nicht mit Krankheiten und Wahnsinn ebenso, nur daß die Zeitdauer nicht gleich ist?

THEAITETOS: Gewiß.

SOKRATES: Wie nun? Soll die Wahrheit etwa nach der längeren oder kürzeren Dauer der Zeit bestimmt werden?

THEAITETOS: Das wäre höchst lächerlich.

SOKRATES: Aber hast du sonst einen klaren Beweis dafür, welche von diesen Meinungen wahr sind?

THEAITETOS: Ich wüßte es nicht.

Bestätigung des Satzes von Protagoras am Beispiel der Wahrnehmung

SOKRATES: So vernimm denn von mir, was diejenigen darüber sagen würden, welche die jeweiligen Vorstellungen als für den Vorstellenden wahr hinstellen. Sie führen ihre Sache aber, indem sie, wie ich glaube, folgendermaßen fragen: Lieber Theaitetos, was völlig von einem anderen verschieden ist, kann doch wohl nicht irgendwie dieselbe Wirkungsweise haben wie diese andere? Und dabei laß uns nicht etwa annehmen, der fragliche Gegenstand sei etwa in einer Beziehung derselbe, in anderen verschieden, sondern er sei völlig verschieden.

THEAITETOS: Gewiß ist es ganz unmöglich, daß etwas, sei es in der Wirkungsweise, sei es in sonst einer Beziehung Gleichheit mit einem anderen aufweise, wenn es durchaus von ihm verschieden ist.

SOKRATES: Muß man denn nicht also auch die Unähnlichkeit beider anerkennen?

THEAITETOS: Mir wenigstens will es so scheinen.

SOKRATES: Wenn also der Fall eintritt, daß etwas einem anderen ähnlich oder unähnlich wird, so werden wir doch im ersten Fall sagen, daß es dasselbe werde, im letzteren, daß es verschieden werde?

THEAITETOS: Notwendig.

SOKRATES: Sagten wir nun nicht früher, daß es des Wirkenden unzählig vieles gebe und ebenso des Leidenden?

THEAITETOS: Ja.

SOKRATES: Und weiter, daß eines in der Berührung mit einem anderen und wieder mit einem anderen nicht das nämliche erzeugen wird, sondern Verschiedenes?

THEAITETOS: Gewiß.

SOKRATES: Wenden wir das nun auf mich und dich und alles andere nach demselben Verhältnis an. Also der gesunde Sokrates und anderseits der kranke Sokrates. Werden wir eines dem anderen ähnlich oder unähnlich nennen?

THEAITETOS: Meinst du mit dem kranken Sokrates und dem gesunden Sokrates den Sokrates im ganzen?

SOKRATES: Eine sehr richtige Bemerkung; eben dies meine ich.

THEAITETOS: Also unähnlich.

SOKRATES: Und also auch verschieden in dem Maße wie unähnlich?

THEAITETOS: Notwendig.

SOKRATES: Auch von dem Schlafenden und überhaupt von allen eben angeführten Zuständen wirst du dasselbe behaupten?

THEAITETOS: Gewiß.

SOKRATES: Alles, was seiner Natur nach eine Wirkung ausübt, muß das nicht, wenn es auf den gesunden Sokrates trifft, mich ganz anders beeinflussen, als wenn es auf den kranken trifft?

THEAITETOS: Wie sollte es nicht?

SOKRATES: Also werden wir auch in beiden Fällen Verschiedenes hervorbringen, ich als der Leidende und jenes als das Wirkende?

THEAITETOS: Sicherlich.

SOKRATES: Wenn ich nun in gesundem Zustand Wein trinke, scheint er mich doch angenehm und süß?

THEAITETOS: Ja.

SOKRATES: Es zeugte nämlich doch nach dem bisher Zugestandenen das Wirkende und das Leidende die Süßigkeit und die Wahrnehmung, die beide in gleichzeitiger Bewegung waren; die Wahrnehmung die auf seiten des Leidenden ist, machte die Zunge zu einer wahrnehmenden, die Süßigkeit aber auf seiten des Weines bewirkte, um ihn sich ausbreitend, daß der Wein für die gesunde Zunge süß nicht nur war, sondern auch schien.

THEAITETOS: Genau das war es, was wir vorher zugestanden hatten.

SOKRATES: Wenn ich dagegen in krankem Zustand Wein trinke, dann ist es doch tatsächlich nicht derselbe, den das Wirkende erfaßt hat, denn es ist ja auf einen Unähnlichen getroffen.

THEAITETOS: Ja.

SOKRATES: Also der so beschaffene Sokrates und sein Trinken des Weines riefen hier andere Ergebnisse [als vorhin] hervor, nämlich, auf der Zunge die Wahrnehmungen der Bitterkeit, auf Seite des Weines aber die entstehende und sich ausbreitende Bitterkeit, und der Wein wurde nicht Bitterkeit, sondern bitter, ich selbst aber nicht Wahrnehmung, sondern wahrnehmend.

THEAITETOS: Zweifellos.

SOKRATES: Also werde ich niemals ein anderer werden, solange ich in dieser Weise wahrnehme. Denn nur diejenige Wahrnehmung, die auf irgend etwas anderes geht, macht das Wahrnehmende zu einem anders Gearteten und anderen; aber auch das auf mich Wirkende kann, wenn es mit einem anderen zusammentrifft, niemals dasselbe [wie mit mir] hervorbringen und ein solches [wie bei mir] werden; denn da es mit einem anderen anderes erzeugt, wird es ein anders Geartetes werden.

THEAITETOS: So ist's.

SOKRATES: Es wird aber nicht der Fall eintreten, daß ich für mich und der Gegenstand für sich eine bestimmte Beschaffenheit erlange.

THEAITETOS: Nein.

SOKRATES: Wenn ich aber wahrnehmend werde, muß ich es notwendig in Beziehung auf etwas werden; denn ein Wahrnehmender zu werden, ohne etwas wahrzunehmen, ist unmöglich. Der Gegenstand aber muß, wenn er süß oder bitter oder dergleichen wird, es *für* jemanden werden; denn süß zu werden, aber für niemanden süß, ist unmöglich.

THEAITETOS: Ganz gewiß.

SOKRATES: So bleibt denn meines Erachtens nur übrig, daß wir füreinander *sind* oder *werden,* je nachdem wir uns des einen oder anderen Ausdrucks bedienen wollen, da die Notwendigkeit unser Sein zwar in feste Verbindung setzt, diese Verbindung aber sich auf nichts anderes bezieht und anderseits auch nicht auf uns selbst allein. Es bleibt also nur übrig, daß wir *miteinander* verbunden sind [mit Ausschluß nicht bloß der Einseitigkeit, sondern auch einer Vielseitigkeit der Verbindung]. Mithin muß der, welcher vom Sein eines Dinges spricht, sagen, es sei für etwas oder von etwas oder in Beziehung auf etwas. An und für sich aber darf man dem Dargelegten zufolge die Ausdrücke Sein und Werden von nichts brauchen, und ebensowenig darf man einem anderen diesen Gebrauch gestatten.

THEAITETOS: Ich muß dir vollständig recht geben.

SOKRATES: Da also das mich Beeinflussende für mich ist und nicht für einen anderen, so bin *ich* es doch wohl auch, der es wahrnimmt und kein anderer.

THEAITETOS: Gewiß.

SOKRATES: Also ist für mich meine Wahrnehmung wahr; denn sie geht immer auf mein Sein. Und ich bin nach dem Protagoras der Richter über das für mich Seiende, daß es ist, und über das Nichtseiende, daß es nicht ist.

THEAITETOS: Einverstanden.

Übergang zur Prüfung des Satzes

SOKRATES: Wenn ich nun untrüglich bin und in meiner Beurteilung über das Seiende und Werdende nicht fehlgehe, muß ich dann als Wahrnehmender nicht auch ein Wissender sein in bezug auf die betreffenden Gegenstände?

THEAITETOS: Das ist unumgänglich notwendig.

SOKRATES: Vortrefflich also ist deine Behauptung, daß Wissen nichts anderes sei als Wahrnehmung; und es will ganz dasselbe besagen, wenn nach Homer und Heraklit mit ihrem ganzen Anhang alles sich bewegt wie Ströme, nach Protagoras aber der Mensch das Maß aller Dinge ist, nach Theaitetos aber auf Grund dieser Lehren Wahrnehmung Wissen wird. Nicht wahr, mein Theaitetos? Wollen wir sagen, dies Ergebnis sei gleichsam dein neugeborenes Kindlein, ich aber sei die Hebamme? Oder wie meinst du?

THEAITETOS: Das müssen wir, lieber Sokrates.

SOKRATES: Diese Geburt hätten wir denn mit großer Mühe zustande gebracht, wie es scheint, mag es mit ihr auch eine Bewandtnis haben, welche es will. Nach der Geburt aber müssen wir nun recht eigentlich ringsum im Kreise den Rundlauf mit dem Kindlein vollziehen, in Gedanken natürlich, d. h. genau prüfen, ob wir uns nicht getäuscht haben; denn vielleicht ist der Ankömmling des Aufziehens nicht würdig, sondern eine Fehlgeburt und ein Trugbild. Oder meinst du, wir müßten deinen Neuling unter allen Umständen aufziehen und nicht aussetzen? Oder wirst du es dir auch gefallen lassen, ihn als Fehlgeburt erwiesen zu sehen, und wirst du auch nicht ungehalten werden, wenn man ihn dir fortnimmt wie einer Frau, die zum erstenmal geboren hat?

THEODOROS: Theaitetos wird es sich gefallen lassen, mein Sokrates; denn er ist nichts weniger als übelnehmerisch. Aber bei den

Göttern, sage: verhält sich die Sache denn nun wieder *nicht so?*
SOKRATES: Du kannst ja der Reden gar nicht genug bekommen,
mein Theodoros, und bist harmlos genug zu glauben, ich sei so
etwas wie ein Sack, in den man nur hineinzugreifen brauche, um
zu beweisen, daß sich die Sache nun wieder nicht so verhalte.
Den wahren Sachverhalt aber verkennst du, daß nämlich keine
der Reden von mir ausgeht, sondern stets von dem Mitunterredner, während ich mich nur auf eine Kleinigkeit verstehe, die
darin besteht, daß ich die Rede eines anderen weisen Mannes
einer richtigen Behandlung und Prüfung unterwerfe. Auch jetzt
will ich nun einen solchen Versuch mit unserem Theaitetos
machen, ohne selbst mich auf Reden einzulassen.
THEODOROS: Du hast recht, mein Sokrates, verfahre nur so.

Ist die »Wahrheit« des Protagoras wahr?

SOKRATES: Weißt du, Theodoros, was ich an deinem Freunde
Protagoras nicht recht begreifen kann?
THEODOROS: Das wäre?
SOKRATES: Im übrigen hat er zwar ganz nach meinem Sinne den
Beweis *dafür* geführt, daß für einen jeden, was er sich vorstellt,
auch wirklich ist. Aber was ich nicht recht begreiflich fand, ist
der Anfang seiner Rede, daß er nämlich zu Beginn der »Wahrheit« nicht sagt, das Schwein oder der Pavian oder sonst ein
wahrnehmendes Wesen noch untergeordneteren Ranges sei das
Maß aller Dinge, um so gleich im Eingang des Ganzen einen
recht vornehmen und hochmütigen Ton gegen uns anzuschla-
gen, indem er bewies, daß, während wir ihn wie einen Gott
anstaunten ob seiner Weisheit, er selbst an Einsicht nichts voraus
hätte vor einem jungen Frosch, geschweige denn vor einem
anderen Menschen. Oder wie sollen wir sonst sagen, Theodoros? Denn wenn für einen jeden wahr sein soll, was er auf Grund
der Wahrnehmung meint, und wenn einem anderen weder ein
richtiges Urteil über den Wahrnehmungseindruck eines anderen
noch eine maßgebende Prüfung der Vorstellung eines anderen
auf ihre Richtigkeit oder Verkehrtheit hin zustehen soll, wenn
vielmehr jeder, wie oft gesagt, selbst seine Vorstellungen allein
für sich haben soll, diese aber durchgehends richtig und wahr

sind, worin besteht denn dann, mein Freund, die Weisheit des Protagoras, der er es mit Recht verdankt, daß auch andere sich ihn gegen hohe Bezahlung zum Lehrer erwählen, und wie kommt es denn, daß wir weniger einsichtig sind und zu ihm in die Lehre gehen mußten, während doch ein jeder selbst das Maß seiner Weisheit ist? Kann denn das Protagoras anders als im Scherze behaupten? Von meiner Person vollends und meiner Hebammenkunst und der lächerlichen Rolle, die sie spielen würden, will ich lieber schweigen; aber ich glaube, auch dem ganzen Geschäft des Disputierens würde es dabei nicht besser ergehen. Denn die Prüfung und Widerlegung der beiderseitigen Vorstellungen und Meinungen, die doch bei jedem richtig sind –

162 wäre das nicht eine langausgesponnene, endlose Schwätzerei, sofern die »Wahrheit« des Protagoras wahr ist und nicht etwa nur zum Scherz aus dem Allerheiligsten des Buches sich vernehmen ließ?

THEODOROS: Lieber Sokrates, er ist mein Freund, wie du eben bemerktest. Es widerstrebt mir daher durch mein eigenes Eingeständnis den Protagoras widerlegt zu sehen, ebenso aber auch dir, wider meine Überzeugung, entgegenzutreten. Nimm also wieder den Theaitetos vor. Denn er zeigte ja durchweg und eben erst, wie es dir schien, ganz besonderes Verständnis.

SOKRATES: Wie würdest du es, Theodoros, halten, wenn du bei einem Besuche in Lakedämon an die Ringplätze kämest? Würdest du den Anspruch machen, andere, darunter auch einige Unansehnlichkeiten, nackt zu schauen, dich selbst aber nicht zu entkleiden und deine Gestalt zu zeigen?

THEODOROS: Warum sollte ich denn nicht, wenn sie es mir gestatten und mir zu Willen sein wollten? Wie ich denn auch jetzt hoffe euch zu überreden, daß ihr mich zuschauen laßt und mich, den schon steif Gewordenen, nicht mit in den Ringkampf zieht.

Prüfung der These »Wissen ist Wahrnehmung«

SOKRATES: Nun, Theodoros, wenn dir so viel daran liegt, so will ich, wie man zu sagen pflegt, kein Spielverderber sein. Also abermals muß ich mich an den weisen Theaitetos wenden. So sage denn, Theaitetos, zunächst in bezug auf das eben Verhandelte, wunderst du dich nicht auch, daß du so im Handumdrehen jedem Menschen, ja sogar jedem Gott an Weisheit gleichstehen sollst? Oder meinst du, daß des Protagoras Maß weniger Geltung für die Götter habe als für die Menschen?

THEAITETOS: Dies wahrlich nicht. Und deine Frage setzt mich in starke Verlegenheit. Denn als wir uns über die Bedeutung des Satzes, daß für jeden Vorstellenden seine Vorstellung auch Sein habe, klarzuwerden suchten, schien er [der Satz] mir durchaus vernünftig zu sein; jetzt ist's nun auf einmal ins Gegenteil umgeschlagen.

SOKRATES: Du bist eben noch jung, mein Sohn, und läßt dich zu leicht durch volksmäßige Schlagwörter beeinflussen und fangen. Denn darauf wird Protagoras oder ein anderer für ihn antworten: Ihr ehrenwerten Knaben und Greise, sitzt da beisammen und ergeht euch in seichtem Geschwätz und führt die Götter ins Gefecht, deren Dasein oder Nichtsein ich doch in meinen Reden völlig unerörtert lasse. Anderseits wieder werft ihr euch auf Reden, die bei der Menge wahrscheinlich Beifall finden, nämlich, daß es doch arg wäre, wenn sich die Menschen durchweg in Beziehung auf Weisheit nicht im mindesten vom ersten besten Stück Vieh unterscheiden sollten. Von zwingendem Beweis ist dabei nicht im entferntesten die Rede, sondern ihr haltet es mit dem Scheinbaren, dessen sich Theodoros oder ein anderer Geometer bei seinen geometrischen Untersuchungen nicht bedienen könnte, ohne sich dadurch völlig seines Ansehens zu begeben. Sehet also zu, du und Theodoros, ob ihr euch zufriedengeben wollt mit Reden, die nur durch blendende Wendungen und Wahrscheinlichkeiten wirken.

163 THEAITETOS: Das, mein Sokrates, würdest weder du noch auch wir gerecht finden.

SOKRATES: Es scheint also, wir müssen einen anderen Weg der Erörterung einschlagen, zufolge deiner und des Theodoros Meinung.

THEAITETOS: Zweifellos einen anderen.

SOKRATES: Laß uns also auf folgende Weise betrachten, ob Wissen und Wahrnehmen dasselbe sind oder verschieden. Denn das war der Punkt, auf den unsere ganze Untersuchung zielte und um deswillen wir so viele wunderliche Behauptungen ins Gefecht geführt haben.

THEAITETOS: Gewiß.

SOKRATES: Werden wir also zugeben, daß wir alles, was wir durch Sehen oder Hören wahrnehmen, zugleich auch wissen? Z. B. werden wir etwa, ehe wir die Sprache der Barbaren erlernt haben, behaupten, entweder wir hörten sie nicht, wenn sie sprechen, oder wir hörten und wüßten, was sie sagen? Und wenn wir ihr Alphabet nicht kennen und das Auge auf ihre Buchstaben richten, sollen wir da entweder versichern, wir sähen sie nicht, oder wir wüßten sie, wenn wir sie sehen?

THEAITETOS: Wir werden, mein Sokrates, sagen, daß wir an ihnen eben das verstehen [wissen], was wir sehen und hören, d. h. daß wir bei den letzteren die Gestalt und die Farbe sehen und verstehen [wissen], bei den ersteren die Höhe und Tiefe des Tones zugleich hören und verstehen [wissen], daß wir dagegen, was die Schreiblehrer und Dolmetscher darüber lehren, weder durch Sehen oder Hören wahrnehmen noch verstehen [wissen].

SOKRATES: Ganz vortrefflich, mein Theaitetos, und es wäre unrecht, dir dagegen Einwendungen zu machen; denn du sollst ja mehr Selbstvertrauen gewinnen.

Wenn Wissen Wahrnehmung ist, dann ist Erinnerung nicht mehr Wissen

Aber richte nun dein Augenmerk auf folgenden Angriffsversuch, und sieh zu, wie wir ihn abschlagen können.

THEAITETOS: Welchen?

SOKRATES: Ich meine den Fall, daß jemand fragt: ist es möglich, daß einer, der über etwas zum Wissen gelangt ist, wenn er dies noch im Gedächtnis hat und festhält, dann, wenn er sich erinnert, eben das nicht mehr weiß, woran er sich erinnert? Oder, wie diese Frage ohne diese vielen Worte lauten würde: Kann einer, der etwas gelernt hat, sich dessen erinnern, ohne es zu wissen?

THEAITETOS: Nimmermehr, Sokrates, das wäre ja ein reines Unding.

SOKRATES: Ich komme doch nicht etwa ins Schwatzen? Doch

erwäge: erklärst du das Sehen nicht für Wahrnehmen und den
Gesichtseindruck für Wahrnehmung?

THEAITETOS: Gewiß.

SOKRATES: Ist nun nicht nach unserem Satz der, der etwas gesehen hat, zum Wissen dessen gelangt, was er gesehen hat?

THEAITETOS: Ja.

SOKRATES: Wie nun? Es gibt doch Erinnerung.

THEAITETOS: Ja.

SOKRATES: An nichts oder an etwas?

THEAITETOS: Natürlich an etwas.

SOKRATES: Doch wohl an solche Dinge, die man lernte und die
man wahrnahm?

THEAITETOS: Gewiß.

SOKRATES: Erinnert man sich nun zuweilen an das, was man
gesehen hat?

THEAITETOS: Ja.

SOKRATES: Auch wenn man die Augen schließt? Oder hat man
in diesem Falle die Sache vergessen?

THEAITETOS: Das wäre doch eine gewagte Behauptung.

164 SOKRATES: Und doch macht unser früherer Satz, wenn wir ihn
aufrechterhalten wollen, sie notwendig. Wo nicht, so ist es um
ihn geschehen.

THEAITETOS: Auch mir, beim Zeus, ahnt so etwas, doch fehlt
mir noch die volle Klarheit. Aber gib du mir Auskunft.

SOKRATES: Also so: der Sehende, so besagt unser Satz, ist zum
Wissen dessen gelangt, was er sah; denn Gesichtseindruck und
Wahrnehmung und Wissen sind als gleichbedeutend anerkannt
worden.

THEAITETOS: Allerdings.

SOKRATES: Der Sehende aber und zum Wissen dessen Gelangte,
was er sah, erinnert sich dessen zwar, sieht es aber nicht.

THEAITETOS: Ja.

SOKRATES: Der Satz »er sieht nicht« ist gleichbedeutend mit
dem anderen »er weiß nicht«, wenn anders auch »er sieht« und
»er weiß« gleichbedeutend sind.

THEAITETOS: Gewiß.

SOKRATES: Es tritt also der Fall ein, daß man dessen, worüber
man zum Wissen gelangt ist, sich noch erinnert, ohne es zu

wissen, da man es ja nicht mehr sieht. Und diesen Fall bezeichneten wir eben als ein Unding.

THEAITETOS: Allerdings.

SOKRATES: Die Gleichsetzung von Wissen und Wahrnehmung scheint also zu Unmöglichem zu führen.

THEAITETOS: So scheint's.

SOKRATES: Sie sind also als verschieden voneinander zu setzen.

THEAITETOS: Allerdings.

SOKRATES: Was nun das Wissen eigentlich ist, muß abermals, wie es scheint, von vorn untersucht werden. Doch was sind wir im Begriffe zu tun, mein Theaitetos?

THEAITETOS: Was meinst du damit?

SOKRATES: Es scheint, daß wir, abspringend von der Sache, wie ein gemeiner Hahn krähten, ehe wir den Sieg erlangt haben.

THEAITETOS: Wie das?

SOKRATES: In rechter Schaufechterweise haben wir uns, wie es scheint, nach bloßer Wortübereinkunft verständigt und begnügen uns, auf diesem Wege mit dem Satze fertig geworden zu sein; und während wir behaupten, keine Wortstreiter, sondern Philosophen zu sein, sind wir unvermerkt ganz in die Bahn jener gewaltigen Männer geraten.

THEAITETOS: Ich verstehe noch nicht, was du meinst.

SOKRATES: Nun, so will ich versuchen, dir meine Meinung über die Sache klarzumachen. Wir fragten doch, ob, wenn man etwas gelernt hat und sich dessen erinnert, man es nicht weiß, und wir führten dann den Nachweis, daß der, der etwas gesehen hat und die Augen zumacht, sich erinnert, ohne es zu sehen, und doch zugleich sich erinnern kann. Dies aber sei unmöglich. Und so war es denn aus mit des Protagoras Fabel und zugleich mit deiner Gleichsetzung von Wissen und Wahrnehmen.

THEAITETOS: So scheint's.

SOKRATES: Das wäre, glaube ich, nicht der Fall, mein Freund, wenn der Vater dieser Geschichte noch lebte; er würde sich wacker verteidigen. So aber ziehen wir sie, als eine verwaiste Sache, in den Staub. Denn auch die Männer, die Protagoras zu Verwaltern seiner Hinterlassenschaft bestimmt hat und zu denen unser Theodoros[2] hier gehört, wollen nicht Hilfe leisten. So fordert es die Gerechtigkeit, daß wir selbst ihm zu helfen suchen.

THEODOROS: Nicht ich, mein Sokrates, sondern vielleicht Kallias, des Hipponikos Sohn, ist bestellter Verwalter der Hinterlassenschaft. Ich aber habe mich sehr bald von dem anschauungslosen Denken zur Geometrie gewandt. Doch werden wir dir Dank wissen, wenn du ihm beistehst.

SOKRATES: Wohl gesprochen, mein Theodoros. Merke also wohl auf, was es mit meiner Hilfe auf sich hat. Man könnte nämlich noch zu viel schlimmeren Zugeständnissen gebracht werden, als eben geschehen, wenn man nicht genau acht gibt auf die Ausdrücke, wie wir in der Regel zu bejahen und zu verneinen pflegen. Soll ich mich damit an dich wenden oder an Theaitetos?

THEODOROS: Allen soll's zugute kommen, antworten aber soll der Jüngere; denn wenn er irrt, wird es für ihn weniger beschämend sein.

Wenn Wissen Wahrnehmung ist, dann weiß man mit einem geschlossenen Auge nicht, was man mit dem offenen weiß

SOKRATES: So lege ich denn die schlimmste Frage vor. Es ist dies aber, mein' ich, die folgende: Ist es möglich, daß der nämliche etwas wisse und das, was er weiß, nicht wisse?

THEODOROS: Was sollen wir da antworten, Theaitetos?

THEAITETOS: Es ist unmöglich, wie mir wenigstens scheint.

SOKRATES: Nein, wenn du *sehen* und *wissen* gleichsetzest. Denn wie willst du es mit der erbarmungslosen Frage halten, wenn du, wie man sagt, in der Schlinge steckend, von einem dreisten Gesellen, der mit der Hand dein eines Auge zuhält, gefragt wirst, ob du mit dem zugehaltenen Auge sein Kleid siehst?

THEAITETOS: Mit diesem Auge nicht, wird wohl meine Antwort lauten, aber mit dem anderen.

SOKRATES: Also siehst du doch den nämlichen Gegenstand und siehst ihn auch wieder nicht?

THEAITETOS: Wenigstens gewissermaßen unter der angegebenen Bedingung.

SOKRATES: Eine solche Antwort, wird er sagen, entspricht nicht meiner Forderung. Ich fragte nicht nach dem *Wie*, sondern ob du, was du weißt, auch nicht weißt. In unserem Falle siehst du doch offenbar, was du nicht siehst. Du hast aber zugestanden, Sehen sei Wissen und Nichtsehen sei Nichtwissen. Daraus also ziehe deine Folgerungen.

THEAITETOS: Nun gut. Es folgt daraus das Gegenteil meiner Annahme.

SOKRATES: Vielleicht, du Trefflicher, würdest du noch mehr dergleichen Überraschungen erleben, wenn jemand dich weiter fragte, ob man auch deutlich und undeutlich wissen könne, ob man denselben Gegenstand aus der Nähe zwar wissen könne, aus der Ferne aber nicht und ob man ihn laut und leise wissen könne und noch tausenderlei andere Fragen, die ein leicht beschildeter, um Sold dienender Schwätzer dir zur Falle machen könnte, da du Wissen und Wahrnehmen gleichsetzest. Er würde sich über das Hören und Riechen und die übrigen Sinneswahrnehmungen hermachen und würde dir hartnäckig und unablässig so lange zusetzen, bis du voller Staunen über seine vielgepriesene Weisheit von ihm gefesselt worden wärest. Hätte er dich dann an Händen und Füßen gebunden, so würde er an Lösegeld eine nach seinem Belieben mit dir vereinbarte Summe festsetzen.

Welche Schutzrede, so würdest du vielleicht sagen, würde nun wohl Protagoras zur Rettung seiner Lehre halten? Sollen wir nicht versuchen, darüber Auskunft zu geben?

THEAITETOS: Ja gewiß.

Selbstverteidigung des Protagoras

SOKRATES: Alles, was wir zu seiner Verteidigung vorbringen, wird er vortragen, anderseits aber, wie ich glaube, gegen uns Front machen und im verächtlichsten Ton zu uns folgendermaßen sprechen. Dieser ehrenwerte Sokrates hat, als ihm ein Knäblein auf die Frage, ob es möglich sei, daß der nämliche sich der nämlichen Sache zugleich erinnern und sie doch nicht wissen könne, in Angst geriet und in seiner Angst aus Mangel an Überblick sie verneinte, mich, den Protagoras, in seinen Reden lächerlich gemacht. Tatsächlich aber, du leichtfertiger Sokrates, verhält es sich so: wenn du einen meiner Sätze durch Fragen prüfst und der Gefragte antwortet so, wie ich antworten würde, so werde, wenn er sich irrt, auch ich widerlegt, im anderen Falle wird er, der Gefragte, selbst widerlegt. Glaubst du z. B., man werde dir zugeben, daß, wenn einem Erinnerung beiwohnt an Dinge, die er erlebt hat, dieser Zustand der nämlichen Art sei wie der, wo er diese Dinge erlebte, während er sie doch jetzt nicht mehr erlebt? Weit gefehlt. Oder es werde sich einer bedenken, die Möglichkeit, daß *derselbe* dieselbe Sache wisse und nicht wisse, zuzugeben? Oder, wenn er sich davor scheut, glaubst du dann, er werde zugeben, daß der veränderte Mensch noch derselbe sei wie vor der Veränderung? Oder vielmehr, daß irgendeiner nur *der* sei und nicht vielmehr *die*, ja, daß es unzählige werden, solange Veränderung stattfindet? Denn wir müssen uns gegenseitig hüten, uns durch bloße Worte zu fangen. Nein, mein Verehrtester, wird er sagen, du mußt weniger engherzig gegen meine Behauptungen vorgehen und mußt, wenn du es vermagst, mich widerlegen durch den Nachweis, daß *nicht* jeder seine ihm eigentümlichen Wahrnehmungen hat oder daß, wenn dies stattfindet, gleichwohl die Erscheinung oder, wenn man es *Sein* nennen soll, das Sein, nicht bloß für den gilt, der die Erscheinung hat. Wenn du aber von Schweinen und Pavianen redest, benimmst du dich nicht nur selbst unflätig, sondern verleitest auch die Zuhörer, gegen meine Schriften sich so zu verhalten; und das gereicht dir nicht zur Ehre. Denn ich behaupte zwar, daß es mit der Wahrheit so steht, wie ich geschrieben habe, daß nämlich jeder von uns das Maß sei des Seienden und Nichtseienden; aber weiter behaupte ich, daß jeder sich von dem anderen tausendfach dadurch unterscheide, daß für den einen anderes ist und erscheint als für den anderen. Und weit entfernt, von der Weisheit und dem Weisen als nicht vorhanden zu sprechen, nenne ich ganz ausdrücklich den einen Weisen, der in einem von uns, dessen Erscheinung und Seinswelt eine schlechte ist, eine Umwandlung dahin zu bewirken weiß, daß sie eine gute wird. Verfolge aber auch diesen meinen Satz nicht nur nach dem äußeren Wortlaut, sondern laß dich auf folgende Weise noch deutlicher über den eigentlichen Sinn desselben belehrten. Du mußt dich nämlich an das früher Gesagte erinnern, wonach dem Kranken die Speise bitter erscheint und ist, während dem Gesunden das Gegenteil ist und erscheint. Weiser nun soll man keinen von beiden machen. Das ist ja ganz unmög-

167 lich. Auch soll man vom Kranken wegen seiner törichten Vorstellungen nicht behaupten, er sei unwissend, und vom Gesunden das Gegenteil. Aber man muß einen Wandel zu schaffen
suchen nach der anderen Seite hin; denn der andere Zustand ist
der bessere. So muß man auch in der Erziehung den einen
Zustand in den anderen umzuwandeln suchen. Aber, während
der Arzt den Wandel durch Arznei bewirkt, tut es der Sophist
durch Reden. Denn keineswegs liegt die Sache so, daß jemand
einen, der falsche Vorstellungen hat, dahin bringt, wahre zu
haben; denn es ist weder möglich, das Nichtseiende vorzustellen noch anderes vorzustellen, als was man an sich erlebt; das
aber ist immer wahr. Wohl aber, glaube ich, bewirkt er, daß
einer, der infolge schlechter Seelenverfassung dem verwandte
Vorstellungen hat, durch gute Seelenverfassung auch gute Vorstellungen erhält; nur aus Unkenntnis bezeichnen einige diese
Vorstellungen als wahre, während ich sie zwar besser nenne, die
eine im Vergleich zu der anderen, wahrer aber durchaus nicht.
Und die Weisen, mein lieber Sokrates, bin ich weit entfernt,
Frösche zu nennen, sondern in bezug auf Leiber nenne ich sie
Ärzte, in bezug auf Pflanzen Landwirte. Ich behaupte nämlich,
daß auch diese bei den Pflanzen, im Falle der Krankheit, die
schlechten Empfindungen durch gute und gesunde und zugleich
auch wahre ersetzen. Was aber die weisen und guten Redner
anlangt, so behaupte ich, sie bewirken, daß dem Staate das Gute
anstatt des Schlechten gerecht zu sein scheint. Denn was einem
jeden Staate gerecht und gut erscheint, das ist es auch für denselben, solange er bei dieser Meinung bleibt. Aber der Weise bewirkt, daß an Stelle dessen, was für die Bürger verderblich ist,
jedesmal ein Zustand tritt, der ihnen gut ist und auch so scheint.
Aus dem nämlichen Grunde ist auch der Sophist, der seine
Schüler so zu erziehen vermag, weise und verdient von seiten
derer, welche der Erziehung durch ihn teilhaftig geworden sind,
den reichsten Lohn. Und so sind die Menschen weiser, einer mit
dem anderen verglichen, und keiner hat falsche Vorstellungen,
und du mußt es dir gefallen lassen, ein Maß zu sein, magst du
wollen oder nicht, denn in dem Gesagten liegt die Rechtfertigung dieses Satzes.

Wenn du nun von neuem ihn bestreiten willst, so tue es in der

Weise, daß du in zusammenhängender Rede vorgehst; ist es dir
aber lieber durch Fragen, nun gut, dann auch so. Denn auch dies
Verfahren braucht man nicht zu scheuen; vielmehr muß der
Vernünftige ihm ganz besonders nachtrachten. Aber *darum*
bitte ich dich: mißbrauche das Fragen nicht zu unredlichem
Zweck. Denn es ist doch völlig widersinnig, zu behaupten, man
habe es nur auf die Tugend abgesehen, und dabei doch unausge-
setzt in seinen Reden Unredlichkeit zu üben. Die Unredlichkeit
aber besteht darin, daß man das Wortgefecht nicht auf das
schärfste scheidet von der ernstlichen Unterredung. In dem
ersteren mag man Scherz treiben und dem Gegner Fallen stellen
nach Kräften, in der letzteren aber muß man ernsthaft sein und
den Mitunterredner auf die richtige Bahn bringen, indem man
nur diejenigen Fehler ihm aufweist, in die er durch Selbsttäu-
168 schung und durch früheren Verkehr geraten war. Denn wenn du
so verfährst, werden deine Mitunterredner sich selbst als die
Urheber ihrer Verwirrung und Ratlosigkeit betrachten und
nicht dich, und zu dir werden sie Neigung und Liebe fassen,
gegen sich selbst aber Haß und werden sich von sich selbst weg
zur Philosophie wenden, damit sie den früheren Menschen abtun und loswerden. Verfährst du aber dem entgegengesetzt wie
die meisten, so wirst du das Gegenteil erleben und die mit dir
Verkehrenden nicht zu Philosophen machen, sondern zu Has-
sern der Philosophie, wenn sie älter geworden sind. Wenn du
also auf mich hörst, so wirst du, wie schon früher gesagt, nicht
feindselig und streitsüchtig, sondern zu friedlicher Gesinnung
dich bequemend in Wahrheit den Sinn meines Satzes prüfen, daß
alles sich bewege und, was ein jeder sich selbst *vorstelle,* auch
wirklich *sei* für den Einzelnen wie für den Staat. Daraus kannst
du dann ergründen, ob Wissen und Wahrnehmung dasselbe
sind, nicht aber, wie vorhin, aus dem üblichen Rede- und Wort-
gebrauch, den die meisten willkürlich pressen, wodurch sie sich
gegenseitig Schwierigkeiten aller Art bereiten.

Dies, mein Theodoros, habe ich deinem Freund als Hilfelei-
stung gespendet nach meinen Kräften, freilich nur Weniges von
Wenigem. Denn wenn er selbst noch lebte, so würde er seiner
Lehre weit großartiger Beistand geleistet haben.

Theodoros soll Protagoras beistehen

THEODOROS: Du scherzest, Sokrates; denn mit großer Lebhaftigkeit bist du dem Mann beigesprungen.[3]

SOKRATES: Gut, mein Freund. Nun aber sage mir: hast du darauf geachtet, wie Protagoras vorhin in seiner Ausführung uns vorwarf, daß wir unsere Reden an ein Knäblein richteten und die Angst dieses Knäbleins ausnutzten zum Kampfe wider seine Lehre? Und wie er das als einen Spott bezeichnete, dagegen sein »Maß aller Dinge« feierlich pries und uns dazu anhielt, seine Lehren ernsthaft zu prüfen?

THEODOROS: Wie hätte ich das überhören können?

SOKRATES: Wie nun? Meinst du, daß wir ihm folgen sollen?

THEODOROS: Durchaus.

SOKRATES: Du siehst ja, daß alle Anwesenden Knäblein sind außer dir. Wenn wir also dem Manne folgen, so müssen wir beide, ich und du, in gegenseitiger Frage und Antwort seine Lehre ernsthaft prüfen, damit er uns nicht den Vorwurf machen könne, wir hätten abermals scherzend mit jungen Bürschchen seine Lehre erörtert.

THEODOROS: Wie? Würde nicht Theaitetos besser als viele Männer mit großen Bärten einer prüfenden Untersuchung folgen?

SOKRATES: Aber nun und nimmermehr besser als du, Theodoros. Laß also ab von dem Glauben, ich müßte deinem abgeschiedenen Freunde jede denkbare Hilfe leisten, du aber gar keine; sondern wohlan, mein Bester, folge ein wenig, bis zu dem Punkte, wo wir erkennen, ob du über geometrische Konstruktionen das Maß sein sollst oder ob alle in ihren eigenen Augen gleich bewandert sind wie du in der Astronomie und den übrigen Wissenschaften, in denen du dich anerkanntermaßen auszeichnest.

THEODOROS: Es ist nicht leicht, mein Sokrates, neben dir zu sitzen und dir nicht Rede und Antwort zu stehen. Es war also eitel Wind, als ich sagte, du würdest mir gestatten, mich nicht zu entkleiden, und mich nicht zwingen, wie die Lakedämonier. Du aber hältst es, wie mir scheint, mehr noch mit dem Skiron[4]. Denn bei den Lakedämoniern heißt es: Fortgehen oder sich entkleiden, du aber scheinst dich mit deinem Tun mehr nach dem

Antäus zu richten; denn du läßt den Ankömmling nicht los, bis du ihn entkleidet und gezwungen hast, mit dir im Redekampf zu ringen.

SOKRATES: Ein treffliches Bild, mein Theodoros, hast du für meine Krankheit gefunden. Indes in mir steckt noch größere Kraft als in jenen. Denn schon manche Tausende von Heraklessen und Theseusen, stark im Reden, sind mit mir zusammengetroffen und haben mich übel genug zugerichtet; aber ich lasse nun einmal nicht ab davon. So unwiderstehlich ist die Liebe, von der ich für diese Art von Übungen besessen bin. Auch du also darfst dich der Beteiligung am Redekampf nicht entziehen; sie wird sowohl dir wie mir Nutzen bringen.

THEODOROS: Ich erhebe keinen Widerspruch mehr, sondern du magst nach deinem Gutdünken Führer sein. Ohne Widerrede muß ich das Schicksal, das du in dieser Sache über mich verhängst, über mich ergehen und mich widerlegen lassen. Doch wird meine Kraft zur Mitarbeit nicht über den von dir bezeichneten Punkt hinausreichen.

SOKRATES: Nun es genügt auch bis dahin. Unter allen Umständen aber halte fest an dem Vorsatz, nicht unvermerkt in eine kindische Form der Gesprächsführung zu verfallen, auf daß wir nicht abermals einen Vorwurf darüber zu hören bekommen.

THEODOROS: Das werde ich nach Kräften versuchen.

Der Satz des Protagoras impliziert die Wahrheit seines Gegenteils und die Falschheit seiner selbst

SOKRATES: Nehmen wir also zunächst wieder den früher behandelten Punkt vor, und sehen wir zu, ob wir mit Recht oder Unrecht ärgerlich seine Lehre tadelten, weil sie einem jeden die volle Einsicht zusprach, und ob mit Recht oder Unrecht Protagoras uns einräumte, daß hinsichtlich des Besser und Schlechter manche einen Vorzug hätten, und das eben seien weise Männer. Nicht so?

THEODOROS: Ja.

SOKRATES: Erklärte er nun in eigener Person hier vor uns sein Einverständnis, und wären es nicht vielmehr wir, die in seinem Namen sich einverstanden erklärt haben, dann bedürfte es kei-

ner abermaligen Bestätigung. So aber wird man uns wohl das
Recht absprechen, für ihn diese Erklärung abzugeben. Daher ist
es besser, gerade über diesen Punkt uns genauer zu verständigen.
Denn nicht wenig kommt darauf an, ob es sich so oder anders
verhält.

THEODOROS: Du hast recht.

SOKRATES: Suchen wir also nicht durch andere, sondern aus
seinen eigenen Worten auf möglichst kurzem Wege sein Einverständnis zu gewinnen.

THEODOROS: Wie?

SOKRATES: So. Was ein jeder meint, das *ist* auch für den, der es
meint. Sagt er nicht so?

THEODOROS: So sagt er.

SOKRATES: Nicht wahr, Protagoras, auch wir sprechen des
Menschen oder vielmehr aller Menschen Meinungen aus, wenn
wir sagen, es gäbe niemanden, der sich nicht in einigen Stücken
für weiser hielte, als die übrigen, in anderen wieder umgekehrt,
und daß sie gerade in den größten Gefahren, wenn sie im Kriege
oder in Krankheiten oder auf dem Meere in Not sind, zu ihren
Leitern und Führern wie zu Göttern aufblicken und Rettung
von ihnen erwarten, augenscheinlich doch nur, weil sie sich
durch ihr Wissen vor den anderen hervortun? Und wo Menschen verkehren, fehle es auch nie an solchen, die Lehrer und
Leiter suchen für sich und die übrigen Geschöpfe und ihre
Arbeiten, wie auch anderseits nicht an solchen, die sich zum
Lehren befähigt fühlen und zum Leiten? Und alles dies doch
nur, weil die Menschen glauben, daß ihnen selbst innewohne
Weisheit und Unwissenheit? Müssen wir nicht so sagen?

THEODOROS: Allerdings.

SOKRATES: Halten sie nun nicht die Weisheit für wahres Heil,
die Unwissenheit dagegen für falsche Meinung?

THEODOROS: Gewiß.

SOKRATES: Was folgt also aus unserer Erörtertung? Sollen wir
sagen, daß die Menschen immer Wahres meinen, oder zuweilen
wohl zwar Wahres, zuweilen aber auch Falsches? Aus beiden
Annahmen nämlich folgt, daß sie nicht immer Wahres, sondern
beides meinen. Denn bedenke, Theodoros, ob wohl ein Anhänger des Protagoras oder du selbst den Satz verfechten würdest,

daß keiner glaube, ein anderer sei unwissend und meine Unwahres.

THEODOROS: Das ist ganz unglaublich, mein Sokrates.

SOKRATES: Und doch führt der Satz, laut dessen der Mensch das Maß der Dinge ist, notwendig zu diesem Standpunkt.

THEODOROS: Wieso?

SOKRATES: Wenn du selbst dir über etwas ein Urteil gebildet hast und mir deine Meinung kundgibst, so mag sie für dich nach seinem Satze richtig sein. Ist es uns anderen aber nicht erlaubt, über dein Urteil unserseits ein Urteil zu fällen, oder geht unser Urteil immer dahin, daß deine Meinung wahr sei? Oder werden nicht in jedem Falle Tausende dir eine andere Meinung entgegensetzen, überzeugt, daß du in deinem Urteil und deiner Annahme fehlgehst?

THEODOROS: Wahrlich, beim Zeus, mein Sokrates, gar viele Tausende, mit Homer zu reden [Odyssee 16, 121], die mir alle erdenklichen Schwierigkeiten machen.

SOKRATES: Wie nun? Sollen wir sagen, daß in diesem Falle deine Meinung für dich wahr ist, für die vielen Tausende aber falsch?

THEODOROS: Diese Folgerung scheint sich aus dem Satze mit Notwendigkeit zu ergeben.

SOKRATES: Was aber folgt notwendig für den Protagoras selbst? Entweder glaubt er selbst nicht, daß der Mensch das Maß sei, ebensowenig wie das die meisten glauben: dann hat diese »Wahrheit« seiner Schrift überhaupt für niemand Geltung; oder er glaubte es selbst zwar, aber die große Masse teilt diesen Glauben nicht: dann steht es doch zunächst so, daß, je größer die Zahl der Nichtglaubenden ist, um so stärker auch das Übergewicht des Nichtseins über das Sein ist.

THEODOROS: Unzweifelhaft, sofern wenigstens sich Sein und Nichtsein nach der Meinung bestimmt.

SOKRATES: Dann ergibt sich denn als das Allernetteste folgendes: Wenn Protagoras einräumt, daß die Meinungen aller Menschen wahr seien, so gibt er doch damit zu, daß die Meinung derjenigen wahr sei, die über seine – des Protagoras – Meinung anderer Ansicht sind, insofern sie glauben, daß er im Irrtum sei.

THEODOROS: Ja, gewiß.

SOKRATES: Er würde also doch die Falschheit seiner eigenen

171

Meinung einräumen, wenn er zugibt, daß die Meinung derer wahr ist, die ihn des Irrtums zeihen?

THEODOROS: Notwendig.

SOKRATES: Die anderen aber bekennen sich nicht dazu zu irren?

THEODOROS: Nein.

SOKRATES: Er aber erkennt seinerseits zufolge dessen, was er geschrieben, die Wahrheit auch dieser Meinung an?

THEODOROS: So scheint's.

SOKRATES: Alle also, Protagoras voran, werden dafür eintreten, oder vielmehr wird er einräumen, daß, wenn er zugibt, der Meinung des ihm Widersprechenden komme Wahrheit zu, Protagoras selbst das Zugeständnis machen wird, daß weder ein Hund noch der erste beste Mensch ein Maß sei auch nur über das Geringste, wovon er keine Kenntnis hat.

THEODOROS: So ist's.

SOKRATES: Da nun alle darin übereinstimmen, so dürfte die »Wahrheit« des Protagoras für niemanden wahr sein, weder für irgendeinen anderen noch für ihn selbst.

THEODOROS: Wir laufen doch, lieber Sokrates, gar zu scharf Sturm gegen meinen Freund.

SOKRATES: Nur gemach, mein Freund, wissen wir denn, ob wir nicht an der Wahrheit vorbeilaufen? Er ist ja doch älter als wir; also wird er wahrscheinlich auch weiser sein. Und wenn er jetzt im Augenblick hier bis zum Halse auftauchte, so würde er, aller Wahrscheinlichkeit nach, mich vieler windiger Behauptungen und dich des Einverständnisses damit zeihen, um dann wieder unterzutauchen und zu verschwinden. Aber wir müssen eben, glaube ich, auf eigenen Füßen stehen, so schwach sie auch sein mögen, und müssen das vorbringen, was uns jedesmal richtig erscheint. Und müssen wir demgemäß nicht sagen, daß jedermann einräumt, es sei der eine je nachdem weiser als der andere, aber andererseits auch wieder unwissender?

THEODOROS: Mir wenigstens scheint es so.

Experten wissen mehr

SOKRATES: Und sollen wir nicht auch sagen, der Satz des Protagoras würde am besten dahin festgestellt, wie wir ihn bei unserer Hilfeleistung bestimmten, daß das meiste für jeden, wie es scheint, auch ist, warm, trocken, süß und was sonst in dies Gebiet gehört; wenn er aber in gewissen Dingen doch dem einen vor dem anderen einen Vorzug einräumt, so habe er damit sagen wollen, daß in betreff dessen, was der Gesundheit zuträglich oder schädlich ist, nicht jedes Mädchen und Knäblein oder gar jedes Tier fähig sei, das ihm Zuträgliche zu erkennen und auf Grund dessen sich selbst zu heilen, sondern daß hier, wenn irgendwo, einer vor dem anderen etwas voraus habe.

172 THEODOROS: Das ist auch meine Ansicht.

SOKRATES: Und auch auf staatlichem Gebiete sei für einen jeden Staat dasjenige schön und häßlich und gerecht und ungerecht und heilig und unheilig, was er dafür hält und auf Grund dessen zur gesetzlichen Einrichtung macht, und in diesen Dingen gäbe es keinen Unterschied der Weisheit weder unter Privatleuten noch unter Staaten. Aber in der Bestimmung dessen, was nützlich sei oder nicht, da wird er, wenn irgendwo, hinwiederum zugeben, daß nicht ein Ratgeber so gut sei wie der andere und nicht die Meinung *eines* Staates so gut wie die des anderen hinsichtlich der Wahrheit, und er würde schwerlich den Mut haben zu sagen, daß, was ein Staat in der Meinung, es sei nützlich für ihn, festsetzt, dies auch unter allen Umständen für ihn nützlich sein werde. Bei den eben genannten Begriffen dagegen, dem Gerechten und Ungerechten, dem Heiligen und Unheiligen behaupten sie zuversichtlich, nichts von ihnen habe eine wirkliche Wesenheit, sondern die allgemeine Meinung würde zur Wahrheit, sobald sie hervorträte und für so lange, als sie bestünde. Und alle, die nicht ganz und gar auf die Worte des Protagoras schwören, halten es mit der praktischen Weisheit ungefähr so, wie es im folgenden geschildert werden soll.

Indes, wenn es so fortgeht, löst immer eine größere Erörterung die kleinere ab.

THEODOROS: Haben wir nicht Muße, mein Sokrates?

Abschweifung: Die philosophische Rede und die Rede vor Gericht

SOKRATES: Also wie schon oftmals sonst, mein Trefflicher, so drängte sich mir auch jetzt der Gedanke auf, daß, wie nicht anders zu erwarten, die, welche sich lange Zeit mit philosophischen Untersuchungen beschäftigt haben, wenn sie als Redner vor Gericht auftreten, eine lächerliche Figur spielen.

THEODOROS: Wie meinst du das?

SOKRATES: Diejenigen, die von Jugend auf ihre ganze Zeit füllen mit gerichtlicher oder ähnlicher Tätigkeit, machen in Vergleich zu denen, die es mit der Philosophie halten und in dieser Beschäftigung groß geworden sind, den Eindruck, als hätten sie die Erziehung von Sklaven erhalten im Gegensatz zu der von freien Männern.

THEODOROS: Inwiefern denn?

SOKRATES: Insofern, als die letzteren immer, um deinen Ausdruck zu gebrauchen, Muße haben und ihre Erörterungen in Frieden und Ruhe betreiben; so wie wir jetzt schon die dritte Erörterung auf die früheren folgen lassen, so machen sie es, wenn ihnen, wie etwa uns jetzt, die neu sich aufdrängende Frage mehr Interesse bietet als die vorliegende. Und die Länge oder Kürze der Erörterung kommt dabei gar nicht in Betracht, sondern lediglich das Interesse an der Wahrheit. Die anderen aber reden immer in drangvoller Hast – denn das abrinnende Wasser [der Wasseruhr] drängt sie zur Eile – und sie dürfen bei ihren Ausführungen nicht etwa ihren eigenen, besonderen Wünschen folgen, sondern der Gegner setzt ihnen zu mit seinem Zwangsmittel der verlesenen Klageschrift, an die sie sich strengstens halten müssen, was man »Gegeneid« [Antomosie] nennt. Die Reden aber sind immer die eines Mitsklaven an den zu Gericht sitzenden Herren, der die Entscheidung in der Hand hat, und bei den Kämpfen handelt es sich nicht um unbestimmte Ziele, sondern immer um die eigene Person; oftmals aber ist es ein Wettlauf ums Leben.

173 So kommt es, daß sie durch alles dies zwar eine bedeutende Spannkraft und eine große Schärfe des Verstandes erlangen; denn sie verstehen sich darauf, den Herren mit Worten zu um-

schmeicheln und mit Handlungen zu begütigen; aber an ihrer Seele werden sie kleinlich und unehrlich. Denn die Knechtschaft von Kind auf hat ihnen den Zug zum Großen, Geraden und Freien geraubt durch den Zwang, krumme Wege zu wandeln, den sie ihnen dadurch auferlegt, daß sie ihren noch zarten Seelen mit großen Gefahren und Ängsten zusetzt, die sie nur mit Verletzung der Gerechtigkeit und Wahrheit überstehen können. So wenden sie sich denn zur Lüge und gegenseitigen Verunglimpfung, wodurch sie viele Verunstaltungen und Verstümmelungen erleiden, so daß, wenn sie aus Jünglingen zu Männern werden, sie nichts Gesundes mehr in ihrer Denkart haben, ihrer eigenen Meinung nach freilich gewaltige Helden und weise Männer. Und mit ihnen nun steht es so, mein Theodoros.

Was aber uns und unsere Genossenschaft [unseren Chor] anlangt, was ist da dein Wunsch? Sollen wir sie durchmustern, oder sollen wir von ihnen absehen und uns wieder unserer Untersuchung zuwenden, um uns nicht des allzu reichlichen Gebrauches der vorhin gerühmten Freiheit und des Wechsels der Rede schuldig zu machen?

THEODOROS: Um keinen Preis dürfen wir von ihrer Durchmusterung absehen. Denn, wie du durchaus treffend sagtest, wir, die wir einem derartigen Chore angehören, sind nicht die Sklaven der Reden, sondern die Reden sind sozusagen unsere Diener, deren jeder seiner Abfertigung harren muß, ganz wie es uns gut dünkt. Denn bei uns gibt es weder einen Richter noch einen Zuschauer, der, wie bei den Dichtern, als Tadler und Gebieter den Vorsitz führt.

Die Lächerlichkeit des Philosophen und ihr Grund

SOKRATES: So wollen wir denn, deinem Wunsche folgend, nach Lage der Sache, wenigstens über die Heerführer sprechen. Denn was lohnt es, von denen zu reden, die es mit der Philosophie nicht wirklich ernst meinen? Jene aber wissen von Jugend auf weder den Weg nach dem Markte noch auch, wo das Gerichtshaus oder das Rathaus oder sonst eine öffentliche Versammlungsstätte liegt; von den Gesetzen und Beschlüssen hören und sehen sie nicht, weder, daß darüber verhandelt wird, noch, daß sie schriftlich abgefaßt sind; den Wettbewerb der Genossenschaften um die Staatsämter, Vereine, Gastmähler und Umzüge mit Flötenspielerinnen – dergleichen zu treiben kommt ihnen selbst im Traume nicht bei. Ob aber von den Bürgern einer von edler oder unedler Abstammung ist oder ob väterlicher- oder mütterlicherseits von den Vorfahren her ihm ein Makel anhaftet, darüber weiß er weniger Auskunft als über die Zahl der Tropfen im Meere. Ja, hinsichtlich alles dessen weiß er nicht einmal, daß er es nicht weiß. Denn nicht etwa um seines guten Rufes willen bleibt er diesen Dingen ganz fern, sondern in Wahrheit weilt und wandelt nur sein Leib in der Stadt, sein Geist aber, überzeugt von der Kleinlichkeit, ja völligen Nichtigkeit dieser Dinge und darum voller Verachtung gegen sie, schweift, mit Pindar zu reden, überall umher, mißt die Tiefen der Erde und ihre Flächen, erforscht die Bahnen der Sterne oben am Himmelszelt und 174 ergründet jegliche Beschaffenheit jeder Gattung des Seienden, ohne sich einzulassen auf das, was ihn unmittelbar umgibt.

THEODOROS: Wie meinst du das, Sokrates?

SOKRATES: So wie's des Thales Beispiel zeigt, mein Theodoros. Als er, die himmlischen Erscheinungen zu beobachten, nach oben blickte und darob in einen Brunnen fiel, soll eine kluge und witzige thrakische Magd ihn verspottet haben, daß er voll Eifers der Kenntnis der himmlischen Dinge nachtrachte, von dem aber, was vor der Nase und vor den Füßen liege, keine Ahnung habe. Der nämliche Spott paßt auf alle, die sich ganz der Philosophie ergeben haben. Denn in Wahrheit hat ein solcher keine Ahnung von seinem Nebenmann und Nachbarn, nicht nur, was er betreibt, sondern beinahe, ob er überhaupt ein Mensch ist oder was sonst für eine Kreatur. Aber das eigentliche Wesen des Menschen und was ihm demgemäß im Unterschied von den anderen zu tun oder zu leiden zukommt, das ist es, wonach er sucht und unermüdlich forscht. Du verstehst mich doch wohl, mein Theodoros, oder nicht?

THEODOROS: Gewiß. Was du sagst, ist richtig.

SOKRATES: Darum macht sich denn, mein Freund, ein solcher, sowohl im persönlichen Verkehr mit anderen wie auch vor der Öffentlichkeit, wenn er, wie gesagt, sich genötigt sieht, vor Gericht oder sonstwo über Dinge zu reden, die unmittelbar im

Bereich seiner Füße und Augen liegen, lächerlich, nicht bloß vor Thrakerinnen, sondern auch vor der übrigen Masse, wenn er aus Unerfahrenheit in Brunnen und jeglichen Abgrund des Lebens stürzt, und seine Unbeholfenheit und Weltfremdheit wird ihm zum Verhängnis, indem sie ihn in den Ruf völliger Albernheit bringt. Denn wo es Schmähungen gilt, weiß er nichts Eigenes von dieser Art gegen irgendeinen vorzubringen, da er von keinem etwas Schlechtes weiß wegen seiner gänzlichen Gleichgültigkeit in diesen Dingen. Seine Unbeholfenheit also macht ihn lächerlich. Bei Lobeserhebungen aber, in denen sich andere mit allerhand Redebombast ergehen, merkt man, daß er nicht etwa bloß zum Scheine, sondern im Ernste lacht, und darum nimmt er sich vor ihnen wie ein Narr aus. Denn preist man einen Tyrannen, so dünkt es ihm, als ob er irgendeinen Hirten, etwa einen Schweinehirten oder Schäfer oder wacker melkenden Kuhhirten, loben hörte; nur ist er der Meinung, daß jene ein noch widerspenstigeres und boshafteres Tier auf die Weide treiben und melken als die Hirten; roh aber und ungebildet müsse ein solcher unausbleiblich infolge des Mangels an Muße werden nicht weniger als die Hirten, umschlossen von seiner Mauer wie von einer Hürde im Gebirge. Hört er aber, daß einer zehntausend Morgen Landes oder noch mehr, eine erstaunliche Menge, besitzt, so kommt ihm das wie eine Winzigkeit vor, da er gewohnt ist, seinen Blick über die ganze Erde schweifen zu lassen. Wenn man nun vollends auf den Adel ein Loblied anstimmt, wie edelgeboren einer ist, weil er sieben reiche Ahnen nachweisen kann, so hält er die, von denen dies Lob ausgeht, für schwache und kurzsichtige Leute, die aus Mangel an Bildung nicht fähig sind, 175 ihren Blick immer auf das Ganze zu richten und sich klarzumachen, daß jeder ungezählte Tausende von Ahnen und Vorfahren hat, unter denen beim ersten besten sich oft Tausende von Reichen und Armen, Königen und Sklaven, Barbaren und Hellenen finden. Aber wenn manche gar sich mit einem Stammbaum von fünfundzwanzig Ahnen brüsten und sich auf Herakles, des Amphitryon Sohn, berufen, so erscheint ihm das als unglaubliche Verirrung ins Kleinliche, und er kann nur lachen über ihr Unvermögen, die Aufgeblasenheit ihrer unvernünftigen Seele loszuwerden und sich klarzumachen, daß der fünfundzwanzigste von

Amphitryon aufwärts, also der fünfzigste aufwärts von ihm selbst, nur ein Mann war, wie es der Zufall eben brachte. Alles dies macht ihn bei der großen Masse zum Gegenstand des Gelächters, hier wegen seines anscheinenden Hochmutes, dort wegen seiner Unkenntnis des Nächstliegenden, überall aber wegen seiner Unbeholfenheit.

THEODOROS: Was du da sagst, mein Sokrates, gibt ein ganz treffendes Bild der Wirklichkeit.

Das philosophische Lebensideal: Verähnlichung mit Gott

SOKRATES: Wenn er nun aber seinerseits, lieber Freund, einen von jenen Leuten zu sich hinauf in die Höhe zieht und sich ihm zuliebe einer dazu versteht, von dem gewöhnlichen Fragenkreis über Beleidigungen zwischen mir und dir sich abzuwenden zur Betrachtung der Gerechtigkeit und Ungerechtigkeit selbst, nämlich zur Frage nach dem Wesen beider und ihrem Unterschied einerseits von allen anderen, anderseits voneinander, oder von der Frage über die Glückseligkeit eines Königs und den großen Reichtum, zu dem er gelangt ist, zur Betrachtung über den Begriff des Königstums und menschlichen Glücks und Unglücks überhaupt, nämlich ihrer Eigenschaft und der Art, wie es dem Menschen ziemt, das eine zu erwerben und das andere zu meiden – wenn über alles dies jener kleinlich gesinnte, listige und streitfertige Mann Rede und Antwort stehen soll, so bietet er nun seinerseits das genaue Gegenbild: von Schwindel ergriffen infolge der Höhe, in der er schwebt, und von oben aus dem Luftraum herabblickend, verliert er infolge des ungewohnten Zustands alle Fassung, weiß nicht aus und ein und stottert barbarische Laute und erregt dadurch das Gelächter zwar nicht von Thrakerinnen und sonst ungebildetem Volk, das davon nichts merkt, wohl aber von allen, welche eine Erziehung genossen haben, die das Gegenteil ist von Sklavenerziehung. So ist es mit beiden bestellt, mein Theodoros; der eine ist wahrhaft in Freiheit und Muße aufgewachsen, er, dem du jedenfalls den Namen »Philosoph« gibst: ihm macht es nichts aus, als einfältiger und unnützer Gesell zu gelten, wenn ihn etwa das Los trifft, Sklavendienste zu verrichten, und er z. B. sich nicht darauf versteht, das

Reisebündel zu schnüren oder mit süßen Speisen oder schmeichlerischen Reden aufzuwarten. Der andere aber kann alle diese Dienstleistungen behend und pünktlich verrichten, versteht sich aber nicht darauf, sein Obergewand in schönem Faltenwurf dem Körper anzupassen noch auch der Reden harmonische Fassung zu treffen und in rechter Weise der Götter und seligen Menschen wahrhaftiges Leben zu preisen.

THEODOROS: Könntest du, mein Sokrates, alle von der Wahrheit deiner Rede so überzeugen wie mich, so würde es mehr Frieden und weniger Übel unter den Menschen geben.

SOKRATES: Aber das Übel kann weder verschwinden, mein Theodoros, denn es muß immer etwas dem Guten Entgegengesetztes geben, noch kann es etwa bei den Göttern seine Unterkunft finden, sondern mit Notwendigkeit umkreist es die sterbliche Natur und unsere irdische Stätte. Daher gilt es auch zu versuchen, von hier so schnell wie möglich dorthin zu entfliehen. Die Flucht aber besteht in der möglichsten Verähnlichung mit Gott; ihm ähnlich werden heißt aber, gerecht und fromm werden auf dem Grunde richtiger Einsicht. Indes, mein Bester, ist es gar nicht leicht, der richtigen Überzeugung über Tugend und Schlechtigkeit Eingang zu verschaffen. Die große Masse nämlich behauptet, man müsse der Tugend sich befleißigen und die Schlechtigkeit meiden aus keinem anderen Grunde als dem, damit man nach außen nicht als schlecht erscheine, sondern als gut. Das aber ist meines Erachtens nichts als Altweibergeschwätz, um mich dieses bekannten Ausdruckes zu bedienen. Die Wahrheit dagegen lautet folgendermaßen: Gott ist in keiner Beziehung irgendwie ungerecht, sondern so gerecht als nur möglich, und es gibt ihm nichts Ähnlicheres als den unter uns, der so gerecht als möglich wird. Um diesen Punkt dreht sich auch die wahrhafte Tüchtigkeit und Nichtigkeit und Unmännlichkeit des Menschen. Denn die Erkenntnis dessen ist Weisheit und wahrhafte Tugend, die Unkenntnis offenbare Torheit und Schlechtigkeit. Die anderen scheinbaren Arten von Tüchtigkeit und Weisheit sind, soweit sie bei staatlichen Stellungen hervortreten, würdelos, soweit in Handwerkerkünsten, unedel. Es ist also weitaus das beste, dem, der widerrechtlich handelt und Gottloses redet oder tut, gar nicht nachzusagen, daß er ob seiner

Schurkerei zu fürchten ist. Denn sie brüsten sich mit diesem Schimpf und glauben herauszuhören, daß sie keine Nullen sind, eine bloße Last der Erde, sondern Männer, wie sie das Staatsleben fordert, wenn sie mit heiler Haut durchkommen sollen. Man muß ihnen also die Wahrheit sagen, daß sie in um so höherem Grade sind, was sie nicht zu sein glauben, *weil* sie es nicht glauben; sie wissen nämlich nichts von der Strafe der Ungerechtigkeit, über die man unter keinen Umständen in Unkenntnis sein darf. Denn sie besteht nicht, wie sie sich einbilden, in Schlägen und Todesstrafe, die ihnen zuweilen trotz aller Freveltaten erspart bleiben, sondern in etwas, dem man sich unmöglich entziehen kann.

Das Gegenteil des philosophischen Lebensideals

THEODOROS: Und was wäre das?

SOKRATES: Obschon in der Welt des wahren Seins, mein Freund, zwei Vorbilder aufgestellt sind, das eine für das Göttliche als das Glückseligste, das andere für das Gottlose als das Unseligste, so sind sie doch blind gegen diese Tatsache und merken infolge ihrer Torheit und ihres unglaublichen Unverstandes nicht, daß sie sich durch ihre ungerechten Handlungen dem einen ähnlich machen, dem andern unähnlich. Dafür büßen sie dann die Strafe, daß sie ein dem Vorbilde, dem sie sich ähnlich machen, entsprechendes Leben führen. Sagen wir ihnen aber, daß, wenn sie nicht ihrer Weltklugheit entsagen, auch nach ihrem Tode jene von allen Übeln freie Stätte sie nicht aufnehmen wird und daß ihnen anderseits hienieden das ihrem Wandel entsprechende Lebenslos für immer beschieden ist, indem sie als Übeltäter von Übeln heimgesucht werden, so klingt ihnen, den weltklugen Schurken, das erst recht wie die Rede von wer weiß was für Toren.

THEODOROS: Ganz gewiß, Sokrates.

SOKRATES: Du hast recht, ich weiß es, mein Freund. Dabei begegnet ihnen aber folgendes: wenn sie in persönlicher Unterhaltung Rede und Antwort stehen müssen über das, was sie tadeln, und sich dazu verstehen, tapfer lange Zeit im Gespräch auszuharren und nicht unmännlich sich davonzumachen, dann mißfallen sie in auffallender Weise schließlich sich selbst als Verteidiger ihres Standpunktes, und jene ihre Rednerkunst schrumpft so zusammen, daß sie sich geradezu wie Kinder ausnehmen. Dies Thema also wollen wir nun verlassen, da es ja auch nur nebenbei behandelt war. Wo nicht, so wird immer mehr Stoff uns zufließen und unser ursprüngliches Thema wegschwemmen. Laß uns also, wenn du einverstanden bist, auf das frühere zurückkommen.

THEODOROS: Ich höre, mein Sokrates, dergleichen Ausführungen nicht weniger gern an; denn es wird mir, bei meinem Alter, leichter ihnen zu folgen. Wenn du aber meinst, wollen wir den Faden wieder aufnehmen.

Der Weisere ist Maß

SOKRATES: Der Punkt also, bei dem unsere Untersuchung angelangt war, war folgende Feststellung: Die Verfechter des in steter Bewegung befindlichen Seins und des Satzes, was ein jeder sich vorstelle, das habe auch Seinsgeltung für den Vorstellenden, sind für das Übrige zwar und besonders für das Gerechte fest entschlossen, daran festzuhalten, daß, was ein Staat als ihm gut scheinend darüber festsetze, dies auch unter allen Umständen für den die Festsetzung bewirkenden Staat so lange gerecht sei, als es gesetzlich besteht (rechtliche Geltung hat); im Punkte des *Guten* aber hat noch niemand den Mut gehabt zu behaupten, daß das, was ein Staat in dem Glauben an die Nützlichkeit für das Gemeinwohl festgesetzt hat, auch so lange nützlich sei, als es gesetzliche Geltung hat, es müßte denn einer sich auf das bloße Wort versteifen; das aber wäre doch reiner Spott auf den verhandelten Gegenstand.

THEODOROS: Allerdings.

SOKRATES: Ja! Denn nicht auf das Wort kommt es an, sondern auf die Sache, die, durch das Wort bezeichnet, zur Erörterung steht.

178 THEODOROS: So ist's.

SOKRATES: Nur die Sache, auf die die Bezeichnung geht, ist es doch, worauf der Staat in seiner Gesetzgebung abzielt, und alle Gesetze gibt er nach bestem Meinen und Können als möglichst nützlich für sich. Oder hat er bei seiner Gesetzgebung andere Absichten?

THEODOROS: Keineswegs.

SOKRATES: Trifft nun ein jeder Staat auch immer das Rechte, oder irrt er auch in vielen Fällen?

THEODOROS: Gewiß das letztere.

SOKRATES: Nun, noch unbedenklicher wird jeder das gleiche Zugeständnis machen, wenn man nach dem ganzen Gattungbegriff fragt, zu dem auch das »Nützliche« gehört. Es bezieht sich aber auch auf die zukünftige Zeit. Denn wenn wir Gesetze geben, so tun wir dies in der Absicht, daß sie für die kommende Zeit sich nützlich erweisen. Das aber nennen wir mit Recht Zukunft.

THEODOROS: Allerdings.

SOKRATES: Wohlan denn, laß uns den Protagoras oder irgendeinen seiner Anhänger also fragen: Der Mensch ist das Maß aller Dinge, wie ihr sagt, Protagoras, des Weißen, Schweren, Leichten und jeder derartigen Qualität, denn da er selbst der Richter darüber ist, so hält er, da seine Überzeugung seinem Empfindungszustand entspricht, es für wahr und richtig.

THEODOROS: Ja.

SOKRATES: Nun werden wir weiter zum Protagoras sagen: Ist der Mensch auch selbst Richter über das Zukünftige und tritt das, was er als zukünftig annimmt, für den, der es annimmt, auch wirklich so ein? Nimm z. B. die Wärme: wenn ein Laie glaubt, er werde Fieber bekommen, es werde sich also diese Art von Wärme einstellen, und ein anderer, und zwar ein Arzt, das Gegenteil meint, sollen wir dann sagen, daß die Zukunft dem Urteil eines von beiden entsprechen werde oder dem Urteil beider und daß der Betreffende also für den Arzt nicht warm und auch nicht fieberkrank werden wird, für sich aber beides?

THEODOROS: Das wäre lächerlich.

SOKRATES: Ferner, meine ich, hat über die künftige Süßigkeit und Herbigkeit des Weines der Landmann das zuständige Urteil, nicht aber der Lautenspieler.

THEODOROS: Wie anders?

SOKRATES: Und auch was zukünftigen Mißklang und Wohlklang anlangt, so wird der Turnlehrer darüber nicht etwa besser urteilen als der Musiker, dessen Urteil der Turnlehrer selbst später richtig finden wird.

THEODOROS: Gewiß nicht.

SOKRATES: Auch derjenige, der, ohne ein Koch zu sein, sich durch eine Mahlzeit gütlich tun will, wird bei der Zurüstung des Mahles ein weniger zuständiges Urteil über den künftigen Genuß haben als der Kochkünstler. Denn über den gegenwärtigen oder vergangenen Genuß jedes einzelnen wollen wir noch keine Erörterungen anstellen, sondern ob über die zukünftigen Vorstellungen und Erlebenisse jeder für sich der beste Richter ist. Oder würdest nicht du, lieber Protagoras, was die künftige Überzeugungskraft der Reden vor Gericht anlangt, für einen jeden von uns im voraus ein besseres Urteil haben als irgendein beliebiger Laie?

THEODOROS: Gerade in diesem Punkte, mein Sokrates, verhieß er auf das bestimmteste selbst allen anderen überlegen zu sein.

SOKRATES: Wahrlich, beim Zeus, mein Lieber. Sonst hätte sicherlich auch niemand für vieles Geld bei ihm Belehrung gesucht, vielmehr wußte er seinen Anhängern die Überzeugung beizubringen, daß er auch über ihre zukünftigen Erlebnisse und Meinungen sicherer urteile als ein Wahrsager oder sonst irgend jemand.

THEODOROS: Sehr wahr.

SOKRATES: Haben nun nicht auch die Gesetzgebungen und der durch sie beabsichtigte Nutzen es mit der Zukunft zu tun, und wird nicht jeder es als unvermeidlich anerkennen, daß ein Staat bei der Abfassung von Gesetzen oft das für ihn Nützlichste verfehlt?

THEODOROS: Allerdings.

SOKRATES: Wir werden also zu deinem Lehrer mit gutem Grunde sagen können, daß er notwendig einräumen müsse, der eine sei weiser als der andere und der Weisere sei das Maß, für mich aber, den Unwissenden, läge nicht die geringste Notwendigkeit vor, ein Maß zu werden, wozu mich die obige Schutzrede für ihn unter allen Umständen machen wollte, mochte ich wollen oder nicht.

THEODOROS: Auf diese Weise, mein Sokrates, wird seine Lehre am bündigsten widerlegt, die übrigens auch schon dadurch widerlegt wurde, daß sie den Meinungen der anderen entscheidende Kraft gibt, während diese doch offenbar weit entfernt waren, seine Sätze für richtig zu halten.

SOKRATES: Noch auf vielfache andere Weise könnte der Satz widerlegt werden, daß jede Meinung eines jeden wahr sei. Hinsichtlich der einem jeden sich einstellenden Empfindungen aber, aus denen die Wahrnehmungen und die ihnen entsprechenden Meinungen entstehen, ist es schwieriger nachzuweisen, daß sie nicht wahr sind. Doch vielleicht ist das nicht richtig gesagt. Vielleicht nämlich kann man ihnen überhaupt nicht beikommen, und diejenigen, die sie als evident und als Wissen bezeichnen, dürften die Wahrheit treffen. Unser Theaitetos also hätte nicht ohne zureichenden Grund Wahrnehmen und Wissen gleichgesetzt. Wir müssen also der Sache nähertreten, wie es die Schutzrede für Protagoras uns zur Pflicht machte, und müssen dies in Bewegung befindliche Sein wie ein tönernes Gefäß durch Anklopfen daraufhin untersuchen, ob es durch seinen Klang sich als heil oder als rissig erweist. Jedenfalls aber ist die Sache schon hart umstritten worden und von nicht wenigen.

Die Herakliteer sind nicht greifbar

THEODOROS: Gewiß, kein unerheblicher Streit ist es, vielmehr nimmt er in Ionien immer größere Ausdehnung an; denn die Anhänger Heraklits vertreten als Führer diesen Satz auf das heftigste.

SOKRATES: Um so schärfer müssen wir ihn also prüfen, mein lieber Theodoros, und zwar von Grund aus, so wie sie es uns selbst an die Hand geben.

THEODOROS: Ja gewiß. Denn, mein Sokrates, über diese Heraklitischen oder, wie du meinst, Homerischen oder sogar noch älteren Sätze kann man mit den Leuten von Ephesus, die sich als Sachkenner ausgeben, sowenig sprechen wie mit Verrückten. Denn vollständig im Geiste ihrer Schriften ist ihr ganzes Wesen Bewegung; ihre Unfähigkeit, bei der Sache und Frage zu verweilen und ruhig mit Antwort und Frage zu wechseln, liegt noch 180 unter dem Nullpunkt. [Dies »unter dem Nullpunkt« ist eine

stärkere Hyperbel als die Wendung, daß auch nicht eine Winzigkeit von Ruhe in diesen Männern zu finden sei.] Vielmehr, wenn
man einen nach etwas fragt, holt er wie aus einem Köcher
rätselhafte Wortgebilde hervor und schießt sie ab; sucht man
nun über den Sinn Auskunft zu erhalten, so wird man von einem
frisch umgeformten neuen Wortpfeil getroffen, erreichen aber
wird man mit ihnen nun und nimmermehr auch nur das Geringste; auch sie selbst nicht untereinander, sondern eifrig wachen sie
darüber, nichts Festes aufkommen zu lassen, weder in der Rede
noch in ihrer Seele, weil sie, glaube ich, meinen, das wäre etwas
Beharrendes; gegen dieses führen sie einen erbitterten Kampf
und verbannen es mit allen Kräften.

SOKRATES: Vielleicht, mein Theodoros, hast du die Männer nur
kämpfen sehen, hast aber ihrem friedlichen Zusammensein nicht
beigewohnt. Denn sie sind dir nicht hold. Aber ich glaube, sie
geben darüber ihren Schülern, die sie sich selbst gleichmachen
wollen, zu gelegener Zeit Auskunft.

THEODOROS: Was Schülern? Wie kann denn davon die Rede
sein, du Wunderlicher! Es kommt ja gar nicht dazu, daß einer des
anderen Schüler wird, sondern von selber wachsen sie auf, ge-
nährt von der Begeisterung, die sie sich wer weiß woher holten,
und keiner traut dem anderen ein Wissen zu. Von ihnen also
wirst du, wollte ich sagen, weder mit ihrem Willen noch gegen
ihren Willen Auskunft erhalten. Wir selbst müssen die Sache in
die Hand nehmen und wie ein Problem prüfen.

SOKRATES: Das läßt sich hören. Haben wir dies Problem nicht
einerseits von den Alten überkommen, die es vor der Menge
verbargen unter dem dichterischen Ausdruck, daß der Ursprung
aller Dinge, Okeanos und Tethys, Flüsse sind und nichts stillsteht, anderseits von den Späteren, die, als weisere Leute, es
offen darlegten, auf daß jeder Schuster ihre Weisheit ihnen abhö-
ren und erlernen könnte und abließe von dem törichten Glauben, die Dinge beharrten zum Teil, zum Teil bewegten sie sich,
vielmehr belehrt über die ausnahmslose allgemeine Bewegung
ihnen Lob und Ehre spendete? Beinahe aber hätte ich vergessen,
mein Theodoros, daß andere wieder das gerade Gegenteil dargelegt haben, nämlich daß das All unbeweglich sei, und was sonst
Männer wie Melissos und Parmenides im Gegensatz zu alledem

behaupten, nämlich daß alles eins sei und in sich stillstehe, da es keinen Raum habe, in dem es sich bewege. Was sollen wir also mit alledem anfangen, mein Freund? Denn ohne es zu merken, sind wir bei unserem schrittweisen Vorgehen in die Mitte zwischen beiden geraten, und wenn wir uns nicht zur Wehr setzen und davonkommen, so wird es uns übel ergehen wie den auf den Turnplätzen spielenden Knaben, wenn sie auf der Trennungslinie von beiden Parteien gefaßt und von der einen nach dieser, von der anderen nach jener Seite gezogen werden. Ich meine nun, wir müssen zuerst die eine Partei der Prüfung unterwerfen, gegen die wir ausgezogen sind, die Stromleute, und wenn sie sich überzeugend zu rechtfertigen wissen, so werden wir selbst ihnen bei dem Geschäft helfen, uns zu sich hinüberzuziehen, indem wir uns den anderen zu entwinden suchen. Sollten aber die Stillstandsverfechter des All sich als diejenigen erweisen, die das größere Recht auf ihrer Seite haben, so werden wir vor denen, die sich herausnehmen, das Unbewegte zu bewegen, zu ihnen unsere Zuflucht nehmen. Wenn es sich aber klar herausstellt, daß weder die einen noch die anderen etwas Stichhaltiges vorbringen, so machten wir uns nur lächerlich, wenn wir uns einbilden, wir unbedeutenden Leute brächten wirklich etwas zur Sache bei, während uralte und hochweise Männer von uns für unzulänglich dazu erfunden worden sind. Bedenke also, mein Theodoros, ob es frommt, einer so großen Gefahr sich auszusetzen.

THEODOROS: Mir scheint es unabweisbar, mein Sokrates, den Sinn der beiderseitigen Ansichten genau zu durchforschen.

Wenn sich alles bewegt, dann ist Wissen Nichtwissen

SOKRATES: Wenn du so drängst, müssen wir also die Prüfung unternehmen. Der Ausgangspunkt aber für die Betrachtung über die Bewegung scheint mir der zu sein, was sie eigentlich mit ihrer Behauptung, alles bewege sich, meinen. Das soll heißen, ob sie nur *eine* Art der Bewegung meinen oder, wie mir scheint, zwei? Indes soll dies nicht mir allein so scheinen, sondern auch du mußt dich beteiligen, auf daß wir, wenn es sein muß, den Schmerz gemeinsam tragen. Nun sage mir: nennst du es Bewegung, wenn etwas seinen Ort wechselt oder auch sich auf derselben Stelle im Kreise herumdreht?

THEODOROS: Gewiß.

SOKRATES: Dies wäre also die eine Art. Wenn aber etwas auf der nämlichen Stelle bleibt, dabei aber altert oder schwarz aus weiß wird oder rauh aus weich oder sonst eine Änderung erfährt, soll man das nicht füglich eine zweite Art der Bewegung nennen?

THEODOROS: Ich denke wohl.

SOKRATES: Notwendigerweise. Ich setze also diese zwei Arten der Bewegung, Veränderung und Ortsbewegung.

THEODOROS: Richtig.

SOKRATES: Auf Grund dieser Unterscheidung wollen wir uns also an die Vertreter der Ansicht, daß alles sich bewege, wenden mit der Frage: Behauptet ihr, daß alles sich auf beide Arten bewege, durch Ortsbewegung und durch Veränderung, oder teils auf beide Arten, teils nur auf die eine?

THEODOROS: Beim Zeus, darüber bin ich mir nicht klar; doch dürften sie wohl sagen auf beide Arten.

SOKRATES: Wo nicht, mein Freund, werden sie zugleich Bewegung und Stillstand annehmen, und es würde dann ebenso richtig sein zu sagen, das All stehe still, wie, es bewege sich.

THEODOROS: Ganz recht.

SOKRATES: Da es sich nun bewegen soll und nichts der Bewegung entbehren soll, so muß sich alles auf jede Art von Bewegung bewegen.

THEODOROS: Notwendig.

SOKRATES: Achte mir nun dabei auf folgendes. Sagten wir nicht, sie erklärten die Entstehung der Wärme, der weißen Farbe und jeglicher Qualität dadurch, daß jedesmal gleichzeitig mit der Wahrnehmng zwischen dem Bewirkenden und dem Erleidenden eine Bewegung stattfinde und daß das Erleidende wahrnehmend werde, aber nicht auch Wahrnehmung, das Bewirkende ein irgendwie Beschaffenes, aber nicht Beschaffenheit? Vielleicht nun erscheint dir die Bezeichnung »Beschaffenheit« (ποιότης) etwas fremdartig, und du verstehst sie nicht in ihrem allgemeinen Sinn. Fasse es also nach den einzelnen Arten auf. Das Bewirkende nämlich wird weder Wärme noch weiße Farbe, wohl aber warm und weiß und so auch in den übrigen Fällen.

Denn du entsinnst dich wohl, daß wir auch in der früheren Erörterung sagten, nichts sei an und für sich eines und ebenso auch nicht das Wirkende und Leidende, sondern indem beide aus sich durch ihr Zusammenkommen die Wahrnehmung und das Wahrnehmbare erzeugen, werde das eine [das Bewirkende] ein irgendwie Beschaffenes, das andere [das Erleidende] ein Wahrnehmendes.

THEODOROS: Wie sollte ich mich dessen nicht entsinnen?

SOKRATES: Das übrige nun wollen wir ununtersucht lassen, ob sie es anders oder so meinen. Nur das, worauf es uns hier ankommt, wollen wir festhalten und fragen: es bewegt sich und fließt alles, wie ihr sagt? Nicht wahr?

THEODOROS: Ja.

SOKRATES: Doch wohl nach beiden Arten der Bewegung, die wir unterscheiden, nämlich nach Ortsbewegung und Veränderung?

THEODOROS: Gewiß. Sonst würde die Bewegung keine vollständige sein.

SOKRATES: Wenn es nun bloß Ortsbewegung erlitte, ohne qualitative Veränderung, so könnten wir doch noch angeben, wie beschaffen dasjenige sei, das sich räumlich bewegend fließt. Oder wie sollen wir sagen?

THEODOROS: So.

SOKRATES: Da aber auch nicht einmal die weiße Farbe dessen, was in Fluß begriffen ist, beharrt, sondern sich ändert, so daß eben auch diese weiße Farbe selbst in Fluß ist und sich in andere Farbe wandelt – denn sonst würde sie ja in dieser Beziehung sich als beharrend verraten –, ist es da überhaupt möglich, von einer bestimmten Farbe eines Dinges zu reden, ohne der Wahrheit zu nahezutreten?

THEODOROS: Wie sollte es möglich sein? Oder wie sollte etwas anderes von dieser Art möglich sein, wenn es sich immer der Bezeichnung durch die Rede entzieht, eben als ein Fließendes?

SOKRATES: Was sollen wir nun über jede Art von Wahrnehmung sagen, wie z. B. die des Sehens oder Hörens? Daß beim Sehen oder Hören jemals etwas beharre?

THEODOROS: Das geht nicht an, wenn anders sich alles bewegt.

SOKRATES: Mithin darf man ebensowenig das Sehen wie das

Nichtsehen in bezug auf irgend etwas aussagen und ebenso in Beziehung auf die anderen Wahrnehmungen, da ja alles in jeder Hinsicht in Bewegung ist.

THEODOROS: Nein.

SOKRATES: Und doch soll Wissen Wahrnehmung sein, wie ich und Theaitetos behaupteten.

THEODOROS: So war's.

SOKRATES: Unsere Antwort auf die Frage nach dem Wesen des Wissens bedeutete also ebensosehr das Nichtwissen wie das Wissen.

183 THEODOROS: Allem Anschein nach.

SOKRATES: Das wäre also eine schöne Unterstützung für unsere Antwort, wenn wir, um nur ja jene Antwort als richtig zu erweisen, so eifrig auf den Beweis für die Bewegung aller Dinge bedacht waren, während doch gerade bei Annahme der allgemeinen Bewegung jede Antwort, sie möge einen Gegenstand betreffen, welchen sie wolle, gleich richtig ist, man mag nun sagen, es verhalte sich so oder nicht so, oder, wenn du das vorziehst, es *werde* so oder nicht so, damit wir sie nicht durch unsere Rede zum Stehen bringen.

THEODOROS: Du hast recht.

SOKRATES: Ausgenommen den einen Punkt, mein Theodoros, daß ich mich des Ausdrucks »so« und »nicht so« bediente. Denn man darf nicht einmal diesen Ausdruck »so« gebrauchen. Denn dann würde keine Bewegung mehr stattfinden. Ebensowenig »nicht so«. Den auch dies ermangelt der Bewegung. Die Anhänger dieses Satzes müssen also eine neue Sprache erfinden, da sie jetzt für ihre eigene Voraussetzung keine Worte besitzen, es müßte denn das »überhaupt nicht« sein; denn das würde in seiner völligen Unbestimmtheit noch am meisten für sie passen.

THEODOROS: Wenigstens wäre das für sie noch die schicklichste Ausdrucksweise.

SOKRATES: Mit deinem Freunde also, mein Theodoros, wären wir nun fertig und geben ihm durchaus nicht zu, daß jeder Mensch das Maß aller Dinge sei, es müßte denn ein Sachverständiger sein. Daß Wissen aber Wahrnehmung sei, werden wir wenigstens nach der Methode der Allbewegung nicht zugeben, es müßte denn unser Theaitetos einen anderen Sinn damit verbinden.

THEODOROS: Trefflich gesagt, mein Sokrates; denn nach Erledigung dieses Punktes muß ich ja meiner Antwortpflicht entbunden sein, was vertragsmäßig der Fall sein sollte, sobald die Untersuchung über den Satz des Protagoras beendigt wäre.

Die Verfechter des Allstillstandes bleiben vorläufig außerhalb des Spiels

THEAITETOS: Nein, mein Theodoros: Erst müßt ihr, Sokrates und du, auch die Verfechter des Allstillstandes gründlich abtun, wie ihr euch eben vornahmt.

THEODOROS: So jung noch, mein Theaitetos, unternimmst du es, die Älteren zum Übertreten von Verträgen, also zum Unrecht, anzuhalten? Rüste dich lieber dazu, dem Sokrates auf das noch Unerledigte Rede zu stehen.

THEAITETOS: Wenn er es wünscht. Am liebsten freilich wäre es mir, wenn ich Zuhörer sein könnte bei Erörterung des angedeuteten Punktes.

THEODOROS: Wenn du den Sokrates zum Reden aufforderst, rufst du die Reiter dahin, wo sie hingehören, in die Ebene. Frage also nur; die Antwort wird nicht ausbleiben.

SOKRATES: Es scheint mir besser, mein Theodoros, dem Theaitetos nicht auf das von ihm empfohlene Gebiet zu folgen.

THEODOROS: Warum nicht?

SOKRATES: Ich möchte mich nicht auf eine Erörterung einlassen, die etwas Ungeziemendes hat, eine Scheu, die sich weniger auf den Melissos bezieht und die anderen, die das All ein ruhendes Eins nennen, als auf den *einen* Parmenides. Parmenides aber erscheint mir, mit Homer zu reden, zugleich ehrwürdig und furchtgebietend [Odyssee 8, 22]. Ich hatte als ganz junger Mann Verkehr mit ihm, dem schon Hochbetagten, und es trat mir an ihm eine mit hohem Seelenadel verbundene Tiefe des Geistes entgegen. Ich fürchte also, daß wir seine Worte nicht verstehen und noch weit mehr unfähig sind, ihren wahren Sinn zu ergründen. Darüber würde die Hauptsache, um derentwillen die Untersuchung zuerst unternommen wurde, nämlich über das Wesen des Wissens, infolge der sich aufdrängenden Erörterungen, wenn man ihnen sich hingibt, unerledigt bleiben und dies um so mehr, als die eben angeregte Frage bei ihrem unermeßlich großen Umfange, beiläufig abgetan, nicht die ihrer Würde entsprechende Behandlung erfahren würde, nach Gebühr aber entwickelt, durch die Länge der Erörterung die Frage über das Wissen verdunkeln würde. Beides ist vom Übel; vielmehr müssen wir den Versuch machen, den Theaitetos von dem, womit er hinsichtlich des Wissens schwanger geht, durch unsere Hebammenkunst zu entbinden.

Wie erfassen wir das, was den Sinnesqualitäten gemeinsam ist?

THEODOROS: Nun so mag es denn sein, wenn du meinst.

SOKRATES: Noch also, mein Theaitetos, ziehe folgendes in bezug auf das Gesagte in Erwägung. Denn du setzt das Wissen der Wahrnehmung gleich. Nicht wahr.

THEODOROS: Ja.

SOKRATES: Wenn dich nun jemand fragte: Womit sieht der Mensch das Weiße und Schwarze, und womit hört er das Hohe und Tiefe? so würdest du, glaube ich, antworten, mit den Augen und den Ohren.

THEAITETOS: Gewiß.

SOKRATES: Leichte Gewandtheit in Worten und Wendungen unter Vermeiden allzu peinlicher Genauigkeit macht meistens nicht den Eindruck des Unedlen, eher hat das Gegenteil etwas Unfreies an sich. Doch gibt es Fälle, wo dies Gegenteil notwendig ist; so müssen auch wir jetzt deine Antwort gehörig anfassen insoweit, als sie nicht richtig ist. Denn bedenke: welche Antwort ist richtiger: »*Womit* wir sehen, das seien die Augen«, oder »*wodurch* wir sehen«, und »*womit* wir hören« oder »*wodurch* wir hören«?

THEODOROS: »*Wodurch*« ist für alle Wahrnehmungen, wie mir scheint, zutreffender als »*Womit*«.

SOKRATES: Es wäre doch auch schlimm, mein Sohn, wenn, wie im hölzernen Pferde, viele Wahrnehmungen sich befänden, ohne sich insgesamt in *eine* Form der Auffassung zusammenzufügen, mag man es nun Seele nennen oder wie sonst, mit der wir vermittelst jener, gewissermaßen als ihrer Werkzeuge, alles Wahrnehmbare wahrnehmen.

THEAITETOS: Das scheint mir zutreffender als jenes.

SOKRATES: Weshalb nun aber nehme ich es damit so genau? Wenn wir *mit* einem, unserem eigentlichen Selbst angehörenden und immer dasselbe bleibenden Etwas *durch* die Augen das Weiße und das Schwarze und durch die anderen Sinne wiederum anderes erfassen und du auf Befragen alles derartige wirst auf den Leib zurückführen können – indes vielleicht ist es besser, daß du durch Antworten es aussprichst, als daß ich mir an deiner Stelle damit zu schaffen mache. Also erkläre dich über folgendes: Rechnest du nicht alles, wodurch man Warmes und Hartes und Leichtes und Süßes wahrnimmt, zum Körper? Oder zu etwas anderem?

THEODOROS: Zu nichts anderem.

SOKRATES: Wirst du dich auch zu dem Zugeständnis verstehen, daß, was man durch *einen* Sinn wahrnimmt, unmöglich durch einen anderen wahrnehmen kann, z. B. das Gehörte nicht durch das Auge, das Gesehene nicht durch das Gehör?

THEAITETOS: Wie sollte ich mich dazu nicht verstehen?

SOKRATES: Wenn du also über beide zusammen etwas durch Denken bestimmst, wird dies wohl kein Wahrnehmen über beide durch den einen oder durch den anderen jener beiden Sinne sein.

THEAITETOS: Nein.

SOKRATES: Was nun Ton und Farbe anlangt, so denkst du doch zunächst dies über beide, daß sie beide sind?

THEAITETOS: Gewiß.

SOKRATES: Ferner, daß jedes von beiden von dem anderen verschieden, mit sich selbst aber gleich ist?

THEAITETOS: Wie anders?

SOKRATES: Und daß beide zwei, jedes von beiden aber eines ist?

THEAITETOS: Auch dies.

SOKRATES: Bist du nicht auch imstande zu prüfen, ob sie beide einander unähnlich oder ähnlich sind?

THEAITETOS: Vermutlich.

SOKRATES: Welches wäre nun das Sinnesorgan, durch das du alles dies über beide denkst? Denn weder durch das Gehör noch durch das Gesicht ist es möglich, das Gemeinsame über sie zu erfassen. Ferner liegt auch in folgendem ein Beweis für unsere

Behauptung: Wenn es nämlich möglich wäre, beide daraufhin zu prüfen, ob sie salzig schmecken oder nicht, so weißt du, durch welches Organ du dies erkennen kannst, und dies dürfte weder Gesicht noch Gehör sein, sondern etwas anderes.

THEAITETOS: Unstreitig, und zwar ist es der Sinn, der durch die Zunge wirkt.

SOKRATES: Recht so. Wodurch aber wirkt das Vermögen, welches das, wie für alle, so auch für die genannten Wahrnehmungen [Ton und Farbe] Gemeinsame dir anzeigt und dem du das »Ist« beilegst und das »Ist nicht« und worauf sonst noch jetzt ebenso unsere Fragen führten? Welches sollen deiner Meinung nach die Werkzeuge sein, durch die das Wahrnehmende in uns zu jeder dieser Wahrnehmungen gelangt?

THEAITETOS: Du meinst das Sein und Nichtsein und Ähnlichkeit und Unähnlichkeit und Identität und Verschiedenheit, ferner das Eins und was sonst von Zahlen von ihnen ausgesagt wird. Ferner bezieht sich deine Frage nach dem körperlichen Organ, durch welches wir mit der Seele wahrnehmen, offenbar auch auf das Gerade und Ungerade und alles, was damit in Zusammenhang steht.

SOKRATES: Ganz vortrefflich, mein Theaitetos, findest du dich zurecht. Eben darauf zielte meine Frage.

THEAITETOS: Ich kann kein Organ dafür nennen, doch will es mir scheinen, als gäbe es dafür gar kein besonderes Organ wie für die einzelnen Sinneswahrnehmungen, vielmehr dürfte wohl die Seele selbst durch ihre eigene Kraft das an allen Gemeinsame betrachtend erfassen.

SOKRATES: Ja, schön bist du, mein Theaitetos, in der Tat und nicht, wie Theodoros sagt, häßlich. Denn wer schön Auskunft gibt, der ist auch schön und gut. Aber abgesehen von dem *Schönen* hast du es auch *gut* mit mir gemeint; denn du hast mir eine umständliche Auseinandersetzung erspart, sofern deine Ansicht dahin geht, daß die Seele in ihren Betrachtungen teils durch ihre eigene Kraft, teils durch die körperlichen Vermögen geleitet wird. Denn das war auch meine eigene Ansicht, von der ich wünschte, daß du sie teiltest.

186 THEAITETOS: Dies ist der Fall.

Wahrnehmung ist nicht Wissen

SOKRATES: Zu welchen von beiden gehört nun das Sein? Denn dieses erscheint vor allem als gemeinsamer Begleiter sämtlicher Vorstellungen.

THEAITETOS: Meiner Ansicht nach zu denen, die die Seele allein durch eigene Kraft erfaßt.

SOKRATES: Auch Ähnlichkeit und Unähnlichkeit und Identität und Verschiedenheit?

THEAITETOS: Ja.

SOKRATES: Und weiter: das Schöne und Häßliche und Gute und Schlechte.

THEAITETOS: Auch von diesen scheint sie mir erst recht das Sein in seinen gegenseitigen Verhältnissen zu betrachten, indem sie bei sich das Vergangene und das Gegenwärtige gegen das Zukünftige abwägt.

SOKRATES: Nur nicht zu hastig. Wird sie nicht die Härte des Harten durch Betastung wahrnehmen und ebenso die Weichheit des Weichen?

THEAITETOS: Ja.

SOKRATES: Das Sein aber und was sie sind und den Gegensatz zueinander und weiter auch das Wesen des Gegensatzes versucht unsere Seele selbst zu beurteilen auf Grund eingehender Prüfung und gegenseitiger Vergleichung.

THEAITETOS: Sicherlich.

SOKRATES: Drängt sich nun die Wahrnehmung des ersteren, nämlich alle Eindrücke, die sich durch den Körper der Seele mitteilen, den Menschen und Tieren nicht gleich von Geburt ganz von selbst auf, während die Erwägungen darüber rücksichtlich des Seins und des Nutzens sich nur mit einiger Anstrengung und langsam durch viele Übungen und Unterweisung einstellen, wo sie sich überhaupt einstellen?

THEAITETOS: Gewiß.

SOKRATES: Ist es nun wohl dem Teile des Menschen [dem Leibe] möglich, die Wahrheit zu erfassen, der nicht einmal das Sein erfaßt?

THEAITETOS: Gewiß nicht.

SOKRATES: Wer aber die Wahrheit in einer Sache verfehlt, der kann darüber doch niemals ein Wissen besitzen?

THEAITETOS: Unmöglich.

SOKRATES: In den sinnlichen Eindrücken also ist kein Wissen anzutreffen, wohl aber in dem darüber Erschlossenen [in dem, was der Verstand darüber ermittelt]. Denn das Sein und die Wahrheit ist allem Anschein nach hier zu erfassen möglich, dort aber unmöglich.

THEAITETOS: So scheint es.

SOKRATES: Können nun beide als gleich gelten, trotz ihrer großen Unterschiede?

THEAITETOS: Das wäre nicht recht.

SOKRATES: Welchen Namen gibst du nun dem Sehen, Hören, Riechen, Frost und Wärme und was sonst dahingehört?

THEAITETOS: Wahrnehmen. Welchen sonst?

SOKRATES: Insgesamt also nennst du das Wahrnehmung?

THEAITETOS: Notwendig.

SOKRATES: Und dieses vermag, unserer Behauptung zufolge, die Wahrheit nicht zu erfassen, weil auch nicht das Sein.

THEAITETOS: Nein.

SOKRATES: Also auch nicht das Wissen.

THEAITETOS: Nein.

SOKRATES: Also, mein Theaitetos, mit der Gleichsetzung von Wahrnehmung und Wissen wäre es nun zu Ende.

THEAITETOS: So scheint es, mein Sokrates. Und jetzt erst ist die Verschiedenheit von Wahrnehmung und Wissen ganz klargeworden.

187 SOKRATES: Aber nicht deshalb begannen wir unsere Unterredung, um zu finden, was das Wissen nicht ist, sondern was es ist. Gleichwohl sind wir doch so weit vorgedrungen, daß wir es in der Wahrnehmung überhaupt nicht suchen, sondern in dem wie immer genannten Zustand der Seele, in dem sie sich befindet, wenn sie ganz auf sich gestellt sich mit den Dingen beschäftigt.

THEAITETOS: Nun fürwahr, mein Sokrates, dafür ist wohl der Ausdruck »Meinen« der gebräuchliche.

SOKRATES: Richtig, mein Freund. Jetzt lösche nun alles Bisherige aus, und sieh zu, ob du schärfer siehst, nachdem du soweit vorgedrungen bist. Also noch einmal: Was ist Wissen?[5]

Sophistes

Die Behauptung unwahrer Aussagen führt in den Widerspruch: Das Nichtseiende ist

FREMDLING[1]: Wir stehen, mein Bester, tatsächlich inmitten einer äußerst schwierigen Untersuchung. Denn dies »Sichdarstellen« und »Scheinen« und doch nicht »Sein« und dies »etwas Sagen und damit doch nicht die Wahrheit Sagen«, alles das birgt eine Fülle von Schwierigkeiten in sich, wie vordem so auch jetzt, denn wie man es sich denken soll, daß jemand die Möglichkeit unwahrer Aussagen und Vorstellungen behaupten könne, ohne sich schon durch das bloße Aussprechen dieses Satzes mit sich selbst in Widersprüche zu verwickeln, das ist eine äußerst
237 schwierige Frage.

THEAITETOS: Inwiefern?

FREMDLING: Diese Behauptung beruht auf der kühnen Voraussetzung, daß das Nichtseiende sei. Denn einen anderen Weg sich das Bestehen der Unwahrheit zu erklären, gibt es nicht. Der große *Parmenides* aber, mein Sohn, versicherte uns, als wir noch ganz jung waren, immer und immer wieder in jeder denkbaren Form das, was in seinem Gedicht so lautet:

> Niemals läßt durch Beweis sich zeigen es sei, was da nicht ist;
> Nein, halt ferne dein Denken von solchen Wegen der Forschung.

Und diese Behauptung wird nicht nur von ihm bezeugt, vor allem spricht sie deutlich für sich selbst, wenn man sie richtig prüft. Darauf wollen wir also zunächst unser Augenmerk richten, wenn du nichts dagegen einzuwenden hast.

THEAITETOS: Mit mir kannst du es halten, wie du willst. Was aber die Untersuchung anlangt, so sieh zu, wie sie am besten ihren Gang nimmt; diesen Weg schlage du selbst ein, und leite auch mich auf denselben.

Das Nichtseiende kann nicht ausgesprochen werden

FREMDLING: Ja, so müssen wir die Sache angreifen. Sage mir also: Wagen wir das schlechthin Nicht-Seiende irgendwie auszusprechen?

THEAITETOS: Wie sollten wir nicht?

FREMDLING: Wenn also nicht etwa des Streites oder Scherzes halber, sondern in vollem Ernst einer unserer Zuhörer nach reiflicher Erwägung die Frage beantworten sollte, in Beziehung worauf denn nun eigentlich die Bezeichnung »das Nichtseiende« ihre Geltung hat, was wäre dann wohl unserer Meinung nach das Objekt und die Beschaffenheit, auf die er seinerseits es beziehen und die er dem Fragenden angeben würde?

THEAITETOS: Eine schwierige Frage, der ich bei meiner Jugend so gut wie völlig ratlos gegenüberstehe.

FREMDLING: Aber das wenigstens ist doch wohl klar, daß das Nichtseiende nicht auf etwas Seiendes bezogen werden darf.

THEAITETOS: Ja, das ist ganz unmöglich.

FREMDLING: Und wenn nicht auf das Seiende, dann doch auch nicht auf das *Etwas*? Wer es tut, der wäre doch wohl im Unrecht?

THEAITETOS: Wieso?

FREMDLING: Nun, auch von diesem »Etwas« ist uns doch bekannt, daß wir es stets auf etwas Seiendes beziehen. Denn es rein für sich allein in der Rede zu gebrauchen, gleichsam nackt und losgelöst von allem Seienden, ist unmöglich. Nicht wahr?

THEAITETOS: Ja, unmöglich.

FREMDLING: Ist deine Zustimmung eine Folge der Erwägung, daß, wer Etwas sagt, notwendig irgend *Eines* sagt?

THEAITETOS: Ja.

FREMDLING: Denn das *Etwas* weist doch auf die Einheit hin, das *Beide* auf die Zweiheit und das *Etwelche* auf die Mehrzahl.

THEAITETOS: Gewiß.

FREMDLING: Wer aber nicht Etwas sagt, der muß doch wohl notwendigerweise überhaupt Nichts sagen.

THEAITETOS: Unbedingt.

FREMDLING: Nicht einmal das dürfen wir doch wohl zugeben, daß der Betreffende zwar redet, aber nichts redet, sondern wir müssen vielmehr sagen: Wer versucht Nichtseiendes durch Rede kundzugeben, der redet überhaupt nicht.

THEAITETOS: Damit hat doch die Untersuchung den Gipfel der Schwierigkeit erreicht.

Das Nichtseiende ist undenkbar, unsagbar, unaussprechbar und widersinnig

238 FREMDLING: Noch triumphiere nicht. Denn noch gibt es Schwierigkeiten, und gerade die größte und hauptsächlichste steht noch aus. Denn sie bezieht sich auf die eigentliche Grundlage der Untersuchung.

THEAITETOS: Wieso? Sage es ohne Verzug.

FREMDLING: Mit dem Seienden kann sich doch wohl ein anderes Seiendes verbinden?

THEAITETOS: Selbstverständlich.

FREMDLING: Wollen wir es aber für möglich erklären, daß sich mit dem Nichtseienden jemals etwas Seiendes verbinde?

THEAITETOS: Das geht nicht an.

FREMDLING: Nun rechnen wir doch die gesamte Gattung der Zahlen unter das Seiende?

THEAITETOS: Wenn überhaupt irgend etwas, so muß doch die Zahl als seiend gesetzt werden.

FREMDLING: Also schon jeder Versuch, eine Zahl, sei es als Mehrheit oder als Einheit, mit dem Nichtseienden zu verbinden, ist von Übel.

THEAITETOS: Wenigstens würde nach dem Ausweis unserer Untersuchung ein solcher Versuch verfehlt sein.

FREMDLING: Wie wäre es also möglich, die nichtseienden Dinge oder das Nichtseiende ohne Zahl entweder durch den Mund auszusprechen oder überhaupt auch nur mit dem Gedanken zu erfassen?

THEAITETOS: Das mußt du mir weiter erläutern.

FREMDLING: Wenn wir sagen »nichtseiende Dinge«, versuchen wir da nicht ihnen eine Mehrzahl beizulegen?

THEAITETOS: Sicherlich.

FREMDLING: Wenn wir aber sagen »Nichtseiendes«, reden wir dann nicht davon als von einer Einheit?

THEAITETOS: Ganz unzweideutig.

FREMDLING: Nun erklären wir aber doch jeden Versuch, Seiendes mit Nichtseiendem zu verbinden, für unzulässig und unrichtig.

THEAITETOS: Sehr wahr gesprochen.

FREMDLING: Begreifst du nun also, daß es, ohne sich in Fehler zu verwickeln, gar nicht möglich ist, das Nichtseiende an und für sich auszusprechen oder davon zu reden oder es zu denken, daß es vielmehr undenkbar und unsagbar und unaussprechbar und widersinnig ist?

THEAITETOS: Allerdings.

Auch wer das Nichtseiende bestreitet, widerspricht sich

FREMDLING: Hatte ich also unrecht, als ich vorhin sagte, die größte Schwierigkeit gälte es erst noch anzugeben?

THEAITETOS: Wie? Steht uns noch eine andere, größere bevor?

FREMDLING: Wie, du Wunderlicher? Merkst du nicht eben an dem jetzt Gesagten, daß das Nichtseiende auch den Widerlegenden in die größte Schwierigkeit verwickelt, dergestalt, daß, wenn er es zu widerlegen versucht, er sich genötigt sieht, sich mit sich selbst in Widerspruch zu setzen?

THEAITETOS: Wie meinst du das? Erkläre dich noch deutlicher.

FREMDLING: Nicht bei mir darfst du die größere Deutlichkeit zu finden hoffen. Denn ich machte doch die Voraussetzung, das Nichtseiende dürfe weder an der Einheit noch an der Vielheit teilhaben, und trotzdem sprach ich vorhin und eben jetzt wieder von ihm als von einer Einheit; denn ich sage ja »das Nichtseiende«. Du verstehst mich gewiß.

THEAITETOS: Ja.

FREMDLING: Und kurz vorher wieder sagte ich doch von ihm, es sei unaussprechbar und unsagbar und widersinnig. Du folgst doch?

THEAITETOS: Ja, so gut ich kann.

FREMDLING: Wenn ich also das Sein damit zu verbinden suchte, so setzte ich mich doch mit dem Früheren in Widerspruch?

THEAITETOS: Offenbar.

FREMDLING: Wenn ich ferner das »Ist« damit verband, so verfuhr ich in der Rede damit doch als mit einer Einheit?

THEAITETOS: Ja.

FREMDLING: Und wenn ich es widersinnig nannte und unsagbar und unaussprechbar, so redete ich doch von ihm, als ob es Eines wäre?

THEAITETOS: Allerdings.

FREMDLING: Wir erklären es aber doch, wenn anders man nicht fehlerhaft reden will, für notwendig, es weder als Eines noch als Vieles zu bestimmen, ja auch nur als es zu bezeichnen. Denn auch nach dieser Bezeichnung würde es schon unter den Begriff der Einheit gebracht werden.

THEAITETOS: Ja, gewiß.

Der Sophist wendet die Ergebnisse unserer Untersuchung gegen uns

FREMDLING: Was wäre also von mir jetzt noch zu erwarten? Längst schon wie auch jetzt eben erst wieder stellt sich meine Niederlage hinsichtlich der Widerlegung des Nichtseienden klar heraus. Also, wie gesagt, von Erklärungen meinerseits dürfen wir keine Berichtigung unserer Aussagen vom Nichtseienden erhoffen, wohl aber dürfen wir sie bei dir suchen. Also nur frisch zu!

THEAITETOS: Wie soll ich das verstehen?

FREMDLING: Du bist ja noch jung an Jahren; also wohlan! Nimm deine ganze Kraft zusammen, und versuche kühn und tapfer, ohne mit dem Nichtseienden das Sein oder die Einzahl oder die Mehrzahl zu verbinden, in richtiger Weise etwas darüber auszusagen.

THEAITETOS: Das wäre doch eine starke und unbegreifliche Verwegenheit von mir, wenn ich *dich* in solcher Verlegenheit sehe und gleichwohl meinerseits den Versuch machen wollte.

FREMDLING: Nun gut denn, so wollen wir von dir und von mir ganz absehen. Solange sich uns aber niemand zeigt, der imstande wäre, dies zu tun, müssen wir bei der Behauptung bleiben, daß sich der Sophist mit unvergleichlicher Verschmitztheit ein völlig unzugängliches Versteck ausgesucht hat.

THEAITETOS: Ja, das ist wahrhaftig der Fall.

FREMDLING: Wenn wir ihn also als Vertreter einer Art scheinbildnerischer Kunst bezeichnen, so wird er diese unsere dialektische Methode unschwer gegen uns selbst anwenden und die Ergebnisse unserer Untersuchung ins Gegenteil umkehren. Wenn wir ihn nämlich einen Bildererzeuger nennen, so richtet er an uns die Frage, was wir denn überhaupt unter Bild verstehen. Wir müssen uns also umsehen, mein Theaitetos, was man dem stürmischen Dränger auf seine Frage antworten kann.

THEAITETOS: Offenbar folgendes: Die Bilder im Wasser und in den Spiegeln, ferner Gemälde und Statuen und was es sonst noch alles dergleichen gibt.

Der Sophist zwingt anzuerkennen, daß das Nichtseiende in gewisser Weise doch sei

FREMDLING: Es ist ganz klar, mein Theaitetos: Du hast noch nie einen Sophisten gesehen.

THEAITETOS: Wieso?

FREMDLING: Er wird sich anstellen, als wären ihm die Augen zugefallen oder als wäre er überhaupt ganz blind.

THEAITETOS: Wie?

FREMDLING: Wenn du ihm in dieser Weise antwortest, nämlich von Spiegelerscheinungen und Skulpturen redest, wird er deine Antwort verlachen, falls du sie als an einen Sehenden richtest, und wird vorgeben, er wisse weder von Spiegeln etwas noch von 240 Wasser noch überhaupt vom Sehen. Was er allein gegen dich hervorkehren wird, ist der dialektische Fragepunkt.

THEAITETOS: Welcher wäre das?

FREMDLING: Was es mit dem allgemeinen Begriff für eine Bewandtnis hat, der für alle die Dinge gilt, die du unter Aufzählung einer ganzen Reihe von Fällen mit einem Namen zu bezeichnen beliebtest, indem du dich des Ausdrucks *Bild* bedientest als der Einheit für alle. Erkläre dich also darüber, und setze dich, ohne zu wanken und zu weichen, gegen den Mann zur Wehr.

THEAITETOS: Was könnten wir denn also, mein lieber Fremdling, unter Bild anderes verstehen als das, was dem Wirklichen angeglichen, also ein Zweites von dieser Art ist.

FREMDLING: Wenn du sagst »ein Zweites von dieser Art«, so meinst du doch ein Wirkliches, oder worauf soll sich das »von dieser Art« beziehen?

THEAITETOS: Nein, durchaus nicht ein Wirkliches, sondern ein Ähnliches.

FREMDLING: Meinst du mit dem Wirklichen ein wahrhaft Seiendes?

THEAITETOS: Ja.

FREMDLING: Wie nun? Das Nichtwirkliche ist doch das Gegenteil vom Wirklichen?

THEAITETOS: Selbstverständlich.

FREMDLING: Also nicht wahrhaft seiend ist dir zufolge das Ähnliche, wenn anders du es nicht-wirklich nennst.

THEAITETOS: Aber in gewisser Hinsicht ist es doch.

FREMDLING: Also doch nicht wahrhaft, deiner Meinung nach.

THEAITETOS: Nein, das nicht – nur ein Bild ist es in Wahrheit.

FREMDLING: Ohne also ein wahrhaftes Sein zu haben, ist es doch wahrhaft das, was wir als Bezeichnung dafür brauchen, nämlich ein Bild.

THEAITETOS: Ja, dieser Art scheint die Verbindung zu sein, in der das Nichtseiende mit dem Seienden verflochten ist, in der Tat eine schwer zu begreifende Verbindung.

FREMDLING: Ja, wahrlich schwer zu begreifen. Du siehst also, daß durch diese wechselseitige Verflechtung der vielköpfige Sophist auch jetzt uns gezwungen hat, wider Willen anzuerkennen, daß das Nichtseiende in gewisser Hinsicht doch *sei*.

THEAITETOS: Ja, sehr deutlich sehe ich das.

FREMDLING: Also sage, wie sollen wir seine Kunst bestimmen, ohne mit uns selbst in Widerspruch zu geraten?

THEAITETOS: Wie meinst du das, und was befürchtest du dabei?

FREMDLING: Wenn wir sagen, er täusche mit seinem Scheinbild und seine Kunst sei eine Trugkunst, soll damit gesagt sein, daß seine Kunst in unserer Seele falsche Vorstellungen erwecke, oder wie soll unsere Erklärung lauten?

THEAITETOS: Eben so. Denn wie könnte sie anders lauten?

FREMDLING: Eine falsche Vorstellung ist aber doch eine solche, welche das Gegenteil des Seienden vorstellt. Oder wie?

THEAITETOS: Ja, das Gegenteil.

FREMDLING: Du verstehst also unter falscher Vorstellung das Vorstellen des Nichtseienden?

THEAITETOS: Notwendig.

FREMDLING: Wird dabei das Nichtseiende für nichtseiend gehalten oder dem schlechthin Nichtseienden doch ein gewisses
Sein eingeräumt?

THEAITETOS: Ein gewisses Sein muß doch das Nichtseiende
haben; sonst könnte sich ja niemand auch nur im mindesten
irren.

FREMDLING: Ferner nun. Wird nicht auch das schlechthin Seiende für durchaus nichtseiend gehalten?

THEAITETOS: Ja.

FREMDLING: Auch das ist doch Irrtum?

THEAITETOS: Auch das.

FREMDLING: Ebenso wird man doch auch unter einer falschen
Behauptung [Rede] eine solche verstehen müssen, welche das
241 Seiende als nichtseiend und das Nichtseiende als seiend aussagt?

THEAITETOS: Wie könnte es sonst überhaupt zu einer solchen
kommen?

FREMDLING: Nur so und nicht anders. Aber das wird der Sophist nicht zugeben. Oder wie wäre es denkbar, daß irgendeiner,
der wohl bei Verstande ist, es zugibt angesichts dessen, was
früher im Gegensatz zu den jetzigen Aufstellungen eingeräumt
worden war? Merken wir, mein Theaitetos, was er sagen wird?

THEAITETOS: Wie sollten wir es nicht merken? Er wird sagen,
wir behaupteten das Gegenteil von dem kurz vorher Behaupteten, indem wir uns nicht scheuten zu sagen, es komme dem
Irrtum in Vorstellungen und Behauptungen [Reden] ein Sein zu.
Denn wir sähen uns gezwungen, in mannigfachster Weise mit
dem Nichtseienden das Seiende zu verknüpfen, nachdem wir
kurz vorher uns dahin geeinigt hätten, daß dies das Allerunmöglichste sei.

Prüfung des Parmenideischen Satzes: Das Nichtseiende
muß in gewisser Hinsicht sein und das Seiende in gewisser
Hinsicht nicht sein

FREMDLING: Richtig erinnert. Doch ist es Zeit, uns schlüssig zu
machen, wie wir es mit dem Sophisten halten sollen. Denn wenn
wir ihn dem Gebiet der Trugkünstler und Gaukler zuweisen, um

ihn da aufzuspüren, so siehst du, wie leicht und in welcher Fülle ihm da die Einwendungen und Schikanen zur Hand sind.

THEAITETOS: Ja gewiß.

FREMDLING: Einen kleinen Teil davon haben wir erst durchgenommen, während es ihrer geradezu unzählige gibt.

THEAITETOS: So wäre es denn, wie es scheint, unmöglich, den Sophisten zu fassen, wenn es sich damit so verhält.

FREMDLING: Wie also? Wollen wir jetzt entmutigt die Sache aufgeben?

THEAITETOS: Nein, das dürfen wir nicht, wenn wir auch nur im geringsten imstande sind, den Mann auf irgendeine Weise zu fassen.

FREMDLING: Wirst du es also verzeihen und dich, wie du eben sagtest, zufriedengeben, wenn wir irgendwie auch nur die kleinste Bresche legen in die starke Umwallung dieses Satzes vom Nichtseienden?

THEAITETOS: Wie sollte ich nicht?

FREMDLING: So richte ich denn noch dringender folgende Bitte an dich.

THEAITETOS: Welche?

FREMDLING: Mir nicht etwa die Absicht unterzuschieben, als wollte ich eine Art Vatermörder werden.

THEAITETOS: Inwiefern?

FREMDLING: Es kann uns zum Zwecke der Abwehr nicht erspart werden, den Satz unseres Vaters Parmenides genau zu prüfen und die Behauptung zum Siege zu führen, daß das Nichtseiende in gewisser Hinsicht *ist* und umgekehrt das Seiende in gewisser Beziehung *nicht* ist.

THEAITETOS: Es ist klar: mit dieser Behauptung müssen wir im dialektischen Wortgefecht durchdringen.

FREMDLING: Ja, gewiß; so klar, daß es, mit dem Sprichwort zu reden, auch ein Blinder sehen kann. Denn solange diese beiden Sätze nicht entweder widerlegt oder eingeräumt sind, wird schwerlich jemand je imstande sein, über falsche Behauptungen oder falsche Vorstellung, seien es nun Bilder oder Abbilder oder Nachahmungen oder Scheinbilder, gleichviel ob es sich um sie selbst oder um die Künste handelt, die es mit ihnen zu tun haben, – über diese also zu reden, ohne sich dabei dadurch lächerlich zu

machen, daß er sich gezwungen sieht, sich selbst zu widersprechen.

THEAITETOS: Sehr wahr.

242 FREMDLING: Deshalb müssen wir jetzt den Mut haben, gegen
den väterlichen Satz anzukämpfen oder die Sache überhaupt
aufzugeben, wenn eine gewisse Zaghaftigkeit von solchem Unternehmen abhält.

THEAITETOS: Nein, uns soll nichts davon abhalten.

FREMDLING: So möchte ich denn noch eine dritte kleine Bitte an
dich richten.

THEAITETOS: Nur heraus damit.

FREMDLING: Ich sagte doch kurz vorher, daß ich mich in bezug
auf eine derartige Widerlegung immer mutlos gefühlt hätte und
dies auch jetzt der Fall sei.

THEAITETOS: Gewiß.

FREMDLING: Das Gesagte macht mir Angst, ich könnte dir
darob wie ein Verrückter vorkommen, wenn ich im Handumdrehen das Gegenteil von dem vorigen behaupte. Denn dir zu
Gefallen wollen wir die Widerlegung des Satzes in Angriff nehmen, wenn anders von einer solchen die Rede sein kann.

THEAITETOS: Darüber kannst du ganz beruhigt sein. Also nur
zu! Du wirst mir durchaus nicht als ein Faselhans vorkommen,
wenn du dich an die Widerlegung und an den Beweis machst.

Unwissenheit über Nichtsein und Sein

FREMDLING: Wohlan denn, was soll man zum Ausgangspunkt
machen für eine so gewagte Untersuchung? Ich glaube, die
Natur der Sache selbst zwingt uns, den folgenden Weg einzu-
schlagen.

THEAITETOS: Welchen denn also?

FREMDLING: Dasjenige zunächst einer Prüfung zu unterwerfen,
was anscheinend ganz selbstverständlich ist, damit wir nicht
ohne weiteres hier einander beistimmen, als wären wir vollständig darüber im klaren, während wir tatsächlich darüber im unklaren sind.

THEAITETOS: Erkläre dich deutlicher darüber.

FREMDLING: Wenig streng scheint mir unser Parmenides verfahren zu sein sowie überhaupt alle, die je sich an eine Beurteilung des Seienden nach Zahl und Beschaffenheit gewagt haben.

THEAITETOS: Wieso?

FREMDLING: Mir erscheint es wie eine Art Märchen, was jeder von ihnen uns vorträgt, als wären wir Kinder. Der eine sagt, es gebe des Seienden drei, von denen einiges zu Zeiten miteinander im Kampfe liege, dann aber auch wieder sich liebhabe, so daß es Hochzeiten gebe und Zeugungen und Großziehen der Sprößlinge. Ein anderer wieder sagt, es gebe nur zwei, Nasses und Trockenes oder Warmes und Kaltes, und er verehelicht sie und stattet sie aus. Die von uns ausgehende eleatische Schule aber, von Xenophanes an oder von noch früher, läßt in ihren märchenhaften Ausführungen das, was man gemeinhin das All der Dinge nennt, nur Eines sein. Ionische oder Sikelische Musen kamen aber später auf den Gedanken, es sei am sichersten, beides zu verbinden, also zu sagen, das Seiende sei sowohl Vieles wie Eines und werde durch Feindschaft und Liebe zusammengehalten. Denn sich trennend, wird es doch beständig wieder zusammengeführt: so sagen die gestrengeren Musen. Die nachgiebigeren aber sahen von dem Gebot, daß dies sich beständig so verhalten solle, ab und behaupten, daß abwechselnd das All bald Eines sei und einander befreundet durch die Macht der Aphrodite [der Liebe], bald wieder Vieles und miteinander in Feindschaft durch etwas, was sie Streit nennen. Ob nun mit alledem einer von ihnen recht habe oder nicht, ist schwer zu entscheiden, und es scheint wenig am Platze zu sein, mit so berühmten und altehrwürdigen Männern über so gewichtige Fragen zu rechten. Das aber darf man ohne Anstoß aussprechen –

THEAITETOS: Nun, was denn?

FREMDLING: Daß sie viel zuwenig Rücksicht nehmen auf uns, die große Menge, sondern über unsere Köpfe hinweg redeten. Denn ohne sich darum zu kümmern, ob wir ihren Ausführungen auch folgen oder ob wir nicht mitkommen können, führt ein jeder seine eigene Sache zu Ende.

THEAITETOS: Wie meinst du das?

FREMDLING: Wenn einer von ihnen uns mit der Behauptung kommt, es sei Vieles oder Eines oder Zwei oder es sei geworden oder werde oder auch Warmes vermische sich mit Kaltem, während er anderwärts wieder Trennungen und Verbindungen annimmt, kannst du, mein Theaitetos, bei den Göttern, da den jedesmaligen Sinn der Worte auch verstehen? Denn was mich anlangt, so glaubte ich, als ich noch jünger war, wenn die Rede auf dies uns jetzt so rätselhafte Nichtseiende kam, ich wüßte ganz genau, worum es sich dabei handelte; und jetzt siehst du nun, in welcher Ratlosigkeit wir hinsichtlich desselben uns befinden.

THEAITETOS: Leider.

FREMDLING: Vielleicht nun steht es mit dem Seienden rücksichtlich der Vorstellung, die unsere Seele davon hat, nicht minder schlimm, so daß wir uns hinsichtlich beider in der gleichen Lage befinden, gleichwohl aber behaupten, wir wären über das Seiende vollständig aufgeklärt und wüßten genau Bescheid damit, wenn darauf die Rede käme; nur über das andere [das Nichtseiende] wüßten wir nicht Bescheid.

THEAITETOS: Vielleicht.

FREMDLING: Auch von allen andern vorhin genannten Bestimmungen soll das nämliche gelten.

THEAITETOS: Gut.

Was heißt »seiend«?

FREMDLING: Diese vielen anderen Bestimmungen wollen wir denn also später betrachten, wenn es dir recht ist. Unsere erste Betrachtung aber muß dem Wichtigsten und recht eigentlich Grundlegenden gelten.

THEAITETOS: Was meinst du damit? Doch es ist wohl klar, was du meinst: wir müssen zuerst das Seiende daraufhin prüfen, welche Bedeutung ihm eigentlich diejenigen beilegen, die davon reden.

FREMDLING: Du hast die Sache sehr richtig erfaßt, mein Theaitetos. Wir verfahren nun meiner Meinung nach am zweckmäßigsten so, als wären sie selbst zugegen und wir forschten sie folgendermaßen aus: Wohlan, ihr alle, die ihr erklärt, das All sei das Warme und Kalte oder irgendein ähnliches Gegensatzpaar, was meint ihr damit in bezug auf beide, wenn ihr sagt, beide und jedes von beiden *seien*? Was sollen wir uns unter diesem eurem

Sein denken? Etwa ein Drittes neben jenen zweien, so daß wir also das All nach euch als Dreiheit und nicht mehr als Zweiheit setzen müßten? Denn wenn ihr von den Zweien das Eine als seiend setzt, so soll doch wohl das Sein nicht gleicher Weise von beiden gelten? Denn in beiden dann möglichen Fällen wären sie dann doch nur Eines, aber nicht zwei.

THEAITETOS: Allerdings.

FREMDLING: Also wollt ihr vielleicht beide als seiend bezeichnen?

THEAITETOS: Vielleicht.

244 FREMDLING: Aber, meine Freunde – so würden wir sagen –, auch so würde durch eure Rede die Zweiheit ganz unbedingt zur Einheit werden.

THEAITETOS: Sehr richtig bemerkt.

FREMDLING: Da wir also ratlos sind, so müßt ihr uns ausreichend darüber aufklären, was ihr eigentlich damit meint, wenn ihr euch des Ausdrucks »seiend« bedient. Denn offenbar seid ihr darüber längst im klaren, wir dagegen glaubten früher allerdings es zu sein, jetzt aber ist es uns zum Rätsel geworden. Eben darüber also belehrt uns zunächst, auf daß wir uns nicht dem Wahne hingeben, als verständen wir das von euch Gesagte, während doch das gerade Gegenteil der Fall ist. Wenn wir so mit ihnen reden und an diese ebenso wie an alle anderen, denen zufolge das All mehr als Eines ist, diese Bitte richten, so machen wir uns doch nicht etwa einer Albernheit schuldig, mein Sohn?

THEAITETOS: Nichts weniger als das.

Das Seiende als Eines

FREMDLING: Muß man nun nicht ferner sich an diejenigen wenden, die das All als Eines bestimmen, und von ihnen nach Möglichkeit erkunden, was sie eigentlich unter dem Seienden verstehen?

THEAITETOS: Auf alle Fälle.

FREMDLING: Sie sollen also auf folgende Frage antworten: Ihr behauptet doch wohl, es sei nur Eines? Ja, werden sie sagen. Nicht wahr?

THEAITETOS: Ja.

FREMDLING: Ferner. Ihr nennt etwas seiend?

THEAITETOS: Ja.

FREMDLING: Meint ihr damit euer Eines, indem ihr dies nämliche Eine mit zwei Namen belegt, oder wie?

THEAITETOS: Wie wird die Antwort lauten, die sie darauf geben, lieber Fremdling?

FREMDLING: Offenbar, mein Theaitetos, ist es für den, der diese Voraussetzung macht, nichts weniger als leicht, Antwort zu geben auf diese jetzige wie auf jede beliebige weitere Frage.

THEAITETOS: Wieso?

FREMDLING: Einerseits ist es doch lächerlich, das Dasein *zweier* Namen einzuräumen, wenn man überhaupt nur Eines annimmt.

THEAITETOS: Gewiß.

FREMDLING: Anderseits läßt es sich überhaupt vernünftiger Weise nicht rechtfertigen, wenn man von seiten irgend jemandes die Behauptung ruhig durchgehen läßt, daß irgendeinem Namen das Sein zukomme.

THEAITETOS: Inwiefern?

FREMDLING: Nimmt er den Namen als verschieden von der Sache, so setzt er damit doch zwei Dinge?

THEAITETOS: Ja.

FREMDLING: Wenn er aber anderseits den Namen mit der Sache gleichsetzt, so sieht er sich entweder gezwungen, einen Namen zu setzen für ein Nichts oder, wenn er behauptet, er sei ein Name für etwas, so bleibt nur übrig, daß der Name nur ein Name für den Namen, aber sonst für nichts ist.

THEAITETOS: Allerdings.

FREMDLING: Und das Eine als Name des Einen kann dann auch nichts anderes sein als das Eine des Namens.

THEAITETOS: Ohne Widerrede.

FREMDLING: Und ferner. Werden sie das *Ganze* als verschieden von dem seienden Einen oder als identisch damit bestimmen?

THEAITETOS: Als identisch. Und das werden sie nicht nur tun, sondern sie tun es auch.

FREMDLING: Wenn also das Seiende ein Ganzes ist, wie auch Parmenides sagt.

Allseits gleichend der Masse der wohl sich rundenden Kugel,
Gleich stark rings um die Mitte sich breitend. Nicht irgendwo
darf es

407

Größer sich zeigen, sei's hier oder dort, und nirgends auch
schwächer,
so muß es zufolge dieser Beschaffenheit auch Mitte und Enden
haben; hat es aber diese, so hat es unter allen Umständen auch
Teile. Oder wie?

THEAITETOS: Ja.

245 FREMDLING: Was aber der Teilbarkeit unterliegt, kann zwar
seiner Eigenschaft nach für die Gesamtheit seiner Teile ohne
inneren Widerspruch durch den Begriff des Einen bestimmt
werden, und so kann es denn in dieser Beziehung als All und
Ganzes auch Eins sein –

THEAITETOS: Warum auch nicht?

FREMDLING: Aber dasjenige, was diese Bestimmung [des Eins-
seins] als Eigenschaft an sich trägt, kann doch wohl unmöglich
das absolute Eins selbst sein?

THEAITETOS: Wie meinst du das?

FREMDLING: Als unteilbar muß doch wohl das absolute Eins
nach strengem Begriffe bezeichnet werden?

THEAITETOS: Allerdings.

FREMDLING: Ein Eins aber von dieser Art, nämlich ein aus
vielen Teilen bestehendes, verträgt sich nicht mit dem strengen
Begriff der Einheit.

THEAITETOS: Ich verstehe wohl.

FREMDLING: Ist nun das Seiende insofern Eines und ein Ganzes,
als es die Eigenschaft des *Einen* an sich trägt, oder wollen wir
überhaupt leugnen, daß das Seiende ein Ganzes sei?

THEAITETOS: Eine schwierige Wahl, die du mir damit gestellt
hast.

FREMDLING: Da hast du vollkommen recht. Denn gesetzt, das
Seiende hat die Eigenschaft, in gewisser Weise Eines zu sein:
dann kann es doch augenscheinlich nicht identisch sein mit dem
Einen; mithin wird das All mehr sein als Eines.

THEAITETOS: Ja.

FREMDLING: Gesetzt aber, die Teilnahme an dem Einen hätte
für das Seiende nicht die Folge, ein Ganzes zu sein, es existierte
aber ein Ganzes für sich, so bleibt das Seiende hinter den An-
sprüchen an sich selbst zurück [denn es existiert dann noch
anderes als das Seiende].

THEAITETOS: Allerdings.

FREMDLING: Also auch nach dieser Darlegung geht das Seiende seiner selbst verlustig und wird nicht seiend sein.

THEAITETOS: So ist es.

FREMDLING: Und wiederum wird das All zu mehr als Einem, wenn das Seiende und das Ganze jedes für sich durch seine eigene Natur bestimmt ist.

THEAITETOS: Ja.

FREMDLING: Kommt aber dem Ganzen überhaupt gar kein Sein zu, so überträgt sich das Nichtsein auch auf das Sein, und nicht genug, daß das Seiende dann nicht ist, kann es sogar niemals ein Seiendes auch nur *geworden* sein.

THEAITETOS: Inwiefern?

FREMDLING: Das Gewordene ist immer ein Ganzes geworden. Mithin darf man, wenn man das Ganze nicht zum Seienden rechnet, weder Sein noch Werden als seiend bezeichnen.

THEAITETOS: Damit hat es, wie es scheint, seine volle Richtigkeit.

FREMDLING: Und auch nicht irgendwelche Größe darf das Nichtganze haben; denn hat es irgendeine Größe, so muß es notwendig, wie groß es auch sein mag, selbst ein dementsprechendes Ganzes sein.

THEAITETOS: Natürlich.

FREMDLING: Und noch tausend andere Punkte werden sich zeigen, ein jeder voll von zahllosen Schwierigkeiten, wenn man das Seiende, sei es als beliebige Zwei oder nur als Eines, setzt.

THEAITETOS: Zeuge dessen ist schon zur Genüge das bisher Vorgebrachte. Denn indem in engem Zusammenhang immer eines aus dem anderen folgt, steigert sich fortwährend durch neue und größere Schwierigkeiten die Unsicherheit der jedesmaligen früheren Behauptungen.

Die Riesenschlacht über das Sein

FREMDLING: Diejenigen also, die über das Seiende und Nichtseiende ganz genau Auskunft zu geben wissen, haben wir zwar nicht vollständig durchgesprochen, doch mag das Gesagte genügen. Nun gilt es aber, diejenigen ins Auge zu fassen, deren

Aussagen darüber ein anderes Gepräge tragen, damit der Überblick über alle uns zeige, daß das Seiende seinem Wesen nach um nichts leichter zu bestimmen ist als das Nichtseiende.

246

THEAITETOS: Auch ihnen also müssen wir uns zuwenden.

FREMDLING: Schaue nur hin! Eine wahre Riesenschlacht [Gigantomachie] scheinen sie gegeneinander zu schlagen aus Anlaß des Streites über das Sein.

THEAITETOS: Wieso?

FREMDLING: Die einen ziehen alles vom Himmel und aus dem Unsichtbaren zur Erde hernieder, wobei sie wahre Felsblöcke und Eichen mit ihren Händen umfaßt halten. Denn indem sie nach allem greifen, was stofflicher Art ist, behaupten sie steif und fest, nur das *sei*, was irgendwie Betastung oder Berührung zuläßt. Denn Körper und Sein ist ihrer Begriffsbestimmung nach ein und dasselbe, und wenn einer, der nicht zu ihnen hält, etwas Unkörperliches für seiend erklärt, so weisen sie ihn voller Verachtung ab und wollen nichts anderes hören.

THEAITETOS: Ja, das sind ganz höllische Gesellen, von denen du da sprichst. Auch ich kenne sie aus manchem Zusammentreffen mit ihnen.

FREMDLING: Daher verteidigen sich denn auch ihre Gegner aus sehr vorsichtig gewählter Stellung von oben her, aus dem Unsichtbaren, indem sie alles daransetzen, gewisse nur denkbare und unkörperliche Formen [Ideen] zu Inhabern des wahren Seins zu machen. Die körperlichen Wesen aber ihrer Gegner und das, was diese für Wahrheit ausgeben, zerstückeln sie mit ihren Wortkünsten und nennen sie nicht ein Sein, sondern nur ein in Bewegung begriffenes Werden. Zwischen ihnen aber breitet sich das Schlachtfeld aus, auf dem sich, mein Theaitetos, fortwährend ein endloser Kampf darum abspielt.

THEAITETOS: Sehr wahr.

FREMDLING: Wir wollen also von beiden Parteien nacheinander Rechenschaft fordern über das Sein, das sie annehmen.

THEAITETOS: Wie soll das geschehen?

FREMDLING: Von denen, die das Sein in die Ideen verlegen, ist es leichter, diese Rechenschaft zu fordern, denn sie sind sanfterer Sinnesart; von denen aber, die alles mit Gewalt ins Körperliche ziehen, schwerer, ja vielleicht so gut wie unmöglich. Doch müssen wir, wie ich glaube, folgendes Verfahren gegen sie einschlagen.

THEAITETOS: Welches?

FREMDLING: Am liebsten, wenn es irgend möglich wäre, müßten wir sie in Tat und Wahrheit besser machen; wenn dies aber nicht angeht, so wollen wir sie in unserer Unterredung als Gebesserte erscheinen lassen, indem wir die Annahme machen, sie seien gewillt, sachgemäßer und regelrechter zu antworten, als es jetzt der Fall ist. Denn ein Zugeständnis von Besseren hat doch wohl mehr Wert als ein solches von Schlechteren. Uns aber sind die Leute selbst an sich gleichgültig; uns gilt es nur die Wahrheit zu ergründen.

THEAITETOS: Und das mit Recht.

Die Vertreter des körperlichen Seins geben zu: Sein ist Möglichkeit

FREMDLING: Fordere also die Gebesserten auf zu antworten, und teile uns ihre Äußerungen mit.

THEAITETOS: Das soll geschehen.

FREMDLING: So mögen sie denn sagen, ob sie die Existenz eines sterblichen Geschöpfes anerkennen.

THEAITETOS: Wie sollten sie nicht?

FREMDLING: Müssen sie darunter nicht einen beseelten Leib verstehen?

THEAITETOS: Gewiß.

FREMDLING: Rechnen sie dabei die Seele zu dem Seienden?

247 THEAITETOS: Ja.

FREMDLING: Und weiter. Erklären sie nicht die Seele teils für gerecht, teils für ungerecht und teils für vernünftig, teils für unvernünftig?

THEAITETOS: Ohne Zweifel.

FREMDLING: Und soll nach ihnen nicht eine jede Seele zu solcher Eigenschaft gelangen durch den Besitz und die Anwesenheit hier der Gerechtigkeit und dort des Gegenteils?

THEAITETOS: Ja, auch das geben sie zu.

FREMDLING: Nun werden sie aber doch dem, das vermögend ist, einem beizuwohnen oder fernzubleiben, unter allen Umständen ein Sein zuschreiben.

THEAITETOS: Ja, das tun sie.

FREMDLING: Wenn also der Gerechtigkeit, Einsicht und sonstigen Tugend sowie dem Gegenteil, und mithin auch der Seele, der sie angehören, ein Sein zukommt, erklären sie dann etwas davon für sichtbar und greifbar oder alles für unsichtbar?

THEAITETOS: Wohl kaum irgend etwas davon für sichtbar.

FREMDLING: Wie steht es aber mit dem, was von dieser Art ist? Sie behaupten doch nicht etwa, es sei etwas Körperliches?

THEAITETOS: Hier geben sie nicht mehr für alles die gleiche Antwort, sondern von der Seele behaupten sie, sie scheine ihnen etwas Körperliches zu sein, was aber die Einsicht anlangt und das übrige, was unter dieser Frage befaßt ist, so tragen sie Scheu und wagen weder zu bekennen, daß es mit dem Seienden nichts zu schaffen habe, noch fest zu behaupten, daß dies alles körperlich sei.

FREMDLING: Offenbar, mein Theaitetos, haben wir es hier mit Männern zu tun, die sich gebessert haben. Denn die eigentlich Saatentsprossenen und Erdgeborenen unter ihnen würden in bezug auf keinen dieser Punkte auch nur die geringste Scheu an den Tag legen, sondern unentwegt versichern, daß alles, was sie nicht mit den Händen zusammendrücken können, jeglichen Seins bar sei.

THEAITETOS: Damit gibst du so ziemlich ihre Denkart wieder.

FREMDLING: Fragen wir sie also nochmals. Denn wenn sie bereit sind, irgend etwas von dem Seienden, und wäre es noch so gering, für unkörperlich zu erklären, so genügt es, denn sie müssen dasjenige Merkmal angeben, das den eben genannten Dingen mit jenen körperlichen Dingen von Natur gemeinsam ist und in Hinblick auf welches sie beiden das Sein zusprechen. Vielleicht dürften sie da in Verlegenheit geraten. Sollte dies also der Fall sein, so sieh zu, ob sie vielleicht geneigt sein möchten, einen Vorschlag von uns anzunehmen und folgender Erklärung des Seins ihre Beistimmung zu geben.

THEAITETOS: Was wäre das für eine? Gib sie an, und wir werden dann bald wissen, wie sie sich dazu verhalten.

FREMDLING: So erkläre ich denn, daß alles, was ein Vermögen [Möglichkeit], welcher Art es auch sei, besitzt, entweder eine Veränderung bei irgendeinem anderen Dinge zu bewirken oder auch nur von dem unbedeutendsten Ding auch nur die geringste Einwirkung zu erfahren, und wäre es nur für ein einziges Mal – daß all dies wahrhaftes Sein habe. Denn meine Erklärung des Seienden ist die, daß es Vermögen [Möglichkeit] sei.

THEAITETOS: Nun, da sie selbst vorderhand Besseres als dies nicht zu sagen wissen, so nehmen sie es an.

FREMDLING: Gut. Denn vielleicht dürften *wir* sowohl wie *diese* später darüber zu anderer Ansicht gelangen. Diesen gegenüber habe es mit diesem Zugeständnis an uns jetzt sein Bewenden.

THEAITETOS: Dem ist so.

Die Vertreter des unkörperlichen Seins räumen diesem Bewegung ein

FREMDLING: Wenden wir uns denn zu den anderen, den Freunden der Begriffe [Ideen]. Du aber sollst uns auch ihre Antworten berichten.

THEAITETOS: Einverstanden.

FREMDLING: Ihr unterscheidet doch scharf zwischen Werden und Sein?

THEAITETOS: Ja.

FREMDLING: Und euch zufolge stehen wir durch den Leib vermittelst der Wahrnehmung mit dem Werden in Gemeinschaft, durch die Seele aber vermittelst des Denkens mit dem wahrhaft Seienden, das sich eurer Behauptung nach in jeder Hinsicht identisch und immer auf die gleiche Weise verhält, während das Werden in beständigem Wechsel ist.

THEAITETOS: Ja, das ist unsere Ansicht.

FREMDLING: Aber wie verhält es sich nun, ihr Allertrefflichsten, mit diesem »in Gemeinschaft stehen«? Was bedeutet euch das für beide Fälle? Nicht das eben von uns Angegebene?

THEAITETOS: Und das war?

FREMDLING: Ein Leiden oder Bewirken, das sich aus irgendeinem Vermögen von seiten der miteinander in Verbindung tretenden Dinge ergibt. Vielleicht nun, mein Theaitetos, verstehst du ihre Antwort darauf nicht recht, während mir meine Vertrautheit mit ihnen das möglich macht.

THEAITETOS: Wie lautet also ihre Rede?

413

FREMDLING: Sie räumen uns das eben gegen die Erdgeborenen rücksichtlich des Seins Gesagte nicht ein.

THEAITETOS: Was denn?

FREMDLING: Wir stellten es doch als eine treffende Bestimmung des Seienden hin, wenn etwas das Vermögen hätte, zu leiden oder zu wirken, und sei es auch nur in unbedeutendstem Maße?

THEAITETOS: Ja.

FREMDLING: Darauf erwidern sie denn, daß mit dem Werden wohl ein Vermögen des Tuns und Leidens verbunden sei, daß aber mit dem Sein das Vermögen zu dem einen oder zu dem anderen von diesen beiden nichts zu schaffen habe.

THEAITETOS: Hat es mit dieser Antwort etwas auf sich?

FREMDLING: Nun, wenigstens soviel, daß wir zu ihnen sagen müssen, wir wünschten von ihnen noch genauer zu erfahren, ob sie mit uns darüber einverstanden sind, daß die Seele erkenne, das Sein aber erkannt werde.

THEAITETOS: Ja, damit sind sie einverstanden.

FREMDLING: Wie nun? Wofür erklärt ihr das Erkennen und das Erkanntwerden? Für ein Tun oder ein Leiden oder für beides? Oder ist das eine ein Leiden, das andere ein Tun? Oder hat überhaupt keins von beiden, sei es an dem Tun, sei es an dem Leiden, irgendwelchen Anteil?

THEAITETOS: Offenbar das letztere. Denn sonst würden sie Dinge sagen, die mit ihrer früheren Behauptung in Widerspruch stehen.

FREMDLING: Ich verstehe: sie würden nämlich folgendes sagen: wenn das Erkennen ein Tun [Wirken] ist, dann muß notwendig das Erkannte leiden. Diesem Satze zufolge nun müßte das Sein, wenn es von der Erkenntnis erkannt wird, genau in demselben Maße, als es erkannt wird, auch leiden und folglich sich bewegen, was wir von dem Ruhenden nimmermehr zugeben können.

THEAITETOS: Richtig.

FREMDLING: Aber, beim Zeus, wie kann man uns zumuten zu glauben, daß dem absolut Seienden wirklich weder Bewegung noch Leben noch Seele noch Einsicht zukomme, daß es also weder lebendig sei noch denke, sondern in ehrfurchtgebietender 249 Heiligkeit, bar der Vernunft, in regungsloser Ruhe verharre?

THEAITETOS: Ja, das wäre ein höchst bedenkliches Zugeständnis.

FREMDLING: Sollen wir ihm nun etwa Vernunft zugestehen, aber kein Leben?

THEAITETOS: Unmöglich.

FREMDLING: Sollen wir ihm aber dies beides beiwohnen lassen, ohne ihm eine Seele einzuräumen, in der es dies birgt?

THEAITETOS: Nein. Es gibt keine andere Möglichkeit.

FREMDLING: Aber kann es denn nun Vernunft, Leben und Seele haben und doch trotz seiner Beseeltheit in völliger Unbeweglichkeit ruhig verharren?

THEAITETOS: Das scheint mir alles völlig undenkbar zu sein.

FREMDLING: Also auch das Bewegte und die Bewegung muß man als seiend anerkennen.

THEAITETOS: Unweigerlich.

FREMDLING: Es ergibt sich also, mein Theaitetos, einerseits, daß, wenn alles unbewegt ist, es überhaupt von nichts eine vernünftige Erkenntnis geben kann.

THEAITETOS: Ja, gewiß.

FREMDLING: Und wenn wir andererseits einräumen wollten, daß alles in Umschwung und in Bewegung sei, so würden wir nach diesem Satze gleichfalls die vernünftige Erkenntnis aus dem Gebiete des Seienden streichen.

THEAITETOS: Wieso?

FREMDLING: Scheinen dir die Bestimmungen »in jeder Hinsicht identisch« und »in gleicher Weise« und »hinsichtlich des Nämlichen« ohne Ruhe überhaupt möglich zu sein?

THEAITETOS: Unter keinen Umständen.

FREMDLING: Wie nun? Gibt es oder hat es je ohne diese Bestimmungen irgendwo vernünftige Erkenntnis gegeben? Ist dir so etwas bekannt?

THEAITETOS: Durchaus nicht.

FREMDLING: Aber auch den muß man mit allen Waffen des Geistes bekämpfen, der das Dasein von Wissen und Einsicht und Vernunft leugnet und gleichwohl über irgend etwas irgendwelche Behauptung mit dem Anspruch auf volle Sicherheit derselben aufstellt.

THEAITETOS: Sicherlich.

FREMDLING: Für den Philosophen also und den, der diese Sicherheit der Behauptungen über alles hochhält, scheint es ganz

unerläßlich, weder mit denjenigen sich einzulassen, die unter
Annahme eines oder vieler Begriffe [Ideen] das All für ruhend
erklären, noch vollends denen auch nur im geringsten Gehör zu
schenken, die dem Seienden eine unablässige Bewegung geben,
sondern er muß, wie es die Kinder sich wünschen, der Gesamtheit des Unbewegten und Bewegten, d. h. dem Seienden und
dem All, beide Eigenschaften beilegen.

THEAITETOS: Sehr wahr.

Das Seiende als Drittes neben Bewegung und Stillstand

FREMDLING: Wie nun? Macht es nicht den Eindruck, als ob wir
zu einer befriedigenden Begriffsbestimmung des Seienden gelangt wären?

THEAITETOS: Durchaus.

FREMDLING: Sei nur ja nicht zu vertrauensvoll, mein Theaitetos; denn, wenn ich nicht irre, werden wir jetzt erst uns der
Schwierigkeiten in der Erkenntnis desselben recht bewußt werden.

THEAITETOS: Wie meinst du das, und was soll das bedeuten?

FREMDLING: Mein Bester, merkst du nicht, daß wir im ganzen
Verlaufe der Untersuchung uns nie in größerer Unwissenheit
darüber befanden als gerade jetzt, wo wir uns einbilden, die
Lösung in der Hand zu haben?

THEAITETOS: Ich wenigstens bilde es mir ein. Wie wir aber
unversehens zu solcher Selbsttäuschung gekommen sein sollen,
ist mir ein reines Rätsel.

FREMDLING: So erwäge denn genauer, ob nicht angesichts der
250 gemachten Zugeständnisse mit Recht jetzt an uns dieselben Fragen gestellt werden könnten, die wir selbst damals an diejenigen
stellten, die das All als Warmes und Kaltes deuteten.

THEAITETOS: Was für Fragen? Komme meinem Gedächtnis zu
Hilfe.

FREMDLING: Sehr gern. Und ich will versuchen, das in der
Weise zu tun, daß ich dich so frage wie damals jene, aber doch
mit dem Bestreben, dabei auch etwas vorwärtszukommen.

THEAITETOS: Recht so.

FREMDLING: Gut denn. Bilden deiner Meinung nach Bewegung und Stillstand nicht den vollsten Gegensatz?

THEAITETOS: Unzweifelhaft.

FREMDLING: Und doch erklärst du beide und jedes von beiden in gleicher Weise für seiend?

THEAITETOS: Ja, gewiß.

FREMDLING: Und schreibst du beiden und jedem von beiden, wenn du ihnen das Sein zugestehst, damit zugleich auch Bewegung zu?

THEAITETOS: Unmöglich.

FREMDLING: Aber Stillstand legst du ihnen wohl bei, wenn du beide für seiend erklärst?

THEAITETOS: Unter keinen Umständen.

FREMDLING: Als ein Drittes also neben diesen beiden stellt sich deinem Geiste das Seiende dar, und indem du den Stillstand und die Bewegung zusammen von dem Seienden umschlossen sein ließest, schriebst du im Hinblick auf diese Gemeinschaft mit dem Sein ihnen beiden das Sein zu.

THEAITETOS: In der Tat scheint unserem Geiste das Seiende als ein Drittes vorzuschweben, wenn wir von Bewegung und Stillstand das Sein aussagen.

FREMDLING: Das Seiende ist also nicht eine Summierung von Bewegung und Stillstand, sondern etwas von diesen Verschiedenes.

THEAITETOS: So scheint es.

FREMDLING: Seiner eigenen Natur nach steht das Seiende weder still, noch bewegt es sich.

THEAITETOS: Das mag zutreffen.

FREMDLING: Wohin also soll man das Auge des Geistes richten, um eine unbestreitbar sichere Entscheidung darüber zu gewinnen und mit sich selbst darüber ins klare zu kommen?

THEAITETOS: Ja, wohin.

Ratlosigkeit hinsichtlich von Sein und Nichtsein

FREMDLING: Ich glaube, wohin wir auch blicken, alles zeigt sich voller Schwierigkeiten. Denn wenn sich etwas nicht bewegt, muß es dann nicht stillstehen? Oder anderseits, wenn etwas in

keiner Weise stillsteht, muß es sich da nicht bewegen? Das
Seiende aber hat sich uns jetzt als außerhalb dieser beiden stehend erwiesen. Ist dies nun überhaupt möglich?

THEAITETOS: Das ist das Allerunmöglichste.

FREMDLING: Wir müssen uns also hierbei an folgende Erfahrung, die wir gemacht haben, erinnern.

THEAITETOS: An welche?

FREMDLING: Als wir gefragt wurden, worauf man eigentlich die
Bezeichnung »Nichtseiendes« zu beziehen hätte, befanden wir
uns in völliger Ratlosigkeit. Du erinnerst dich doch?

THEAITETOS: Wie sollte ich nicht?

FREMDLING: Ist die Ratlosigkeit nun etwa geringer, in der wir
uns jetzt rücksichtlich des Seienden befinden?

THEAITETOS: Mir, lieber Fremdling, kommt es so vor, als wäre
sie womöglich noch größer.

FREMDLING: Damit mag denn die Durchsprechung dieser
Schwierigkeiten ihren Abschluß gefunden haben. Da aber das
Seiende und das Nichtseiende in gleichem Maße an diesem unserem Zustande der Ratlosigkeit beteiligt waren, so dürfen wir
nunmehr hoffen, daß in demselben Maße, als das eine von ihnen
mehr oder minder deutlich hervortreten wird, dies auch mit dem
251 andern der Fall sein werde. Und wenn sich uns keines von beiden
zu erkennen geben will, so wollen wir wenigstens die Untersuchung, so gut wir können, für beide zugleich mit Anstand zu
Ende führen.

THEAITETOS: Schön.

FREMDLING: So laß uns denn angeben, in welchem Sinne wir in
jedem gegebenen Falle dem nämlichen Gegenstand viele Prädikate beilegen.

THEAITETOS: Was denn für einem etwa? Gib ein Beispiel.

Notwendigkeit einer Gemeinschaft der drei Begriffe

FREMDLING: Wenn wir vom Menschen reden, so legen wir ihm
doch vielerlei Prädikate bei; wir wenden auf ihn an die Vorstellungen von Farbe, Gestalt, Größe, Schlechtigkeit und Tugend;
mit alldem und tausenderlei anderem bringen wir zum Ausdruck, daß er nicht nur Mensch ist, sondern auch gut und

unzähliges andere. Und ebenso steht es auch mit den übrigen Dingen: wir setzen ein jedes von ihnen als eines und sagen doch wieder vieles und mit vielerlei Namen von ihm aus.

THEAITETOS: So ist es.

FREMDLING: Damit haben wir, glaube ich, nicht nur den jungen Leuten, sondern auch den spätgelehrten Alten einen festlichen Schmaus bereitet. Denn sofort macht jeder von ihnen den naheliegenden Einwand, nimmermehr könne das Viele Eines und das Eine Vieles sein, und so gefallen sie sich denn darin, es als unstatthaft zu bezeichnen, wenn man den Menschen gut nennt: nur das Gute dürfe man gut und den Menschen nur Menschen nennen. Denn ich glaube, mein Theaitetos, du triffst häufig mit Leuten zusammen, die sich mit allem Eifer auf diese Dinge geworfen haben, mitunter mit schon bejahrteren Männern, die infolge geistiger Armut sich voller Bewunderung an diese Dinge hängen und sich dann einbilden, eben damit die Krone aller Weisheit gefunden zu haben.

THEAITETOS: Allerdings.

FREMDLING: Auf daß also unsere Prüfung sich auf alle ohne Ausnahme beziehe, die jemals über das Sein eine Ansicht geäußert haben und mag sie noch so unbedeutend sein, so sei das, was wir jetzt zu sagen vorhaben, in Frageform sowohl an die eben genannten wie an diejenigen, mit denen wir es früher zu tun hatten, gerichtet.

THEAITETOS: Was denn also?

FREMDLING: Sollen wir weder das Sein mit Bewegung und Stillstand noch überhaupt irgend etwas mit irgend etwas anderem verknüpfen, sondern soll es nach unserer Annahme unverbindbar und einer wechselseitigen Gemeinschaft nicht fähig sein? Oder sollen wir alles zur Vereinigung gelangen lassen als fähig zu wechselseitiger Verbindung? Oder soll dies nur von einigem gelten, von anderem aber nicht? Was von dem, mein Theaitetos, werden sie wohl lieber wählen? Wie sollen wir uns darüber äußern?

THEAITETOS: Ich bin nicht imstande, in ihrem Namen etwas darauf zu antworten.

FREMDLING: Warum nimmst du denn für deine Antwort nicht Punkt für Punkt vor, indem du für jeden die daraus sich ergebenden Folgerungen betrachtest?

Theaitetos: Du hast recht.

Fremdling: Und nehmen wir zunächst, wenn es dir recht ist, die Annahme vor, daß nichts irgendwelche Fähigkeit habe, mit irgend etwas anderem in Gemeinschaft zu treten. Werden dann nicht Bewegung und Stillstand von jeder Gemeinschaft mit dem Sein ausgeschlossen sein?

252 Theaitetos: Ja, gewiß.

Fremdling: Wie nun? Kann eines von ihnen *sein*, wenn es nicht am Sein Anteil hat?

Theaitetos: Nein.

Fremdling: Mit einem Schlage also ist durch dieses Zugeständnis alles, wie es scheint, über den Haufen geworfen, sowohl die Ansicht derer, die das All in Bewegung sein, wie derer, die es als Eines stillstehen lassen, und nicht minder auch derer, die das Seiende nach Maßgabe von Begriffen [Ideen] für immer sich in jeder Beziehung gleichbleibend erklären. Denn alle diese verknüpfen damit die Vorstellung des Seins, die einen, indem sie die Bewegung für wirklich seiend, die anderen, indem sie den Stillstand für wirklich seiend erklären.

Theaitetos: Allerdings.

Fremdling: Aber auch die, welche alles bald zusammentreten, bald wieder auseinandertreten lassen, sei es, daß sie es zur Einheit zusammensetzen und aus dem Einen wieder ins grenzenlose Viele auflöse oder daß sie es in bestimmte Gruppen von Elementen auflösen und aus diesen wieder zusammensetzen, gleichviel ob sie diese Vorgänge im Wechsel miteinander oder unaufhörlich sich abspielen lassen – alles, was sie sagen, ist null und nichtig, wenn der Vermischung kein *Sein* zukommt.

Theaitetos: Richtig.

Fremdling: Ferner dürften gerade diejenigen rücksichtlich ihres wissenschaftlichen Verfahrens sich am allerlächerlichsten machen, die es nicht dulden wollen, daß man irgend etwas vermöge der Teilnahme an dem Zustande eines anderen als ein anderes bezeichne.

Theaitetos: Inwiefern?

Fremdling: Sie müssen doch unbedingt bei allem sich der Ausdrücke »Sein«, »Ohne«, »Anderes«, »An sich« und tausend anderer bedienen, deren sie sich nicht enthalten und deren Verknüpfung sie in ihren Reden nicht vermeiden können, so daß sie gar keiner Widerlegung von seiten anderer bedürfen, sondern, wie man zu sagen pflegt, den Feind und Gegner im eigenen Hause haben, der sich im eigenen Innern vernehmen läßt, und der, ein sonderbarer Gesell, eine Art Eurykles, ihr beständiger Begleiter ist.

THEAITETOS: In der Tat, ein treffender und wahrer Vergleich.

FREMDLING: Wie aber nun, wenn wir allem die Fähigkeit zusprechen wollten, sich miteinander zu verbinden?

THEAITETOS: Das bin auch ich imstande zu widerlegen.

FREMDLING: Wie denn?

THEAITETOS: Weil die Bewegung selbst dann zu völligem Stillstand gebracht und der Stillstand seinerseits dann hinwiederum in Bewegung sein würde, wenn sie sich zusammenfänden.

FREMDLING: Aber das machen doch zwingende Gründe ganz unmöglich, daß die Bewegung stillstehe und der Stillstand sich bewege.

THEAITETOS: Zweifellos.

FREMDLING: Also ist nur noch das Dritte möglich.

THEAITETOS: Ja.

Die Gemeinschaft, erläutert am Beispiel der Buchstaben und Töne

FREMDLING: Nun muß aber doch notwendig einer dieser Fälle zutreffend sein: es muß entweder alles oder es muß nichts oder es muß einiges wohl, anderes aber nicht in Gemeinschaft miteinander zu treten bereit sein.

THEAITETOS: Ohne Zweifel.

FREMDLING: Die zwei ersten Fälle erweisen sich als unmöglich.

THEAITETOS: Ja.

FREMDLING: Jeder also, der ohne Verstoß wider die Denkgesetze antworten will, wird sich für den noch übrigen von den drei Fällen erklären.

THEAITETOS: Ja, gewiß.

FREMDLING: Da also einige Begriffe die Verbindung miteinander einzugehen bereit sind, andere aber nicht, so hat der Vorgang einige Ähnlichkeit mit dem bei den Buchstaben. Denn auch bei

253 diesem lassen sich einige nicht miteinander zusammenzufügen, andere wieder tun dies.

THEAITETOS: Ohne Zweifel.

FREMDLING: Die Vokale aber haben vor den übrigen Lauten den Vorzug, daß sie sich wie ein Band durch alle hindurchziehen, so daß ohne einen solchen sich auch von den übrigen keiner mit einem andern zusammenfügen läßt.

THEAITETOS: Ja, gewiß.

FREMDLING: Weiß nun jedermann, welche Laute fähig sind, miteinander Verbindungen einzugehen, oder bedarf es einer besonderen Kunst, um hier vollgültige Auskunft zu geben?

THEAITETOS: Einer solche bedarf es unbedingt.

FREMDLING: Und zwar welcher?

THEAITETOS: Der Grammatik.

FREMDLING: Steht es ferner nicht ebenso mit den hohen und tiefen Tönen? Derjenige, welcher die Kunst besitzt, auf Grund deren er die Zulässigkeit und Unzulässigkeit von Tonverbindungen richtig zu beurteilen versteht, ist doch wohl ein Musikverständiger, wer dies nicht versteht, ist ein der Musik Unkundiger?

THEAITETOS: Ja.

FREMDLING: Und weiter. Da sich auch die Begriffe rücksichtlich ihrer Gemeinschaft ebenso zueinander verhalten, bedarf es da nicht unbedingt einer gewissen Wissenschaft, auf Grund deren man die Urteile rücksichtlich der möglichen Begriffsverbindungen durchgeht, wenn man richtige Auskunft geben will über die Frage, welche Begriffe miteinander zusammenstimmen und welche einander ausschließen? Sowie auch über die weitere Frage, ob gewisse Hauptbegriffe das ganze Gebiet der Begriffe umfassen, also mit allen sich zu verbinden fähig sind? Und was anderseits die Ausschließungen [Trennungen] anbelangt, ob da andere wieder durch das ganze Begriffsgebiet hindurch Ursache der Ausschließung sind.

THEAITETOS: Wie sollte es dazu nicht einer Wissenschaft bedürfen, ja vielleicht der allerwichtigsten.

Dialektik als Wissenschaft von der richtigen Scheidung und Verbindung der Begriffe

FREMDLING: Welchen Namen, mein Theaitetos, sollen wir nun dieser Wissenschaft geben? Oder sind wir, beim Zeus, unvermerkt auf die Wissenschaft der freien [nur für die reine Wahrheit begeisterten] Männer gestoßen und haben, während wir nach dem Sophisten suchten, zuvor den Philosophen gefunden?

THEAITETOS: Wie meinst du das?

FREMDLING: Die richtige Scheidung der Begriffe vorzunehmen und weder ein und demselben Begriff verschiedene Bedeutungen noch verschiedenen Begriffen dieselbe Bedeutung zu geben, werden wir das nicht für die Aufgabe der dialektischen Wissenschaft erklären?

THEAITETOS: Ja, werden wir sagen.

FREMDLING: Wer also dies zu tun imstande ist, der ist sich völlig klar darüber, daß *ein* Begriff sich über viele, die unter sich in Gegensatz stehen, erstreckt, sodann daß viele voneinander verschiedene Begriffe durch *einen* Begriff von außen umschlossen werden, ferner, daß *ein* Begriff mit allen anderen Begriffen, und zwar mit jedem einzelnen für sich, in Zusammenhang steht, und endlich, daß viele in völligem Gegensatz zueinander stehen. Das eben heißt begriffsmäßig zu unterscheiden wissen, inwiefern in jedem einzelnen Fall eine Verbindung stattfinden kann und inwiefern nicht.

Schwierigkeit, den Sophisten, und Schwierigkeit, den Philosophen zu erkennen

THEAITETOS: Sehr richtig.

FREMDLING: Aber das Geschäft der Dialektik wirst du doch keinem andern übertragen als dem, der in reiner und rechter Weise der Philosophie huldigt.

THEAITETOS: Wie könnte man es einem anderen übertragen?

FREMDLING: Was also den Philosophen anlangt, so ist das die Gegend, in der, wenn wir nach ihm suchen, wir ihn jetzt sowohl wie später finden werden; doch ist auch bei ihm es schwer, ihn deutlich zu erkennen, wenngleich hier die Schwierigkeit anderer Art ist als bei dem Sophisten.

254

THEAITETOS: Inwiefern?

FREMDLING: Der letztere flüchtet sich in die Dunkelheit des Nichtseienden, wo er sich mit Vorliebe aufhält. So ist es denn die Finsternis dieser Stätte, die ihn schwer erkennbar macht. Nicht wahr?

THEAITETOS: So scheint es.

FREMDLING: Beim Philosophen dagegen, der in ununterbrochener Denkarbeit der Idee des Seienden nachhängt, ist es gerade umgekehrt die Helligkeit der Stätte, die ihn nichts weniger als leicht erkennbar macht. Denn das geistige Auge der meisten hält es nicht lange aus, auf das Göttliche hinzuschauen.

THEAITETOS: Gewiß hat es auch damit seine Richtigkeit, ebenso wie mit dem vorigen.

FREMDLING: Über den Philosophen nun werden wir demnächst genauere Betrachtungen anstellen, sofern es uns noch erwünscht sein sollte. Was aber den Sophisten anlangt, so dürfen wir offenbar nicht eher ruhen, als bis er sich uns genügend enthüllt hat.

THEAITETOS: Recht so.

Die fünf wichtigsten Gattungen: Das Seiende, der Stillstand, die Bewegung, das Einerlei, das Verschiedene

FREMDLING: Da nun zugestandenermaßen einige Begriffe miteinander in Gemeinschaft zu treten bereit sind, andere wieder nicht und einige in geringem, andere in großem Umfang, einige auch durch das ganze Gebiet hindurch ohne Widerstand mit allen in Gemeinschaft stehen, so wollen wir in unserer weiteren Untersuchung so verfahren, daß wir nicht alle Begriffe ins Auge fassen, auf daß wir nicht durch die Masse verwirrt werden. Vielmehr wollen wir nur einige von denen, die als die wichtigsten gelten, vornehmen und zusehen, erstens, welche Beschaffenheit sie, jeder für sich genommen zeigen, sodann wie es mit ihrer Fähigkeit zu wechselseitiger Gemeinschaft steht. So wird es uns gelingen, uns das Seiende und Nichtseiende, wenn wir es auch nicht mit voller Klarheit zu erfassen vermögen, so doch zu genügender Deutlichkeit zu bringen, soweit es unsere jetzige Betrachtungsweise zuläßt, und wir dürfen vielleicht hoffen, mit der Behauptung, daß das Nichtseiende wirklich nicht seiend *ist*, ungestraft davonzukommen.

THEAITETOS: Dies soll also unser Verfahren sein.

FREMDLING: Die wichtigsten Gattungsbegriffe, die wir vorher durchgingen, waren doch das Seiende selbst, sowie Stillstand und Bewegung.

THEAITETOS: Weitaus die wichtigsten.

FREMDLING: Die beiden letzteren sind aber unserer Erklärung zufolge einer Verbindung miteinander unzugänglich.

THEAITETOS: Durchaus.

FREMDLING: Aber das Seiende ist mit beiden verbindbar; denn beide *sind* doch wohl.

THEAITETOS: Wie sollten sie nicht?

FREMDLING: So hätten wir also drei.

THEAITETOS: Gewiß.

FREMDLING: Nun ist doch wohl jede von ihnen von den zwei anderen verschieden, mit sich selbst aber einerlei.

THEAITETOS: Richtig.

FREMDLING: Was meinten wir da eben wieder mit diesem *Einerlei* und *Verschieden*? Sind sie zwei besondere Begriffe, verschieden von jenen drei, aber notwendig immer mit ihnen in Verbindung, so daß wir sie zusammen als fünf und nicht als drei betrachten müssen, oder verstehen wir im stillen unter diesem *Einerlei* und *Verschieden* einen von jenen vorher angeführten 255 Begriffen?

THEAITETOS: Vielleicht.

FREMDLING: Aber Bewegung und Stillstand sind doch weder mit »Verschieden« noch mit »Einerlei« gleichzusetzen.

THEAITETOS: Wieso?

FREMDLING: Was wir von Bewegung und Stillstand gemeinschaftlich aussagen, das kann unmöglich eines von beiden selbst sein.

THEAITETOS: Warum denn?

FREMDLING: Die Bewegung würde dann stillstehen und der Stillstand andererseits sich bewegen. Denn wenn eines von beiden, welches es auch sei, sich gleichmäßig auf beide erstreckt, so wird es das andere nötigen, sich in das Gegenteil seiner eigenen Natur zu verwandeln, weil es dann an dem Gegenteil teilhat.

THEAITETOS: Allerdings.

FREMDLING: Aber Anteil haben sie beide an dem »Einerlei« und »Verschieden«.

THEAITETOS: Ja.

FREMDLING: Wir dürfen also nicht sagen, die Bewegung sei mit dem Einerlei oder Verschieden gleichzusetzen, und ebensowenig der Stillstand.

THEAITETOS: Nein.

FREMDLING: Aber sollen wir uns etwa das Seiende und das Einerlei als *einen* Begriff denken?

THEAITETOS: Vielleicht.

FREMDLING: Aber wenn das Seiende und das Einerlei nichts Verschiedenes bedeuten, so kommen wir in die Lage, wenn wir Bewegung und Stillstand beide als seiend bezeichnen, auch beide als einerlei bezeichnen zu müssen.

THEAITETOS: Aber das ist doch unmöglich.

FREMDLING: Also kann das Seiende mit dem Einerlei auch unmöglich eins sein.

THEAITETOS: Schwerlich.

FREMDLING: Also tun wir wohl gut, das Einerlei als einen vierten Begriff neben jenen dreien anzusetzen.

THEAITETOS: Unter allen Umständen.

FREMDLING: Wie nun? Sollen wir die Verschiedenheit als einen fünften anerkennen? Oder sollen wir diese und das Seiende nur als zwei beliebige Namen für *einen* Begriff betrachten?

THEAITETOS: Vielleicht.

FREMDLING: Aber du wirst doch wohl einräumen, daß das Seiende immer teils als für sich bestehend teils im Verhältnis des einen zum anderen beurteilt wird.

THEAITETOS: Wie sollte ich nicht?

FREMDLING: Das Verschiedene aber immer nur in Beziehung auf ein Anderes. Nicht wahr?

THEAITETOS: Ja.

FREMDLING: Das wäre aber nicht der Fall, wenn zwischen dem Seienden und der Verschiedenheit nicht ein tiefgreifender Unterschied bestünde. Vielmehr stünde es dann damit so: wenn die Verschiedenheit an beiden eben genannten Formen teilhätte ebenso wie das Seiende, dann müßte es auch manches Verschiedene geben, dessen Verschiedenheit sich nicht von der Beziehung auf ein Anderes herschriebe. Nun aber haben wir als einen unbedingt notwendigen Satz den anerkannt, daß schlechthin alles, was verschieden ist, das, was es ist, nur im Verhältnis zu einem Anderen sein kann.

THEAITETOS: Das ist der wahre Sachverhalt.

FREMDLING: Wir müssen also das Wesen des Verschiedenen als ein fünftes Glied in der Reihe der Begriffe, die wir herausheben, anerkennen.

THEAITETOS: Ja.

FREMDLING: Und dem schließt sich die Behauptung an, daß dieser Begriff das gesamte Begriffsgebiet durchdringt. Denn jeder einzelne Begriff ist von den anderen verschieden nicht durch seine eigene Natur, sondern durch seine Anteilnahme an der Idee der Verschiedenheit.

THEAITETOS: Allerdings.

Verbindungen der wichtigsten Gattungen. Das Nichtseiende als Verschiedenes

FREMDLING: Wir kommen also zu folgender Ansicht über diese fünf, indem wir das Einzelne wieder aufnehmen.

THEAITETOS: Zu welcher?

FREMDLING: Erstens, daß die Bewegung völlig verschieden ist von dem Stillstand. Oder welches wäre unsere Meinung?

THEAITETOS: Diese.

FREMDLING: Also ist sie nicht Stillstand.

THEAITETOS: Unter keinen Umständen.

256 FREMDLING: Aber sie *ist* doch durch die Teilnahme an dem Seienden.

THEAITETOS: Ja.

FREMDLING: Anderseits ist doch wieder die Bewegung verschieden von der Einerleiheit.

THEAITETOS: Allerdings.

FREMDLING: Also ist sie nicht Einerlei.

THEAITETOS: Nein.

FREMDLING: Nun war sie aber doch auch einerlei, weil auch alles an diesem Anteil hat.

THEAITETOS: Sicherlich.

FREMDLING: Wir müssen also zugeben und dürfen es nicht beanstanden, daß die Bewegung einerlei sei und nicht einerlei sei.

427

Denn wenn wir sie einerlei und nicht einerlei nennen, so tun wir das nicht in der gleichen Beziehung, sondern wenn wir sie einerlei nennen, so geschieht das in Beziehung auf sich selbst infolge der Teilnahme an der Einerleiheit, wenn aber nicht einerlei, so geschieht es infolge ihrer Gemeinschaft mit der Verschiedenheit, durch welche sie von der Einerleiheit abgetrennt und also nicht einerlei, sondern verschieden ist, mithin mit vollem Recht auch wieder nicht einerlei genannt wird.

THEAITETOS: Sicherlich.

FREMDLING: Gesetzt also, auch die Bewegung selbst nähme in irgendeiner Beziehung an dem Stillstand teil, so wäre es nichts Unerhörtes, sie für stillstehend zu erklären.

THEAITETOS: Sehr richtig, wenn anders wir zugeben wollen, daß die Begriffe teils sich miteinander zu mischen bereit sind, teils nicht.

FREMDLING: Nun, die Nachweisung dessen haben wir doch schon vor den jetzigen Aufstellungen gegeben, indem wir zeigten, daß es gar nicht anders sein kann.

THEAITETOS: Gewiß.

FREMDLING: Laß uns also hinwiederum sagen: die Bewegung ist verschieden von der Verschiedenheit, wie sie von dem Einerlei und von dem Stillstand verschieden war.

THEAITETOS: Ja, das ist sie notwendigerweise.

FREMDLING: Also in gewisser Beziehung ist sie nicht verschieden und doch verschieden nach unserem jetzigen Nachweis.

THEAITETOS: Gewiß.

FREMDLING: Und was ergibt sich nun weiter? Wollen wir hinsichtlich der drei behaupten, daß sie von ihnen verschieden sei, ihre Verschiedenheit von dem vierten dagegen in Abrede stellen, nachdem wir doch eingeräumt haben, daß es fünf [verschiedene] Begriffe seien, über welche und an welchen wir unsere Untersuchung vornehmen wollten?

THEAITETOS: Wie könnten wir das? Denn unmöglich könnten wir die Zahl geringer ansetzen, als sie sich vorhin ergab.

FREMDLING: Ohne Zagen also wollen wir für den Satz eintreten, daß die Bewegung von dem Seienden verschieden sei?

THEAITETOS: Ohne jedes Zagen.

FREMDLING: Ist demnach nicht offenbar die Bewegung in

Wahrheit ein Nichtseiendes, wie sie auch ein Seiendes ist, da sie am Seienden teilhat?

THEAITETOS: Offenbar.

FREMDLING: Es ist also gar nicht anders denkbar, als daß das Nichtseiende auf die Bewegung Anwendung findet wie überhaupt auf alle Begriffe. Denn durchgehends bewirkt die Verschiedenheit zufolge ihres Wesens, daß jegliches von dem Seienden verschieden, also nicht seiend ist. Und so können wir denn nach den nämlichen Beziehungen schlechthin alles mit Recht als nichtseiend bezeichnen, wie auch anderseits wieder, weil es am Seienden teilhat, von ihm das Sein aussagen und es seiend nennen.

THEAITETOS: So scheint es.

FREMDLING: Jeden Begriff also begleitet einerseits in großer Fülle das Seiende, anderseits in zahlloser Menge das Nichtseiende.

THEAITETOS: So scheint es.

257 FREMDLING: Auch von dem Seienden selbst muß man also sagen, daß es von dem anderen verschieden sei.

THEAITETOS: Notwendig.

FREMDLING: Auch das Seiende also ist uns in allen den Fällen *nicht*, wo es ein anderes ist. Denn indem es jenes nicht ist, ist es selbst zwar *eines*, aber zu dem zahllosen Anderen steht es im Verhältnis des Nichtseins.

THEAITETOS: So mag es wohl sein.

FREMDLING: Also auch das darf man nicht beanstanden, da die Begriffe ihrer Natur nach miteinander in Verbindung stehen. Ist aber jemand damit nicht einverstanden, so mag er zuerst mit unseren früheren Beweisgründen abrechnen, um dann mit dem aufzuräumen, was sich daraus ergab.

THEAITETOS: Eine sehr berechtigte Forderung.

FREMDLING: Laß uns denn auch folgendes betrachten.

THEAITETOS: Was denn?

FREMDLING: Wenn wir von Nichtseiendem reden, so meinen wir damit, wie es scheint, nicht ein Gegenteil des Seienden, sondern nur etwas davon Verschiedenes.

THEAITETOS: Wieso?

FREMDLING: Wenn wir z. B. etwas nicht-groß nennen, wollen

wir es dann etwa bloß als klein bezeichnen und nicht ebenso auch als gleich?

THEAITETOS: Das wäre verfehlt.

FREMDLING: Wenn man also von der Verneinung sagt, sie bedeute das Gegenteil, so werden wir das nicht zugeben, sondern nur soviel, daß das vorgesetzte *un-* und *nicht-* auf etwas hinweise, was verschieden ist von den darauffolgenden Ausdrücken oder vielmehr von den Sachen, auf die sich die hinter der Verneinung folgenden Ausdrücke beziehen.

THEAITETOS: Sicherlich.

Das Nichtseiende als Verschiedenes hat ebensoviel Sein wie das Seiende

FREMDLING: Wenn es dir recht ist, laß uns nun folgendes erwägen.

THEAITETOS: Nun was?

FREMDLING: Der Begriff der Verschiedenheit verteilt sich, wie mir scheint, über zahlreiche Einzelgebiete ganz ähnlich wie der Begriff der Wissenschaft.

THEAITETOS: Wieso?

FREMDLING: Auch die Wissenschaft ist doch *eine*, aber jeder Teil derselben, der sich auf irgendein Einzelgebiet bezieht, erhält abgesondert für sich seinen eigenen Namen. Daher die vielen Namen für die besonderen Künste und Wissenschaften.

THEAITETOS: Sehr richtig.

FREMDLING: Auch mit den Teilgebieten des Begriffs der Verschiedenheit, der an sich *einer* ist, steht es ebenso.

THEAITETOS: Vielleicht. Doch gilt es das Wie? zu besprechen.

FREMDLING: Gibt es ein Teilgebiet der Verschiedenheit, das dem Schönen entgegengesetzt ist?

THEAITETOS: Ja.

FREMDLING: Wie sollen wir nun sagen? Hat es einen Namen, oder entbehrt es eines solchen?

THEAITETOS: Es hat einen. Denn was wir in jedem gegebenen Falle nicht-schön nennen, das ist verschieden von dem Begriff des Schönen und von nichts anderem.

FREMDLING: Nun sage mir weiter folgendes.

THEAITETOS: Was denn?

FREMDLING: Führt das Nicht-Schöne seinen Ursprung nicht auf dasjenige zurück, was von irgendeinem Geschlechte des Seienden abgetrennt und anderseits wieder irgendeinem Teile des Seienden entgegengesetzt wird?

THEAITETOS: Ja.

FREMDLING: Es ergibt sich also, wie es scheint, daß das Nicht-Schöne eine Art der Entgegensetzung von Seiendem gegen Seiendes ist.

THEAITETOS: Sehr richtig.

FREMDLING: Wie nun? Müssen wir nach diesem Nachweis etwa das Schöne in höherem Grade dem Seienden zuzählen, das Nicht-Schöne dagegen in minderen Grade?

THEAITETOS: Durchaus nicht.

258 FREMDLING: In gleichem Maße also müssen wir dem Nicht-Großen das Sein zusprechen wie dem Großen selbst?

THEAITETOS: In gleichem Maße.

FREMDLING: Also auch dem Nicht-Gerechten müssen wir doch wohl dieselbe Geltung geben wie dem Gerechten, insofern das eine nicht in höherem Grade *ist* als das andere.

THEAITETOS: Unbedingt.

FREMDLING: Und so werden wir es auch in allen weiteren Fällen halten müssen. Denn die Verschiedenheit selbst erwies sich als zu dem Seienden gehörend; kommt ihr aber das Sein zu, so muß man notwendig auch ihre Teile nicht weniger als sie selbst als seiend setzen.

THEAITETOS: Ja, gewiß.

FREMDLING: Die Sache liegt also, wie es scheint, so: ein Teilgebiet des Begriffes der Verschiedenheit, dem man ein Teilgebiet des Seienden entgegensetzt, hat, wenn man so kühn sein darf, dies zu sagen, ebensoviel Sein wie das Seiende selbst; denn es bedeutet nicht das Gegenteil des Seienden, sondern nur soviel, daß es verschieden von ihm ist.

THEAITETOS: Augenscheinlich.

FREMDLING: Wie werden wir es also nennen?

THEAITETOS: Offenbar ist eben dies das Nichtseiende, was wir um des Sophisten willen suchten.

FREMDLING: Also steht es doch wohl deiner Meinung nach

hinter keinem anderen Seienden an Seinsgehalt zurück, so daß man nun ohne Rückhalt sagen muß, daß das Nichtseiende in sicherem Besitze seiner eigenen Natur ist? Wie das Große groß war und das Schöne schön war und das Nicht-Große nicht groß und das Nicht-Schöne nicht schön, so *war* und *ist* doch wohl auch das Nichtseiende nicht-seiend, *ein* Glied in der Zahl der vielen Geschlechter des Seienden? Oder stößt uns, mein Theaitetos, noch ein Zweifel dagegen auf?

THEAITETOS: Noch, keiner.

Das Verschiedene ist durch seine Teilnahme am Seienden

FREMDLING: Merkst du nun, daß wir in unserem Ungehorsam gegen den Parmenides noch über sein Verbot hinausgegangen sind?

THEAITETOS: Wieso?

FREMDLING: Wir haben im Fortschritt unserer Untersuchung mit unseren Nachweisen gegen ihn das Gebiet, das er der Forschung gänzlich entzogen wissen wollte, noch um ein gut Stück überschritten.

THEAITETOS: Inwiefern?

FREMDLING: Weil er doch sagt:

Niemals läßt durch Beweis sich zeigen, es sei, was da nicht ist;
Nein, halt fern dein Denken von solchen Wegen der Forschung.

THEAITETOS: Ja, so lauten seine Worte.

FREMDLING: Wir aber haben nicht nur dargelegt, daß das Nichtseiende *ist*, sondern haben auch den Begriff nachgewiesen, der das Wesen des Nichtseienden ausmacht. Denn wir wiesen den Begriff der Verschiedenheit als seiend nach und als verteilt auf alles Seiende in seinem gegenseitigen Verhältnis zueinander, und auf Grund dessen waren wir kühn genug, immer denjenigen Teil desselben, der dem entsprechenden Sein gegenübergestellt wird, als eben denjenigen zu bezeichnen, der in Wahrheit das Nichtseiende ist.

THEAITETOS: Und damit, lieber Fremdling, scheinen wir auch vollkommen im Recht zu sein.

FREMDLING: Komme uns also keiner mit der Rede, daß wir das

Nichtseiende als reines Gegenteil des Seienden hinstellen und daraufhin die Behauptung wagen, daß es ist. Nein, mit einem reinen Gegenteil des Seienden und mit der Frage, ob es *ist* oder *nicht* ist, ob es Sinn hat oder völlig sinnlos ist, haben wir es schon längst nicht mehr zu tun. Was aber unsere jetzige Erklärung des Nichtseienden betrifft, so mag man sie entweder widerlegen und uns zeigen, daß wir damit unrecht haben, oder, wenn man dazu nicht imstande ist, so bleibt nichts anderes übrig, als sich unseren Sätzen anzuschließen, die folgendermaßen lauten: Die Begriffe treten miteinander in Gemeinschaft, und der Bereich des Seienden und der Verschiedenheit erstreckt sich auf alle Begriffe sowie auf ihr gegenseitiges Verhältnis zueinander, dergestalt, daß das Verschiedene durch seine Teilnahme am Seienden, die ihm zukommt, zwar *ist*, aber doch nicht jenes selbst ist, an dem es Anteil hat, sondern ein davon Verschiedenes; als verschieden aber von dem Seienden ist es nach augenscheinlicher Notwendigkeit nicht seiend. Anderseits ist das Seiende als teilnehmend an der Verschiedenheit von den anderen Geschlechtsbegriffen verschieden, und diese Verschiedenheit von allem anderen bedeutet, daß es alles jenes *nicht* ist, weder im Einzelnen noch im Ganzen, sondern sein Sein für sich hat. Mithin ist es unzweifelhaft, daß das Seiende anderseits in tausend und abertausend Fällen nicht ist und daß demnach auch das andere im Einzelnen und zusammengenommen in vielfachem Betracht ist, ebensooft aber auch nicht ist.

THEAITETOS: Richtig.

FREMDLING: Und versagt nun jemand diesen Entgegensetzungen den Glauben, so mag er mit sich zu Rate gehen und etwas Besseres vorbringen als das eben Vorgetragene. Hat aber jemand in dem Glauben, damit ein schwieriges Geheimnis entdeckt zu haben, seine Freude daran, die Sätze bald nach dieser, bald nach jener Seite hin gewaltsam auszudeuten, so ist dies ein eitles Bemühen, wie aus unseren jetzigen Erörterungen hervorgeht. Denn diese Erfindung ist weder geistvoll noch schwierig, jene andere Aufgabe dagegen – ja, die ist zugleich schwierig und schön.

THEAITETOS: Welche denn?

FREMDLING: Daß man, wie gesagt, unter gebührender Beiseite-

schiebung dieser Spielereien imstande ist, den vorgetragenen
Behauptungen im einzelnen prüfend genau zu folgen, wenn
einer ein Verschiedenes für einerlei in irgendeiner Beziehung
erklärt oder etwas, was einerlei ist, für verschieden in der Weise
und in der Beziehung, die für eines von beiden nach seiner
Meinung tatsächlich in Betracht kommt. Aber das, was einerlei
ist, ins Blaue hinein für verschieden zu erklären und das Verschiedene für einerlei und das Große für klein und das Ähnliche
für unähnlich und in der Debatte seine Freude an diesem ewigen
Spiel mit den Gegenteilen zu haben, das ist keine wahrhafte
Prüfungsweise, sondern offenbar der kindische Versuch eines
völligen Anfängers in der Behandlung des Seienden.

THEAITETOS: Sehr richtig.

Erklärung des Irrtums und des Sophisten

FREMDLING: Und auch der Versuch, alles von allem zu trennen,
mein Guter, ist nicht nur unangebracht, sondern auch das Zeichen eines völlig ungebildeten und unphilosophischen Kopfes.

THEAITETOS: Wieso?

FREMDLING: Wenn man jeden Begriff von der Gemeinschaft
mit allem anderen ausschließt, so heißt das nichts anderes als jede
Erörterung überhaupt unmöglich machen. Denn durch die Verbindung der Begriffe miteinander gelangen wir ja erst zur Rede.

THEAITETOS: In der Tat.

FREMDLING: Mache dir also klar, wie günstig es war, daß wir
eben jetzt den Kampf gegen diese Leute durchfochten und sie
nötigten, die Verbindung der Begriffe untereinander vor sich
gehen zu lassen.

THEAITETOS: Im Hinblick worauf denn?

FREMDLING: Im Hinblick darauf, daß die Rede [der Satz, die
Aussage] eine der seienden Gattungen ist. Denn werden wir
dieser beraubt, so werden wir des Besten beraubt, nämlich der
Philosophie. Weiter aber gilt es jetzt, uns über das eigentliche
Wesen der Rede [des Satzes] zu verständigen. Wenn wir nun
aber die Existenz derselben überhaupt leugnen müßten, so wären wir gar nicht mehr imstande, irgend etwas auszusagen. Wir
müßten sie aber leugnen, wenn wir zugegeben hätten, daß nicht

die geringste Verbindung zwischen irgend zwei Begriffen stattfinde.

THEAITETOS: Das ist richtig. Doch wurde mir nicht klar, warum
wir uns jetzt über das Wesen des Satzes verständigen müssen.

FREMDLING: Vielleicht wird es dir am leichtesten auf folgendem
Wege klar.

THEAITETOS: Auf welchem?

FREMDLING: Das Nichtseiende erwies sich uns doch neben anderem als eine der bestehenden Gattungen, und zwar als über
alles Seiende verbreitet.

THEAITETOS: Ja.

FREMDLING: So ist also weiter zu erwägen, ob es sich mit Meinung und Satz [Aussage] verbindet.

THEAITETOS: Warum dies?

FREMDLING: Findet keine Verbindung zwischen ihnen statt, so
muß notwendig alles wahr sein, findet sie aber statt, so gibt es
auch falsche Meinung und falsche Aussage. Denn das Nichtseiende meinen oder aussagen, das ist es doch wohl, was den Irrtum
im Denken und Reden ausmacht.

THEAITETOS: Ja.

FREMDLING: Gibt es aber Irrtum, so gibt es auch Täuschung.

THEAITETOS: Ja.

FREMDLING: Gibt es aber Täuschung, so ist notwendig alles voll
von Bildern und Truggestalten und Scheinwesen.

THEAITETOS: Wie könnte es auch anders sein?

FREMDLING: Vom Sophisten aber behaupteten wir doch, daß er
eben in dieser Gegend seine Zuflucht gesucht habe und steif und
fest geleugnet habe, daß es überhaupt Irrtum gebe; denn das
Nichtseiende werde von niemandem gedacht oder ausgesagt;
habe ja doch das Nichtseiende nicht den geringsten Anteil am
Sein.

THEAITETOS: So war es.

FREMDLING: Nun aber hat es sich von diesem zwar herausgestellt, daß es am Seienden teilhat, so daß er sich in diesem Punkte
vielleicht nicht mehr zur Wehr setzen würde; wohl aber würde
er vielleicht von den Begriffen behaupten, daß sie zum Teil
allerdings an dem Nichtseienden teilhätten, zum Teil aber auch
nicht, und Aussage und Meinung gehörten also zu den letzteren.

Mithin würde er sich wieder darauf versteifen, daß der mit
Bildern und Scheinwesen sich befassenden Kunst, zu deren Vertreter wir ihn machen, überhaupt kein Sein zukomme, da Meinung und Aussage keine Gemeinschaft mit dem Nichtseienden
haben, denn es gebe ohne Bestehen dieser Gemeinschaft überhaupt keinen Irrtum. Darum muß zunächst das eigentliche Wesen der Aussage und der Meinung und Vorstellung ergründet
werden, auf daß, wenn dies sich klar herausgestellt hat, wir die
Gemeinschaft desselben mit dem Nichtseienden erkennen und
daraufhin den Irrtum als seiend nachweisen, um dann den Sophi-
261 sten, wenn anders er dahingehört, auch dabei festzuhalten, im
anderen Falle aber ihn davon loszusprechen und ihn im Gebiet
eines anderen Begriffes aufzusuchen.

THEAITETOS: Wir hatten doch, lieber Fremdling, vollkommen
recht, als wir zu Anfang vom Sophisten sagten, es sei ein schweres Stück Arbeit für den Jäger, dieser Gattung von Leuten beizukommen. Denn an Schutzwällen scheint es ihm wahrlich nicht
zu fehlen, und hat er sich hinter einen verschanzt, so muß man
diesen erst erstürmen, ehe man an ihn selbst herankommt. Denn
kaum, daß wir jetzt den einen Wall, den Satz nämlich, daß das
Nichtseiende nicht *ist*, glücklich bewältigt haben, ist auch schon
ein zweiter aufgeworfen, und es muß nun der Nachweis geliefert
werden, daß auch in Aussage und Meinung Irrtum wirklich
vorhanden ist, und dann ist vielleicht wieder eine neue Schanze
aufgeworfen und nach dieser noch eine; und wer weiß, ob es
überhaupt jemals zu einem Ende kommen wird.

FREMDLING: Nur den Mut nicht sinken lassen, mein Theaitetos,
solange man imstande ist, wenn auch noch so langsam, doch
immer vorwärtszukommen. Denn wer in einer Lage wie der
unsrigen verzagt, was soll der in anderen Lagen tun, wo er
entweder nichts ausrichtet oder gar wieder auf den Ausgangspunkt zurückgeworfen wird? Schwerlich wird ein solcher, mit
dem Sprichwort zu reden, jemals die Stadt einnehmen. Jetzt
aber, mein Bester, wo das von dir genannte Hindernis glücklich
überwunden ist, ist doch wohl in der Tat das stärkste Bollwerk
genommen, mit den anderen aber hat es weniger auf sich, und
wir werden damit leichter fertig werden.

THEAITETOS: Du hast recht.[2]

Politikos

Relative und »absolute« Meßkunst

FREMDLING: Gut. Warum nun in aller Welt haben wir also nicht gleich geantwortet, Weberei sei eine Kunst der Verflechtung von Einschlag und Kette, sondern haben uns im Kreise herumgedreht mit wer weiß wie vielen nutzlosen Begriffsbestimmungen?

SOKRATES D. J.: Was mich wenigstens anlangt, mein lieber Fremdling, so kann ich nicht finden, daß irgend etwas von dem Gesagten nutzlos gesagt sei.

FREMDLING: Das nimmt mich nicht wunder. Aber es könnte doch der Fall eintreten, mein Trefflichster, daß dem so wäre. Zum Schutz nun gegen eine solche Krankheit, wenn sie vielleicht später einmal an dich herantreten sollte – denn zu verwundern wäre das nicht –, laß dir eine für all dergleichen Fragen nützliche Belehrung gefallen.

SOKRATES D. J.: Halte ja nicht damit zurück.

FREMDLING: Zunächst laß uns also jede Art von Übermaß und Mangel betrachten, damit wir Lob und Tadel in jedem einzelnen Falle richtig verteilen, handle es sich nun um übermäßige Länge oder übertriebene Kürze des Vorgetragenen bei Unterhaltungen wie den unsrigen.

SOKRATES D. J.: Ja, das wollen wir.

FREMDLING: Also eben dies, denke ich, müssen wir zum Gegenstand unserer Untersuchung machen, um richtig zu verfahren.

SOKRATES D. J.: Nun was denn?

FREMDLING: Länge und Kürze und jede Art von Übermaß und Mangel. Denn auf all diese Dinge bezieht sich doch die Meßkunst.

SOKRATES D. J.: Ja.

FREMDLING: Laß sie uns also in zwei Teile zerlegen. Denn unser Vorhaben macht das nötig.

SOERATES D. J.: Du gibst gewiß Auskunft über die Art der Teilung.

Fremdling: Ich teile so: der eine Teil bestimmt sich nach dem voneinander abhängigen gegenseitigen Verhältnis von Größe und Kleinheit, der andere aber nach dem durch die Natur der Sache gebotenen Zweck des Werdens.

Sokrates d. J.: Wie meinst du das?

Fremdling: Hältst du es nicht für natürlich und notwendig, daß man von dem Größeren nur spricht in Beziehung auf das Kleinere und umgekehrt von dem Kleineren nur in Beziehung auf das Größere und sonst in keiner anderen Beziehung?

Sokrates d. J.: Allerdings.

Fremdling: Was nun aber, sei es in Worten oder in Werken, über die natürliche Grenze des rechten Maßes hinausgeht oder hinter ihr zurückbleibt, werden wir dem etwa die Wirklichkeit absprechen, während doch darin gerade der Hauptunterschied unter uns Menschen liegt, nämlich der der Bösen und Guten?

Sokrates d. J.: Gewiß nicht.

Fremdling: Also diese zwei Wesensbestimmungen und Beurteilungsweisen des Großen und des Kleinen müssen wir als gültig anerkennen und dürfen nicht, wie wir vorhin eben sagten, nur ihr gegenseitiges Verhältnis gelten lassen, sondern müssen gemäß dem, was jetzt behauptet wurde, vielmehr neben ihrem gegenseitigen Verhältnis entschieden auch ihr Verhältnis zu dem rechten Maß anerkennen. Und wir wünschen doch wohl auch den Grund dafür zu erfahren?

Sokrates d. J.: Ja, gewiß.

Fremdling: Wenn man die Natur des Größeren im Verhältnis
284 zu nichts anderem als zum Kleineren will gelten lassen, so wird sie niemals eine Beziehung zu dem rechten Maße haben. Nicht wahr?

Sokrates d. J.: Ja.

Die »absolute« Meßkunst richtet sich auf das »rechte Maß« usw.

Fremdling: Würde diese Auffassung nicht die Vernichtung der Künste selbst wie auch aller ihrer Werke zur Folge haben, und würde sie nicht auch die jetzt gesuchte Staatskunst und die besprochene Weberkunst sich völlig verflüchtigen lassen? Denn

alle derartigen Künste gehen vorsichtig dem aus dem Wege, was
die rechtmäßige Mitte übersteigt oder hinter ihr zurückbleibt
und sehen darin nicht etwas Nichtiges, sondern den Verderb für
ihre Tätigkeit, und eben eine derartige Einhaltung des rechten
Maßes ist es, die ihnen alles gut und schön geraten läßt.

SOKRATES D. J.: Ohne Zweifel.

FREMDLING: Wenn wir nun also der Staatskunst das Dasein
absprechen, werden wir da nicht mit unserer Forschung nach der
Herrscherwissenschaft in eine Sackgasse geraten?

SOKRATES D. J.: Sicherlich.

FREMDLING: Müssen wir also nicht dasselbe Verfahren einschlagen wie im »Sophisten«? Wie wir dort das Nichtseiende
zum Sein zwangen, weil diese Frage unsere Untersuchung zu
vereiteln drohte, so müssen wir auch in unserm jetzigen Fall
hinwiederum das Mehr oder Weniger zwingen, sich nicht bloß
im Verhältnis zueinander messen zu lassen, sondern auch im
Verhältnis zu dem zu erzielenden rechten Maß. Denn ohne
dieses Zugeständnis ist es doch nicht möglich, daß ein Staatsmann oder irgendein anderer mit Geschäften Betrauter sich als
ein zweifellos Sachverständiger bewähre.

SOKRATES D. J.: So müssen wir denn jetzt nach Möglichkeit
jenem früheren Beispiel folgen.

Das jetzt Erörterte wird sich einst als unentbehrlich erweisen für die Darlegung des obersten Prinzips

FREMDLING: Noch umfangreicher, mein Sokrates, ist diese unsere jetzige Aufgabe als die damalige. Und doch ist uns der große
Umfang jener noch deutlich in der Erinnerung. Doch muß man
billigerweise in bezug darauf folgende Annahme machen.

SOKRATES D. J.: Welche?

FREMDLING: Daß das jetzt Erörterte sich einst als unentbehrlich
erweisen wird für die Darlegung des obersten Prinzips.[1] Was
aber die wünschenswerte und ausreichende Aufklärung unserer
vorliegenden Frage anlangt, so leistet uns, wie es mir scheinen
will, ganz hervorragende Dienste dieser unser Nachweis, demzufolge alle Künste stehen und fallen mit dem Satze, daß Größeres und Kleineres nicht nur im Verhältnis zueinander gemessen

wird, sondern auch im Verhältnis zu dem zu erzielenden rechten Maß. Denn nur wenn dieses ist, sind auch jene [die Künste], und nur wenn jene sind, ist auch dieses, ist aber eines von ihnen nicht, so kann keines von beiden jemals sein.[2]

SOKRATES D. J.: Damit hat es seine Richtigkeit, aber was denn nun weiter?

FREMDLING: Offenbar gilt es, die Meßkunst dem Gesagten gemäß in zwei Teile zu zerlegen, dergestalt, daß wir dem einen Teil alle diejenigen Künste zuweisen, welche die Zahl, Länge, Tiefe, Breite und Schnelligkeit im Verhältnis zum Gegenteil messen, dem anderen alle diejenigen Künste, welche die Messung vollziehen im Verhältnis zum rechten Maß, zum Wohlanständigen, Schicklichen und Pflichtgemäßen, kurz zu allem, was seinen Sitz in der rechten Mitte zwischen den Extremen hat.

SOKRATES D. J.: Damit sind zwei Teile bezeichnet, deren jeder nicht nur umfangreich, sondern auch erheblich von dem anderen verschieden ist.

285 FREMDLING: Was nämlich, mein Sokrates, nicht wenige geistreiche Männer sagen, offenbar in dem Glauben, damit eine besondere Weisheit zu verkünden, daß nämlich die Meßkunst alles Werdende umfasse, dem liegt als Wahrheit eben der von uns jetzt aufgestellte Satz zugrunde. Denn der Messung zugänglich ist in gewisser Weise alles, was kunstgemäß ist. Weil sie aber nicht gewohnt sind, die Dinge nach unterscheidenden Artbegriffen zu betrachten, so verfallen sie in einen doppelten Fehler: sie werfen einerseits weit voneinander Verschiedenes als vermeintlich einander ähnlich in eins zusammen [während es gar nicht unter *einen* Gattungsbegriff gehört], anderseits zerlegen sie umgekehrt anderes [was tatsächlich einen Gattungsbegriff ausmacht] nicht nach seinen [natürlichen] Teilen, während das richtige Verfahren doch folgendes ist: wenn man zuerst eine [gattungsmäßige] Zusammengehörigkeit des Vielen wahrgenommen hat, so soll man nicht eher ablassen, als bis man sich alle Unterschiede in ihr klargemacht hat, die sich in den Arten ausgeprägt finden, und anderseits soll man angesichts der mannigfachen Unähnlichkeiten in der Menge der Objekte unverdrossen unter allen Umständen nicht eher ruhen, als bis man alles Verwandte innerhalb der Grenzen eines einzigen Ähnlichkeitsverhältnisses ein-

geschlossen und in einem wesenhaften Gattungsbegriff zusammengefaßt hat. Damit sei denn diese Frage und das Zurückbleiben hinter dem rechten Maß oder das Hinausgehen darüber zur Genüge erörtert. Laß uns nur festhalten, daß in bezug darauf zwei Arten der Meßkunst sich als vorhanden erwiesen haben, und laß uns die Erinnerung daran, welche sie unserer Erklärung zufolge sind, nicht verlieren.

SOKRATES D. J.: Das wollen wir.

Zweck der Untersuchung über den Staatsmann: In der Dialektik stärker werden

FREMDLING: Dieser Belehrung wollen wir nun eine weitere folgen lassen, die wichtig ist nicht nur für unsere vorliegende Untersuchung, sondern auch für die Behandlung derartiger Fragen überhaupt.

SOKRATES D. J.: Welche denn?

FREMDLING: Gesetzt, es fragte uns jemand, was es für einen Sinn hätte, wenn ein Schüler im Leseunterricht nach den Buchstaben gefragt würde, aus denen ein Wort zusammengesetzt ist. Sollen wir ihm dann antworten, die Lösung dieser Aufgabe ziele nur auf diesen Einzelfall hin oder nicht vielmehr darauf, daß der Schüler für alle denkbaren Fälle in der Buchstabenkenntnis sicherer werde?

SOKRATES D. J.: Offenbar das letztere.

FREMDLING: Wie steht es also für uns jetzt mit der Untersuchung über den Staatsmann? Haben wir sie bloß um seinetwillen angestellt oder nicht vielmehr, um überhaupt in der Dialektik stärker zu werden?

SOKRATES D. J.: Auch hier offenbar um des letzteren willen.

FREMDLING: Schwerlich würde doch irgendein Vernünftiger sich dazu verstehen, der Definition der Weberei um ihrer selbst willen nachzujagen. Aber es ist wohl den meisten entgangen, daß ein Teil des Seienden seiner natürlichen Beschaffenheit nach mit gewissen sinnenfälligen und darum leicht erkennbaren Ähnlichkeiten ausgestattet ist, die man ohne Schwierigkeit aufweisen kann, wenn man einen, der darüber Rechenschaft fordert, mühelos ohne wissenschaftliche Gründlichkeit so obenhin darüber aufklären will; wohingegen es für das Größte und Herrlichste kein für Menschen hergerichtetes deutliches Abbild gibt, das irgendeinem unserer Sinne wahrnehmbar gemacht und so aufgezeigt werden könnte, daß die Seele des Fragenden dadurch sich wirklich befriedigt fühlt. Daher muß man sich die Fähigkeit zu erwerben suchen, über alles Begriffsmäßige Rechenschaft zu geben und zu fordern. Denn das Unkörperliche, dies Schönste und Größte, läßt sich allein durch reines Denken, sonst aber auf keinerlei Weise zu deutlicher Erkenntnis bringen, und eben darauf zielt alles hin, was jetzt zur Sprache kam. Leichter aber übt man sich für alles am Kleineren als am Größeren.

Timaios

Timaios[1] spricht über die »Schöpfung« der Welt bis zur
Entstehung des Menschen: Anrufung der Götter und
Göttinnen

27 TIMAIOS: Ja, mein Sokrates, so halten's alle, die auch nur einen
Funken von Besonnenheit in sich haben: beim Beginn eines
jeden Unternehmens, gleichviel ob groß oder klein, rufen sie
stets eine Gottheit an. Und so müssen wir, die wir im Begriff
stehen, über das Weltall zu sprechen, inwiefern es geworden
oder ungeworden ist, doch wohl unbedingt, wenn wir nicht alles
Verstandes bar sind, die Götter und Göttinnen um ihre Hilfe
dazu anflehen, daß unsere Erörterung vor allem ganz nach ihrem
Sinne ausfalle, sodann aber auch, daß sie in Übereinstimmung
mit sich selbst bleibe. Und so seien denn hiermit die Götter
angerufen; unser Ruf an uns selber aber muß dem Wege gelten,
auf dem einerseits euch das Verständnis am meisten erleichtert
wird, anderseits ich am besten meinen Gedanken über den vorliegenden Gegenstand darzulegen vermag.

Die Grundunterscheidungen

Es kommt also nach meinem Dafürhalten zunächst auf eine
Unterscheidung folgender Vorstellungen an: Was ist das immer
28 Seiende, welches kein Werden zuläßt, und was ist das immer
Werdende, welches niemals des Seins teilhaftig wird? Das eine ist
durch vernünftiges Denken vermittelst des Verstandes erfaßbar,
denn es bleibt immerdar sich selbst gleich, das andere ist nur der
[schwankenden] Meinung eben in dieser unvollkommenen
Form erfaßbar vermittelst der Sinneswahrnehmung ohne Beteiligung des Verstandes, denn es ist in beständigem Werden und
Vergehen begriffen, ohne je zum Sein zu gelangen.[2] Alles Werdende aber hat notwendig irgendeine Ursache zur Voraussetzung, denn ohne Ursache kann unmöglich etwas entstehen.

Jedes Ding nun, dessen Form und Wirkungsart der Bildner [Demiurg] herstellt im beständigen Hinblick auf das sich immerdar Gleichbleibende, das ihm dabei zum Muster dient, muß auf diese Weise unbedingt in jeder Hinsicht auf das beste gelingen; blickt er dabei aber auf das Gewordene hin und nimmt er sich dieses zum Muster, dann fällt das Werk nicht gut aus. Das ganze Himmelsgebäude nun – oder Weltall oder welchen Namen es sonst für sich selber wünscht, es soll uns jeder recht sein – muß zunächst von dem Gesichtspunkt aus untersucht werden, der jeder Untersuchung als Ausgangspunkt zugrunde gelegt werden muß, von der Frage nämlich, ob es von jeher da war ohne einen Anfang seiner Entstehung oder ob es geworden und von irgendwelchem Anfang ausgegangen ist. Es ist geworden; denn es ist sichtbar und fühlbar und körperlich, alles von dieser Art aber ist sinnlich wahrnehmbar; das sinnlich Wahrnehmbare, durch schwankende Meinung vermittelst der Wahrnehmung Faßbare aber ist, wie wir sahen, dem Werdenden und Erschaffenen zuzurechnen. Das Gewordene aber, behaupten wir, muß immer irgendeine Ursache haben. Den Bildner und Vater dieses Alls zu finden ist schwierig, und hat man ihn gefunden, so ist es unmöglich, ihn allen kundzutun.[3] Doch muß man wieder hinsichtlich seiner fragen, nach welchem der beiden Muster der Baumeister es bildete, ob nach dem unwandelbaren und ewig gleichen oder nach dem gewordenen. Wenn nun dies Weltall schön und wohlgeraten und, der es bildete, ein guter Werkmeister ist, so ist es offenbar, daß er nach dem Ewigen blickte; im anderen Falle aber, den auch nur in den Mund zu nehmen eine Lästerung sein würde, nach dem Gewordenen. Nun ist es doch für jedermann klar, daß er nach dem Ewigen blickte; denn die Welt ist das Schönste von allem Gewordenen, und was die Ursache anlangt, so hält nichts den Vergleich mit dem Meister [als Urheber] aus. Steht es aber mit ihrer Entstehung so, dann ist sie nach dem Muster des dem Verstande und der Einsicht Erfaßbaren und sich immer Gleichbleibenden geschaffen.

29

444

Die Welt als Abbild. Wahrscheinlichkeit in der Darstellung

Dies zugegeben ist diese Welt notwendig ein Abbild von etwas. Bei jeder Frage nun ist es von größter Wichtigkeit, den Anfang sachgemäß zu behandeln. Was also das Bild und sein Urbild anlangt, so macht sich für die Darstellung beider ein Unterschied notwendig insofern, als sie [die Darstellung] mit dem, was sie darstellt, auch in innerer Verwandtschaft stehen muß. Für das Bleibende und Feststehende und mit Hilfe der Vernunft Erkennbare muß auch die Darstellung den Charakter des Bleibenden und Unumstößlichen an sich tragen; sie darf, soweit überhaupt bei Worten von Unwiderleglichkeit und Unwandelbarkeit die Rede sein kann, es daran in keiner Weise fehlen lassen; dagegen wird die Darstellung des dem Muster nur Nachgebildeten, also des bloßen Abbildes, den Charakter des Wahrscheinlichen und des der Eigenart dieses Gegenstandes Entsprechenden tragen. Wie sich zum Werden das Sein, so verhält sich zum Glauben [πίστις, Wahrscheinlichkeit] die Wahrheit. Wenn wir nun, mein Sokrates, angesichts der zahlreichen Erörterungen, die von Früheren über die Götter und über die Entstehung des Weltalls bereits vorliegen, außerstande sein sollten, eine in jeder Beziehung mit sich selber übereinstimmende und genau zutreffende Darstellung zu geben, so wundere dich nicht; vielmehr muß es schon genügen, wenn unsere Darstellung es an Wahrscheinlichkeit mit der jedes anderen aufnehmen kann. Denn man darf nicht vergessen, daß wir alle, ich, der Vortragende, und ihr, die Richter, nur Menschen sind; wenn wir also über diese Dinge eine Dichtung zu hören bekommen, die auf Wahrscheinlichkeit Anspruch hat, so können wir ganz zufrieden sein und brauchen nichts weiter zu verlangen.

SOKRATES: Sehr richtig, mein Timaios, und deiner Mahnung ist durchaus Folge zu geben. So haben wir also das Vorspiel von dir erhalten, und nunmehr mußt du die eigentliche Melodie folgen lassen.

Der Grund für die Erschaffung der Welt. Das Weltall als beseeltes und vernünftiges Geschöpf

Timaios: So laßt uns denn den Grund erörtern, der den Werkmeister veranlaßte, dies Weltgebäude, diese Stätte des Werdens, zusammenzufügen. Er war voller Güte; wer aber gut ist, für den gibt es niemals und nirgends einen Grund zum Neide: völlig unberührt von ihm, wollte er, daß alles ihm selbst so ähnlich wie möglich sei. Darin also nach der Lehre einsichtiger Männer den eigentlichen und am meisten durchschlagenden Grund des Werdens und des Weltalls zu erkennen dürfte wohl das Richtigste sein. Denn da Gott wollte, daß alles möglichst gut, nichts aber schlecht sei, so führte er das ganze Reich des Sichtbaren, das er nicht im Zustand der Ruhe, sondern der an kein Maß und keine Regel gebundenen Bewegung übernahm, aus der Unordnung zur Ordnung über, überzeugt, daß dieser Zustand in jeder Hinsicht besser sei als jener. Nun stand es aber von jeher, wie noch jetzt, dem Besten nicht zu, irgend etwas anderes zu vollbringen als das Schönste. Indem er also die Sache erwog, fand er, daß unter den ihrer Natur nach sichtbaren Dingen, Ganzes gegen Ganzes gestellt, nichts Vernunftloses jemals schöner sein werde als etwas Vernunftbegabtes und daß anderseits ohne Seele keinem Wesen Vernunft beiwohnen könne. Von dieser Erwägung geleitet, fügte er das Weltall in der Weise zusammen, daß er der Seele die Vernunft, die Seele aber dem Körper beigesellte, um ein Werk zu vollbringen, dem an natürlicher Schönheit und Trefflichkeit nichts gleichkäme. Und so haben wir denn, insofern es sich um eine nur wahrscheinliche Darstellung handelt, allen Grund zu behaupten, dies Weltall sei ein beseeltes und in Wahrheit vernünftiges Geschöpf, wozu es durch die Vorsehung Gottes geworden.

Weder zwei noch unzählige Welten, sondern nur *eine*, gewordene und ewig weiterbestehende Welt

Hat es nun damit seine Richtigkeit, so müssen wir ferner die daraus sich ergebende Frage erörtern, welchem lebenden Wesen ähnlich das Werk des Werkmeisters gebildet sei. Irgendeine Art von Einzelgeschöpfen werden wir dafür nicht zulässig finden; denn was dem Unvollkommenen gleicht, kann niemals schön sein. Wohl aber dürfen wir es [das Weltall] als demjenigen ähnlich setzen, von dem alle anderen Geschöpfe, im Einzelnen sowie nach Gattungen genommen, nur Teile sind. Dieses nämlich umfaßt in sich alle von der Vernunft erkennbaren Wesen, so wie diese unsere Welt uns und alle anderen sichtbaren Geschöpfe umfaßt. Denn Gottes Wille war es, die Welt dem Schönsten und in jeder Beziehung Vollkommenen unter allem, was die Vernunft sich denken kann, so ähnlich wie möglich zu machen, und so bildete er sie als ein einziges sichtbares, lebendes Wesen, das alle ihm von Natur verwandten Geschöpfe in sich schließt. 31 Sprechen wir also mit Recht nur von *einer* Welt, oder wäre es richtiger, von einer großen, ja unendlichen Zahl derselben zu reden? Nein! nur von einer, wenn anders sie nach dem Urbilde geschaffen sein soll. Denn was alle denkbaren Geschöpfe umfaßt, das kann nicht als zweites neben einem andern bestehen. Dann müßte es nämlich noch ein anderes jene beiden umfassendes lebendes Wesen geben, dessen Teile jene beiden wären, und die Welt wäre, wie wir dann richtiger sagen würden, nicht mehr dem Muster jener beiden, sondern jenem sie Umschließenden nachgebildet. Diese unsere Welt hier sollte hinsichtlich der Einheit dem durchaus vollkommenen lebendigen Wesen ähnlich sein: das ist der Grund, weshalb der Weltbildner weder zwei noch unzählige Welten schuf, sondern daß es nur diese *eine* Welt gibt als gewordene und ewig weiter bestehende.

Die vier Elemente und ihre proportionale Einheit

Körperlich also, sichtbar und fühlbar muß das Gewordene sein. Ohne Feuer aber kann niemals etwas sichtbar werden und fühlbar nicht ohne etwas Festes und fest nicht ohne Erde. Daher bildete Gott, als er anfing, den Weltkörper zusammenzufügen, ihn aus Feuer und Erde. Zwei Dinge aber lassen sich für sich allein nicht haltbar zusammenfügen; es gehört notwendig dazu ein drittes, ein vermittelndes Band nämlich, welches die Vereinigung beider erst zustande bringen kann. Das schönste aller Bänder aber ist dasjenige, welches die engste Vereinheitlichung

des Bandes selbst mit den verbundenen Gegenständen herstellt. Dies aber am besten zu bewirken vermag ihrem Wesen nach die Proportion. Denn wenn von drei Zahlen, seien es nun Produkt-
32 zahlen oder Quadratzahlen, die mittlere zu der letzten sich so verhält wie die erste zur mittleren und ebenso wieder die letzte zu der mittleren wie die mittlere zu der ersten, so ergibt sich, daß, wenn man die mittlere an die erste und letzte Stelle, die letzte und erste dagegen beide in die Mitte setzt, das Verhältnis immer ganz das nämliche bleibt; bleiben sie aber immer in dem nämlichen Verhältnis zueinander, so bilden sie zusammen eine Einheit. Hätte nun der Weltkörper eine bloße Fläche werden sollen ohne Tiefe, so hätte *ein* Mittelglied genügt zur Vereinigung seiner selbst mit den beiden anderen. Nun sollte er aber körperhaft sein, zur Vereinigung aber von körperhaften Dingen reicht *ein* Mittelding nie aus, sondern es gehören dazu immer zwei. So stellte denn Gott Wasser und Luft in die Mitte zwischen Feuer und Erde und stellte unter ihnen die Proportion in möglichster Genauigkeit her, so daß, wie sich Feuer zu Luft, so Luft zu Wasser, und wie Luft zu Wasser, so Wasser zu Erde verhält. Auf diese Weise formte er und fügte er den Weltbau zusammen zu einem sichtbaren und fühlbaren Ganzen. Und eben deshalb wurde der Körper der Welt aus diesen so gearteten und quantitativ eine Vierzahl bildenden Elementen nach Maßgabe einer Proportion in sich zusammenstimmend erschaffen, und daher stammt denn auch ihr freundschaftlicher Zusammenhalt: in und mit sich eng vereint, kann er durch keine andere Kraft aufgelöst werden als durch die des Urhebers selbst.

Die Welt als ein einziges Ganzes aus in sich vollständigen Teilen

Von diesen vier Elementen nun wurde bei Bildung der Welt jedes einzelne in vollem Umfang in Anspruch genommen. Denn aus sämtlichem Feuer, aus sämtlichem Wasser, aus sämtlicher Luft und sämtlicher Erde schuf sie ihr Bildner, ohne irgendeinen Teil oder irgendeine ihrer Kräfte ungenutzt zu lassen. Dabei wurde er von folgender Absicht geleitet: erstens sollte es ein durchweg möglichst vollkommenes Geschöpf sein, bestehend

aus lauter vollkommenen [unverkürzten] Teilen, sodann sollte
es ein einziges sein, weshalb denn nichts übriggelassen wurde,
woraus ein anderes, gleichartiges hätte entstehen können, ferner
sollte es unberührt bleiben von Alter und Krankheit; denn er
sagte sich, daß sich um einen zusammengesetzten [nicht völlig
einheitlichen] Körper von außen her Hitze und Kälte und alle
möglichen stark wirkenden Kräfte sammeln und, zur Unzeit auf
ihn hereinbrechend, ihn aus den Fugen bringen, ihn mit Krankheit und Alter schlagen und ihn so dem Untergange preisgeben.
Aus diesem Grunde und in dieser Erwägung bildete er die Welt
als ein einziges Ganzes aus lauter in sich vollständigen Teilen als
ein vollkommenes, von Alter und Krankheit unberührtes lebendes Wesen.

Die Kugelgestalt der Erde

Ferner gab er ihr eine Gestalt, die ihrem Wesen durchaus entspricht und verwandter Natur ist. Demjenigen Geschöpfe, das
alle Geschöpfe in sich fassen soll, dürfte wohl diejenige Gestalt
recht eigentlich angemessen sein, die alle anderen Gestalten [Fi-
guren] in sich faßt. Daher bildete er sie durch Drehung kugelförmig, mit allseitig gleichem Abstand von der Mitte aus nach der
abschließenden Oberfläche, gerundet, gab ihr also diejenige Figur, die von allen die vollkommenste und am meisten sich selbst
gleich ist, überzeugt, daß das Gleiche tausendmal schöner sei als
das Ungleiche. Auch auswendig glättete er sie dann kugelförmig
ab aus vielerlei Gründen. Bedurfte sie doch keiner Augen, denn
außerhalb ihrer gab es ja sonst nichts Sichtbares, auch keines
Gehörs, denn es gab für sie nichts Hörbares; auch gab es keine
umgebende Luft, die ein Einatmen nötig gemacht hätte; auch
war sie keines Werkzeugs benötigt, um sich Nahrung damit
zuzuführen und das Verdaute wieder von sich zu geben. Denn es
sonderte sich nichts von ihr ab, wie auch von keiner Seite irgend
etwas zu ihr hinzutrat; gab es ja doch sonst überhaupt nichts.
Vermöge ihrer kunstvollen Bildung nämlich macht sie ihre eigene Zersetzung zur Quelle ihrer eigenen Nahrung, und all ihr
Leiden und Tun vollzieht sich nur in ihr selbst und durch sich
selbst. Denn Selbstgenügsamkeit, so meinte ihr Bildner, sei weit

besser für sie als auf andere angewiesene Bedürftigkeit. Was aber die Hände anlangt, so lag für sie kein Bedürfnis vor, mit ihnen irgend etwas zu ergreifen oder von sich abzuwehren; er glaubte also nicht, sie ihr zwecklos beigeben zu sollen, ebensowenig 34 auch Füße oder überhaupt irgendwelche Beihilfe zur Fortbewegung. Denn er verlieh ihr diejenige Bewegung, die ihrer Körpergestalt als die ihr eigentümliche entsprach, nämlich von den sieben Bewegungsarten diejenige, die ihrem Wesen nach der Vernunft und Einsicht am nächsten steht. So gab er ihr denn eine völlig gleichförmige Bewegung immer in dem nämlichen Raum und um ihre eigene Achse und ließ sie so im Kreise sich umschwingen; die sechs anderen Bewegungsarten aber hielt er fern von ihr und ließ sie an deren Irrwandel nicht teilnehmen. Zu dieser ihrer Umdrehung bedurfte sie keiner Füße, und deshalb schuf er sie ohne Schenkel und Füße.

Erschaffung der Seele

Dieser ganze wohlerwogene Plan, den der von Ewigkeit her seiende Gott für die Schöpfung *des* Gottes entwarf, der erst ins Dasein treten sollte, brachte es mit sich, daß der Körper der Welt glatt und eben war und daß seine Oberfläche allerseits gleich weit vom Mittelpunkte abstand, ferner, daß er ein in sich geschlossenes Ganzes bildete und, selbst vollkommen, auch aus vollkommenen [unverkürzten] Teilen bestand. Der Seele aber gab er ihren Sitz in der Mitte der Welt, streckte sie durch das Ganze, ja umhüllte den Körper auch noch von außen mit ihr. Und im kreisförmigen Umschwung sich drehend, wurde er so hingestellt als das *eine* und ganz auf sich beschränkte Weltall, durch seine Vortrefflichkeit imstande, an dem Umgange mit sich selbst Genüge zu finden und niemandes anderen zu bedürfen, in ausreichendem Maße mit sich selbst bekannt und befreundet. Durch Spendung aller dieser Vorzüge erschuf er ihn zu einem seligen Gott.

Wenn wir nun jetzt in unserer Darstellung die Erschaffung der Seele als später hinstellten, so ist das nicht so zu verstehen, als hätte auch der Gott sie erst nach dem Körper geschaffen. Denn nimmermehr hätte er bei der Zusammenfügung geduldet, daß das Ältere von dem Jüngeren beherrscht würde; sondern wir, so sehr abhängig vom Zufall und Ungefähr, lassen uns auch in unseren Reden von diesen leiten. Er aber räumte der Seele, was Ursprung und Trefflichkeit anlangt, den früheren Platz und höheren Rang ein und bildete sie als künftige Gebieterin und Herrin aus folgenden Bestandteilen und auf folgende Weise. Aus

35 der unteilbaren und immer gleichen Substanz und der körperlich teilbaren anderseits stellte er durch Mischung eine mittlere dritte Art von Wesenheit her, die hinwiederum ihr eigenes Sein hatte neben dem »Selbigen« und dem »Anderen«, und demgemäß bildete er diese Wesenheit als ein Mittleres zwischen dem Unteilbaren und dem körperlich Teilbaren. Dann nahm er alle drei und mischte sie zu einer einzigen Form zusammen, indem er die der Mischung widerstrebende Natur des Andern gewaltsam mit dem Selbigen vereinigte. Indem er sie so unter Hinzutritt des Seins [der Seelensubstanz] mischte und aus den dreien Eines machte, teilte er dann wiederum dies Ganze in so viele Teile, als erforderlich waren; dabei war denn jeder einzelne Teil gemischt aus dem Selbigen, dem Anderen und dem Sein.

Er begann aber mit der Teilung folgendermaßen: zuerst nahm er *einen* Teil von dem Ganzen weg, dann nahm er nacheinander zunächst das Doppelte des ersten weg, dann das Anderthalbfache des zweiten, das zugleich auch das Dreifache des ersten war, sodann viertens das Doppelte des zweiten, ferner fünftens das Dreifache des dritten, sechstens das Achtfache des ersten, siebentens dann das Siebenundzwanzigfache des ersten. Hierauf

36 füllte er sowohl die zweifachen als die dreifachen Zwischenräume aus, indem er noch weitere Teile von dem Ganzen abschnitt und sie in die Mitte von ihnen setzte, so daß jeder Zwischenraum zwei Mittelglieder erhielt, von denen das erste das eine der äußeren Glieder in dem nämlichen Verhältnis überragte, in welchem es hinter dem andern zurückblieb, nämlich um den gleichen Bruchteil jedes der beiden äußeren Glieder, das zweite um die gleiche Zahl das eine Glied überragte und hinter dem anderen zurückblieb. Da nun aber durch dieses Gliederband in den ursprünglichen Zwischenräumen neue Zwischenräume entstanden waren von 3/2, 4/3 und 9/8, so füllte er mit dem Zwischenraum von 9/8 alle Zwischenräume von 4/3 aus

und ließ so in einem jeden einen kleinen Teil als weiteren Zwischenraum übrig, dessen Grenzglieder in dem Zahlenverhältnis 256 zu 243 stehen. Und damit war denn die Mischung, von der alle diese Teile abgeschnitten worden waren, gänzlich aufgebraucht. Darauf spaltete er dieses ganze Gefüge der Länge nach in zwei Hälften, schlang beide Teile in Gestalt des Buchstabens χ zusammen und wand aus jedem einen Kreis, so daß beide mit ihren Enden der Mitte gegenüber miteinander wie auch jeder mit sich selbst zusammentrafen. Beiden Kreisen gab er die einförmige und in dem nämlichen Raum sich vollziehende Bewegung des Kreisumschwungs. Den einen dieser Kreise aber machte er zum äußeren, den anderen zum inneren. Der ersteren Bewegung gab er ihren Namen von der Natur des *Selbigen*, der letzteren von der des *Anderen*. Den des Selbigen ließ er sich nach rechts, den des Anderen schräg dagegen nach links bewegen; die Herrschaft aber verlieh er dem Umschwung des Selbigen und Gleichen, den er allein ungeteilt ließ; den des inneren aber spaltete er sechsmal zu sieben ungleichen Kreisen, jeden nach den doppelten und dreifachen Intervallen, je dreien von jeder der beiden Arten. So ließ er die Kreise nach entgegengesetzten Richtungen gehen. Was aber ihre Geschwindigkeit anlangt, so gab er dreien dieselbe, den anderen vier aber jedem eine von dieser und unter sich verschiedene Geschwindigkeit, jedoch nach einem festen Verhältnis.

Entstehung von Meinung und Wissenschaft

Nachdem denn der Bildner das ganze Gefüge der Seele nach Wunsch vollendet hatte, gab er innerhalb desselben allem, was körperlich ist, seine Gestaltung und fügte von der Mitte aus genau das eine in das andere. Die Seele nun, von der Mitte aus allseitig das Ganze bis zu den Enden des Himmels durchdringend und von außen es ringsum umhüllend, hatte ihren Umschwung in sich selbst und machte so den göttlichen Anfang zu einem unvergänglichen und vernunftgemäßen Leben für alle Ewigkeit. So war denn der Körper der Welt als sichtbar erschaffen, sie selbst aber, die Seele, war unsichtbar, hatte dagegen teil an der Vernunft und der Harmonie, durch das Beste unter den nur denkbaren ewigen Dingen zu dem Besten geworden unter allem Gewordenen. Da sie nun eine Mischung jener drei Bestandteile ist, nämlich des Selbigen, des Anderen und der Substanz [Seelensubstanz] und nach entsprechenden Verhältnissen geteilt und verbunden ist und sich um sich selbst im Kreis herumdreht, so gibt sie sich, sobald sie mit irgendeinem Stück des geteilten Seins in Berührung kommt, über alle Beziehungen Auskunft und ebenso, wenn mit dem Teillosen. Denn mit ihrem ganzen Selbst in durchgängiger Bewegung begriffen, kündet sie, mit was der berührte Gegenstand gleichartig und wovon er verschieden ist, ferner in Beziehung wozu und wo und wie und wann er sich sowohl zu jeglichem Werdenden wie auch zu dem immerdar Gleichen in seinem Sein und seinem Leiden verhält. Wenn diese Auskunft, die in dem durch sich selbst Bewegten ohne Laut und Schall sich bildet und an seiner Bewegung teilnimmt, sich auf das sinnlich Wahrgenommene bezieht und der Kreis des Anderen, durch keine Unordnung gestört, dies der ganzen Seele zu wissen tut, dann entstehen sichere und wahre Meinungen und Annahmen; bezieht sie sich aber auf das durch Denken Erkannte und ist es der ebenmäßig laufende Kreis des Selbigen, der sie mitteilt, dann ist Vernunfteinsicht und Wissenschaft das notwendige Ergebnis. Sollte aber jemand behaupten, dasjenige, in welchem diese [letzteren] beiden entstehen, sei etwas anderes als die Seele, so würde er alles eher als die Wahrheit sagen.

Erschaffung der Zeit als bewegtes Abbild der Ewigkeit

Als nun der schaffende Vater dies Abbild der ewigen Götter von Bewegung und Leben erfüllt sah, freute er sich, und diese Freude wurde ihm zum Antrieb, es dem Urbild noch ähnlicher zu machen. Gleichwie denn dieses Urbild selbst ein unvergängliches lebendiges Wesen ist, so wollte er nun auch die Sinnenwelt nach Möglichkeit zu einem solchen machen. Die Natur jenes lebendigen Wesens war aber eine ewige; diese auf das Gewordene vollständig zu übertragen war nicht möglich. Aber ein bewegtes Abbild der Ewigkeit beschließt er herzustellen. Gleichzeitig also mit der Ordnung des Weltalls überhaupt

schafft er ein nach der Zahl [in bestimmten Maßen] fortschrei-
tendes Abbild der in Einheit beharrenden Ewigkeit, ein Abbild,
dem wir den Namen *Zeit* gegeben haben. Tag, Nächte, Monate
und Jahre, die es vor Entstehung des Himmels nicht gab, läßt er
nämlich nun im Verein mit dem Bau des Ganzen entstehen. Dies
alles sind Teile der Zeit, und das »War« und »Wird sein« sind
gewordene Formen der Zeit, die wir, uns selbst täuschend, mit
Unrecht auf das unvergängliche Sein beziehen; denn wir sagen
88 von ihm »es war«, »es ist« und »es wird sein«, während ihm in
Wahrheit nur die Bezeichnung »es ist« zukommt, wogegen man
die Ausdrücke »war« und »wird sein« von Rechts wegen nur auf
das zeitlich fortschreitende Werden anwenden darf, denn beide
sind Bewegungen. Dem ewig unbeweglich sich Gleichbleibenden dagegen steht es nicht an, älter noch jünger zu werden in der
Zeit, noch es ehedem oder jetzt geworden zu sein oder es in
Zukunft zu werden; überhaupt hat es nichts zu tun mit alledem,
womit die in Bewegung befindlichen Gegenstände der sinnlichen Wahrnehmung infolge des Werdens behaftet sind, vielmehr
sind das alles nur Formen der die Ewigkeit nachahmenden und
sich nach der Zahl im Kreise bewegenden Zeit. Und diesen
reihen sich auch noch die folgenden an: das Gewordene *ist*
geworden, und das Werdende *ist* werdend, und das Künftige *ist*
künftig, und das Nichtseiende *ist* nicht seiend. Das alles sind
ungenaue Bezeichnungen. Doch dürfte es jetzt nicht wohl an der
Zeit sein, darüber die völlig genauen Bestimmungen zu geben.

Erschaffung der Sterne

So entstand denn die Zeit zugleich mit dem Weltall, auf daß
beide, zugleich erschaffen, auch zugleich wieder aufgelöst würden, wenn es jemals zu einer Auflösung derselben kommen
sollte: das Urbild für sie aber war die eigentliche Ewigkeit:
diesem sollte das Weltall so ähnlich wie nur möglich werden;
denn dem Urbild kommt ein schlechthin ewiges Sein zu, das
Abbild aber ist der Art, daß es die ganze endlose Zeit hindurch
geworden, seiend und sein werdend ist. Solche Absicht und
Erwägung Gottes lag der Entstehung der Zeit zugrunde: auf daß
die Zeit entstünde, wurden Sonne, Mond und die fünf Sterne

geschaffen, welche den Namen der Wandelsterne tragen, zur Unterscheidung und Bewahrung der Zeitmaße. Und nachdem Gott ihre Körper einen nach dem anderen geformt hatte, setzte er sie, sieben an der Zahl, in die sieben Sphären, in denen der Umschwung des Anderen verlief, den Mond in die der Erde nächste, die Sonne in die zweite oberhalb der Erde, den Morgenstern und den dem Merkur geheiligten und nach ihm benannten in diejenigen Sphären, die in gleicher Schnelligkeit mit der Sonne umlaufen, aber eine ihr entgegengesetzte Richtung verfolgen. Daher vollzieht sich zwischen Sonne, Merkur und Morgenstern ein gleichmäßiger Wechsel gegenseitigen Einholens und Eingeholtwerdens. Was aber die anderen anbelangt, so läßt sich hier nicht für jeden der Platz, den ihm die Gottheit anwies, nebst den Gründen dafür angeben; denn die an sich hier nur beiläufige Sache würde dann in der Ausführung einen Umfang beanspruchen, der in gar keinem Verhältnis mehr zu der Hauptsache stünde. Dies ist also ein Gegenstand, der vielleicht später einmal bei voller Muße eine seiner Wichtigkeit entsprechende Behandlung finden kann.

Die Planetenumläufe

Nachdem nun alles, was zur Entstehung der Zeit beizutragen hatte, durchweg die einem jeden zukommende Bewegung erhalten hatte und durch beseelte Bänder, die ihren Körpern den festen inneren Halt gaben, zu lebenden Wesen geworden war und ein jedes seine Aufgabe wohl begriffen hatte, beschrieben die Planeten innerhalb der Bewegung des »Anderen«, die sich schräg durch die des »Selbigen« hinzog und von dieser beherrscht wurde, teils einen größeren, teils einen kleineren Kreis, und zwar schneller den kleineren, langsamer den größeren. So kam es denn, daß durch den Umschwung des »Selbigen« die am schnellsten umlaufenden von den langsamer umlaufenden überholt zu werden schienen, während sie doch tatsächlich die überholenden waren. Denn dieser Umschwung gab allen Planetenumläufen eine spiralförmige Bahn infolge der zwiefachen Bewegung in entgegengesetzter Richtung, und so kam es, daß derjenige Planet, der am langsamsten sich der Richtung des von allen

am schnellsten sich vollziehenden Hauptumschwungs entgegensetzt, als der ihm an Schnelligkeit nächste erscheint. Auf daß es
nun aber ein deutliches Maß gäbe für das gegenseitige Verhältnis
der Langsamkeit und Schnelligkeit und auf daß die Vorgänge bei
den acht Umläufen im Lichtglanz sichtbar würden, zündete
Gott in dem zweiten Umkreis, von der Erde ab gerechnet, ein
Licht an, das wir jetzt Sonne nennen; es sollte soweit als möglich
durch das ganze Weltall scheinen, und alle lebenden Wesen, die
dessen bedürftig waren, sollten dadurch ein Maß erhalten, das sie
dem Umschwung des Selbigen und Einförmigen ablernen sollten. In dieser Weise und aus diesen Gründen entstanden Tag und
Nacht, aus welchen der Umlauf des gleichförmigen und der
Vernunft am meisten entsprechenden Umschwunges besteht;
der Monat aber, wenn der Mond seinen Kreislauf vollendet und
die Sonne eingeholt hat, und das Jahr, wenn die Sonne ihren
Kreis durchwandert hat. Den Umläufen der übrigen Planeten
haben die Menschen, abgesehen von ganz wenigen unter den
vielen, keine Aufmerksamkeit geschenkt; so haben sie denn
weder Namen für sie noch auch aus der Beobachtung gewonnene Maße für ihr gegenseitiges Verhältnis, ja, sie haben sozusagen keine Ahnung davon, daß auch deren unübersehbar zahlreiche und wunderbar verschlungene Wanderungen nach der Zeit
abgemessen sind. Nichtsdestoweniger ist es doch möglich, zu
der Einsicht zu gelangen, daß die vollkommene Zeitzahl das
vollkommene Jahr dann zum Abschluß bringt, wenn alle acht
Umläufe nach Durchmessung ihrer Bahnen gemäß ihren gegenseitigen Geschwindigkeitsverhältnissen gleichzeitig wieder am
Ausgangspunkt angelangt sind, gemessen an dem Kreis des Selbigen und gleichförmig sich Umschwingenden. Demgemäß und
deshalb wurden alle die Gestirne geschaffen, die am Himmel in
Windungen umherwandern, auf daß dies Weltall möglichst ähnlich sei der vollkommenen und lebendigen Geisteswelt gemäß
der Nachahmung ihrer von Ewigkeit her bestehenden Natur.

Erschaffung der vier Arten von Lebewesen

Alles andere mit Einschluß der Zeit war nunmehr vollendet in Nachahmung des Urbildes, nur in *einer* Beziehung war die Ähnlichkeit noch nicht erreicht: es waren noch nicht alle die lebendigen Wesen in der Welt entstanden, die ihr zukamen. So machte er sich denn daran, diesen Mangel auszugleichen, indem er sie nach dem ewigen Muster bildete. So viele und so mannigfaltige Formen [des Lebendigen] nun der denkende Geist in der lebendigen Geisteswelt als ihr zugehörige erblickt, so viele und so mannigfaltige sollte nach seinem Willen auch das Weltall erhalten. Es sind deren aber vier: erstens das himmlische Geschlecht der Götter, sodann das geflügelte und die Luft durchkreuzende, drittens das der Wassertiere, viertens das der auf Füßen wandelnden Landtiere. Das Göttliche nun bildete er größtenteils aus Feuer, auf daß es so glänzend und schön wie möglich anzuschauen wäre. Er gab ihm in Angleichung an das Weltganze eine wohlgerundete Gestalt und wies ihm seinen Platz in der Sphäre der alles beherrschenden Einsicht als deren Begleiter an, indem er es ringsum am ganzen Himmel verteilte, zum wahrhaften Schmuck für diesen, gleich einer glänzenden Stickerei über das Ganze gebreitet. Von den Bewegungen aber gab er jedem Stern zwei, die eine in dem Selbigen, damit sie immer dasselbe und gleiche über das Nämliche dächten, die zweite vorwärts, wobei sie unter der Herrschaft des Umschwunges des Selbigen und Gleichen stehen. Was aber die anderen fünf Bewegungen anlangt, so ließ er sie unberührt und frei von diesen, auf daß ein jeder Stern das Bild höchster Vollkommenheit biete. Das war also der Grund für Erschaffung aller der göttlichen Wesen, die, allem Irrwandel und aller Vergänglichkeit entrückt, gleichmäßig in dem Selbigen sich umdrehend, immerdar verharrten. Die Wandelsterne dagegen, deren unsteter Lauf im vorigen geschildert worden ist, haben auch einen dem entsprechenden Ursprung.

Die Erde aber, unsere Ernährerin, machte er, geballt um die durch das Ganze gestreckte Achse, zur Hüterin und Gestalterin der Tage und Nächte, als ersten und ältesten der göttlichen Körper innerhalb des Himmels. Die Schleifenbewegungen aber dieser göttlichen Körper und ihre Begegnungen, ferner die Umbeugungen ihrer Bahnen zu ihrem Ausgangspunkt und ihr Vorrücken, sodann welche Sterngötter zueinander in Konjunktion und welche in Opposition treten und in welcher Reihenfolge und zu welchen Zeiten die einzelnen verfinstert werden durch Dazwischentreten eines Sternes zwischen uns und den verfinsterten Stern, um dann wieder zu erscheinen, wodurch sie allen, die zu einer Berechnung dieser Erscheinungen unfähig sind, als schreckhafte Vorzeichen künftigen Unheils gelten – das darzustellen ohne anschauliche Nachbildungen [Modelle] davon wäre verlorene Mühe. So mag es denn damit sein Bewenden haben, und die Erörterung über die Natur der sichtbaren und gewordenen Götter mag damit abgeschlossen sein.

Erschaffung der anderen götterartigen Wesen

Über die anderen götterartigen Wesen [Dämonen] zu reden und ihre Entstehung zu erklären wäre ein vermessenes Unternehmen; man muß vielmehr denjenigen hier Glauben schenken, die ehedem sich darüber geäußert haben; behaupten sie ja doch, Nachkommen der Götter zu sein, und so werden sie ja denn ihre Vorfahren genau gekannt haben. Wie könnten wir den Nachkommen der Götter den Glauben versagen? Mögen ihre Aussagen auch keinen Anspruch haben auf Wahrscheinlichkeit und auf den Zwang eigentlicher Beweise, so müssen wir doch angesichts des Umstandes, daß sie sich auf ihre Verwandtschaft mit den Göttern berufen, dem Herkommen gemäß ihnen Glauben beimessen. Folgendes mag uns also ihnen zufolge über die Entstehung der Götter als gültig angesehen werden. Der Ge [Erde] und des Uranos Kinder waren Okeanos und Tethys, deren Kinder hinwiederum waren Phorkys, Kronos, Rhea und wer sonst noch zu ihnen gehört, des Kronos und der Rhea Kinder 41 sodann Zeus und Hera sowie alle, die als ihre Geschwister oder auch als deren Nachkommen gelten.

Aufgabe der Götter: Erzeugung der sterblichen Wesen

Nachdem also sämtliche Götter erschaffen waren, sowohl diejenigen, welche sichtbar am Umschwung des Himmels teilnehmen, wie diejenigen, die sich nur dann sehen lassen, wenn es ihnen beliebt, läßt sich der Erzeuger des Alls folgendermaßen vor ihnen vernehmen: Götter der Götter, was ich als Werkmeister und Vater geschaffen, ist sicher vor jeder Zerstörung, so ich es will. Mag also auch alles, was durch Verbindung entstanden, lösbar sein, so ist doch das Gelüste, das Wohlgefügte und allen Anforderungen Entsprechende wieder aufzulösen, nur einem Ruchlosen zuzutrauen. Darum werdet ihr, nachdem ihr einmal entstanden seid, zwar nicht schlechtweg unsterblich und unauflösbar sein, aber doch nicht aufgelöst werden noch dem Tode anheimfallen; denn mein Wille ist für euch noch ein stärkeres und mächtigeres Band als jene Bänder, mit denen ihr bei eurer Entstehung zusammengefügt wurdet. Jetzt also habet acht auf das, wozu euch meine Worte die Anweisung geben. Noch sind drei Geschlechter von lebenden Wesen unerzeugt; solange diese aber nicht erschaffen sind, wird die Welt unvollkommen sein; denn sie hätte dann nicht alle Arten von lebenden Wesen aufzuweisen, was sie doch muß, wenn sie wirklich vollkommen sein soll. Wird aber dieses Schöpfungswerk und diese Belebung durch mich vollführt, dann würden diese Geschöpfe den Göttern gleichgestellt werden. Auf daß sie nun sterblich und zugleich dies All wirklich allumfassend sei, fällt *euch* nun als naturgemäße Aufgabe die Gestaltung der lebenden Wesen zu, wobei ihr euch, was die Art eurer Wirksamkeit anlangt, an das Vorbild zu halten habt, das ich bei eurer Erschaffung gegeben habe. Und anlangend dasjenige, was an ihnen Anspruch auf gleichen Namen mit den Unsterblichen hat, dergestalt, daß es die Bezeichnung »göttlich« führt und diejenigen leitet, die stets bereit sind, der Gerechtigkeit und euch zu folgen, so will *ich* euch den Samen und die Anfänge der Gestaltung darbieten, des weiteren aber müßt *ihr*, dem Unsterblichen das Sterbliche gesellend, die lebenden Wesen ins Dasein führen und sie erzeugen, ihnen Nahrung und dadurch Wachstum spenden, und wenn sie dahinschwinden, sie wieder aufnehmen.

Weisungen für die Erschaffung der Menschen

So lauteten seine Worte. Und nun goß er wieder in den nämlichen Mischkrug, in dem er die Mischung der Seele des Alls vollzogen hatte, die Reste derselben Bestandteile und mischte sie in ziemlich ähnlicher Weise, aber nicht in der nämlichen Reinheit, sondern nur in einem Verhältnis zweiten und dritten Grades. Und nachdem er die ganze Masse gemischt hatte, verteilte er die Seelen in gleicher Zahl wie die Sterne: auf jeden Stern kam eine Seele. Indem er sie so gleichsam auf einen Wagen setzte, eröffnete er ihnen den Blick in die Natur des Alls und verkündete ihnen die unabänderlichen Schicksalsgesetze; danach sollte die erste Geburt für sie alle in der nämlichen Form erfolgen, um dadurch jedem Gedanken an eine etwaige Benachteiligung durch ihn vorzubeugen; sodann verpflanzt auf die Werkzeuge der Zeit – und zwar eine jede auf das ihr zukommende –, müßten sie die gottesfürchtigsten Geschöpfe unter allen lebenden Wesen werden; und da die menschliche Natur von doppelter Form sei, so sollte das stärkere von beiden Geschlechtern von der Art sein,
42 wie das späterhin mit dem Namen »Mann« gekennzeichnete Geschlecht. Wenn sie nun kraft der Notwendigkeit in körperliche Gebilde eingepflanzt wären und beim Körper ein beständiger Zu- und Abfluß erfolge, würde sich erstens notwendig bei allen ein und dieselbe Form der Wahrnehmung herausbilden als natürliche Form der sich aufdrängenden Erregungen, sodann die Liebesleidenschaft, gemischt mit Lust und Leid; dazu ferner auch noch Furcht und Zorn nebst allem, was damit in Zusammenhang steht oder sich als Gegensatz davon ausscheidet. Wenn sie diesen Erregungen gegenüber die Herrschaft behaupteten, dann würde ihr Leben ein gerechtes sein, ließen sie sich aber von ihnen überwältigen, dann ein ungerechtes. Und wer die ihm zugemessene Zeit tadellos durchlebt hätte, der würde dann, wieder heimgekehrt in die Stätte des mit ihm gepaarten Gestirnes, ein glückseliges und ebenbürtiges Leben führen. Wer es aber hierin hätte fehlen lassen, der müßte bei der zweiten Geburt die Natur der Frau annehmen; und wenn er auch in dieser Gestalt sich noch nicht seiner Boshaftigkeit entschlagen hätte, dann müßte er sich entsprechend der Art seiner Schlechtigkeit jedes-

mal in ein tierisches Wesen von ähnlicher Beschaffenheit verwandeln, wie er sie in sich selbst hätte entstehen lassen, und könne dieses leidvollen Wechsels nicht eher ledig werden, als bis er dem Umschwung des Selbigen und Einförmigen in sich selbst folgend der mannigfachen Wirrnis, die auch weiterhin durch den Einfluß von Feuer, Wasser, Luft und Erde sich als störende und sinnlose Macht in ihn eindrängte, durch vernünftige Einsicht Herr geworden und so wieder zu der Form seiner ersten und edelsten Beschaffenheit zurückgekehrt wäre.

Nachdem er dies alles gesetzmäßig für sie bestimmt hatte, um sich selbst von jeglicher Schuld an ihrer späteren Schlechtigkeit frei zu halten, verpflanzte er sie teils auf die Erde, teils auf den Mond, teils auf die anderen Werkzeuge der Zeit. Was aber nach dieser Verpflanzung noch weiter zu erfolgen hatte, das legte er in die Hand der jungen Götter: sie sollten die sterblichen Körper formen, sollten auch alles, was an der menschlichen Seelenbildung noch zu tun übrig war, sowie alles damit Zusammenhängende ins Werk setzen, um dann die Herrschaft zu führen und dem Menschengeschöpf so gut und so trefflich wie nur möglich die Wege zu bereiten, soweit es nicht selbst an seinem Unglück schuld wäre.

Erschaffung der Menschen

Nachdem er so alles fest angeordnet, verharrte er in der seinem Wesen angemessenen Sinnesart; und während er in Ruhe beharrte, führten seine Kinder, voll Verständnis für die Weisung des Vaters, diese aus: nachdem sie den unsterblichen Keim zu der sterblichen Kreatur in Empfang genommen, entnahmen sie, das Werk ihres Schöpfers nachahmend, aus dem Weltall Teile des Feuers, der Erde, des Wassers und der Luft als künftig wieder zu erstattende Darlehen und fügten diese Stücke, sie gleichsam verschmelzend, zu inniger Einheit zusammen, nicht mit Hilfe jener unlösbaren Bande, die ihnen selbst ihren festen Zusammenhalt verliehen, sondern vermittelst eines reichen Vorrats von ganz kleinen und eben deshalb dem Auge nicht wahrnehmbaren Stiften: so formten sie aus allen diesen Bestandteilen jeden einzelnen Körper, und in das Innere dieses im Zustande beständigen Zu- und Abflusses befindlichen Leibes legten sie zu fester Verbindung mit ihm die Umschwünge der unsterblichen Seele. Diese nun, gefesselt an die starke Strömung, vermochten weder zur Herrschaft zu gelangen noch sich ihr unterzuordnen, vielmehr lagen die beiderseitigen Bewegungen miteinander in gewaltsamem Kampfe. So war zwar das ganze Geschöpf in Bewegung, war aber dabei, ohne Regel und Einsicht, dem bloßen Zufall preisgegeben, weil ihm alle sechs Bewegungen zur Verfügung standen: nicht nur nach vorn nämlich und nach hinten, sondern auch nach rechts und nach links sowie auch nach unten und nach oben, kurz in allen sechs Richtungen bewegte es sich allerseits unstet hin und her. Denn war schon die über es sich ergießende und wieder abfließende Flut, die ihm die Ernährung brachte, groß genug, so war doch noch stärker die Erschütterung, die durch die äußeren Vorgänge für einen jeden immer wieder veranlaßt wurde, wenn nämlich sein Körper mit einem fremdartigen Feuer, das von außen ihm entgegentrat, zusammengeriet oder mit einem festen Erdklumpen oder auch mit gleitendem und jedes festen Haltes barem Wasser oder wenn er von einem Wirbel der durch die Luft erregten Winde erfaßt wurde und wenn die durch alles dies veranlaßten Bewegungen ihren Weg durch den Körper hindurch bis zur Seele fanden und sich ihr mitteilten. Davon haben denn diese Bewegungen auch weiterhin ihren Namen erhalten und werden auch noch jetzt insgesamt *Wahrnehmungen* [αἰσθήσεις] genannt. Auch damals schon erzeugten sie für den Augenblick die stärkste und größte Bewegung; indem sie so im Bunde mit der unaufhörlich rinnenden Strömung die Umläufe der Seele störten und in heftige Erschütterung versetzten, hemmten sie den Lauf des Selbigen durch ihre entgegengesetzte Strömung vollständig und widersetzten sich seiner Herrschaft und seinem Fortgang; den Umlauf aber des »Anderen« setzten sie in Verwirrung, dergestalt, daß sie die Zwischenräume des Zweifachen und Dreifachen, deren es je drei von beider Art waren, und die Mittel- und Bindeglieder des Anderthalbfachen sowie des Vierdrittel- und Neunachtelfachen, da ihre völlige Auflösung nur dem Urheber ihrer Verbindung selbst möglich war, wenigstens allen möglichen Schwankungen preisgaben und alle möglichen Störungen und Abweichungen in die Kreisbewegung hineinbrachten im denkbar größten Maße; sie bewegten sich also so gut, als es eben gehen wollte, zwar in Zusammenhang miteinander, doch waren ihre Bewegungen regellos, bald einander entgegengesetzt, dann wieder schräg gegeneinander und dann wieder kopfüber. In letzterem Falle steht es ähnlich, wie wenn ein Mensch in umgekehrter Lage [kopfüber] den Kopf auf den Boden stemmt, die Füße aber nach oben gerichtet hat und ihnen da irgendwelchen Halt gibt: in solcher Lage erscheint dann dem Betreffenden und denen, die ihn ansehen, alles in umgekehrter Richtung, was rechts liegt, links, was links liegt, rechts. Diese und ähnliche Vorgänge spielen sich nun auch in großer Heftigkeit bei den Umläufen ab: wenn sie von außen auf etwas von der Art des Selbigen und des Anderen treffen, dann wenden sie die Ausdrücke »das Nämliche« und »das Andere« in einer mit der Wahrheit in Widerspruch stehende Weise an und verfallen so dem Irrtum und dem Unverstand; kein Umlauf hat dann unter ihnen die Herrschaft und Führung in der Hand, sondern wenn von außen her gewisse Wahrnehmungen ihnen entgegentreten und sich ihnen aufdrängend den ganzen Seelenbereich in Mitleidenschaft ziehen, dann scheinen die Umläufe zwar zu herrschen, sind aber tatsächlich die Beherrschten. Infolge all dieser Vorgänge wird dann die Seele zunächst der vernünftigen Einsicht bar, sobald sie einem sterblichen Körper eingefügt ist. Wenn aber der Strom des Wachstums und der Ernährung in minderer Fülle fließt und die Kreisgänge sich von ihren Schwankungen beruhigen und mehr und mehr ihren eigentlichen Weg einhalten, dann stellt sich mit dem Übergang der Umläufe der einzelnen Kreise zu ihrer naturgemäßen Gestalt auch der richtige Gebrauch der Worte des »Anderen« und des »Selbigen« ein, ein Vorgang, der den Inhaber [Besitzer] zu dem Rang eines vernünftig denkenden Wesens erhebt. Gesellt sich nun dazu ein richtiges Erziehungsverfahren, dann wird der Betreffende ein schlechthin vollkommener Mensch und kerngesund, denn er ist der schwersten Krankheit entronnen. Hat er es aber daran fehlen lassen, dann durchwandert er seine Lebensbahn als ein Hinkender und kehrt als unvollkommenes und einsichtsloses Geschöpf zum Hades zurück. Dies aber sei einer späteren Ausführung vorbehalten. Dagegen fordert die jetzt

vorliegende Frage genauere Ausführungen, und so müssen wir
denn erst das jenem Vorangehende erörtern, die Frage nämlich
nach der Entstehung des Leibes, also nach den Gründen und
Absichten der Götter, auf welche diese Entstehung zurückzuführen ist. Diese müssen wir in der Weise und auf dem Wege
darlegen, daß wir uns dabei an das am meisten Wahrscheinliche
halten.

Erschaffung des Körpers

Die göttlichen Umläufe, zwei an der Zahl, schlossen sie [die
Götter] in Nachahmung der runden Gestalt des Weltalls in einen
kugelförmigen Körper ein, denjenigen nämlich, den wir jetzt
Kopf nennen, das Göttlichste an uns und das zur Herrschaft über
alles sonstige in uns Berufene. Ihm stellten denn die Götter auch
den ganzen Leib als eine ihm zugesellte Beihilfe zur Verfügung,
indem sie darauf bedacht waren, daß er aller überhaupt möglichen Bewegungen teilhaftig würde. Um ihn nun vor dem
Schicksal zu bewahren und auf der Erde mit ihren mannigfachen
Höhen und Tiefen umherzurollen, unvermögend, die einen zu
übersteigen und aus den anderen sich emporzuarbeiten, verliehen sie ihm diese Beigabe als Fahrzeug und zur Erleichterung des
Fortkommens. So erhielt denn der Körper Längenausdehnung
und ließ, da die Gottheit ihm zur Beweglichkeit verhelfen
wollte, vier ausstreckbare und biegsame Gliedmaßen aus sich
hervorwachsen, mit denen er sich festhalten und auf die er sich
stützen konnte, um allerorten imstande zu sein sich fortzuhel-
fen, dabei die Wohnstätte des Göttlichsten und Heiligsten in uns
45 in überragender Stellung mit sich tragend. Auf diese Weise und
aus diesen Gründen wuchsen allen Leibern Beine und Hände an.
Da die Götter aber die Vorderseite für vorzüglicher und mehr
zur Herrschaft berufen hielten als die Rückseite, so gaben sie
unserer Gangweise überwiegend die Richtung nach vorn. So
mußte denn die Vorderseite des menschlichen Körpers ihre besondere und durch Ungleichartigkeit sich abhebende Gestaltung
erhalten. Daher verlegten sie zunächst das Antlitz eben an diese
Seite des Schädels und fügten ihm die Werkzeuge ein für jegliche
vorschauende Tätigkeit der Seele und bestimmten, daß dieser

vordere Teil der natürliche Inhaber der Herrschaft sein sollte. Von den Werkzeugen aber fertigten sie zuerst die lichtspendenden Augen an, deren Einfügung sie folgendem Plane gemäß vollzogen. Dasjenige Feuer, das nicht die Eigenschaft hat zu brennen, sondern mildes Licht zu spenden, formten sie zu einem dem immer wiederkehrenden Tageslichte verwandten Stoffe. Sie ließen nämlich das in uns befindliche, mit dem Tageslicht verwandte Feuer in voller Reinheit glatt und dicht durch die Augen ausströmen, nachdem sie das ganze Gebilde der Augen, vor allem aber den mittleren Teil derselben so verdichtet hatten, daß es alles gröbere Licht zurückhält und nur das von dieser Art rein durchläßt. Wenn nun das vom Gesicht ausfließende Licht vom Tageslicht aufgenommen wird, so stößt Gleichartiges auf Gleichartiges und verschmilzt miteinander zu einem einzigen gleichartigen Körper in gerader Richtung vom Auge, wo nur immer das von innen ausströmende Feuer auf etwas stößt, was ihm von außen in den Weg tritt. Da nun dieser Stoff zufolge seiner Gleichartigkeit durchgängig die gleichen Einwirkungen erfährt, so teilt er alle Bewegungen, die er teils durch die eigene Berührung eines anderen, teils durch den Anstoß von seiten eines anderen erhält, dem gesamten Körper mit und läßt sie hindurchdringen bis zur Seele: so entsteht jene Wahrnehmung, welche wir »Sehen« nennen. Hat sich aber das ihm verwandte Tageslicht nach der Seite der Nacht abgewandt, dann ist der Sehestrom abgeschnitten: denn da er nun bei seinem Austritt auf Ungleichartiges trifft, so verfällt er selbst der Veränderung und erlischt, denn er findet in der umgebenden Luft keine Unterstützung, da sie kein Feuer hat. So hört denn das Sehen auf, und dies wird überdies ein Anreiz zum Schlaf. Denn die Götter haben zum Schutze des Gesichtes die Augenlider als eine natürliche Vorrichtung geschaffen; wenn nun diese sich schließen, so halten sie die Wirksamkeit des Feuers im Inneren zurück; dies zurückgehaltene Feuer aber löst und lindert die Bewegungen im Inneren, worauf dann Ruhe eintritt; hat aber die Beruhigung einen hohen Grad erreicht, so stellt sich ein nur von wenigen Träumen gestörter Schlaf ein; sind aber einige stärkere Bewegungen zurückgeblieben, so erzeugen diese gemäß ihrer eigenen Beschaffenheit sowie gemäß der Stellen, an denen sie zurückge-

46 blieben sind, nach Art und Zahl ihnen entsprechende Traumbilder, die zunächst in uns sind und dann nach dem Erwachen sich der Erinnerung auch als äußere Eindrücke darstellen.

Was aber weiter die Erzeugung von Bildern in Spiegeln sowie auf allen glänzenden und glatten Oberflächen anlangt, so ergibt sich die Erklärung dafür ohne weitere Schwierigkeiten. Infolge der Vereinigung nämlich beider Arten von Feuer [von innen und von außen], die auf der glatten Oberfläche zusammentreffen und in mannigfachen Richtungen zurückgeworfen werden, treten alle dahingehörigen Erscheinungen notwendig hervor, indem das von dem eigenen Antlitz ausgehende Licht mit dem des Sehstrahls auf der glatten und glänzenden Oberfläche zusammenrinnt. Es erscheint da das Linke als Rechtes, weil einander entgegengesetzte Teile des Sehstrahles und des Sehobjektes miteinander in Berührung kommen, im Gegensatz zu der sonst gewohnten Art ihres Zusammentreffens. Anderseits erscheint das Rechte als Rechtes und das Linke als Linkes, sobald das Licht bei dem Vorgang der Vereinigung mit dem betreffenden anderen Strahl in die entgegengesetzte Richtung umschlägt. Dieser Fall tritt aber dann ein, wenn die glatte Oberfläche des Spiegels, zu beiden Seiten aufwärts gewölbt, das Rechte nach der linken Seite des Sehstrahls und das Linke nach der rechten abdrängt. Wird dieser Spiegel aber so gewendet, daß er in seiner Lage der Längenausdehnung des Antlitzes folgt, so läßt er dies alles umgekehrt [kopfüber liegend] erscheinen, indem er wieder den unteren Teil nach dem oberen Teil des Sehstrahls und den obern Teil nach dem unteren hindrängt.

Hilfsursachen und Mitursachen des Sehens

Dies alles gehört zu den Hilfsursachen, deren sich Gott als der Mittel bedient, um seinem Werke die denkbar beste Gestalt zu verleihen. Die meisten freilich sehen die Sache so an, als handle es sich dabei nicht um Mitursachen, sondern um die eigentlichen Ursachen von allem, da auf sie die Vorgänge der Erkältung und Erwärmung, der Verdichtung und Verflüssigung zurückzuführen seien. Allein von vernünftiger Einsicht und irgendwelcher verständigen Absicht kann bei diesen Mitursachen nicht die

Rede sein. Denn von allem Seienden kann allein die Seele als dasjenige bezeichnet werden, dem der Besitz der vernünftigen Einsicht zukommt; diese aber ist unsichtbar, während Feuer und Wasser, Erde und Luft sämtlich sichtbare Körper sind. Wer es also mit Vernunft und Erkenntnis hält, der muß unbedingt an erster Stelle den Ursachen nachforschen, die eine vernunftgemäße Naturordnung möglich machen, wogegen ihm diejenigen Ursachen erst in zweiter Reihe stehen, die zu denen gehören, welche von anderen in Bewegung gesetzt werden und wiederum andere unwillkürlich in Bewegung setzen. Und so müssen auch wir es halten: wir müssen uns auf beide Gattungen von Ursachen einlassen, dabei aber scharf trennen zwischen denen, die mit Hilfe der Vernunft allem Schönen und Guten zum Dasein verhelfen, und denen, welche, der vernünftigen Einsicht bar, immer nur Erscheinungen herbeiführen, die regellose Werke des Zufalls sind.

Nutzen der Sehkraft

Was also die Miturssachen betrifft, die uns zu unserem Sehvermögen, so wie es derzeit ist, verhelfen, so mag das Gesagte genügen; aber das für den Nutzen der Augen eigentlich entscheidende Moment, um deswillen Gott sie uns geschenkt hat, ist unser nunmehr zu erörterndes Thema. Die Sehkraft nun ist es, der wir nach meinem Urteil den größten Nutzen zu verdanken haben; denn wären wir nicht des Anblicks der Sterne, der Sonne und des Himmelsgewölbes teilhaftig geworden, dann wäre von unseren jetzigen Erörterungen über das Weltall überhaupt kein Wort über unsere Lippen gekommen; so aber haben der Anblick von Tag und Nacht und der Ablauf der Monate und die Jahresumläufe uns zur Kenntnis der Zahl verholfen und uns die Vorstellung der Zeit und die Möglichkeit und den Trieb zur Untersuchung des Alls gegeben. Daraus ist uns die eigentümliche Betrachtungsweise der Philosophie erwachsen, des größten Gutes, das dem sterblichen Geschlecht von den Göttern verliehen wurde und überhaupt je verliehen werden kann. So beschränke ich mich denn auf Anführung dieser größten Wohltat, die wir den Augen verdanken. Wozu uns also mit der Aufzählung der anderen, geringeren, aufhalten? Mag der erblindete Nichtphilosoph ihren Verlust mit eitler Klage beweinen. Wir aber halten fest an folgender Begründung der Sache: Gott erfand für uns und schenkte uns die Sehkraft, damit wir aus der Betrachtung der Kreisbewegungen am Himmel Nutzen zögen für die Gestaltung der Umläufe in unserem eigenen Gedankenreiche; denn diese Umläufe sind mit jenen verwandt, nur daß sie in ihrer Ordnung gestört, jene dagegen jeder Störung enthoben sind: sie sollten wir verstehen lernen und uns die Berechnung ihres naturgemäßen Ganges zu eigen machen, um durch Nachahmung der göttlichen, unfehlbar richtigen Umläufe den in unserem eigenen Inneren sich vollziehenden schwankenden Umläufen einen festen Halt zu gewähren. Auch für den Schall [die Stimme] und das Gehör gilt denn der nämliche Spruch: sie sind uns zu dem nämlichen Zweck und der nämlichen Absicht von den Göttern verliehen worden. Denn nicht nur die Sprache ist zu eben diesem Zwecke bestimmt und hat den stärksten Anteil dabei, sondern auch, was von der Musik durch den Schall nützlich ist für das Gehör, ist uns der Harmonie wegen geschenkt worden. Die Harmonie aber, deren Bewegungen verwandt sind mit den Umläufen in unserer Seele, ist von den Musen dem, der in vernünftiger Weise den Dienst dieser Göttinnen in Anspruch nimmt, nicht zum Zwecke irgendwelcher unvernünftigen Lust, worin heutzutage ihr Nutzen zu bestehen scheint, gegeben worden, sondern als Beihilfe gegen den unharmonischen Zustand unserer Seele, deren Umläufe dadurch zu geregelter Gestalt und zur Übereinstimmung mit sich selbst gebracht werden sollen. Und auch der Rhythmus [Takt] ist uns wegen unserer Neigung zur Maßlosigkeit und des Mangels an Anmut, wie sie sich in der Geistesverfassung der meisten zeigen, als Helfer von ebendenselben zu dem nämlichen Zwecke verliehen worden.

Neuer Anfang unter Hinzufügung eines der Vernunft entgegengesetzten Prinzips der blinden Notwendigkeit oder der planlos umherschweifenden Ursache

In den bisherigen Ausführungen handelte es sich mit geringen Ausnahmen um die Hervorbringung der Vernunft; dem müssen wir nun die Werke der blinden *Notwendigkeit* an die Seite stellen. Denn bei Entstehung dieser Welt wirkten Notwendigkeit und Vernunft in Gemeinschaft miteinander; dabei hatte aber die Vernunft die Oberhand über die Notwendigkeit; denn es gelang ihr, die Notwendigkeit durch Überredung zu bestimmen, bei dem Werden der Dinge das meiste zum Besten zu führen. Demgemäß und auf diesem Wege kam durch Nachgiebigkeit der Notwendigkeit gegen die vernünftige Überredung im Anfang die Entstehung dieses Alls zustande. Will man also seinen Ursprung dem wirklichen Vorgang gemäß darstellen, so darf man auch den Einfluß der planlos umherschweifenden Ursache in ihrer natürlichen Wirkungskraft nicht übergehen. Wir müssen uns also wieder rückwärts dem Anfang zuwenden, und da sich unserer Betrachtung ein zweiter schicklicher Uranfang der Dinge darbietet, so müssen wir, unserem damaligen Anfang entsprechend, jetzt wieder einen ganz neuen Anfang machen zur Erörterung der nunmehr auftauchenden Fragen. Wir müssen also die Natur des Feuers, des Wassers, der Luft und der Erde an sich und ihre Eigenschaften betrachten, sowie sie wie vor Entstehung der Welt waren. Denn bis jetzt hat noch niemand über die Entstehung derselben Aufschluß gegeben, sondern wir sprechen von ihnen, als wüßte jedermann, was Feuer, Wasser usw. ist, als von den Anfängen, und nennen sie Elemente des Alls, während sich doch das Urteil eines auch nur mäßig Begabten dahin entscheiden muß, daß diese Elemente noch nicht einmal einen zureichenden Anspruch darauf haben, auch nur mit den verschiedenen Arten der Silben [als den Elementen der Wörter] in Vergleich gestellt zu werden. Was aber unsere jetzige Erörterung betrifft, so soll es damit folgendermaßen gehalten werden. Der eigentliche Urgrund oder die Urgründe oder wofür man sie sonst erklären will sollen jetzt nicht zur Erörterung kommen, und zwar aus keinem anderen Grunde, als weil es seine großen

Schwierigkeiten hat, nach dem hier eingehaltenen Verfahren der Darstellung meine Meinung klar zu entwickeln.[4] Also weder ihr dürft mir zumuten, darüber mein letztes Wort zu sprechen, noch kann ich mir selbst einreden, ich täte recht daran, eine so gewaltige Aufgabe auf mich zu nehmen. Indem ich also festhalte an dem gleich zu Anfang eingenommenen Standpunkt, der sich auf die Kraft bloß wahrscheinlicher Erörterungen einschränkt, will ich versuchen, eine Darstellung zu geben, die an Wahrscheinlichkeit hinter keiner anderen zurücksteht, sondern sie eher übertrifft, und so werde ich denn Punkt für Punkt wieder von Anfang an über alles Einzelne wie über das Gesamte reden. So laßt uns denn auch jetzt wie zu Beginn der Erörterung Gott bitten, er möge uns durch die Klippen einer seltsamen und ungewöhnlichen Darstellung hilfreich hindurchführen in das ruhige Fahrwasser der Wahrscheinlichkeit; und so beginnen wir denn von neuem.

Die dritte Gattung, die Empfängerin und Amme alles Werdens

Unser abermaliger Anfang über das Weltall muß sich nun auf eine umfassendere Unterscheidung gründen als der vorige. Damals nämlich unterschieden wir zwischen zwei Gattungen, jetzt aber müssen wir noch eine weitere dritte Gattung zur Erörterung bringen. Denn für das früher Vorgetragene reichten jene beiden aus, die eine als urbildliche Gattung hingestellt, nur dem Denken erfaßbar und wandellos, die andere als ein Abbild des Urbildes, der Entstehung unterworfen und sichtbar. Eine dritte aber unterschieden wir damals noch nicht, überzeugt, wir würden mit jenen beiden auskommen. Jetzt aber scheint der Gang der Untersuchung die Annahme einer schwer zu fassenden und dunklen Gattung nötig zu machen, die es gilt, durch die Darstellung ins Licht zu setzen. Welche Bedeutung also ist ihr ihrem Wesen nach beizulegen? Etwa die folgende: sie ist als Empfängerin und gleichsam Amme alles Werdens anzusehen. Das ist zwar richtig, fordert aber noch eine nähere Erläuterung, und diese hat ihre Schwierigkeit, zumal zu diesem Zweck zunächst erst die Unklarheiten hinweggeräumt werden müssen, die sich an die

49

Fragen über das Feuer und die sich ihm anreihenden Stoffe knüpfen. Denn es ist schwer von jedem einzelnen Element zu sagen, welches von ihnen man tatsächlich mit mehr Recht Wasser als Feuer nennen muß und welches von ihnen man eher mit jedem beliebigen Namen als mit dem aller und der einzelnen belegen muß, um eine zuverlässige und sichere Bezeichnung zu erhalten. Was wollen wir nun eben damit eigentlich sagen, und welchen Grund und welche berechtigte Beziehung haben die von uns erhobenen Bedenken? Was zunächst den Stoff anlangt, den wir soeben als Wasser bezeichneten, so sehen wir, daß, wenn er sich verdichtet, wie wir annehmen, er zu Stein und Erde wird; wenn sich der nämliche Stoff dagegen lockert und löst, dann wird er zu Hauch und Luft; die Luft aber, wenn erhitzt, wird zu Feuer, und umgekehrt nimmt das Feuer, wenn es zusammengeballt wird und erlischt, wieder die Gestalt der Luft an, und wenn die Luft wiederum sich zusammenzieht und verdichtet, so wird sie zu Wolke und Nebel, und verdichten sich diese noch stärker, so entwickelt sich aus ihnen strömendes Wasser und aus dem Wasser abermals Erde und Steine, und so wandeln sie sich denn im Kreislauf ineinander, und eben darin besteht, wie es scheint, das Werden. Indem so keines von ihnen jemals als dasselbe erscheint, welches von ihnen können wir dann mit Sicherheit als ein beliebiges Solches und nicht zugleich ebensogut als ein anderes bezeichnen? Können wir dies tun, ohne uns vor uns selbst zu schämen?

Die Elemente und ihre Eigenschaften sind nicht Substanzen, sondern Qualitäten

Gewiß nicht, vielmehr ist es das weitaus Sicherste, darüber uns folgende Ausdrucksweise zur Regel zu machen: Alles, was wir bald in dieser, bald in jener Gestalt sehen, wie z. B. das Feuer, wollen wir gegebenenfalls nie Feuer nennen als ein *Dieses*, sondern als ein *Derartiges*, und ebenso Wasser nicht als ein Dieses, sondern als ein Derartiges und so auch keine anderen Dinge als etwas fest in sich Bestehendes, wofür wir, darauf hinweisend, die Ausdrücke »das da« und »dieses« verwenden, mit denen wir glauben, etwas Wirkliches zu bezeichnen. Denn diese Erschei-

nungen entziehen sich jedem Zusammensein und jeder Gemeinschaft mit den Ausdrücken »das da« und »dieses« und »dem da«
sowie überhaupt jeder Redewendung, die sie als etwas Seiendes
darstellt. Das Wort »dieses« darf man überhaupt von keinem
derselben brauchen, sondern nur »das Derartige« dürfen wir als
eine in ihrer Bedeutung sich entsprechend wandelnde Bezeichnung von jedem einzelnen wie von allen zusammen brauchen;
und so können wir den Namen Feuer auf alles anwenden, was
überhaupt als ein derartiges erscheint, und so auch bei allen
anderen Dingen, die dem Werden unterliegen. Worin aber alles
50 Einzelne als werdend vorgestellt wird und woraus es mit seinem
Vergehen wieder abscheidet, das allein darf man »dieses« nennen
und ihm die Bezeichnung »das da« geben, während man auf eine
bloße Beschaffenheit, wie Warmes oder Weißes oder irgendein
Glied eines Gegensatzes und alles, was daraus zusammengesetzt
ist, keinen dieser Ausdrücke verwenden darf.

Verdeutlichung am Beispiel des Goldes

Doch wir müssen suchen, die Sache noch deutlicher darzustellen. Man nehme an, es hätte jemand aus Gold alle Arten von
Figuren gebildet und wäre dann unermüdlich beschäftigt mit der
Umbildung derselben in alle anderen Gestalten. Wenn nun jemand auf eine dieser Figuren hinwiese und fragte »Was ist das?«,
so würde es hinsichtlich der Wahrheit das weitaus Sicherste sein
zu sagen: »es ist Gold«; was aber das Dreieck und die anderen in
das Gold hineingebildeten Figuren anlangt, so darf man von
diesen nicht mehr als seienden sprechen – denn noch während
wir sie als solche setzen, sind sie ja schon in der Umwandlung
begriffen –, sondern man muß sich schon zufriedengeben, wenn
der Ausdruck »etwas von dieser Art« mit einiger Sicherheit hier
auf Duldung rechnen darf. Die nämliche Ausdrucksweise gilt
nun auch von der natürlichen Aufnahmestätte aller Körper: sie
muß immer als dasselbe bezeichnet werden; denn sie wird überhaupt niemals ihrer eigenen Bestimmung untreu. Stets nämlich
nimmt sie alles auf und nimmt doch nie eine Gestalt an, die
irgendwelche Ähnlichkeit hätte mit einem der in sie eintretenden
Gebilde. Denn sie ist die gestaltbare Unterlage für alle Gegen-

 stände der Natur, empfänglich der Bewegung und Gestaltung durch das, was in sie eintritt, worauf es denn auch zurückzuführen ist, daß sie bald in dieser, bald in jener Form erscheint. Was aber in sie eintritt und aus ihr wieder austritt, das sind immer Abbilder des Seienden, Abdrücke desselben, die auf eine schwer zu beschreibende und wunderbare Weise zustande gekommen sind. Wir werden später darauf zurückkommen.

Nochmals die drei Gattungen

Für jetzt müssen wir drei Gattungen in Betracht ziehen, das Werdende, das, worin es wird, und das Urbild, von dem das Werdende als Abbild herstammt; und es hat wohl seinen guten Sinn, wenn wir das Aufnehmende vergleichen mit der Mutter, das Urbildliche mit dem Vater und das zwischen beiden Stehende mit dem Kinde. Dabei müssen wir wohl beachten, daß, wenn die Abdrücke dem Auge alle nur möglichen Mannigfaltigkeiten zeigen sollen, eben das, worin sie zum Abdruck gelangen, nicht wohl anders richtig für seinen Zweck zugerichtet sein kann, als wenn es selber aller jener Gestalten bar ist, die es von irgendwelcher Seite her aufnehmen soll. Denn wäre es irgendeinem der eintretenden Gebilde ähnlich, so würde es bei der Aufnahme von Gebilden teils entgegengesetzter, teils ganz verschiedener Art, die an es herantreten, nur eine mangelhafte Abbildung zustande kommen lassen, indem es seine eigene Gestalt noch durchschimmern ließe. Daher muß das, was alle Gattungen in sich aufnehmen soll, aller Gestalten ledig sein, ähnlich dem, was man bei Herstellung der wohlriechenden Salben beobachten kann: man sucht da zuerst künstlich eben diese neutrale Unterlage zu schaffen, indem man die Feuchtigkeit, die die Gerüche in sich aufnehmen sollen, möglichst geruchlos macht. So lassen auch die, welche in irgendwelchem weichen Stoffe Formen abdrucken wollen, überhaupt keine bestimmte Gestaltung an ihm zur Erscheinung kommen, sondern glätten ihn nur und machen ihn möglichst gleichförmig. In der nämlichen Weise gebührt es sich auch für dasjenige, welches dazu bestimmt ist in seinem ganzen Umfang, immer wieder die Abbilder alles dessen, was ewig ist, in sich aufzunehmen, selbst seiner Natur nach aller Formen ledig zu sein.

51

Die Mutter als unsichtbares, gestaltloses, allempfängliches Gebilde

Daher dürfen wir die Mutter und Empfängerin dessen, was sichtbar und in allen Beziehungen wahrnehmbar geworden ist, weder Erde noch Luft noch Feuer noch Wasser nennen, auch dürfen wir auf sie weder die Bezeichnungen dessen anwenden, was aus diesen [sogenannten Elementen] geworden, noch dessen, woraus sie selbst geworden; vielmehr werden wir nicht fehlgehen, wenn wir sie als ein unsichtbares und gestaltloses, allempfängliches Gebilde bezeichnen, das in einer ganz absonderlichen Weise an dem nur Denkbaren teilnimmt und nur sehr schwer begreifbar ist. Soweit es aber nach den bisherigen Ausführungen möglich ist, seiner Natur auf die Spur zu kommen, wird man am richtigsten folgendermaßen urteilen: als Feuer erscheint in jedem gegebenen Falle der entzündete Teil desselben, als Wasser der flüssig gewordene und als Erde und Luft solche Teile desselben, welche sich als Abbilder dieser darstellen.

Ein letztes Argument für die Ideen

Doch müssen wir der Sache durch genauere Bestimmungen noch schärfer beikommen und fragen: gibt es ein Feuer an und für sich, und verhält es sich so auch mit allem andern, was wir unserer Gewohnheit nach im einzelnen als an und für sich seiend bezeichnen? Oder kommt den Dingen, die wir mit Augen sehen oder die wir sonst durch irgendwelche körperliche Empfindung wahrnehmen, allein die eigentliche Wirklichkeit zu? Und gibt es tatsächlich nichts anderes außerdem? Wäre es also eitel Blendwerk, wenn wir regelmäßig eine nur denkbare Idee für jedes Gegebene setzen, während es sich tatsächlich um einen bloßen Namen handelte? Es würde uns nun wohl schlecht anstehen, die vorliegende Frage ungeprüft und unentschieden zu lassen und uns auf die einfache Erklärung zu beschränken, es sei nun einmal nicht anders; anderseits müssen wir uns auch hüten, unsere an sich schon umfangreiche Untersuchung durch eine lange Nebenuntersuchung noch weiter auszudehnen. Wenn sich uns aber eine Begriffsbestimmung bieten sollte, die mit wenigen Worten einen großen Inhalt umspannt, so wäre das höchst erwünscht. Folgendermaßen gebe ich also meine Stimme ab: wenn Vernunft und wahre Meinung zwei verschiedene Erkenntnisarten sind, dann kommt den Ideen unter allen Umständen wirkliches Sein zu als von uns nicht wahrgenommenen, sondern bloß denkbaren Wesenheiten; unterscheidet sich aber, wie einige annehmen, wahre Meinung in nichts von der reinen Vernunft, dann müssen wir allem, was wir vermittelst des Körpers wahrnehmen, unbedingte Sicherheit zuschreiben. Nun müssen wir sie als zwei gesonderte Arten bezeichnen, denn sie unterscheiden sich sowohl nach ihrem Ursprung wie nach ihrer Beschaffenheit. Die eine nämlich wird uns durch Belehrung, die andere durch Überredung zuteil; und die eine steht in unlösbarem Bunde mit wahrer Einsicht, die andere entbehrt der eigentlichen Einsicht; und die eine läßt sich durch Überredung nicht beseitigen, die andere dagegen ist der Veränderung durch Überredung zugänglich; und der wahren Meinung ist, wie nicht zu leugnen, jedermann teilhaftig, der Vernunfteinsicht aber neben den Göttern nur ein geringer Teil der Menschen. Angesichts dieses Sachverhalts aber müssen wir zugeben, das eine sei das Gebiet der unwandelbaren Idee, die ungeworden und unzerstörbar, weder von anderer Seite anderes in sich aufnimmt noch selbst in irgendein anderes eingeht, dem Auge verborgen und auch den anderen Sinnen nicht wahrnehmbar, genau also das, dessen Betrachtung Sache des reinen Denkens ist. Das Zweite ist das, was mit jenem gleichbenannt und ihm ähnlich ist, sinnlich wahrnehmbar, erzeugt, in immerwährender Bewegung, an einem bestimmten Orte entstehend und von da wieder verschwindend, durch Meinung im Bunde mit der Sinneswahrnehmung erfaßbar.

Das ewige Reich des Raumes als Stätte der Sinnesphänomene

Das dritte aber ist das ewige Reich des Raumes, das keiner Vernichtung zugänglich, allem Entstehenden eine Stätte gewährt und selbst ohne Sinneswahrnehmung erkannt wird durch eine Art unechter Einsicht, eine starke Zumutung an unseren Glauben. Dieses Gebiet ist es denn, auf das wir uns beziehen, wenn wir sehend träumen und sagen, alles, was da ist, müsse doch an einem bestimmten Orte sein und einen bestimmten Raum einnehmen, was aber weder auf Erden noch irgendwo in der Welt sei, habe überhaupt kein Sein. Alle diese und dem verwandte Einbildungen übertragen wir infolge dieses Traumzustands auch auf das Reich des nimmer schlummernden, wahrhaften Seins und sind beim Erwachen nicht fähig, durch Unterscheidung die Wahrheit festzustellen, nämlich so: ein Bild trägt ja den Grund seiner Entstehung gar nicht einmal in sich selbst, sondern ist immer nur die flüchtige Erscheinung eines anderen; deshalb muß es, wenn es überhaupt etwas sein will, seine Entstehung in irgendeinem anderen finden, um doch irgendwie am Sein teilzuhaben; dagegen steht dem wahrhaft Seienden als Bundesgenosse zur Seite der streng wahre Satz, daß solange etwas einerseits *dieses* andere, anderseits auch noch *jenes* andere sein soll, von denen keines von beiden in dem anderen entstanden ist, dasselbe zugleich eins und zwei sein würde.[5]

Philebos

Im Vorraum des Guten: Das Gute als Schönheit, Ebenmaß und Wahrheit

SOKRATES: Wir dürfen also wohl mit Recht sagen, daß wir jetzt bereits in dem Vorraum des Guten und seiner Behausung stehen?

PROTARCHOS: Mir wenigstens scheint es so.

SOKRATES: Was scheint nun wohl in der Mischung das Wertvollste und zugleich der überwiegende Grund dafür zu sein, daß diese Anordnung unser aller Beifall gefunden hat? Denn haben wir dieses erkannt, so wollen wir dann zusehen, ob dieses der Lust oder der Vernunft im All ähnlicher und verwandter ist.

PROTARCHOS: Recht so. Denn dies ist uns für die Entscheidung besonders förderlich.

SOKRATES: Und wahrlich, es ist bei keiner Mischung, welcher Art sie auch ist, schwer, den Grund zu erkennen, durch welchen eine jede entweder tadellos ausfällt oder sich als gänzlich verfehlt erweist.

PROTARCHOS: Wie meinst du das?

SOKRATES: Jedermann weiß das.

PROTARCHOS: Nun, was?

SOKRATES: Daß jede Mischung, welcher Art und wo sie auch sein möge, wenn sie das natürliche angemessene Verhältnis verfehlt, notwendig die Bestandteile der Mischung wie auch sich selbst verdirbt. Denn eine solche wird gar keine eigentliche Mischung, sondern in Wahrheit für die, denen sie beiwohnt, stets ein Erguß von Verdruß sein.

PROTARCHOS: Sehr wahr.

SOKRATES: Jetzt also hat uns das Wesen des Guten seine Zuflucht gefunden bei der Natur des Schönen.[1] Denn richtiges Maß und angemessenes Verhältnis haben offenbar überall Schönheit und Tugend im Gefolge.

PROTARCHOS: Sicherlich.

SOKRATES: Und auch die Wahrheit ist, wie wir behaupteten, mit in der Mischung enthalten.

PROTARCHOS: Gewiß.

65 SOKRATES: Können wir also das Gute nicht in einer Gedankenform ergründen, so müssen wir es in dreien zusammen erfassen, der Schönheit, dem Ebenmaß und der Wahrheit, und sagen, daß wir dies wie *eines* am richtigsten als Grund anerkennen für die Verhältnisse der Mischung und daß letztere durch dieses als durch das Gute diese seine Beschaffenheit erhalten habe.

PROTARCHOS: Sehr richtig.

Rangordnung des Guten

SOKRATES: Jetzt ist nun jedermann imstande, Protarchos, die Entscheidung zu treffen über Lust und Einsicht, welches von beiden dem Besten näher verwandt ist und bei Menschen und Göttern in höheren Ehren steht.

PROTARCHOS: Es liegt zwar zutage. Gleichwohl ist es besser, es in regelrechter Untersuchung durchzusprechen.

SOKRATES: Für jeden einzelnen der drei Begriffe wollen wir also sein Verhältnis zur Lust und zur Vernunft prüfen. Denn wir müssen uns klarwerden, welchem von beiden wir jeden von ihnen als näher verwandt zuerteilen müssen.

PROTARCHOS: Du meinst damit doch Schönheit, Wahrheit und Ebenmaß?

SOKRATES: Ja. Zuerst nimm denn die Wahrheit vor, Protarchos; und hast du das getan, so laß deinen Blick ruhig eine ganze Zeitlang auf den dreien, auf Vernunft, Wahrheit und Lust, verweilen, und gib dir dann selbst Antwort darauf, ob die Lust oder die Vernunft der Wahrheit näher verwandt ist.

PROTARCHOS: Was bedarf es dazu erst langer Zeit? Stechen sie ja doch scharf genug voneinander ab. Denn die Lust ist die größere Flunkererin, und wie es heißt, kann bei den Lüsten des Liebesgenusses, die die stärksten zu sein scheinen, sogar der Meineid bei den Göttern auf Verzeihung rechnen, da sie wie Kinder sind, die keine Spur von Vernunft besitzen. Die Vernunft dagegen ist entweder identisch mit der Wahrheit oder ihr am ähnlichsten und am wahrsten von allem.

SOKRATES: Demnächst betrachte also ebenso das Ebenmaß, ob die Lust davon mehr besitzt als die Einsicht oder die Einsicht mehr als die Lust.

PROTARCHOS: Auch diese mir zugemutete Betrachtung ist leicht abgetan. Denn ich glaube, niemand wird irgend etwas in der Welt finden, das seiner Natur nach maßloser wäre als die Lust und der Freudenrausch, anderseits aber auch nichts, was maßvoller wäre als Vernunft und Wissen.

SOKRATES: Gut gesagt. Gleichwohl aber beantworte auch noch das dritte. Hat die Vernunft für uns größeren Anteil an der Schönheit als das Geschlecht der Lust, ist mithin die Vernunft schöner als die Lust oder umgekehrt?

PROTARCHOS: Aber niemand hat doch die Einsicht und Vernunft weder wachend noch schlafend je häßlich gesehen oder auch nur im entferntesten sich vorgestellt, daß sie es jemals gewesen sei oder sei oder sein werde.

SOKRATES: Recht so.

PROTARCHOS: Was aber die Lüste anlangt, und zwar gerade die stärksten, so schämen wir uns selbst, wenn wir irgendeinen sich ihnen hingeben sehen, im Hinblick entweder auf das Lächerliche oder das überaus Widerwärtige, was ihnen anhaftet, und wir suchen es möglichst geheimzuhalten und zu verbergen, indem wir alles derartige der Nacht zuweisen, als ob das Tageslicht davon nichts sehen dürfe.

Das Maß auf dem ersten, das Symmetrische auf dem zweiten, Vernunft auf dem dritten, richtige Meinung auf dem vierten, Lust auf dem fünften Platz

SOKRATES: Auf alle Weise also wirst du, Protarchos, den Abwesenden durch Boten, den Anwesenden durch eigenen Mund verkünden, daß die Lust nicht das erste und auch nicht das zweite Besitztum sei, sondern daß das erste in dem Gebiete des Maßes und des Maßvollen und Angemessenen und alles dessen liegt, das, wie man annehmen muß, der Natur des Ewigen teilhaftig ist.

PROTARCHOS: So scheint es nach den jetzigen Erörterungen.

SOKRATES: Das zweite aber in dem Gebiet des Symmetrischen und Vollendeten und Zulänglichen und alles dessen, was dieser Klasse zugehört.

PROTARCHOS: Es scheint so.

SOKRATES: Und wenn du nun als drittes aller Voraussicht nach Vernunft und Einsicht setzest, so dürftest du nicht weit von der Wahrheit entfernt bleiben.

PROTARCHOS: Vielleicht.

SOKRATES: Und kommt dir nun nicht die Vermutung, daß dasjenige, was wir als der Seele selbst gehörend setzten, nämlich die Wissenschaften, die Künste und die sogenannten richtigen Meinungen, zu diesen dreien als viertes hinzukomme, wenn anders sie dem Guten näher verwandt sind als die Lust?

PROTARCHOS: Wohl wahr.

SOKRATES: Als fünftes sodann jene Lüste, die wir nach genauer Bestimmung als schmerzlose setzen und als reine, der Seele für sich gehörende bezeichneten, indem sie teils dem Wissen, teils den Wahrnehmungen sich anschließen?

PROTARCHOS: So dürfte es sein.

SOKRATES: Beim sechsten Geschlecht aber, sagt Orpheus, laßt ruhen den Schmuck des Gesanges! So scheint es auch mit unserer Untersuchung bei dem sechsten Entscheidungsgange zu Ende zu sein. Nunmehr liegt es uns nur noch ob, die Summe aus dem Gesagten zu ziehen.

PROTARCHOS: Das geschehe denn.

SOKRATES: Wohlan denn, mit dem feierlichen Rufe »zum dritten Male dem Heilspender« wollen wir nun die Untersuchung abermals überblicken.

PROTARCHOS: Welche?

SOKRATES: Philebos behauptete, das Gute sei die gesamte und vollendete Lust.

PROTARCHOS: Zum dritten Mal, mein Sokrates, müssen wir, wie es scheint, deiner Aufforderung zufolge die anfängliche Rede wieder aufnehmen.

SOKRATES: Ja. Doch laß uns das weitere hören. Denn ich, da ich im Geiste schon alles überschaute, was ich jetzt eben Punkt für Punkt erörtert habe, und voll Unwillens war über den Standpunkt, den nicht nur Philebos, sondern auch zahllose andere

Menschen vertreten, behauptete, daß für das Leben der Menschen die Vernunft weit wertvoller und besser sei als die Lust.

PROTARCHOS: So war es.

SOKRATES: Da ich indes auf die Vermutung kam, daß es noch vieles andere gebe, so erklärte ich, daß, wenn etwas anderes sich als besser erweisen sollte als diese beiden, ich für die Vernunft um den zweiten Preis als ihr Bundesgenosse streiten würde, die Lust aber auch auf den zweiten Preis verzichten müsse.

67 PROTARCHOS: Allerdings, das erklärtest du.

SOKRATES: Und darauf erwies sich denn mit völlig genügender Klarheit keines von beiden als genügend.

PROTARCHOS: Sehr wahr.

SOKRATES: Ist nun nicht in unserer Untersuchung die Vernunft wie die Lust alles Anspruchs darauf verlustig gegangen, daß eines von beiden das Gute sei, da sie ja beide der Selbstgenügsamkeit entbehren und der Fähigkeit das Zulängliche und Vollendete zu leisten?

PROTARCHOS: Sehr richtig.

SOKRATES: Da nun ein anderes, Drittes auftauchte, das jedem von beiden überlegen war, hat sich nunmehr gezeigt, daß die Vernunft diesem den Sieg davontragenden Ideal tausendmal näher zugehörig und verwandt ist als die Lust.

PROTARCHOS: Sicherlich.

SOKRATES: Also der Entscheidung zufolge, die sich jetzt aus der Untersuchung ergeben hat, käme die Lust ihrem Werte nach an die fünfte Stelle.

PROTARCHOS: So scheint es.

SOKRATES: An die erste aber nimmermehr, selbst wenn alle Stiere und Pferde und alle anderen Tiere es laut fordern dadurch, daß sie der Lust nachjagen. Ihnen nun schenken die meisten, wie Wahrsager den Vögeln, Glauben und erklären demnach, das Ausschlaggebende für ein glückliches Leben seien für uns die Lüste; und die Liebesbegierden der Tiere erscheinen ihnen als vollgültigere Zeugen dafür als die [Liebesbegierden] derer, die in philosophischer Musentätigkeit ihre Ansprüche immer nach Maßgabe des Verstandes geben.

PROTARCHOS: Wir alle erklären dir jetzt, Sokrates, daß du die volle Wahrheit gesagt hast.

SOKRATES: Also gebt ihr mich nun frei?

PROTARCHOS: Ein Weniges ist noch übrig, Sokrates, denn du wirst doch nicht eher versagen als wir. Ich will dir aber das noch Ausstehende in die Erinnerung rufen.

Siebter Brief
Philosophische Digression

Es gibt von mir keine Schrift über das, worum ich mich ernsthaft bemühe

In diesem Sinne erwähnte ich damals auch gegenüber Dionysius das Gesagte. Alles nun ging ich weder durch, noch verlangte Dionysius danach. Vieles nämlich und sogar das Wichtigste gab er vor zu wissen und ausreichend im Griff zu haben infolge des von anderen nur unzureichend Gehörten. Später vernehme ich auch, daß er niedergeschrieben habe, was er damals hörte, indem er es als eigene Kunst ausgab, die nicht von dem stamme, was er vernommen habe. Ich kenne die Schrift aber nicht. Ich weiß jedoch, daß andere darüber geschrieben haben, die sich selber auch nicht richtig einschätzen können. Soviel kann ich über alle sagen, welche geschrieben haben und noch schreiben werden, indem sie das zu wissen behaupten, worum ich mich ernsthaft bemühe, sei es, daß sie es von mir gehört oder von anderen, oder angeblich selbst gefunden haben: Es ist nach meiner Meinung nicht möglich, daß diese von der Sache etwas verstehen. Es gibt von mir darüber keine Schrift, noch wird es je eine geben. Denn das, worum ich mich ernsthaft bemühe, ist keineswegs sagbar wie andere Lehren, sondern aus langem Umgang mit der Sache selbst und, wenn man ihr sein Leben widmet, entflammt es unvorhergesehen wie ein von einem Feuerfunken in der Seele angezündetes Licht und nährt sich sogleich selbst.

Gleichwohl weiß ich so viel, daß es von mir – schriftlich oder mündlich – am besten gesagt würde; und daß es, schlecht geschrieben, mich nicht am wenigsten kränkte. Wenn mir aber schiene, daß es in geeigneter Form niederzuschreiben sei für die Mehrheit der Menschen und sagbar wäre, was hätte es für mich Schöneres im Leben zu tun gegeben als dies, den Menschen zu großem Nutzen geschrieben und das Wesen der Dinge für alle ans Licht gebracht zu haben. Aber ich bin nicht der Ansicht, daß das erwähnte Unterfangen für die Menschen etwas Gutes ist; es sei denn für einige wenige, die in der Lage sind, es selbst durch einen kleinen Hinweis zu finden; von den anderen aber würde es wohl die einen mit einer völlig unangemessenen Geringschätzung erfüllen, die anderen aber mit einer hochfahrenden und leeren Anmaßung, als hätten sie etwas Erhabenes gelernt.

Das gültige Argument

342 Doch ist es mir überdies in den Sinn gekommen, noch länger darüber zu sprechen. Denn vielleicht könnte deutlicher werden, worüber ich rede, wenn ich folgendes hinzufüge. Es gibt nämlich ein gültiges Argument, das demjenigen, der es wagt, darüber auch nur irgend etwas zu schreiben, entgegensteht, das oft von mir schon bei früherer Gelegenheit erwähnt worden ist und auch jetzt scheint ausgesprochen werden zu müssen:

Es gibt nämlich für jedes Seiende dreierlei, wodurch dessen Erkenntnis notwendigerweise geschieht, das vierte ist sie selber; als fünftes aber ist der Gegenstand der Erkenntnis zu setzen, der wahrhaft seiend ist. Das eine ist der Name, das zweite der Definitionssatz, das dritte das Bild, das vierte die Erkenntnis. Wer das soeben Gesagte verstehen will, mache sich dies an *einem* Beispiel klar und denke dann über alles andere auch so:

Es gibt etwas, das man Kreis nennt, dem eben der Name zukommt, den wir jetzt ausgesprochen haben. Seine Definition ist das zweite und besteht aus Namen und Verben: Dasjenige nämlich, was vom Rand bis zur Mitte überall den gleichen Abstand hat, ist die Definition dessen, dem der Name »Rundes«, »Kreisförmiges« und »Kreis« zugehört. Das dritte ist das, was hingemalt und wieder ausgewischt, was gedrechselt und vernichtet wird; von diesem allem widerfährt dem Kreis selbst, auf den dies alles bezogen ist, nichts, ist er doch etwas von diesem Verschiedenes. Das vierte aber ist Erkenntnis und Vernunft und wahre Meinung davon. Als eines ist all dies wiederum zu behandeln, da es weder Stimmen noch körperlichen Gestalten, sondern Seelen innewohnt, wodurch es offenbar etwas anderes ist als die Natur des Kreises selbst und als die vorher erwähnten drei. Von diesen kommt am nächsten an Verwandtschaft und Ähnlichkeit die Vernunft ans fünfte heran; das andere aber ist weiter entfernt. Dasselbe gilt [a] sowohl vom Geraden als auch vom Runden, von Gestalt und Farbe, [b] vom Guten und Schönen und Gerechten, [c] und von jedem Körper, sei er hergestellt oder von Natur aus geworden, [d] von Feuer, Wasser und auch allem derartigen, [e] von jedem Lebewesen und [f] von jeder seelischen Gesinnung, auch von [g] allem Gemachten und Widerfahrenen. Wer nämlich davon nicht die vier auf irgendeine Art und Weise erfaßt, wird nie vollständig der Erkenntnis des fünften teilhaftig sein.

Denn zusätzlich versuchen die vier Erkenntnismittel nicht weniger die Beschaffenheit jedes einzelnen Dinges zu offenbaren als das Wesen wegen der Schwäche der Reden. Darum wird kein 343 Vernünftiger es je wagen, in sie das von ihm Gedachte zu setzen und dazu noch lahmzulegen, wie es bei dem mit Lettern Geprägten geschieht.

Aber auch dies gilt es wiederum anhand des erwähnten Beispiels zu lernen. Jeder von den tatsächlich gezeichneten oder auch gedrechselten Kreisen ist voll des Gegenteils zum fünften – denn er berührt überall das Gerade –, der Kreis selbst aber, sagen wir, birgt weder weniger noch mehr seines Gegenteils in seinem Wesen. Ferner ist keiner der Namen für diese Kreise in irgendeiner Weise unwandelbar, denn nichts hindert, das, was jetzt »rund« heißt, »gerade« zu nennen und das »Gerade« »rund«, und ebensowenig werden diejenigen, welche die Namen ändern und die Dinge gegenteilig benennen, zu etwas Unwandelbarem gelangen. Und auf die Definition trifft dasselbe zu, wenn sie aus Namen und Verben besteht, daß sie keineswegs auf genügend unwandelbare Art und Weise unwandelbar ist.

Unzählige Gründe aber gibt es hinsichtlich jedes der vier Erkenntnismittel dafür, daß es ungewiß ist. Das Wichtigste aber ist, was wir kurz vorher gesagt haben, daß das Wesen und die Beschaffenheit von etwas zweierlei sind, die Seele aber nicht die Beschaffenheit, sondern das Wesen sucht. Jedes der vier hält aber der Seele das nicht Gesuchte in Wort und Wirklichkeit vor, so daß sich durch die Sinne alles Gesagte und Gezeigte jedesmal als leicht widerlegbar erweist und mit jeder Ratlosigkeit und Ungewißheit sozusagen jedermann erfüllt.

Intellektuelle und charakterliche Voraussetzungen sind notwendig für die Erkenntnis der Ideen

Wo wir nun infolge schlechter Erziehung nicht gewohnt sind, die Wahrheit zu suchen, und uns das genügt, was in bildlicher Darstellung vorliegt, und werden wir einander nicht lächerlich – die Befragten den Befragenden –, die in der Lage sind, die vier Erkenntnismittel hin- und herzuwenden und zu prüfen. Wo wir aber gezwungen werden, mit dem fünften zu antworten und es zu offenbaren, da siegt, wer da will von denen, die geschickt genug sind in der Kunst der Widerlegung, und bewirkt, daß, wer in Reden, Schriften oder Dialogen ein Thema durchführt, die Mehrheit der Zuhörer nichts von dem zu verstehen scheint, worüber er zu schreiben oder zu reden versucht, da sie manchmal übersehen, daß nicht die Seele des Schreibenden oder Sprechenden die Prüfung nicht besteht, sondern das Wesen jedes einzelnen der vier Erkenntnismittel, das eben von Natur aus unzureichend ist. Der Durchgang durch alle diese vier, indem man bei jedem Einzelnen hin und her fortschreitet, zeugt mit Mühe Erkenntnis des von Natur aus Wahren bei dem, der ein gutes Naturell hat. Ist aber die Verfassung der Seele unzureichend im Hinblick auf das Lernen und die erwähnten Gesinnungen, wie dies bei der Mehrheit der Fall ist, oder ist der Charakter gar verdorben worden, dann wird auch kein Lynkeus solche zum Sehen bringen.

344

Mit einem Wort, wer nicht verwandt ist mit der Sache, den wird weder Gelehrigkeit noch Gedächtnis je zur Einsicht bringen, denn in seelischen Haltungen, die der Sache fremd sind, erscheint sie überhaupt nicht. Daher wird weder Gelehrigkeit noch Gedächtnis ohne Verwandtschaft mit der Sache, dem Gerechten und den anderen Idealen, noch Verwandtschaft mit der Sache in Verbindung mit Schwerfälligkeit im Lernen und schlechtem Gedächtnis ausreichen, die Wahrheit hinsichtlich der entscheidenden moralischen Begriffe, soweit es möglich ist, zu erfassen. Denn das Studium von Tugend und Schlechtigkeit muß zugleich begleitet werden von einer Untersuchung des Falschen und Wahren des ganzen Seins, mit langem Verweilen und unter Aufwendung von viel Zeit, was ich ja im Anfang gesagt habe. Kaum aber, wenn jedes einzelne von ihnen gegeneinander gerieben wird, Namen und Definitionen, Anschauungen und Wahrnehmungen, man sie in wohlgesinnten Prüfungen prüft und ohne Mißgunst Fragen und Antworten gebraucht, beginnt Vernunft über dem jeweiligen Gegenstand und Einsicht aufzuleuchten, falls man sich anstrengt, soweit es menschlicher Kraft möglich ist.

Konklusion

Deshalb ist jeder Mann, der sich ernsthaft bemüht um das, was ernsthaft ist, weit entfernt davon, daß er es je durch Niederschrift – bei den Menschen der Mißgunst und Verwirrung – preisgebe. Mit *einem* Wort muß man aus diesem Argument den Schluß ziehen: Wenn jemand die Schriften von jemandem sieht, sei es in Form von Gesetzen eines Gesetzgebers oder sonst irgendwie verfaßt, daß dies nicht das war, worum dieser am meisten ernsthaft bemüht war, wenn er selber wirklich ein ernsthafter Mann ist; sondern daß, womit es ihm ernst war, irgendwo im wertvollsten Teil seines Eigentums liegt. Wenn er aber tatsächlich das, worauf es ihm ernsthaft ankam, schriftlich niederlegte, dann haben ihm fürwahr zwar nicht die Götter, wohl aber die Sterblichen den Verstand verdorben.[1]

Übersetzt von Rafael Ferber

Anmerkungen

Zum Phaidros

1 Theuth ist der ägyptische Thot und gilt als der Erfinder der Schrift.
2 Thamus ist der ägyptische Amon.
3 Vgl. zum Sinn der Schriftkritik Ferber, 1991, 22–26.
4 Das Wort Dialektik stammt vom griechischen Verb *dialegesthai*, das wörtlich übersetzt soviel heißt wie »(etwas) miteinander durchreden«, in welcher Bedeutung es auch für die sokratische Dialektik als Gespräch in Rede und Gegenrede noch ausreicht (vgl. Cra. 390c). Für Platon ist die Dialektik die philosophische Methode und bedeutet im »Phaidros« auch Wesensbestimmung durch Zusammenführung und Trennung der Begriffe (vgl. Phdr. 266b–c).
5 Vgl. zur gegenwärtigen Kontroverse um diese Stelle und den platonischen Philosophiebegriff Albert, 1989, Krämer, 1990, 85–107, einerseits, und Ferber, 1991, 27–30, 1992, 662–668, 1993, 37–54, andererseits. Während K. Albert und H. Krämer dem Philosophen eine letzte Erkenntnis zutrauen, wenn auch nur für kurze Zeit, so bin ich der Meinung, daß der Philosoph zwar einen solchen Wissensanspruch hat, dessen Einlösung aber aus systematischen Gründen nicht garantiert ist. Die systematischen Gründe dafür werden in der erkenntnistheoretischen Digression des »Siebten Briefes«, 342a–344d, gegeben; vgl. Ferber, 1991, 40–61. Eine vermittelnde Position findet sich bei Steinthal, 1993, 99–105.
6 Griechisch *timiotera*. Der Begriff dieses »Kostbareren« oder »Wertvolleren« hat eine Kontroverse ausgelöst. Krämer, 1959, 462–154, und Szlezák, 1978, 18–32, meinen wertvollere ungeschriebene Inhalte, Vlastos, ²1981, 394–397, und Heitsch, 1987, 41–50, nur eine gelegentliche mündliche Hilfestellung. Die neuesten Positionen der Kontrahenten finden sich in Szlezák, 1990, 75–85, und Heitsch 1989, 278–287, 1993, 217–218.
7 Isokrates (436/5–388 v. Chr.), griechischer Redner; seine Rednerschule stand in Konkurrenz zur Akademie.

Zur Apologie

1 Anytos ist Vertreter der Handwerker in der Anklage.
2 Meletos ist Vertreter der Dichter.
3 Lykon ist Vertreter der Redner.
4 Anaxagoras (500/499–428 v. Chr.) ist ein Vorsokratiker, stammt aus der Kolonie Klazomenai an der Küste Kleinasiens, lebte jedoch seit 428/7 v. Chr. in Athen und hatte behauptet, die Sonne bestehe aus einem glühenden Stein.

5 Das göttliche und dämonische Zeichen ist das vielberufene *Daimonion* des Sokrates. Wir kommen seiner Bedeutung vielleicht am nächsten, wenn wir es als ein »inneres Orakel« des Sokrates verstehen. Folgende Bemerkungen Arthur Schopenhauers können seinem Verständnis dienen: »Daß Sokrates, der Weiseste selbst, um nur in seinen eigenen, persönlichen Angelegenheiten das Richtige zu treffen, oder wenigstens Fehltritte zu vermeiden, eines warnenden Dämoniums bedurfte, beweist, daß hiezu kein menschlicher Verstand ausreicht«, Aphorismen zur Lebensweisheit, V, B, Abschnitt 11, S. 460. Vgl. auch: »Es gibt etwas Weiseres in uns, als der Kopf ist. Wir handeln nämlich, bei den großen Zügen, den Hauptschritten unsers Lebenslaufes, nicht sowohl nach deutlicher Erkenntnis des Rechten, als nach einem innern Impuls, man möchte sagen Instinkt, der aus dem tiefsten Grunde unsers Wesens kommt...«, ebd., D, Abschnitt 48, S. 499.

6 Das Beste, was es heute zur Gestalt des Sokrates im allgemeinen und den vielen Fragen der Sokrates-Forschung zu lesen gibt, ist Vlastos, 1991, 1994.

Zum Menon

1 Gorgias von Leontinoi, um 480–um 380 v. Chr., kam 427 nach Athen und galt als Sophist.

2 Wichtig ist, daß Menon hier nicht mit Einzelfällen von Tugend antwortet, sondern mit Universalien, wenn auch mit Universalien, die nicht breit genug sind, um die Antwort korrekt zu beantworten; vgl. dazu Benson, 1990, 125–142.

3 Der Marmelzitterrochen gehört zur Familie der Zitterrochen, d. h. elektrischer Rochen, schuppenloser, abgeplatteter Fische mit kräftigem Schwanz und umfangreichen elektrischen Organen an beiden Kopfseiten.

4 Dieses leicht lösbare Paradox, daß der Forschende, das, nach dem er forscht, in gewisser Weise weiß und in gewisser Weise nicht weiß (vgl. Aristoteles, APo.A1.71a1–b8, insb. 71b5–8), ist ein Indiz dafür, daß der Dialog als Übungsstück gemeint war.

5 Zum Verständnis des »Menon« ist insbesondere zu empfehlen: Gaiser, 1964, 241–292, wiederabgedruckt in: Wippern, 1972, 329–393, Merkelbach, 1988, Canto-Sperber, 1991a. Eine Aufsatzsammlung zu den verschiedenen Aspekten des Dialogs bietet Canto, 1991b.

Zum Protagoras

1 Protagoras (485–415 v. Chr.), geboren in Abdera, gilt als der berühmteste der Sophisten. Ihm wird der Homo-Mensura-Satz zugeschrieben »Aller Dinge Maß ist der Mensch, der seienden, daß (wie) sie sind, der nicht seienden, daß (wie) sie nicht sind« (D/K.B1). Der Homo-Mensura-Satz taucht allerdings im Dialog »Protagoras« noch nicht auf.

2 Das ist die Akrasia-These der Erkenntnis, nach der die Vernunft der Sklave der Leidenschaften ist. Sie ist in der Neuzeit von David Hume (1711–1776) mit dem Slogan »Die Vernunft ist nur der Sklave der Affekte...« zur Prominenz gebracht worden. Vgl. zum Verständnis dieser Stelle sowie der hier entwickelten Paradoxien Ferber, 1991b, 39–66.

3 Das ist die erste »Aussparungsstelle« der Dialoge, d. h. eine der Stellen, die Ungeschriebenes andeuten, dies aber nicht mitteilen. Vgl. dazu Krämer, 1959, 490–493.

Zum Phaidon

1 Wichtig zu dieser Stelle ist insbesondere der Aufsatz von Vlastos, ²1981, 76–110.

Zum Gastmahl

1 Diotima ist eine Erfindung Platons, die es ihm ermöglicht, seine eigene Lehre über die Liebe affirmativer zu vertreten, als wenn er sie Sokrates zugeschrieben hätte.

2 Wichtig ist, daß der Schüler Diotimas damit noch nicht das Ziel erreicht hat, sondern – wörtlich übersetzt – nur »etwas vom Ziel erreichen könnte«; vgl. Ferber, 1992, 664.

3 Die besten Ausführungen zur platonischen Lehre von der Liebe gibt meines Erachtens immer noch Robin, 1968, § 110–169.

4 Die Silenen galten als Aufbewahrungsstätten der Götterskulpturen.

Zum Staat

1 Die Bedeutung von »diomedisch« im Begriff »diomedische Notwendigkeit« ist unklar. Es handelt sich um eine unerbittliche Form von Zwang.

2 Sokrates greift hier das Ende des fünften Buches wieder auf, nach dem die meisten Menschen den Sinnesphänomenen und nicht den Ideen zugetan sind (vgl. R 475d–476b).

3 Vgl. viertes Buch, nach dem zur genauen Bestimmung der Tugenden ein weiterer Weg nötig ist: »Wohl möglich. Und glaube mir, mein Glaukon, meiner Meinung nach werden wir aufgrund solcher Verfahrungsarten, wie wir sie jetzt bei unseren Unterredungen anwenden, nimmermehr in voller Schärfe die Sache erfassen; denn ein anderer längerer und umständlicherer Weg ist es, der dahin führt; aber vielleicht steht unser Verfahren wenigstens im rechten Verhältnis zu dem vorhin Gesagten und Untersuchten« (435c–d).

4 Hier wird gern eine Anspielung darauf gesehen, daß die Idee des Guten auch das oberste und genaueste Maß ist, vgl. Krämer, 1966, 57, und zur Diskussion Ferber, 1989, 292–293.

5 Vgl. zu dieser Skizze der »Ideenlehre« sowie zu den drei nachfolgenden Gleichnissen die ausführliche Erörterung von Ferber, 1989, 19–219. Eine kommentierte Bibliographie zu den drei Gleichnissen unter beson-

derer Berücksichtigung des Liniengleichnisses bietet Lafrance, 1987, 63–172, 173–267, der außer einer Textgeschichte 1994, 249–407, auch nochmals einen Text mit neuer Übersetzung vorgelegt hat.

6 Vgl. zu einem möglichen Sinn dieser Stelle Ferber, 1993b, 211–212.

7 Vgl. zum konkreten Sinn dieser Rechenschaftsablegung über die Voraussetzungen, der darin bestehen könnte, die mathematischen Voraussetzungen auf die ihnen zugrundeliegenden Idealzahlen zurückzuführen, Ferber, 1989, 160–211.

8 Grundlegend ist zu dieser Stelle Krämer, 1966.

Zum Parmenides

1 Glaukon und Adeimantos sind die beiden Brüder Platons. Für Gesprächspartner von vergleichbarer Bildungsstufe war der Dialog wahrscheinlich auch geschrieben.

2 Die Panathenäen wurden jedes vierte Jahr in Athen gefeiert und brachten viele Besucher nach Athen. Es ist nicht ausgeschlossen, daß dieses Treffen von Parmenides (um 540–nach 480 v. Chr.), Zenon (um 495–nach 445 v. Chr.) und Sokrates (um 470–399 v. Chr.) tatsächlich stattgefunden hat. Doch es ist nicht anzunehmen, daß das Gespräch in der von Platon berichteten Form erfolgt ist, da die Ideenlehre der mittleren Dialoge eine Erfindung Platons darstellt und der zwanzigjährige historische Sokrates kaum Einwände gegen eine Lehre hätte formulieren können, die er noch gar nicht kannte. Die Hinweise in Theaitetos 183e und Sophistes 217c auf ein früheres Zusammentreffen Sokrates' mit Parmenides sind somit vermutlich als Anspielungen auf den Dialog »Parmenides« zu verstehen.

3 Vgl. zu diesem Argument den einflußreichen Artikel von Vlastos, 1954, 319–349. Die vollständigste Kritik bietet Mignucci, 1990, 143–181.

4 Zu diesen Argumenten gegen die »Ideenlehre« sind insbesondere Cornford, 1939, 81–102, Allen, 1983, 92–180, Migliori, 1990, 132–179, und Brisson, 1994, 29–43, beizuziehen.

Zum Theaitetos

1 Der Dialog trägt den Namen eines jungen, früh (vermutlich 394 v. Chr. in der Schlacht zwischen den Athenern und Lakedämoniern) gefallenen Mathematikers, zu dem Eukleides, Bürger von Megara, in der Einleitung zum Dialog sagt: »Ich glaube, es war kurze Zeit vor seinem Tode, als Sokrates mit dem damals noch sehr jugendlichen Theätet [Theaitetos] zusammentraf und durch das Zusammensein und die Unterhaltung mit ihm zu lebhafter Bewunderung seiner Anlagen hingerissen ward. Und bei einem Besuche, den ich in Athen machte, teilte er mir die Unterredung mit, die er mit ihm gehabt hatte und die wohl der Mitteilung wert ist. Dabei bemerkte er, es könne gar nicht fehlen, daß Theätet es zur Berühmtheit bringen werde, wenn er das Mannesalter erreiche« (142d–e).

2 Erst im Theaitetos taucht der Homo-Mensura-Satz des Protagoras auf. Zur Interpretation dieses Satzes und des protagoreischen Relativismus ist insbesondere Burnyeat, 1990, 7–31, hilfreich.

3 Theodoros, der Lehrer des Theaitetos, ist ein älterer Mathematiker aus Kyrene, der in Athen zu Besuch weilt.

4 Skiron, ein Riese, soll alle Vorübergehenden zum Kampf gezwungen haben.

5 Zur Interpretation dieses Ausschnitts aus dem Theaitetos siehe insbesondere Cornford, 1935, 27–109, und Burnyeat, 1990, 7–64.

Zum Sophistes

1 Aus dem Fremdling von Elea spricht Platon, wenn auch nicht der ganze Platon. Vermutlich ist er der Ansicht, daß die im »Sophistes« vertretene Position hinsichtlich des Seins des Nichtseins zu sehr über den sokratischen Gedankenkreis hinausgeht, um noch von Sokrates vertreten werden zu können.

2 Zum ausgewählten Teil des »Sophistes« siehe insbesondere Cornford, 1935, 199–303, Frede, 1967, und Cordero-Nestor, 1994, 36–61.

Zum Politikos

1 Hiermit ist wohl die Idee des Guten gemeint.

2 Vgl. zu diesem Abschnitt Ferber, 1995, 63–75.

Zum Timaios

1 Zum Wortführer Timaios ist zu lesen: »Denn unser Timaios hier, Bürger von Lokri in Italien, dieser bestverwalteten Stadt, und an Vermögen wie an Herkunft keinem seiner Mitbürger nachstehend, hat sich in den höchsten Ämtern und Ehrenstellen der Stadt tätig bewährt, und was andererseits die Philosophie anlangt, so hat er meiner Meinung nach die volle Höhe erklommen« (Ti. 20a).

2 Es ist bemerkenswert, daß im »Timaios« wieder die »Ideenlehre« vertreten wird, wiewohl die Einwände, die in »Parmenides« (130a–134e) gegen die Ideenlehre formuliert sind, zumindest nicht explizit widerlegt wurden.

3 In der Formulierung »Bildner und Vater dieses Alls« könnte ein metaphorischer Hinweis auf die Idee des Guten liegen, die schwierig zu finden und unmöglich allen kundzutun ist.

4 Auch hier wieder ein Hinweis darauf, daß der »Timaios« den »Urgrund oder die Urgründe« ausspart. Zur Interpretation siehe Ferber, 1991a, 30–32.

5 Zur Interpretation des »Timaios« sind insbesondere Cornford, 1937, 21–193, und Brisson, ²1994, 15–530, beizuziehen.

Zum Philebos

1 Der späte Dialog »Philebos« nimmt das Thema der Idee des Guten nicht mehr auf dem im Sonnengleichnis erreichten Niveau auf; er erörtert es aber auf der im »Politikos« erreichten Zwischenstufe des Angemessenen, das auch Schönheit und Tugend als bestimmte Proportionen im Gefolge hat. Vgl. auch Migliori, 1993, 306–325.

Zum Siebten Brief

1 Vgl. zur Problematik dieser philosophischen Digression insbesondere Gadamer, 1964, Graeser, 1989, und Ferber, 1991, 33–61. Ich danke K. Mauerhofer und Ch. Riedweg herzlich für die Durchsicht meiner Übersetzung.

Literatur

Das folgende Verzeichnis gibt eine konzentrierte Auswahl von Primär- und Sekundärliteratur zu Platon wieder.

Griechische Standardausgabe:

Platonis opera, recognovit brevique adnotatione critica instruxit J. Burnet, Oxford 1899–1907.

Deutsche Gesamtübersetzungen:

Platon: *Sämtliche Werke* in der Übersetzung von Friedrich Schleiermacher, Berlin 1804–1828, ²1817–1827; neu hrsg. v. W. F. Otto, E. Grassi, G. Flamböck, Hamburg 1957–1959, und neu hrsg. v. U. Wolf, Reinbek 1994. Platon: *Sämtliche Dialoge*, übers. und hrsg. v. O. Apelt in Verbindung mit K. Hildebrandt u. a., Leipzig 1916–1926, Nachdruck Hamburg 1988. Platon: *Sämtliche Werke*, eingeleitet v. O. Gigon, übertragen von R. Rufener, Zürich–München 1974.

Englische, französische, italienische und spanische Gesamtübersetzungen:

E. Hamilton/H. Cairns (Hrsg.): *The collected dialogues of Plato, including the Letters,* with Introduction and Prefatory Notes. In: *Bollingen Series LXXI*, Princeton 1961 (verschiedene Übersetzer).
B. Jowett: *The Dialogues of Plato,* translated with analyses and introductions, Oxford 1871, ⁴1953.
Platon: *Œuvres complètes,* Paris 1920–1956, 13 Bände, Coll. Budé (verschiedene Übersetzer). Eine neue Übersetzung ist jetzt bei GF-Flammarion in Bearbeitung.
Platone, Tutti gli Scritti, hrsg. v. G. Reale, Mailand 1991 (verschiedene Übersetzer). Als Alternative: *Dialoghi filosofici di Platone,* hrsg. v. G. Cambiano, 2 Bde., 1970/1978.
Platón diálogos 1–7, introducción general or E. Lledó iñigo, Madrid 1992 (verschiedene Übersetzer). Neue Übersetzungen von verschiedenen Verfassern finden sich auch in der Bibliotheca scriptorum et romanorum mexicana der Universiddad nacional Autónoma de México, México.

Bibliographie der Bibliographien zur Platonliteratur:

Y. Lafrance: *Pour interpréter Platon I, La ligne en République VI, 509d–511e. Bilan analytique des études (1804–1984),* Montreal/Paris 1987, 29–41.

Bibliographische Hinweise zur neueren Sekundärliteratur:

Brisson, L., »Platone 1958–1975«. In: *Lustrum*, 1977/20, Göttingen 1979.

Brisson, L./Ioannidi, H.: »Platon 1975–1980«. In: *Lustrum*, 1983, 25, Göttingen 1983.

Brisson, L./Ioannidi, H.: »Platon 1980–1985«. In: *Lustrum*, 1988, 30, Göttingen 1988.

Brisson, L./Ioannidi, H.: »Platon 1985–1990«. In: *Lustrum*, 1992, 34, Göttingen 1994.

Cherniss, H. F.: »Plato 1950–1957«. In: *Lustrum, Internationale Forschungsberichte aus dem Bereich des Klassischen Altertums*, 1959, 4, Göttingen 1960.

MacKirahan, jr., R. D.: *Plato and Socrates. A comprehensive bibliography 1958–1973*, New York/London 1978.

Rossetti, L.: »Platone«. In: *Grande antologia filosofica*, Milano, 32, 1984, 111–146.

Neuere Studien zur Chronologie der platonischen Dialoge:

Brandwood, L.: *The Chronology of Plato's Dialogues*, Cambridge 1990.

Ledger, G. R.: *Re-counting Plato. A Computer Analysis of Plato's Style*, Oxford 1989.

Thessleff, H.: »Studies in Platonic Chronology«. In: *Commentationes Humanarum Litterarum*, 70, Helsinki 1982.

Gesamtdarstellungen:

Friedländer, P.: *Platon*, 3 Bände, Berlin 1928, 2, erweiterte und verbesserte Auflage, Berlin 1954, ³1964.

Guthrie, W. K. C.: *A History of Greek Philosophy*, Bd. IV: *Plato, The Man and his Dialogues: Earlier Period*, Cambridge 1975; Bd. V: *The Later Plato and the Academy*, Cambridge 1978.

Hegel, G. W. F.: *Vorlesungen über die Geschichte der Philosophie*, Berlin 1833–1836. Auf der Grundlage der *Werke* von 1832–1845 neu edierte Ausgabe, Redaktion E. Moldenhauer und K. M. Michel. In: *Werke*, Frankfurt a. M. 1971, I, 441–516, II, 11–132.

Natorp, P.: *Platos Ideenlehre. Eine Einführung in den Idealismus*, Leipzig 1903, ²1922, Hamburg ³1961, ⁴1994.

Nietzsche, F.: »Vorlesungsaufzeichnungen (WS 1871/72–WS 1874/75)«, bearbeitet v. F. Bornmann und Mario Carpitella. In: *Nietzsche Werke, Kritische Gesamtausgabe*, begründet v. G. Colli und M. Montinari, weitergeführt v. W. Müller-Lauter und K. Pestalozzi, IV/4 Berlin/New York 1995, 1–188.

Robin, L.: *Platon*, Paris 1935, Nouvelle édition avec bibliographie mise à jour et complétée par P. M. Schuhl, Paris ²1968.

Shorey, P.: *What Plato Said*, Chicago 1933, ²1958, ³1980.

Stefanini, L.: *Platone*, 2 Bände, Padua, 1932/1935, ²1949, ³1991.

Taylor, A. E.: *Plato: the man and his work*, London 1926, [7]1960.
Wilamowitz-Moellendorf, U. v.: *Platon*, Bd. I: *Sein Leben und seine Werke*, Berlin 1919, [5]1959, Bd. II: *Beilagen und Textkritik*, Berlin 1919, [3]1962.

Studien zur ungeschriebenen Lehre:

Cherniss, H.: *Aristotle's Criticism of Plato and the Academy*, Bd. I, Baltimore 1944.

Cherniss, H.: *The Riddle of the Early Academy*, Berkeley 1945; *Die Ältere Akademie, Ein historisches Rätsel und seine Lösung*, übers. v. J. Derbolav, Heidelberg 1966.

Ferber, R.: *Platos Idee des Guten*, St. Augustin 1984, 2. durchgesehene und erweiterte Auflage 1989, 149–216.

Ferber, R.: *Die Unwissenheit des Philosophen oder Warum hat Plato die »ungeschriebene Lehre« nicht geschrieben?*, St. Augustin 1991.

Gaiser, K.: *Platons Ungeschriebene Lehre, Studien zur systematischen und geschichtlichen Begründung der Wissenschaften in der platonischen Schule*, Stuttgart 1963, [2]1968 (mit einem *Nachwort* zur zweiten Auflage, 575–591).

Jaeger, W.: *Studien zur Entstehungsgeschichte der Metaphysik des Aristoteles*, Berlin 1912, 131–148.

Krämer, H. J.: »Arete bei Platon und Aristoteles. Zum Wesen und zur Geschichte der platonischen Ontologie«. In: *Abhandlungen der Heidelberger Akademie der Wissenschaften*, Philosophisch-historische Klasse, 1959, 6, Heidelberg 1959, Amsterdam [2]1967.

Krämer, H.: *Platone e i fondamenti della Metafisica. Saggio sulla teoria dei principi e sulle dottrine non scritte di Platone con una raccolta dei documenti fondamentali in edizione bilingue e bibliografia*, übers. u. eingef. v. G. Reale, Mailand 1982, [2]1987, [3]1989.

Reale, G.: *Per una nuova interpretazione di Platone, Rilettura della metafisica dei grandi dialoghi alle luce delle »Dottrine non scritte«*, Mailand 1984, [10]1991; *Zu einer neuen Interpretation Platons. Eine Auslegung der Metaphysik der großen Dialoge im Lichte der »ungeschriebenen Lehren«*, übers. v. L. Hölscher, Paderborn, München, Wien, Zürich 1993.

Robin, L.: *La théorie platonicienne des idées et des nombres d'après Aristote, Etude Historique et Critique*, Paris 1908.

Ross, W. D.: *Platos Theory of Ideas*, Oxford 1951, 142–270.

Stenzel, J.: *Zahl und Gestalt bei Platon und Aristoteles*, Leipzig/Berlin 1924, [2]1933, Darmstadt [3]1959.

Wieland, W.: *Platon und die Formen des Wissens*, Göttingen 1982, S. 38–50.

Wilson, J. Cook: *On the Platonist doctrine of the asymbletoi arithmoi*. In: *The Classical Review*, 18, 1904, 247–260.

Wippern, J. (Hrsg.): *Das Problem der ungeschriebenen Lehre Platons. Beiträge zum Verständnis der platonischen Prinzipienphilosophie*, Darmstadt 1972. (Der gegenwärtige status quaestionis findet sich dokumentiert in der Zeitschrift *Methexis, Revista de filosofia antigua*, 6, 1993, hrsg. v. C. Eggers-Lan mit Aufsätzen von L. Brisson, R. Ferber, Ch. Gill, M. Isnardi-Parente, H. Krämer, I. Mueller, G. Reale und T. A. Szlezák.)

Studien zu Platons philosophischem Stil und zur Frage, wie Platon zu lesen sei:

Gaiser, K.: *Protreptik und Paranäse bei Platon. Untersuchungen zur Form des platonischen Dialogs*, Stuttgart 1959.

Gaiser, K.: *Platone come scrittore filosofico. Saggi sull' ermeneutica dei dialoghi platonici*, mit einem Vorwort v. M. Gigante, Neapel 1984.

Griswold, Jr., Charles L. (Hrsg.): *Platonic Writings, Platonic Readings*, London 1988.

Heitsch, E.: *Wege zu Platon. Beiträge zum Verständnis seines Argumentierens*, Göttingen 1992.

Nietzsche, F.: »Einführung in das Studium der platonischen Dialoge«. In: *Vorlesungsaufzeichnungen (WS 1871/72–WS 1874/75)*, bearbeitet v. F. Bornmann und Mario Carpitella. In: *Nietzsche Werke, Kritische Gesamtausgabe*, begründet v. G. Colli und M. Montinari, weitergeführt v. W. Müller-Lauter und K. Pestalozzi, IV/4, Berlin/New York 1995, 5–146, insb. 5–29.

Schleiermacher, F.: »Einleitung«. In: *Platons Werke*, Bd. I des ersten Teils, Berlin 1804, 3–52, ²1817, 3–52, ³1855, 5–36. Wiederabgedruckt in: *Das Platonbild. Zehn Beiträge zum Platonverständnis*, hrsg. v. K. Gaiser, Hildesheim 1969, 1–32.

Stefanini, L.: »La scepsi Platonica« und »Gli Elementi della Scepsi platonica«. In: *Platone*, Bd. I, Padua, ²1949, ³1991, »XXVIII–LXI.

Szlezák, Th. A.: *Platon und die Schriftlichkeit der Philosophie, Interpretationen zu den frühen und mittleren Dialogen*, Berlin/New York 1985.

Szlezák, Th. A.: *Come leggere Platone*, übers. v. N. Scotti, Mailand 1991; »Platon lesen«. In: *Legenda 1*, Stuttgart-Bad Cannstatt 1993.

Tigerstedt, E. N.: *Interpreting Plato*, Uppsala 1977.

Windischmann, C. J. H. (Hrsg.): *Friedrich Schlegel's Philosophische Vorlesungen aus den Jahren 1804 bis 1806, Nebst Fragmenten vorzüglich philosophisch-theologischen Inhalts*, Bd. I, Bonn 1836, 301–386.

Studien zu Platons Philosophiebegriff:

Albert, K.: »Über Platons Begriff der Philosophie«. In: *Beiträge zur Philosophie*, 1, St. Augustin 1989.

Burkert, W.: »Platon oder Pythagoras? Zum Ursprung des Wortes ›Philosophie‹«. In: *Hermes* 88, 1960, 159–177.

Ferber, R.: *Die Unwissenheit des Philosophen oder Warum hat Plato die »ungeschriebene Lehre« nicht geschrieben?*, St. Augustin 1991.

Ferber, R.: »Hat Plato in der ›ungeschriebenen Lehre‹ eine ›dogmatische Metaphysik und Systematik‹ vertreten. Einige Bemerkungen zum status quaestionis«. In: *Methexis*, 6, 1993, 37–54.

Gill, Ch.: »Platonic Dialectic and the truth-status of the unwritten doctrines«. In: *Methexis*, 6, 1993, 55–72.

Gonzalez, F. J.: »Book Reviews«. In: *Journal of the History of Philosophy*, 32, 1994, 483–484.

Heitsch, E.: »Platon über die rechte Art zu reden und zu schreiben«. In: *Akademie der Wissenschaften und der Literatur, Mainz, Abhandlungen der Geistes- und Sozialwissenschaftlichen Klasse*, 4, Mainz/Stuttgart 1987.

Krämer, H.: »Fichte, Schlegel und der Infinitismus in der Platondeutung«. In: *Deutsche Vierteljahrsschrift für Literaturwissenschaft und Geistesgeschichte*, 62, 1988, 583–621.

Krämer, H.: »Zur aktuellen Diskussion um den Philosophiebegriff Platons«. In: *Perspektiven der Philosophie*, 16, 1990, 85–107.

Steinthal, H.: »μόγις und ἐξαίπνης. Platon über die Grenzen der Erkenntnis«. In: *Antike Texte in Forschung und Lehre. Festschrift für Willibald Heinimann zum 65. Geburtstag*, Frankfurt a. M., 1993, 99–104.

Studien zur Weiterwirkung Platons:

Beierwaltes, W.: *Platonismus und Idealismus*, Frankfurt a. M. 1972.

Beierwaltes, W.: *Denken des Einen*, Frankfurt a. M. 1986.

Ferber, R.: *Platos Idee des Guten*, 2. durchgesehene und erweiterte Auflage, St. Augustin 1989, 246–275.

Halfwassen, J.: *Der Aufstieg zum Einen, Untersuchungen zu Platon und Plotin*, Stuttgart 1992.

Krämer, H.: *Der Ursprung der Geistmetaphysik. Untersuchungen zur Geschichte des Platonismus zwischen Platon und Plotin*, Amsterdam 1964, ²1967.

Merlan, Ph.: *From Platonism to Neoplatonism*, Den Haag 1953, ²1960, ³1968.

Novotny, F.: *The posthumous Life of Plato*, Den Haag 1977.

Shorey, P.: *Platonism, Ancient and Modern*, Berkeley 1938.

de Vogel, C. J.: *Rethinking Plato and Platonism*. In: *Mnemosyne, Bibliotheca Classica Batava*, Supplementum 92, 1988.

Literatur zu Einleitung und Kommentar:

Albert, K.: »Über Platons Begriff der Philosophie«. In: *Beiträge zur Philosophie*, *1*, St. Augustin 1989.

Allen, R. E.: *Plato's Parmenides, Translation and Analysis*, Oxford 1983.

Benson, H. H.: »Misunderstanding the ›What-is-F-ness?‹ Question«. In: *Archiv für Geschichte der Philosophie*, 72, 1990, 125–142.

Brisson, L.: *Phèdre*. Übersetzt, eingeleitet und mit Anmerkungen versehen, zusätzlich *»La pharmacie de Platon«* von J. Derrida, Paris 1989.

Brisson, L.: »La Lettre VII de Platon, une autobiographie?«. In: *L'invention de l'autobiographie*, Paris 1993, 37–46.

Brisson, L.: *Le même et l'autre dans la structure ontologique du Timée de Platon. Un commentaire systématique de Timée de Platon*, Paris 1974; 2. durchgesehene Auflage in: *International Plato studies*, 2, St. Augustin ²1994.

Brisson, L.: *Parménide*, übers., eingel. und mit Anm. versehen, Paris 1994.

Burnyeat, M.: *The Theaetetus of Plato*, mit einer Übersetzung von Platos

Theaetetus von M. J. Levett, durchgesehen von M. Burnyeat, Indianapolis/ Cambridge 1990.

Burkert, W.: »Platon oder Pythagoras? Zum Ursprung des Wortes ›Philosophie‹«. In: *Hermes* 88, 1960, 159–177.

Canto-Sperber, M.: *Ménon*, übers., eingel. und mit Anm. versehen, Paris 1991 [= Canto-Sperber, 1991b].

Canto-Sperber, M. (Hrsg.): *Les Paradoxes de la connaissance. Essais sur le Ménon de Platon*, Paris 1991 [= Canto-Sperber, 1991a].

Cordero-Nestor, L.: *Le Sophiste*, übers., eingel. und mit Anm. versehen, Paris 1994.

Cornford, M. D.: *Plato's Theory of Knowledge, The Theaetetus and the Sophist of Plato*, übersetzt und mit einem fortlaufenden Kommentar, London 1935.

Cornford, M. D.: *Plato's cosmology, The Timaeus of Plato translated with a running commentary*, London 1937.

Cornford, M. D.: *Plato and Parmenides*, übersetzt mit einer Einleitung und einem fortlaufenden Kommentar, London 1939.

Erler, M.: *Der Sinn der Aporien in den Dialogen Platons. Übungsstücke zur Anleitung im philosophischen Denken*. In: *Untersuchungen zur antiken Literatur und Geschichte*, hrsg. v. W. Bühler, P. Hermann und O. Zwierlein, 25, Berlin/New York 1987.

Ferber, R.: *Platos Idee des Guten*, St. Augustin 1984 2., durchgesehene und erweiterte Auflage, St. Augustin 1989.

Ferber, R.: *Die Unwissenheit des Philosophen oder Warum hat Plato die »ungeschriebene Lehre« nicht geschrieben?*, St. Augustin 1991 (= Ferber, 1991a).

Ferber, R.: »Sokrates: Tugend ist Wissen«. In: *Elenchos*, 12, 1991, 39–66 (= Ferber, 1991b).

Ferber, R.: Rez. von Albert, 1989. In: *Gnomon*, 64, 1992, 662–667.

Ferber, R.: »Hat Plato in der ›ungeschriebenen Lehre‹ eine ›dogmatische Metaphysik und Systematik‹ vertreten? Einige Bemerkungen zum status quaestionis«. In: *Methexis*, 6, 1993, 37–54 [= Ferber 1993a].

Ferber, R.: »Da sagte Glaukon in sehr lächerlichem Ton...« (R. 509c1–2). In: Archiv für Geschichte der Philosophie, 75, 1993, 211–212 [= Ferber 1993b].

Ferber, R.: *Philosophische Grundbegriffe. Eine Einführung*, München 1994, 2., durchgesehene Auflage 1994.

Ferber, R.: »Für eine propädeutische Lektüre des Politicus«. In: *Reading the Statesman, Proceedings of the IV Symposium Platonicum*, hrsg. v. Ch. Rowe, *International Plato Studies*, 3, St. Augustin 1995, 63–75.

Frede, M.: *Prädikation und Existenzaussage*, Göttingen 1967.

Gadamer, H. G.: »Dialektik und Sophistik im siebenten platonischen Brief«. In: *Sitzungsberichte der Heidelberger Akademie der Wissenschaften, Philosophisch-historische Klasse*, 1964/2, Heidelberg 1964; wiederabgedruckt in: H. G. Gadamer, *Platos dialektische Ethik und andere Studien zur platonischen Philosophie*, Hamburg 1968, 221–247, und in H. G. Gadamer, *Gesammelte Werke, 6, Griechische Philosophie*, II, 90–115, Tübingen 1985.

Gaiser, K.: »Platons Menon und die Akademie«. In: *Archiv für Geschichte der Philosophie*, 46, 1964, 241–292; wiederabgedruckt in: Wippern, J. (Hrsg.), *Das Problem der ungeschriebenen Lehre Platons*, Darmstadt 1972, 329–393.

Gill, Ch.: »Dogmatic Dialogue in Phaedrus 276–7?«. In: *Understanding the Phaedrus, Proceedings of the II Symposium Platonicum*, hrsg. v. L. Rossetti, *International Plato Studies*, Volume 1, Sankt Augustin 1992.

Gill, Ch.: »Platonic Dialectic and the truth-status of the unwritten doctrines«. In: *Methexis*, 6, 1993, 55–72.

Graeser, A.: *Platons Ideenlehre, Sprache, Logik und Metaphysik. Eine Einführung*, Bern 1975.

Graeser, A.: »Philosophische Erkenntnis und begriffliche Darstellung, Bemerkungen zum erkenntnistheoretischen Exkurs des VII. Briefs«. In: *Akademie der Wissenschaften und Literatur, Mainz, Abhandlungen der geistes- und sozialwissenschaftlichen Klasse*, 1989, 4, Mainz/Stuttgart 1989.

Hegel, G. W. F.: *Vorlesungen über die Geschichte der Philosophie*, Bd. I, Berlin 1833–1836; zit. nach der auf der Grundlage der *Werke* von 1832–1845 neu edierten Ausgabe, Redaktion E. Moldenhauer und K. M. Michel. In: *Werke*, Frankfurt a. M. 1971.

Heitsch, E.: »Platon über die rechte Art zu reden und zu schreiben«. In: *Akademie der Wissenschaften und der Literatur, Mainz, Abhandlungen der Geistes- und Sozialwissenschaftlichen Klasse*, 1987, 4, Mainz/Stuttgart 1987.

Heitsch, E.: »τιμιώτερα«. In: *Hermes*, 117, 1989, 278–287.

Heitsch, E.: »Phaidros«. In: *Platon Werke. Übersetzung und Kommentar*, III, 4, Göttingen 1993.

Krämer, H. J.: »Arete bei Platon und Aristoteles. Zum Wesen und zur Geschichte der platonischen Ontologie.« In: *Abhandlungen der Heidelberger Akademie der Wissenschaften*, philosophisch-historische Klasse, 1959/6, Heidelberg 1959.

Krämer, H. J.: »Über den Zusammenhang von Prinzipienlehre und Dialektik bei Platon. Zur Definition des Dialektikers Politeia 534B–C«. In: *Philologus*, 110, 1966, 35–70; wiederabgedruckt in: Wippern, J. (Hrsg.), *Das Problem der ungeschriebenen Lehre Platons*, Darmstadt 1972, 394–448.

Lafrance, Y.: *Pour interpréter Platon, La ligne en République VI, 509d–511e. Bilan analytique des études (1804–1984)*, Montreal/Paris 1987.

Lafrance, Y.: »Pour interpréter Platon, II, La Ligne en République VI, 509d–511e. Le texte et son histoire«. In: *Collection Noêsis*, Paris/Montréal 1994.

Merkelbach, R.: *Platons Menon*, hrsg., übersetzt und nach dem Inhalt erklärt von R. Merkelbach, Frankfurt a. M. 1988.

Migliori, M.: *Dialettica e Verità, Commentario filosofico al »Parmenide« di Platone*, Vorwort v. Hans Krämer, Einleitung v. Giovanni Reale, Mailand 1990.

Migliori, M.: *L'uomo fra piacere, intelligenza e Bene. Commentario storico-filosofico al »Filebo« di Platone*, Einleitung v. Thomas A. Szlezák, Mailand 1993.

Mignucci, M.: »Plato's ›Third Man Argument‹ in the Parmenides«. In: *Archiv für Geschichte der Philosophie 72*, 1990, 143–181.

Nietzsche, F.: »Vorlesungsaufzeichnungen (WS 1871/72–WS 1874/75)«, bearbeitet v. F. Bornmann und Mario Carpitella. In: *Nietzsche Werke, Kritische Gesamtausgabe*, begründet v. G. Colli und M. Montinari, weitergeführt v. W. Müller-Lauter und K. Pestalozzi, IV, 4, Berlin/New York 1995, 1–188.

Popper, K.: *Auf der Suche nach einer besseren Welt. Vorträge und Aufsätze aus dreißig Jahren*, München 1984.

Popper, K./Eccles, J. C.: *Das Ich und sein Gehirn*, übers. v. A. Hartung und W. Hochkeppel, München/Zürich 1989.

Robin, L.: *La théorie platonicienne de l'amour*, Neuauflage mit einem Vorwort v. P.-M. Schuhl, Paris 1908.

Robinson, T. M.: »The Relative Dating of the *Timaeus* and *Phaedrus*«. In: *Understanding the Paedrus. Proceedings of the II Symposium Platonicum*, hrsg. v. L. Rossetti, St. Augustin 1992, 23–30.

Rowe, C. J.: »La data relativa del *Fedro*«. In: *Understanding the Phaedrus. Proceedings of the II Symposium Platonicum*, hrsg. v. L. Rossetti, St. Augustin 1992, 23–39.

Schopenhauer, A.: *Aphorismen zur Lebensweisheit*. In: *Arthur Schopenhauer's sämmtliche Werke*, hrsg. v. J. Frauenstädt, V, ²1916, 331–530.

Steinthal, H.: »μόγις und ἐξαίπνης. Platon über die Grenzen der Erkenntnis«. In: *Antike Texte in Forschung und Lehre. Festschrift für Willibald Heinimann zum 65. Geburtstag*, Frankfurt a. M. 1993, 99–104.

Syrianus, *In Metaphysica Commentaria*, hrsg. v. G. Kroll, Berlin 1902.

Szlezák, Th. A.: »Dialogform und Esoterik. Zur Deutung des platonischen Dialogs ›Phaidros‹«. In: *Museum Helveticum*, 35, 1978, 18–32.

Szlezák, Th. A.: *Platon und die Schriftlichkeit der Philosophie. Interpretationen zu den frühen und mittleren Dialogen*, Berlin/New York 1985.

Szlezák, Th. A.: »Zum Kontext der platonischen τιμιότερα. Bemerkungen zu Phaidros 2788b–e«. In: *Würzburger Jahrbücher für die Altertumswissenschaft*. Neue Folge, hrsg. v. J. Latacz und G. Neumann, 16, 1990.

Szlezák, Th. A.: »Zur üblichen Abneigung gegen die Agrapha Dogmata«. In: *Methexis, Revista argentina de filosofia antigua*, VI, 1993, 155–174.

Vegetti, M.: »Cronache platoniche«. In: *Rivista di Filosofia*, 85, 1994, 109–129.

Vlastos, G.: »The Third Man Argument in the Parmenides«. In: *The Philosophical Review*, 63, 1954, 319–349; wiederabgedruckt in: R. E. Allen (Hrsg.), *Studies in Platos Metaphysics*, London 1965.

Vlastos, G.: *Platonic Studies*, Princeton 1973, ²1981.

Vlastos, G.: *Socrates, Ironist and Moral Philosopher*, Cambridge 1991.

Vlastos, G.: *Socratic Studies*, hrsg. v. M. Burnyeat, Cambridge 1994.

Sachwortregister

Absolute, das 50 f., 54
»absolute« Meßkunst 437–441
addieren 297
Ägypten 73 f.
Ähnlichkeit 34, 58, 121, 323–326,
   330, 335, 350 f., 391 f., 440 f.,
   457, 472, 484
Akademie 17 f., 33, 38, 48, 50, 57,
   59, 63, 69 f., 488
Akrasia → Willensschwäche
Anfang der Philosophie 345 f.
Apologie 36, 51, 68, 81–118, 488 f.
Argument 50 f., 58, 61, 63, 484, 487
Arithmetik 46, 275, 290, 295
Arzt 19, 52, 152 f., 179, 217, 240,
   364, 380
Astronomie 46, 73, 298, 300–304,
   366
Athen 35–39, 41, 69 f., 119, 156,
   158, 227, 320 f., 488, 491 f.

Barbaren 210, 248, 256, 358, 375
Begabung 80, 242, 256, 331, 333 f.
Begehren 19, 34, 40, 130 f.,
   195–197
Begriff 19, 40, 53, 122, 124, 134,
   204, 323, 325, 348, 398 f., 408,
   410, 416, 423, 426 f., 429,
   432–436 f., 440–443, 474, 486
Begriffe 36 f., 42 f., 186 f., 254, 274,
   276, 324, 330, 416, 420–425,
   427–429, 433–435, 478, 488
Besonnenheit 21 f., 25, 37, 123 f.,
   132 f., 149, 209, 225, 227, 236,
   241, 243, 258, 264, 268, 311, 443
Bewegung 53 f., 263, 300–303, 324,
   335, 341–343, 346–348, 352,
   382–387, 410, 413–417,
   419–421, 424–429, 446, 450,

453–455, 457, 462–465, 467 f.,
   473, 475
Bildlichkeit 308, 486
Bildung 46, 110, 152, 162, 236,
   244 f., 251, 254, 258, 262 f., 277,
   283, 286, 290, 309–311, 342, 346,
   375, 448 f.
Böse, das 78, 94, 107, 171, 244, 284,
   438

Charakter 45, 55, 80, 208, 245, 262,
   445, 486

Dämonen, Dämonentum 53, 73,
   91, 95–97, 103, 115, 200–202,
   458
Delion 99
Delphi, Orakel von 36, 86
Denken 17, 19, 23, 28, 31–33, 36,
   43, 46, 49, 58, 60, 62, 181, 226,
   275, 291, 294, 296, 302, 305, 308,
   329, 361, 390, 394, 413, 432, 435,
   442, 453, 470, 475
Diagonale 143 f., 275
Dialektik 46 f., 49, 53, 60–62,
   76–78, 276, 305–309, 312–317,
   398 f., 402, 423, 441, 488
Dichter 26, 33, 36, 79, 88 f., 91,
   136, 160, 167, 204, 209 f., 230,
   341, 373, 488
Digression 58, 67, 72, 483–487,
   488, 493
Dummheit 153

Eines/Eine, das 48 f., 62, 130, 182,
   294 f., 322–325, 327, 329, 335,
   337, 341, 348, 388, 390 f., 395,
   398, 404, 406–408, 419 f., 429,
   451

Ehre 100, 114, 221, 248, 257, 263, 280, 315, 317, 363, 383, 478

Einheit 50, 183, 189, 262, 269, 285, 294, 324, 328 f., 395–399, 408, 420, 447 f., 454, 461

Einsicht 34, 42, 45, 58, 88, 94, 100, 149 f., 162 f., 165–167, 170 f., 194, 199, 202, 211, 223, 231, 248, 251, 266 f., 276, 280, 284, 287, 302, 308, 336, 355 f., 377, 412, 414 f., 444, 450, 456 f., 461–463, 466 f., 475, 478–480, 486 f.

Einzelne 93, 103, 125, 156, 208, 249, 256, 259, 269, 308, 311, 348, 365, 427, 433, 470, 472, 486

Entbindung 206, 338 f.

Ephesus 382

Erinnerung 23, 33, 40, 46, 75 f., 78, 120, 146, 208, 240, 247, 269, 280, 289, 350, 358 f., 363, 439, 441, 466, 482

Erkenntnis 19, 34 f., 41 f., 45–47, 50 f., 58, 60–62, 130 f., 134, 162, 164, 168, 170–172, 174 f., 177–179, 201, 211 f., 220, 231, 241, 255, 268, 272, 276 f., 290 f., 297, 304, 309, 333–335, 377, 414–416, 442, 467, 475, 484–486, 488–490

Erziehung/Erzieher 20 f., 24 f., 85, 92, 152, 244 f., 283, 316, 364, 372, 376, 463, 486

Falschheit 51, 53, 61, 367, 369

Farbe 40, 52, 125 f., 128 f., 187, 192, 213, 270 f., 343, 347, 358, 385 f., 390 f., 418

Feindschaft 36 f., 89, 97, 227, 404

Feldzug 225 f.

Feuerfunke 62, 483

Figur 39, 124–129, 134, 138 f., 141, 147, 275, 301 f., 372, 449, 472

Flötenspiel/Flötenspieler 96, 153, 214, 218–220, 374

Fluß 43, 52, 383, 386

Forschen 40, 136 f., 142, 146, 289, 299 f., 310, 374, 394, 405, 432, 439, 489

Frau 20, 47, 72, 108, 117, 121–123, 136, 167, 191–193, 206, 209, 219, 244, 262, 318, 338 f., 354, 460

Ganzheitlichkeit 232

Gastmahl 44, 195–230, 490

Gedächtnisstärke 45, 79, 120, 235 f., 242, 248, 310

Gedanken 36, 38, 46, 82, 107, 162, 170, 181, 209 f., 212, 237, 241, 251, 268, 295, 308 f., 320, 326, 329, 337, 339 f., 344, 346, 348, 354, 372, 396, 404, 443, 460, 468, 478

Gegeneid (Antomosie) 372

Gemeinwesen 19, 38, 251 f., 285

Genaue, das 54

Genuß 173, 381

Geometrie 46, 73, 127, 145, 275, 296–300, 302, 307, 312, 357, 361, 365

Gerechtigkeit/Gerechte, das 33 f., 36, 40, 76, 78, 81, 98, 123 f., 131–134, 149, 194, 209, 226, 232, 236, 258, 264–268, 282, 286, 311, 315, 318, 325 f., 334, 360, 371, 373, 376, 379, 411 f., 431, 459, 485 f.

Gericht 35, 38, 51 f., 82 f., 93 f., 99 f., 111, 114–116, 256, 282, 372–374, 381

Gesetz/Gesetze 33, 36 f., 50, 57, 68, 78 f., 83 f., 91 f., 94, 104, 109, 210 f., 231, 253, 259, 261, 285, 309, 314, 316, 319, 373, 379–381, 487

Gestirne 184, 301, 456, 460

Giftbecher 191 f.

Glauben 17, 74, 86, 88 f., 91, 95–97, 109, 112, 116, 130, 137, 139, 142, 146, 184, 207, 209, 239, 277, 284, 298, 308, 312, 366, 369,

379, 383, 433, 440, 445, 458, 475, 481

Gleichnis (Bild) 46–48, 66, 164, 186, 213, 218, 228, 237–240, 271–283, 315, 490f.

Gott/Götter/Göttliche, das 17, 21, 23, 26, 36, 49, 52, 55–57, 73, 79f., 82f., 86–88, 90f., 94–97, 99–103, 109, 117, 120, 136, 138, 154, 192, 197–202, 206, 208, 219, 221, 224, 244f., 253, 256, 258, 271, 288, 332f., 338–340, 346, 349, 354f., 357, 368, 376f., 405, 424, 443, 445–447, 450, 453–459, 461, 464–468, 470, 475, 478, 487

Gottheit 41, 51, 80, 89f., 102, 106, 109, 112, 118, 166f., 217, 333, 443, 455, 464

Grammatik/Grammatiker 53, 422

Grenze 26, 77, 127f., 222, 438

Gut 24, 41f., 77, 101, 110, 133, 148, 150, 169f., 221, 243, 249, 285–287

Gute, das 33, 40, 42, 44–48, 54, 56f., 62, 64, 76, 78, 83f., 93f., 110, 129–133, 148, 166, 170–176, 179f., 185, 187, 198, 200f., 203–206, 232, 243f., 246, 265–269, 271–273, 286, 297, 304f., 305, 308f., 315, 318, 325, 332, 334, 364, 377, 379, 392, 419, 438, 467, 477f., 480f., 483, 485, 490, 492f.

Gymnastik 221, 288f., 310, 317

Hades 40, 99, 117, 137, 168, 288, 263

Handwerk/Handwerker 36, 55, 89, 91, 152, 201, 289, 377, 488

Harmonie/Harmonik 46, 206, 303f., 452, 468

Hellenen 119, 154, 159, 248, 375

Herakliteer 52, 382

Herrschaft 35, 147, 171, 173, 178, 180, 209, 237f., 260, 263, 286f., 318, 331, 333, 457, 460–465

Herrscher 137, 318

Höhlengleichnis 46, 277–283, 317

Ibis 73

Ideal 52, 232, 253, 258f., 481, 486

Ideen 19, 27, 43–50, 53–57, 61f., 265, 269, 272f., 281f., 297, 308f., 325–335, 410, 413, 416, 420, 424, 474f., 486, 490–493

Ilion 290

Instrumente 219, 304

Intellekt 45, 262, 486

Ionien 226, 382, 404

Irrtum 42, 54, 171, 180, 266, 370, 401, 434–436, 463

Jugend 37, 86, 90–94, 101, 106, 209, 235, 313, 326, 372f., 395

Kinder 80, 97, 107, 121, 191, 209f., 222, 262, 319, 379, 404, 416, 461, 473, 478

Klazomenä 320

Knechtschaft 331, 373

Komödien 83f., 230, 341

Körper 23, 34, 40, 42f., 55, 127–129, 184, 206, 208–213, 243, 248, 254, 274, 295, 299f., 310, 312, 342, 345, 377, 390, 392, 410, 446, 448–450, 452, 455, 457f., 460–465, 467, 472, 475, 485

Kostbare, das 33, 79

Krankheit 52, 172f., 198, 240, 349f., 364, 367f., 437, 449, 463

Krieger 226, 290, 294f.

Kriegskunst 290, 298

Kugelgestalt der Erde 449f.

Kunst 22, 51, 54, 61, 74–77, 85, 89f., 152–155, 158, 177f., 200f., 216, 218, 236, 238, 283, 290, 302, 305f., 317, 338f., 398, 400, 422, 436f., 483, 486

Künste 54, 73f., 153, 157, 159, 204,

250, 276, 289, 307, 402, 410, 430, 438–440, 480

Lächerlichkeit 52, 174 f., 192, 228, 247, 373, 479
Lakedämon 210, 356, 366
Larissa 41, 119, 163
Leben 19 f., 28, 31, 34, 36, 38, 51, 56, 58, 60, 62, 98 f., 101–103, 105, 110–112, 114–118, 137, 145, 147, 169, 174, 177–179, 192, 201, 211, 213, 219, 221, 231, 234, 250, 252, 255, 258, 262, 278, 282, 285, 309, 315, 317 f., 372, 375 f., 378, 414 f., 452 f., 460, 463, 481, 483
Lebewesen 55, 181, 457, 485
Lehrbarkeit/lehrbar 40 f., 119, 147 f., 151, 156, 158–162, 164–167, 179
Lehrer 36, 40 f., 51, 60, 95, 105, 151–162, 165 f., 179, 183, 207, 219, 238, 246 f., 258, 358, 368, 380 f.
Leib 29, 34, 211, 224, 283, 289, 364, 374, 390, 392, 411, 413, 462, 464
Lernbegier/lernbegierig 45, 235 f., 241, 342
Licht 31, 46, 63, 223, 253 f., 269–272, 278 f., 282 f., 288, 300, 305–307, 317 f., 347 f., 456, 465 f., 470, 479, 483
Liebe 41, 44, 171, 195, 197 f., 202–209, 211–214, 216, 233, 235, 256, 258, 337, 365, 367, 404, 460, 478, 481, 490
Liniengleichnis 46, 66, 273–277, 491
Lob 216–218, 228 f., 244 f., 300, 375, 383, 437
Lust 41, 45, 56, 169–179, 208, 235, 266, 272, 315, 347 f., 460, 468, 477–481
Lykeion 230

Mann 20, 35, 39, 47, 76, 78, 82, 85–87, 90, 93, 98, 102, 105, 107 f., 110, 112–118, 121–123, 136 f., 152, 154–159, 161 f., 165–168, 184, 191–194, 201, 206, 210, 215 f., 218–221, 223–225, 227, 230, 233 f., 240, 244, 248 f., 255–257, 267, 280, 285, 314, 317 f., 321, 334, 336, 338–341, 344–346, 348, 355, 360, 366 f., 372 f., 375 f., 378, 383 f., 399, 402, 404, 412, 419, 423, 440, 446, 460, 487
Mäßigkeit 236
mathematische Verhältnisse 343
Meinung 21 24, 37 f., 40 f., 46, 52, 55 f., 58, 62, 64, 82, 89, 93–96, 108, 110, 112, 121 f., 124, 130 f., 134, 140 f., 143–146, 149 f., 154, 162–166, 169, 172, 174, 186 f., 192, 199, 205, 231, 234, 239, 243, 245, 248, 250 f., 263, 267 f., 272, 274–276, 278, 281 f., 291, 299, 305, 307–309, 313, 315, 322, 325 f., 328 f., 340, 343 f., 349 f., 356 f., 360, 364, 368–371, 373, 375, 381 f., 391, 393, 395, 400, 405, 416, 427, 431, 434–436, 443 f., 452 f., 470, 479 f., 483 f.
Metaphysik 17 f., 29, 43
Musik 26, 53, 79, 158, 247, 288 f., 422, 468
Mythus 24, 31, 73, 347

Natur 29, 34, 45, 75, 77, 80, 119, 137, 146, 150 f., 157, 164 f., 167, 180, 201 f., 206–208, 212, 232–236, 240–244, 246, 248 f., 251–253, 257, 260, 262, 270, 277, 284, 290, 295, 300, 303, 310, 312 f., 315, 317 f., 352, 377, 403, 409, 412, 417, 425, 427, 429, 432, 438, 446 f., 449, 451, 453, 456, 458, 460, 467, 469, 473 f., 477, 479, 484–486

Naturkunde 181
Nichtsein/Nichtseiende, das
    51–54, 116, 204, 322, 329,
    335–337, 340, 342, 354, 357,
    363 f., 369, 391, 394–403, 405,
    409 f., 417 f., 424, 427, 429, 433,
    435 f., 439, 454, 492
Nymphen 79, 97

Oligarchie 104
oblongieren 297

Panathenäen 321
Paradox/Paradoxie 40, 62, 136, 489
Philosophen 19 f., 22, 25 f., 29,
    32–34, 44 f., 47 f., 52, 60, 63, 66,
    77, 79, 90, 189, 201 f., 231 f.,
    236 f., 239 f., 242, 244–246,
    249 f., 250, 254, 256–262,
    285–287, 294 f., 316, 318, 346,
    360, 365, 373, 376, 415, 423 f.,
    488
Phyle 104
Planeten 55, 455 f.
Politik 35, 45, 52, 104, 251
Politikos 36, 48, 50 f., 54, 57, 61,
    64, 68, 437–442, 492 f.
Potidäa, Schlacht bei 99, 225, 227
Prüfung 37, 58, 60, 88–92, 99, 112,
    151, 170, 172, 189, 263, 292, 339,
    345, 354–356, 383 f., 390, 392,
    401, 403, 419, 434, 486 f.
Prytane 104
Prytaneion 110 f.
Pythagoreer 69, 303
philosophisches Lebensideal
    376–379

quadrieren 138, 297

Reichtum 101, 119, 132, 149 f., 152,
    173, 196, 201, 243, 248 f., 314,
    376
Recht 22, 38, 75, 99, 103–105, 108,
    115, 117 f., 134, 151 f., 167, 190,

256, 296, 356, 367 f., 380, 384,
    411, 416, 428 f., 432, 447, 477
Redner 81 f., 91, 110, 160, 219, 312,
    364, 372, 379, 488
Reife 236, 254
relative Meßkunst 177–179,
    437–441

Salamis 104 f.
Schaffen 204
Schicksal 186, 206, 367
Schlaf/Schlafen 44, 116, 201, 230,
    263, 309, 313, 349 f., 352, 465
Schlechte, das 42, 47 f., 83 f., 130 f.,
    174–176, 179 f., 205, 243, 246,
    266, 364, 375, 392
Schönheit/Schöne, das 40, 44, 56,
    78, 121, 128–130, 135, 149, 169,
    171, 187 f., 197 f., 200–203,
    205 f., 210–213, 223 f., 232, 243,
    245–248, 253, 259, 265, 268 f.,
    272, 286, 304, 315, 318, 325 f.,
    332–334, 338, 391 f., 430–432,
    446 f., 477–479, 485, 493
Schrift 26, 31–34, 38, 60, 62, 66,
    72–76, 78 f., 321–324, 369, 382,
    483, 486–488
Schüler 24, 33, 70, 105, 151, 154,
    161 f., 205, 207, 341, 364, 383,
    441, 490
Seele 19, 25 f., 33, 40, 46, 55, 60, 63,
    74–78, 80, 83, 100 f., 116,
    135–137, 145–147, 149 f., 164,
    177, 186 f., 203, 206, 208–211,
    219, 222, 232, 234–236,
    241–244, 246, 248, 250, 254 f.,
    264, 267, 271 f., 274 f., 281–284,
    288, 292, 294–298, 300 f., 303,
    306–308, 310–312, 315, 317,
    328 f., 334, 338, 342, 345, 350,
    373, 375, 383, 388 f., 391–393,
    400, 405, 411–415, 442, 446,
    450–453, 460–465, 467 f., 480,
    483–486
Seelengröße 234

Seelenzustände 149, 151, 277

Sehvermögen (Gesicht) 55, 61,
128 f., 270, 305, 467

Sein/Seiendes 21, 25, 42 f., 52–54,
62, 64, 126, 146, 204, 212, 231,
233 f., 236, 241, 258, 260, 272 f.,
276, 278 f., 283, 288, 290, 294 f.,
297, 301, 306–309, 313 f.,
321–323, 326, 329, 331 f., 334,
336 f., 340–342, 346, 348 f.,
353 f., 357, 363, 369, 374, 378 f.,
382, 391–398, 400–420,
424–436, 439, 441, 443, 445, 451,
453 f., 467, 472 f., 475 f., 484,
486, 492

Sein, körperliches 53, 411–413

Sein, unkörperliches 53, 412–416

Sinnesqualitäten 52, 343, 389

Sitten 234, 315

Sklaven 24, 40, 111, 121, 124,
138–141, 143–145, 170 f., 174,
211, 214, 223, 312, 331, 372 f.,
375 f., 490

Sonne 46, 48, 95, 184, 186, 192,
226, 254, 271–273, 279,
281 f., 305 f., 343, 454–456, 467,
488

Sonnengleichnis 46, 64, 271–273,
493

Sophisten 40 f., 44, 53 f., 84 f.,
153–156, 160 f., 179, 201,
244–246, 250 f., 344, 364,
398–402, 423 f., 431, 434–436,
439, 489

Sophistes 36, 48, 50–52, 54, 61, 68,
394–436, 491 f.

Spartaner 167

Spiel 28, 33, 49, 75 f., 78 f., 118,
221, 228, 337, 388, 434

Staat 34 f., 38, 44 f., 47 f., 64, 68,
103 f., 108, 110, 121, 123, 132,
151, 153, 160, 165 f., 173, 179,
185, 209, 231–319, 364 f., 371,
378–381, 438 f., 490 f.

Staatsmänner 36, 54, 87–89, 91,

156, 160 f., 166 f., 259, 287, 439,
441

Staatsverfassung 35, 252–267,
286 f., 311, 318 f.

Stereometrie 298, 300

Sterne 55, 239, 279, 302, 305, 374,
454 f., 457 f., 460, 467

Stillstand 53, 385, 388, 416 f.,
419–421, 424–428

Symmetrische, das 56, 479 f.

Tadel 118, 228, 236, 244 f., 247, 437

Tapferkeit 36 f., 108, 124, 149, 172,
236, 242 f., 248, 264, 311

Tat 41, 81, 90, 98, 104, 113, 146,
223, 245, 249, 252, 255, 411

Tätigkeit 60, 90, 101, 103, 105, 110,
160, 210, 232, 251, 284, 292 f.,
317, 372, 439, 464

Theben 73

Thessalier 119

Theuth 73 f., 488

Tod 35 f., 38, 44, 98–102, 104, 108,
110 f., 113 f., 116 f., 209, 234,
245, 262, 378, 459

Troja 98, 117

Tüchtigkeit 38, 85, 157, 210, 232,
317 f., 377

Tugend 38–42, 100–102, 108, 112,
118–168, 172, 209 f., 213, 228,
244 f., 255, 258, 260, 265, 268,
283 f., 311, 365, 377, 412, 418,
477, 486, 489 f., 493

Tun 85, 98, 115, 134, 171, 175, 222,
346, 414, 449

Übel 41, 99, 102, 117, 169,
172–174, 179 f., 268, 311, 377 f.

Überzeugung 62, 100, 129, 381

Übung 25, 61, 119, 221, 254, 263,
284, 302, 317, 334–336, 342, 367,
392

Ungerechtigkeit 78, 98, 104, 114,
123 f., 132, 252, 376, 378

Unlust 41, 171–179, 208

Unsterblichkeit 40, 44, 108, 117,
  136 f., 145 f., 187, 200 f.,
  205–210, 214, 459
Untauglichkeit 121
Unwahrheit 29, 82, 105, 218, 221,
  224, 233, 237, 339, 349, 369, 394
Unwissenheit 42, 87, 94, 99, 119,
  178–180, 199, 202, 282, 311, 368,
  403, 416
Ursache 43, 181–187, 189, 204,
  271, 342, 422, 443, 466 f., 469

Verbrecher/Verbrechen 95, 249
Vernunft 34, 42 f., 49, 55 f., 58, 75,
  124, 160 f., 170, 183 f., 232, 241,
  248, 271 f., 276, 282, 290–292,
  301, 303, 414 f., 445–447, 450,
  452 f., 456, 467, 469, 475,
  477–481, 484, 487, 490
Vernunfttätigkeit 277, 293, 295,
  305, 308
Verschiedenheit 53 f., 56, 121,
  148 f., 164, 174, 390–393, 417,
  424–434, 440
Verstand 275–277, 302, 310, 335,
  372, 393, 401, 443 f., 481, 487
Verstandeserkenntnis 307 f.
Verteidigung 36, 81–118, 154, 362
Viele, das/Vieles 48, 130, 231, 269,
  294, 321–325, 327, 335, 348, 398,
  404, 419 f., 440
Vielheit 48, 121, 125, 269, 295,
  321 f., 324, 327, 397
Viereck, Quadrat 138–144, 275
Volksversammlung 93, 103, 244
Vier Elemente 447 f., 469–472, 474

Wahrheit/Wahre, das 17–19, 23,
  26, 34, 45, 49, 51, 54, 56 f., 60 f.,
  73 f., 76–79, 81 f., 86, 88–91,
  99 f., 103 f., 106 f., 110, 114, 117,
  127, 132, 136, 145 f., 167, 177,
  185, 190, 198 f., 201 f., 213, 215,
  218, 221 f., 224, 231–237,
  235–241, 246, 248, 251, 253,

255 f., 258, 260, 264, 266, 268,
  272, 274, 276 f., 279, 282, 284,
  286, 294–296, 298 f., 302, 306,
  311, 314 f., 317, 323, 327, 332,
  335 f., 338 f., 341, 346, 349 f.,
  355 f., 363, 365, 367–374, 377 f.,
  382, 386, 392–394, 400, 410 f.,
  423, 429, 432, 440, 445 f., 453 f.,
  463, 472, 476–478, 480 f., 486
Wahrheitsliebe 233, 240
Wahrnehmung 51 f., 58, 181, 271,
  291–293, 340 f., 347, 349 f.,
  352–363, 365, 382, 385–387,
  389–393, 413, 444, 454, 460,
  462 f., 465, 475, 480, 487
Wahrsagekunst (Mantik)/Wahr-
  sager 88, 167, 200, 381, 481
Weisheit 19, 26, 32 f., 36, 51, 73 f.,
  79, 84, 86–90, 95, 100, 108, 119,
  124, 153 f., 157 f., 166, 171,
  180 f., 189, 199, 201 f., 205, 209,
  212, 225, 233, 246 f., 254, 264,
  280, 290, 316, 338, 348, 355–357,
  363 f., 368, 371, 377, 383, 419,
  440
Werden 55, 162, 189, 273, 283 f.,
  288, 294 f., 297, 308, 341–343,
  345 f., 348 f., 353 f., 409 f., 413 f.,
  438, 440, 443–446, 453 f.,
  469–473
Wertvolle, das 33
Wesen 31, 33 f., 38–40, 43, 46 f.,
  57 f., 60, 87, 97, 122, 125, 129 f.,
  133–135, 139, 164, 168, 174,
  186 f., 189, 195, 198, 202 f., 206,
  208, 210, 212, 219, 225, 231 f.,
  236, 241, 247, 257 f., 264, 268 f.,
  273, 297, 301 f., 305–308, 318,
  330 f., 333 f., 340, 342, 355, 371,
  374, 376, 382, 387 f., 392, 410,
  427, 429, 432, 434–436, 438,
  446–451, 453, 455–461, 463,
  470, 475, 477, 483, 485 f., 488 f.
Wiedererinnerung 40, 137–139,
  142, 145, 148, 164

Willen 79, 106, 113, 126, 128 f., 211, 221, 223, 233, 239, 254, 269, 306, 337, 356, 383, 400, 457, 459

Willensschwäche (Akrasia) 41 f., 178, 490

Wissen 23, 25–28, 34, 37 f., 40–42, 51 f., 79, 84, 86, 99, 139, 142 f., 146–151, 162–166, 178, 181, 199, 208, 235, 265, 283, 289, 295, 301, 309, 312, 323 f., 340 f., 349, 354, 356–362, 365, 368, 382–384, 387–389, 392 f., 415, 479 f., 488

Wissenschaft 17, 53, 55, 164, 183, 212, 246, 264 f., 276, 285, 288–290, 294, 297 f., 300 f., 307–310, 312, 332, 334, 422 f., 430, 452 f.

Wissenschaften 46, 211, 234, 263, 275 f., 288, 303 f., 307, 312, 366, 430, 480

Zahlen (Zählen) 48, 67, 73, 82, 84, 91, 109, 115, 177, 244, 251, 264, 290, 294–296, 301, 304, 335, 391, 396, 404, 428, 432, 440, 447 f., 451, 454–456, 464, 466 f.

Zeit 24, 34, 55, 60, 76, 82 f., 87, 90 f., 103, 106, 111, 113, 117 f., 145 f., 155, 159, 164, 168, 191 f., 209, 216, 222, 234, 238, 255 f., 261, 289, 314, 317 f., 334, 345, 350, 372, 380, 401, 453–458, 460 f., 467, 478, 486

Zeugung 206 f., 209 f., 347, 404, 459

Namensregister

Achill 209, 227
Adeimantos 48, 69, 106, 236–268, 320, 491
Agathon 195–198, 214–216, 223, 228–230
Aiakos 117
Aiantodoros 106
Aias 117, 225
Alkibiades 44, 214–230
Anaxagoras 42, 95, 183 f., 488
Antenor 227
Antiochis 104
Antiphon 106, 320 f., 336 f.
Anytos 82, 91, 93, 98, 100–102, 107, 109, 152–159, 166–168, 488
Aphrodite 201, 404
Apollodoros 69, 106, 113, 193
Aristides 40, 158, 339
Aristippos 119
Aristodemos 223, 230
Aristophanes 84, 214, 215, 223, 227, 230
Aristoteles 39, 56, 63, 66, 68, 321, 337, 489
Asklepios 193

Brasidas 227

Chairephon 86
Charmides 228
Daidalos 164, 302
Dionysius 69 f., 483
Diotima 44, 198–214, 490

Echekrates 190, 192, 194
Empedokles 128, 341
Epicharm 341
Eros 44, 195–203
Eryximachos 217 f., 223, 230

Eudoros 158
Euenos 85
Euripides 344

Glaukon 48, 69, 228, 231–236, 268–320, 490 f.
Gorgias 84, 119 f., 123, 128, 160, 162, 489

Hektor 98
Herakles 215, 367, 375
Heraklit 17, 51, 341, 354, 382
Hesiod 117, 210
Hippias 84, 179 f.
Homer (Homeros) 51, 79, 107, 117, 168, 218, 259, 280, 341 f., 354, 369, 382, 388

Ibykos 337
Ismenias 152
Isokrates 80

Kallias 85, 360 f.
Kebes 181 f., 186–188, 190
Kephalos 320 f.
Kleophantos 157
Kritobulos 106, 113
Kriton 106, 113, 191–194

Leon 104 f.
Lykon 91, 110, 488
Lykurg 210
Lysanias 106
Lysias 77–80

Marsyas 218 f.
Melesias 158
Meletos 37, 83 f., 91–98, 101, 106 f., 109, 111, 448

Melissos 383, 388
Menon 38–41, 66, 68, 119–168, 489
Metis 201
Minos 117
Musaios 117

Nestor 227
Nikostratos 106

Okeanos 341, 383, 458
Orpheus 117, 480

Palamedes 117, 290
Paralos 158
Parmenides 17, 43, 48–50, 53, 61, 68, 320–337, 341, 383, 388, 394, 401–403, 407, 432, 491 f.
Patroklos 98, 209
Pausanias 223
Penia 201
Perikles 158, 219, 227
Phaidon 42 f., 181–194, 490
Phaidros 32 f., 64, 66, 68, 73–80, 214, 223, 230, 488
Pheidias 154
Philebos 56, 477–482, 493
Polykrates 152
Poros 201
Poseidon 217
Prodikos 84, 127, 162, 179 f., 339
Protagoras 41, 51 f., 57, 68, 154 f., 169–180, 340 f., 344, 346, 351, 354–357, 360, 362, 366–371, 380–382, 388, 489 f., 492
Protarchos 477–482

Pythia 86, 318
Pythodoros 320 f., 325, 337

Rhadamanthys 117

Simmias 190
Skiron 366, 492
Sisiphos 117
Sokrates 20, 23, 25, 31, 33, 35–38, 40–44, 46–52, 57, 60, 68 f., 72–393, 437–443, 445, 477–482, 489–492
Solon 79, 210, 312

Teiresias 168
Thales 374
Thamus 73, 488
Theages 106, 251
Theaitetos (Theätet) 48, 50–52, 54, 61, 68, 72, 338–393, 394–436, 491 f.
Themistokles 40, 157, 166
Theodoros 346, 355–357, 360 f., 365–390, 492
Theognis 160
Thetis 98, 341, 383, 458
Thrasymachos 255
Thukydides 158 f.
Timaios 36, 50, 55–57, 61, 64, 68, 443–476, 492
Triptolemos 117

Xanthias 158
Xanthippos 158

Zenon 48, 320–325, 335–337